吴国庆

　　1934 年 9 月 20 日生，福建省闽侯县人。1959 年毕业于北京外交学院外交和法语系专业。曾经在中国驻柬埔寨使馆工作并任柬埔寨语翻译。现为中国社会科学院欧洲研究所研究员，从事法国政治和社会的研究。著有《法国政府机构与公务员制度》（1982 年）、《战后法国政治史（第一版，1945～1988）》（1990 年）、《当代法国政治制度研究》（1993 年）、《当代各国政治体制·法国》（1998 年）、《列国志·法国》（第一版，2003 年，获得中国社会科学院第二届离退休人员优秀科研成果二等奖）、《战后法国政治史（第二版，1945～2002）》（2004 年）、《法国政党和政党制度》（2008 年，获得中国社会科学院第四届离退休人员优秀科研成果三等奖）、《列国志·法国》（第二版，2010 年）、《法国"新社会"剖析》（2011年）、《列国志·法国》（第三版，2014 年）、《法国政治史（第三版，1958～2012）》（2014 年，获得中国社会科学院第七届离退休人员优秀科研成果二等奖）。主要论文有《法国社会阶级结构的变化》（获得中国社会科学院第一届优秀科研成果奖）。主要合著有《当代资本主义论》（1992 年，获得中国社会科学院第二届优秀科研成果奖）等。

法国政治史

（1958—2017）

吴国庆／著

社会科学文献出版社

SSAP
SOCIAL SCIENCES ACADEMIC PRESS (CHINA)

序　言

　　法国政治史（1958～2017）亦即法兰西第五共和国政治史。法兰西第五共和国（以下简称第五共和国）已经生存半个多世纪了，在世界各国的当代政治生活中展现了它的独到之处，富有魅力。正因为如此，笔者专门就第五共和国政治进行系统的梳理、分析和论述。

　　在对第五共和国政治进行系统的总结和论述时，笔者将以法国的"大国梦""强国梦"作为全书的提挈。这是因为对二战后法国政治轨迹特别是第五共和国政治轨迹的跟踪和研究让笔者深深地感觉到，二战后法国政治的历程特别是第五共和国政治的历程，实际上就是法兰西民族复兴的历程，也是追寻法国的"大国梦""强国梦"的政治历程。

　　当代法国最具有影响力的政治家和第五共和国创始人夏尔·戴高乐，早在二战中就提出了复兴法兰西民族的愿望，努力追寻法国的"大国梦""强国梦"，并在二战后撰写的《战争回忆录》《希望回忆录》以及《戴高乐言论集》中反复提出这一主张，从而使法兰西民族的"复兴"、法国"大国""强国"的"地位"和法国的"伟大"成为上述书籍中出现最多的词汇、常用语和关键词，这些也成为戴高乐梦寐以求的目标，他一生向往的事业，以及他的口头禅和酷词。当然，戴高乐的"大国梦""强国梦"实际上也反映了广大法国民众的愿望，成为法国各个阶层的共识。戴高乐就任第五共和国两届总统期间努力推行增强法国硬实力和软实力的政策，建立起法国的"半总统半议会制的政治模式""国家市场经济为特征的经济发展模式""以平等公正为准则的社会治理模式""传统与现代相结合的文化发展模式""纵横捭阖的独立自主外交模式"，使法国上升为仅次于美国、德国、日本的第四大经济强国，仅次于美国和苏联的第三大军事强国和科技强国，法国文化软实力成为支撑法国作为"大国""强国"的支柱，独立自主的外交彰显了法国在国际社会中的"地位"和"伟大"，终于圆了他以及法国民众和法国各个阶层的"大国梦""强国梦"，高卢雄鸡再次屹立于世界民族之林。

戴高乐以后的第五共和国历届总统，无不传承戴高乐的"雄心大志"，继续追寻法国的"大国梦""强国梦"，保持法国作为"大国""强国"的"地位"和"伟大"。弗朗索瓦·密特朗就任第五届和第六届总统，就是要实现"在独立欧洲之中的强大法国"；雅克·希拉克就任第七届和第八届总统，就是要追求"法兰西民族复兴"；尼古拉·萨科齐就任第九届总统，要塑造一个"新法国梦"；法国图卢兹普里瓦出版社专门收集奥朗德在 2009～2011 年的言论和访谈，于 2011 年冠以《法国梦：言论和访谈（2009～2011）》的书名出版，法国罗贝尔·拉丰出版社于 2012 年出版的《改变命运·奥朗德自述》则证明，就任第十届总统的弗朗索瓦·奥朗德，要与过去"决裂"，在新世界格局中把法国塑造成一个"真正的强国"。2017 年新当选的第十一届总统埃马纽埃尔·马克龙在 5 月 14 日就职演说中把复兴法兰西、将法国塑造为 21 世纪强国作为任内两大任务之一。① 正因为如此，笔者完全有理由以法国的"大国梦""强国梦"作为第五共和国政治史的提挈，贯穿第五共和国政治史的全过程。

然而，20 世纪 90 年代以来，由于国内经济实力的下降（相对其他国家而言），法国的"大国梦""强国梦"受到质疑和挑战。在法国学术界和媒体领域，陆陆续续地出版了有关"法国衰落"的书籍和文章，形成了悲观派，极大地震惊了法国政界和新闻界。在国际上，也有些媒体和舆论在唱衰法国，嘲笑法国"持二等车票坐头等车厢"，自不量力。正是在这样的背景下，法国于 2004 年举办了关于"法国衰落"问题的大讨论，接着又于 2013 年举办了"法国梦"的大讨论。在两次全国性的大讨论中，悲观派与乐观派、唱衰法国派与唱响法国派之间展开激烈的争论。尽管在两次大讨论

---

① 《埃马纽埃尔·马克龙总统就职演讲》，载北京外国语大学法语学习编辑部《法语学习》2017 年 5 月 21 日第 22 期。

中，乐观派和唱响法国占主导地位，但是，他们都承认法国政治模式、经济发展模式、社会治理模式不无瑕疵，必须进行深刻的结构性改革和创新。

事实上，自 20 世纪 70 年代以来，在总统选举和议会选举期间，变革和创新往往成为总统候选人和议员候选人参加竞选的主调和施政纲领的主要内容。自蓬皮杜总统以降，法国历届总统及其政府在实施政治、经济和社会政策的过程中，也都是以改革和创新作为主旋律。"新官上任三把火"，新当选的总统及其政府在执政的初期往往掀起改革和创新的浪潮。20 世纪末以来，改革和创新更是一浪高过一浪。但是，应当承认，他们对法国政治、经济和社会领域的改革和创新勇气不足，成效有限。这是因为：第一，传统左右翼两大党社会党和戴高乐派政党（包括属于右翼的吉斯卡尔·德斯坦政党）往往以本党的意识形态作为指导，提出的改革和创新计划和方案受到左右意识形态的约束，从而使改革和创新不具有全面性、深刻性和彻底性。第二，改革和创新的计划和方案往往触动有关利益集团和群体的利益，势必招致工运、学潮和社会运动，从而造成社会动荡，在有关利益集团和群体的压力下，执政者或者被迫放弃原来的改革和创新计划及方案，或者被迫修改原来的改革和创新计划及方案，使"猛药"变成"温药"，效果不显。

正因为如此，随着时间的推移，第五共和国政治、经济和社会的弊端日积月累，逐渐严重起来。自 20 世纪 70 年代中期"辉煌 30 年"结束后，法国经济增长速度每 10 年下降 0.5 个百分点，致使法国经济实力在世界上的排名于 20 世纪 90 年代跌到第五位，产品的国际竞争力下降，外贸在国际市场的份额逐渐减少，失业率和失业数量不断地上升。法国民众对长期出现的经济低迷以及由此产生的贫富两极分化、结构性失业等日益不满，要求改变现状，改革不公正和不合理的制度、体制和规章，要求提高法国国际创新力和国际竞争力，以便跟上时代的步伐，维持法国在国际政治中的大国和强国地位。他们或者通过中央或地方选举以公民投票来表达自己的意愿，或者通过议会和民间组织反映自己的诉求，通过游行示威等"街头政治"甚至"占领工厂"来达到自己的目的。

2017 年第五共和国总统换届选举中，所有的正式总统候选人集体"反建制"①，成为鲜明的特有现象。他们都把"反建制"作为常用语、关键词、口头禅、酷词。上层与民间反建制相结合，"庙堂"与"江湖"反建制相呼应，正是当前法国政治、经济、社会以及欧盟危机的反映。现行反建制团体中要求走向第六共和国的呼声很高，但要求对现行建制进行深刻改革的呼声更为紧迫。

埃马纽埃尔·马克龙当选第五共和国第十一届总统后，表示要用"马克龙主义"对现行建制进行深刻的改革。"马克龙主义"内涵是：第一，发展和增强法国硬实力和软实力，以便恢复法国人民的信心，将法国塑造为21世纪的强国。第二，超越左右意识形态，以进步主义反对民粹主义、闭关锁国、保守僵化，推动法国现代化。第三，推动务实主义和实用主义。马克龙提倡不拘一格，用最好的方法来解决问题。马克龙的竞选纲领其实是博采众家之长：经济纲领与右翼共和党的主张非常接近，社会纲领吸纳了左翼社会党的许多理念，政治纲领采用了中间派的廉洁反腐政治。第四，马克龙主义对国际社会与国际竞争持开放态度，对欧盟建设要积极推动，对国际关系呈现出多元观念。马克龙总统欲冲破左右政党和左右意识形态的束缚，以进步主义、务实主义和实用主义的"第三条道路"彻底改革现行的政治、经济和社会建制，延续自戴高乐和第五共和国历届总统以来追寻的法国"大国梦""强国梦"，可谓任重而道远。

自20世纪80年代以来，笔者相继撰写《战后法国政治史（1945～1988）》《战后法国政治史（1945～2002）》《法国政治史（1958～2012）》三部著作，《法国政治史（1958～2017）》已是第四版。从最初的第一版到如今的第四版可以看出，笔者对二战后法国政治历程特别是第五共和国政治历程的了解和认识，是逐步深入和提高的过程。第一版和第二版法国政治史，主要以"统治""管理"的理念作为线索，论述和分析二战后法国的政治斗争、阶级斗争和政党博弈以及它们博弈的政治舞台——包括总统府、政府、议会等。二战后的临时政府、第四共和国、第五共和国早期的政治历程证明，这个时期的政治斗争、阶级斗争、政党博弈十分尖锐复杂，法

---

① 反建制法文为"l'antisystème"，即反体制或反体系、反制度。

国当权者必须以"统治""管理"应对。第三版法国政治史则是以"治理""善治"理念贯穿全书，这是由于1958年"五月风暴"以后，法国当权者从以"统治""管理"为主开始向着以"治理""善治"为主转变。《法国政治史（1958~2017）》作为第四版，则是以法国的"大国梦""强国梦"作为提挈，这是由于进入21世纪以来，法国当权者以及法国民众对于法国的"大国""强国""伟大"和"地位"产生了危机感，试图追忆戴高乐时代的法国"大国梦""强国梦"，并以"大国梦""强国梦"作为增强法国硬实力和软实力的动力，贯穿改革和创新以及政治政策、经济政策、社会政策的全过程。总之，笔者撰写四版法国政治史主旨变化的过程，不仅是了解和认识二战后法国政治历程深化和提高的过程，更是对二战后法国政治史发展和演变过程的客观反映。

笔者在20世纪80年代开始撰写并出版了第一版《战后法国政治史》的时候，法国国内正在经历一场蓬勃的法国史革新运动。这场法国史的革新运动促使占据半个多世纪主导地位的年鉴学派走向没落，促进当代法国新政治史学派和当代法国政治史的兴起。法国新政治史学派的领军人物——法兰西学院院士勒内·雷蒙指出："政治史研究的突变具有三大特点：政治学地位的恢复、研究领域的进一步扩大和加快了对刚发生过的历史问题的研究。"[1] 法国新政治学派认为新政治史的研究对象应该包括"现时史"[2]，并把"现时史"放在当代法国政治史中十分显著的位置。勒内·雷蒙驳斥了认为"现时史"是现时短时期的政治现象因而在研究中很难做到客观、公正和科学的说法，他指出："现时史不是，也不可能是现在的历史或正在发生的历史，也不是现时的历史，而是对我们来说有现时意义的一段历史，无论距离的远近、时间的长短。"[3] 主张回归政治史的法国史学家弗朗索瓦·贝达里达还于1978年在法国创建了"现时史研究所"，开展对法国现时政治史的研究。自那时以来，法国出版了许多"现时政治史"

---

① 勒内·雷蒙：《法国的政治史研究》，载于《国外社会科学文摘》1986年第9期，第38~40页。
② 现时史法文为"l'histoire du temps present"。
③ 尼古拉·鲁塞利耶：《现时史：成就与问题》，载于法国《历史》季刊第37号，1993年第1季度，第139~141页。

的著作。笔者十分赞同法国新政治史学派对当代法国政治史和现时法国政治史所做出的评价。笔者还认为，自 20 世纪 70 年代以来，一方面由于法国政治逐渐地公开和透明，另一方面因为世界和法国信息日益发达、媒体和舆论监督日益强化、民间参与政治范围日益扩大，挖掘和发现法国刚发生过的政治事件和行为的真相及内幕并不十分困难，因而基本上能够做到对当代法国政治史、第四和第五共和国政治史以及现时法国政治史研究的客观性、真实性和科学性，大体上能够揭示当代法国政治史、第四和第五共和国政治史以及现时法国政治史的内在规律。

法国新政治史学派在法国史学界革新运动中逐渐拓宽了新政治史的研究范围，主要表现为"阳性政治"的历史取代了"阴性政治"的历史。[1]阴性政治的历史也就是传统意义上的政治史，属于狭义政治史的范畴，仅仅把政治制度和政治活动（如行政、议会、政党、选举、外交等）作为研究的对象。阳性政治的历史开拓了新研究对象，它不仅包括传统意义上的研究对象，而且包括与政治有关的所有对象，如经济、社会、文化和思潮等。笔者所撰写的四版法国政治史基本上属于法国史学界革新运动中创建的"阳性政治史"范畴，特别是第三版以及现在的第四版法国政治史，较之前两版法国政治史书写的对象则进一步拓宽。当然，第四版法国政治史拓宽的对象还是要紧紧地扣住政治这条主线，围绕法国政治生态开展研究，从而更能够在研究中发现和把握法国政治史的内在和客观规律。

笔者坚持以叙事为主要体裁，按年代、分阶段，系统地铺陈。在写法上则强调以史带论、寓论于史，同时根据"厚今薄古"的原则，描绘出第五共和国政治史的脉络，特别是第九章希拉克第二任总统、第十章萨科齐总统和第十一章奥朗德总统任期时的政治脉络。笔者加强了注释工作，凡是专有名词以及政党和政治派别都尽可能注明法文名称。

吴国庆

2017 年 7 月 26 日

---

[1]　阳性政治法文为"le politique"，阴性政治法文为"la politique"。

目　录
CONTENTS

第一章
第五共和国的成立
（1958 年 6 月~1959 年 1 月）

第一节　过渡性的戴高乐政府与新宪法的
制定和通过

一　过渡性的戴高乐政府

法兰西第四共和国后期（以下简称第四共和国），旷日持久的阿尔及利亚殖民战争导致财政枯竭和政局动荡。驻守阿尔及利亚的法国殖民军将领勾结科西嘉的极端殖民主义发动叛乱，扬言进军巴黎，要实现"复活作战计划"，推翻共和国并建立法西斯专政。

军事政变与反军事政变、推翻共和制度与捍卫共和制度的斗争十分尖锐和复杂，内战大有一触即发之势。而在危难面前，第四共和国后期的几届政府都指挥不灵，束手无策，到了山穷水尽的地步。第四共和国总统勒内·科蒂在 1958 年元旦贺词中被迫承认："从基本上说，我们的政治制度已经不能够适应新时代的步伐了。"[①] 1958 年 5 月 28 日，皮埃尔·弗林姆兰

---

① 雅克·夏普萨尔、阿兰·朗斯洛：《1940 年以来的法国政治生活》，上海译文出版社，1981，第 297 页。

总理向总统提出了辞呈。为了收拾残局，科蒂总统已经找遍了除夏尔·戴高乐以外的政党领袖和政界要人组阁，现在是让戴高乐复出的最好时机，也是他手中的最后一张牌了。第二天，科蒂总统向议会两院发表了一份咨文，指出内战的危险性，正式呼吁"最杰出的法国人"戴高乐出山组阁。他要挟说，如果议会拒绝批准，他本人将辞去总统职务。科蒂的呼吁反映了要求平息叛乱保卫共和国的广大法国民众的呼声，也获得法国舆论的同情和支持。科蒂总统的邀请得到已经 67 岁高龄的、正在焦急等待"召唤"的戴高乐的积极响应。

夏尔·戴高乐 1890 年 11 月 22 日生于法国里尔市的一个教师家庭，1912 年毕业于圣西尔军校，后在军队服役，在一战中多次负伤。1920 年晋升为少校，1937 年晋升上校，1940 年率领装甲师阻击德军进攻获得嘉奖。1940 年 6 月晋升为准将，从军队中上调为雷诺政府陆军部副国务秘书。戴高乐早年接触过法国的民族主义者和各种民族主义思潮，参加过德雷富斯案件①的争论，唤起了他的民族感情。他对 1870 年普法战争的失败表现出强烈的复仇愿望，并在一战中亲自与德军较量过。不过，在二战前夕、二战中和二战后，他已经超越了单纯的复仇愿望，树立起复兴法兰西民族的情结，以努力实现法国的"大国梦""强国梦"来医治被称为"欧洲病夫"的"法国病"。

戴高乐在二战后初期写作的《战争回忆录》（第 1 卷）第一章开宗明义地表明他的心迹："我对法国一向有一种看法。"法国"除非站在最前列，否则法国就不能成为法国……总之，法国如果不伟大，就不成其为法国。"②早在领导抵抗德国法西斯侵略的同时，戴高乐就在不同的场合强烈地表达了复兴法兰西民族的强烈愿望："为了作战和复兴而团结起来的法国人民，同样还要在全世界恢复法国的地位和伟大。"③ 1944 年 8 月 25 日，巴黎从德国法西斯铁蹄下解放出来。作为法国临时政府首脑的戴高乐于 1944 年 12 月

---

① 1894 年法国军方诬陷犹太身份的阿尔弗雷德·德雷富斯上尉是德国间谍，并判刑流放。当真相逐渐显露出来时，引发全法国大争论，从而形成了反德雷富斯和为德雷富斯辩护的两大营垒。戴高乐参与了这场争论，并主张为德雷富斯冤案平反。

② 戴高乐：《战争回忆录》（第 1 卷）（1940～1942）（上），世界知识出版社，1981，第 1 页。

③ 戴高乐：《战争回忆录》（第 2 卷）（1942～1944）（下），世界知识出版社，1981，第 517 页。

31 日在巴黎发表广播演说："但是，整个法国都了解，这是命运赐给她的良机，使她通过逐渐增长的战斗力量，重新取得她多少世纪以来的卓越地位，为了她本身和其他国家，她必须保持这种地位。我的意思是说，法国应该保持强国的地位，没有法国这个强国的参加就不能确保胜利、世界秩序与和平。"[1] 二战刚刚结束，戴高乐多次发表谈话，宣称法国在战后国际事务中应发挥她的作用，"这种作用应该是一个大国的作用"[2]。与此同时，戴高乐紧锣密鼓地开展对外活动，要求与美国、英国、苏联等平起平坐，给予法国在国际事务中的应有地位，起着战胜国对战败国应起的作用，从而使法国不断地向大国地位攀升。法国前总统瓦莱里·吉斯卡尔·德斯坦在 2000 年出版的《法国人》一书中揭示了戴高乐领导法国抵抗运动的目的："戴高乐主义的核心要义，或者说戴高乐将军本人当年孤身一人不懈努力的终极目的，在于重新让法国回归世界强国之列，不管它曾经遭受怎样的军事失利，也不管它正经历着怎样的入侵和占领……纵观历史，鲜有人能够仅凭一己之力逆转历史走向。如果我们说戴高乐将军能够位列这些历史巨人的行列之中，我想原因正在于他不变的目的，即带领法国重回强国之列，重拾法国的独立与尊严。"[3]

诚然，戴高乐的"大国梦""强国梦"具有法国神秘主义色彩。戴高乐对"法兰西神圣"笃信不移，他承认"对法国一向有一种看法"包括感情和理智两个方面，"感情的那一面使我把法国想得像童话中的公主或壁画上的圣母一样献身于一个崇高而卓越的使命。我本能地感觉到上天创造法国，如果不是让它完成圆满的功业，就是让它遭受惩戒性的灾难。"[4] 戴高乐对法国负有"神圣使命"的神秘主义，促使他去做"大国梦""强国梦"。

另外，戴高乐的"大国梦""强国梦"还被他的历史主义观所驱使。他怀念路易十四和拿破仑一世的武功和盛世、法国大革命的影响力、19 世纪法国成为世界文明的中心。戴高乐认为："在过去的一千五百年中，它已习

---

[1]　戴高乐：《战争回忆录》（第 3 卷）（1944～1946）（下），世界知识出版社，1981，第 430～431 页。
[2]　戴高乐：《战争回忆录》（第 2 卷）（1942～1944）（下），世界知识出版社，1981，第 517 页。
[3]　瓦莱里·吉斯卡尔·德斯坦：《法国人》，清华大学出版社，2016，第 9 页。
[4]　戴高乐：《战争回忆录》（第 1 卷）（1940～1942）（上），世界知识出版社，1981，第 1 页。

惯于一个大国地位……"① "在过去，它在国际舞台上是人口最多、最富有、最强大的国家"。② 他希望通过"大国梦""强国梦"来复兴法兰西，恢复法国在历史上的中心地位和举足轻重的作用。

然而，戴高乐的"大国梦""强国梦"最主要还是基于现实的考虑。自19世纪末至20世纪中，法国经过普法战争和两次世界大战，满目疮痍，其国力日益衰弱，其国际地位和作用也大大下降，从而使法国二战后相当长时期在处理国际事务时往往力不从心，也不为国际社会认可。这个时候的法国被国际社会称为"欧洲病夫"，犯了"法兰西沉疴"。戴高乐痛心疾首，与广大的法国民众怀着共同的情结，决心改变这种状况，实现法兰西民族的复兴，实现法国的"大国梦""强国梦"。

正是这种复兴法兰西民族的情结和以实现"大国梦""强国梦"来医治法国病的强烈愿望，驱使戴高乐在他一生的政治生涯中，三次在法国危急时刻或者关键时刻挺身而出挽救法兰西民族危亡。第一次是1940年6月17日，在德国法西斯占领法国半壁江山的危亡时刻，戴高乐毅然脱离陷入绝境的雷诺政府，投奔到英国伦敦，并于6月18日发出《告法国人民书》③，号召国内和海外法国人抗击希特勒的侵略，组织和领导抵抗运动。第二次是1944年9月在法国首都巴黎获得解放后，戴高乐领导的临时政府④立即迁入巴黎，确立战后法国政权代表的资格。当有人对临时政府的合法性质疑时，戴高乐庄严地宣布："共和国一直存在着，自由法国、战斗法国、法兰西民族解放委员会都与它融为一体，维希政权过去和现在都是无效的和非法的，我本人就是共和国政府的主席，为什么还要宣布共和国成立呢？"⑤ 戴高乐明确地表示，以他为主席的临时政府不仅在国外，而且在国内都是法国政权唯一的、合法的代表。1958年6月，即法国的第三次危难时刻，

---

① 戴高乐：《战争回忆录》（第1卷）（1940~1942）（下），世界知识出版社，1981，第519页。
② 国际关系研究所编译《戴高乐言论集（1958~1964）》，世界知识出版社，1964，第173页。
③ 史称"6·18召唤"。
④ 1943年6月，领导海外抵抗运动的戴高乐组织了"法兰西民族解放委员会"，吸收法国国内抵抗运动的代表参加。1944年6月，该委员会改称为法国临时政府。它作为法国最高权力机构，领导海内外抗击德国法西斯的战争。
⑤ 戴高乐：《战争回忆录》（第2卷）（1942~1944）（上），世界知识出版社，1981，第323页。

戴高乐又一次勇于担当重责，挽救危局。不过，此次委任戴高乐以总理之职，是议会表决通过的，符合法律程序，无可非议。

1958 年 6 月 1 日上午，戴高乐提出了一个新内阁名单。下午，他登上第四共和国议会讲坛，发表了总理候选人的简短授权声明。在声明中，他要求议会给予信任，授予他处理阿尔及利亚问题的权力，批准他为修改宪法所提出的建议。议会以 329 票赞成对 224 票反对通过了授权。投反对票的有 148 名法国共产党① （简称法共）议员及其同情者、49 名社会党②议员、包括皮埃尔·孟戴斯·弗朗斯在内的 18 名激进党③议员以及弗朗索瓦·密特朗等。他们构成了反戴高乐政权的基本政治势力。

6 月 1 日新内阁成员有 16 名，7 月 7 日增至 24 名。以戴高乐为总理的新内阁具有如下特点：首先，他任命了 9 名非议员出身的阁员，从而打破了第四共和国历届政府成员必须从议员中挑选的惯例，这些非议员出身的阁员不具有党派标志和政治倾向。其次，他把外交部、国防部和内政部三个关键的部委托给非议员出身的、非党派人士的专家莫里斯·顾夫·德姆维尔、皮埃尔·吉约马、埃米尔·佩尔蒂埃。戴高乐希望在行使外交、国防和内政三大重要职权时，避免党派的纠葛。最后，在 15 名议员出身的阁员中，社会党、人民共和党（或称人民共和运动）④、社会共和党⑤（戴高乐派，简称戴派⑥）、独立人士和农民全国中心⑦（或称独立党⑧、温和派⑨）、激进党、抵抗运动民主与社会联盟⑩各占 3 名。社会党人居伊·摩勒、人民共和党人弗林姆兰、独立党人路易·雅基诺、民主与社会抵抗联盟成员费利克斯·乌弗埃－博瓦尼任国务部长。戴高乐把除法共以外的法国传统政

---

① 　法国共产党法文为"le Parti communiste français（PCF）"。
② 　社会党法文为"le Parti socialiste（PS）"。
③ 　激进党法文为"le Parti radical（PR）"。
④ 　人民共和党（或称人民共和运动）法文为"le Mouvement républicain populaire（MRP）"。
⑤ 　社会共和党法文为"le Parti républicain socialiste（PRS）"。
⑥ 　戴高乐派（简称戴派）法文为"les gaullistes"。
⑦ 　独立人士和农民全国中心法文为"le Centre national des indépendants et paysans（CNIP）"。
⑧ 　独立党法文为"les Indépendants"。
⑨ 　温和派法文为"les Modérés"。
⑩ 　抵抗运动民主与社会联盟法文为"l'Union démocratique et socialiste de la résistance（UD-SR）"。

党尽数收入内阁，并安排四个重要政党领导人为国务部长，旨在兼顾和协调各党派的利益，组织一个"团结的、举国一致的政府"，以便渡过难关。

6月2日，国民议会授予新政府处理阿尔及利亚问题的特殊权力以及有效期为半年的政治立法全权。翌日晚，议会又以350票赞成对161票反对的绝对多数通过了授予新政府修改宪法的权力，并规定了修改宪法时新政府必须遵守的三个条件：第一，承认权力来源于普选，行政权和立法权分离，政府对议会负责，司法权独立，确定法国本土与海外领地关系共五项原则。第二，必须征求宪法咨询委员会和参议院的意见。宪法咨询委员会中的2/3的成员应是议会有关委员会的代表。第三，新宪法草案必须通过公民投票表决。议会在通过这三项议案后开始休会。

戴高乐重新执政和议会任务的结束，标志着第四共和国寿终正寝。从此，法国进入向第五共和国过渡的时期。在这个过渡时期，制定和通过第五共和国宪法，是戴高乐政府最主要的任务。

二 第五共和国宪法草案的制定

过渡政府根据议会授予的制宪权力，利用有限的时间，着手制定新宪法草案。因为有了新宪法，戴高乐及其政府就有了行使权力的法律依据，就能加强自己的地位，以便驾驭全局，解决国内外难题。

戴高乐任命了他的司法部长米歇尔·德勃雷具体负责新宪法的起草工作。德勃雷于1912年1月15日生于巴黎一个高级知识分子家庭，毕业于巴黎大学法学院和私立政治学院并获得博士学位，1935年进入法国行政学院，1941年在海外参加抵抗运动，1945年任法国临时政府负责行政改革的特派员，1946年参加激进党，1947年参加戴高乐创建的法兰西人民联盟①，1948年当选为参议员，1954～1958年任参议院社会共和党议会党团主席。德勃雷写过《重建法国》《统治我们的王子们》等著作。他在二战中开始追随戴高乐，深谙戴高乐的思想和主张。他组织和主持了一个以行政法院成员为核心、荟萃18名成员参加的专家委员会。专家委员会主要以戴高乐关

---

① 法兰西人民联盟法文为"le Rassemblement du peuple français（RPF）"。

于法国政治体制的思想和主张为基础，遵循议会通过的五项原则，借鉴了第四共和国政治体制在实践中的经验教训，同时还参照了英、美等国家政治体制的机制和运行状况，于 7 月中旬完成新宪法草案文本的工作。

戴高乐关于法国政治体制的思想和主张，集中体现在 1946 年 6 月 16 日在纪念法国第一个获得解放的贝叶镇两周年之际所发表的"贝叶演说"中。在"贝叶演说"中，戴高乐总结了第三共和国议会制的经验教训，根据二战后国内国际复杂的环境，主张重新调整议会、政府和总统三者之间的权力关系，确保行政权的连续性和稳定性，以便能够迅速而又果断地进行决策，"立法权、行政权和司法权明确分立和彼此十分均衡，并建立一个处理意外政治事件的全国决策机关，以便在发生混乱的时候保持政权稳定。"① 他在抨击第三共和国的政治制度时指出，总统应当有职有权，"国家元首应根据议会确定的方向和协调各方利益的原则，负责任免人员，他应当任命各部部长，当然，首先是任命应该负责指导政府政策和工作的总理……国家元首应主持政府会议，在政府中起一个民族所不能中断的延续作用。"② 国家元首则由包括全体议员在内的范围更加广泛的选举团选举产生。

戴高乐在"贝叶演说"中还指出"议会至上""万能议会"是第三共和国的种种弊端所在。他同意议会可以建立两院制：一个是直接由普选产生的议会，即众议院。它有权通过法律和预算，反映全国性的政治派别的意见和主张，但是，"这个议会的初步动议，未必是完全有远见而明智的"③，还要建立另一个由省和市镇议会选举产生的议会加以补充。它对众议院的决议进行审查、修改和提出建议，同时反映地方生活的倾向和权利。

第三共和国历时 65 年，内阁更迭 107 次，每届政府的平均寿命不足 8 个月，而同一时期美国只更替过 14 届总统，英国只更换过 20 届内阁。第三共和国内阁是当时闻名遐迩的短命内阁。然而，它与第四共和国内阁比较，还是小巫见大巫呢！第四共和国存在的 11 年半中，内阁像走马灯似的更换了 20 届，每届政府的平均寿命不足 6 个月，其中最长的内阁不过一年多，

---

① 戴高乐：《战争回忆录》（第 3 卷）（1944～1946）（下），世界知识出版社，1981，第 637 页。
② 戴高乐：《战争回忆录》（第 3 卷）（1944～1946）（下），世界知识出版社，1981，第 638 页。
③ 戴高乐：《战争回忆录》（第 3 卷）（1944～1946）（下），世界知识出版社，1981，第 637 页。

最短的只有两天。戴高乐断言，第三共和国内阁更迭频繁和政局动荡，是由于政府由议会产生，所以，戴高乐在"贝叶演说"中特别强调行政权和立法权的分离，"行政权与立法权必须切实分开"①，作为改革法国政治体制的重要原则。行政权不能由议会产生，在一般情况下，行政权应由国家元首授予政府。在演说中，他强调法国必须拥有一个稳定高效的政府。

《1940年以来的法国政治生活》的作者认为："这篇演说，对愿意了解第五共和国的人来说，是一篇具有根本意义的文章……"② 戴高乐自己也说过："现在要制定的宪法，多少与人们所称的'贝叶宪法'相同。1946年6月16日我曾在贝叶发表的演说中提出了法国所需要的宪法。"③

7月下旬，由戴高乐亲自担任主席、另外4名内阁成员组成的部际委员会（或称为"第二委员会"），就专家委员会提交的宪法草案的初稿进行讨论、比较和选择。过渡政府的国务部长如摩勒、弗林姆兰等，针对第四共和国宪法的弱点，对宪法草稿提出自己的意见和建议。内阁会议根据部际委员会的推荐，经过酝酿和讨论，批准了这个宪法草案的文本。

随后，新宪法草案进入了咨询的阶段。先由宪法咨询委员会进行咨询，该委员会共有39名成员，其中2/3的成员由第四共和国议会两院投票任命，另1/3由过渡政府指派，委员会主席是保罗·雷诺。宪法咨询委员会拥有许多党派成员，代表了各种政见和政治倾向（法共被排斥在外）。他们在议会休会后依然可以通过该委员会对制宪工作进行监督。宪法咨询委员会从7月底至8月上旬就新宪法草案进行了审议，对草案中的某些条款如有关共同体的条文、法国与法属非洲国家的关系等做了一些修改和补充。新宪法草案于8月11日获得宪法咨询委员会的通过。行政法院还从技术角度对新宪法草案进行审议。

经过多次讨论和修改的新宪法草案于9月3日获得了过渡政府的最后批准。从第四共和国议会全权授予过渡政府制定新宪法，到新宪法草案起草

---

① 戴高乐：《战争回忆录》（第3卷）（1944～1946）（下），世界知识出版社，1981，第637页。
② 雅克·夏普萨尔、阿兰·朗斯洛：《1940年以来的法国政治生活》，上海译文出版社，1981，第114页。
③ 戴高乐：《希望回忆录》（第1卷）（1958～1962），上海人民出版社，1973，第30页。

的完成，到过渡政府批准新宪法草案，前后仅用去 3 个月，工作组的效率是相当高的。于是，戴高乐总理选择了 9 月 4 日，即第三共和国成立 87 周年纪念日，在巴黎的共和国广场的群众集会上，正式提出了新宪法草案，同时指出，按照该宪法所建立的政治体制，"将使共和国变得强大""也重新得到了它成为伟大的机会"①。他呼吁公民投票给予通过。

三 政党的态度和第五共和国宪法草案的通过

在国民议会休会后的相当长时间，多数法国党派采取"静观"立场，有的处于"冬眠"状态。当戴高乐政府宣布就新宪法草案举行公民投票后，它们才开始苏醒和活跃起来，就新宪法草案表明各自的立场和态度。

一贯支持戴高乐政治思想和主张的社会共和党坚决拥护新宪法草案。一些戴派成员还专门成立了组织和团体，如雅克·苏斯戴尔主持的争取法兰西复兴联盟②、雅克·沙邦 – 戴尔马领导的争取第五共和国联盟③（后改为争取公民投票民众联盟）、戴派左翼组成的共和改良中心④，等等，以便扩大戴派的影响，争取公民对新宪法草案的支持。

社会党于 9 月中旬召开了全国代表大会，就法国当前政局、对戴高乐上台执政以及对新宪法草案应采取的态度进行了讨论。在社会党总书记居伊·摩勒的影响下，以及在社会党最主要组织罗讷河口省联合会的积极配合下，代表大会以 70% 的绝对多数票通过了对戴高乐政府和新宪法草案的支持。反对派中的一部分分裂出来，另组建独立社会党⑤。这样，法国政党中最主要的政党——社会党在关键性问题上，如同在议会中授权戴高乐的关键性问题上一样，再次起了重大的作用。

人民共和党、独立党以及其他右翼政党和团体组织，都对新宪法草案表示了积极肯定的态度。乔治·比多还组织了一个法兰西基督教民主联

---

① 国际关系研究所编译《戴高乐言论集（1958 ~ 1964）》，世界知识出版社，1964，第 38 页。
② 争取法兰西复兴联盟法文为"l'Union pour le renouveau français（URF）"。
③ 争取第五共和国联盟法文为"l'Union pour la Vᵉ république（UVᵉR）"。
④ 共和改良中心法文为"le Centre de la réforme républicaine（CRR）"。
⑤ 独立社会党法文为"le Parti socialiste autonome（PSA）"。

盟①，争取和扩大基督教信徒对新宪法草案的支持。

激进党全国代表大会不顾党内元老皮埃尔·孟戴斯·弗朗斯以及西南部激进党人的坚决抵制，以716票对544票通过了决议，赞同新宪法草案。

法共对戴高乐及其法兰西人民联盟的反共立场和活动一直心有余悸，担心戴高乐利用新宪法走向"独裁"，或把政权"法西斯化"，因而反对戴高乐重返政坛，反对他领导的过渡政府，反对新宪法草案。

抵抗运动民主与社会联盟在密特朗的带动下，也对这部"反民主"的新宪法草案持否定的立场。

在某些左翼反对派的影响和推动下，社会党的左翼爱德华·德普勒、罗贝尔·韦迪耶、阿兰·萨瓦里等、抵抗运动民主与社会联盟的左翼密特朗等、激进党的左翼孟戴斯·弗朗斯等，以及社会主义左翼联盟②、青年共和国党、人权同盟等左翼政治团体和个人，于7月7日联合起来成立了民主力量联盟③，共同对付戴高乐政权，坚决反对新宪法草案。

总的来讲，在法国政党和政界中，支持和赞同戴高乐政府和新宪法草案的居多数，它们构成强大的势力；反对和抵制戴高乐政府和新宪法草案的居少数，它们势单力薄。

戴高乐政府和戴派为了争取新宪法草案获得通过，竭尽全力。戴高乐亲自出马到雷恩、波尔多、斯特拉斯堡、里尔等重要城市进行游说。9月21日，他在要求法国公民对新宪法投赞成票的演说中再次指出："我们向世界表明我们还能够而且永远能够成为一个大国"。④ 为了加强对新宪法草案的宣传，情报部长苏斯戴尔多次整顿法国广播电视台，派遣得力的戴派成员参加领导班子。在苏斯戴尔坐镇指挥下，强大的官方宣传机器开动起来，口号、标语、海报、刊物、宣传品比比皆是。拥护新宪法草案的政党和团体还成立了"公共行动共和阵线"，提出"投赞成票也好，投反对票也好，但得投票"的号召，实际上动员人们投赞成票。至于反对新宪法草案的党

---

① 法兰西基督教民主联盟法文为"l'Union de la démocratie chrétienne de France（UDCF）"。

② 社会主义左翼联盟法文为"l'Union de la gauche socialiste（UGS）"。

③ 民主力量联盟法文为"l'Union des forces démocratiques（UFD）"。

④ 国际关系研究所编译《戴高乐言论集（1958～1964）》，世界知识出版社，1964，第40页。

派和团体，它们所使用的宣传手段有限，与支持新宪法草案的政党和团体比较，无论在宣传规模和声势上都相形见绌。

1958 年 9 月 28 日就新宪法草案举行公民投票，公民投票在法国本土和共同体中同时进行。根据法国本土的统计，79.25% 有效票赞成新宪法草案，即平均每 5 张票中，有 4 张是赞成票，占压倒多数。在法国本土各个省份，赞成票都毫无例外地占了优势。20.75% 有效票反对新宪法草案。弃权人数占登记投票人数的 15.6%，在法国政治史上除了 1936 年议会选举外，要数这次弃权率最低。它反映了多数法国公民关心国家的命运和前途，积极参与国家政治生活。如果根据法国本土和共同体投票的统计，82.60% 有效票赞成新宪法草案，17.40% 有效票反对新宪法草案，弃权人数占登记投票人数的 17.40%。尽管共同体中赞成新宪法草案的人占绝对多数，但是几内亚的公民投票则否决了新宪法草案，说明法属殖民地正在觉醒。另外，共同体的弃权率要高于法国本土，也说明法属殖民地对宗主国的漠视。

为什么绝大多数法国本土的公民无一例外地投了赞成票呢？首先，最根本原因是，这部宪法适应了当代法国经济、政治和社会发展的需要，新宪法所规定的政治体制符合法国国情，顺应了民心。其次，法国公民在此次投票中明显受到了政府和拥护新宪法草案的政党和团体宣传的影响。再次，危急的法国国内政治形势迫使法国公民进行表态和做出选择：要么让军人或极右法西斯势力上台，那就意味着法兰西共和国的灭亡，在法国建立起法西斯独裁政权；要么支持新宪法草案，那就意味着捍卫了法兰西共和国，使它继续存在下去。最后，多数法国公民对这位曾经在危难中"拯救"过法国的戴高乐寄予期望和信赖，认为拥护戴高乐就要支持新宪法草案。

由于戴高乐的政治思想和主张特别是"贝叶讲话"的精神对 1958 年宪法的内容具有决定性的作用，由于戴高乐在制定新宪法过程中亲自参加和指导，甚至从第五共和国政治体制的内涵和外延、从它的基本构架都做了具体的指示，法国政治学界都把第五共和国宪法称为"戴高乐宪法""戴高乐政治思想的体现和化身"。

此次公民投票的意义十分重大。首先，第五共和国宪法是以绝大多数赞成票获得通过的，可见它的政治基础和社会基础相当广泛和坚实。其次，对新宪法草案的高支持率等于给戴高乐开了一张"空白支票"，让他放心大胆地实践他的政治主张和推行他的内外政策，发展和增强法国的硬实力和软实力，实现法兰西民族复兴，圆了他梦寐以求的"大国梦""强国梦"。最后，通过公民投票扩大了戴高乐派的影响，加强了他们的地位，并推动法国现有党派格局向两极化演变。

第二节　1958 年宪法①的基本内容和主要特征

一　共和国总统

《第五共和国宪法》（以下简称 1958 年宪法）把共和国总统列入第二章，紧跟在第一章有关国家主权之后和其他各章之前，而第四共和国宪法则是把议会安排在这个位置的。新的宪法结构足以说明，第五共和国总统已拥有不寻常的地位。

1958 年宪法第 5 条给共和国总统的作用下了一个总的定义："总统监督宪法的遵守。总统通过其仲裁保证公权力的正常运行及国家的延续。""总统确保国家的独立和领土的完整以及国际条约的遵守。"简言之，第五共和国总统将体现"国家的持续性"，起着"保证者"和"仲裁者"的作用。"仲裁者"就是拥有国家的重要权力和能够最后决断的人。由此可见，第五共和国总统将在今后法国国家政治生活中起着主导的作用。而按第三、第四共和国宪法规定，总统只是宪法的"捍卫者"，在国家礼仪和庆典活动中代表国家，作为形式上的国家元首，统而不治，在第三和第四共和国政治生活中起着次要的作用。

1958 年宪法第 6 条规定，总统由选举团选举产生，任期为 7 年。第三

---

① 《世界各国宪法》编辑委员会编译《世界各国宪法》（欧洲卷），中国检察出版社，2012，第 267～282 页。

和第四共和国总统则由议会两院联席会议共同选举产生，因而总统深受议会的牵制和约束。由于 1958 年宪法将总统选举改由选举团进行，而选举团成员不仅有国民议会和参议院的议员，还包括省议会、海外领地议会的议员以及由市议会选出的代表，共计 81512 人。议会两院议员在选举团成员总数中只占 1% 的比例，因此，总统从人数众多的选举团中获得了比议员更广泛的"合法性"①，受到议会较少的牵制和约束。选举方式的改变使第五共和国总统的地位得到加强。

1958 年宪法赋予总统许多职权，除了拥有如赦免权、统率三军权、主持部长会议、任免高级文武官员、颁布法律、签署法令和命令、接受外交使节的国书、负责谈判和签署条约等一般性的传统职权外，还拥有任免总理、解散国民议会、举行公民投票、宣布紧急状态四大特殊权力。

1958 年宪法第 8 条规定："共和国总统提名总理，并依据总理提出的政府辞职而免除其职务。""总统依总理的提名任命政府其他成员或免除其职务。"这个条文实际上指出：第一，总统任命总理时不必经过议会的批准，而第三和第四共和国总统在指定总理后，需要经过议会的讨论和表决通过才能生效。第二，总理在组织政府和挑选政府成员时要征求总统的意见并得到总统的认可，而第三和第四共和国总理可以自行决定内阁成员和组织内阁，无须征得总统的同意。第三，总统可以根据国内形势的需要和国际风云的变幻更换总理，而第三和第四共和国总统无权任意撤换总理。第四，总统或自行做出决定，或根据总理的提议，可以撤换政府其他成员，而第三和第四共和国总统并无此项权力。

1958 年宪法第 12 条规定总统与国民议会在政治上意见分歧时，或认为必要时，有权解散议会。第三和第四共和国时期，只有总理拥有解散议会的权力，作为平衡，议会拥有推翻政府权力的一种手段，但在实行议会制的情况下，总理解散议会的权力受到严格的限制，如 1875 年宪法规定，解散众议院必须征得参议院的同意。1946 年宪法采取了更多的预防措施，使总理行使解散国民议会的权力难上加难。1958 年宪法不仅把解散议会的权

---

① 让-雅克·贝克尔：《1945 年以来法国政治史》（第 10 版），阿尔芒·科兰出版社，2011，第 96 页。

力转移给总统行使，而且提供了一些方便条件。例如，总统在行使解散议会的权力时，虽然也要同总理和议会两院议长商量，但可以不受他们的意见的约束，可以单独地采取行动。这就使第五共和国总统在对付政敌和制服议会方面获得了一个有效的和强有力的武器。

1958 年宪法第 11 条规定总统享有运用公民投票的权力，并指出了公民投票的内容、范围和条件：公民投票适用于组织国家权力机构、批准与共同体国家签订的协定、批准足以影响机构行使职权的条约等方面；公民投票必须由政府或在议会两院的建议下才能举行。1946 年宪法规定，第四共和国也拥有公民投票，但运用这种手段的权力不属于总统，而且公民投票仅限于新宪法草案或者宪法条文的修改得不到议会两院"合格多数"（3/5以上的多数）的条件下，才考虑使用。1958 年宪法则将举行公民投票的权力移交给总统单独享有，并大大地扩充了它的内容和范围，使总统在遇到涉及全国性的重大政策和措施时，可以绕过国民议会和参议院，直接付诸公民投票做出决定。

1958 年宪法第 16 条规定："当共和制度、国家独立、领土完整或国际条约义务的履行遭受严重而即刻的威胁，致使宪法所规定的公权力正常运作受到阻碍时，经正式咨询总理、议会两院议长和宪法委员会主席，总统得采取紧急措施。"在起草第五共和国宪法草案的过程中，正是在戴高乐的坚持下，写入了这段著名的条文。戴高乐认为，总统在危急时刻必须拥有特别的权力。他回顾了 1958 年 5 月间，正是在政府宣布实行紧急状态法的情况下，科蒂总统才克服了议会的意见分歧，让他重新执政。阿尔及利亚的危急局势和法国本土内战迫在眉睫，也要求总统拥有处理这些问题的全部权力。然而，第 16 条也引起了激烈的争论，一些人担心总统援引该条实行"罗马式的专制"，取消"民主"和"自由"。因此，在第 16 条最后几段文字中，也对总统在实施紧急状态法时做了某些限制。例如，总统必须用咨文的形式通告全国；必须在最短的时间内结束；国民议会不得解散；议会对紧急状态法的实施进行监督。尽管如此，有了第 16 条，总统在必要时或危机时刻，能够发挥一国之长的作用，在受到较少牵制的情况下，当机立断和大刀阔斧地采取各种措施，维护国家安全和共和国政体的稳定。

二　总理及其政府

1958 年宪法把总理及其政府安排置于紧接着第二章共和国总统之后的第三章，而在第四章议会之前，这证明了准备建立一个强势的政府，行政权要优于立法权。前面已经提到，第五共和国总统有权任命总理，并根据总理的建议任命政府其他成员。也就是说，第五共和国总理及其政府来自总统，而不是来自议会。

1958 年宪法以及有关的法律和组织法没有明文规定政府成员的数目，它由共和国总统和总理根据实际需要做出安排，因此，各届政府成员的数量都可以有所不同。1958 年宪法也没有明文规定政府成员如英国那样必须在议员中挑选，或如美国那样必须在非议员中挑选，它可以根据总统和总理的需要在议员和非议员中挑选和任命。但是，议员一旦被任命为政府成员，他应该在一个月内辞去议员的职务。

1958 年宪法第 20 条规定，政府决定并指导国家的政策。中央政府是最高行政机构，在法律上是一个集体组织，通过各种会议、法令和命令实施它的集体权力。中央政府由总理、国务部长、部长、部长级代表和国务秘书组成。

1958 年宪法第 21 条还规定，总理领导政府的活动，负责国家防务，保证法律的执行，制定规章，任命文武官员。如果情况需要，总理代替总统主持部长会议。

总之，第五共和国总理及其政府拥有实际权力，地位十分重要。但由于宪法对总理及其政府职权的规定比较笼统和抽象，造成总统和总理之间分工不明确，职责混淆不清，因而引起了法国法学界和政界的争论，出现"二元领导体制问题"。对于这个问题，戴高乐做过这样的解释，叫作总统决定大政方针，总理负责具体的行政事务。

1958 年宪法第 23 条还特别规定，政府成员不得同时兼任议员的职务、全国性的专业职务以及公共职务，或从事职业性的活动。按宪法制定者的解释：首先，如果政府成员兼任议员的职务，同时是执法者和立法者、被监督者和监督者，那就意味着行政和立法的职责混淆不清，从而违背了三权分立的原则。其次，1946 年宪法规定第四共和国内阁成员可以兼任议员，致使议员都把自己的职务作为阶梯，争先恐后地和千方百计地要挤进内阁。第四共和国的一些内阁危机就是由议员谋求晋升的野心挑起的。鉴于历史的教训和遵循三权分立的原则，1958 年宪法写入了关于政府成员不可兼任议员的规定。它能够消除引起政府危机的某些因素，从而加强了第五共和国政局的稳定性。

三　议会

1958 年宪法是在反对实行"万能议会制"的政治气氛中制定的，因此，第五共和国议会在宪法的结构中排在共和国总统和政府之后，处于次要的地位。

第五共和国议会实行两院制，议会分为国民议会和参议院。国民议会由直接选举产生，议员任期 5 年。参议院则由间接选举产生，参议员任期 9 年，每 3 年改选 1/3。第三共和国时期，议会也实行两院制：一个叫众议院①，另一个叫上议院（有时也译为参议院）②。根据第三共和国宪法规定，众议院固然处于主要的地位，但上议院也拥有相当大的职权，对前者起着"刹车"的作用。第四共和国时期，议会也实行两院制，但将众议院改为国民议会③，将上议院改为参议院④。它说明前者的地位进一步提高，后者的作用明显地下降。1958 年宪法恢复了上议院的名称（目前中文仍译为参议院）。按照戴高乐和宪法起草者的想法，应该提高参议院的地位，使它对国民议会在政治上起着平衡的作用。一旦国民议会成为总统和政府的严重障碍，后者将寻求参议院的支持，对付国民议会的挑战。

1958 年宪法的第四章中，对议会的例会和特别会议做了明确的规定。第四共和国初期，议会两院主宰了法国的政治生活。它们的会议，无论是例会还是特别会议都不受任何限制，要开多久就开多久，因此，议会几乎

---

① 众议院法文为 "la Chambre des députés"。
② 上议院法文为 "le Sénat"。
③ 国民议会法文为 "l'Assemblée nationale"。
④ 参议院法文为 "le Conseil de la République"。

终年在举行会议。总理和政府其他成员要花相当多的时间和精力去应付议会，致使日常工作受到极大的影响。1954 年对第四共和国宪法关于议会的条文做了某些修改，恢复了第三共和国时期议会每年举行两次例会（时间长 9～10 个月）的传统，但是，总理的活动和政府工作依然受到很大的牵制。鉴于历史上的经验教训，1958 年宪法规定议会例会每年举行两次，第一次例会为秋季会议，专门用来审议财政年度预算；第二次例会为春季会议，专门用来讨论和通过法律草案和立法提案。两次例会长为 5 个月零 20 天。1958 年宪法还对议会特别会议做了更严格的规定，它必须根据总理或议员多数的要求才能召开，并由总统公布会议开幕和闭幕日期。特别会议不得超过 12 天。第五共和国议会的活动手段受到一些限制，但总理和政府确实减轻了负担，有较多的时间和精力处理日益复杂的国内外事务，从而提高了工作效率。

第五共和国议会在工作程序上和方法上也是身不由己。1958 年宪法第 43 条规定，议会的常设委员会为 6 个。第三和第四共和国时期，议会的常设委员会数目没有限制，内阁有多少部就有相应数目的常设委员会，对与之对口的部进行严格的监督。随着第五共和国议会常设委员会数目的锐减，议会对政府各部监督能力大大下降。1958 年宪法第 48 条规定，政府有权确定议会的议事日程，政府的法律草案和政府看中的立法提案应给予优先讨论，而受政府敌视的立法提案安排讨论的机会则较少。1958 年宪法第 42 条进一步规定，议会讨论时要以政府提供的原件为蓝本，而不能以常设委员会修改过的文本为标准，这就有效地防止了政府的法律草案被常设委员会改得面目全非。1958 年宪法第 61 条还规定，组织法在公布前和议会会议规则实施前，必须提交宪法委员会审议，以判断它们是否符合宪法精神。这些规定，都是为了防止议会滥用工作程序和工作方法来阻挠政府所提出的法律草案的通过。

四　议会与政府的关系

第五共和国议会的职权载入 1958 年宪法第五章中。第五章的标题是"议会与政府的关系"，它在宪法各章中条目最多、最长、最为详细。这说明，在涉及第五共和国议会职权时，离不开与政府的关系；反过来讲，没有第五共和国政府，也就无所谓议会职权。

第五共和国议会拥有以下三大职权。

1. 立法权

1958 年宪法第 34 条规定，议会投票通过法律。立法权属于议会，而制定条例权属于政府。

宪法第 34 条用相当长的篇幅划清了法律和条例的界限。法律可以确定公民权和公民的基本保障、人权和家庭权、刑事、税赋、议会选举制度、公务员章程和国有化章程等方面的详细内容，还可以确定防务、地方行政单位、教育、产业、劳动、社会保险等方面的基本原则。除此之外，均属条例确定的范围。这就明确了议会立法时和政府制定条例时各自的内容和范围。第四共和国议会坚持"法律至高无上的原则和排斥所有对立法权的限制"，取消了第三共和国议会将部分立法权转让的做法，剥夺了第四共和国政府进行决策时必须具备的手段，致使政府丧失了许多活动能力。基于这种历史教训，1958 年宪法适当地限制了议会的立法权限和范围，赋予政府和总统制定条例和发布命令的权限。如宪法第 38 条规定，政府为了实现它的政治纲领，可以请求议会在规定的时间内赋予它发布属于法律范围内的命令的权力，从而增强了政府的应变和活动能力。

2. 通过财政预算权

议会有权讨论和通过政府编制的财政年度预算。鉴于第四共和国议会审议预算时步履艰难，致使进入新的一年后预算还未获准，1958 年宪法第 47 条规定，如果议会在 70 天内还未通过财政法案，政府有权以发布命令的形式实施财政预算草案中的某些条款。可见，第五共和国政府通过宪法第 47 条分享了议会神圣不可侵犯的特权。

按照议会制的传统，议会两院都拥有立法权和审议财政预算权，在议会两院意见发生冲突时，众议院或国民议会有说最后一句话的权力。1958 年宪法第 45 条则规定了一个特别的程序，即在总理的请求下，建立一个议会两院人数相等的混合委员会，来协调和解决议会两院的矛盾。如果混合委员会仍然不能达成协议，或议会两院反对混合委员会的建议，那么，由政府出面干预，要求国民议会做出最后裁决。这就意味着，第五共和国政府在议会两院于立法和通过财政预算法发生冲突时，成为"仲裁者"。

3. 对政府的监督权

根据1958年宪法第20条规定，议会仍然拥有对政府的传统监督权。它主要表现为政府对议会负责。但是，第五共和国议会对政府的监督权今非昔比，它有了明显的变化。首先，总理和政府其他成员由总统任命而不再需要议会的批准。其次，根据宪法第49条规定，总理在同部长会议商量后，就政府的施政纲领或者可能的话就一项总政策的声明，在国民议会面前承担政府责任。但是，该条文具有许多灵活性：第一，它没有指明总理"应该"或"必须"承担政府责任；第二，它也没有像第三和第四共和国宪法那样，写入"立即"承担政府责任的字眼；第三，应用"可能的话"这种词汇，使总理在对议会承担政府责任上具有很大的回旋余地。总之，第五共和国议会的传统监督权有了明显的削弱。

第五共和国议会的监督手段也有相当大的变化。第四共和国时期，议员对政府的质询经常导致投不信任票推翻政府，造成内阁变动频繁。鉴于历史上的教训，1958年宪法改用提问方式对政府及其成员进行监督，即议员可以提出问题，要求政府及其成员做出回答，但在提问过程中，在法律上不会引起不信任案。这就避免了因为琐碎问题导致政府垮台的严重后果。

1958年宪法第49条规定，议会可以通过信任投票对政府进行监督。当总理在同部长会议商量后，就政府施政纲领或者总政策声明对议会承担政府责任时，如果议会持有异议，可以对政府投不信任票。如果投票以相对多数通过，在这种情况下，总理就得辞职，政府也随之垮台。但政府也可以利用这段条文，提出信任案问题，要挟议会赞同政府的施政纲领或总政策声明。

1958年宪法第49条还规定，议会可以使用弹劾手段对政府进行监督。弹劾分为两种：一种是在国民议会中，当1/10以上的议员联合签名追究政府的责任时，弹劾案即能成立，并在48小时后进行投票，要绝对多数赞成才能获得通过。另一种是总理在同部长会议磋商后，就法律草案文本的投票对国民议会承担政府责任。在这种情况下，法律草案文本无须投票就被认为获得议会的通过，除非提出弹劾案，并在 48 小时后举行投票获得通过。在这两种情况下，总理应该向总统提出辞呈。

从法律上看，弹劾是议会对政府监督中最厉害的手段。然而，为了避免第三、第四共和国时期议会利用不信任案和弹劾案一个紧接着一个地推翻政府的事件发生，1958 年宪法对弹劾程序做了严格的规定。如在对弹劾案进行投票时，取得绝对多数才能通过。而绝对多数是指投反对政府的票，那些弃权的议员则列入支持政府的一方。这有如法国一句老格言所说："不说话就是同意。"这种苛刻的计票方法使得议员推翻政府并非易事，因而有利于第五共和国政府和政局的稳定。

总之，根据 1958 年宪法的规定，第五共和国议会的权力受到相当大的削弱，它的地位明显下降。这意味着法国"议会至上"时代的结束，使第五共和国议会走向"合理化"。但是，第五共和国议会仍然保留着相当大的职权，在法国政治设施中占有重要的地位，因而在第五共和国政治生活中仍将起着重大的作用。

五 1958 年宪法的主要特征

第五共和国宪法在法国社会产生巨大的反响，同时法国学术界和政界也掀起了一场激烈的争论。因为该部宪法增添了许多新的内容，打破了以往宪法的结构和某些陈规旧习，给人们焕然一新之感。1958 年宪法具有许多特征，其中主要特征有以下几个方面。

1. 建立了半总统半议会制

1958 年宪法吸取了第三和第四共和国宪法在实践中的经验教训，针对它们的弊端以及为处理国内政治危机和解决阿尔及利亚问题的需要，重新调整了总统、政府和议会三者权力的分配关系。它使总统的权力得到强化，在政治上的地位显著提高；它使政府的权力增加，稳定程度提高，寿命延长；它还使议会的权力"合理化"，在法国政治生活中发挥应有的作用。总之，在总统、政府和议会三者的权力调整后，第五共和国的权力中心已由议会转移到总统。第五共和国总统可以运用宪法所赋予的权力，特别是"仲裁者"与"保证者"的地位和解散国民议会、举行公民投票、援引宪法

第 16 条等特权，叱咤法国政治舞台，"颐指气使"地发挥作用。因此，从总统的地位、职权和作用来看，第五共和国政治体制具有美国式总统制的某些特征，但它不能列为总统制的政治体制，因为 1958 年宪法同时规定政府必须对议会负责。正如戴高乐于 1958 年 6 月 2 日在议会中所做的解释那样："政府在议会面前负责的专门文本①是同总统制不相容的……未来的共和国总统不能与政府首脑相混淆，因为政府将对议会负责。"

正是根据议会确定的五项原则和制宪者的主张，1958 年宪法规定政府要对议会负责。议会可以成立常设和临时专门委员会讨论和调查政府的活动和出现的问题，通过提问、不信任票直至弹劾追究政府的政治责任，可以组成特别高等法院审理政府成员直至共和国总统的渎职罪和叛国罪。因此，第五共和国政治体制又具有英国式议会制的某些特征。但由于总统已是国家权力的中心，政府又依附于总统，因而也不能将它列为议会制的政治体制。

第五共和国的政治体制兼有总统制和议会制的特征，又不属于其中的任何一种模式，是西方资本主义国家宪法史和政治制度史中的第三种政治体制，有人把它称为"半总统制""半总统半议会制"或"混合制"等。在实行半总统半议会制的国家中，除法国外，还有奥地利、冰岛、爱尔兰、芬兰等，不过，第五共和国半总统半议会制与上述国家的半总统制有所不同，《1940 年以来的法国政治生活》的作者把这种半总统半议会制称为"相对总统制"②，在西方国家的宪法史和政治制度史中比较典型和突出。

2. 形成了比较完整的监督和咨询体系

20 世纪 50 年代，随着经济势头的高涨，科学技术突飞猛进的发展和新部门的不断涌现，法国国内事务日益繁杂，国际形势变化万端，单靠行政、立法、司法等传统部门已不能适应时代的需要，因此，第五共和国还重新建立了监督和咨询机构——宪法委员会和经济与社会委员会，充实了法国国家政治设施的内容。

———————————

① 指议会于 1958 年 6 月 2 日通过的制宪五项原则。

② 雅克·夏普萨尔、阿兰·朗斯洛:《1940 年以来的法国政治生活》，上海译文出版社，1981，第 114 页。

1958 年宪法第七章规定设置的宪法委员会，是参考美国最高法院而设计的。[①] 宪法委员会的组成、任命方式、委员的任期以及不可更换性，保证了它在处理有关行政和立法问题时的独立性和中立立场。宪法委员会的职能是：第一，监督中央行政部门按照宪法规定行使它的权力；第二，监督立法选举、总统选举和公民投票的过程，宣布选举和投票的结果，处理选举和投票中出现的问题；第三，审查法律、组织法和议会的规则条例，使之符合宪法的原则和内容；第四，就共和国总统动用紧急状态法提出意见和建议，监督总统实施该法的过程。

第四共和国也有一个宪法委员会，但有名无实，形同虚设。而 1958 年宪法赋予宪法委员会相当大的监督权力，使它同议会（在监督职能方面）、法国行政法院（在监督职能方面）、审计院以及民间舆论一起，组成了一个比较完整的，对国家政治设施特别是对从中央到地方的各级政府在政治、经济、国防、外交和财政等各个方面进行监督的体系，保证它们按照宪法和法律行事。

1958 年宪法第十章还规定设置一个经济与社会委员会。早在 20 世纪 20 年代，法国就建立了一个咨询议会，对政府的经济和社会政策提出意见和建议。它在 20 世纪 30 年代发挥了重要的作用。第四共和国继承了这个传统，成立了经济委员会。1958 年宪法进一步使该委员会在结构上和职能上都有所发展。经济与社会委员会共有 205 名成员。其中，140 名来自各个专业性组织机构和团体，另 65 名由政府指定。经济与社会委员会就有关经济与社会问题的法律、法令和命令草案进行审议并提出意见，就有关经济与社会问题的计划、大纲提出看法和建议。由于委员会来自各个社会阶层和团体组织，因而能够比较全面地反映民间的有关经济与社会的要求和愿望，使政府进行决策时可以获得准确的信息和资料，减少失误。在法国，经济与社会委员会被冠名为"第三议会"。

第五共和国的经济与社会委员会同法国行政法院（在咨询职能方面）、利益集团（在咨询职能方面）以及有关经济与社会问题的研究咨询机构一

---

① 让 – 雅克·贝克尔：《1945 年以来法国政治史》（第 10 版），阿尔芒·科兰出版社，2011，第 98 页。

起组成了一个比较完整的咨询系统，就经济与社会问题对国家权力机构特别是从中央到地方的各级政府提供卓有成效的咨询。

宪法委员会和经济与社会委员会的设置，使第五共和国国家政治设施逐步完善，走向现代化和科学化，将战后发展起来的经济和社会民主提高到一个新的水平。

3. 载入了政党制度

1958 年宪法第一章第 4 条规定，政党和政治团体得参加竞选，为此，它们可以自由地组织起来和开展活动。这是在法国政治史上首次把政党制度载入宪法，它说明 1958 年宪法承认了法国政党和政治团体作为政治实体存在的事实，承认了它们的地位和作用。

有组织、有纪律和有政治纲领的政党在 19 世纪末就已在法国诞生，20 世纪初更是如雨后春笋般地发展起来。它们活跃在政治舞台上，在法国政治生活中起着日益重要的作用，诸如议会选举、议会的组成和活动、总统选举、政府的组成和活动，都是通过政党进行的。二战后，法国政党已渗透到法国国家政治设施和政治生活的各个角落，起着举足轻重的作用。然而，当许多西方国家政党为所在国的宪法接受时，法国政党仍被国家大法所不容。

戴高乐对许多政党在第四共和国时期争权夺利、瓜分肥缺、玩弄权术十分反感，他猛烈地攻击政党制度，甚至亲手建立法兰西人民联盟打算取代所有法国政党。但是，他也正是靠着许多政党的吹捧和支持才再次加冕的，因此，在制定第五共和国宪法过程中，戴高乐一反常态接受了政党制度，并把它正式载入国家大法。

4. 发展了直接民主

1958 年宪法第 3 条规定，人民可以通过公民投票表达他们的"主权"。第四共和国时期，这种直接民主的形式未曾使用过，尽管宪法做了明文规定。其主要原因是：第一，它仅限于修改宪法未能获得议会通过时才动用，而几次修改宪法的条文均被议会采纳；第二，第四共和国政党要通过议会斗争巩固自己的地位和谋求发展，宁可使用间接民主即议会形式来牵制政府和对付政敌。1958 年宪法扩大了公民投票的内容和范围，使公民有较多的机会直接参与民主生活，接触到国内外重大的决策，从而提高了总统和政府政策的透明度，也扩大了公民享受民主的权利。

5. 具有较大的灵活性和可调节性

1946年宪法对总统、总理和政府、议会的关系都以明确的语言进行了规定，这使得第四共和国政治体制拥有较少的灵活性和可调节性，对第四共和国政治体制进行的几次改革，也都没能改变总统、总理和政府、议会三者权力分配的状况。

1958年宪法对总统权力的规定有用词模棱两可或含混不清的地方，如宪法第5条规定总统是"仲裁"。法国政界和学术界对"仲裁"有不同的理解：一些人认为仲裁像比赛中采取中立立场的裁判，应根据规则对比赛进行裁决；另一些人则认为仲裁应是"绝对的主人"，是超越"政治斗争之上"的"最后决断的人"。戴高乐从1958年年底开始在演说中以"向导"[①]替代"仲裁人"，用更明确的语言来加强总统的权威，让总统在法国政治生活中起着主导作用。可见，对总统的"仲裁人"的理解有很大的灵活性和伸缩性。

1958年宪法关于总统和总理职权的划分条文也有些含混不清的地方，如规定总统是"武装部队的统帅"，又规定总理"对国防负责""政府掌管武装部队"，等等。因而在实践中总统和总理的职权范围是难以完全分清的，尤其是当一个问题的重要性牵涉多个方面时更是如此。戴高乐曾于1964年1月31日在记者招待会上做过这样的划分："总统任务的性质、范围和期限意味着他不要无休止地全神贯注于应付政治、议会、经济和行政上的经常事务。相反，这是法国总理的复杂任务。"[②] 按戴高乐的理解，总统掌握大政方针，总理负责日常事务。这种分工方式实际上剥夺了宪法赋予总理的一些权力，使总理成为总统的附属品。这种分工方式是在特定的历史条件下形成的，是建立在戴高乐个人威望、议会多数派支持的基础上的。一旦这些条件消失，总统和总理之间就会进行权力的重新调整。

除了1958年宪法的规定，第五共和国总统、总理和政府、议会的权力

① 国际关系研究所编译《戴高乐言论集（1958～1964）》，世界知识出版社，1964，第61页。
② 国际关系研究所编译《戴高乐言论集（1958～1964）》，世界知识出版社，1964，第481页。

关系还要依靠其他政治设施、组织形式和运转方式的密切配合。例如，保持总统的权力和地位不仅需要一个总统多数派，而且需要一个与总统同属一个政治派别的议会多数派。没有总统多数派和与总统同属一个政治派别的议会多数派的支持，总统的地位将大大下降，总统的权力也将大大削弱。总统选举可以形成一个支持总统的多数派，然而，议会选举可能造就一个与总统同属一个政治派别的议会多数派，也可能与之相反。到那时，总统、总理和政府、议会三者的权力将进行调整。

总之，由于 1958 年宪法一些条文的模棱两可和含混不清以及政治力量对比的变化，第五共和国政治制度具有相当的灵活性和可调节性。

第三节　第五共和国政治机构的诞生

一　第一届国民议会

第五共和国第一届国民议会选举定于 1958 年 11 月下旬举行。在此之前，首先要解决投票方式问题，因为它直接关系到新议会的结构，进而影响到政府的组成、政治力量的消长和政局稳定与否。所以，选举法的选择成为法国政界和舆论界极为关心的议题。

由于事关重大，宪法咨询委员会希望提交公民投票解决。过渡政府内部也分裂为两派，相持不下。为了稳定局面，戴高乐多次亲自介入，进行干预，做出裁决。最后，过渡政府终于决定采用"单记名多数两轮投票制"[1]。

与多数西方国家始终忠于某种选举法相反，法国自第三共和国以来，经常变换投票方式，在多数选举制和比例代表制之间选择。为什么戴高乐偏偏选中单记名多数两轮投票制呢？

首先，他希望在未来的议会中拥有一个稳定的多数派[2]。第四共和国在

---

[1]　单记名多数两轮投票制法文为 "le Scrutin uninominal majoritaire à deux tours"。

[2]　多数派法文为 "la majorité"。

相当长时期内采用比例代表制，参加竞选的政党按所得选票的比例瓜分席位，其结果在议会中出现了"群雄割据，竞相逞威"的局面，无法组成一个稳定的多数派。多数选举制能够推动政党尤其是戴派政党结成选举联盟，壮大声势，战胜对手，从而改变议会的政治结构，组成必要的多数有利于政府和政局的稳定。

其次，为了对付法共。由于法共拥有强大的实力和影响力，它的选民和议席在第四共和国时期经常保持在总数的1/4左右。戴高乐处心积虑地要减少法共在未来议会中的席位和削弱它的政治影响，所以他一反过去坚决抵制多数选举制的常态，热心地主张这种投票方式。因为采取两轮制，就可以减少法共候选人在第一轮选举中取胜的机会（获得过半数才能当选，就比一轮制中获得相对多数当选困难得多），以便在第二轮选举中，戴派和其他政党组成反对法共的联盟，战而胜之。又如，新选举法重新划分了法国本土的选区，相应地增加了右翼选民较为集中的农村和小市镇议员的数量，减少了法共选民比较集中的大城市议员的数量。

最后，戴高乐宁愿放弃戴派支持名单投票制的传统，满足社会党对单记名投票制的要求，打算通过拉拢摩勒和比内以组成新的多数派，分化左翼和孤立法共。

正是出于上述考虑，戴高乐政府决定并在10月上旬公布了新选举法和新选区划分法。法国各个政治党派和团体环绕着立法选举紧锣密鼓地动员起来，重新分化组合，以新的面貌投入竞选运动中去。

最引人注目的是戴派组织。自从法兰西人民联盟销声匿迹后，戴派分裂为许多小派别，从事"游击式"的活动。现在，他们由于戴高乐的再度出山而得意扬扬，踌躇满志。立法选举给他们提供了一个极好的机会。由戴派内具有名望的人物苏斯戴尔出面，代表争取法兰西复兴联盟邀请戴派另外两个组织社会共和党和共和协会的领导人磋商，决定同其他戴派组织合并。由于戴高乐自诩为超党派的，他禁止任何政党在选举运动中打着以他名字命名的旗号，"哪怕以形容词"[①] 也不行。因此，10月1日正式成立

---

① 让-雅克·贝克尔：《1945年以来法国政治史》（第10版），阿尔芒·科兰出版社，2011，第98页。

的戴派新党命名为"保卫新共和联盟"①。保卫新共和联盟以戴高乐主义②
（戴高乐的政治理论和主张）为指导，团结了像沙邦 - 戴尔马、苏斯戴尔、
罗歇·弗赖、德勃雷、莱昂·德尔贝克等戴高乐的忠实追随者。保卫新共
和联盟的成立，给戴派增添了一支生力军，使戴高乐的政治基础进一步巩
固和扩大。

保卫新共和联盟刚一成立，就全力以赴地投入竞选运动。它迅速地在
大部分选区建立了自己的基层组织，并立即同独立党、法兰西基督教民主
联盟、激进党的一些派别等右翼组织和中间派接触，协商和签订了在选举
中实行的"不侵犯公约"，结成选举联盟。保卫新共和联盟需要拉拢尽可能
多的中右政党甚至社会党以及支持戴高乐的左翼派别，重点孤立和打击法
共；而中右政党在"戴高乐主义普遍化"③的情况下，也乐于借用戴高乐这
面旗帜来取悦选民。法国《国家政治科学基金手册》对戴派同中右政党的
关系做了这样的描写："戴高乐主义的潮流正好出现在传统右翼势力明显进
展的时候。前者甚至部分地与后者混淆在一起，以致选民们或者认为温和
派同保卫新共和联盟的候选人同样是戴高乐派，或者认为保卫新共和联盟
不过是传统的保守主义的一种特殊的形式。"④

在左翼方面，早在公民投票之前，独立社会党、激进党的孟戴斯派⑤、
抵抗运动社会与民主联盟的密特朗派⑥、法国基督教劳动者联合会等联合组
成民主力量联盟，参加议会竞选。其余的传统政治力量，如社会党、法共、
激进党、人民共和党、温和派等则独立参加议会竞选。

竞选运动因反对派数量大大减少而呈现一边倒的态势，但是，11 月 23
日法国本土的第一轮投票仍然是一个无结果的投票。首先，弃权率占登记
选民的 22.9%，上升到比公民投票的弃权率还高的水平；其次，在法国本

---

① 保卫新共和联盟法文为 "l'Union pour la nouvelle république（UNR）"。
② 戴高乐主义法文为 "le gaullisme"。
③ 雅克·夏普萨尔、阿兰·朗斯洛：《1940 年以来的法国政治生活》，上海译文出版社，
　1981，第 354 页。
④ 《国家政治科学基金手册》（Cahier de la Fondation nationale des Sciences politiques）第 109
　期，第 376 页。
⑤ 孟戴斯派法文为 "les mendésistes"。
⑥ 密特朗派法文为 "les mitterrandistes"。

土 465 个选区中，只有 39 名候选人当选，仅占总席位的 9%。因此，绝大部分席位等待在第二轮投票中决出。这种情况正如戴高乐所期待的那样，对戴派十分有利而对左翼政党十分不利。法共在议会选举中的得票率，在第四共和国时期通常保持在 25% 左右，而这次在第五共和国第一届国民议会选举中仅为 19.2%，社会党的得票率仅为 15.7%。

11 月 30 日举行第二轮投票。在总共 604 个席位中，保卫新共和联盟按比例代表制只能得 82 席，实得 212 席；法共按比例代表制可得 87 席，实得 10 席；社会党按比例代表制可得 72 席，实得 44 席；温和派按比例代表制只可得 94 席，实得 118 席；人民共和党实得 56 席；激进党实得 33 席；布热德运动① 52 席；阿尔及利亚议员 48 席；无党派人士 31 席。

第五共和国第一届国民议会终于诞生了。从结构和成分看，新议会具有如下几个特点：第一，进行了大换班。在法国本土总数为 465 名议员中，重新当选的议员仅有 131 名。一些前总理、前内阁部长、前政党领袖和许多老议员被淘汰，如孟戴斯 – 弗朗斯、约瑟夫·拉涅尔、莫里斯·布尔热斯 – 莫努里、莫里斯·富尔、保罗·拉马迪埃、加斯东·德费尔、密特朗、雅克·杜克洛等，而众多的年青政治家纷纷当选，首次涌进波旁宫。议会的大换班和年轻化，给第五共和国立法机构注入了新的血液，增加了它的朝气和活力，如当选为议长的沙邦 – 戴尔马年仅 43 岁，体力充沛，聪慧干练，雄心勃勃。第二，政治力量发生了重大的变动。保卫新共和联盟才成立几星期，通过竞选一跃成为国民议会中的第一大党，在法国政治舞台上占据显要的地位。法共和其他左翼政党的选票明显下降，当选的议员寥寥可数，它们在议会和法国政治舞台上的地位一落千丈。究其原因，法共的竞选策略不能适应新形势的需要，在客观上受到戴高乐主义浪潮的冲击，又受到选举法的约束，导致其失去了相当多选票。社会党在第四共和国期间推行殖民政策失去了民心，其组织内部闹分裂也造成选票分散。激进党、人民共和党四分五裂，又对第四共和国的覆灭负有重大责任，因而逐渐被选民抛弃，开始走向衰落。第三，保卫新共和联盟、温和派和阿尔及利亚

---

① 布热德运动法文为 "le Mouvement poujadiste"。

议员共有 378 名，约占总席位的 70%，构成议会中支持戴高乐的多数派，占据绝对的优势。社会党、法共和激进党议员仅 87 名，仅占总席位的 14.4%，构成反对戴高乐的少数派①，因而对戴派掌权和戴高乐推行内政外交十分有利。

二　第一届共和国总统

新国民议会建立后，第五共和国第一届总统选举就提上日程。由于未来的总统拥有极大的职权，是名副其实的国家元首和国家权力中心，因此，遴选总统便成为第五共和国国家政治设施建立过程中的头等事件。

实际上，在第五共和国宪法公布后，多数法国人对戴高乐被提名为总统候选人并当选总统深信不疑。而戴高乐从一开始就决心使自己当选。这不是像当时有些法国舆论所形容的那样，戴高乐天生具有"权力欲"、有"一个独裁者的灵魂"，而是戴高乐为了践行他对"法国的一种看法"，实现法兰西民族复兴，欲圆他的"大国梦""强国梦"，被高卢雄鸡在世界上引颈高歌的"雄心大志"所驱动。

对戴高乐来说，入主爱丽舍宫的唯一障碍就是现任总统科蒂。科蒂作为第四共和国总统还有两年任期，第五共和国宣布成立后，他的总统使命实际上也将结束。然而科蒂仍具有颇大的影响，如果他参加竞选，那将对戴高乐构成某种威胁。但是，当戴高乐于 11 月底谒见总统进行摸底时，考虑到形势的需要和戴高乐的个人威望，科蒂乐意退下来，当即表示支持戴高乐报名参加总统选举，这才使心里七上八下的戴高乐松了一口气。果然，12 月 2 日，戴高乐宣布参加总统竞选，而科蒂也通过政府公报正式宣布他无心继续留在总统职位上，也不准备参加新总统的竞选。尽管还有几个左翼政党提出了自己的总统候选人，但都不能同戴高乐抗衡。戴高乐通往总统道路上的障碍被清除了。

12 月 21 日，根据第五共和国宪法规定的间接选举总统的办法进行总统选举，即由议会议员、省议会议员、海外领地议会议员以及市议会选出的

---

① 少数派法文为"la minorité"。

代表组成的选举团①选出。在 8 万多张选票中，戴高乐获得 6.2 万张，占有效票总数的 78.5%；法共的总统候选人乔治·马拉纳获得 1 万多张，占有效票总数的 13.1%；左翼"民主力量联盟"的总统候选人阿尔贝·沙特莱获得 7000 多张，占有效票总数的 8.4%。也就是说，在选票总数中，戴高乐获得近 4/5 的选票，占绝对多数。戴高乐终于如愿以偿，攀登到了梦寐以求的第五共和国权力的顶峰。

1959 年 1 月 8 日，戴高乐前往爱丽舍宫拜访了科蒂，前总统在台阶上迎着他说："第一个法国人现在变成了法国第一人②。"③ 接着，他们肩并肩地乘车前往凯旋门，陪同前往的还有国民议会议长沙邦－戴尔马、参议长加斯东·莫奈维尔、未来的政府总理德勃雷等人。在沿途人群的欢呼声中，他们到达目的地，按照传统习惯向"无名战士"墓献花致敬。仪式结束后，戴高乐总统在前总理府办公厅主任、其密友乔治·蓬皮杜的陪伴下，驱车返回爱丽舍宫正式就职，开始了总统的生涯。

三　新参议院

参议院由国民议会议员和地方议员共同选举产生。而新的市镇议会要在 1959 年 3 月才能组成，第一届国民议会也要在 4 月才开始工作，因此，第五共和国参议院要拖到很晚才能诞生。

1959 年 3 月选出的市镇议会未能从根本上改变原有市镇议会的成分，它们仍由那些对戴高乐和戴派保持一定距离的地方绅士和社会名流组成。换言之，参议员的选举团对保卫新共和联盟十分不利。另外，在 7 个人口最多的省份里，参议员选举采用比例代表制，而这几个省要选出占参议员总数 1/5 的参议员。这种选举法也对戴派争夺席位不利。

4 月底第五共和国举行了参议院选举。在总共 307 个席位中，温和派获得 94 席，独占鳌头；激进党获得 64 席，居第 2 位；社会党获得 51 席，居第 3 位；保卫新共和联盟仅获得 44 席，居第 4 位；人民共和党获得 34 席；

---

① 选举团法文为"le Collège électoral"。

② 按欧美习惯，称总统为国家第一人。

③ 戴高乐：《希望回忆录》（第 1 卷）（1958～1962），上海人民出版社，1973，第 35 页。

法共获得 14 席；无党派获得 6 席。新参议院的阵容具有如下几个特点：第一，卢森堡宫的多数派同波旁宫的多数派有很大不同。在卢森堡宫里，保卫新共和联盟的参议员在参议员总数中仅占 1/7，未能像在波旁宫里那样构成多数派的核心，而反对派力量由于左翼政党参议员数量的增加得到加强。第二，那些在国民议会选举中被击败的前总理、前部长、政党领袖，如富尔、密特朗、德费尔、杜克洛等又重新当选，纷纷涌进卢森堡宫。第三，自 1947 年以来一直主持参议院的激进党人加斯东·莫奈维尔以绝对多数票再度当选参议长，而未能像国民议会那样改由戴高乐派担任。

新参议院的成分、多数派结构和参议长人选都出乎戴高乐和戴派的预料，参议院不仅不能成为总统和政府在必要时用来抗衡国民议会的工具，而且反过来还可能成为绊脚石。

宪法委员会、经济与社会委员会等政治机构设施，也在参议院选举前后相继建立起来。

新宪法的公布以及第五共和国重要政治机构设施的设置，标志着第五共和国的诞生。自此，战后法国政治史翻开了新的篇章。

第二章
戴高乐第一任总统
（1959 年 1 月 ~ 1965 年 12 月）

第一节　德勃雷政府和阿尔及利亚
问题的解决

一　德勃雷政府及其特征

戴高乐总统从凯旋门回到爱丽舍宫的当天下午，立即召见了他的"忠诚的化身"、前届政府的掌玺与司法部部长米歇尔·德勃雷，要求他组织政府并提出政府成员名单。戴高乐在第二次召见德勃雷时，正式任命他为总理，并审阅和批准了他所挑选的政府成员名单。1 月 9 日，第五共和国第一届政府宣布诞生。

在新政府中，德勃雷留任了相当数量的前届政府成员。不过，有些政府成员的职务做了调动，如让－马里·贝图安改任内政部部长，埃德蒙·米舍莱替代德勃雷任掌玺与司法部部长，苏斯戴尔转任总理府部长级代表。本届政府实际上是上届戴高乐政府的延伸。

在总共 27 名政府成员中，有 18 名是议会多数派成员。其中保卫新共和联盟占 8 名，温和派（独立党）5 名，人民共和党 4 名，激进党 1 名。从多数派的组成来看，保卫新共和联盟虽然居多数，但不占绝对优势。可见，在第五共和国初期，在处理纷乱而又棘手的内外重大问题时，德勃雷政府还要像前届政府那样，继续依靠多数政党的支持。

值得注意的是，社会党因在经济和财政问题上同戴高乐发生分歧没有参加政府，摩勒也不再担任国务部长。尽管在政府内还保留一名社会党部长，但人们称他为不代表政治派别的"技术性部长"，不过他也在 1959 年年底因学校问题同政府闹翻而辞职。这就使戴高乐总统和他的政府失去了一个有相当分量的左翼政党的支持，从而相对缩小了他的政治基础。

在新政府成员中，有 17 名是议员出身。当然，他们按照宪法的规定在进入政府后都辞去议员的职务。另 10 名是非议员出身，其中 7 名原为高级公务员，如莫里斯·顾夫·德姆维尔、吉约马、贝尔纳·舍诺、安德烈·布洛什、朱尔·让纳内、皮埃尔·叙德罗等。议会不再是政府成员的唯一来源，第五共和国政府的"非议员化"和"技术专家治国"的趋势有所发展。

德勃雷政府运行了 3 年零 3 个月。在这期间，政府进行了接二连三的改组。最重要的几次改组有：1960 年 1 月初，免去同戴高乐在外交上意见相左、在经济计划上与他的同僚朱尔·让纳内经常顶牛的独立党人安托万·比内的经济和财政部部长职务。1960 年 2 月，把在阿尔及利亚政策上与政府背道而驰的苏斯戴尔、贝尔纳·科尔尼－让蒂勒驱逐出政府，同时，给在处理阿尔及利亚问题上不称职的国防部部长吉约马调换了职务。1961 年 8 月的改组规模较大，如人民共和党领袖、国务部长罗贝尔·勒古"由于与总理的政策及治理方式的看法经常不一致，因此与总理对立"而自动离职。农业部部长、掌玺与司法部部长也相继易人。此外，还有几次由于政府成员健康不佳或其他技术上的原因，而对某些政府成员的职务做了调整。

德勃雷政府成员的频繁变动并不意味新政权不稳，尽管当时戴派地位还不够稳固，反对派势力有所增强，国内外施加的压力接踵而来也冲击着新政权。首先，政府成员虽然更迭频繁，但掌握军政大权的总统地位巩固，不受任何影响；作为政府首脑的德勃雷也未交班，因此保证了政府政策的连续性，这同第四共和国政府总理像走马灯似的更换造成政策多变以致政权不稳和民心浮动的情景截然不同。德勃雷在阿尔及利亚以及其他问题上有自己的见解，又爱抬杠，但身为总理，他总是作为总统的忠实助手，执行总统所决定的大政方针。正如政治评论家弗朗索瓦·莫里亚克撰文描述的那样："我从米歇尔·德勃雷身上（最后总是要指名道姓的）看到两种对立的忠诚，这如同两匹配不成对的马，但却由德勃雷在驾驭着，并把它们套在他的车上，而这两匹马还在互相撕咬。"[①] 总理同总统的默契和恰到好处的配合，是第五共和国初期政府和政局稳定的重要因素。此外，政府改组和变动总的说来规模比较小，易人不多，如内政部、经济和财政部、农业部、新闻部曾先后3次、国民教育部4次、国防部1次更换过部长。由此可见，德勃雷政府的数次调整不仅未引起政治风波，而且有利于克服政府内部的分歧，协调一致地开展工作。

最后一次改组的德勃雷政府拥有28名政府成员。其中，议员出身仅有15名，比例进一步缩小；非议员出身13名，比例有所提高。在非议员出身的政府成员中，高级公务员出身的共10名，占政府成员总数的1/3以上。政府成员的结构进一步朝着"非议员化"和"技术专家治国"的方向发展。

二　阿尔及利亚问题的解决

第五共和国建立后，法国政界和舆论界都翘首以待，希望尽快地结束这场"阿尔及利亚悲剧"。戴高乐总统和德勃雷政府最终不负众望，但还是用了近4年时间（从1958年6月算起）才从阿尔及利亚泥潭中摆脱出来。在这期间，戴高乐及其政府的阿尔及利亚政策在反复曲折的发展过程中大体上经历了三个阶段。

第一阶段以军事征服为主，绥靖和改革为辅（1958年6月～1959年9月）。早在1958年6月4日戴高乐就职总理的第二天，他就亲自奔赴阿尔及利亚，在阿尔及尔、博纳、君士坦丁、瓦赫兰和莫斯塔加姆等城镇连篇累牍地发表演说，宣称"我理解你们"，赞扬了军队，宣传了"阿尔及利亚全体居民都是不折不扣的法国人"和"阿尔及利亚将永远留在法国"的观点，高呼"法国的阿尔及利亚万岁"等口号，以此来申诉法国政府的立场，安

---

① 法国《费加罗报》1961年11月25日。《费加罗报》法文为"le Figaro"。

慰激动不安的法国殖民军和"黑脚"①。法国极端殖民主义者和极右分子对戴高乐施加了巨大的压力。他们扣留了陪同戴高乐前来访问的撒哈拉事务部部长马克斯·勒热纳和路易·雅基诺，逼迫其接受他们的要求。他们当着戴高乐的面叫嚷"一切权力归军队！""苏斯戴尔万岁！"等口号。6 月 10 日，阿尔及利亚－撒哈拉公共安全委员会还通过了一项决议：解散一切政党和团体组织；废除阿尔及利亚组织法，把阿尔及利亚和撒哈拉并入法国；成立一个在戴高乐领导下的"真正公共安全的政府"。正是在他们的压力下、在保卫新共和联盟和政府内部主张"法国的阿尔及利亚"的一些要员的影响下、在"法国殖民帝国"思想的指导下，戴高乐及其政府在阿尔及利亚问题上采取了以军事征服为主、绥靖和改革为辅的方针。

1958 年，戴高乐 5 次到阿尔及利亚访问，其主要目的是要重新部署兵力和掌握战场上的主动权，企图一举歼灭阿尔及利亚民族阵线和阿尔及利亚民族解放军，取得军事上的胜利。他从阿尔及利亚第一次巡查回来后，立即任命拉乌尔·萨朗将军为阿尔及利亚法国殖民军总司令和驻阿尔及利亚总代表，委任阿拉尔将军为阿尔及利亚最高行政长官，雅克·马叙将军为阿尔及利亚分区行政长官，他们都以主张"法国的阿尔及利亚"的强硬政策而闻名。他们遵照戴高乐的旨意，展开大规模的军事行动，封锁了阿尔及利亚边境，堵死了对外的要道隘口，加紧对阿尔及利亚民族解放军的扫荡，企图夺回失去的地盘。这年年底，戴高乐总统在军事行动进展不大的情况下，借口撤换了萨朗的一切军政职务，提升了萨朗的副手莫里斯·沙勒将军为阿尔及利亚法国殖民军总司令。此人原为空军将领，擅长于"分区控制的军事行动"。他果然不负戴高乐的"厚望"，进行了多次大规模的扫荡，占领和扩大了原有的孤立据点，为戴高乐赢得了某些政治资本。

与此同时，戴高乐在 10 月 23 日举行的记者招待会上，呼吁通过调停或谈判来实现停火和"体面的和平"。为了表示"和谈的诚意"，法国政府在1959 年 1 月特意释放了大约 7000 名阿尔及利亚俘虏和缓期执行 180 名穆斯林的死刑；将被劫持的阿尔及利亚民族解放阵线 4 名领导人本·贝拉等从巴

---

① "黑脚"法文为"les Pieds-noirs"，是对阿尔及利亚的法国侨民的称谓。

黎阴森恐怖的桑泰牢房迁到条件较好的比斯开湾的埃克斯岛。为了生灵免遭涂炭，1958年9月19日成立的阿尔及利亚共和国临时政府立即做出了积极的反应，重申了早已由阿尔及利亚民族解放阵线所表示的意向：愿意就政治和军事问题同法国政府谈判，但遭到片面追求停止军事敌对活动的法国政府的断然拒绝。由此可见，戴高乐及其政府的和谈不过是一个烟幕，骨子里还是要阿尔及利亚民族解放军放下武器，举手投降。

与军事行动相配合，法国政府还加强了政治攻势。戴高乐在1958～1959年视察阿尔及利亚期间，多次强调"阿尔及利亚各民族居民一律平等""穆斯林与法国人享有同样的权利和义务"。根据戴高乐的指示，在第一届国民议会选举中，法国政府取消了过去在阿尔及利亚实行的种族歧视的选举法，即划分为法国人选举团和穆斯林选举团的投票法，改为单一选民团参加选举，各政治团体可以提出竞选纲领和候选人名单。但是，第一届立法选举犹如1959年春的市镇选举一样，广大的阿尔及利亚居民抱着观望、怀疑甚至抵制的态度，即使选出的议员和地方议员仍然是欧洲人占据优势。法国政府推行的政治改革没有获得阿尔及利亚居民的同情和支持。

戴高乐还于1958年10月3日在阿尔及利亚的君士坦丁宣布：在阿尔及利亚实现和平后，将实施一项经济和社会发展计划。计划要求在5年内，将使当地穆斯林的收入、生活和教育等方面逐步提高到接近法国人的水平。这就是著名的"君士坦丁计划"，或叫"消灭贫困计划"。它不过是为了诱使当地的穆斯林脱离民族解放运动，麻痹他们的斗志，孤立和打击民族解放力量。因此，该计划遭到阿尔及利亚民族解放阵线的拒绝和当地穆斯林的抵制。"君士坦丁计划"刚一出笼就夭折了。

阿尔及利亚民族解放阵线在揭露法国当局和平骗局的同时，于1958年9月19日宣布阿尔及利亚共和国正式成立，并组成以阿巴斯为首的临时政府，于9月28日就阿尔及利亚新宪法草案举行公民投票，获得了96.6%的赞成票。

第二阶段提出民族自决的政策（1959年9月～1961年5月）。针对法国极端殖民主义者和极右分子归并阿尔及利亚的企图，参加阿尔及利亚民族解放运动的各派政治力量于1958年12月14日在开罗集会，决定进一步动员群众，加紧打击法国殖民军，解放阿尔及利亚和实现民族独立。正是在阿尔及利亚人民的坚决斗争下，法国政府意识到战争毫无希望，"以军事征服为主、绥靖和改革为辅"的政策已破产。旷日持久的阿尔及利亚殖民战争使 10 多万法国军队深陷其中而不能自拔，它耗尽了国家的财力和物力，激起人民的不满，要求结束战争和支持阿尔及利亚人民争取独立的运动日益高涨。法国全国大学生联合会于 1960 年 4 月发表声明，要求法国政府同阿尔及利亚临时政府进行谈判。法国著名的知识分子如让 - 保罗·萨特等哲学家、作家、艺术家、教授共 121 人于 1960 年 9 月 6 日发表 "121 人宣言"，反对在阿尔及利亚的殖民战争。毋庸置疑，法国政府倒行逆施的做法受到国际舆论的谴责。联合国还通过决议要求法方停火谈判。法国在国际事务中的地位和声誉受到损害，处境不妙。基于上述原因，戴高乐痛感需要改弦更张，放弃殖民帝国的思想，实行另一种政策，以便顺应时代的潮流。

1959 年 9 月 16 日，在联合国召开大会讨论阿尔及利亚问题的前夕，戴高乐终于鼓起勇气，迈出了新的一步。他在这天的电视广播中声明："考虑到阿尔及利亚国内和国际的各种情况，我认为有必要从今天起宣布采用自决的办法。由于宪法赋予我向公民征求意见的权利，只要我还活着，只要人民听我的话，我以法兰西共和国的名义，一方面要求住在 12 个省里的阿尔及利亚人肯定地回答他们愿意成为什么样的人的问题，另一方面要求法国人确认这一抉择的结果。"① 他列举了 "自决" 的三种选择办法：第一种是完全同法国分裂；第二种是 "法兰西化"，将阿尔及利亚并入法国；第三种是阿尔及利亚实行自治，但同法国保持密切的合作。11 月 10 日，戴高乐在记者招待会上再次重申了自决的政策和要求同阿尔及利亚共和国临时政府谈判停火的条件。

国民议会做出了积极的响应。它于 10 月 15 日以 441 票赞成、23 票反对、28 票弃权通过了对自决政策的信任案。在投票中，社会党全体议员表示支持，但议会的多数派发生了分裂，有 30 ~ 35 名议员表示反

---

① 国际关系研究所编译《戴高乐言论集（1958 ~ 1964）》，世界知识出版社，1964，第 99 页。

对或弃权。保卫新共和联盟中 10 多名议员因对自决政策持异议而退出该组织。

尽管法国政府的新政策和新建议未尽如人意，阿尔及利亚共和国临时政府还是做出了反应，委任本·贝拉等尚在关押中的 5 名领导人为谈判代表，就阿尔及利亚的政治前途同法国当局对话。但是，戴高乐以本·贝拉等丧失战斗力以及阿方的建议与法国政府的原意大相径庭为借口，再度拒绝谈判。这说明戴高乐及其政府在执行民族自决政策上还缺乏诚意。

戴高乐的自决政策引起了法国殖民军和"黑脚"的惶恐不安。"马叙事件"① 有如导火线，引爆了早已潜伏着的危机，一场骚乱开始了。1960 年 1 月 24 日，极端殖民主义者和极右分子在阿尔及尔的议员皮埃尔·拉加亚尔德、咖啡店老板约瑟夫·奥尔蒂斯、农民罗贝尔·马特尔和学生领袖让－雅克·苏西尼率领下，攻占了大学楼房，筑起街垒，狂呼"绞死戴高乐"等口号，企图制造第二个"5·13"事件。

然而，目前的法国政局同一年半以前大不相同，戴高乐及其政府拥有稳固的地位，掌握了最高权力，能够应付这种突如其来的动乱。1 月 29 日，身着军装的戴高乐镇定自若，在广播和电视面前发表谈话。他指出阿尔及利亚人的自决是"由共和国总统制定、政府决定、议会批准，并为法兰西民族通过的政策"，用不着重新讨论。他警告说："在不得已的时候，必须用武力恢复公共秩序。"戴高乐铿锵有力的谈话、沉着冷静的态度和鲜明的立场得到了广大法国人的同情和支持。工会还组织罢工声援。2 月 2 日，国民议会以 441 票的压倒性优势通过了对国家元首和德勃雷政府的信任，并授予政府为期一年的特别权力。5 日，戴高乐改组了政府，清除了政府内部的极右分子如苏斯戴尔部长等，拔掉了法国殖民军和"黑脚"在中央权力机构中的代理人。暴乱者在强大的攻势面前张皇失措，纷纷缴械投降，撤离据点。暴乱的头头奥尔蒂斯逃亡到西班牙，拉加亚尔德和苏西尼被捕准备受审。暴乱迅速平息下来。戴高乐政权经受住了一次严峻的考验。

---

① 法国驻阿尔及利亚伞兵部队司令雅克·马叙因 1960 年 1 月发表"法国的阿尔及利亚"和"法国军队永不撤离阿尔及利亚"的谈话而被撤职。

　　但是，法国政府在相当长时间内实际上是在为解决阿尔及利亚问题设置障碍。法国人民对此十分不满，重又掀起工潮和学运。慑于人民的威力，戴高乐提出公民投票，就政府的阿尔及利亚自决政策"征求"法国本土和阿尔及利亚人民的意见。1961 年 1 月 8 日的公民投票结果表明，在法国本土的有效票总数中，赞成票占 75.3%，反对票只占 24.7%；在阿尔及利亚的有效票总数中，赞成票占 70%，反对票只占 30%（主要是"黑脚"和欧洲人）。可见，绝大多数选民赞同政府的自决政策。时至今日，戴高乐再不能在同阿尔及利亚共和国临时政府的谈判上扭扭捏捏了。2 月 20 日，法国总统特使蓬皮杜同阿尔及利亚共和国临时政府代表在瑞士进行了秘密接触，从而为今后两国正式谈判创造了良好的开端。

　　阿尔及利亚的极端殖民主义者和极右分子预感到末日的来临，进行了最后的挣扎。由皮埃尔·拉加亚尔德为首在 1960 年年底成立"秘密军队组织"①，从事破坏和暗杀活动。1961 年 4 月 22 日，沙勒、埃德蒙·茹奥、安德烈·泽勒、萨朗四个将领在几个陆军上校的策动下，在阿尔及尔发动军事政变。他们将正在阿尔及利亚的法国政府运输部长罗贝尔·比龙、政府总特派员让·莫兰等逮捕入狱。他们发表了四个将领签名的关于"军事法庭将逮捕和审判直接参与放弃阿尔及利亚和撒哈拉行动的人"的公告，把矛头直接指向戴高乐及其政府。

　　戴高乐以沉着和冷静自若的态度接受了自他上台以来最严重的挑战，他及时地切断法国本土和阿尔及利亚空中和海上的交通，派内政部部长路易·若克斯和国防部秘书长让·奥利耶到阿尔及利亚稳住阵脚。他还动用了宪法第 16 条，宣布全国进入紧急状态。4 月 23 日，如同之前那样，他再次身着将军服出现在电视屏幕上，呼吁叛乱军官缴械投降，"以法兰西的名义，我命令：在各地使用一切手段，我说的是一切手段，来堵塞这些人的道路，以待降服他们"。② 戴高乐的讲话激起了巨大的反响，法国政党，除独立人士和农民全国中心外，纷纷表示支持政府的立场，法国工会于 25 日举行联合罢工声援。叛乱将领和军官色厉内荏，他们在国家权威和人民强

---

①　秘密军队组织法文为"l'Organisation de l'armée secrete（OAS）"。

②　国际关系研究所编译《戴高乐言论集（1958～1964）》，世界知识出版社，1964，第 254 页。

大的力量面前胆怯了，退让了，瓦解了。他们有的缴械投降，有的逃跑，有的转入地下。戴高乐又一次以大无畏的精神和强有力的手腕制服了军队中的反对派，顺利地渡过了惊涛骇浪。

第三阶段举行了埃维昂谈判并达成了协议（1961 年 5 月 ~ 1962 年 3 月）。几经周折，法国政府代表和阿尔及利亚共和国临时政府代表于 1961 年 5 月 20 日在埃维昂举行了正式谈判。但在会谈中，法方代表又横生枝节，拒绝交还撒哈拉，不承认阿尔及利亚共和国临时政府代表的权威性，致使谈判又进入死胡同，不欢而散。

然而，戴高乐毕竟是一个注重现实讲求实际的政治家。他看到阿尔及利亚共和国临时政府在这个问题上寸步不让和针锋相对的立场，感到人民开始对他失去耐心，秘密军队组织乘机制造事端，因此，他必须违背自己的初衷，采取主动来打破僵局。他于 9 月 5 日在记者招待会上放弃了对撒哈拉领土的要求，承认它是阿尔及利亚的一部分。与此同时，他改组了警察局，加强了对秘密军队组织的斗争；他在法国殖民军中做了一系列人事调动，以便更好地控制军队；他还宣布将从阿尔及利亚撤回两个师。所有这些措施都将有利于重开谈判和最后达成协议。秘密军队组织感到末日的来临，对戴高乐恨之入骨，决定动手暗杀。他们于 1961 年 9 月 8 日晚在总统车队行进的 19 号国家公路上埋放炸药，企图消灭戴高乐，所幸戴高乐逃过此劫。此后，秘密军队成员还多次组织过类似的暗杀戴高乐的事件，均被戴高乐躲过。①

戴高乐在阿尔及利亚问题上的态度有所软化，但对国内支持阿尔及利亚民族解放阵线的阿尔及利亚穆斯林裔移民仍然采取强硬的立场，实施宵禁令，从而引起了北非裔移民的强烈不满。1961 年 10 月 17 日，约 3 万阿尔及利亚穆斯林裔劳工在巴黎举行和平游行示威，抗议这种具有针对性的宵禁令，支持阿尔及利亚共和国临时政府。巴黎警察局招来警察进行血腥镇压，约有 300 人丧生。② 当时，绝大多数法国人和法国媒体都对此事保持

---

① 雅克·德拉儒：《秘密军谋杀戴高乐》，群众出版社，1984。
② 罗歇·法利戈、让·吉内尔主编《第五共和国秘史》，巴黎拉德古韦尔出版社，2006，第 61 页。

沉默。①

　　经过多次秘密接触，法国政府代表和阿尔及利亚共和国临时政府代表于 1962 年 3 月 7 日在埃维昂恢复第二轮谈判，并于 18 日达成协定。根据协议，法国政府承认阿尔及利亚独立、领土完整和自决权；双方在协议生效后立即停火，就自决举行公民投票；法国军队可留驻 3 年；暂时保持法国在撒哈拉的军事基地；确定了"黑脚"的地位，两国在技术、财政、文化等方面进行合作。历时 7 年多的阿尔及利亚殖民战争终于宣告结束。

　　4 月 8 日，就批准和授权政府实施《埃维昂协议》在法国本土举行公民投票。多数政党在投票中起了促进作用：保卫新共和联盟、法共、社会党、人民共和党、激进党都号召自己的选民投赞成票，唯有极右政党坚决反对，独立党让选民自己选择。投票结果表明，赞成票占有效票总数的 90%，反对票则只占 9.3%。7 月 1 日在阿尔及利亚举行的公民投票中，赞成票占有效票总数的 99.72%。《埃维昂协议》获得法国本土和阿尔及利亚绝大多数公民的批准。7 月 3 日，法国政府正式承认阿尔及利亚的独立。阿尔及利亚人民通过艰苦卓绝的斗争，终于粉碎了法国殖民主义的枷锁，获得了新生。

　　阿尔及利亚问题的解决具有十分重大的意义。它使国家财政负担大大减轻，人民可以休养生息，政局也趋向稳定，从而使第五共和国政治生活走上了正常轨道。它使极端殖民主义者和极右分子失去了赖以滋生的土壤，它们的组织成员因此大大减少，活动频率明显下降，从而使人民比较安居乐业，社会生活趋向正常。它使戴高乐大展宏图，实现他的雄心大志，实现"大国梦""强国梦"，从而改善法国在国际事务中的形象，提高它的国际地位。

三　第五共和国政治体制的发展

　　第五共和国政治体制刚刚建立就在阿尔及利亚危机中经受了严峻的考

---

① 直到 20 世纪 90 年代，法国有良知的知识分子才陆陆续续地写出著作和文章，揭露事件的真相，从而引起媒体的哗然和民众的惊讶。2012 年 10 月 17 日，法国官方打破了 51 年来在这一历史事件上保持的沉默，奥朗德总统正式以"法兰西共和国"的名义承认对阿尔及利亚裔民众进行了"血腥镇压"，并对遇害者表示哀悼。

验。事实证明，它不仅经受住了考验，在解决阿尔及利亚问题上发挥了重大的作用，如通过公民投票批准了政府对阿尔及利亚推行的自决政策、动用紧急状态法粉碎了极端殖民主义者的暴动和军事政变，而且自身也得到了发展。

1. 国家重要权力进一步集中在总统手中

戴高乐之所以能够在阿尔及利亚事件中力挽狂澜，苦撑危局，最后终于制服了政治上和军队中的反对派，摆脱了阿尔及利亚羁绊，主要是依靠了第五共和国宪法及其政治体制，充分运用了总统的地位、权力以及个人的威望。他明确指出："领导法国的责任属于法国所委任的人，因此这个责任主要是属于我。我在这里毫不含糊地说明这一点。"① 戴高乐不仅强调总统的权力和作用，而且在解决阿尔及利亚危机的过程中逐步地建立了总统"保留的职权范围"②，占有宪法解释权、多次实施紧急状态法和动用公民投票权，进一步把国家主要权力集中在自己手中。

第五共和国建国初期，等待总统处理的问题堆积如山纷乱如麻。既有第四共和国遗留下来的老问题，又有第五共和国成立后出现的新问题。戴高乐根据客观形势的需要和事情的轻重缓急，选择了阿尔及利亚、外交和国防作为总统专门处理的问题，他人不得过问和染指，故被称为总统的"保留的职权范围"③ 或总统的"特权范围"④。1960 年 1 月阿尔及尔的暴动波及法国本土，不仅舆论惴惴不安，就连议会和政府内部一些人也惊慌失措。在这种形势下，戴高乐感到有必要把大权集中在手中，以便在非常时期能够迅速、有效地做出决断。

1960 年 3 月，在全国农业经营者公会联合会的压力下，287 名国民议会议员要求召开特别会议来专门讨论农业政策以满足农民的要求。根据宪法第 29 条规定，过半数议员提出要求就可以召开。但戴高乐不愿意农业利益

---

① 国际关系研究所编译《戴高乐言论集（1958～1964）》，世界知识出版社，1964，第 209 页。
② 沙邦 - 戴尔马于 1959 年 11 月在保卫新共和联盟代表大会上首先使用该词汇。
③ 保留职权范围（或称保留领域）法文为 " le domaine des pouvoirs réservés（le domaine réservé）"。
④ 特权范围法文为 " le domaine des pouvoirs exceptionnels"。专属职权范围法文为 " le domaine des pouvoirs spéciaux"。

集团左右政府的农业政策，他于 3 月 18 日致函议会做了这样的解释："在这样的情况下提出召开议会会议的要求，事实上是与我要求大家遵守的制度精神不相符的，也是与依照人民的意愿和宪法的条款规定、由我承担的确保国家权力机构正常行使职权的任务不相容的。"[①] 他以妨碍国家权力机构行使职权为借口拒绝了多数议员的要求，从而在议员中掀起了轩然大波。社会党和激进党议员以函件强词夺理和侵犯宪法为理由对德勃雷政府提出弹劾案，以表示对总统侵权行为的愤慨。1961 年 8 月 31 日，戴高乐再次致函国民议会，就召开特别会议提出这样的看法："和宪法的规定相反，我坚持认为议会宣布的会议，必须有立法的结果。"[②] 他实际上为国民议会召开特别会议规定了一个标准和原则。仅此一例足以说明，在处理阿尔及利亚问题的非常时期，戴高乐逐渐掌握了宪法的解释权。

在极端殖民主义者发动暴乱和军事政变时，议会批准总统动用宪法第 16 条，对戴高乐寄予充分的信任。正是在这种情况下，戴高乐获得了许多特殊的权力，并利用这些特权发布了很多法令，并采取了诸多措施。例如，在第二次宣布全国进入紧急状态时，戴高乐一个人就连续采取了 18 项决定，其中包括暂时取消对文武官员的担保、中止某些自由、实行特别审判权、不具拘留票的逮捕、延长行政拘留期限、设置专门对暴乱者和军事政变分子进行审判的高级军事法庭和若干个军事法庭等。有些决定和措施在全国紧急状态结束后作为普通法律沿用下来。实际上，戴高乐采取的决定和措施，都是为了恢复和保证公共秩序，都是为了无情地镇压极端殖民主义者的叛乱，都是为了制服军队中的反对派。

在阿尔及利亚危机中，戴高乐两次动用公民投票来决定政府对阿尔及利亚的政策，超出了宪法第 11 条规定的公民投票范围。换言之，戴高乐通过公民投票采取了应属议会权限内的措施，从而夺去了议会的某些立法权和监督权。

---

① 雅克·夏普萨尔、阿兰·朗斯洛：《1940 年以来的法国政治生活》，上海译文出版社，1981，第 396 ~ 397 页。

② 雅克·夏普萨尔、阿兰·朗斯洛：《1940 年以来的法国政治生活》，上海译文出版社，1981，第 397 页。

戴高乐之所以能够进一步集中和运用国家权力，主要是由于：第一，他利用了第五共和国宪法在总统和议会之间权力分配的模糊之处，也利用了宪法的灵活性，在国家紧急时刻，避免权力机构因相互扯皮延误时间，并及时做出决断，采取必要的政策和措施，化解了危机，促进了国内的安定和政局的稳定。第二，他在爱丽舍宫成立了阿尔及利亚事务委员会、外交事务委员会、国防事务委员会以及其他各种专门委员会。每个委员会都有相应的部长、总统府高级官员、专家和顾问参加。委员会就各自的问题进行讨论和研究，向总统提供资料、意见和建议，并监督有关部长和部门政策的具体实施。戴高乐则根据委员会的意见和建议做出最后断决，并直接领导和指挥阿尔及利亚、外交和防务"三大战役"。戴高乐把国家权力集中在总统手中，并非使第五共和国走向个人专制和独裁，而是在处理重大、关键和紧迫问题上避免了大权旁落，保持了总统的国家权力中心的地位。第三，每当出台重大政策和决定时，戴高乐亲自在电视台和广播电台中宣读，或者通过记者招待会宣布，或者到全国巡视时发表，从而增加了国家和政府的方针及政策的透明度，让法国人享有知情权。

2. 政府的地位和权力有所加强

在阿尔及利亚危机中，戴高乐建立的"保留的职权范围"意味着除了阿尔及利亚、外交和国防统一由总统掌管外，其他事务则由德勃雷总理处理。这不仅明确了总统和总理的分工，也使政府在它所承担的事务中有职有权，能够起着应有的作用。此外，国民议会于1960年2月4日通过一项提案，授予政府为防止阿尔及利亚再次发生暴乱制定为期一年法令的权力。这就意味着政府有权以法令的形式制定法律，无须再经过议会讨论和批准。政府的地位和权力由此进一步加强。

3. 议会的地位和作用有所下降

在阿尔及利亚危机中，总统和政府权力的加强也就意味着议会地位和作用的下降。首先，议会很少对重大的政治问题进行讨论和表决，如在阿尔及尔发生军事政变不久，议会只举行了一刻钟会议来听取总统的咨文，未经辩论就散会。又如反对派于1959年11月27日关于退伍军人预算问题，1960年5月5日关于召开特别会议问题，1960年10月、11月和12月关于核打击力量问题，1961 年 12 月 15 日关于动机不明确问题等多次提出弹劾案，但均告失败。议会的政治监督作用下降，其监督手段失去效力。其次，议会的部分立法权转移到总统和政府手中，也说明议会的地位有所下降。

　　总之，在德勃雷政府期间，通过阿尔及利亚事件，第五共和国总统、政府和议会的权力再次做了调整，使三者原来不平衡的权力问题更加严重。

第二节　蓬皮杜两届政府和总统选举法的修改

一　蓬皮杜"第一风格"政府和反对派势力的发展

　　在戴高乐看来，总理及其政府不过是实现某一阶段特定目标的手段。他在谈到总统和总理关系时说："由于总理职权的重要性和广泛性，他只能是'我的总理'。因此，他是有目的地被挑选出来，长时间地履行他的职务并且和我进行经常的和密切的合作。"[1] 他特别强调总理要"有目的地被挑选出来"，即在物色总理人选时，主要考虑此人能否胜任这一特定时期的中心任务。戴高乐之所以选中德勃雷为第五共和国第一届政府总理，首先是他对总统的忠心和顺从。其次，他过去曾经写过坚决反对放弃阿尔及利亚的"愤怒的信件"，他的众所周知的立场有助于在阿尔及利亚推行"渐进主义"政策时稳住法国殖民军和"黑脚"的情绪。最后，他是第五共和国宪法专家，深谙宪法的条文，能协助总统解释和应用宪法解决阿尔及利亚问题。所以，可以毫不夸张地讲，德勃雷政府实际上是"解决阿尔及利亚危机的政府"。

　　随着阿尔及利亚问题进入尾声，德勃雷政府的主要使命已基本完成，改组政府是理所当然的了。何况，新时期刚开始，总统和总理在一些政策上相悖，如德勃雷主张提前启动立法选举，以便使议会朝着"议会制"方向发展；戴高乐则主张政府更新换届。此外，两人性格上的差异使德勃雷不再那么顺服了。总理不能与总统抗衡，德勃雷扭不过戴高乐，遴选新总

---

① 戴高乐：《希望回忆录》（第 1 卷）（1958～1962），上海人民出版社，1973，第 285 页。

理和改组政府势在必行。

1962 年 4 月 14 日，德勃雷总理提出辞呈。他在辞职信中提道："由于这个决定性的阶段已经过去①，根据以前的约定，我向您，将军阁下提出政府的辞呈。"戴高乐在回信中也以同样的语气提道："您要求我接受您辞去总理的职务并组织新的政府，您这最无私的行动完全符合我们早先的约定……任何努力都有它的限度。"可见，他们早已订立了"君子协定"：总统可以根据需要随时撤换总理，而总理必须无条件服从。

同一天，戴高乐起用了乔治·蓬皮杜为总理并组织第五共和国第 2 届政府。这位得宠并陪同戴高乐总统从凯旋门返回爱丽舍宫就职且鲜为人知的人物是戴高乐的忠实信徒，他与戴高乐荣辱与共，是戴派元老。② 蓬皮杜 1911 年 7 月 5 日生于法国康塔尔省一个小学教师家庭，毕业于巴黎高等师范学院和巴黎政治学院，1940～1944 年任中学教员并积极支持戴高乐的抗德斗争，1944 年任临时政府首脑戴高乐办公室特派员，1946～1954 年任法国行政法院审查官并兼任安娜·戴高乐基金会的财务主管，1956～1962 年任洛希尔兄弟银行总经理，1958～1959 年任戴高乐总理办公室主任并参加第五共和国宪法的起草工作，1959～1962 年任宪法委员会委员。戴高乐此举可以说是对蓬皮杜十多年来"忠心耿耿和精诚合作"的报偿，也是为了完成新时期使命时能有一个更加"服服帖帖"的助手。蓬皮杜为人坦率、随和且好交际，这种性格有助于缓和自非常时期以来存在的紧张政治气氛，有助于改善总统、政府和议会间不正常的关系，美中不足的是新总理既非议员也非"政界人物"，因此，为了改善他在议员中的形象，蓬皮杜表示在组织政府时多与政党磋商，尽量吸收议员参加。

蓬皮杜于 4 月 15 日拿出了一份政府成员名单。这份名单基本上保持了前届政府的原班人马，只有 8 名原政府成员离任，新吸收了 10 名政府成员。在总共 29 名政府成员中，22 名为部长，另 7 名为国务秘书，人数比较精干。从新政府成分看，议员出身的占 19 名，其中保卫新共和联盟居多数，

---

① 即解决阿尔及利亚问题的阶段。

② 让－雅克·贝克尔：《1945 年以来法国政治史》（第 10 版），阿尔芒·科兰出版社，2011，第 159 页。

占 10 名，人民共和党占 5 名，独立党占 3 名，激进党 1 名。非议员出身的占 10 名，其中纯粹"技术专家"出身的占 7 名，即除了总理本人外还有吉尔贝·格朗瓦尔、安德烈·马尔罗、路易·若克斯、顾夫·德姆维尔、皮埃尔·梅斯梅尔、皮埃尔·叙德罗。他们多数实际上是戴派人物。可见，在新政府中，议员出身的人数明显上升，而非议员出身和"技术专家"的人数有所下降。尽管蓬皮杜在吸收议员参加政府方面下了很大的功夫，但议会并不对新政府特别青睐。4 月 26 日，议会就政府的施政纲领投信任票时，仅以 259 票赞成、128 票反对和 119 票弃权的微弱多数勉强通过，其中，除了全部保卫新共和联盟议员投了赞成票外，仅有一半的人民共和党议员和 1/4 的独立党议员投了赞成票。可见，蓬皮杜政府无论在内部还是在同议会关系上都是比较脆弱的。

新政府成立不久就发生了波折。5 月 15 日，戴高乐在记者招待会上广泛地论述了欧洲联合问题。他对"祖国的欧洲""国家的欧洲"推崇备至，而对"一体化的欧洲""超国家的欧洲"竭尽挖苦之能事。这就触动了法国政治的敏感点，因为自阿尔及利亚问题冷却以来，欧洲联合政策的争论逐渐热闹起来。在就新政府的施政纲领进行辩论时，议员的兴趣已转移到政府的欧洲联合政策上来了。而正是在这个问题上，蓬皮杜政府内部的意见可谓南辕北辙。人民共和党是狂热鼓吹"一体化的欧洲"的，因此，该党主席弗林姆兰及其部长在聆听戴高乐唱反调时自然如坐针毡，十分尴尬。当晚，他们立即宣布退出政府以示抗议。然而，戴高乐没有理会这种突如其来的"事故"，他在法国中部视察时，嘲笑这是"牢骚、埋怨和恼怒"。这就触怒了独立党议会党团，它们于 5 月 22 日逼迫它们的政府成员离职，但遭到独立党部长们的拒绝。尽管人民共和党没有同戴派完全决裂，独立党继续留在政府内，但议会内部掀起了抗议的浪潮。6 月 13 日，293 名议员，包括 1958 年 6 月 1 日对任命戴高乐为总理投赞成票的那些议员共同签署了《欧洲宣言》，表明除了保卫新共和联盟和法共议员外的几乎所有议员均拥护欧洲一体化的立场，并对戴高乐表示不满。蓬皮杜追求"向左开放"和保持同议会信任关系的目标因与欧洲政策相左而落空，议会中反对派势力日益发展。

二 总统选举法的修改

多年以来，戴高乐在第五共和国政治体制上还怀着一种心思——改革总统选举法。他早在 1961 年 4 月 11 日的记者招待会上就曾提到过，现行的总统选举法只能适合于像他这样在特殊情况下上台的人物，但作为一个由"人民和民族"授权的共和国总统，在正常的情况下采取选民团推举的方式显然同总统的地位极不相称。可见，戴高乐在阿尔及利亚危机期间，已经考虑在加强总统权力的同时还要进一步提高它的地位，以便拥有强大的手段来实现他的"雄心大志"。而通过普选产生总统，是加强总统地位的最好方式。所以，政府改组后，他认为把这个问题正式提上日程的时机已经成熟。恰好在 8 月 22 日，在总统乘车前往库布莱镇机场的路上，由秘密军队组织策划的一伙歹徒向总统车座开火，企图从肉体上消灭戴高乐。戴高乐死里逃生，幸免于难。谋杀案震动了全国，促使总统加快了政治体制改革的步伐。他通过蓬皮杜政府于 9 月 12 日宣布，就修改宪法中关于总统选举的办法举行公民投票。

蓬皮杜政府的决定犹如扔出一枚炸弹，在法国政界造成了巨大的冲击波。在此之前，许多政党和议员，尤其是反对派，早就对戴高乐在这个问题上的种种暗示忧心忡忡。他们原希望法国政治生活正常化后，重新调整总统、政府和议会三者权力不平衡的关系，缩小总统的权力，提高议会的地位和作用，而戴高乐及其政府的改革计划正好同他们的愿望背道而驰。因为按照新的总统选举法，总统由普选产生，那就意味着总统的权力直接来源于"人民"而不是来源于"选民代表"，总统的地位直接由"人民"确认而不是由"选民代表"认可，从而使总统摆脱了议会的任何牵制。另外，他们认为修改宪法要根据宪法第 89 条规定，先由议会两院进行审查和批准，不得绕过议会直接诉诸公民投票。参议长莫奈维尔早于 1962 年 2 月就在致全体参议员的一封信中发出了警告：修改宪法必须严格按照宪法所规定的程序进行。

戴高乐十分了解，全力支持总统的保卫新共和联盟虽然在国民议会中占据第一大党的地位，但尚未达到绝对多数，在参议院中排行老四。如果按宪法第 89 条程序处理，那么政府的改革计划必将被议会否决。为使改革计划得以实现，他煞费苦心地引用宪法第 3 条 "国家主权属于人民，并由人民通过其代表或公民投票来行使" 说明 "人民" 不仅可以通过自己的 "代表" 行使主权，也可以通过公民投票行使主权。他还引用宪法第 11 条，指出修改总统选举法属于有关公共权力机构的范围，因而必须用公民投票来解决。戴高乐正是利用了第五共和国宪法某些条文模棱两可和含混不清之处，来为自己的打算寻找根据。

议会复会后，戴高乐和蓬皮杜政府同议员的对抗达到了高潮。除了保卫新共和联盟外，几乎所有政党都联合起来，在雷诺的牵头下于 10 月 5 日就修改宪法问题对政府提出弹劾案。弹劾案指出："鉴于共和国总统以排除由两院投票表决的行动违反了他有义务捍卫的宪法；鉴于总统的行动打开了一个缺口，有朝一日，一个冒险家可能通过这条途径来推翻共和国并取消自由权利；鉴于共和国总统只能根据政府的 '建议' 行事，国民议会根据宪法第五章第 40 条弹劾政府。"① 在辩论过程中，保卫新共和联盟议员和反对派议员展开了激烈的唇枪舌剑。议会在极端对立的气氛中举行投票表决，结果弹劾案以 280 张赞成票的绝对多数获得通过。戴高乐当然不会弯腰折服，他一方面让提出辞职的蓬皮杜继续行使总理职权；另一方面于 10 月10 日宣布解散议会，重新进行立法选举。

修改宪法的计划也在法学界中掀起了风波。一些著名法学家提出运用公民投票来修改宪法是 "粗暴地践踏国家大法"、是 "侵犯议会的权力"。法国行政法院一反过去不对外公开会议讨论和表决情况的惯例，向报界透露了 10 月 1 日会议上一致通过的对政府的做法持保留态度的决定。宪法委员会许多委员在审议宪法的修改草案时也持反对态度，如前总统科蒂十分恼怒地指出："这等于是在宪法问题上的一次政变……改变契约方向。" 在政府内部也有分歧，国民教育部部长叙德罗认为修改宪法的程序不符合宪法的原则，他退出政府以表示抗议。法国工会和群众团体组织也参与这场

---

① 雅克·夏普萨尔、阿兰·朗斯洛：《1940 年以来的法国政治生活》，上海译文出版社，1981，第 471 页。

大辩论，与反对党关系比较密切的法国总工会①、劳工 - 工人力量总工会②、国民教育联合会③纷纷动员起来，声援反对派的斗争。从这里不难看出，在修改宪法问题上，在法国政界和社会上都存在相当大的反对势力和相当大的阻力。戴高乐及其政府为此将进行一场艰苦的战斗。

在公民投票前夕，戴高乐及其政府同反对派的斗争进入白热化。戴高乐于 9 月 20 日，10 月 4 日、18 日、20 日、26 日接连发表谈话，强调修改总统选举法的重要意义，并威胁说："假如你们投反对票……或者假如赞成票的多数很微弱、很平常、不稳固，那么，很明显，我的任务很快就会结束，而且这将是不可挽回的。"④ 为了战胜反对派和争取在公民投票中赢得选民的支持，戴高乐甚至拿他个人的去留作为赌注。在反对派营垒里，数莫奈维尔和雷诺最活跃。前者于 9 月 30 日在维希召开的激进党大会上，刻薄地讥讽蓬皮杜专横武断，"预谋策划、为所欲为、居心叵测和肆无忌惮地违反宪法"。实际上是指桑骂槐，把矛头指向"向导和保证人"戴高乐。当再次入主卢森堡宫后，他于 10 月 9 日做了长篇发言，措辞激烈地抨击戴高乐及其政府，赢得会场一片喝彩声。他还写信给总统，说"现在强加在我们头上的不是共和国，而是波拿巴主义⑤"。曾经在 1940 年做过戴高乐"保护人"的雷诺，于 10 月 10 日主持了一个记者招待会，站在身旁的有摩勒等人。在会上，他宣布"共和派"政党（法共和统一社会党除外）已达成协议，在公民投票中一致采取反对立场。

反对派态度坚决、观点明朗、劲头很大，对选民有一定的影响，但他们低估了戴派的力量。首先，由于阿尔及利亚问题的解决、财政困难的克服、经济势头的高涨、法国国际地位的提高，戴高乐获得了多数人的同情和支持。其次，戴高乐让选民相信，投赞成票就是赞同第五共和国，投反对票就是回到第四共和国老路上去，这恰恰触动了选民的敏感神经，因为

---

① 法国总工会（或称法国劳工总联盟）法文为 "la Confédération générale du travail（CGT）"。

② 劳工 - 工人力量总工会法文为 "la Confédération générale du travail-force ouvrière（CGT - FO）"。

③ 国民教育联合会法文为 "la Fédération de l'éducation nationale（FEN）"。

④ 国际关系研究所编译《戴高乐言论集（1958 ~ 1964）》，世界知识出版社，1964，第 391 页。

⑤ 波拿巴主义法文为 "le bonapartisme"。

选民对第四共和国议会和"旧政党"的所作所为记忆犹新，所以对加强现在议会的各种论调反应冷淡。再次，采取普选总统的方法能够提高公民的参政地位和发挥其在政治生活中的作用，因而多数法国人是赞同修改宪法的。最后，如日中天的戴高乐提出去留问题，也打动了选民的情结。这些因素决定了戴高乐及其政府在这场政治角逐中，处于有利的位置，拥有强大的力量。

公民投票就是在这种两军对垒中进行的。1962 年 10 月 28 日投票结果表明，赞成票占有效票总数的 61.7%，超过半数；反对票占 38.2%；弃权率占登记选民的 22.7%，比前两次公民投票的弃权率都低，说明选民对修改宪法还是感兴趣的。有关普选产生总统的法律草案终于获得公民投票的通过。

根据新选举法的规定，总统由普遍的、直接的选举产生。总统候选人由 10 个省以上的 100 名各类当选人签名认可，选举采取两轮投票制，候选人在第一轮中获得绝对多数方能当选。如果未能获得必要的多数，则拥有最多选票的前两名候选人要在第二轮投票中一决雌雄。在第二轮中，候选人夺得相对多数即可当选总统。

这次宪法的修改具有重大的意义。首先，它使第五共和国政治体制进一步完善，使第五共和国的民主政治进一步发展，增添了直接民主的内涵。其次，它大大地提升了总统的地位和加强了总统的权威，从而有利于总统推行内外政策。最后，正如许多法国政治家和学者认为，总统选举法的通过标志着第五共和国真正意义上的建立。[①]

三　各派政治力量的消长和第二届国民议会的选举

第五共和国第一届国民议会期间，法国各派政治力量发生了不同程度的变化。

保卫新共和联盟自成立以来，着重在管理人员、医生、工程师、技术人员等新兴中产阶级中发展组织，提高了该党的生气和活力。保卫新共和联盟在理论上忠于戴高乐主义，在政治上坚贞不渝地支持戴高乐的阿尔及

---

① 让-雅克·贝克尔：《1945 年以来法国政治史》（第 10 版），阿尔芒·科兰出版社，2011，第 119 页。

利亚政策、独立自主的外交政策和第五共和国的政治体制。在阿尔及利亚危机期间，它多次整顿组织和清算异己：第一次是 1959 年秋戴高乐提出自决政策后，它清除了以帕斯卡尔·阿里吉、德尔贝克为首的十多名极右分子；第二次是 1960 年春阿尔及尔暴动后，它开除了苏斯戴尔等一批头面人物；第三次是 1960 年 12 月，它再次将一大批极端殖民主义者扫地出门。清洗的成员总数占保卫新共和联盟议会党团人数的 1/8。保卫新共和联盟的组织方针、政治路线和理论根据给选民留下"革新党"的深刻印象，从而在近几年中使该党的威信和影响取得长足的进展。

法共尚未意识到法国经济的变动所引起的法国社会阶级结构的变化，仍然坚持"正统"的方针和政策，因而不能适应新形势发展的需要。特别是对第五共和国成立前后的新形势做出了错误的判断，法共对戴高乐及其法兰西人民联盟的反共立场和活动耿耿于怀，担心戴高乐走向个人独裁，或把政权法西斯化，因而反对戴高乐及其政治体制，反对戴高乐的内外政策。另外，法共内部在理论上和策略上分歧严重，其中包括如何看待戴高乐本人、他的思想以及他的政权问题。一部分有影响的党员如马塞尔·塞尔万、洛朗·卡萨诺瓦以及和平运动的领导人认为，不能一味地反对戴高乐，要根据不同情况区别对待。1961 年 4 月，法共第 16 次代表大会将他们清除出党。法共反对戴高乐的阿尔及利亚政策（除了在 1962 年 4 月公民投票中投票赞成《埃维昂协议》外）、戴高乐的内外政策和第五共和国政治体制，从而失去了相当数量的选民，降低了法共的威信和影响力。

社会党自从拒绝参加德勃雷政府以来，除了在阿尔及利亚问题上采取较为灵活的立场支持戴高乐的"自由化政策"外，对戴高乐及其政府的其他内外政策一直持反对态度，并加入了反对派行列。在这期间，社会党内部的矛盾继续发展，分歧的焦点也集中在如何对待戴高乐及其内外政策和看待第五共和国政治体制等问题上。继 1958 年 9 月分裂出独立社会党后，1960 年 4 月因不同意该党的右倾化又从社会党母体中分离出一部分人，另行成立统一社会党①。社会党的多次分裂使自身力量遭到相当大的削弱，其

----

① 统一社会党法文为"le Parti socialiste unifié（PSU），或 le Parti unifié"。

政治影响日益下降。

激进党依然处于四分五裂的状态。它的领导人曾多次企图统合各个派别，如费利克斯·加亚尔担任党主席时，同原来党内的右翼埃德加·富尔、勒内·马耶尔、安德烈·莫里斯和解；1961 年 10 月莫里斯·富尔接替党的领导职务后，又转向对党内的"左翼开放"。激进党左右摇摆的态度也反映在政治方针上，它对待戴高乐及其政权经常采取模棱两可和暧昧的立场。总之，它企图在组织上和政治上以左右逢源的中间路线求得生存和发展，结果适得其反，激进党分崩离析，在选民中的影响也日益下降。

人民共和党曾经同戴派度过了一个时期的蜜月。尽管在经济政策上同戴高乐有分歧，但在阿尔及利亚等重大问题方面，人民共和党全力支持戴高乐及其政府的政策，站在多数派一边。然而，人民共和党在欧洲联合问题上同戴派发生了激烈的争吵，最后公开决裂。在这期间，人民共和党采取中间路线，以便聚集和壮大中间派力量，同左右两派抗衡。但在 60 年代法国政治力量两极化日益加强的形势下，人民共和党同其他中间政党一样，四处碰壁。人民共和党也在分化和瓦解。

独立党原来是多数派的重要支柱，在经济和财政政策上同戴派产生裂痕后，戴高乐辞退独立党的财政部部长安托万·比内，从而触怒了独立党。独立党议会党团发表声明："政府用这种行动，破坏了一年来自己一直声称要依靠的多数派。对此，政府必须负责。" 1961 年春夏，独立党在农业政策上支持农业利益集团的要求再次同政府发生龃龉，使它与戴派的鸿沟进一步扩大。在这期间，独立党在阿尔及利亚问题的两次公民投票中竟然拒绝号召它的选民投赞成票，在 1961 年 4 月阿尔及尔的军事政变中拒绝谴责军事将领的反叛行为，它的顽固的右翼立场和极端殖民主义政策，不仅造成党内部的分裂，而且遭到选民的唾弃。

总之，第五共和国第一届国民议会期间，保卫新共和联盟进一步发展壮大，传统政党如法共、社会党、独立党、人民共和党和激进党都在不同程度上削弱了。法国政治力量的新变化，对今后的法国政局有着深远的意义，也对近期的第五共和国第二届国民议会的选举带来直接的影响。

第五共和国第二届国民议会选举计划于 1962 年 11 月举行，它是在国民议会于 1962 年 10 月弹劾蓬皮杜政府获得通过、戴高乐总统被迫解散议会提前立法选举的情况下进行的。于是，法国各派政治力量再次紧张地动员起来，为争夺席位展开了"肉搏战"。在选举运动中，各派政治力量的基本立场和态度决定了选民的投票方向，但另外一些因素也对选民的意向产生了影响。

首先，这次立法选举是紧接着公民投票之后举行的，因此，它必将受到公民投票的影响。在一般情况下，赞成修改宪法的选民将投那些支持修改宪法的政党候选人的票；反对修改宪法的选民则会投那些不赞成修改宪法的政党候选人的票。

其次，戴高乐一反常态，亲自介入这次议会选举。他攻击所有反对他的党派，称它们为"过时的党派"，"再也不能代表国家"。戴高乐的态度对选民的心理产生不小的影响。

最后，各派政治力量在选举运动中重新分化和组合。在戴派方面，保卫新共和联盟与以勒内·卡皮唐、路易·瓦隆为首的戴派左翼——劳工民主联盟①成立了选举联盟，共同拟定各个选区的戴派候选人名单。安德烈·马尔罗创建"保卫第五共和国联合会"，在每个选区提出一个忠于戴高乐的候选人，或者一名戴派的候选人。社会党自采取反戴高乐政权的立场后，开始同法共接近起来；法共也从孤立状态中解脱出来，改变策略，主动要求同左翼联合。正是在双方努力下，两党达成了选举联盟，增强了力量。人民共和党、独立党、激进党则处于四分五裂的状态：一部分人与马尔罗一起创建了"保卫第五共和国联合会"，与戴派结成联盟参加选举；其余的人则组成反对党联盟。在第二轮投票前，以瓦莱里·吉斯卡尔·德斯坦为首的党员又从独立党中拉出队伍，另组建独立共和党②，打着拥护戴高乐主义的旗帜参加下一轮选举。政党的重新分化和组合，在选举中改变策略，对选举也有一定的影响。

两派对抗十分激烈：戴派要力争尽可能多的选票，反对派则要报仇雪耻。18 日和 25 日两轮投票结果，保卫新共和联盟和劳工民主联盟呈现出乎

---

① 劳工民主联盟法文为"l'Union démocratique du travail（UDT）"。

② 独立共和党法文为"les Républicains independants（RI）"。

预料的"大跃进"，在总共 482 个议席中，独得 233 席；社会党和法共取得某些进展，分别获得 66 席和 41 席；温和派的选票急剧下降，只取得 32 席；独立共和党 20 席；由人民共和党和抵抗运动民主与社会联盟部分成员组成的民主中心①获得 38 席；由激进党和抵抗运动民主与社会联盟另一部分成员组成的民主联盟②获得 42 席；无党派人士 10 席；那些极力反对总统选举法修改的著名政治家如保罗·雷诺、皮埃尔·孟戴斯·弗朗斯在第一轮投票中即被淘汰出局，还有保卫"法国的阿尔及利亚"的极端殖民主义分子头目如让－马里·勒庞也在第一轮投票中落选。

　　本届议会选举的一个特点是选票朝两极分化的方向分流。以第一轮投票为例，保卫新共和联盟和劳工民主联盟共获得 584.7 万张选票；而法共和社会党则获得 631.1 万张选票，大体上相等。在 2753.5 万登记选民中，除掉弃权票和废票 920.4 万张外，在 1833.1 万张有效票中，2/3 有效票分流到戴派和左翼政党，如巴黎近郊一半选票投向保卫新共和联盟，另一半则投向法共。选票的两极化正是法国政党继续向左右两大派集结过程的反映。另一特点是议员大换班。在法国本土 465 名议员中，有 225 名议员首次进入波旁宫，几乎占本土议员总数的一半。议员的大换班给议会注入了新的血液。

　　通过立法选举诞生了新的国民议会，也组成了新的多数派和反对派。在新的多数派中，保卫新共和联盟和劳工民主联盟仅有 8 席之差，就能构成单独的绝对多数。保卫新共和联盟不仅是议会中第一大党，而且是新多数派的核心。戴派再加上独立共和党以及一些无党派人士，总共拥有 263 席，如虎添翼，从而牢牢地控制了议会。反对派由法共、社会党、人民共和党、激进党和温和派组成，不足半数，其中只有前两党属于坚定的反对派，后几个政党属于有条件的反对派。因此，新反对派阵营矛盾重重，其基础不甚牢固。

四　蓬皮杜"第二风格"政府

　　受到议会弹劾的蓬皮杜"第一风格"政府作为"看守内阁"延续到第

---

①　民主中心法文为"le Centre démocrate（CD）"。

②　民主联盟法文为"l'Alliance démocratique（AD）"。

五共和国第二届国民议会的成立，戴高乐总统才于 1962 年 11 月 28 日宣布"看守内阁"完成使命，并重又任命蓬皮杜为总理，筹建新政府。

蓬皮杜是在修改总统选举法问题上被议会逼下台的，然而在公民投票和立法选举中戴派的胜利为他雪洗了弹劾之仇。现在，他作为凯旋者被请回来，重又入主马提翁大厦。他于 12 月 7 日提出了"第二种风格"政府成员名单，并向议会发表了总政策声明。12 月 13 日，新政府获得了议会绝对多数票的通过。投赞成票的除了保卫新共和联盟、劳工民主联盟、独立共和党的议员外，还有部分民主中心议员。投反对票的除了法共和社会党外，还有部分民主联盟议员。民主中心和民主联盟两大中间派的多数议员弃权。

新政府共有 26 名政府成员，其中保卫新共和联盟占 13 名，劳工民主联盟占 2 名，独立共和党占 3 名。安德烈·马尔罗、路易·若克斯、顾夫·德姆维尔、埃德加·皮萨尼等 8 名政府成员虽为无党派人士，却是戴高乐的忠实追随者。可见，蓬皮杜"第二种风格"政府实质上是以戴派为中流砥柱的政府。

戴高乐和蓬皮杜是如何对待宪法修改后和新政府成立后总统和总理之间的关系呢？戴高乐在阐述总统权力以及总统与总理分工时说："……选举总统的人民已经把国家不可分割的权力完全赋予总统，除了由总统授予并维护的权力以外，不存在任何其他的权力，包括内阁的权力、民政的权力、军事的权力和司法的权力，而且总统有权调整安排由他本人处理的最高级范围的事务和交给别人管理的事务，然而，在平时，从各方面看，都需要把国家元首的职权和他的活动范围与总理的职权和活动范围区别开来。"[1] 蓬皮杜总理在谈到第五共和国政治体制特点时说："为了使这个制度有效地发挥作用，要求共和国总统和总理的看法广泛一致，以确保执行权的一致性，并以此使得政府对议会的负责不是徒有其名。"[2] 可见，他们两人对第五共和国行政二元体制的看法比较一致，在职责上有了明确的分工，在行

---

[1] 国际关系研究所编译《戴高乐言论集（1958～1964）》，世界知识出版社，1964，第 482 页。

[2] 雅克·夏普萨尔、阿兰·朗斯洛：《1940 年以来的法国政治生活》，上海译文出版社，1981，第 391 页。

动上能够做到恰到好处的配合。

新政府同第二届国民议会的关系又是怎样的呢？在新的国民议会中出现了一个新的稳定的多数派，又从那里组成了一个多数派的政府。由于议会多数派和政府多数派同属一个政治派别，从而保证了两者的协调一致，使政府在行使职权时有了议会多数派的保证。这种情况在法国政治史上尚属第一次出现。

总统和总理达成默契和议会多数派的支持，加强了蓬皮杜第二届政府的稳定性。如果说德勃雷政府还曾经发生过多次调整和改组，那么本届政府在总统换届前一直没有做过任何变动。政府的稳定性保证了第五共和国政策的连续性。

普选总统制度的建立，议会多数派的出现以及多数派支持的政府的诞生，使第五共和国政治体制和政治设施进一步健全起来。有些法国政治学者认为，从此才真正"翻开了第五共和国政治史的一页"，"一个新的共和国"正式诞生了。

第三节　经济和社会政策

一　经济政策

戴高乐重视法国经济的发展。在他看来，经济的发展能够增强法国硬实力，有了硬实力才能实现法兰西的"大国梦""强国梦"，才能保证法国的独立、伟大及法国的大国和强国的地位。1960 年 6 月 14 日，戴高乐在电视广播演说中重申法国必须大力发展经济，建立稳固的经济基础，"我们应该进入人强大的工业国家行列"，从而"把我们古老的法国改变成一个新的国家，使它适应它的时代。这关系到它的繁荣、强盛和向外影响。而这个改变是我国的伟大愿望。"① 他在总结执政经验时声称："今天，或者更确切地说，自从我执政 7 年以来，就是把经济作为压倒一切的任务，因为经济是

---

① 国际关系研究所编译《戴高乐言论集（1958～1964）》，世界知识出版社，1964，第 174 页。

所有一切的条件，特别是社会进步的条件。"① 因此，戴高乐针对以谨慎、保守、分散和处于受保护地位为满足的传统经济，提出"扩张、高产、竞争、集中"② 的口号。

戴高乐接收第四共和国"烂摊子"时，国家的财政、外贸形势和通货膨胀都十分严峻。1957 年财政赤字达 10200 亿旧法郎，占国内生产总值的 5.2%。1958 年年中，外债超过了 30 亿美元，其中半数必须在一年内偿还，外汇储备只够偿付 5 个星期的进口货物。外贸逆差又十分严重，1958 年达到 4.27 亿美元。通货膨胀率继续走高，1957 年为 5.6%。面对日益恶化的财政、外贸和通货膨胀，戴高乐不得不下大决心把它作为上台后的三大任务来抓。他任命比内为经济和财政部部长。由于比内在 1952 年领导政府工作期间，在经济上政绩卓著，深孚众望，因此，戴高乐借重他来解决法国经济和财政的燃眉之急。

戴高乐政府根据比内的建议，采取了一些应急措施，如 6 月 13 日发行了 3240 亿法郎的公债，紧缩行政费用的开支，对奢侈品征收附加税，等等。这些措施收到了立竿见影的效果。就在这年，物价上涨的势头减缓，某些食品零售价还有所下降；外汇和黄金储备增加；出口货物上升；资金回流。

戴高乐于 1958 年 9 月 30 日指定创立了由官方和民间代表组成的专家委员会，委员会的主席是经济和财政部的总监、著名的自由放任主义经济理论家雅克·吕夫。吕夫于 12 月底向政府递交了一份既全面而又严厉的经济和财政计划，计划的目标是要达到财政收支平衡、抑制通货膨胀和稳定货币。为此，计划规定大量地节约各项开支：如公务员工资年增长率不得超过 4%；削减对国营企业和社会保障事业的补助；暂时停发强壮退伍军人的抚恤金；等等。计划还大幅度提高烟、酒、酒精的商业税，适当提高煤、煤气、邮电和交通的价格。与此同时，增加各行业最低保证工资、家庭补助和养老金。计划还对旧法郎进行改革，在旧法郎贬值 17.55% 的基础上，1960 年 1 月 1 日发行新的法郎（1 法郎等于 100 旧法郎），使它的币值同联

---

① 让 - 雅克·贝克尔：《1945 年以来法国政治史》（第 10 版），阿尔芒·科兰出版社，2011，第 121 页。

② 戴高乐：《希望回忆录》，第 1 卷复兴（1958 ~ 1962），上海人民出版社，1973，第 140 页。

邦德国的马克和瑞士的法郎大致相等。法郎也解禁，可以同外币自由兑换。计划还取消各行业之间价格自动调节，取消农产品价格对某些工业品价格的调节，实行商品价格自由化。这就是著名的"比内－吕夫计划"。

比内－吕夫计划得到戴高乐的批准，但社会党部长们却持反对态度，他们认为增税加价和货币贬值等严厉政策实际上是拿穷人开刀，特别是取消强壮退伍军人的抚恤金，因而拒绝在这项计划上签字。摩勒国务部长还就这个计划同戴高乐交换信件和开展辩论。最后，社会党终于退出德勒雷政府，与戴高乐分道扬镳。

与此同时，第五共和国政府制订了1960～1961年过渡性经济与社会发展计划，代替了第四共和国政府制订的1958～1961年第三计划。随后，又制订了1962～1965年经济与社会发展第四计划。这些中长期计划从宏观的角度规定了法国国内生产总值指标，如过渡性计划规定年均增长率为5.5%，第四计划则为6%。计划还确定了工农业现代化的项目和指标。

比内－吕夫计划和中长期计划都达到或超过预期的目标。在戴高乐第一任总统期间，法国国内生产总值年平均增长率保持在5%～6%，工业年平均增长率为5.4%，农业为5%，超过第四共和国经济发展的平均水平，也高于美国和英国的经济增长率，与德国的经济增长率持平。戴高乐在1961年7月12日的电视广播中趾高气扬地说："在1960年，我们的工业就增长了11.4%，这使我国列入了世界的前列。我们眼看着我们的国家变成一个工业强国，就是说变成了一个强国。"① 一大批能源、交通、原材料等基础工业的新项目建立起来，部分旧的项目也得到技术改造。通货膨胀在前期已经下降了一半。财政收支逐渐走向平衡，外贸由逆差转为顺差，1959年顺差为4.13亿美元。外汇储备猛增，中短期的外债已全部付清，法郎币值坚挺。私人储蓄上升很快，居民生活水平在前期明显提高。工农业结构的调整和技术改造，使法国商品成本下降和质量提高，因而在欧洲经济共同体中和国际市场上都具有较强的竞争力。总之，经济的发展和财政的好转增强了法国国力，从而使法国在经济上可以同其他西方发达国家如联邦

---

① 国际关系研究所编译《戴高乐言论集（1958～1964）》，世界知识出版社，1964，第273页。

德国、日本、英国等并驾齐驱。

法国本来就有强大的国家主义传统，加上第四共和国和第五共和国历届政府加强国家干预，实行凯恩斯主义的经济政策，实施国有化和计划化，把国家干预推向顶峰，在戴高乐第一任总统时期初步形成了市场经济与国家干预相结合的法国经济制度，构成了以"国家市场经济"为主要特征的法国经济发展模式。

然而，法国经济发展过程中出现了两个偏差：第一，经济发展过快过猛造成工业、交通运输业、农业等部门内部结构失调，也造成各部门之间比例不平衡。第二，通货膨胀又开始回升，导致物价上涨。因此，蓬皮杜总理和第三任经济和财政部部长吉斯卡尔·德斯坦不得不于1963年9月12日共同拟订了一个"稳定计划"，打算通过冻结物价和限制信贷来减缓投资，刹住经济的"超速运行"和降低通货膨胀。根据严格的"正统经济理论"所提出的"稳定计划"固然见到效果，但造成1964年法国经济发展速度放慢和投资急剧下降。因此，蓬皮杜政府又采取了"复苏"措施，使1965年的法国经济重又振兴起来。

实践证明，戴高乐及其政府的经济政策可以在一个时期内刺激、推动甚至加快法国经济的发展，但是从20世纪60年代中期开始，法国经济的弊端日益暴露出来。

二 社会政策

戴高乐第一任总统时期，法国经济迅速发展，政局基本稳定，而社会是不平静的。

首先，法国政府为实现经济现代化，对经济各重要部门进行结构调整和技术改造，优先发展尖端和先进的工业和交通运输业，如电子、航天、通信、高速公路和高速列车，关闭和转产一些过时和落后的部门，如煤矿、造船、钢铁等传统工业。这些被淘汰企业的职工，或因失业使生活陷入窘境，或在改行转业中不能适应新的工种和新的劳动条件，于是组织起来进行斗争。德卡斯维尔矿场的矿工们于1961年12月发动罢工，第二年9月又进行了长达5个月的罢工；阿韦龙省的一些落后矿区也发生了类似的事件。

　　法国农业经济结构的调整和技术改造所引起的社会后果尤为突出。20世纪40和50年代，法国的农业还是以小农为主体。它的特点是生产技术落后，劳动生产率低下，产量不高，成为法国国民经济中最薄弱的环节。为了改变农业落后面貌，法国政府于1960年和1962年分别公布了《农业指导法》和《农业指导法补充法》，加快对小农经济的改造，促进农村土地的兼并和农业资本的集中，使农业生产科学化和现代化。如在《农业指导法》执行的四年中，农场的数量由220万个减少到190万个，而农业产值却从320亿法郎上升到420亿法郎。但是，在农村土地兼并和农业资本集中过程中，法国众多的小农纷纷破产，其速度由过去每年数万户激增到几十万户。他们被迫远离乡土，流离失所，大量涌进城镇，给法国社会带来不安定的因素。另外，农产品价格低廉，工农业产品之间的剪刀差比较严重，也使法国农民怨声载道。因此，法国农民不断"揭竿而起"，如1960年年初，法国农民进行示威游行，设置路障，切断电源和阻塞交通要道；1961年6月，布列塔尼地区农民爆发的示威游行声势浩大，一度占领了莫尔比昂省省会，借此向中央政府施加压力；1964年，牛奶行业人员也举行了示威游行。1964年10月27日，反对派和部分多数派议员（主要是独立共和党议员）再次就农业问题对蓬皮杜政府进行弹劾。这些事实说明，农业问题和农民斗争问题招致法国议会和政界的争论，而部分议员的支持又对法国的农民斗争起了推波助澜的作用。

　　经济结构的调整和现代化的结果，使法国生产迅速集中和社会化，资本垄断程度日益提高，从而给法国资本家带来高额的利润，使法国社会财富逐渐地向少数人手里集中，而广大雇佣者的工资收入远远低于他们所创造的财富。随着新科技和现代管理法在工农业中的应用和推广，他们的劳动节奏加快，劳动强度提高，脑力和体力消耗增加。法国领工资者还受到日益严重的通货膨胀的困扰。特别是国营企业的职工，按比内－吕夫计划的规定，每年工资的增长率不得超过4%，实际上他们工资的增长被物价上涨所抵消。因此，法国国营企业的职工率先行动起来，为提高工资、改善劳动条件和生活条件进行斗争。罢工和示威游行此起彼伏，如1963年2月底全国矿工大罢工，席卷了法国各个重要矿区。1964年11月法兰西电力公司职工罢工，使全国电力中断，法国经济活动几乎陷入停顿。这些罢工斗争都得到法国各阶层人民和舆论的支持。

法国政府采取了软硬兼施的手腕。它一方面做出某些让步，另一方面又多次通过行政高压手段强行复工，如 1963 年 3 月 3 日法国政府颁布法令，征召矿工复工。同时，法国政府以国营企业和公用事业关系国民经济和国计民生为借口，提出法案并经议会表决通过。法案规定国营企业和公用事业的罢工必须事先通知政府，使政府能够事先采取防范措施，以便从中破坏。

为了缓和劳资矛盾和冲突，平息劳动人民的不满，防止事态向严重方向发展，保卫新共和联盟—劳工民主联盟决定把 1963 年当作"社会年"。这一年，执政党除了在经济上采取扩张中求稳定的政策来抑制通货膨胀外，还提高了国营企业职工的工资和待遇，实行第 4 周带薪休假制度。

与此同时，戴高乐继续推行戴派左翼勒内·卡皮唐、路易·瓦隆于战后初期所提出的劳动者参与制。法国政府于 1959 年 1 月 7 日公布了新的劳动者参与制的法令，同年 8 月 9 日还采取了补充实施办法。法令规定在雇佣工人达到一定数量时就应成立企业委员会；企业委员会中，工会代表、管理人员和技术员代表、资方代表各占 1/3；企业委员会就企业中的经济和专业性的问题在雇主与职工之间进行协商和对话；法令还规定职工在企业每年所获得的利润中将分摊到一定比例的红利。1965 年，戴派左翼劳工部长吉尔贝·格朗瓦尔在雇主和工会几经对话和协商后，起草了一个加强职工参与制和企业委员会的法案，并获得了议会的通过。

但是，戴高乐没有拿出像搞外交那样的劲头去推行职工参与制，德勃雷和蓬皮杜两位总理缺乏热情，戴派中除了左翼少部分人外多数也反应冷淡。法国左翼政党和工会认为职工参与制是在搞"劳资合作"，是资产阶级设下的"陷阱"，因而持怀疑态度。法国职工则感到参与制是杯水车薪，远远不能满足要求。大多数雇主也反对职工们分享他们的企业"管理权"和红利。因此，到 1965 年，法国只有 6000 家企业按法令建立了企业委员会和实行分红制度。

总的来说，在第一任总统期间，戴高乐对法国社会问题不够重视，对潜伏的社会危机更无觉察。政府采取的社会政策和措施软弱无力，不能缓解劳资矛盾和冲突，法国社会危机继续在发展。

第四节　纵横捭阖的独立外交

一　戴高乐的外交思想和理论，外交总目标和总政策

自第五共和国成立以来，法国外交面目焕然一新，常有惊人之举，令人眼花缭乱，在法国国内和国际上激起了巨大的反响，对世界格局和国际关系产生了重大和深远的影响。

戴高乐的外交思想和理论，也就是"戴高乐主义"的核心价值观，主要来源于戴高乐孜孜以求的法国"大国梦""强国梦"以及对民族和国家的观点和看法。他肯定民族国家存在的事实和价值："民族之间是有很大差别的，每个民族有自己的灵魂、自己的历史、自己的语言……因而，它们是有权支配自己和活动的权利的。"[1] 他一再宣称，国家的观点并不陈腐，民族纪元还未过时。他认为民族和国家的独立自主，是当代国际生活中最重要的事实，也是处理国际关系的出发点。戴高乐主义的核心价值观还来源于对法兰西民族与国家的观点和看法，他在《战争回忆录》第一卷第一页开宗明义地表白："我对法国一向有一种看法……唯有丰功伟业才能弥补法国人民天性中的涣散。以当前的我国与当前的其他国家相处，如果没有一个高尚的目标和正直的胸怀，就会遭到致命的危险。"[2] 他在《希望回忆录》中进一步深入地论述对法兰西民族的看法："法兰西经历了无数的岁月，至今仍然生存。尽管多少世纪以来时代在召唤它，但它依然保持自己的风貌。法国的疆界可以有所改变，可是作为法国永久标志的地势、气候、河流、海洋却永远不变。那里居住生息的各族人民，在历史的过程中备受各种各样的考验。由于事物自然的趋势，加上政治的因势利导，经过不断地糅合，

---

① 《戴高乐言论和书信集（1958～1962）》，普隆出版社，1970，第 244～245 页。
② 戴高乐：《战争回忆录》（第 1 卷）（1940～1942）（上），世界知识出版社，1981，第 1 页。

法兰西终于成为一个单一的民族的国家。这个民族经历了无数的世代，将来还要一代一代繁衍下去。但是，由于这个国家独特的地理环境，由于组成这个民族的各种族的天赋才能，由于它在四周邻国中所处的地位，法国具有一种不朽的特性。"①

正是戴高乐的"大国梦""强国梦"以及其法兰西民族观和爱国思想，促使他确立了法国外交的总目标和总政策，就是争取法国在国际事务中独立自主。戴高乐对第四共和国长期推行亲美的外交记忆犹新。在第四共和国时期，美国把法国拖入北大西洋联盟、北约和东南亚条约组织，使法国处在美国羽翼之下；美国和北约在法国建立军事基地，在法国本土57个省驻扎美军，使法国受到美国的军事庇护；法国外交仰赖美国的鼻息，特别是1947年以后跟随美国亦步亦趋，积极地参加美国的冷战大合唱。所有这些，使法国的国家主权和民族独立受到极大的损害。鉴于第四共和国外交的经验教训，戴高乐力求改变外交的现状，维护国家主权和民族独立："主要的是我们所说的和所做的必须保持独立性。我重新执政以来，这就是我们的规则！"②

也正是在这种法兰西民族观和爱国思想的基础上，戴高乐要在维护法国国家主权和民族独立基础上，争取和恢复法国在世界政治中的大国地位。在现实中，对戴高乐来说，雅尔塔会议犹如一粒苦丸，难以下咽。他对美、苏、英三国未邀请他参加会议大为不满，认为有损法国作为大国、战胜国、同盟国的尊严。他对法国不能与其他三国共同决定战后世界格局愤愤不平。他不甘心法国处于二等国家的地位，提出法国应该树立"民族大志"，努力向大国攀登。

他在争取法国独立自主、法国大国地位和法国的伟大时，表现出急切、果断、固执、锋芒毕露和毫不妥协的精神，给世人留下极为深刻的印象。

在戴高乐看来，振兴法国经济、改革政治体制、稳定政局和安定社会都是为了增强法国的硬实力和软实力，以便实现他梦寐以求的法国"大国梦""强国梦"和法国的外交宏图。他把外交方针和政策当作特殊领域和最

① 戴高乐：《希望回忆录》（第1卷）（1958~1962），上海人民出版社，1973，第1页。
② 戴高乐：《希望回忆录》（第1卷）（1958~1962），上海人民出版社，1973，第174页。

高权力范围，属于他的"专利"，外人不得染指。他把外交部视为推行他的外交政策的主要工具，安排他的亲信顾夫·德姆维尔主持凯多赛大楼（外交部所在地）。而这位部长果然没有辜负戴高乐的厚望，忠实地执行他的指示。

二　反对美国的霸权和控制

戴高乐在争取法国独立自主和大国地位的过程中，将主要矛头指向美国的霸权。因为自二战后，美国依靠着战争中膨胀起来的经济和军事实力，在大西洋联盟内建立起政治、军事和经济霸权，以盟主地位颐指气使，控制包括法国在内的西方国家。因此，戴高乐反对美国霸权的斗争主要表现为要摆脱美国的控制和争取平等伙伴的地位。

戴高乐当政之初，国内问题堆积如山、阿尔及利亚问题缠身，但他仍然拿出相当多的精力和时间来处理外交事务。他首先在大西洋联盟内部开火，于 1958 年 9 月 17 日在致美国总统艾森豪威尔和英国首相麦克米伦的秘密备忘录中指出，现在西方联盟的组织已不能适应"自由世界"的基本安全的需要。在这个联盟内，法国承担着风险和义务，却无决策权。因此，他建议在北大西洋联盟内部成立一个由美、英、法三国组成的理事会，就政治、经济和军事方面共同商讨和决定。备忘录还指出，这个领导机构不限于欧洲事务，还应扩大到诸如北冰洋、太平洋和印度洋等世界各地区。备忘录还威胁说："法国政府认为这样的安全组织是必不可少的。今后，法国参加北大西洋公约组织的整个发展情况将以此作为根据。"

这份秘密备忘录是对美国在西方国家中政治霸权的冲击，在美国和大西洋联盟内引起了震动。美国当然不愿与他人分享霸权，不仅拒绝戴高乐的建议，而且对法国政府施加的压力接踵而来。美国国务卿杜勒斯于 1958 年 12 月和 1959 年 2 月两次访法，要求法国在北约内进行充分合作，继续俯首帖耳听命于美国。美国总统于 1959 年 9 月访法期间，于 1959 年 12 月美、英、法三国首脑在朗布依埃会谈时，以及 1960 年 9 月三国首脑再次在百慕大举行会议时，都一再指出法国的建议是"不明智之举"，最多只能搞一个"有限的三头政治"。与此同时，美国、英国等掀起了一阵阵反法的浪潮，对戴高乐进行诽谤和中伤。

戴高乐以最大的胆略迎接了美国的挑战。他从 1959 年年初开始，采取了一系列实际步骤来摆脱美国的控制。3 月 6 日，法国政府决定撤回北大西洋公约军事组织内的法国地中海舰队，改由法国军官指挥，不再听从美国人的调遣。1963 年 6 月 21 日，法国政府宣布：如果发生战争，北约组织不能使用法国在大西洋的海军部队。1965 年 9 月 9 日，戴高乐进一步指出："在我们过去所作的保证期满的时候，即最迟在 1969 年，我们对北大西洋公约组织称之为一体化的从属关系就将结束，因为这种从属关系使我们的命运掌握在外国人的手中。"① 它预示着戴高乐还将采取更重大的步骤来挣脱美国的控制。

戴高乐在大西洋联盟内部反对美国的政治霸权和争取平起平坐的斗争，受到了国内政界和舆论的赞颂。一时间，在法国掀起了"反美"的浪潮，压抑在人们心中的的怨气迸发出来，法国人民感受到从未有过的扬眉吐气。

戴高乐还对美国在西方盟国中的军事霸权进行了冲击。战后以来，法国同其他西方国家一样，把它的安全维系于美国的核保护伞。然而，戴高乐怀疑美国是否能够为了法国的利益而动用军队和核武器。他在许多次记者招待会和声明中，甚至在同 1959 年 9 月来法访问的美国总统艾森豪威尔的舌战中，从历史的角度分析说，一战期间，法国打了三年战争，美国才跑来"援助"；二战期间，美国更是姗姗来迟，在法国战败后才来援助。他还从现实角度指出，当法国在北非、中东、撒哈拉以南非洲和印度支那遇到困难时，美国不仅没有支持法国，而且多次挖法国的墙脚，企图取而代之。因此，他反对在北约搞军事一体化，主张法国军事独立自主。他于 1959年 11 月 3 日在法国军事学院的著名演说中宣布，法国军事独立的主要标志，是要建立一个法国的核武装部队。他认为："如果没有它，我们将不再是一个欧洲的强国，不再是一个主权国家，而只是一个被一体化了的卫星国。"②

最初在建立法国核威慑力量时，戴高乐打算从美国购买原子武器来装

---

① 雅克·夏普萨尔、阿兰·朗斯洛：《1940 年以来的法国政治生活》，上海译文出版社，1981，第 497 页。
② 国际关系研究所编译《戴高乐言论集（1958～1964）》，世界知识出版社，1964，第 205 页。

备法国部队。而美国正是使用这张王牌抗衡苏联、控制盟国和奴役第三世界的，绝不会轻易转让他人。因此，美国答应向法国提供这类武器，但要通过北约最高统帅即美国指挥官的批准才能动用。这实际上是在法国脖子上套上一个枷锁。

戴高乐下决心不惜付出巨额财政开支来加速研制自己的核武器。经过短时间的努力，法国终于在1960年2月13日在撒哈拉沙漠成功地爆炸了第一颗原子试验装置，4月1日在同一地点再次成功地试验了第二颗原子装置。戴高乐极为兴奋，特拍发电报祝贺："从今天早晨开始，法国变得更加强大，更加自豪。"法国核武器试验成功打破了美苏的核垄断地位，标志着法国在军事独立自主的道路上跨出了重要的一步。随后，法国建立了自己的"全方位"核打击力量，加入了核大国行列。

戴高乐依靠本国的核威慑力量，进一步加强了反对美国霸权和控制的斗争，因此，法美矛盾在西方世界中日益突出和尖锐。当法国政府于1963年7月宣布法国的大西洋海军部队同北约脱钩时，美国总统肯尼迪大为光火，他压迫法国参加美、苏、英三国在莫斯科签订的《部分禁止核试验条约》。这显然是阻挠他国和法国试验、生产和拥有核武器，继续保持美苏的核垄断，理所当然地遭到戴高乐的严正拒绝。

在法国政界和议会中，反对派围绕着核打击力量的问题聚集起来："大西洋主义"派宁可要美国的核保护伞，也不愿就这个问题得罪美国；欧洲派主张北约的军事一体化，反对戴高乐在军事上同北约脱钩的政策；右翼政党不愿就核武器的试验、制造和装备增加财政负担；左翼政党也因核扩散和核污染疑虑重重。法国议会就政府的军事预算和核独立政策展开了空前激烈的辩论，反对派先后三次提出了弹劾案。而每次弹劾案都获得了205～215张赞成票，由此可见戴高乐在推行核独立政策上的阻力之大。此后，议会每年在财政预算和军事拨款上，围绕核打击力量的建设都要爆发一场大辩论，如1963年就法国政府拒绝签署《部分禁止核试验条约》进行了辩论，1964年就为期5年的军事纲领法案开展了辩论。

戴高乐还对西方世界的国际货币体系进行挑战。战后，美国通过布雷顿森林条约和关税及贸易总协定建立了金汇兑本位制，从而确立了美元在西方资本主义国家的经济、财政和贸易等领域中的霸主地位。美国经常通过这种国际货币制度转嫁经济危机和通货膨胀，使法国和其他西方国家深受其害。1964 年 9 月，法国财政部部长吉斯卡尔·德斯坦代表法国政府呼吁改革国际兑换制度。1965 年 2 月 4 日，戴高乐在记者招待会上进一步谴责国际货币制度，主张以金本位制取代目前的金汇兑本位制。接着，法国政府宣布不受金汇兑本位制的约束，将法国银行现存的大部分美元换成黄金。法国政府此举促进了西方国际货币体系在 70 年代的瓦解。

总之，在同美国政治、军事和经济霸权的斗争中，法国独立自主的倾向大大加强，法国的国际地位日益提高，从而使以独立自主为核心内涵的"戴高乐主义"风靡世界，为许多国家所效仿，从而促进了许多国家民族主义思潮的兴起，在有些国家甚至出现了"新戴高乐主义""半戴高乐主义"。

三 建设"第三势力"的欧洲

戴高乐对欧洲建设的主导思想，可以用战后初期他所说的那句话加以概括："把靠近莱茵河、阿尔卑斯山和比利牛斯山的国家在政治、经济和战略上联合起来，使这个组织成为世界三大势力之一；在必要时，使它成为苏联和盎格鲁－撒克逊两大阵营之间的仲裁者。"[1] 他按这种宏观设想制定了第五共和国的欧洲政策，而这个欧洲政策的最终目标是要把欧洲建成"第三势力"[2]。

1. 从法德和解到法德轴心[3]

戴高乐视德国为欧洲建设的关键，因此，他加速了第四共和国以来所执行的对德和解政策。1958 年 9 月，戴高乐同联邦德国总理阿登纳举行了第一次会谈。通过谈判，双方达成了谅解、互通有无和科技交流的协议，从此掀开了法德关系史上新的一页。

自此，法德两国领导人开始了频繁的互访、会晤和磋商。从第一次接触到 1962 年年中，戴高乐和阿登纳共会晤 15 次，谈话达 100 多小时，交换

---

[1]　戴高乐：《战争回忆录》（第 3 卷）（1944～1946）（上），世界知识出版社，1981，第 194 页。
[2]　第三势力法文为"la troisième force"。
[3]　法德轴心法文为"l'Axe franco-allemande"。

函件 40 封，不仅促进了他们两人之间的私人友谊，而且使疏远的法德关系重新密切起来。法德关系之所以能够在较短时间内取得异乎寻常的进展，主要是法国政府采取主动的结果。戴高乐认为，法国要在政治上领导欧洲，必须取得德国的理解；法国要推进欧洲经济共同体特别是加速农业共同市场的建立，也需要德国的支持；法国拒英国于欧洲经济共同体门外，也是德国采取同法国一致立场的结果。当然，法国希望法德合作走得更远一些，它于 1962 年秋向德国建议，成立一个由法国军官任总司令的法德战略空军联合指挥部，制订一个以法国海市蜃楼式轰炸机为主体的联合训练计划，以法语为工作语言。这实际上是让德国听从法国指挥的军事合作，但联邦德国还需要美国的核保护伞，因而拒绝了法国政府的要求。

1962 年 9 月戴高乐访德把两国关系推向高潮。这次访问成果斐然，它导致两国于 1963 年 1 月 22 日签订了《法德合作条约》。根据条约规定，法德政府就外交政策的重大问题首先是共同利害的问题将定期磋商；两国开展教育和青年的交流等。由于联邦德国的联邦议院在批准条约时加了一个序言，申明条约必须促进"欧洲和美国的特别紧密的合作"和不影响联邦德国签订的"多边条约的权利和义务"等，使戴高乐打算通过该条约领导联邦德国的计划落空，从而使法德条约黯然失色。但同第四共和国比较，法德在 60 年代不仅取得了和解，而且建立了亲密的关系，在西欧诸国中起着轴心的作用。

2. 推进了欧洲经济共同体的建设

戴高乐早先对《罗马条约》持怀疑和否定的态度，他担心法国被"超国家的组织"所吞噬。他重新执政后看到共同市场将给法国经济特别是农业带来巨大好处时，决心加速欧洲经济共同体的建设。

1960 年，法国政府建议提前实施《罗马条约》，使原先计划年底建立的欧洲经济共同体于 5 月成立起来。但是，工业品共同市场给法国带来的实惠不多，不能满足法国经济发展的需要，由此，法国政府在成员讨论工业品市场第二阶段机制时，提出把农业包括进去。当建议遭到联邦德国等国的抵制时，戴高乐采取了强硬的立场。他一方面指示法国政府代表团向布鲁塞尔会议发出最后通牒，声称如果继续拒绝法国的要求，法国不惜退出六国组织；另一方面，他打电报给阿登纳，要联邦德国总理出面斡旋，正是在法国的推动下，布鲁塞尔会议于 1962 年 1 月 14 日终于达成了共同农业政策的协议。之后，法国为实施协议进行了顽强的斗争。1963 年 12 月和 1964 年 12 月在讨论实施共同的农业政策时，法国政府再度发出最后通牒，迫使会议达成协议。农业共同市场的建成促进了欧洲经济共同体的发展，各成员从中各得其所，如法国从农业共同市场中得到了较多的好处，联邦德国从工业共同市场中也获得实惠。

在推进欧洲经济共同体过程中，法国还同这个组织的"超国家"机制进行了坚决的斗争。1965 年 3 月，欧洲经济共同体委员会（哈尔斯坦委员会）拟定了一份关于资助共同的农业政策的报告。根据这份报告，成员将出让某些主权给共同体组织和欧洲议会。这就激怒了一贯对"一体化"持否定态度的戴高乐，他立即指示参加布鲁塞尔会议的顾夫·德姆维尔外长采取果断的行动。于是，法国政府代表团于 6 月 30 日的会议上，以在"一个主要问题上"意见严重分歧为由，提议中止讨论，并退出欧洲经济共同体所有机构，酿成了一次严重的"空椅子"危机。① 法国反对共同体超国家的倾向，坚持协商一致的原则，使各成员国平等互利，也有利于欧洲经济共同体朝着健康的方向发展。

在推进欧洲经济共同体的过程中，法国政府顽固地拒绝英国加入该组织的申请。最初，英国同欧洲一些国家签订《斯德哥尔摩条约》，建立了小自由贸易区和组成了自由贸易区欧洲委员会。英国要求欧洲经济共同体和该自由贸易区合并，以便从中渔利。法国和欧洲经济共同体其他成员意识到，这样做将使欧洲经济共同体丧失《罗马条约》所规定的性质，使该组织最终走向解体，因此一致拒绝了英国的建议。

接着，英国于 1961 年 7 月正式申请加入欧洲经济共同体。在戴高乐看来，英国同美国保持着特殊的关系，是美国在欧洲的"特洛伊木马"。他担心一旦英国加入共同体，美国将通过英国来控制该组织。他对英国的行为做了这样的评语："1961 年年中，英国人又重新发动进攻。由于他们从外面

---

① "空椅子"危机法文为"la crise de la chaise vide"。

不能阻止共同体的产生，现在他们打算钻到内部来使这个组织陷于瘫痪。"①
法国代表团根据戴高乐的指示，力排众议，建议暂停同英国就申请加入问
题的谈判，从而关死了英国加入欧洲经济共同体的大门。法国政府对英国
申请加入的立场，有利于保持欧洲经济共同体独立自主的"个性"和"特
色"，使欧洲经济共同体在各成员经济发展中起着促进的作用。

3. 提出西欧政治联盟的方案

戴高乐主张欧洲联合起来，在联合的方法上他支持采取邦联的形式。
他解释说："今天的现实就是多国家。"因此，联合的欧洲只能是"祖国的
欧洲""国家的欧洲"。他坚决反对联邦制，拒绝搞一体化。他担心通过欧
洲一体化引狼入室，让美国主宰欧洲事务。

受西欧联盟的委托，由戴高乐信奉者、法国驻丹麦大使克里斯蒂安·
富歇任主席的委员会，根据戴高乐的思想和主张于 1961 年 11 月 2 日和 1962
年 1 月 18 日先后起草了两稿关于西欧政治联盟的条约草案，即"富歇计
划"。条约草案规定，西欧国家将建立一个松散的联合组织。条约草案在政
治协商和防务合作上闭口不谈大西洋联盟，实际上有意把美国和英国撇开，
因而遭到主张欧洲一体化和超国家欧洲的国家尤其是比利时及荷兰的反对。
富歇计划虽然失败，但它表明法国和其他一些西欧国家，已经在探索建立
欧洲政治联盟的途径。

四　保持非洲、重返亚洲和打入拉丁美洲

法国经济本是"外向型"为主的经济，在 20 世纪 60 年代迅速的扩张
中，不仅要保住在世界中原有的能源、工业原料供应基地以及传统的商品
市场，而且还要在这些地区寻找和开拓新的市场。正是基于这些原因，戴
高乐一再重申法国作为独立自主的国家和一个大国有权在非洲、亚洲和拉
丁美洲发挥作用。

戴高乐是以现实主义的眼光来观察正处在变动中的非洲、亚洲和拉丁
美洲的。他说："……人们怀念帝国时代的东西，这是很自然的，就像人们

---

① 戴高乐：《希望回忆录》（第 1 卷）（1958～1962），上海人民出版社，1973，第 198 页。

可能怀念过去的油灯的柔和、帆船的优美、马车时代的优雅一样。但是，又怎样呢？脱离了现实，任何政策都会失去价值。"① 这一方面表明他对昔日法国帝国的依恋之情，另一方面不得不承认要顺应民族民主解放运动的潮流。正是从经济、政治和现实角度出发，法国政府制定了保持非洲、重返亚洲和打入拉丁美洲的政策。

戴高乐重新执政之初，还未放弃法兰西帝国的思想。1958 年 8 月 25 日，当戴高乐到几内亚首都科纳克里访问时，迎接他的却是要求独立的标语和口号。他十分沮丧地对当地领导人塞古·杜尔指出，独立就意味着同法国一刀两断，"我们将立即撤回我们在行政、技术和教育方面的援助，并且停止对你们的预算的一切补助"。② 这番威胁的话不仅是讲给几内亚听的，也是为了告诫其他法属非洲国家的。

但是，自几内亚独立后，马里和马尔加什也相继提出独立的要求，其他法属非洲国家纷纷效仿，构成了一股势不可当的民族民主解放运动的潮流。正是在这股潮流的冲击下，戴高乐才感到那种生硬的做法不仅使法国失去在这个地区的影响，而且将给法国经济造成不可弥补的损失。他被迫改弦更张，提出"非殖民化"——合作的政策。他于 1959 年 11 月在记者招待会上声称："换句话说，法国对这些国家的政策，就是尊重和承认它们自由决定它们本身事务的权利，同时建议它们同法国组成一个集体，在这一集体中，它们将得到法国的援助，法国将在它们的参与下进行世界性的活动。"③

法国政府根据这项新政策同意马里于 1959 年 11 月和马尔加什于 1960 年 2 月独立，并与两国签订合作协定。为了让新政策以法律形式固定下来，1960 年 5 月至 6 月，法国国民议会和参议院、共同体参议院分别投票通过法国政府关于修改宪法第 86 条，规定法兰西共同体成员在获得独立以及同法国签订合作协定后，依然可以参加法兰西共同体。这一年，法属撒哈拉以南非洲 12 个国家也先后取得独立。

① 国际关系研究所编译《戴高乐言论集（1958~1964）》，世界知识出版社，1964，第 177 页。
② 布赖恩·克罗泽：《戴高乐传》（下册），商务印书馆，1978，第 589 页。
③ 国际关系研究所编译《戴高乐言论集（1958~1964）》，世界知识出版社，1964，第 121 页。

法国在"非洲独立之年"虽然失去了殖民地，但通过"非殖民化"——合作的政策，保持了同这些国家在政治、经济和文化上的密切联系与合作，继续在该地区发挥它的影响和作用。

由于第四共和国历届政府紧紧地追随美国，多次错过与中华人民共和国关系正常化的机会。戴高乐重新上台后越来越意识到，中华人民共和国日益强大，在国际上的地位不断提高。他感到新中国在世界和亚洲的分量，承认亚洲问题如果没有中华人民共和国参加，就不可能得到解决。他反对美国等西方国家无视新中国存在的"鸵鸟政策"，于 1963 年 10 月 22 日派遣他的亲信、与中国领导人结识过的前总理埃德加·富尔①携带他的亲笔授权书访问中国，就两国建交问题代表他本人与中国领导人交换意见。在交换意见中，富尔转达戴高乐的看法："像法中这样两个大国的领导人现在还不能进行会谈是不正常的；法国一开始没有承认中华人民共和国，保持同蒋介石的关系，因而产生了很多问题。现在如果中国愿意同法国谈判建交，法国将不管别的国家的意见，独立自主地做出决定。"② 经过艰苦的谈判，富尔与中国确定了法中两国建交的方案。1964 年 1 月 27 日，法国政府正式宣布同中华人民共和国建立外交关系，并决定互派大使。戴高乐这一明智而又有远见的决策，冲破了美国对新中国的封锁，在西方世界引起很大的震动。戴高乐这一举动使法中两国传统的友谊得到恢复，并把两国关系进一步推向新的历史阶段。

法国与美国东南亚进行角逐。戴高乐于 1965 年 2 月写信给胡志明，不指名道姓地谴责美国干涉越南事务和扩大侵略战争。法国政府接受苏联关于法苏两国讨论恢复东南亚和平的建议，于 1965 年 5 月撤回东南亚条约组织中的法方工作人员。戴高乐重返亚洲和东南亚，在印度支那反对美国的干涉，无疑有助于恢复该地区的和平与稳定。

戴高乐还于 1964 年 3 月 15 日飞往墨西哥进行国事访问，同年 9 月又到拉丁美洲另外六国做长途跋涉，与访问国的首脑会谈。他在访问拉丁美洲期间，宣传他的独立自主的思想，鼓励拉丁美洲国家的独立倾向。通过访

---

① 富尔曾经于 1957 年以前总理身份首次访华，受到毛泽东主席和周恩来总理的接见。
② 张锡昌、周剑卿：《战后法国外交史》，世界知识出版社，1993，第 223 页。

问，法国加强了同拉丁美洲国家的联系，从而在"美国的后院"打进了一个楔子。

总的来说，戴高乐在第一任总统期间所开展的争取独立自主和大国地位的外交，提高了法国的国际地位，扩大了法国在世界事务中的影响。法国不再是"欧洲病夫"了，它一扫昔日的病容，奋发而起，推动了许多国家反对美国霸权的斗争，促进了西欧国家对美的离心倾向。这种倾向汇成一股潮流，冲破了美苏两极的格局，使世界朝向多极化方向发展。如果说戴高乐在国内政策尤其是经济和社会政策上使国内人民有所不满，那么他的外交政策则得到比较广泛的支持。戴高乐在第一任总统期间的外交理念，为第五共和国的外交奠定了基础，并对第五共和国政治、经济和社会产生了深远的影响。

第五节　戴高乐蝉联总统

一　政治力量的消长

保卫新共和联盟成立起，就吸取法兰西人民联盟党员数量庞大、成分复杂、派系林立最后导致瓦解的教训[1]，在"吸收有才干的国家行政管理人员、地方上著名人士、医生、工程师、技术人员、青年、工人和专业人员中的活动分子"[2] 的过程中，并不过分追求党员的数量，而是重视保持党员的质量。其党员数量在1959年是2.4万，到1963年也仅有8.6万，因而被法国学者称为是一个"干部党"[3]"管理人员的党""现代化的党"，而不是一个群众性的政党。1961年3月在斯特拉斯堡举行的第二次全国代表大会上，保卫新共和联盟决心发展成为多数派的政党，并构成多数派的核心。

---

① 详见吴国庆《战后法国政治史（1945～2002）》（第2版），社会科学文献出版社，2004，第84～87页。

② 让·夏洛：《保卫新共和联盟——一个政党内部权力的研究》，刊登于《法国政治科学杂志》1967年第6期，法国大学出版社，1967，第1174～1177页。

③ 雅克·夏普萨尔、阿兰·朗斯洛：《1940年以来的法国政治生活》，上海译文出版社，1981，第518页。

但是，戴派中仍然存在各种派别，不利于多数派的形成。为此，戴高乐也亲自敦促戴派的各个派别联合起来，他在 1962 年 11 月 7 日的电视广播演说中指出："为了使民主长久保持下去，完全有必要加强扩大这个多数派，首先要在议会里确立这个多数派。"① 正是在戴高乐的压力下，保卫新共和联盟和劳工民主联盟相互接近并订立选举联盟，共同提出议会候选人。通过议会选举，保卫新共和联盟不仅成为议会第一大党，而且与劳工民主联盟和独立共和人士研究与联络中心②一起构成议会多数派。1962 年 12 月，保卫新共和联盟和劳工民主联盟决定合并，实行集体领导，成立由 13 名成员组成的指导委员会，代表着戴高乐主义中的各种流派。雅克·博梅尔任总书记。合并后，保卫新共和联盟"终于成了唯一的、磐石般的戴高乐主义政党……很明显，戴高乐主义是保卫新共和联盟的基本学说，它根据这个学说发表了无数次声明。"③

社会党在对待戴高乐和戴高乐主义问题上发生了自 1933 年以来最严重的分裂，达尼埃尔·马耶尔、爱德华·德普勒等一批社会党左翼领导人决定与支持戴高乐的居伊·摩勒决裂，带走了众多的党员和选民，单独成立独立社会党，从而使工人国际法国支部的实力受到极大削弱，党员数量进一步下降。1959 年 7 月全国代表大会后，居伊·摩勒领导的社会党也逐渐改变对戴高乐及其现政府的态度，正式站到反对派的立场上。这是因为社会党对戴高乐主义进行了错误的分析，对掌权后的戴高乐做出了错误的判断。它认为戴高乐主义就是波拿巴主义，戴高乐把第五共和国政治制度变了样。在以后的社会党历次代表大会上，党代会的代表们把戴高乐比作路易十四、查里十世、拿破仑三世的呼喊声响彻大厅，不绝于耳。社会党逆时代潮流的声音，使社会党的地位继续下降，党员数量下降，党员进一步老化。社会党拥有的选民数量也在渐渐地减少，1962 年比 1958 年少了 100 万选民。社会党为了起死回生，于 1963 年举行的社会党第 51 次全国代表大

① 国际关系研究所编译《戴高乐言论集（1958～1964）》，世界知识出版社，1964，第 395 页。
② 独立共和人士研究与联络中心法文为"le Centre d'études et de liaison des républicains indépendants（CéLRI）"。
③ 雅克·夏普萨尔、阿兰·朗斯洛：《1940 年以来的法国政治生活》，上海译文出版社，1981，第 516 页。

会上确定："把法国所有主张社会主义的人重新组织起来"，通过总统选举、议会选举和地方选举实现一个"能够组成一个左派政府的民主人士的联盟"①，以便重振"老房子"② 并促使老房子现代化。

法共面对第五共和国成立前后的新形势做出了错误的判断，反对戴高乐重返政坛，反对他领导的现政府，反对新宪法草案、第五共和国政治制度和戴高乐的内外政策。在 1958～1962 年四次的公民投票中，仅第三次就批准《埃维昂协议》投了赞成票。法共对戴高乐本人、戴高乐主义、第五共和国政治制度性质的错误分析以及在公民投票中所采取的僵硬立场使它脱离了法国实际，也脱离了拥护戴高乐和第五共和国政治制度的绝大多数群众，从而把自己孤立起来。法共党员数量 20 世纪 60 年代上半叶保持在 30 万，仅为 1946 年的一半左右。法共在这个时期无论实力和影响力都有不同程度的下降。

正是在身处困境的情况下，法共开始了对国际形势和法国国情的思考，变换策略，以便适应国内外新形势的需要，恢复生机和活力，挽回在群众中的影响。法共于 1961 年十六大提出和平过渡到社会主义的可能性在增长，1962 年提出在《共同纲领》基础上联合左翼政党的设想，并与社会党等左翼政党进行接触和会谈。1963 年 5 月，莫里斯·多列士在中央委员会会议上"毫不含糊地否定把一党制作为向社会主义过渡和社会主义建设的条件的论点"。③ 1964 年 5 月法共十七大分析了民主斗争与争取社会主义斗争之间的关系，指出争取民主的斗争是工人阶级争取社会主义斗争的组成部分，明确地提出了和平过渡到社会主义，正式放弃了一党制的思想。在此次代表大会上，瓦尔德克·罗歇当选为总书记，替换已经瘫痪的多列士。

独立人士和农民全国中心自称中间政党，于 1958 年全力支持戴高乐重新上台执政，参加政府工作。但是，该党在执政期间很快在经济和外交政策方面与戴高乐产生龃龉，在阿尔及利亚问题上、欧洲建设问题上与戴高乐发生分歧，也导致党的内部发生分裂，罗歇·迪谢总书记于 1961 年春被

---

① 弗朗索瓦·博雷拉：《今日法国政党》，上海人民出版社，1977，第 123 页。
② 1905 年统一后的社会党命名为"社会党，工人国际法国支部"，被称为"老房子"。
③ 法共二十四大工作总结报告：《建设法国色彩的社会主义》，人民出版社，1984，第 92 页。

迫离职。特别是在 1962 年针对总统普选的公民投票中投了反对票，导致该党的威信一落千丈。1960 ~ 1961 年，独立人士和农民全国中心的政府成员纷纷被免职。1962 年春天，该党开始发生分裂。5 月 22 日，该党的议会党团通过动议，要求参加蓬皮杜政府的本党部长们退出政府，以示对戴高乐总统及其政府所推行的阿尔及利亚政策、欧洲政策以及对总统选举法改革的抗议。以吉斯卡尔·德斯坦为首的四名部长拒绝该项动议后，该党的指导委员会于 5 月 24 日发表声明将他们驱逐出党。在此之后，该党在支持还是反对戴高乐主义、戴高乐总统及其内外政策方面爆发了激烈的争论。10 月 23 日，24 名该党的议员和以吉斯卡尔·德斯坦为首的四名部长在波旁宫①开会，会后声明要“继续第一届国民议会完成的事业”，“对赞同他们的原则和信仰，愿意在共和、自由和温和主义②精神之下为继续 1958 年从事法兰西复兴而奋斗的候选人给予支持”。③ 他们还表示不再使用独立人士和农民全国中心的标签来识别他们的政治身份。

第五共和国第二届国民议会选举第一轮投票后，吉斯卡尔·德斯坦及其追随者从独立人士和农民全国中心拉出队伍（大多数的议员）参加第二轮投票。结果，独立人士和农民全国中心获得席位大幅度下降，走向瓦解。而吉斯卡尔·德斯坦及其追随者获得 20 席位，12 月 6 日凑足 36 名议员数目，组成独立共和党议会党团。他在成立独立共和党议会党团时声明：“独立共和党党团愿意积极参加在国家元首领导下进行的第五共和国的复兴工作。党团认为政府和多数派之间的坦率的合作，对民主生活和维护宪法来说是不可缺少的。在这个多数派中，它将努力使它自己的政治原则受到重视。”④ 独立共和党议会党团支持戴高乐总统和参加多数派，但是并不意味着在任何时间和任何事情上支持政府。独立共和党议会党团实际上起着政党的作用，它参加议会多数派，进入政府成为执政党之一，提名自己的候选人参加各种选举活动。在这期间，吉斯卡尔·德斯坦在财政部部长位置

---

① 波旁宫是国民议会所在地。
② 温和主义法文为“le modérantisme”。
③ 科莱特·伊斯马：《第五共和国政党》，蒙克雷斯蒂安出版社，1989，第 51 页。
④ 让·克洛德·科利亚尔：《独立共和党》，上海人民出版社，1976，第 555 页。

上做出成绩，提高了威望，在独立共和党议会党团和独立共和人士全国研究与联络中心内培植自己的势力，使自己成为该组织的真正领袖，从而形成了"吉斯卡尔派"①。

激进党全力支持戴高乐重新掌握政权，在议会的 56 名激进党议员中，只有 18 名孟戴斯－弗朗斯派议员投了反对票。激进党也在 1958 年新宪法的公民投票中号召它的选民投赞成票。但是，这些动作都不能阻挡它下滑的颓势。一方面，激进党依然分裂为孟戴斯－弗朗斯派、富尔派和安德烈·莫里斯派，争斗不休。1958 年费利克斯·加亚尔当选党的主席后，把孟戴斯－弗朗斯及其同伙开除出党，从而极大地削弱了激进党的实力。另一方面，1956 年孟戴斯－弗朗斯当政时期内外政策的失败，使激进党的传统选民对"孟戴斯主义"② 丧失信念，纷纷远离和抛弃他们所信赖的政党。而戴高乐对激进党及其所坚持的"激进主义"③ 采取冷淡和不信任的态度，在他组织的第四共和国最后一届内阁中只吸收了激进党一人入阁，此后至 1962 年 12 月各届政府依然如此，说明激进党在第五共和国政治生活中已经无足轻重。激进党无可奈何地走向没落。

人民共和党大力支持戴高乐重新上台执政，在议会 71 名人民共和党议员中只有 3 名投了反对票。人民共和党赞同 1958 年新宪法和第五共和国政治制度，完全同意戴高乐的阿尔及利亚政策，因此，它被戴高乐吸收进入第四共和国最后一届内阁，也参加了第五共和国初期的政府。在 1958 年 11 月议会中，它站在多数派一边。人民共和党在第五共和国初期还保持一定的影响。但是，随着时间的推移，人民共和党开始起了变化。首先，人民共和党本身分裂为左翼和右翼：左翼与社会党的观点接近，而右翼完全支持戴高乐主义。其次，人民共和党对戴高乐的经济和社会政策持保留的态度，认为这种政策过于保守。从 1962 年 5 月开始，人民共和党声明自己不是无条件地拥护多数派，也不是系统地反对多数派，而是做一个建设性的反对派。1962 年 10 月，它号召它的选民投票反对总统的普选法，从而把自

---

① 吉斯卡尔派法文为 "les giscardiens"。
② 孟戴斯主义法文为 "le mendésisme"。
③ 激进主义法文为 "le radicalisme"。

已完全推向反对党一边。正是由于上述原因，人民共和党从此走向没落。尽管它已经意识到这一点，于 1962 年 6 月修改党的章程，扩大了领导机构，以便更好地保证社会、行业、家庭和文化组织的代表性。但是，这些措施不能挽回人民共和党的颓势。

二　总统选举的前奏

1965 年，法国选民首次按新选举法在全国范围内敞开式地"挑选"第五共和国第二届国家元首，许多法国政党也已开始酝酿和策划这次大选。

反对派营垒最早议论总统候选人的提名。1963 年 9 月，《快报》①《巴黎竞赛画报》② 等有广泛影响的一些法国报刊纷纷发表文章和评论。它们在提到能够与戴高乐派总统候选人相抗衡的反对派总统候选人应是"X 先生"时，最终都把目光集中在加斯东·德费尔身上。德费尔曾经长期担任马赛市市长，在第四共和国内阁中担任过部长等要职，现为社会党议会党团主席。他在这些报刊和舆论的推动下，于 12 月 18 日表态愿意充当总统候选人。

德费尔的行动首先得到了与法国党派保持密切关系的诸多"思想库"的支持，如让·穆兰俱乐部③、托克维尔俱乐部④、新民主俱乐部⑤、"60 年代公民"俱乐部等。其中，托克维尔俱乐部是坚决反对戴高乐的政治思想和主张。总之，它们都倾向左翼，要求革新法国政治。

在社会党内部，德费尔和总书记摩勒两人的政见相左。后者主张通过总统选举改革第五共和国政治体制，恢复议会制的传统，削弱总统的地位和权力，发挥总理和政府的作用；而前者主张基本维持现状，只对宪法做小修小补，如将总统的任期由 7 年改为 5 年，限制总统动用宪法第 16 条和公民投票的权力，加强宪法委员会的职能，等等。在 1964 年 2 月社会党特别大会上，德费尔派和摩勒派展开了一场激烈的辩论。最后，在党内最大

---

① 法国《快报》法文为"l'Express"。
② 法国《巴黎竞赛画报》法文为"Paris match"。
③ 穆兰俱乐部法文为"le Club Mourin"。
④ 托克维尔俱乐部法文为"le Club Tocqueville"。
⑤ 新民主俱乐部法文为"le Club nouvelle démocratie"。

的罗讷河口省联合会和马赛联合会代表的支持下，并在摩勒的妥协下，特别大会通过了德费尔为总统候选人的决议。

但德费尔在争取法共的支持上遭到挫折。他本以为法共会采取"不得已求其次"的策略，在第二轮中把选票投向自己。他决定不再与法共事先达成协议，以便争取中间派及其选民。法共对德费尔倨傲的态度十分恼怒，声明只支持一个预先就共同纲领达成协定的非共产党总统候选人。由此，德费尔失去了一个强大左翼及其选民的选票。

于是，德费尔打算建立一个非共产党的左翼政党和中间派的大联合。他提出了"从社会党人到民主基督教人士的一切进步人士"组成的民主主义和社会主义大联盟①（又称为大联盟）的方案，并获得 1965 年 6 月举行的社会党代表大会的通过，也得到人民共和党的支持。但由社会党、人民共和党、激进党、民主联盟、俱乐部和 80 年代展望所组成的"十六人委员会"在讨论这个方案时无论如何也谈不拢，不欢而散。中左政党总统候选人的提名经过两年的努力以失败告终，德费尔被迫于 1965 年 6 月 25 日声明退出竞选。

这个戏剧性的过程证明，左翼政党和中间派政党在非宗教化、同法共关系、内政和外交等一系列问题上分歧严重，成为无法克服的障碍。如果说在第四共和国期间，左翼政党还能同中间派政党暂时达成协议并联合执政，那么在法国政治日益两极化的今天则是困难重重。人们可以再次举行像 1963 年 9 月 15 日在涅夫勒省的圣奥诺雷－莱班的"千人"宴会，让法共和独立党人坐在同一张桌子，但不能在政治上硬把他们捏在一起。因此，左翼政党和中间派政党虽然同属反对派，却不能联合提名一个总统候选人。

自德费尔提名败北后，反对派中的任何一个大党在相当长的时间里都没有自己的总统候选人。9 月 1 日，弗朗索瓦·密特朗经过巧妙的准备，突然毛遂自荐，宣布自己愿意充当左翼总统候选人，可谓异军突起。密特朗于 1916 年 10 月 26 日生于法国夏朗德省一个铁路工人家庭，1938 年毕业于

---

① 民主主义和社会主义大联盟法文为"la Grande fédération démocrate et socialiste"。

巴黎大学并获得法学和文学学士学位，1942 年参加抵抗运动并创立全国被俘者运动①，1943 年参加法兰西民族解放委员会，1944 年任临时政府的战俘事务秘书长，1945 年创立抵抗运动民主与社会主义联盟，1946 年当选为国民议会议员，1947~1948 年任退伍军人部长，此后在第四共和国第 11 届政府中任部长或国务秘书，1958 年在公民投票中反对第五共和国宪法，1962 年重新当选为国民议会议员，1964 年创立共和制度大会党②并任该党主席。自第五共和国成立以来，他积极主张和推动左翼联盟。他曾经明确表示支持德费尔为总统候选人，但他与这位社会党人在联合策略上正好相反，希望同法共达成谅解，并通过左翼联合使他成为左翼的唯一总统候选人。

密特朗的声明首先得到统一社会党、社会党、共和制度大会党和激进党的积极响应，它们于 9 月 10 日组成了民主主义和社会主义左翼联合会③，支持密特朗参加即将举行的总统竞选。法共一向对密特朗怀有好感，何况，后者在 9 月 21 日的记者招待会上声明，"虽然没有谈判也不存在共同纲领，我将向共产党提供一切情况"，当众向法共伸出友善的手。因而法共也改变了过去以制定共同纲领为前提的僵硬做法，于 9 月 23 日正式发表声明，"鉴于我党已经得到的保证"，将全力支持密特朗为左翼总统候选人。统一社会党在 10 月 17 日召开的代表大会上，以 544 票赞成对 300 票反对通过了决定，支持密特朗为左翼总统候选人。密特朗的政治策略获得成功，他团结了一切左翼政党和政治团体，从而成为"左翼的唯一候选人"。

中间派政党迟迟未能做出决定，它们仍然在比内和让·勒卡尼埃之间徘徊。当"备用的贤者"比内表示只有在法国危急的情况下才肯走出"茅庐"时，中间派政党才转向勒卡尼埃。在中间派的推动下，勒卡尼埃于 10 月 19 日宣布参加总统竞选。他辞去了人民共和党主席的职务，"以显示其超越现存一切政党的意志"。他提出"民主、社会和欧洲"的政治纲领和口号，来吸引中间派政党和选民。

---

① 全国被俘者运动法文为 "le Mouvement national des prisonniers（MNP）"。
② 共和制度大会党法文为 "la Convention des institutions républicaines（CIR）"。
③ 民主主义和社会主义左翼联合会法文为 "la Fédération de la gauche démocrate et socialiste"。

法国政界和舆论界都在猜测戴高乐派的总统候选人，戴高乐到第一届总统期满已经 75 岁，还能参加竞选吗？一直严守秘密的戴高乐终于在 11 月 4 日声明参加总统竞选，并像往常在公民投票中所惯用的伎俩那样，再次拿他个人名誉做赌注：要么选择戴高乐，要么选择混乱，二者必居其一。

除此之外，新成立的右翼政党——自由欧洲党①提名皮埃尔·马西亚西为总统候选人，"赤贫、无家可归者"的代言人马塞尔·巴尔比毛遂自荐为总统候选人，极右分子让－路易·蒂克西埃－维尼扬古为总统候选人。

三　总统候选人的角逐和投票结果

11 月中旬，法国总统选举正式拉开帷幕。

左翼政党和中间派动手早，劲头足，竞选活动有声有色。它们充分发挥电视宣传的效果，多次在电视屏幕上露面，抨击戴高乐个人专权，声称爱丽舍宫不应成为"傲慢、孤家寡人、玩弄权术"的场所，而应是"对话"的地方。它们还"揭露"多数派政府忽视法国人日常生活问题，不是一个"理想的政府"。

反对派候选人还亮出了各自的政治思想和主张。密特朗着重宣传左翼的传统使命是"民主、社会主义、正义和幸福"；勒卡尼埃推出他的中间路线和提出"自由、民主和欧洲"的口号；马西亚西要求恢复议会制的政治体制；蒂克西埃－维尼扬古宣扬"自由主义"的观点；巴尔比则主张"人道主义"。反对派候选人的竞选纲领可谓五花八门，花样翻新。

长期以来，法国选民对电视屏幕上所看到的和听到的是"同一个面孔，同一类形象，同一种语言"，这令他们产生了厌烦的情绪。现在，他们所看到的和听到的是"新的面孔，新的形象，不同的语言"，获得异常的新鲜感。他们感到左翼和中间派候选人年富力强，密特朗才 49 岁，勒卡尼埃才45 岁，讲话能切中时弊，有如吹来一阵清新的风。在短暂的时间里，密特朗获得了越来越多左翼选民的支持，勒卡尼埃博得了中间派选民尤其是农民的好感。民意测验表明，选民的思想和感情在逐渐起变化：10 月密特朗

---

①　自由欧洲党法文为"le Parti libéral européen"。

和勒卡尼埃的支持率还只有 22% 和 5%，11 月中旬后迅速上升到 27% 和 20%；而在同时间内，戴高乐的支持率从 69% 急剧下跌到 46%。

与此相反，多数派的竞选活动起初显得冷冷清清。戴高乐自以为选举结果早在预料之中，因此对竞争活动抱着超然的甚至冷漠的态度，不愿意屈尊到选民中去，不愿意与其他候选人一起进行辩论。直到民意测验亮出了黄牌，戴派竞选参谋部才慌了手脚，负责戴派竞选运动的重要成员、内政部部长罗歇·弗赖宣布进行反击，要"恢复被反对派歪曲了的真相"。

在戴派的敦促和蓬皮杜总理的劝告下，戴高乐这才降格以求，投身到竞选运动中去。他于 11 月 30 日和 12 月 3 日在电视中发表演说，宣传他在第一任总统期间在内外政策上所取得的成就，揭露传统政党和"过时的制度"造成的危害。但是，戴高乐的几次讲话缺乏热情和生气，内容也是老调重弹，没有给一向具有猎奇习惯的法国人留下深刻的印象。

1965 年 12 月 5 日举行了总统选举的第一轮投票。统计的结果显示，这次选民的弃权率很低，只占登记选民的 15.25%，可见法国选民对这次的竞选活动比较感兴趣。法国本土的选民的弃权率更低，只有 14.99%。在 6 位候选人中，戴高乐获得的选票占有效票总数的 44.65%，密特朗为 31.72%，勒卡尼埃为 15.57%，蒂克西埃－维尼扬古为 5.20%，马西亚西为 1.71%，巴尔比为 1.15%。这是一次无结果的投票，因为没有一个总统候选人获得法定的多数当选。获得选票最多的前两名戴高乐和密特朗必须进入第二轮的角逐。

毋庸置疑，在第一轮中，反对派成功地阻止了戴高乐再度入主爱丽舍宫的计划。而具有崇高威望的戴高乐竟然未能在第一轮投票中过关，使他的自尊心受到打击。他懊丧和气馁，一度曾想退出"历史舞台"。

决战前，保卫新共和联盟吸取了经验教训，振作精神，发出了总动员命令，要同对手拼个"死活"。一些戴高乐的追随者如马尔罗、埃德加·富尔、莫里斯·舒曼等也都行动起来，于 12 月 14 日在体育宫戴派所组织的盛大集会上，为戴高乐呐喊助威。戴高乐的表现也判若两人。他在电视上接二连三地发表演讲，镇定自若和精神饱满，充分发挥了能言善辩的口才。他声称要继续坚持第五共和国政治体制和独立外交，解释欧洲政策的内容和含义，许下提高法国人生活水平、解决农业存在的问题、增加住房建设和加快高速公路发展的诺言。

密特朗为了吸引所有反对派的选民尤其那些落选的候选人的选民，更改"左翼候选人"的提法，宣布自己是"一切共和派"的候选人。而在第一轮中被淘汰的4位候选人也都为他摇旗呐喊，如勒卡尼埃和马西亚西号召他们的选民"投密特朗的票或者迫不得已时投空白票"。密特朗和戴高乐争夺"选民战"达到白热化的程度。

12月19日举行了第二轮投票。戴高乐获得的选票占有效票总数的55.20%，密特朗为44.80%。从投票的地理分布情况分析，戴高乐的选票主要来自戴派传统影响的东部和西部地区，还有一部分选票来自北部左翼和极左派的传统选民。此外，大部分中间派的选民没有听从勒卡尼埃的指挥，投了戴高乐的票。密特朗的选票则主要来自受左翼传统影响的中部和南部地区。

戴高乐终于在第二轮中战胜对手，蝉联第五共和国第二届总统的宝座。此次总统选举说明，戴高乐依然保持较高的个人威望，他的对内对外政策仍然受到多数选民的拥护。但是，他的经济和社会政策的失误，以及个人专断独行的行为引起了选民的不满，从而失去了不少选票。此次总统选举还说明，左翼政党正走向联合，其力量有所增强，它们的政治纲领和口号对选民有相当大的吸引力。

第三章
戴高乐第二任总统
（1966 年 1 月 ~ 1969 年 4 月）

第一节　蓬皮杜第三和第四届政府及其
内外政策

一　蓬皮杜第三和第四届政府的产生和组成

按"共和传统"，蓬皮杜第二届政府在新总统就职后立即递交辞呈，尽管新总统依然是戴高乐，议会仍旧是原来的议会。

人们以为戴高乐在组织新政府时会考虑到在总统选举中新组合的各种政治派别。实际不然，戴高乐继续坚持"宁可注重人选，也不迁就党徒"的原则，于 1966 年 1 月 8 日再次遴选蓬皮杜为总理并组织了蓬皮杜第三任政府，亦即第五共和国第四届政府。新政府除总理外共有 27 名成员，其中 17 名为部长，另 10 名为国务秘书。

如果说新政府有某种"革新"的话，那就是在第四共和国时期曾两度任总理的原激进党人埃德加·富尔被请进政府。他为人机智、灵活和应变的气质，在促进法中建交上的功绩以及为戴高乐再次当选所做的贡献，都使戴高乐难以忘怀，因此给予报偿。富尔在新政府中被委托掌管吃力不讨好的农业部，而农业部原部长、戴高乐派左翼人士埃德加·皮萨尼改任新设置的装备部部长，负责公共工程、运输、建筑等事务。另一个"革新"就是原总理德勃雷重返政府。戴高乐不仅体验到德勃雷对他的一片忠心，而且赞赏他的改革愿望和活动能力，感激他在总统选举中尤其在同孟戴斯－弗朗斯面对面辩论时所取得的成就，因而委他以经济和财政部部长这个关键性职位。再一个"革新"就是请回激进党人、革新家朱尔·让纳内，令其掌管社会事务部，协调公共卫生与人口部和劳工与社会保险部之间的关系。

在"退役"的部长中，要数吉斯卡尔·德斯坦最引人注目。首先，戴高乐为了优先照顾德勃雷，只能舍掉吉斯卡尔·德斯坦，让出经济和财政部部长空缺。其次，戴高乐对1963年的稳定计划执行情况不甚满意，将之归罪于原经济和财政部部长。最后，戴高乐和吉斯卡尔·德斯坦之间在某些问题上发生龃龉，如在总理的作用上，前者希望总理发挥总统助手的作用；后者主张总理"应是真正的政府首脑"。既然失去了要职，吉斯卡尔·德斯坦不愿意再降格以求，他拒绝了给予他的装备部部长的"恩赐"。

为了表明新政权来自总统而不是出自议会，蓬皮杜第三届政府于1966年1月8日宣布就职后，没有召开议会特别会议加以确认。而只是在4月议会复会后，总理发表了一个总政策声明，不再要求议会在进行辩论时投信任票。这是在总统改为普选后，政府进一步同议会拉开了距离，保持了更大的独立性。

从政府改组过程中可以看出，戴高乐有意请一些政界显要出山来加强政府的地位，并希望这些新人在政府的经济和社会政策方面有所作为。

第五共和国第三届国民议会组成后，戴高乐再次组织政府。他为遴选蓬皮杜还是顾夫·德姆维尔为政府首脑颇费过心思，最后，考虑到前者首次当选为议员而后者榜上无名，他决定再度留任蓬皮杜。蓬皮杜于1967年4月6日组成了第四任政府，亦即第五共和国第五届政府。

新政府与前届政府一样，只做了技术上的调整。在立法选举中败北的顾夫·德姆维尔和皮埃尔·梅斯梅尔仍然被委以外交部和国防部等要职，以示戴高乐行使总统权力组织政府，不受议会选举结果的牵制和干扰。年仅35岁的保卫新共和联盟成员雅克·希拉克原来一直在总理府办公厅中任职，在第三届立法选举中当选议员后，备受戴高乐和蓬皮杜的器重，开始担任就业国务秘书，在社会事务部部长让纳内的领导下工作。

像前届政府一样，蓬皮杜第四届政府于 4 月 18 日在议会中发表了一个总政策声明，并未要求就政府的责任投信任票。由此，在议会举行的辩论中，密特朗再次代表反对派向总理口头提问，谴责总政策声明无实质性的内容，没有任何政治性的纲领，指出召开议会会议只是为了"走过场"，毫无意义和价值。但是，新政府有议会多数派作后盾，对反对派有恃无恐，何况，按 1958 年宪法规定，发表总政策声明也是对议会负责的一种方式。自此以后，以戴高乐派为核心的多数派政府经常效仿蓬皮杜政府的这种做法。

二　"第三轮投票"——议会换届选举

第五共和国第二届总统选举后，法国党派继续聚集力量，组成新的联盟，提出纲领口号，进行鼓动和宣传，迎接第五共和国第三届国民议会的选举。法国舆论调查所和法国民意测验调查机构频繁地举行民意测验和调查，公布选民的政治动向。在长达 14 个月的时间内，法国政治舞台基本上被议会的换届选举的准备工作所占据了。因此，人们把第三届国民议会的选举称为总统选举的"第三轮投票"或大选的"继续"。

多数派在它的领袖蓬皮杜坐镇指挥下，进行了积极、细致的筹划。戴派为了保持议会的优势和继续组成一个稳定的多数派，重新调整了它的内部关系。

戴派的主要左翼——劳工民主联盟原希望在新政府中占有一定的位置，以便吸引左翼选民。但在蓬皮杜第三届政府中，戴派的左翼成员寥寥无几，这使劳工民主联盟深感失望，流露出不满情绪。当时，多数派一度担心戴派左翼可能重新恢复到 1962 年立法选举前的自行其是的独立立场上去，造成戴派的分裂。幸好，劳工民主联盟中央委员会于 1966 年 3 月 18 日表示，它在坚持左翼立场的同时，承认在戴派中需要"众多的左翼人士，就像需要众多的右翼人士一样"，决定委曲求全，维护戴派内部的团结。戴派中的另一左翼——进步阵线全国大会党在它的领导人皮萨尼的推动下，表示愿意充当戴派左翼的牵头人，促进戴派的团结，使多数派在"新的平衡中进一步发展和壮大起来"。它于 1967 年 2 月初召集了第五共和国左翼大会。大会通过决议，表示支持多数派和戴高乐主义，同时提出社会改革和推进劳动者参与制的政治纲领。在戴派左翼的主动努力下，戴派内部保持了紧密的团结和相互间的协调。

吉斯卡尔·德斯坦致力于健全和巩固他的党，扩大它的影响。1966 年 6 月，他着手建立了党的中央机构——独立共和人士全国联盟①，并在各地建立了分支机构。同时，他还把该党的思想库前景和现实俱乐部②推广到各个地区。依靠这些较为雄厚的政治资本，他在同戴派打交道时就可以处在比较有利的地位。

吉斯卡尔·德斯坦希望多数派修改政策、整顿组织和更加开放。他给独立共和人士全国联盟确定了在多数派内"是的，但是……"③ 的作用。他在 1967 年 1 月 10 日的记者招待会上阐述了这个著名的口号，表示该联盟同意参加多数派和赞成第五共和国政治体制，但是必须参与制定政策，"使政治体制更加自由运转，使现代经济和社会政策真正得到兑现，使欧洲建设得以实现"。

尽管独立共和人士全国联盟同戴派保持一定的距离，但依然参加了由蓬皮杜主持的协调多数派在选举中问题的保卫第五共和国行动委员会，同意在第一轮投票中由该委员会在各选区提出多数派统一候选人名单。总的来说，多数派内部在新立法选举前还是保持了良好的关系和加强了团结。

与多数派相比，左翼政党在联合的道路上步履十分艰难。为了实现联合，它依然要解决两大难题：一个是非共产党左翼内部关系问题，另一个是非共产党左翼同法共关系问题。

在第二届总统选举前，密特朗成功地团结了非共产党左翼，建立了"小联盟"，并亲自出任该联盟主席职务。在筹备新立法选举过程中，他进

---

① 独立共和人士全国联盟法文为 "la Fédération nationale des républicains indépendants（FN-RI）"。

② 前景和现实俱乐部法文为 "les Clubs perspectives et réalités"。

③ 安娜·努莉、米歇尔·鲁伏瓦：《搏斗》，世界知识出版社，1981，第 10 页。

一步促成联盟中各党达成协议，由联盟在每个选区提出统一的候选人名单。他还仿效英国在野党组织"影子内阁"的做法，于 1966 年 5 月 5 日在小联盟内建立了反政府班子，负责监视现政府各部的政策和活动。密特朗的意图十分明显：一旦左翼在选举中获胜，就能即刻使用这套班子接替现政权。

但是，密特朗引导民主主义和社会主义左翼联合会所从事的活动受到了来自左右两方面的夹击。统一社会党和左翼俱乐部①希望联盟制定一个纲领，使"法国左翼以及它的思想、结构和人员有更大的更新"，反对把小联盟变成单纯的选举组织。一部分激进党人则反对与法共结盟，主张向中间派开放，使小联盟逐渐向大联盟的方向发展。为了迁就革新派的愿望，密特朗只得放弃"影子内阁"的计划，于 7 月 14 日公布了一个纲领。"7·14纲领"详细列举了非共产党左翼在政治体制、自由、经济和社会政策、对外政策等各个主要问题上的抉择。他也深知联合会导致同中间派政党毫无和解与妥协的余地，因而拒绝了向中间派开放的要求。11 月间，民主主义和社会主义左翼联合会接受了"7·14 纲领"，还确定了左翼联合的策略。

根据这个左翼联合策略，密特朗表示了要同法共了结"公案"的意向。他的建议立即得到了法共的积极响应。于是，双方进行了多次谈判，并于12 月 20 日达成了选举协议，发表了"共同宣言"。宣言规定，在第二轮投票时，为了使处于最有利地位的左翼候选人当选，各党派应撤回自己的候选人。

这样，在新立法选举前夕，法国左翼政党也克服了分歧，结成了选举联盟，在联合的道路上又前进了一大步。

勒卡尼埃联合了人民共和党、独立人士全国中心②和支持他的左翼中间派，于 1966 年 2 月 2 日创立了民主中心③。他打算以该组织为基础，进一步联合非共产党左翼，逐渐地过渡到中左大联盟。由于民主中心反对法共的顽固立场和具有浓厚的欧洲—大西洋主义色彩，未能得到左翼联盟的同情和支持。民主中心在多数派和左翼反对派的夹缝中处境十分孤立。

---

① 左翼俱乐部法文为"les Clubs de gauche"。
② 独立人士全国中心法文为"le Centre national des indépendants（CNI）"。
③ 民主中心法文为"le Centre démocrate（CD）"。

随着投票的临近，多数派和反对派围绕着法国人日益关心的就业、经济增长率、领土整治等经济和社会问题展开了唇枪舌剑。争论的焦点逐渐地集中到第五共和国政治体制上。多数派以第五共和国政治体制的捍卫者自居，声称不投他们的票，就意味着"放弃自 1958 年以来经受过考验的政治体制，回到全能议会制的老路上去"。多数派还宣传第五共和国政治稳定、经济繁荣和外交独立自主。反对派则提出反对个人专权和侵权的行为，反对社会不公正和不公平，取消宪法第 16 条，重建议会的权力等，用一句话来说就是反对现行的政治体制。两派的观点十分鲜明和对立。在激烈的辩论中，多数派中蓬皮杜总理亲自出马，与反对派的代表人物密特朗和孟戴斯－弗朗斯展开唇枪舌剑，场面极为壮观。戴高乐也像前届立法选举那样，亲自披挂上阵，于 1967 年 2 月 9 日和 3 月 4 日分别发表电视讲话，强调"在今天条件下，多数派的胜利是绝对必要的"。

1967 年 3 月 5 日和 12 日举行了两轮投票。在第一轮投票中，保卫第五共和国行动委员会获得 37.7% 的有效票，法共获得 22.4% 的有效票，民主主义和社会主义左翼联合会获得 18.7% 的有效票，民主中心获得 13.4% 的有效票，独立社会党获得 2.2% 的有效票。

第二轮投票的结果，法共获得 73 席，民主主义和社会主义左翼联合会获得 121 席，左翼的席位明显增加，但离绝对多数还有较大的距离。保卫新共和联盟和劳工民主联盟获得 200 席，比上届议会席位减少许多，但仍然保持住第一大党的地位。独立共和人士全国联盟获得 44 席。戴派和独立共和人士全国联盟的席位加在一起，在议会 486 个总席位中占 244 席，仅比 243 的半数多 1 席，勉强保持了绝对多数。多数派并未获得预期的胜利，可谓是"半失败"[①]。民主中心获得 41 席，在议会中没有多少分量。

多数派在此次议会中遭到了"半失败"，其主要原因是：第一，戴派因为在第一轮投票中获得的较好成绩而沾沾自喜，放松了警惕，没有在第二轮投票前再接再厉地进行动员，致使在第二轮中右翼选民投票数量大大减少。第二，戴派忽视了对中间选民的争取和动员，致使相当多的中间选民

---

① 让－雅克·贝克尔：《1945 年以来法国政治史》（第 10 版），阿尔芒·科兰出版社，2011，第 144 页。

在第二轮中把票投向左翼政党的候选人。第三，左翼政党特别是法共在此次议会选举中与其他左翼政党在投票中达成相互让票协议，并在投票过程中认真执行自己的职责，因而赢得了选民的好感，争取了许多犹豫不决的选民。

在这次议会换届选举中，戴派选票下降和左翼选票上升再次证明，法国政治和社会正在向着左右两极化的方向发展，同时证实选民对戴高乐政权及其经济和社会政策越来越烦躁不安，要求有所革新。在新的议会中，戴派席位的减少使多数派的地位大大削弱，而左翼席位的增加使反对派的地位明显地加强。从此，两派在议会中的斗争将更加尖锐和激烈。

三　蓬皮杜第三和第四届政府的经济和社会政策

蓬皮杜第三和第四届政府期间，经济和财政部部长德勃雷充满"炽热的责任心"，积极规划和改造法国的经济结构。

他首先采取了强有力的措施，改革法国国有银行组织机构，使之适应市场的需要，并充分发挥国有银行调节金融的能力。他优先发展具有先进技术的经济部门，把法国国民经济建立在现代化科技的基础之上。他坚决关闭和转产那些劳动力密集型的工矿企业，如钢铁和冶金企业。他还在国营企业中推行合同制，从宏观上控制大型骨干企业的投资规模和发展方向，又使这些企业拥有独立自主经营的权利。

经济计划和经济结构改造产生了明显的效果。它使法国的工农业生产和国内生产总值在 20 世纪 60 年代中期继续保持较高的增长速度。到 1967 年，法国国内生产人均生产总值为 2210 美元，超过了比利时、联邦德国、英国与荷兰。

但是，在国民经济高速发展的同时，通货膨胀却日益严重起来。1967 年和 1968 年两年的物价上涨指数平均都在 6% 以上，而最低工资每年只提高 4%，赶不上这两年的物价上涨的速度，从而使某些阶层的生活水平有所下降。另外，失业数量急剧增长。法国在 20 世纪 50 年代和 60 年代初还嫌劳动力不足，需要大量地从国外吸收廉价的劳动力。而到了 20 世纪 60 年代中期，关闭和开工不足的企业数量急剧增加，劳动力开始过剩。特别是战后初期大量出生的人口相继涌进劳动市场，造成求职人数剧增，1968 年年初的失业人数已经达到 50 万，从而使多年来安稳的法国劳动者开始感到丢掉饭碗的威胁。

戴高乐已感到法国社会问题的严重性，急于寻找解决的办法。"我们必须谴责资本主义和资本主义社会。我们必须毫不含糊地谴责它……我们必须寻找一条新的道路——合作。"[1] 他打算进一步深化参与制和利润分红制度，来和缓及解决法国社会的矛盾和冲突。在戴高乐多次催促下，法国政府几经周折才于 1967 年 8 月颁布了一个新的法令。它规定在百人以上的企业中，如果雇主年终获得占资本 10% 的利润，则必须拿出一部分分红。同时规定，在这些企业中，在雇主和职工之间要推行协商和直接对话制度。这些新的措施把以前有关参与制和利润分红制度的法令更加具体化，使它具有强制性。

但是，戴高乐鼓吹"合作"的社会政策只不过是打算从资本家所得的大蛋糕上切一小块分给劳动者，不能从根本上解决法国劳资的矛盾和冲突。蓬皮杜和德勃雷在这个问题上同戴高乐观点根本对立。他们害怕得罪资本家，触动法国资产阶级的利益，他们千方百计地阻挠和刁难，如当议会财政委员会报告总起草人瓦隆就加强参与制和利润分红制度提出一项修正案以保证工人拥有分享不断增长的利润的权利时，受到了总理的谴责。因此，戴高乐的社会政策未产生实际效果，他一再预言的"新的社会秩序"也始终未能兑现。

法国劳动人民因受通货膨胀的困扰和失业的威胁而行动起来。1966 年 1 月 10 日，法国总工会和法国劳工民主联合会[2]联合行动达成协议，促进了工人的团结。这年第一季度他们发动了罢工斗争。5 月 17 日公用事业职工举行总罢工，接着蔓延到冶金、建筑、纺织、化工等行业。仅这年第一季度的罢工次数就比 1965 年全年总数还多一倍。1968 年伊始，法国西北部制鞋和纺织工业中心富热尔举行了大规模示威游行，后转为暴力行动。冈城郊外的雷诺工厂职工组织向城里进军，在罗讷河流域以及在法国北部的矿区也爆发了工人大罢工，法国海运公司和罗什福尔南方航空公司的工人也相继游行示威，法国社会已是"山雨欲来风满楼"。

---

[1]　1968 年 4 月 25 日同哲学家、作家的谈话。
[2]　法国劳工民主联合会法文为 "le Confédération française démocratique du travail（CFDT）"。

四　蓬皮杜第三和第四任政府的对外政策

蓬皮杜第三和第四届政府期间，法国继续推行独立自主的外交，活动范围进一步扩大，高潮迭起，扣人心弦。

法国政府为挣脱美国的控制继续同美国霸权做斗争。戴高乐按既定的步骤，于 1966 年 2 月 21 日在记者招待会上暗示：当初缔结北大西洋公约时的条件和对象都已经起了变化，因而该条约组织及其成员也就难以维持现状。同时，他明确指出北大西洋公约组织固然对法国的"安全是有用的"，但绝不能由此接受"美国保护国"的地位。最后，他宣布法国政府将进一步修改北大西洋公约中不利于法国的条文。毋庸置疑，这次记者招待会在为法国政府针对北大西洋公约组织采取的重大步骤制造舆论准备。

果然，在蓬皮杜总理、顾夫·德姆维尔外长、德勃雷国防部部长的参与下，戴高乐于 3 月 7 日起草了给美国总统约翰逊及其他西方国家领导人的信件，3 月 9 日法国政府还给予盟国另一通知。信件和通知宣布，法国要逐步退出北约组织中的军事一体化机构，法国在联邦德国的驻军不再归属北约组织总部的调遣，在北约军事机构中的法国军官和参谋人员一律在 7 月 1 日前撤出，北约组织总部和司令部都要在规定的期限内迁离凡尔赛附近的罗康库尔和枫丹白露。最后，鉴于"恢复在自己领土上充分地行使主权的愿望"，法国政府要求所有在法国的外国和美国驻军、装置和基地一律在 1967 年 4 月 1 日前撤出法国领土。法国此举打乱了美国和北约的战略计划和步骤，引起了美国和西方国家一片恐惧和混乱。美国和其他西方国家对法国所施加的压力接踵而来，大西洋联盟 3 月 18 日发表联合声明，重申继续支持和加强北约组织机构。然而，法国政府顶住了这股巨大的压力，毫不动摇和妥协。法国政府在争取独立自主外交中的大胆举动，受到了爱好和平国家和人民的赞赏和支持。

戴高乐这一决策在法国政坛上掀起了一场风波。一向主张"大西洋主义"[①] 的社会党和中间派政党发出一片埋怨和抗议声；而法共则十分赞许，

---

① 大西洋主义法文为 "l'atlantisme"。

称此是"戴高乐将军政策中唯一的积极因素"。因此，当社会党就法国政府退出北约军事一体化机构和法美关系紧张问题于4月20日单独在议会提出弹劾案时，法共并未站在左翼联盟一边，致使弹劾案只获得137张赞成票（其中社会党64张，民主联盟36张，中间派政党37张），未超过半数。戴高乐的这项政策造成了左翼的分裂，把反对派置于困难的境地，而政府和多数派的地位则有所改善。

在东西方对抗的关键时刻，法国作为大西洋联盟的主要成员国，对苏联采取了坚定的、毫不妥协的立场。回顾1960年美、苏、英、法四国首脑在巴黎举行的最高级会议，当赫鲁晓夫就U2侦察机事件要求美国公开道歉而艾森豪威尔和麦克米伦打算退让时，戴高乐则鼓励他们采取强硬的立场，即使令四国首脑会议破裂也在所不惜。在1961年柏林事件和在1962年古巴导弹危机中，法国政府都表示坚决站在西方盟国一边。

然而，戴高乐认为苏联属于欧洲国家，是他早先提出的"从大西洋到乌拉尔山脉"的"巨大的计划"或"宏伟的工程"的重要组成部分。戴高乐还认为在历史上，俄国和苏联从来都是法国对付另一强国的筹码，而在20世纪60年代争取法国国家独立和大国地位的事业中，利用苏联可以加强和提高法国同美国讨价还价的资本。最后，法国与苏联和东欧国家开展经济和贸易交流还可以捞取经济实惠，满足法国燃料和原料的需要。正是从这种泛欧思想、均衡两霸关系和经济利益出发，戴高乐拟订了以缓和、谅解和合作为中心内容的对苏政策。

戴高乐重新当政后在国际事务中的第一个倡议就是邀请苏联领导人访法。1960年3月，以赫鲁晓夫为首的苏联代表团实现了对法国的访问。在两国领导人会谈中，戴高乐再次兜售了他的泛欧计划，"我们应当寻找解决的办法，而不应该造成两个集团的对立，相反的，应该让欧洲局势逐步缓和，并且进行合作。我们从大西洋直到乌拉尔，创造欧洲人之间的往来、联系和友好合作的气氛……"① 尽管会谈没有获得具体成果，戴高乐的"宏伟的工程"受到冷遇，但是，法苏两国紧张关系通过这次访问有所缓和，

---

① 戴高乐：《希望回忆录》（第1卷）（1958～1962），上海人民出版社，1973，第240页。

并沿着谅解与合作的道路走下去。

随着争取独立自主外交的深入发展和反对美国控制斗争的加强，法国迫切需要加速推行对苏的基本政策。1965 年，戴高乐在多种场合不断地提到要恢复和发展法俄两国间的传统友谊。9 月 9 日记者招待会上，在谈到法国于北大西洋条约签订期满后将不再受到该条约约束时，强调法国极为重视 "我们与俄国关系中新的趋势"。他还于 10 月底派遣外长顾夫·德姆维尔访苏，作为苏联外长葛罗米柯 4 月访法的回访。这一年是法苏关系势头高涨的一年。

1966 年，正是法国宣布退出北约军事一体化组织导致法美关系极度紧张的时刻，戴高乐于 6 月亲自跑到苏联访问。通过访问，法苏发表了联合声明，强调由欧洲人来考虑和解决欧洲事务。两国还达成了空间技术合作协定，使合作的领域进一步扩大。接着，苏联总理柯西金于年底访法，商定成立 "大法苏合作委员会"，就两国的政治、经济、贸易、科技和文化交流定期协商，从而把法苏两国的合作推向了顶峰。

自法国退出欧洲经济共同体机构后，"空椅子" 已达半年之久，致使组织机构陷入瘫痪，酿成了一场严重的危机。欧洲经济共同体成员于 1966 年 1 月在卢森堡举行会议，积极寻求解决途径。法国方面由新任农业部部长富尔参加。对立双方在会谈中达成了妥协办法：哈尔斯坦委员会放弃原先的主张；在决定事关每个成员的重大利益时，不采用多数表决制而使用协商一致的原则。这个协议基本上满足了法国政府的要求，于是，法国欣然回到 "空椅子" 上来，使欧洲经济共同体机构重新运转起来。法国反对欧洲经济共同体内超国家性质的政策终于取得胜利。

在 "空椅子" 期间，反对派中的欧洲派如社会党、人民共和党、激进党等曾借题发挥大做文章，攻击法国政府的农业政策。法国农民也乘机游行示威，设置路障，堵塞交通，向政府施加压力。卢森堡会议达成协议后，"空椅子" 问题不复存在，法国农民从农业共同市场中得到好处，欧洲派也因此失去了反对政府的口实。

这期间，法国同美国在亚洲和东南亚的矛盾愈演愈烈。1966 年夏，戴高乐做了一次环球旅行。他于 9 月 1 日在柬埔寨首都金边严厉谴责美国干涉越南，要求一切外国军队撤出印度支那，由大国保证该地区的中立地位。他还于 10 月 28 日在记者招待会上进一步敦促美国从越南撤军，主张东南亚地区中立化。

此外，戴高乐和法国政府不断要求美国承认中华人民共和国，呼吁恢复中华人民共和国在联合国的合法席位。

法国政府的亚洲和东南亚政策有利于该地区的和平与稳定，也促进和加强了法中两国的政治关系和经济往来。

第二节　震撼法兰西和世界的"五月风暴"及其后果

一　山雨欲来风满楼

在第五共和国政治史中，1968 年发生的震撼法兰西和世界的"五月风暴"是最激动人心的时期，也是最具有神秘色彩和被长久争议的事件。自 1968 年"五月风暴"平息，时至今日，法国乃至国际上都在不断地探索和分析法国发生 1968 年"五月风暴"的成因、事件过程的真相、事件的后果及其意义。特别是每隔 20 周年的五月，法国媒体，包括网络、电视广播、报纸杂志均不惜篇幅刊登回忆录和评论文章，不厌其烦地采访事件的当事者，出版的书籍和文章可谓多如牛毛。[1] 其观点和看法各异，众说纷纭，莫衷一是，但是，随着时间的推移，人们在一些重要事件和主要问题上已经取得了共识，有了较为一致的看法。

20 世纪 60 年代，所有西方国家都经历过社会的转型，以及经济、政治、社会和文化的巨变，但是，它们的巨变采取了渐进的方式，唯独法国采取了 1968 年"五月风暴"的方式，"总之，五月逃过了一切范畴，驳斥

---

[1]　有关 1968 年"五月风暴"的书籍和文章，可查阅洛朗·若弗兰《法国的"文化大革命"》，长江文艺出版社，2004，第 322～344 页，以及中共中央编译局 2010 年 1 月 5 日胡毅网络编辑的《2008～2009 年国外关于法国五月风暴的研究文献（法文）》。

了一切先例，在一切定义之外"。① 这与法国社会转型时期的特殊环境和条件有关。法国于 1968 年发生"五月风暴"绝非偶然，它既有国际因素所起的作用，是国内经济、政治、社会和文化矛盾的总爆发，更是法国社会转型过程中现代与传统的大碰撞，现代化与民主化的大盛典。

无可否认，第五共和国初期，包括戴高乐担任两届总统时期，是法国经济高速发展时期。1960~1967 年国内生产总值年均增长 5.5%，超过第四共和国 1950~1959 年的 4.6%，也超过了联邦德国。法国外贸经常盈余，黄金储备充足。1954~1959 年，按人头计算，法国民众实际税前收入增长了 18%，而 1960~1978 年则翻了一番。在这个时期，法国民众的购买力也有较大的提高。但是，法国经济的繁荣，与社会发展并不协调，特别是 1964~1965 年爆发战后第三次经济危机，蓬皮杜政府采取紧缩计划和抑制工资过快增长，造成通货膨胀，失业人数激增，下层居民收入有所减少，贫富差距有所拉大，从而使工薪阶层特别是下层民众和失业者感到不公和不满。

在政治领域，随着时间的推移，越来越多的法国民众对戴高乐的政治主张、他的治理方式和方法、他所推行的内外政策颇多怨言，特别是在 20世纪 60 年代中期，戴高乐往往安于现状，不思进取，甚至对经济繁荣和社会成就沾沾自喜。他在 1964 年 12 月 31 日新年贺词中自豪地说："一个婴儿从今晚诞生起直到成年的生活美好程度，将要比今天的孩子父母超过一倍。"② 这表达了戴高乐的盲目乐观，忽视了法国社会存在的问题和矛盾。"包括戴高乐将军在内，没有人想到这场运动来得如此猛烈。"③ 戴高乐到 1968 年已经是 78 岁的老人，已经连续执政 10 年了。多数法国人认为，戴高乐在解决阿尔及利亚殖民战争造成的危机后应该退休，④ 他们对戴高乐老态龙钟和个人专断作风已经感到厌倦。

在教育领域，战后人口出生高潮一代已经大量地涌进高等学府，从

---

① 洛朗·若弗兰：《法国的"文化大革命"》，长江文艺出版社，2004，第 2 页。
② 让－雅克·贝克尔：《1945 年以来法国政治史》（第 10 版），阿尔芒·科兰出版社，2011，第 124 页。
③ 雅克·希拉克：《希拉克回忆录》（1932~1995），译林出版社，2010，第 57 页。
④ 拉尔夫·朔尔：《20 世纪法国社会史》，贝兰出版社，2004，第 349 页。

1960 年的 25 万人上升到 1968 年的 60 万人，许多新建的大学无论设施还是管理方式都不尽如人意。法国的教育制度基本上沿袭拿破仑时代的体制，教材内容、教学方式和方法又十分过时和陈旧，不能适应时代的需要。年轻的学生们既反对陈腐的教育体制、教育的管理方式和教学方法，又对未来的前途"毕业即失业"感到恐惧。特别是那些深受托洛茨基主义、列宁主义和毛泽东思想影响的青年人和学生们，孕育着躁动的情绪，蓄势待发。

然而，最根本的原因是法国经济和政治在转型过程中，传统的法国社会不能与之相适应，从而发生了现代化与传统的碰撞，爆发了当代法国的文明危机。

第一，在法国经济和生产力高速发展和现代化过程中，其传统的经济结构已经不能与之适应。例如，20 世纪 60 年代，法国三大产业中第一和第二产业的比重依然大于第三产业；在工业结构中，传统工业部门（如纺织、采矿、钢铁等）仍然大量存在；农业更是法国经济结构中最落后的部门，小土地经营和技术陈旧是法国农业的软肋。因此，在改造和淘汰传统的经济结构过程中，法国加快资本集中和垄断，淘汰夕阳工业，发展高科技产业，提高第三产业在国民经济中的比例，加强产品在国内外的竞争力等举措，力图把经济结构建立在现代化的基础之上，从而导致法国经济领域的深刻变化，加大了失业人口数量，1968 年年初达到 50 万人，震动了传统的法国社会。

第二，20 世纪 60 年代，法国在经济高速发展的基础上，物质和商品大大的丰富起来，已经从生产社会过渡到消费社会，过去法国富人的"炫耀性消费"已经成为法国的"大众消费"，商店堆积的琳琅满目的电器、汽车、时装、文化和体育用品已经成为日常消费品"飞入寻常百姓家"。消费社会的诞生必然与法国民众的传统消费的心理状态，如节俭、勤勉等发生激烈碰撞。

第三，第五共和国建立了半总统半议会制，使法国政治生活焕然一新，但是，相当多的法国政党，特别是社会党、法共等左翼政党，甚至包括一些中间政党（如激进党等），都在 20 世纪 60 年代的相当长时期内对其不予认同，甚至极力抵制和反对。他们依然怀念第四共和国的政治体制，希望回到"万能议会制"的时代，过着那个时代的政治生活。还有一些阶层的民众，因对戴高乐我行我素的不满，由此及彼，认为这是由第五共和国半总统半议会制造成的，因而反对和抵制第五共和国的政治生活。

第四，20 世纪 70 年代以前的法国社会，正如法国社会学家克罗齐埃在其著作《被封闭的社会》[1] 和佩雷菲特在其著作《官僚主义的弊害》[2] 中所描述的，是一个传统的社会，是一个封闭的社会，保留着传统的思想、心理、风俗、习惯、生活方式和行为方式，与正在现代化的法国"新社会"发生激烈的碰撞。

总之，在 20 世纪 60 年代法国经济、政治和社会转型过程中，发生了传统文明与当代文明的激烈碰撞，传统的价值观与当代法国价值观的剧烈交锋，当权者的统治和管理与当代的治理和善治的严重对立，旧的习俗、生活方式和行为方式与现代化的时尚、生活方式和行为方式的尖锐冲突。

二　震撼法兰西和世界的 1968 年"五月风暴"[3]

1968 年发生的"五月风暴"，犹如暴风骤雨，猛烈地冲击了法国社会，动摇了戴高乐和现政府的统治地位。

法国大学生在"五月风暴"中起了先锋作用。首先，法国学生对陈腐的法国教育制度和教育管理体制极为不满，要求彻底改革。其次，他们担心"毕业即失业"，深感前途暗淡和渺茫。最后，他们反对美国侵略越南，对西方"消费社会"[4] 产生了怀疑，对法国资本主义社会的弊端"已经腻透了"。

他们纷纷成立学习和研究小组，或各种政治组织（亦称批判大学），对现存的资本主义制度、上层建筑、文化传统大胆地提出质疑和进行猛烈抨击。青年大学生的这些行动，为"五月风暴"做了充分的舆论和思想准备。

早在 1967 年年底，法国学生已经开始骚动。1967 年 11 月，巴黎西郊

---

① 米歇尔·克罗齐埃：《被封闭的社会》，商务印书馆，1989。

② 阿兰·佩雷菲特：《官僚主义的弊害》，商务印书馆，1981。

③ 1968 年"五月风暴"法文为"la Tempête de mai 1968"。

④ 消费社会法文为"la société de consommation"。

的楠泰尔大学文学与人文学院的学生提出改革的要求，1968 年春天该学院学生接二连三地举行抗议活动。1 月 8 日，法国青年和体育部部长弗朗索瓦·米索夫在楠泰尔大学视察时与好辩论的演说家、德国籍的社会学系学生达尼埃尔·科恩－本迪特发生语言冲突。接着，该大学学生公寓的学生要求男生有权进入女生宿舍。3 月 18 日至 20 日，巴黎学生举行反对美国入侵越南的示威游行并袭击了美国新闻处等一些美国机构，6 名学生被逮捕，其中包括 1 名楠泰尔文学与人文学院学生。楠泰尔文学与人文学院的学生要求释放被捕学生，同警察发生冲突。当晚，该校部分学生在科恩－本迪特领导下，组织了"3·22 运动"，占领学院的行政大楼。"3·22 运动"在学生造反中起了核心的作用。鉴于楠泰尔大学校园不断发生骚动，校长决定于 3 月 28 日停课，5 月 2 日关闭学校，由此引发了"五月风暴"。"五月风暴"共分三个阶段。

第一阶段（5 月 3～13 日）是学潮阶段。3 日那天，法国全国学生联合会①在巴黎大学本部索邦开会讨论"法西斯恐怖和警方镇压"问题，极右学生前来挑衅，激起了与会者的愤怒。到伊朗和阿富汗进行国事访问的蓬皮杜在临行前，让司法部部长路易·若克斯主持马提翁大厦工作，并指示代理总理、内政部部长克里斯蒂安·富歇、教育部部长阿兰·佩尔菲特要严厉镇压"闹事者"。所以，当学生双方对峙时，警察赶来干预，这无疑是火上浇油。于是，数百名学生占领大楼，筑街垒，与警方展开巷战。全国高等教育工会②支持学生的行动，号召教职工罢教。6 日晚，6000 名大学生在拉丁区游行，与警察发生激烈冲突，279 名学生受伤，81 名被捕。

学生的造反运动开始蔓延到许多省城，如波尔多、格勒诺布尔、克莱蒙费朗、蒙彼利埃、冈城、鲁昂、斯特拉斯堡，普罗旺斯地区的艾克斯、图卢兹、南特和第戎等。事态朝着严重的方向发展。

在这之后，一直采取"超然"态度的戴高乐开始不安起来，要亲自进行干预。他告诫在大学里绝不允许反对派存在，也不得在街上"闹事"。他也主张无情地镇压。

---

① 法国全国学生联合会法文为"l'Union nationale des étudiants de France（UNEF）"。
② 全国高等教育工会法文为"le Syndicat national d'enseignement supérieur（SNES）"。

　　但是，法国当局的威胁未能奏效。7 日，各大学学生团体联合组成运动指挥部，统一向政府提出要求：释放被捕的学生，撤销对被捕学生的起诉；警察和保安人员从大学及周围地区撤出；大学复课。然而，法国当局拒绝了这些要求。愤怒的 6 万名大学生于当天在拉丁区游行，与警方再次发生冲突，酿成流血事件。法国政府的高压政策使事态进一步扩大。从 8 日至 12 日，连日都有游行示威、逮捕学生和流血事件发生。在这些日子里，越来越多的中学生、工人加入斗争的行列。学生造反运动得到法国劳动人民的同情和支持。

　　在这紧要关口，蓬皮杜总理匆匆从国外赶回。他打算对示威者做出让步，释放被拘留的学生，重新开放大学和复课。他力排众议，说服了持强硬立场的戴高乐和政府成员，并于 11 日晚在电视广播中宣布了政府的决定。

　　但是，政府的让步为时已晚。13 日，约 70 万名工人、学生响应工会的号召，举行了声势浩大的游行。他们高呼"停止镇压！""工人和学生团结起来！""戴高乐要承担责任！""十年，够了！"等口号。当天夜里，学生们占领索邦大学，亮出"消费社会必须在暴力中毁灭，异化的社会应在历史中消亡，迎接一个新颖的社会""不同一个正在解体的社会合作"等标语。在其他省城，群众也纷纷集会或示威游行。学生的造反运动进入了一个新的阶段。

　　第二阶段（14～27 日）是以工人运动为主的阶段。前一周中，工人斗争此起彼伏，一浪高过一浪，总共约有 700 万名职工参加。工人纷纷成立罢工委员会，占领工矿企业。工会和职工从声援学生造反逐渐转向为自己的切身利益而斗争。他们要求提高工资，改善劳动条件和生活待遇，反对解雇，有权参加企业管理。法国全国学生联合会也于 19 日提出运动的目标和方针：在学校中立即确立学生的权力，包括对校方的决定拥有否决权；学校实行自治；把运动引向新闻宣传部门；与工农斗争相结合。

　　面对波澜壮阔的工人和学生运动，以及法国经济几乎陷入瘫痪的危急局势，法国当局惊慌失措。正在罗马尼亚访问的戴高乐被迫提前回国。他情绪阴郁愤怒，对总理和部长大发雷霆，斥责他们未能控制局势。他对蓬皮杜尤为不满，因为正是总理宽慰戴高乐，使他悠闲自得地出国访问。他感到受到总理的蒙骗和愚弄，使他错误地判断了形势。因此，他已打定主意在适当的时机调换蓬皮杜。

在这期间，反对派正在利用日益恶化的经济和政治形势，企图"复活议会"并使它重新发挥作用。它们对政府提出弹劾案。21日和22日两天，多数派和反对派就弹劾案展开了十分激烈的辩论。反对派抓住了把柄，发言理直气壮，他们当面质问蓬皮杜，追究政府的责任。密特朗要求解散议会，但"在此你（指蓬皮杜）应该辞职"。弹劾案只获得233张赞成票。其中包括戴派左翼皮萨尼一票，他也对政府的高压政策表示愤慨，声称将放弃议员职务；而卡皮唐早在表决前就离开了波旁宫，以示抗议。多数派和政府经受了一次严峻的考验。

24日，戴高乐发表电视讲话，他要求罢工者重返工作岗位，恢复社会秩序。他承认社会需要变革这一事实，并宣布6月就国家改革举行公民投票。如同以往那样，他又使出"绝招"：如果公民投票反对改革，"那么不言而喻，我就不能再干下去了"。但原来多次灵验的方法这次彻底失效了。这一天，法国全国800万工人举行大罢工，学生和防暴警察再次发生冲突，动乱继续在升级。戴高乐几乎到了山穷水尽的地步，他感到茫然和绝望，戴派也垂头丧气。

蓬皮杜懂得平复工潮至关重要。他在格勒内尔大街的社会事务部召集了政府、雇主和工会代表会议，三方经过马拉松式的讨论和讨价还价，终于在27日达成协议。《格勒内尔协定》规定，将职工工资大幅度提高（35%）、缩短劳动时间、增加家庭补助、改善福利待遇，但对法国劳动人民的改革要求含糊其辞，不得要领。因此，协定遭到基层工会的抵制，工人们继续坚持罢工斗争。法国政府的"怀柔"政策终归破产。蓬皮杜由此意识到，"这场危机无比严重，无比深刻"[1]。

第三阶段（28~31日）是政治斗争阶段。在人民革命斗争的滚滚波涛的推动下，一些左翼政党由怀疑、观望甚至指手画脚的批评转为参加和支持，并打算利用这场群众运动达到各自的目的，从而把运动由工人和学生

---

① 乔治·蓬皮杜：《恢复事实真相——蓬皮杜回忆录》，世界知识出版社，1984，第163页。

的单纯闹事提高到政治斗争高度。

在左翼中，密特朗和孟戴斯－弗朗斯最为活跃。正当政府指挥失灵和第五共和国政治体制几乎要"解体"时，密特朗代表左翼联盟于 28 日在大陆饭店召开了一个记者招待会，指明"现政府无力解决它所挑起的危机，它已穷途末路"，一旦 6 月 6 日戴高乐在公民投票中败北，将会出现"政权空缺"。他表示愿意肩负起国家元首的重任，并委托孟戴斯－弗朗斯组织一个"临时管理政府"。意味深长的是，10 年前戴高乐也正是在同一地点宣布了接管政权计划的。

孟戴斯－弗朗斯作为统一社会党成员，在"五月风暴"中积极支持造反派，因而深受工人和学生的欢迎，其影响和声誉日增。密特朗点了他的名字后，他于 29 日在波旁宫临时举行的一个记者招待会上做了积极的响应，表示愿意领导一个"过渡性的政府"。

相当长时间处于尴尬地位的法共也站出来表态了。它的总书记瓦尔德克·罗歇在致密特朗的信中，主张建立一个由共产党人参加的人民和民主团结政府，以便接管戴高乐政权。

左翼政党纷纷组织集会和示威游行，显示自己的力量和支持各自的政治主张。

在当权者中，则由一位"伟大的政治艺术家"表演了一场紧张而又扣人心弦的政治剧。戴高乐于 29 日取消了原定的部长会议后突然"失踪了"。国内外猜测纷纭，谣言四起，给法国政治生活蒙上神秘的色彩。左翼联盟欣喜若狂，乘机召集会议，商讨具体落实接管政权计划。事实上，这位当年驰骋疆场以果敢无畏著称的将军已被国内严重的形势所压垮，失去了驾驭局势的能力，一时间处于孤立无援状态，他极度悲观失望，决定放弃爱丽舍宫出走。戴高乐夫妇在去科龙贝途中携带他的儿子、儿媳和三个孙子一起改道秘密飞往法国驻联邦德国南部巴登－巴登的总司令部。他对迎接的法国最高指挥官马叙劈面就说："全完了，全国内乱，各地都瘫痪了，我没权了，就辞职引退吧。我和我的家属都觉得法国很不安全，只能来你这里寻个落脚之地，你看我到底该怎么办呢？"他来到巴登－巴登原来是寻求政治避难，这就戳穿了这位法国总统巴登－巴登之行的传奇色彩，还历史本来面目。蓬皮杜在他的回忆录中也披露："事实上，将军（指戴高乐——作者注）曾因气馁而出现了精神危机。他确信自己输了，因而选择了退却。他一抵达巴登－巴登，就做出了长期在那里逗留的安排。"①

戴高乐在马叙再三劝说下，才回心转意，鼓起勇气，增强信心，放弃了避难和辞职引退的打算。戴高乐于 30 日返回巴黎，当天下午发表了电视广播讲话。他在讲话中渲染国家受到"颠覆"和"专制"的威胁，他在许下改革诺言的同时，准备解散议会，推迟公民投票，号召立即在全国组织公民行动。戴高乐的讲话使法国形势急转直下，几乎绝望的戴派当天鼓起勇气，在巴黎动员了 50 万群众上街游行进行反击，戴派重要人物如德勃雷、马尔罗等都参加了游行，全国各地纷纷响应。在首都巴黎，示威者会集在香榭丽舍大街和协和广场，挥舞蓝白红三色旗，高唱《马赛曲》，呼喊着"戴高乐，不孤立！""密特朗，输掉了！"等口号，声援戴高乐总统，支持蓬皮杜政府。晚上，戴派的中坚分子集合在凯旋门下的无名烈士墓前，表示坚决响应戴高乐的"召唤"②。戴派的政治力量，这些被法国媒体称为在"五月风暴"中"沉默的多数"的示威者，汇合成洪流，显示了其不容忽视的存在和实力，使形势发生了有利于戴高乐的转变，从而令工运和学潮逐渐平息下来。6 月 12 日政府宣布禁止一切示威，下令解散了 13 个极左团体，巴黎大学学生交出了武器。16 日警方重新控制了索邦大学，17 日雷诺汽车厂投票表决通过复工的决议，到 20 日除了少数几个极左组织还在坚持斗争外，法国的政治局势基本恢复正常。

这场来势凶猛、波澜壮阔的"准革命性的运动"③迅速走向衰落，其主要原因首先是学生和工人的目标不一致，没有拧成一股力量。其次，法国广大人民尤其是中产阶级在运动后期对部分学生的冒险行为和社会混乱状况感到不安，对经济生活的瘫痪表示不满，他们不再同情和支持运动。再次，法国舆论突然转向，从最初对学运和工潮的同情转向对学运和工潮过

① 乔治·蓬皮杜：《恢复事实真相——蓬皮杜回忆录》，世界知识出版社，1984，第 167 页。
② 将戴高乐 5 月 30 日发表的电视广播讲话比喻为戴高乐 1940 年的"6·18 召唤"。
③ 安琪楼·夸特罗其、汤姆·奈仁：《法国 1968：终结的开始》，三联书店，2001，第 21 页。

激行为的谴责。最后，法国政府采用了软硬兼施的政策，分化和瓦解了学生和工人队伍。

三　蓬皮杜政府的危机治理和"五月风暴"的后果

对于法国当权者来说，1968 年"五月风暴"是二战后最重大的事件，最严重的政治危机和社会动荡，时间持续了一个多月，法国经济几乎陷入瘫痪，交通堵塞，部分工厂停工，学校停课，人民生活受到极大的影响。蓬皮杜政府是如何治理和渡过危机的呢？

第一，法国当局为了制止学生的过激行为，例如挖街石筑街垒、燃烧汽车、砸店铺等，动用了警察，与学生和示威者发生肉搏战，并使用了警棍和催泪弹，以便清除路障，驱赶示威者。仅 5 月 10 日法国警察就扔出了6000 颗催泪弹和氯气弹，使 487 名学生受伤。整个五月约有 1000 人受伤。警察的这些暴行，不仅进一步激怒了青年学生和示威者，而且激起大多数市民的不满。他们认为青年学生的要求是正当的，当局必须予以重视。

值得庆幸的是，法国当局在镇压学潮和工运过程中没有把暴力进一步升级，警察并没有开枪。时任巴黎市警察局局长莫里斯·格里莫在之后所写的《五月使你愉快》[1] 一书中表明，他一再指示严禁警察对待青年学生和示威者开枪。但是，在"五月风暴"前后仍然有 5 名死者，其中学生 2 名，工人 2 名，警察分局局长 1 名。其中 3 名是在"五月风暴"以后死亡的。6月 10 日 1 名学生为逃避宪兵追赶而跳河溺毙，6 月 11 日 1 名工人在朋友家中被共和国保安队的子弹击中，另 1 名工人在逃离时从墙上掉下摔死。《法国的"文化大革命"》作者洛朗·若弗兰认为："从五月到六月直到最后，人们都在避免这样的事，权力机构对这些人的死亡似乎没有什么直接的牵涉……然而也是那时在那么多地方仅有的 5 名死者，由于权力机构的铁腕行动所导致的残杀。"[2]

法国当局在镇压学潮和工人运动的过程中更没有动用军队，巴黎郊区及其周围也没有军队异动的征兆。洛朗·若弗兰认为，戴高乐的确有在局

---

① 莫里斯·格里莫：《五月使你愉快》，斯托克出版社，1977。

② 洛朗·若弗兰：《法国的"文化大革命"》，长江文艺出版社，2004，第 298～299 页。

势进一步恶化时动用军队的意图，他的巴登 - 巴登之行主要是解决自己的"精神危机"，除此之外还了解了法国军队的状况，寻求马叙将军的支持，"巴登 - 巴登之行的后面显露出无声威胁的端倪，尽管含混不清，然而内战和召唤军队的威胁是真实的。它虽然没有形成，但始终存在"。[1] 这仅仅是作者的推断。如果戴高乐调动军队镇压工运和学潮，势必更加激起青年学生和示威者的愤怒，也要受到市民的谴责，就会使戴高乐总统和蓬皮杜政府彻底陷入孤立，"五月风暴"将走向另一种结果。

第二，蓬皮杜政府与雇主代表和工会代表达成协议，大幅度提高工薪阶层的工资并改善劳动条件，基本上满足了工薪阶层的要求，平息了工人运动，从而也使学潮失去了有力支持。与此同时，当局许诺采纳学生提出的改革教育制度和管理方式、教学内容和方法的建议，从而使学生的愿望部分地得到满足。

第三，在"五月风暴"过程中，有相当多的民众随着时间的推移越来越反对社会动乱，特别是新中产阶级并没有站在示威者一边。戴派正是利用和动员了这些民众和阶层，进行反击，从而使工运和学潮迅速走向低潮。

第四，对极左团体和组织予以取缔。

1968 年"五月风暴"给法国政治和社会带来了深刻的变化和巨大的影响。目前，法国媒体和社会各界对"五月风暴"的评价持有不同意见，但是，多数人认为"五月风暴"给法国社会带来的变化和影响是积极的。

第一，民众的意识和观念发生了深刻变化，反权威、反传统倾向日益深入人心；个性自由和个人权利意识不断强化，妇女解放、性自由成为潮流；法国社会摆脱诸多陈规陋习的束缚，进入了文化开放、创新的新时代。第二，1968 年以后，法国人行为方式、生活方式和社会交往都有很大的改变，进一步现代化了。第三，"五月风暴"推进了法国社会的民主化，使法国社会和政治环境更加自由，更加宽松，遏制了社会不公正和不平等的进一步发展。第四，从此以后的法国历届当权者，都把政治和社会改革作为重要的目标，作为主要的施政纲领，以便满足法国民众日益增长的需要。

---

[1] 洛朗·若弗兰：《法国的"文化大革命"》，长江文艺出版社，2004，第 278 页。

第五，法国社会学家一致认为，"五月风暴"是法国从社会统治和管理为主向以社会治理为主的转型标志。① 因为在学运和工运时期，蓬皮杜政府主要是通过官方召集雇主代表和工会代表进行对话和协商，达成三方都能够接受的协议，平息了工潮和学潮，从而使法国政府深刻认识了社会治理的重要性。最后，1968 年"五月风暴"标志着法国社会的"文明危机"②，预示着社会中出现了一种新型的"社会运动"③，从而使法国的阶级斗争、政治斗争、社会斗争和社会运动进入了一个新的阶段。

四　第四届国民议会选举及其意义

经过"五月风暴"，戴高乐懂得进一步巩固政权的重要性和必要性。他看到在第三届国民议会期间蓬皮杜政府经常受到反对派的冲击，在一年中提出的弹劾案竟达六次之多，"五月风暴"向政治方向发展也是反对派活动所致，所有这些与议会中多数派实力的削弱和反对派实力的加强不无关系。为了改变议会的结构，加强多数派和戴派的实力，恢复政府的权威，推进改革和稳定政局，戴高乐打算乘解散议会之机，挟平息"五月风暴"之余威，解散国民议会，提前举行第五共和国第四届立法选举。

由于立法选举是在"五月风暴"结束后不久进行的，因此，选民主要关心的不再是政治体制和政府的内外政策，而是恢复公共秩序和社会的稳定。

戴派为了迎合选民的心理特别是中产阶级的愿望，已经于 1967 年 6 月第四次全国大会决定将保卫新共和联盟和劳工民主联盟合并，改名为第五共和国民主人士联盟④，1968 年 6 月再次改名为保卫共和国联盟⑤，提出"保卫民主准则和谴责暴力行为"的口号。蓬皮杜为了重振政府的威信，亲

---

① 参阅吴国庆《法国社会治理模式及其面临的新挑战》文章，载《社会治理》杂志，2015年创刊号，第 140～147 页。

② 让－雅克·贝克尔：《1945 年以来的法国政治史》（第 6 版），阿尔芒·科兰出版社，1998，第 120 页。

③ 让－雅克·贝克尔：《1945 年以来的法国政治史》（第 6 版），阿尔芒·科兰出版社，1998，第 120 页。

④ 第五共和国民主人士联盟法文为"l'Union démocrates pour la Vᵉ République（UDVᵉ）"。

⑤ 保卫共和国联盟法文为"l'Union pour la défense de la république（UDR）"。

自披挂上阵，坐镇指挥多数派的竞选运动。他拟定候选人名单，发表电视演说，把戴派的竞选运动搞得轰轰烈烈。戴高乐也多次进行干预，如审查和批准候选人名单。总统和总理都宣传建立"一个强大的、稳定的、密切合作的多数派的必要性"。戴派在法国本土的 470 个选区中提出了 462 个候选人。

多数派的另一领袖，独立共和人士全国联盟领导人吉斯卡尔·德斯坦也出阵助威。为了笼络中间派选民和建立一个"扩大的多数派"，他提出一个简单明了的口号："要么选择秩序，要么选择混乱。"该党在法国本土提出了 120 个候选人。

中间派现代民主与进步①的领导人雅克·迪阿梅尔认为由于"法国已处在内战边缘"，"不能再撕裂成两个对立的集团"，他一方面率领中间派向保卫共和国联盟靠拢，另一方面也提出了 267 个本党的候选人。

左翼政党（统一社会党除外）在这次竞选运动中仓促上阵，处于守势。尽管如此，法共还是在所有选区都提出了自己的候选人，左翼联盟则总共提出了 431 个候选人。它们如同上届立法选举那样，准备执行在第二轮投票中让票的协议。但是，各方因"五月风暴"留下了伤痕，因此不可能像上次那样密切合作和协调了。

至于统一社会党，为在"五月风暴"中的成就怡然自得，雄心勃勃地提出了 321 个候选人，比上次立法选举增加三倍多。

在 6 月 23 日第一轮选举中，根据法国本土的统计，多数派取得了惊人的成就，它所获得的选票占有效票总数的 43.65%，比上次立法选举净增 200 万张，夺走了 144 席。其中，保卫共和国联盟独得 142 席，而原计划在选举结束后占有 154 席。正如当时法国政治评论家所说："在法国选举史上出现了前所未有的现象。"左翼中除统一社会党外都遭到无可争辩的挫折。法共失去了 60 万张选票，所获选票占有效票总数的 20.03%，再次退回到 1962 年的位置。左翼联盟失去了 50 万张选票，所获选票占有效票总数的 16.50%，也在倒退。只有统一社会党取得某些进展，所获选票占有效票总

---

① 现代民主与进步法文为 "le Progrès et démocratie moderne（PDM）"。

数的 3.94%。中间政党所获选票占有效票总数的 10.34%，也在继续下降。

为了巩固和扩大胜利成果，戴高乐和蓬皮杜马不停蹄地连续作战。总统呼吁选民在最后时刻"倾泻他们的情感"；总理则要求选民"完全挫败革命和敌对的营垒"。

6 月 30 日举行的第二轮投票的结果进一步加强了"极化"现象：它使在第一轮中领先者升华为"凯旋者"，受挫者变成"溃败者"。再度出现了 1962 年的情景，选民又一次掀起了"戴高乐主义的狂澜"，把大量选票投向保卫共和国联盟，从而使它在总共 487 席中占有 293 席，独占鳌头；自 1815 年以来"从未有过如此数量的政党议员叩开过法国议会的大门"。[①] 加上独立共和人士全国联盟的 61 席，多数派总共占有 354 席，占据了议会席位中的 3/4，成为二战后法国议会中的空前盛况。

反对派在第二轮投票中力图把损失减少到最低限度，但它们的计划落空了。左翼联盟和法共只获得 57 席和 34 席。看来有胜利希望的统一社会党由于它的选民的转向未获一席，就连孟戴斯－弗朗斯也被击败。现代民主与进步也只获得 33 席。坚决的反对派（左翼联盟和法共等）和动摇的反对派（中间派政党）都遭到惨重的失败。

这次立法选举具有深远的意义。首先，它意味着多数派和保卫共和国联盟取得辉煌的胜利，当然这也是戴高乐和蓬皮杜个人的成功，多数派和戴派的实力和地位由此大大加强了。但也应该看到，选民投他们的票是同意和支持他们所提出的"要安定和反对动乱"的口号、纲领和政策，而不是他们的所有纲领和政策。其次，选举的结果彻底改变了左翼政党的联合进程。法共早已对左翼联盟在"五月风暴"后期的冒险行为产生了不满，对选举中左翼联盟选民没有向法共候选人让票十分恼怒，同左翼联盟在苏联侵捷看法上也相左，双方的鸿沟进一步扩大，从而中断了联合的进程。密特朗在"五月风暴"中的冒进和在这次选举中造成选民的背离也招致左翼联盟内部的非议，由社会党、激进党和共和制度大会党组成的"三家村"各怀心思，再也捏不到一起了。迫于这种形势，密特朗只得于 11 月 7 日辞

[①]　皮埃尔·维昂松－蓬特：《戴高乐共和国的历史》（第 2 卷），法亚尔出版社，1971，第 573 页。

去社会与民主左翼联盟①主席的职务，左翼联盟自此瓦解。

第三节　改革的失败和戴高乐的引退

一　顾夫·德姆维尔政府及其内外政策

戴高乐利用新议会成立和现政府集体辞职的机会，更换了久已蓄意要撤下的总理。首先，蓬皮杜已担任了四任政府首脑，任期长达6年零3个月，是战后以来连任时间最久的总理。戴高乐按"任何努力都有它的限度"的原则，决定进行替换。其次，戴高乐对蓬皮杜处理学生造反不当从而引起"五月风暴"十分不满，一直耿耿于怀。他曾揶揄地说："我非常同意蓬皮杜在5月里干得很好，就像瑟居安先生的山羊一样。这样一直干到29日。5月30日，打死那只狼的是我。"②最后，蓬皮杜在经济和社会政策上倾向保守，成绩不佳，戴高乐为了刷新政绩，求助于改革，自然要另外遴选总理。

于是，戴高乐总统在7月11日任命莫里斯·顾夫·德姆维尔为总理并组织第五共和国第6届政府。顾夫·德姆维尔1907年1月24日生于马恩省一个法官家庭，毕业于巴黎大学法学院并获得法学博士学位，1943年参加抵抗运动，1945年任法国驻意大利大使，1945～1950年任法国外交部司长，1950～1954年任法国驻埃及大使，1956～1958年任法国驻联邦德国大使，1958～1968年先后任外交部部长、经济和财政部部长等，1968年起为国民议会议员。他早在战争年代就已追随戴高乐。他忠实不渝地执行法国独立外交政策，周旋于两个超级大国之间，奔走在欧洲、非洲、亚洲和拉美国家之间。他为人谨慎，头脑冷静，沉默寡言，与前任总理形成鲜明对照。

---

① 社会与民主左翼联盟（亦称左翼联盟）法文为"la Fédération de la gauche démocrate et socialiste（FGDS）"。
② 布赖恩·克罗泽：《戴高乐传》（下册），商务印书馆，1978，第765页。戴高乐引用阿尔方斯·都德的"瑟居安先生的山羊"的故事。瑟居安的山羊想尝尝自由，逃出了羊圈，结果被狼吃掉。

在组织顾夫·德姆维尔政府的过程中，戴高乐留任和新吸收了积极主张改革的戴派和激进党著名人士，如勒内·卡皮唐担任司法部部长、埃德加·富尔为国民教育部部长、让－马塞尔·让纳内为国务部长。戴高乐打算通过他们大力推行社会改革和政治体制改革。

在经济领域，"五月风暴"造成外汇和黄金储备锐减，货币外流，物价上涨。法国政府于6～7月采取紧急对策：严格控制外汇，征收附加税，开源节流。这些措施无济于事，于是法国政府在9月进一步增加了高收入者的所得税税率，另开某些遗产税。严厉的政策引起了法国富有者的惶恐不安，他们纷纷进行抵制，结果造成资金外逃，市场投机活动猖獗，法郎的地位岌岌可危。

在这种形势下，总理、经济和财政部部长等多数政府成员主张法郎贬值。联邦德国等西方国家也施加压力，强迫法国政府做出贬值的决定，法国新闻报刊也纷纷推敲贬值的具体数字。但是，考虑到货币的稳定，戴高乐力排众议，拒绝法郎贬值。他于1968年11月13日在部长会议上重申："接受法郎贬值是十分荒谬绝伦的。"他一方面在国外筹集20亿美元贷款解决急难，另一方面继续采取紧缩政策。然而，紧缩的经济政策给法国社会带来严重后果，由于政府坚决拒绝提高工资的要求，1969年3月举行的政府、雇主和工会三方代表协商新的格勒内尔协定的"蒂尔西特会议"不欢而散。于是，工会于3月11日发动全国大罢工以示不满和抗议。法国社会的不安定因素增多。

顾夫·德姆维尔政府继续执行戴高乐的独立外交政策，小心翼翼地"在世界两大对抗集团中间寻求平衡"。当以苏联为首的华沙条约组织军队于1968年8月占领捷克斯洛伐克时，当其他西方国家对苏联的侵略行为做出强烈反应时，戴高乐只是轻描淡写地说了"它对于欧洲的缓和前景来说是十分荒谬的"[①] 等寥寥数语，仍然认为法国对苏联的政策"是符合欧洲深刻的现实的"[②]。然而，这次事件恰恰说明苏联要继续维护《雅尔塔协定》和它的势力范围，并不理会戴高乐关于泛欧建设的构想，从而使戴高乐为

---

① 戴高乐于1968年9月9日在记者招待会上的讲话。
② 戴高乐于1968年9月9日在记者招待会上的讲话。

之奋斗多年的"从大西洋到乌拉尔山脉的欧洲"成为泡影。法苏关系自此以后再没有跨出新的一步，一直停滞在1966年水平上。在法美关系方面，新上任的美国总统理查德·尼克松表示同意戴高乐关于要以"现实主义的眼光"而不是"感情用事"来处理国与国之间关系的看法，并于1969年2月亲莅法国访问，法美关系因此有了明显改善。

在欧洲事务中，戴高乐继续拒英国于欧洲经济共同体大门之外。他于1969年2月4日在同英国驻法大使克里斯托弗·索姆斯的谈话中，建议组织一个包括西欧共同市场在内的欧洲经济联盟，由法、德、英、意四国主宰的欧洲政治联合委员会领导。他解释道，该组织将独立自主，不依附美国，它将使"由美国支配和设有美国指挥机构的"北约成为累赘。英国则坚持同美国的"特殊关系"，拒绝接受戴高乐新设计的由法国领导的、独立于两个超级大国之外的欧洲联盟的方案，并把它作为耸人听闻的消息泄露于世，把法国置于尴尬的境地。于是，两国官方和公众舆论隔海遥相对骂，法英关系降到最低点。"索姆斯事件"也引起了联邦德国对法国的猜疑和不满。

在中东，戴高乐持与其他西方国家持相反的立场。他谴责以色列飞机对贝鲁特机场的袭击，于1969年1月6日宣布法国对以色列全面实行武器禁运。他站在阿拉伯国家一边，主持正义，受到中东地区国家的欢迎。

二　改革及其内容

戴高乐意识到，经年累月地堆积起来的社会问题在"五月风暴"后还可能死灰复燃，1968年下半年的法国财政金融危机和1969年上半年法国工人的罢工斗争证实了这点。他不再醉心于外交事务并乐此不疲了，他把主要精力转移到国内问题上来，把解决法国社会问题和缓和劳资矛盾视为本届政府刻不容缓的任务，把推行参与制作为他的"雄心大志"和一生事业中"最光辉的篇章"，把社会改革和政治体制改革当作新政府的工作重点。

"五月风暴"刚刚结束，善后工作亟待处理，改革自然首先从教育和大学开始。国民教育部部长富尔剔除因循守旧的思想，发挥大刀阔斧的工作方法，很快拿出了一个《高等教育方针法律草案》。这个法律草案被戴高乐视为社会改革和参与制的重要组成部分，因此得到他的热情支持，也在 9 月 19 日部长会议上经过讨论被采纳。为了争取时间，国民议会于 9 月 24 日召开特别会议就政府提交的法案进行辩论。最初，富尔法案遭到许多议员的反对，就连戴派议员也犯嘀咕，满腹牢骚。他们私下埋怨法案使人想起"五月风暴"的口号，是对"青年学生的投降"。然而，一则害怕学生再次造反，急于兑现向学生许下的改革大学教育制度的诺言；二则受到戴高乐的压力，他们被迫转变立场。议会两院终于在 11 月以压倒多数通过了《高等教育方针法案》。

《高等教育方针法案》的核心是贯彻参与制。法案规定，法国高等学府废除大学校长和学院院长负责制，改由一个大学生、教师和校外社会人士选出的数量对等的代表所组成的委员会，共同指导学校的行政管理和教学工作。法案对大学结构进行调整，把全国 20 多所集中化程度过高的、毫无特色的普通大学划小细分为 70 多所，让它们拥有一定的独立自主权，做到教学与科研相结合，并根据各自的具体情况决定自己的教学制度，包括教学大纲、教学方法和考试办法，使新的高等教育体制具有分散化和多样化的特点。

戴高乐特别关注地方改革和参议院改革，强调参与制不仅要在企业中实行，而且要在一部分国家政治设施中推广。在第五共和国成立初期，戴高乐曾对参议院寄予厚望，赋予其较多的权力，以便让它发挥"平衡"国民议会的作用。然而，第五共和国参议院自成立之日起，一直被反对派控制，或成为反对派的重要据点，它经常干扰和牵制总统、政府和多数派的政策和活动，起着"负能量"的作用。参议长莫奈维尔因在修改总统选举法问题上同总统意见相左，同戴高乐闹翻。自此以后，戴高乐视参议院为眼中钉，千方百计地要把它"驯化"。早在"贝叶演说"中，他就主张扩大第二个议院（参议院）的社会成分，让经济团体、家庭组织和知识界的代表占有一定比例，以便参与国家和政府重大事务。现在，这种思想重又萌芽，他打算在原有构想的基础上来改革参议院。

戴高乐于 7 月委托国务部长让纳内起草地方改革和参议院改革计划。让纳内不负所托，制订了一个改革方案。改革方案的第一部分建议在原有的市镇、省两级行政区划之上，再另增辟大区级行政单位，即把法国本土划分为 21 个大区，每个大区包括一定数量的省和市镇、人口和资源。大区设大区议会，它的 3/5 议员由议会两院议员、省、市镇议会议员选出；其余2/5 议员则是地方上的经济、社会、文化等专业组织和团体指定的代表，故又称为社会职业议员。大区议会对地区的经济和建设计划拥有决定权。至于大区行政权则归中央政府委派的大区行政长官所有。改革方案的第二部分建议成立一个咨询参议院，以代替目前的参议院以及经济与社会委员会。在咨询参议院中，173 名参议员由中央和地方议会议员组成的选举团选举产生，另 150 名参议员由具有代表性的经济、社会、文化活动的组织团体指定。咨询参议院就法律草案和立法提案在交付国民议会讨论和表决前进行审议，提出意见和建议，而这些意见和建议具有强制性和权威性。

鉴于咨询参议院的改革涉及原有的参议院和经济与社会委员会等国家机构，牵涉第五共和国宪法有关设置这些机构的章节条文，因此，在改革的同时，法国政府拟对宪法的条文进行修改。

按宪法第 46 条规定，凡有关参议院的组织法都要经过议会两院的讨论和投票表决。然而，戴高乐对议会无休止的争论十分反感，对没完没了的修正案更是深恶痛绝，他害怕到头来改革方案变得面目全非或无影无踪。他再次利用宪法某些条文含混不清和模棱两可的地方，引用宪法第 11 条关于总统举行公民投票的权力，绕过议会两院，对改革方案进行表决。

三　公民投票的失败和戴高乐的引退

公民投票前的种种迹象表明，改革已被颇为不利的政治气氛所笼罩。

改革方案一出台就立即遭到左翼政党的敌视。如果说左翼政党曾经于1946 年反对议会两院制的话，那是因为它们打算利用自己在战后初期的强大影响来牢固地控制一个单一的民选代表机构，以便在没有第二院的牵制下驾驭政府。现实正好相反，国民议会已为多数派所把持，反对派只能通过参议院不时地向戴高乐及其政府发难，因此，左翼政党绝不会轻易地放弃这块阵地，它们坚决反对取消参议院和经济与社会委员会，反对建立咨询参议院。用一句话来说，这就是反对改革方案。同时，左翼政党还视这次公民投票为雪洗 1968 年 6 月选举失败耻辱的良机，齐心协力要把戴高乐拉下马。

戴派中的保守势力对改革采取了抵制的立场，因为他们担心改革将损害法国传统的政治结构，恶化同地方绅士名流的关系。他们酝酿抛弃戴高乐，筹备"戴高乐以后"的事宜。他们对蓬皮杜倍加青睐，确认他是多数派和戴派无可争辩的领袖，可以解决总统的替换问题。而这位前总理也当仁不让，于 1969 年 1 月 17 日在罗马表态说："我是下届总统选举的候选人，这对任何人来说都不是秘密。"他与戴派的保守势力遥相呼应，给实际上关系到戴高乐前途的公民投票投下了阴影。

多数派中的独立共和人士全国联盟也反对改革。吉斯卡尔·德斯坦于 1968 年年底表示希望终止全国民意咨询的活动，通过议会的立法程序来审议改革方案。当政府公布公民投票的具体日期后，他又提出把地区改革和参议院改革分开，反对一揽子投票。该党指导委员会还于 4 月 10 日通过决议，让各联合会和基层组织在公民投票中自己选择，不做硬性的和明确的规定。而前经济和财政部部长在公民投票前夕以"遗憾但坚定的"语调宣布不支持改革方案。吉斯卡尔·德斯坦和独立共和人士全国联盟的态度加剧了公民投票的紧张气氛。

改革方案也遭到政府中多数部长的阳奉阴违。顾夫·德姆维尔总理以集中精力处理教育和财政燃眉之急为借口，建议推迟公民投票的日期。有些部长希望改革要谨慎从事，要求通过议会的正常渠道进行。另一些部长则担心操之过急，主张放慢改革的步伐。

改革首先涉及参议院，自然引起了多数参议员的强烈反响。莫奈维尔在占据长达 21 年的参议长职务后，自知斗不过享誉国内外的戴高乐，于 1968 年 9 月宣布放弃参议长换届的竞选，以便摆脱职务的约束，更有效地捍卫"受到威胁的参议院"。中间人士阿兰·波埃入主卢森堡宫后，曾一度受到戴高乐的青睐，成为爱丽舍宫的座上客。然而，新参议长也毫不掩饰对改革方案的不安，反对触动参议院组织机构。

至于选民，多数同意地方权力下放，但反对参议院改革。既然戴高乐于 1969 年 3 月 19 日声称公民投票是"对他个人信任或不信任的问题"，再次把个人政治前途作赌注，选民们自然考虑他在位过久，并接近 80 岁高龄，希望以"平静的方式"而不是激烈的手段，在维持现行的政治体制下实现改朝换代。

左翼政党、中间政党、参议员、多数派中的反对派和多数选民的反对声音相激相荡、相融相汇的政治气候对改革越来越不利。3 月 14 日至 4 月 22 日的多次民意测验证实：在开始赞成改革的人还占 55%，到最后一次民意测验时已下降到 47%。戴高乐预感不妙，十分懊丧和后悔，既然投票的日期已公布，也无可挽回。他于 4 月 25 日做了最后一次努力，呼吁公民投票支持改革方案。

戴高乐的号召不再像以往那样产生神奇的效应了。4 月 27 日的投票结果表明，支持改革方案的只占有效票总数的 47.59%，而反对票则占 52.41%，与最后一次民意测验的数字大致相同。公民投票的结果对改革方案做出了否定，最终也对戴高乐的个人政治前途做出了判决。翌日清晨，戴高乐发表了一份早已准备好的公报："我将停止行使共和国总统的职务。这个决定自今日中午起生效。"

戴高乐，这位叱咤在法国政治舞台上近 30 年的风云人物，终因公民投票的失败而自动隐退。他作为当代法国最杰出的政治家，像来去匆匆的一颗流星闪烁着光芒划过长空，泯灭在天际，从此结束了他的政治生涯。他的隐退，并没有在法国引起一场风波，也没有像他本人一再预言的那样出现混乱。从离职到去世前的 18 个月中，戴高乐专心致志地撰写《希望回忆录》和整理《戴高乐言论集》，并访问了爱尔兰和西班牙，此外，他还积极筹备赴中国访问的计划。不过非常可惜，戴高乐访华未能成行。这位即将满 80 岁的巨人于 1970 年 11 月 9 日傍晚在故乡科隆贝双教堂停止了心跳，与世长辞。

戴高乐早在 1952 年就立下遗嘱，嘱咐他去世后不举行国葬，无论法国和外国都不要授予任何称号、晋升、荣誉、表彰和勋章，遗体葬在故乡，与家人合葬。安葬仪式要简朴，不奏乐，不要致悼词，不要总统、部长、议会代表团和公共团体代表等参加。戴高乐的遗嘱表现了其高尚的情操和伟大的人格。

11 月 12 日，按照遗嘱，戴高乐被安葬在科隆贝双教堂，有 4 万多人自发从全国赶来参加葬礼。同日，数十万巴黎人自发地冒雨走上香榭丽舍大道，聚集在凯旋门前悼念这位民族英雄。13 日，巴黎市议会决定把凯旋门前的星形广场改名为夏尔·戴高乐广场①，永远纪念这位法国当代史上的伟人。戴高乐的去世，标志着戴高乐时代的结束，但是，他给法国的思想、政治和社会留下了巨大遗产，至今法国和世界对戴高乐主义仍然是津津乐道，他所创建的第五共和国及其政治体制依然具有强大生命力，他所提出的"大国梦""强国梦"、他所主张的独立外交、法国伟大、法国要站在世界前列仍然为历届总统继承和坚守，并乐此不疲。

总统的空缺按宪法程序由参议长波埃填补，顾夫·德姆维尔政府作为看守政府负责日常事务和组织新总统选举。从此，法国政治史进入了短暂的过渡期。

第四节　"后戴高乐"总统的诞生

一　竞相提出的总统候选人

在短暂的过渡时期，法国政治生活的重心转向解决谁正式入主爱丽舍宫的问题。法国各个政治力量都为此重新调整相互关系，部署战略，力争总统候选人的提名，为夺取最高权力奋力拼搏。

多数派支持乔治·蓬皮杜为总统候选人早已在意料之中，蓬皮杜是多数派和戴派的当然领袖；他具有连续 10 多年治国理政的经历，其中包括 6 年多担任政府首脑的丰富经验；在"五月风暴"中以及在此之后，他的威信节节上升，蜚声国内外；他还同法国大资产阶级和金融界有密切的交往，得到他们的赏识和鼎力支持。何况，戴派的中坚势力早已具有"弃旧图新"的潜在意识，把蓬皮杜视为戴高乐事业的唯一继承人和戴派政权连续性的体现者。戴高乐于 4 月 30 日在给蓬皮杜的信中，也默认了这一事实，并支

①　戴高乐广场法文为"la place Charles de Gaulle"。

持他参加新总统竞选。蓬皮杜本人对总统宝座早已虎视眈眈，在戴高乐隐退后他立即宣布参加总统竞选。多数派的另一翼——独立共和人士全国联盟领袖吉瓦莱里·斯卡尔·德斯坦曾一度犹豫不决，因为他自己也想成为总统候选人，或者提出一位该党的同情者参加竞选。正如他本人所透露的那样："从参加多数派之日起，我们的目标不是准备退出来，而是为了取代戴高乐将军。"① 但是，由于未能获得该党多数人士的赞同，吉斯卡尔·德斯坦不得不转向戴派，于 4 月 30 日正式宣布支持蓬皮杜作为总统候选人的提名。这样，因公民投票失败而气馁的多数派在总统选举前夕振作起来，克服了内部分歧，重结旧好，提出了多数派的一个总统候选人。

左翼则呈现出相当复杂的形势。一些左翼政党和人士酝酿提出一个左翼总统候选人，以便同多数派的总统候选人抗衡，为此，首先必须统一左翼运动。早在 1968 年年底，某些左翼政党和俱乐部开始探索成立一个大社会党，并拟定在来年 7 月召开统一大会。但酝酿和讨论的过程颇费周折，步履十分艰难。首先，社会党害怕弗朗索瓦·密特朗占据新左翼联盟的领导职务，共和制度大会党则担心被鲸吞。双方相互猜疑，互有戒心，不能开诚布公。其次，以阿兰·萨瓦里为首的争取左翼复兴俱乐部联盟②和以让·波普朗为首的社会主义俱乐部与小组联盟③这两大联盟意见相左，未能谋合。最后，社会党内部的摩勒派④和德费尔派⑤政见南辕北辙：前一派主张推举一位可能击败蓬皮杜的中间派总统候选人，后一派则依恋 1965 年流产的大联盟。社会党内部的分歧未能弥合。可见，法国左翼仍然处在四分五裂的状况，不可能联合起来统一提出一个左翼总统候选人。

于是，社会党和争取左翼复兴俱乐部联盟于 5 月 4 日在阿尔福维尔召开代表大会，提名加斯东·德费尔为社会党总统候选人。耐人寻味的是，就在同一天，共和制度大会党以及社会主义俱乐部与小组联盟在圣-格拉蒂安也举行代表大会，与阿尔福维尔代表大会对抗。该大会通过决议，拒绝

---

① 米歇尔·巴锡：《瓦莱里·吉斯卡尔·德斯坦》，法国大学出版社，1978，第 82 页。
② 争取左翼复兴俱乐部联盟法文为 "l'Union des clubs pour le renouveau de la gauche（UCRG）"。
③ 社会主义俱乐部与小组联盟法文为 "l'Union des groups et clubs socialistes（UGCS）"。
④ 摩勒派法文为 "les molletistes"。
⑤ 德费尔派法文为 "les defferriens"。

接受社会党总统候选人的遴选。法共就"单方面的、非统一的德费尔候选人"向社会党建议挑选一个以共同纲领为基础的左翼候选人，但遭到社会党的冷遇。于是，法共指定雅克·杜克洛为工人和民主力量联盟①的总统候选人。统一社会党决定米歇尔·罗卡尔为"社会主义"的总统候选人。一个托洛茨基派的青年组织——共产主义同盟②推举阿兰·克里维纳为总统候选人，用来专门揭露法共所执行的"选举和议会道路"。这样，左翼政党先后提出四位总统候选人，与 1965 年左翼联盟提出的唯一总统候选人形成鲜明的对照。

中间政党因抵制改革的胜利、戴高乐的销声匿迹以及中间人士波埃的上台而欢欣鼓舞，图谋东山再起。它们把总统选举视为中间政党扩大组织和影响的关键。在总统候选人的提名中，它们自然拥护阿兰·波埃。因为波埃在砍倒"橡树"③中功绩显赫，无可非议；他在掌权后给法国社会带来安定与和平，使其声誉节节上升。正是在中间政党、摩勒和一部分左翼人士的推动下，波埃终于做出决断，于 5 月 12 日正式宣布参加总统竞选。

此外，无党派人士路易－费尔南·迪卡泰尔④则作为敌视"专家治国论者"和反对苛捐杂税的"愤慨党"的总统候选人。

宪法委员会于 5 月 16 日宣布，法国各政党总共提出 7 名候选人参加总统角逐。

二　平淡无奇的角逐

总统选举运动的帷幕在 5 月中旬拉开，所有总统候选人都披挂上阵，展开了角逐。但是，由于竞选运动不再增添新花样，舆论和新闻媒介在宣传上有气无力，总统候选人的表演缺乏戏剧性的场面，选民也丧失激情，使得这场角逐始终没有出现高潮，因而显得平淡无奇。

尽管如此，多数总统候选人仍然精心安排竞选活动，制定竞选纲领，

---

① 工人和民主力量联盟法文为"l'Union de la force démocratique et des ouvriers（UFDO）"。
② 共产主义同盟法文为"la Ligue communiste（LC）"。
③ 借用法国文豪雨果的诗词，用来比喻戴高乐。
④ 此人原为激进党中的温和派。

提出蛊惑人心的口号，千方百计地拉拢选民。多数派候选人蓬皮杜在总结公民投票失败的经验教训的基础上，及时地提出了"连续性"和"开放性"相结合的策略。"连续性"表明他要遵循戴高乐主义、戴高乐的政治主张和原则，继续推行戴高乐的政治、经济、社会和外交政策，以便安抚和团结戴派及其传统选民。"开放性"意味着他要某种变化，对具体的政策实行某些改革，以便取悦和吸引中间派政党及其传统选民。此外，蓬皮杜还利用巡回全国的机会，举行群众集会或发表电视演说，树立个人形象，向选民许诺"今后不仅要把法国问题，而且要把法国人的问题放在心上"。多数派总统候选人在竞选活动中干脆利索地摆出了具体的、明确的施政纲领，解决了多数选民关心的"后戴高乐主义的问题"。

中间政党总统候选人波埃采取了迥然不同的竞选策略。初期，他针对法国选民对戴高乐专权和弄权的厌恶情绪，提出要同"君权"决裂，说他一旦当选就做一个"消极的仲裁人"或"简单的仲裁人"，而不是一个"积极的仲裁人"。他在代理总统期间给自己塑造了一个"好好先生""厚道人"的形象，这种"让人放心"的仲裁人在竞选运动前和竞选运动的初期，的确赢得了不少选民的支持。然而，法国选民首要关心的毕竟不是这种表面现象和肤浅的道理，而是要了解他的政见和施政纲领，其中包括当选后同总理和政府的关系、对多数派所控制的议会的态度：例如是解散还是保留。所以，随着竞选运动的深入，选民们对波埃迟迟不拿出施政纲领表示疑虑和不安，逐渐开始背离他，从而使其支持率下降。直到 5 月 27 日，波埃终于公布了"12 条施政纲领"，向选民交了底。可是，这个施政纲领实质上是"一个老好人的施舍清单"，对多数选民主要关心的问题采取模棱两可的立场和暧昧的态度，避免直截了当和明确的结论，使选民不得要领。

法共总统候选人杜克洛在竞选运动中揭露"戴高乐政权为法国大资产阶级效劳的本质"，号召中下层劳动人民联合起来向垄断资产阶级猛烈地开火。他攻击他的两个主要竞选对手，说蓬皮杜和波埃的大政方针无甚差别，只不过是半斤八两。法共还特别抬出在法国享有一定威望的法共作家和诗人路易·阿拉贡，来激发工人阶级老战士、反法西斯老战士和抵抗运动老战士的热忱，以便全力为杜克洛的竞选活动制造声势。

社会党总统候选人德费尔在竞选中使出了一个新招。他宣布一旦当选，就任命皮埃尔·孟戴斯·弗朗斯为政府总理。在竞选运动中，后者还陪同和协助他竞选。这实质上要求选民在挑选爱丽舍宫主人的同时，还要决定马提翁大厦的主人，可谓是对第五共和国宪法独创性的运用。但是，选民提出质疑：究竟是谁参加总统竞选，德费尔还是孟戴斯·弗朗斯？选民还留下了一种印象：德费尔的竞选活动是在为法国从事的殖民战争尤其是为他的搭档在 1954~1955 年的印支政策开脱罪责。德费尔的竞选活动因此失去了光泽。

同前四位候选人比较，统一社会党总统候选人米歇尔·罗卡尔、共产主义同盟总统候选人阿兰·克里维纳、"愤慨党"的总统候选人路易-费尔南·迪卡泰尔则显得无足轻重，影响甚微。

三 蓬皮杜入主爱丽舍宫

6 月 1 日举行总统选举的第一轮投票。由于法国各政党动员乏力，选民的积极性不高，致使参加投票的人数锐减，弃权人数上升并占到登记选民人数的 22.41%。

在总统候选人中，蓬皮杜获得占有效票总数 44.47% 的选票，遥遥领先于其他总统候选人。戴派保住了它的传统选民的选票，在法国本土几乎所有省份中都处于领先的地位。尤其在法国的东部、西部、中央高原南部等右翼选民占优势的地区，蓬皮杜所得选票都超过半数。可见，戴高乐本人在法国政治舞台上虽已隐退，但戴高乐的政治思想和主张仍有强大的影响，戴派也依然保持着相当的实力，右翼势力仍在法国政治生活中占据统治地位。

波埃获得占有效票总数 23.31% 的选票，比民意测验的估计要低，远远落在戴派总统候选人的后面。它表明许多选民对中间派候选人开始感到失望，丧失了热情。

杜克洛所获选票占有效票总数的 21.27%，比民意测验的估计要高，紧跟在波埃后面。这是因为法共在施政纲领、竞选策略、组织竞选活动等方面都要比其他左翼政党略胜一筹。

德费尔仅获得 5.01% 的有效票，比民意测验的估计要少得多。因为许多社会党的传统选民产生背离，大部分转向中间派总统候选人，另一部分则支持法共总统候选人。"德费尔—孟戴斯双套马车"竞选策略的失效，也意味着社会党及其总统候选人的惨痛失败。

其他几个总统候选人所得选票数均在 5% 以下，纷纷落选。

第一轮无结果的投票造成要在蓬皮杜和波埃之间，即右翼与中间派之间决出雌雄。这与 1965 年在左翼和右翼之间做选择大不相同。在第一轮投票后，迪卡泰尔号召他的选民向戴派总统候选人让票；而一向主张向中间派靠拢的德费尔自然要求他的选民支持中间派总统候选人。但是，即使加上这两位落选者的票数，蓬皮杜和波埃所得选票的总数仍未过半数。他们还必须争取其他几位落选者选民的支持。

于是，蓬皮杜和波埃展开了激烈角逐，前者特别强调"开放性"，表现出更大的和解精神。后者考虑到中间派的前途在此一举，使出了浑身解数。他于 6 月 1 日声称"真正的总统选举运动将在明天开场"，他改变了竞选策略和风格，频繁地举行集会和发表电视讲话，语调咄咄逼人。他竭力地宣传他的"仲裁人"论点，坚持要恢复第五共和国以前的政治体制。民意测验机构也配合竞选活动，频频进行调查。

6 月 15 日举行的第二轮投票很快见了分晓。弃权人数占登记选民的百分比猛升到 31.15%，加上空白票和废票，则达到 35.57%。在 2950 万登记的选民中，近 1000 万选民宁可弃权或投空白票，也"不愿在'鼠疫'和'霍乱'之间进行选择"。

在有效票总数中，蓬皮杜获得 58.21%，而波埃仅获得 41.79%。蓬皮杜比第一轮多得近 93 万张选票。可见，尽管法共、统一社会党和共产主义同盟号召它们的选民弃权或投无效票，但"梯也尔先生"[①] 依然从四分五裂的左翼及其选民中捞到某些好处，因为许多选民并未按它们政党的指示行事，反而投了他的票。

---

① 法共给蓬皮杜起的诨号。梯也尔于 1871 年 2 月任法国政府总理，是镇压巴黎公社的刽子手。

58 岁的蓬皮杜经过艰苦的努力，终于战胜了对手，摘取了第五共和国第三届总统的桂冠，入主爱丽舍宫。在选举期间一直隐居爱尔兰的戴高乐及时拍来电报表示祝贺。蓬皮杜的胜利说明，戴派和多数派重又获得多数法国选民的支持，它已从 4 月公民投票的失败中苏醒并重新振作起来了。

第四章
"后戴高乐"总统
(1969 年 6 月 ~ 1974 年 4 月)

第一节　沙邦－戴尔马政府及其内外政策
和"新社会"

一　沙邦－戴尔马政府的组成及其特点

蓬皮杜为了兑现向选民许下的诺言，在总统竞选运动后期就选中了雅克·沙邦－戴尔马为总理并组织第五共和国第 7 届政府。

沙邦－戴尔马 1915 年 3 月 7 日生于巴黎一个资产阶级家庭，毕业于巴黎大学法学院和私立政治学院并获得法学学士学位，1940 年参加抵抗运动，1942 年作为"自由法国"的军事代表协调法国本土的抗德斗争，1945 ~ 1946 年任新闻部秘书长，1946 年参加激进党并当选为国民议会议员，1947 年参加法兰西人民联盟并成为该党的领导人，1954 年任社会共和党①主席，1954 ~ 1958 年多次参加第四共和国内阁，他同几个著名的戴派人物策划和推动戴高乐重返政坛，1958 年与戴派领袖共同创立保卫新共和联盟，1958 ~ 1969 年任国民议会议长。担任议长期间，他配合多数派政府贯彻戴高乐的

---

① 社会共和党法文为 "le Parti républicain socialiste（PRS）"。

方针和政策。遴选这样的"历史上"的戴派重要成员为新政府首脑能更好地体现新总统政权及其政策的连续性。

沙邦－戴尔马具有多数戴派头面人物所缺少的特质。他不僵化，也不刻板；性格爽朗，又善于交际。他在从事政治活动中表现出相当的灵活性和开放性。他早先是激进党成员，参加戴派组织后仍然保持着在法国政界中罕见的双重政治面目。他敢于和第四共和国政治家"同流合污"，还与孟戴斯－弗朗斯、密特朗、摩勒共同发起成立共和阵线①。他的特殊的政治生涯和广泛的人际关系有助于贯彻总统的开放性政策。

在组织政府时，蓬皮杜和沙邦－戴尔马重新起用瓦莱里·吉斯卡尔·德斯坦为财政部部长，让莫里斯·舒曼操起外交旧业，邀请中间派政党三位领导人勒内·普莱文、雅克·迪阿梅尔、约瑟夫·丰塔内分别担任司法部部长，农业部部长，劳动、就业和居民部部长等重要职务，以证明两人开放的诚意。保卫共和国联盟内部对顾夫·德姆维尔、安德烈·马尔罗、勒内·卡皮唐等重要戴派成员离任和吸收较多的昔日对手进入政府表示不满，但实际上，在新政府中，约 2/3 的部长和几乎全部国务秘书均属于戴派，其中许多是担任关键性的职务，如米歇尔·德勃雷为国务部长兼国防部部长。这保证了戴派政权及其政策的连续性。

新总理在 6 月 26 日向议会宣读的总攻策声明中，表达了要使他的政府成为"一个和解的和行动的政府"的愿望。新总统在前一天致议会的咨文中，也"保证让共和国机构畅通的运行"并"发展行政部门和议会之间信任和有效的关系"。

蓬皮杜和沙邦－戴尔马对政府的人事安排、对议会和反对党的态度，有助于加强多数派的团结，改善同反对党的关系，顺利推行他们设计的方针和政策。

二 开放性的经济政策和外交政策

蓬皮杜关于法国经济的主导思想是要实现法国工业化，他把它当作实

---

① 共和阵线法文为"le Front républicain（FR）"。

现法国"大国梦""强国梦"的必要条件。他指出："我们有一个目标，它压倒其他的目标，那就是使法国成为一个工业大国。这是我们力所能及的。我们应该不要分散力量，实现这个目标，其余的就会随之而来。"[1] 他在吉斯卡尔·德斯坦财政部部长的配合下，采取了谨慎的、正统的经济和财政政策，来实现他的目标。

他在财经方面的第一大行动，就是法郎贬值。由于是在戴高乐断然拒绝法郎贬值不到一年所采取的"叛离"措施，总统及其总理非常慎重地行事。他们在极端秘密的情况下，于 8 月 8 日召集特别部长会议，快速地做出法郎贬值 12.5% 的决定，并"悄悄地"付诸实施。这一行动刺激了法国商品的出口并增加了法国的外汇收入，消除了外贸赤字，实现本年度财政收支平衡。这对近几年来一直受外贸逆差和财政赤字折磨的法国经济是个好兆头。在此基础上，政府拟订了来年度以严厉政策为特点的财政预算，进一步加强对国民经济的宏观调控。

沙邦 – 戴尔马政府还根据总统的指示，编制了长短期相结合的经济计划，以便加强对国民经济的调节活动。政府于 9 月间公布了"振兴计划"。它针对国际经济竞争十分激烈和美元地位不稳的外部环境，采用自由放任主义政策来规划近期法国国民经济发展目标。它实际上是法国第五个计划（1966 ~ 1970 年）的补充。

与此同时，政府还公布了第六个计划（1971 ~ 1975 年）。该计划是在蓬皮杜亲自参与下制订的，许多重大方针和主要经济指标都由他决定，明显打上了"共和国总统工业化"的烙印。计划规定要优先发展工业，使法国经济获得"大幅度的、有竞争力的和均衡的增长"，不断地改善法国人的生活条件。同时，它还加强科学技术的研究，鼓励法国工业集团向外向型经济发展，成立和发展跨国企业和公司，以便在国际经济大循环中提高法国产品的质量，加强出口和竞争能力。正如当时某些法国舆论一针见血地指出：蓬皮杜的经济思想和方针使人追忆起当年基佐喊出的"发财吧！"[2] 的口号。

---

① 阿兰·佩尔菲特：《官僚主义的弊害》，商务印书馆，1981，第 144 页。
② 法国政府首相弗朗索瓦·基佐于 1848 年曾提出"发财吧！"的口号。

开放性的经济政策取得成效，1969～1973 年，法国国内生产总值年均增长率为 6.1%，其中农业为 2.5%，工业（包括能源）为 6.6%，交通运输、服务性行业和商业为 5.7%。在三大产业中，第三产业产值已经超过第一和第二产业的总和。在这个时期，法国新兴产业和高科技部门相继得到迅速发展，如电信、信息技术、航空航天、核能等。

如同他的前任那样，蓬皮杜视外交为总统的专属领域，外人不得过问和干预。他付出相当多的时间和精力来思考和决定法国的对外政策。他的外交部部长舒曼一向同情和支持戴派，素有戴高乐主义"发言人"之称。总统正是在这位口齿伶俐、为人热忱的外交部部长的有力配合下，开展了眼花缭乱的外交活动。

蓬皮杜作为戴高乐的忠实门徒和亲信，坚持不渝地遵循戴高乐对外政策的主导思想和贯彻了戴高乐对外政策的基本原则——独立、伟大、地位。与此同时，他也在外交活动中采取了与戴高乐迥然不同的风格，以某些灵活性和弹性取代后者在外交事务中所表现出的生硬的立场、执着的态度、粗暴的方法。他将原则性和灵活性相结合，来处理同美苏两个超级大国的关系，扩大欧洲经济共同体，加强与非洲、亚洲和拉美国家的联系与合作。

东西方关系在法国对外关系中占据首要位置。蓬皮杜于 1970 年 2 月和 10 月先后到美国和苏联访问，对两个超级大国开展微笑外交。在出访美国期间，他强调大西洋联盟团结的必要性，大力争取美国增加在法的投资；在出访苏联期间，法苏共同发表了联合公报，首次提出"召开欧洲会议将有利于欧洲的缓和"的建议。通过访问，法国改善了同美国一度紧张和僵化的关系，重新推动了停滞中的法苏关系，把戴高乐做出的"称得上大国的国家就没有朋友"的结论改为"称得上大国的国家都是朋友"。它实质上在调整同美苏两国关系的过程中，小心翼翼地建立起同两个超级大国的均势。

蓬皮杜在欧洲政策上的变化最富有戏剧性。他一反前任总统坚持拒绝扩大欧洲经济共同体的立场，同意接纳英国等国参加欧洲建设。为什么蓬皮杜对待英国申请加入欧洲经济共同体的立场来了个 180°的大转弯呢？首先，总统要实践在外交事务中执行开放性政策的诺言，满足欧洲派的需要。

其次，法国要平息欧洲经济共同体其他五个成员对法国一味从中作梗的不满。蓬皮杜在回忆这段公案时曾说过："当我就职总统时，我们的欧洲经济共同体的伙伴对将英国排斥在外再也不能忍受下去了，他们对法国有怨言。"[①]"解铃还须系铃人"，法国引起的同其他五个成员的龃龉必须由当事者主动来解决。何况，法国已具备了解决该问题的条件。沙邦－戴尔马政府实际上是"一个欧洲派的政府"：总理和外交部部长是戴高乐主义中拥护欧洲建设的一翼；经济和财政部部长吉斯卡尔·德斯坦，司法部部长普莱文，农业部部长迪阿梅尔，劳动、就业和居民部部长丰塔内四人是让·莫内创办的保卫欧洲合众国行动委员会成员，自然希望加快欧洲建设的步伐。可见，沙邦－戴尔马政府的结构有利于总统推行欧洲建设的政策。

正是在这种背景和条件下，法国政府倡议召开欧洲经济共同体成员最高级会议，并得到了其他成员的热烈响应。于是，会议于 1969 年 12 月 1 日在海牙举行。在会议讨论过程中，法国在标志着农业共同体最终形成的财政结算法和欧洲议会权限得到满意的解决后，声明不再反对就英国和其他国家申请加入共同体展开谈判。

欧洲经济共同体与英国、爱尔兰、挪威、丹麦的谈判于 1970 年 6 月在卢森堡举行，一直持续到 1971 年 2 月还未达成协议，几乎要陷入僵局。5 月间，蓬皮杜和英国首相爱德华·希思亲自过问，在巴黎进行最高级讨论。由于两国领导人的诚意和相互妥协，许多症结点迎刃而解。法国政府同意英国在完全实行共同对外关税、共同农业政策以及共同体预算分担额之前有一个过渡期，保证在共同体六国会议上不再对英国的申请使用否决权；英国政府在英联邦问题上、共同体预算分摊额上也做了让步。法英两国最高级会谈最终扫除了英国加入共同体的障碍。1972 年 1 月 22 日，英国、爱尔兰、丹麦、挪威四国政府签订了参加欧洲经济共同体的《布鲁塞尔条约》。

本来，法国政府可以名正言顺地将《布鲁塞尔条约》提交议会讨论，并在多数派占绝对优势的情况下轻而易举地获得议会的批准。但是，蓬皮

---

① 阿尔弗雷德·格罗塞尔：《外交：1944 年以来的法国政策》，弗拉马里翁出版社，1984，第 238 页。

杜总统却挑选了另一途径,他在 1972 年 3 月 16 日举行的记者招待会上宣布:"通过你们和你们周围的人,让所有的法国人都明了:扩大共同体必须由每个法国女人和男人批准;至于政府,它已讨论过,并愿意按我国宪法规定由我建议通过公民投票的途径解决。"[①] 总统此举使法国朝野大为惊骇。人们原以为,在戴高乐把公民投票作为总统个人前途的赌注而自食其果后,新的戴派总统绝不会轻易动用公民投票,甚至有可能废除这种直接民主形式。然而,蓬皮杜甘愿绕过议会再次直接向全国征询。他认为通过这种方式可以大大加强他的地位和权力,可以扩大法国在欧洲和世界的影响,因此,值得去冒一下风险。

1972 年 4 月 23 日法国就扩大欧洲经济共同体举行了公民投票。投票结果表明,赞成票占有效票总数的 68.32%,反对票占有效票总数的 31.68%。法国政府的提案获得批准。但是,它同总统的希望和要求有很大的差距,蓬皮杜原打算获得广大选民的支持,以便今秋在巴黎首次举行的欧洲经济共同体九国首脑会议上[②]显示法国的实力。然而结果令人失望:弃权票和废票几乎占登记选民的一半,上升到战后以来的最高点。就投赞成票的选民而论,尽管他们在投有效票的选民总数中占绝对多数,但在登记的选民总数中只占 36.1%,即在 2882 万登记的选民中只有 1000 多万选民表示赞同。由此可见,法国选民支持英国参加共同体的百分比不高,这对法国政府可以说是"半失败"。究其原因,首先,如上所述,法国选民缺乏热情,对如此重大的外交行动漠然视之。其次,左翼两大党如法共号召投反对票和社会党号召弃权,都对选民投票的意向产生不小的影响。最后,政府在宣传和鼓动选民方面缺乏有力的措施。

尽管如此,这次公民投票仍然具有一定的意义。它意味着欧洲经济共同体将由六国扩大到九国,使西欧国家在联合和自强的道路上扎扎实实地迈进了一大步。它标志着法国国内长期以来的联邦和邦联之争基本结束。欧洲经济共同体在酝酿新成员过程中,明确了吸收的原则,规定了欧洲议

---

① 让-雅克·舍瓦利耶:《法国政治制度和机构史(1789 年至今)》,达洛兹出版社,1981,第 845 页。

② 挪威的申请被挪威国内的公民投票否决。

会的权限，这既维护了各成员的国家主权，又具有某些灵活性，从而使共同体不再在联邦或邦联之中寻找答案，而是按客观发展的需要确定它的性质。它还提高了法国在西欧和西方国家中的威信，使法国成为西欧国家的"代言人"和"政治统领"。

法国政府继续发展非洲、亚洲和拉美国家的联系。蓬皮杜于1971年2月沿着前任总统访问过的路线，在非洲兜了一大圈，加强了法国同法语非洲国家的合作。他尽量缓解因没收法国石油公司引起的同阿尔及利亚的紧张关系，使法阿两国仍然以特殊纽带联系在一起。在中东，法国政府顶住美国的压力，继续执行联合国安理会第242号决议，对以色列实行全面武器禁运。当以色列于1969年12月将法国瑟堡造船厂建造的、列入禁运名单的五艘舰艇劫持后，法国政府恼羞成怒，谴责以色列的海盗行径，同时加快向利比亚提供军事装备和军用飞机。法国政府在中东的政策主要是为了保护其在中东的利益，然而，它在客观上也支持了阿拉伯国家反对犹太复国主义的斗争。此外，法国政府还加强了同中华人民共和国的交往，于1971年9月邀请中华人民共和国部长级代表团访问巴黎。

三 "新社会"

沙邦－戴尔马总理在向国民议会宣读政府的总政策声明时，无可奈何地承认法国是"一个封闭的社会"，他描绘这个社会表现为经济脆弱、社会结构陈旧过时和保守、国家到处伸手而又没有什么效能。他提出政府将要着手建设"一个新社会"，并勾画了"一个繁荣、朝气蓬勃、慷慨和解放的社会"的轮廓。为了促进"新社会"的诞生，他制定了四条方针：让公民受到更好的培训和了解更多的信息；改变国家的作用；提高工业的竞争力；使社会结构年轻化。

以建设"新社会"① 为中心的总政策声明赢得了多数议员的好评。议会以369张赞成票对85张反对票的绝对优势通过了政府的施政纲领。此后，沙邦－戴尔马总理在议会多次发表的讲话和声明中，反复强调建设"新社

---

① 新社会法文为"la nouvelle société"。

会"的愿望。

这篇使人耳目一新的"檄文"①的出笼，是有着深刻历史背景的。1968
年"五月风暴"虽已平息，但法国统治阶级仍然谈虎色变，心有余悸。何
况，法国社会阶级结构继续两极分化，贫富差别逐渐在拉大，不平等现象
日趋严重。法国社会依然存在着许多不安定因素和潜伏着深刻的危机。正
是为了缓和社会阶级矛盾和冲突，为了消除不安定因素，不再使"五月风
暴"卷土重来，沙邦-戴尔马才处心积虑地搞出了这样一个改革计划。

沙邦-戴尔马的"新社会"纲领和蓬皮杜的"工业化"目标相辅相成。
总统在回答记者提问时做过这样的解释："这个词（新社会）不是我惯用
的，我看不出为什么我非要用它不可。但这并不意味着我同总理在这点上
和其他方面发生了根本的分歧。如果说我和总理有细微的差别，我的回答
是：按我受到的教育或者我的职务，我重视人甚于社会，关心在社会中人
的地位甚于社会的形式。"② 由此可见，总统和总理各自从不同的角度强调
某一侧面。总统的"工业化"目标中包含着"新社会"的主要内容；总理
的"新社会"纲领中也容纳了"工业化"的重点。总之，"新社会"纲领
和"工业化"目标两者实际上是异曲同工，是"奇妙的结合"。

沙邦-戴尔马政府为实现"新社会"采取了以下几项改革措施。

1. 推行合同制

政府首先以国营企业和公用事业作试点，同法国电力公司、法国煤气
公司、法国国营铁路公司、巴黎独立运输公司签订了《纲领性合同》。按合
同规定，政府给予国营企业和公用事业独立经营权；而国营企业和公用事
业则必须同本部门职工签订《进步合同》，以便确保职工逐年提高购买力。
无论哪种合同，当事者双方都要经过充分的讨论和协商一致。

政府还以《纲领性合同》和《进步合同》为样板，鼓励私人企业也参
照执行。它要求通过合同解决"社会伙伴"即雇主和领工资者的纠纷。

---

① 社会党议会党团主席德费尔把沙邦-戴尔马的总政策声明称为"是对我们政权多好的
檄文"。
② 让-雅克·舍瓦利耶：《法国政治制度和机构史（1789年至今）》，达洛兹出版社，1981，
第850页。

2. 改革最低工资制度

政府于 1970 年 1 月 7 日颁布法律，改革了最低工资制度。新的法律规定，采用"各行业应增至的最低工资"（SMIC）来取代目前普遍实行的"各行业最低保证工资"（SMIG）。它能使最低收入者的工资不仅随物价波动而调整，而且随一般经济条件的改变而变动，从而保证了低收入者的购买力在任何条件下总是不断地增长。政府还通过合同制实行"月薪化"，即领工资者将按月计算工时和按月付给报酬。政府于 1970 年 1 月 21 日颁布法律，推广雷诺汽车公司和航空工业公司关于实行职工股东制的经验，以便进一步改善职工生活条件和激发职工的劳动热忱。政府还做出特别努力，大幅度提高在贫困线以下劳动人民的收入。

3. 进行职业培训和教育

政府于 1971 年 7 月 16 日颁布了三项法律文件，改革了职业培训和教育的方针和方法。新的法律规定，要继续推广职业培训，凡在职职工都享有职业培训的权利。为此，企业每年必须向在职职工提供足够的时间和经费。对拥有各种学历和文凭的职工进行知识更新，使他们能够掌握最新的科技和信息，以适应现代化经济和管理的需要。对没有学历的老职工进行技术教育，不断提高他们的文化素质和技术水平。最后，政府还改革了学徒制度，加快对青年的职业培训和文化教育的速度。

4. 实行地方分权

鉴于 1959 年 4 月关于地区改革的公民投票失败的教训，沙邦－戴尔马小心谨慎地和渐进式地进行地方改革。从 1970 年至 1972 年，政府先后制定和颁布了许多有关的法律和法令。

1972 年 7 月 5 日的法律规定，在省之上建立大区，但不是再给地方行政单位增添一个新的层次，而是经济区划。新的大区方案同戴高乐的大区方案有所不同：首先，新的大区是经济实体，职能比较单一；而戴高乐的大区为行政区划，拥有政治、经济、文化、司法和社会多种职能。其次，新大区议会议员和经济与社会委员会成员直接由地方民选代表组成；而戴高乐的大区议会议员大部分则由间接方式选出。根据规定，新的地区改革方案不再侵犯和剥夺省、市镇以及地方显贵的权力，因此，此举得到地方行政单位和地方显要的支持。

政府还下放一部分地方权力，如扩大市镇管理地方的权限，取消对市镇的财政监护，市镇有权在自愿的基础上进行横向联合或自由合并。政府的这些措施初步满足了地方政府和地方显要长期以来要求地方自治的愿望。

5. 对法国广播电视局实行"自由化"

蓬皮杜在总统竞选运动中曾向选民许下诺言，要将法国广播电视局"自由化"，以便让公民了解更多的信息。为此，他在组织沙邦 - 戴尔马政府时，有意取消了新闻部，只设国务秘书作为"政府的发言人"，减少了国家对新闻媒介的干预。

过去，法国广播电视的财政受到财政部的严格控制，它们的节目编排和新闻内容必须征求新闻部部长的同意，"事事横加干预使这个机构透不过气来"。改革后，政府给予法国广播电视局包括财政权在内的自治权力，允许各个电台按频率、电视台按频道划分成独立的自治实体，相互在新闻采访和报道方面展开竞争，对政府和社会起着监督作用。

沙邦 - 戴尔马政府在实现"新社会"方面所采取的一系列改革措施，主要集中在经济体制和政治体制领域。它能够收到"急功近利"的效果，如重新调整了中央与地方的关系，协调了各个阶级和阶层之间的关系，提高了中下层劳动人民的生活水平和改善了他们的劳动条件，在一定程度上满足了他们的要求，缩小了最高和最低收入以及贫富之间的差距，遏制了社会的不公正和不平等，从而平息了民众对现状的不满，暂时缓解了法国潜在的社会危机。

沙邦 - 戴尔马的"新社会"纲领以其鲜明的改革色彩引起了多数派和戴派中的保守分子的怨恨，他们的质问和谴责劈头盖脸地抛向总理："硬说戴高乐封闭社会，这是侮辱他，侮辱我们！"[1] "沙邦并没有回答法国人提出来的真正问题。"[2] "当然啰！沙邦捡起了左派的想法！"[3] "他在我们最凶恶

---

① 阿兰·佩尔菲特：《官僚主义的弊害》，商务印书馆，1981，第 140 页。
② 阿兰·佩尔菲特：《官僚主义的弊害》，商务印书馆，1981，第 140 页。
③ 阿兰·佩尔菲特：《官僚主义的弊害》，商务印书馆，1981，第 141 页。

的敌人那里挑选他的合伙人！"① 一时间，总理同戴派保守分子的关系紧张起来。为了争取多数派的支持，消除与戴派保守分子的隔阂，沙邦－戴尔马在后期领导政府时降低了"新社会"的调子，减慢了改革的步伐。

在建立"新社会"过程中，沙邦－戴尔马政府也遭到来自社会团体的抵制和反抗。例如，在合同制出台时，法国总工会表示坚决反对，公开声称"民主的替换不是在投票箱里而是在街道上见分晓"②。于是，它马上见诸行动，发动了法国电力公司职工大罢工。当法国政府采取另一些改革措施时，也受到不同程度的干扰。为了保证改革的顺利进行和安定社会秩序，沙邦－戴尔马政府陆续出台了一系列强化社会治安的措施。

政府坚决贯彻现有的社会治安条例，在巴黎最敏感的地区——大学生和青年集中的拉丁区增派警察和治安人员，随时弹压可能发生的游行示威和骚动。法院和检察院也配合行动，取缔了无产阶级左翼③并逮捕该组织主要领袖阿兰·热斯马尔，对《人民事业》④ 报纸领导人进行起诉。自此，法国政府基本上摧毁和清除了在 1968 年"五月风暴"中起着重大作用的组织及其领袖。

与此同时，法国政府加强治安立法，如 1970 年春颁布的《暴力破坏惩治法》规定，参加已被禁止的游行示威将构成犯罪行为，并由此引起一种集体责任。法国政府还提出一个进一步限制结社自由的法律草案。按该法律草案规定，只有在法庭判决申请结社的团体是"合法的而不是非法和违反道德规范的，没有损害领土完整和政府的共和形式"的条件下，有关当局才开具结社许可证。而 1901 年法律的规定则比较简单，只要新成立的社团发表一个成立声明，有关当局记录在案并开具许可证即可，不必经过司法手续。可见，现政府对待结社制度要比过去严厉得多。

该法律草案最初在国民议会经过激烈的辩论后被通过，但于 1971 年 6 月被参议院否决。按议会组织法规定，该法律草案尚未寿终正寝，它又返

---

① 阿兰·佩尔菲特：《官僚主义的弊害》，商务印书馆，1981，第 141 页。
② 雅克·沙普萨尔：《第五共和国政治生活》，法国大学出版社，1981，第 439 页。
③ 无产阶级左翼法文为 "la Gauche prolétarienne（GP）"。
④ 法国《人民事业》法文为 "la Cause du peuple"。

回国民议会重新审议，最后在二读中再次被通过，成为正式立法文件。然而在颁布前，波埃以参议长的名义提出上诉，认定该法律违反第五共和国宪法的序言中关于1789年的人权宣言以及"共和国法律的基本原则"。宪法委员会接受了参议长的申诉，于7月16日经过紧张的讨论并做出了裁决：法律第三条有关事先以司法检查方式来改变结社制度违反了宪法精神，应予以取消。宪法委员会此举挫败了沙邦－戴尔马政府限制公民结社自由的图谋，从而使政府的名誉扫地。

从总体上看，改革毕竟是成功的，取得的成就也是显著的。在"后戴高乐"的三年中，蓬皮杜和沙邦－戴尔马的声誉节节上升，戴派的势力和影响日益扩大，多数派的地位进一步巩固。例如，在1969年6月至1971年12月的13次国民议会部分议员选举中，多数派有9次轻易取得席位。在1970年3月的区选举中，戴派所获得有效票的百分比和所分配到的席位都超过1964年和1967年的两次区选举所取得的成绩。在1971年3月的市镇选举中，戴派不仅在大城市中继续保持了优势，而且在中小城市中也取得了长足的进展。在1971年9月的部分参议员改选中，多数派夺得10个左右的席位，从而使它在参议院的地位有所改善。

第二节　梅斯梅尔政府及其内外政策
和议会选举

一　危机和政府的更迭

自1971年7月以来，沙邦－戴尔马政府和戴派内部一些高级官员和政客贪污受贿、徇私舞弊、假公济私、偷税漏税的丑事接二连三地被法国报纸杂志揭露出来。《鸭鸣周刊》①于1972年1月披露了沙邦－戴尔马关于个人收入的声明同他实际所缴纳的税款有较大出入的新闻。一时间，调查、询问、攻击接踵而来，谣言和小道消息流传，闹得满城风雨。丑闻变成了

---

① 法国《鸭鸣周刊》法文为"*le Canard enchaîné*"。

政治事件，把政府和戴派置于十分尴尬的境地。沙邦－戴尔马被迫亲自出马"辟谣"，声明要保障"个人私生活"的权利，指出这是"卑劣的政治阴谋"，表示要继续推行"新社会"政策。当事者的辩护无济于事，政府和多数派的威信急剧下降。

为此，蓬皮杜于3月间开始酝酿更换总理事宜。除了要挽回政府的面子外，总统还考虑到其他原因。

随着"新社会"政策取得某些进展，沙邦－戴尔马的势力和影响在保卫共和国联盟内陡涨，这不能不引起蓬皮杜总统和戴派其他派别的疑虑。沙邦－戴尔马于1971年10月在该党的中央委员会上大言不惭地说："我作为你们头领的义务是全面的；如同前任一样，我既是多数派的领袖又是保卫共和国联盟的统领。"① 他于11月在斯特拉斯堡召开的保卫共和国联盟会议上被与会代表称颂备至。这就进一步引起了蓬皮杜总统和其他派别的妒忌和愤慨。

沙邦－戴尔马同议会的关系也遇到了麻烦。国民议会中的"六君子"向议长和戴派议员散发了《7·12宣言》。他们都是戴派显要，其中五位分别担任议会五个委员会的主席。在《7·12宣言》中，"六君子"指控总理的社会协商政策，说他忽视议员的观点、意见和愿望，把政府意志强加于议会，滥用议会紧急程序等。一时间，政府和议会关系紧张起来，而这种紧张关系实质上是总理和戴派关系紧张的表现。

蓬皮杜期望总理"向前走而不是走在他前面"，他绝不允许出现"双头政治"。他对沙邦－戴尔马在戴派和多数派内发号施令忧心忡忡，害怕因此夺走了他的权力和降低总统的作用。沙邦－戴尔马则认为，蓬皮杜在1972年4月公民投票中的"半失败"证实了公民"不再支持总统"。为了显示自己的实力和地位，他于1972年5月要求议会对政府投信任票。结果，他以368票对96票的绝对优势获得了议会的支持，达到了预期的目的。总统和总理在权力上的明争暗斗于5月间达到了白热化的程度，酿成了一场"政治危机"。6月间，两人在法国广播电视局自由化政策上再次爆发冲突，导

---

① 让－雅克·舍瓦利耶：《法国政治制度和机构史（1789年至今）》，达洛兹出版社，1981，第853页。

致该局董事长和局长辞职。

为了把戴派和多数派团结在自己的周围，为了消灭"双头政治"以恢复总统的权力，为了对付逐渐走向联合的左翼和改善政府的形象，蓬皮杜于 7 月 5 日强迫沙邦 – 戴尔马辞职，任命皮埃尔·梅斯梅尔为总理并组织第五共和国第 8 届政府。

梅斯梅尔 1916 年 3 月 20 日生于瓦勒德马恩省一个工厂主家庭，毕业于巴黎大学法学院并获得法学博士学位，1940 年参加海外抵抗运动，第四共和国时期一直担任负责法国殖民地和海外领地事务的高级职务，1956 年加入社会党并成为德费尔的密友，1960～1969 年任武装部队部长，1968 年加入保卫共和国联盟并当选国民议会议员，1971～1972 年任海外省和海外领地部长。长期的军人生涯造就他成为一个忠于职守、办事有条不紊、服从命令听指挥的人，"人们没有任何理由去怀疑梅斯梅尔有自己的政策，或者企图树立个人的威望"[1]。蓬皮杜认为这些资历和作用能够使他成为总统得心应手的工具。

梅斯梅尔组织了一个紧凑的政府，如国务秘书比前届政府减少一半，一些对法国封闭的社会"忧心如焚"的部长被赶了出来，而《7·12 宣言》的作者如让·沙博内尔、让·富瓦耶、朱贝尔·热尔曼等被吸收进入政府，受蓬皮杜宠信的希拉克被提升为农业和农业发展部部长。在政府机构安排方面，被前总理取消的新闻部重又恢复建制。可见，梅斯梅尔政府实际上是一个"反沙邦 – 戴尔马政府"的政府。

蓬皮杜有意把政府更迭的日期选定在议会休会期间，一方面表明国家权力是来自爱丽舍宫而不是波旁宫，另一方面也是对一个多月前以压倒多数支持沙邦 – 戴尔马的议会的报复和蔑视。当议会复会后，梅斯梅尔发表了一个总政策声明，然而在声明中他并没有表示承担政府的责任。反对派对此十分恼火，于 10 月 6 日提出了对政府的不信任案，企图推翻政府，但未获通过。

为了重新控制马提翁大厦，蓬皮杜亲临第一线，取消了新闻方面的独

---

① 法国《世界报》1972 年 7 月 7 日。《世界报》法文为 "le Monde"。

立自治单位，撤换了具有"自由化"色彩的领导班子，委任总统亲信阿蒂尔·孔特为法国广播电视局的总经理，重又把新闻媒介抓到自己手中。他尤为突出地抓紧本届政府的中心工作之一——议会换届选举。

二　政治力量的变化和议会换届选举

自上届立法选举以来，法国政治力量的变迁如波涛起伏。现在，它围绕着议会换届选举再次动员起来，重新分化和组合，提出竞选纲领和策略，展开角逐。

保卫共和国联盟在戴高乐溘然长逝后，有如失去了一块巨大的磁石，它再也不能维持"坚如磐石般的"团结了。它实际上已分裂为三大派系。

戴高乐主义完整维持派①是戴派中有影响的派系。他们感叹"戴高乐主义丧失青春和活力""今不如昔"。他们在朱贝尔·热尔曼、梅斯梅尔的策动下，于 1969 年 7 月创立"戴高乐主义存在和行动"议员联谊会②。联谊会"高度警惕和密切监视"新总统的开放性政策，防止爱丽舍宫对戴高乐的"背叛"和对戴高乐主义的"扭曲"。戴高乐的妹夫旺德鲁，还有富歇、让纳内、达维德·鲁塞等议员纷纷参加联谊会。

戴高乐主义保守派③（或称戴高乐主义正统派④）是戴派中的重要派系。他们把矛头指向马提翁大厦，对政府维持公共秩序政策和法国广播电视局的自由化政策所表现出的"软弱无力"十分愤懑，经常对沙邦－戴尔马发起攻击。上任不久的该党总书记弗朗索瓦－勒内·托马西尼于 1971 年 2 月宣称"法国电视一台已被自由的敌人所控制"，把治安不力的罪责归咎于"司法官员的胆小懦弱"。他尖锐的、刻薄的语言发泄了保守派的"积怨"。

戴派左翼派系早已存在。自戴高乐去世后，他们加强了攻击的火力。瓦隆在《反戴高乐》小册子中，对蓬皮杜肆意抨击，结果于 1969 年秋被驱

---

① 戴高乐主义完整维持派法文为"les Intégristes gaullistes"。
② "戴高乐主义存在和行动"议员联谊会法文为"l'Amicale parlementaire < Présence et action du gaullisme >"。
③ 戴高乐主义保守派法文为"les Conservateurs gaullistes"。
④ 戴高乐主义正统派法文为"les Orthodoxes gaullistes ou les Légitimistes gaullistes"。

逐出保卫共和国联盟。然而，戴派左翼并未罢休，他们于 1971 年秋成立以吉尔贝·格朗瓦尔为首的劳工联盟[①]和以皮埃尔·比约特为首的参与制社会主义运动[②]。这两个组织人数不多，能量却很大。一些知名人士如让 - 马塞尔·让纳内、达维德·鲁塞、埃德加·富尔都是其中成员。他们坚持戴高乐的社会政策。

保卫共和国联盟派系的形成，不可避免地导致党内的紧张关系，而戴派高级官员和议员的一系列丑闻则进一步加剧了派系的争斗。保卫共和国联盟还围绕着沙邦 - 戴尔马总理提出的"新社会"展开争论：保守派认为戴高乐主义已经包含新社会的内涵；联盟的左翼则认为应该对"封闭的社会"进行思考。1971 年 11 月在斯特拉斯堡举行的第 5 次全国联盟大会上，保卫共和国联盟改名为共和国民主人士联盟[③]，联盟声明"忠于戴高乐将军"，强调"戴高乐主义原则为确定政策的方针"。蓬皮杜多次表示要"忠于戴高乐所确定的体制"，继续完成戴高乐所进行的事业。

独立共和人士全国联盟继续执行在多数派内"相互依存中保持独立性"的策略，同戴派维持若即若离的关系。它一方面巩固自己的组织和加强内部的团结，同时伺机对伙伴进行抨击。为了实现这种策略，吉斯卡尔·德斯坦主席和米歇尔·波尼亚托夫斯基总书记两人达成了默契。前者作为政府要员表示忠实于多数派，支持政府及其政策；后者则作为在野人士，像投枪手不时对政府以及"伙伴和混蛋"发难。该联盟中期和近期的主要目标是争取更多的本党成员进入议会，踏入政界，扩充势力。它建议改进多数派在选举中联合提名的办法，并提出了颇大数量的本党候选人名单。

为了阻止戴派的颓势、筹备立法选举和夺取选举的胜利，蓬皮杜亲临第一线指挥战斗。他整顿了戴派和多数派组织，撤换了保守派头头、有争议的托马西尼，推荐阿兰·佩尔菲特为共和国民主人士联盟总书记，暂时克服了各派的离心倾向，达到了团结。与此同时，他执行党内纪律，处理

---

① 劳工联盟法文为"l'Union travailliste（UT）"。
② 参与制社会主义运动法文为"le Mouvement socialiste pour la participation（MSP）"。
③ 共和国民主人士联盟法文为"l'Union démocrate pour la république（UDR）"。

一批涉嫌丑闻的戴派成员，平息了党内的不满。

他联合戴派、独立共和人士全国联盟、进步与民主中心①，以及其他人士成立了"拥护共和国总统的进步共和国人士联盟"，以便统一步调，投入竞选。

他还采纳了独立共和人士全国联盟的部分建议，于 1972 年年底公布了拥护共和国总统的进步共和国人士联盟②候选人名单。根据名单，在法国本土选区中，405 个选区每区联合提出一个候选人，其中戴派占 281 人，余下为其他两党候选人；另 40 个选区每区为两个候选人，戴派和其他两党各占一个。新的联合提名办法满足了独立共和人士全国联盟的要求。

蓬皮杜和梅斯梅尔还代表多数派发表了竞选演说，提出施政纲领。1972年 9 月，政府公布了"社会计划"，1973 年 1 月总理又宣布"33 点远景规划"，提出变革的口号和措施，迎合选民要求变革的心理。

社会党自总统选举遭到惨败后，开始寻找屡屡失利的原因。它准备从组织上重整旗鼓，从策略上改弦更张。它决定同争取左翼复兴俱乐部联盟、社会主义俱乐部与小组联盟合并，于 1969 年 7 月 13 日在伊西 – 莱 – 穆利诺联合召开大会，组建新社会党③，不再加"工人国际法国支部"的副称。这次大会还决定摒弃对中间派的幻想，重开同法共的谈判。大会选出主张采取积极态度同法共对话的阿兰·萨瓦里为第一书记。新社会党的诞生和新策略的制定扫清了左翼联合道路上的障碍，为同法共的接触打开了大门。

随后，新社会党与共和制度大会党派遣的代表团进行谈判，首先促成非共产党的左翼实现统一。这次会谈促成了 1971 年 6 月"社会主义者"统一代表大会在塞纳河畔的埃皮内的召开。该大会决定将两组织合并为社会党，共和制度大会党关于反对"第三种力量"路线和主张与法共结成左翼联盟的动议获得多数代表的支持，弗朗索瓦·密特朗因此当选为第一书记，从此社会党进入了"密特朗时代"。大会允许社会党各种思潮和流派的存

---

① 进步与民主中心法文为"le Centre des démocrates et du progrès（CDP）"。
② 进步共和国人士联盟法文为"l'Union des républicains de progrès（URP）"。
③ 新社会党法文为"le Nouveau parti socialiste"。

在，从而使社会党的各种派别、流派、倾向、支派、同流、情感①日益发展。大会还通过了同法共结盟的策略，从而壮大了社会党和非共产党左翼力量，扩大了它们的影响，成为法国社会党发展道路上的重要里程碑。

密特朗根据埃皮内代表大会"先理内，后联外"的原则，于 1971 年秋组织起草政治纲领，并于 1972 年 3 月被社会党全国大会接受。《改变生活：社会党的政府纲领》从经济、政权、社会、外交四个部分阐明了社会党的主张和政策。总的来说，社会党更换了理论和政治主张，提出了"法国式的社会主义"②的理念和理论，它既不同于苏联模式，又有别于西北欧社会民主主义的"第三条道路"。法国式的社会主义主张与"资本主义决裂"③，实行激进的民主社会主义，并把它作为实行扩大的左翼联盟的政治基础。④

法共也在总结左翼联合几起几落原因的基础上，决定采取更加灵活的策略。1968 年 12 月在香比尼召开的中央委员会会议决定：在基层同各种民主力量实行统一行动；在上层则优先与社会党联合，把社会党从中间派的诱惑中拉过来。在此以后，法共采取了积极主动的态势，对左翼政党开展了工作。法共还于 1971 年 10 月通过了《改变航向，建立人民团结民主政府纲领》。在纲领中，法共重申了同左翼政党、首先同社会党就共同施政纲领达成协议的愿望，以便在即将来临的立法选举中联合对付多数派，夺取选举的胜利。

法共和社会党的立场和策略正在相互靠拢，因而为双方的对话创造了良好的条件。1969 年 12 月，法共和新社会党就"达成政治协议的基本条件"举行会议，并于 1970 年 12 月发表了会谈公报。双方在公报中列举了共同点和分歧点。这次会议标志着法国左翼在新的联合道路上开始起步了。1972 年 4 月，两党再次就联合问题举行谈判。经过艰苦的努力，在各自做出程度不等的让步后，终于在 6 月 27 日达成了《共同执政纲领》⑤。纲领概

---

① "情感"在社会党的隐语中代表着一个有组织的派别。
② 法国式的社会主义法文为"le socialisme aux modes de la france"。
③ 克洛德·芒塞隆、贝纳尔·潘戈：《密特朗传》，新华出版社，1984，第 59 页。
④ 吴国庆：《法国政党和政党制度》，社会科学文献出版社，2008，第 210 页。
⑤ 《共同执政纲领》法文为"le Programme commun de gouvernement"。

括了左翼联盟①在取得政权后所应采取的政治体制改革、经济和社会措施、外交方面的基本政策以及对"其他民主政党和组织"的开放原则，规定了双方在立法选举的第二轮中相互让票的办法。

《共同执政纲领》比 1967 年的选举联盟和 1968 年的共同声明前进了一大步。选举联盟实际上是让票的君子协定；共同声明只泛泛地列举了民主主义和社会主义左翼联合会和法共各自的观点，而双方的分歧给人极为深刻的印象。《共同执政纲领》明确地申述了左翼夺取政权后所采取的政策。它标志着法国左翼几经折腾后破镜重圆，并且在较高的起点上前进。它大大地增强了左翼力量，扩大了它的政治影响。它还使左翼联盟在即将来临的议会选举中处于主动的进攻态势。

中间政党还将第四次谋求东山再起。激进党决定起用名噪一时的《快报》经理让–雅克·塞尔旺–施赖伯为总书记，整顿队伍。他果然不负所望，计划将激进党改造成为一支地地道道地向着多数派目标进军的中坚力量。他组织了改革委员会，发表了《天堂和地狱》的改革纲领，以便吸引和团结更多的中间政党。他的决心和行动使他在党内的地位迅速上升，最后于 1971 年 10 月在絮伦召开的激进党全国代表大会上被选为该党的主席。

1971 年 11 月 3 日，激进党联合民主中心、共和中心②、社会主义民主党成立一个"革新运动"，图谋重建扩大的中间势力。但是，由于塞尔旺–施赖伯在波尔多部分改选中名落孙山、他在党内排斥异己的恶劣行径、激进党于 1972 年 5 月就达成选举协定同社会党谈判的破裂、《共同施政纲领》对中间政党的吸引力等问题，激进党和中间政党重又陷入困境。被塞尔旺–施赖伯排挤的原激进党主席莫里斯·富尔后悔"引狼入室"，另行搭帮结派，同左翼结成选举联盟。赞同《共同执政纲领》的激进党议员与本党彻底决裂，于 1973 年 1 月另组建左翼激进党人运动③。中间政党这个大家庭再度支离破碎了，只剩下勒卡尼埃等革新者作为中间力量参加立法选举的角逐。

---

① 左翼联盟法文为"l'Union de la gauche"。
② 共和中心法文为"le Centre républicain（CR）"。
③ 左翼激进党人运动法文为"le Mouvement des radicaux de gauche（MRG）"。

议会的换届选举于 1973 年 3 月 4 日和 11 日举行了两轮投票。在两轮投票中，弃权选民约占登记选民的 18.72%，是自第五共和国立法选举以来最低的数字。它说明在经济危机中，选民十分关注法国的政治和经济形势。

在第五共和国第五届国民议会中，拥护共和国总统的进步共和国人士联盟获得 278 席，保持了绝对多数。这是多数派在议会选举中连续第四次成为赢家。在多数派的席位中，共和国民主人士联盟 183 席，保持了第一大党的地位。但它比上届议会减少 110 席，不再单独拥有绝对多数，多次在立法选举中出现过的"戴高乐主义狂澜"一去不复返了。独立共和人士全国联盟 55 席，比上届议会略为减少。进步与民主中心 30 席，构成了"多数派三脚架"的第三只脚。其他人士 10 席。

同上届立法选举溃不成军的情景形成鲜明的对照，左翼联盟夺取了 175 席，接近 1967 年立法选举左翼所得席位的水平。在左翼联盟总席位中，社会党和左翼激进党人运动获得 102 席，法共获得 73 席，分别比上届议会议席增加近一倍和一倍以上。左翼政党再次以强大的阵容出现在国民议会中，活跃在 20 世纪 70 年代法国政治舞台上。它正在逐渐改变法国的政治力量对比关系和法国的政治格局。

三　"清一色的蓬皮杜分子政府"及其内外政策

为了对付日益强大的左翼反对派，阻止法国经济的每况愈下，显示"振兴"政治的决心，蓬皮杜总统打算集中权力，建立一个更加得心应手的政府。

他于 4 月 2 日改组政府。在改组中，他留任"对他忠顺的"梅斯梅尔为总理，并按共和国传统，接受在立法选举中落选的舒曼和普莱文两位部长的辞呈。德勃雷因个性强、同总统在政策上有分歧，退出政府。迪阿梅尔也因健康欠佳离职。这样，中间派人士相继离开了政府。在新政府中，蓬皮杜安插了一些亲信，如将长期以来的合作者总统府秘书长米歇尔·若贝尔任命为外交部部长，他的密友莫里斯·德吕翁院士任文化部部长。新政府的人事安排，显示总统要严密控制马提翁大厦的意图，要凯多赛紧跟总统的外交政策。梅斯梅尔第二届政府实际上是"清一色的蓬皮杜分子①政府"。

本届政府面临许多亟待解决的难题，首先是总统任期问题。1958 年宪法规定总统七年的任期一向是反对派、政界和舆论界口诛笔伐的对象，左翼联盟在《共同执政纲领》中把缩短总统的任期列为政治体制改革的重要内容之一。蓬皮杜总统一方面要缓解日益增大的压力，另一方面考虑自己的健康状况；并未坚持任期，他向议会提出一份关于总统任期改为五年的宪法修正案。

这一草案立即遭到戴派中保守派如前总理顾夫·德姆维尔等人的非难。他们声称总统任期属于戴高乐亲手建立的第五共和国政治设施整体的组成部分，缩短总统任期则降低了第五共和国政治体制"拱顶石"（总统）的作用，等于拆毁第五共和国这座大厦。他们指控本草案是对戴高乐主义的"大逆不道"。

左翼联盟指出缩短总统任期仅是《共同执政纲领》中对第五共和国政治体制改革的一部分，要求一揽子解决，反对孤立地解决总统任期过长问题。左翼联盟还把总统任期同总统权限连在一起考虑：缩短总统任期意味着减少总统权限。而草案则维持了总统的权限，因此，对左翼联盟毫无价值。

蓬皮杜原以为草案准会获得左翼联盟的支持，也会得到中间派的同情，因此没有绕过议会诉诸公民投票，而直接提交议会讨论表决。事实并非如此，国民议会和参议院都展开了反对和支持的激烈交锋，并相继于 10 月 16 日和 18 日，分别以 270 票赞成对 211 票反对和 162 票赞成对 112 票反对通过了草案。但按宪法第 89 条规定，宪法修正案还必须获得两院大会 3/5 的多数票才能通过，而两院的赞成票远远低于这个要求。总统不愿再费精力去做徒劳的事情，也不敢再冒公民投票的风险，只得将宪法修正案束之高阁。蓬皮杜利用宪法修正案给正在恶化的法国政治和经济注射一针强心剂的意图化作了泡影。

---

① 蓬皮杜分子或蓬皮杜派法文为"les pompidoliens"。

法国经济经过了 15 年左右的高速发展，各部门的比例严重失调，生产和市场的矛盾日益尖锐，世界石油价格的暴涨则进一步激化了法国经济的内在矛盾。1973 年，法国通货膨胀严重，物价迅速上升，失业猛增。梅斯梅尔第二届政府面对严峻的经济形势显得手忙脚乱，无所适从，在以反通货膨胀为主还是以刺激生产为主的政策上犹豫彷徨。从 1973 年 11 月起，政府颁发一个又一个的冻结物价的条令都无济于事，物价照旧像烈火一样往上蹿。

当美元于 1973 年 2 月第二次贬值时，法国货币受到巨大的冲击。在这种情况下，法国政府再也无法坚守旨在维护法郎稳定的双重汇率了，它于 3 月被迫参加欧洲经济共同体成员货币的联合浮动。然而，石油价格的猛涨和法国外汇储备的迅速流失，迫使法国政府于 1974 年 1 月 19 日做出法郎单独浮动的决定，并在国际上大举借债，以支撑摇摇欲坠的法郎地位。财政部部长吉斯卡尔·德斯坦代表政府在议会特别会议上阐明此项措施是经过"深思熟虑的"，以便打消议员的疑心，他还在会上信心十足地宣称："我向你们保证，法国经济将得到很好的指导。"

事与愿违，梅斯梅尔政府在经济上、财政上和货币上的措施都未能奏效，财政部部长的余音未消，一场战后最严重的经济危机席卷了法国。

法国经济形势的每况愈下，加剧了法国社会动荡的频率。政府颁布防止肆意辞退工人的《解雇法》和保障小商人利益的《鲁耶法》都未能麻痹法国劳动人民反抗法国资产阶级剥削和压迫的高昂斗志，法国工人运动势头重又高涨，此起彼伏。1973 年法国劳资冲突达到 3731 起，比上一年增加了 267 起。就在这一年，发生在法国贝芒松地方的"利普事件"尤为引人注目。利普钟表厂因资本家经营和管理不善年年亏损，濒临倒闭。该厂职工于 6 月 12 日将企业接收过来，实行自治管理。当地警察局用暴力驱赶工人，为资本家重新夺回工厂，但工人在工会领导下再次占领工厂。"利普事件"惊动了梅斯梅尔政府。政府担心事态扩大并在全国引起连锁反应，曾多次派代表团与工会谈判，但无结果。法国政府在"利普事件"中一筹莫展，还引起政府内部的争吵。

与此同时，法国学潮也有所发展。许多大中学校职工和学生罢教罢课，反对将大学预科阶段大学生年龄限制在 25 岁以内的《德勃雷法》。学潮进一步加剧了法国社会的动荡。

法国对外事务依然吞噬着蓬皮杜的大部分精力和时间。总统坚持从法国独立和大国地位着眼周旋于两个超级大国之间。他于 1973 年 5 月在冰岛同美国总统理查德·尼克松会晤，讨论了欧洲防务问题。在会谈中，法国政府正式承认了美国武装部队在欧洲的存在对西欧国家安全的必要性。然而，西方经济危机的爆发、美元贬值对法郎的压力、中东十月战争中两国意见相左等，使已经松弛多年的法美关系再度蒙上一片阴影。

这个时期，法国政府以疑虑的眼光注视着联邦德国总理维利·勃兰特推行的"东方政策"，担心苏德条约的签订会疏远法德关系，害怕联邦德国在欧洲事务中喧宾夺主取代法国，因而加强了对苏联的外交攻势。蓬皮杜于 1973 年 1 月到苏联进行短暂的工作访问，并同勃列日涅夫发表了联合公报。公报重申"最高级磋商的有效性，法苏关系中充满着良好气氛和双方友善的特点"。6 月，勃列日涅夫回访法国，进一步推动了两国在经济和文化上的交流。

法国政府十分关注法国在中东的利益，它一方面在中东十月战争中采取亲阿拉伯国家的政策，继续对以色列禁运武器和向埃及提供武器装备；另一方面则谴责美国支持以色列的立场。当阿拉伯石油输出国决定使用石油武器对美国等 13 个石油消费国的决定进行回击时，法国政府考虑到本国石油主要依赖中东地区供应，不敢得罪阿拉伯国家，因而反对美国等国对阿拉伯产油国采取的强硬立场，主张欧洲和阿拉伯国家对话。若贝尔于 11 月 21 日在议会外交委员会上慷慨激昂，严厉批评美国的中东政策和欧洲伙伴国随声附和的态度。法国政府的中东政策在西方国家中独树一帜，有助于推动该地区从紧张走向缓和，也有利于阿拉伯国家反对犹太复国主义的斗争。

蓬皮杜总统时期，法中关系有了较大的发展。20 世纪 70 年代初，当西欧与中国出现了建交高潮、中美关系也出现解冻的迹象时，法国决定利用第一个打开对华关系的西方大国的有利地位，开展与中国的高级政治对话。因此，法中两国部长级互访增加，从而使法国保持了与中国高级政治接触的势头。1973 年 9 月 13～17 日，蓬皮杜总统作为西方国家中第一位应邀访华的国家元首对中国进行了正式访问，并发表了《中法公报》。公报表达了双方在许多重大国际问题上有着广泛一致或近似的观点和两国进一步发展双边关系的共同愿望。蓬皮杜总统的访华把法中两国关系推向一个新阶段。

法国政治气候正在进一步恶化。总统和梅斯梅尔第二届政府在处理政治、经济和社会问题上犹豫不决，所采取的措施软弱无力；在外交上建树不大，特别表现在面对智利政变和中东危机时缺乏有效的对策；政府在处理诸如"利普事件"和限制公路车速问题上爆发争吵。所有这些都严重地损害了当权者的形象。恰恰在这个时候，《鸭鸣报》揭露了法国本土的警戒局授意水管工在该报编辑部安装窃听器的丑闻，这如引爆了一颗定时炸弹，一时间舆论哗然。这个被称为法国"水门事件"的丑闻把政府置于极其尴尬的境地。左翼反对派借此机会在议会中不断地攻击，密特朗和乔治·马歇一针见血地指出："法国已处在失控状态！""法国已糟透了！"

多数派对正在恶化的法国政局惴惴不安。1973 年 11 月，在南特召开的共和国民主人士联盟代表大会上，许多代表吐露了他们的忧虑，要求同爱丽舍宫和马提翁大厦保持一定的距离。独立共和人士全国联盟也于 1974 年 2 月提出应扩大多数派，为该组织添加"酶"来激发其活力。吉斯卡尔·德斯坦实际上已同中间派频繁地接触和商讨。

为了扭转政局和转移公众舆论的视线，蓬皮杜于 2 月 27 日改组政府，再次任命梅斯梅尔为总理，成立新政府。新政府成员减少了 1/3，某些职务做了调整，但其政策依然如故，无所创新。

然而，有关蓬皮杜健康不佳的传闻早已不胫而走，法国观众也在总统访问冰岛和访问中国的电视节目中亲眼看到总统疲惫不堪的病容，爱丽舍宫一次又一次地辟谣都无济于事。蓬皮杜的健康状况构成了法国政局变动的重要因素。法国舆论、反对派甚至多数派中部分人士开始怀疑蓬皮杜能否继续承担国家重任，公开议论其下台的时机，猜测国家元首继承人。沙邦-戴尔马和吉斯卡尔·德斯坦乘机抛头露面，随时准备接班。

果然，爱丽舍宫于 1974 年 4 月 2 日发出讣告：蓬皮杜因癌症医治无效逝世，提前结束了总统任期。蓬皮杜逝世后，法国总统的位置再次出现空缺，参议长阿兰·波埃又一次代理总统的职务。

第三节 "辉煌 30 年"的结束和社会结构的嬗变

一 "辉煌 30 年"的结束

法国经济学家让·富拉斯蒂耶在其《辉煌 30 年或意外的革命（1946 ~ 1975）》一书中，创造了"辉煌 30 年"① 的说法，从此，该说法在法国国内外流行开来，用以形容二战后至 1974 年法国在经济和社会方面所取得的成就。

二战结束到 1974 年的"辉煌 30 年"中，法国经济的发展经历了三个时期：①恢复时期（1944 ~ 1950 年）。二战后，法国政府为了医治战争创伤、恢复经济并使之有长足的发展，实行国家对经济宏观调控，推行国有化，将许多与国计民生息息相关的企业和银行收归国有，以便通过国有经济来引导和促进国民经济的发展。与此同时，法国政府从 1947 年起开始实行发展经济的第一计划，重点发展能源、钢铁、交通运输等基础工业部门。法国政府还通过"马歇尔计划"从美国获得巨额贷款，以便解决燃眉之急和资金的不足。正是这些政策和措施，使法国经济在较短的时间内迅速得到了恢复，从而使 20 世纪 40 年代末法国经济超过战前 1938 年的水平，农产品自给有余，配给制取消，千疮百孔的经济得到了初步的治理。②起飞时期（1951 ~ 1959 年）。法国政府除了推行国有化、计划化和利用美援外，还将西方第三次科技革命的成果广泛地用于工农业，从而大大地提高了第一产业和第二产业的劳动效率和生产力。与此同时，法国政府倡议并于 1952 年成立欧洲煤钢联营，保证了法国紧缺的优质煤的供应，扩大了法国钢铁在欧洲的市场。正是这些有利条件使法国渡过了 1952 ~ 1953 年和 1958 ~ 1959 年两次经济危机。1950 ~ 1959 年，法国国内生产总值年均增长率为 4.6%，仅次于日本和联邦德国，在西方大国中排名第三。③高速发展时期

---

① 辉煌 30 年法文为"les trente glorieuses"。

（1960~1973年）。法国政府继续坚持中长期经济计划，进一步对外开放和参加国际市场的竞争，实行新的货币政策，大力调整农业经济结构，推进欧洲经济共同体建设，加上廉价的石油，使法国经济渡过了1964~1965年的经济危机，并得到了比20世纪50年代更快的发展。经过"辉煌30年"，法国的经济实力已经在世界排名中居第四位，仅次于美国、联邦德国和日本。

"辉煌30年"中经济和生产力的大发展，促进了经济结构发生根本性的变化，其主要表现在产业结构方面：第一产业、第二产业、第三产业占国内生产总值的比重，1949年分别为12.8%、52.7%、34.5%，1973年分别为6.4%、41.8%、51.8%，第三产业超过了第一产业和第二产业的总和。

"辉煌30年"中经济和生产力的大发展，新科技的广泛使用和推广，促进了新兴的工业和高科技工业的兴起。在新兴工业和高科技工业中，航空航天、核能、电信、信息技术、高速列车的发展尤为引人注目。汽车制造业蓬勃地发展，农产品加工业和食品加工也成了法国国民经济中的龙头产业。与此同时，法国传统的工业部门也得到改造，从而使造船业、采矿业、钢铁业、纺织业都建立在新兴技术之上。

经过"辉煌30年"，法国经济对国际原材料特别是对国外石油的依赖日益加深，社会保障的开支越来越大，社会提成在公共支出中的比重越来越高，成为制约经济进一步发展的因素。与此同时，法国经济各部门的比例失调，生产和市场的矛盾日益尖锐，加上国际石油价格暴涨，法国经济在1974~1975年遭到经济危机的打击，经济形势迅速恶化，从而终结了"辉煌30年"。自此，法国经济进入了"滞胀"时期。

然而，正是"辉煌30年"中经济和生产力的大发展，以及经济结构的大调整，推动了法国社会的进步，加速了法国社会结构的嬗变，法国的人口结构、城乡结构和社会阶级结构也发生了大变动。

二 人口和人口结构的变动

二战结束至20世纪70年代中期，随着法国经济的复兴和快速发展，法

国如同欧洲其他国家一样出现了人口增长的高峰期。1946 年法国人口为
4050.7 万，1954 年为 4277.7 万，1962 年为 4651.9 万，1968 年上升到
4972.3 万，1970 年再上升到 5052.8 万，1975 年达到 5265.6 万。1946～
1968 年法国人口增加了 23%，而 1860～1946 年仅仅增加了 7.2%。二战后，
法国人口的年均增长率，1946～1968 年为 10‰，1968～1975 年为 7‰。这
个时期，法国净增加人口数量（从年出生数量中减去死亡数量）年均约为
30 万①，也是人口生产的"辉煌 30 年"。

  法国人口迅速增长的主要原因有以下几个。首先，法国历届政府逐步
出台鼓励生育和奖励多子女家庭的政策和措施，如 1949 年增加住房津贴、
提高家庭补助、增加 10 岁儿童的补助、扩大单一工资补助金、1970 年对孤
儿的补贴、1974 年对上学的补助、1975 年的专项教育补贴，从而大大提高
了法国妇女生育的积极性，在"辉煌 30 年"中法国妇女的年生育率始终保
持增长，1945～1949 年生育率年均为 20.3‰，1971～1975 年为 15.9‰。其
次，法国人根深蒂固的节育概念发生了变化，克服了"自己不生和少生孩
子，要求他人生和多生孩子"的思想，积极地响应政府号召，愿意承担社
会责任，生孩子和多生孩子。再次，法国政府建立了健全的和覆盖面广的
社会保障制度，尤其是医疗和退休的社会保险体系，从而使死亡率大大下
降，1946～1950 年死亡率为 13.1‰，1951～1955 年为 12.5‰，1956～1960
年为 11.6‰，1961～1965 年为 11.1‰，1966～1970 年降至 10.8‰，1971～
1975 年进一步降到 10.6‰。最后，法国政府大量地吸收外国移民，从而使
这个时期法国人口激增。从 20 世纪 70 年代中叶起，法国出生率下降，出生
婴儿减少，从而导致法国人口的增长速度放缓。

  这个时期，法国人口密度继续在增加，1950 年为 76.4 人，1954 年为
77.6 人，1962 年为 84.4 人，1967 年为 91 人，1975 年为 95.6 人。在年龄
结构方面，19 岁以下的青少年占法国人口的比重，1946 年为 29.5%，1965
年为 33.9%，1975 年为 31.7%。20 至 64 岁占法国人口的比重，1946 年为
59.4%，1965 年为 54.1%，1975 年为 54.8%。65 岁及以上老人占法国人口

----

① 未计入年均移民数量。

的比重，1946年为11.1%，1965年为12.0%，1975年为13.5%。男女比例方面，法国女性无论增长速度和数量都已超过法国男性，她们占法国总人口比重在1970年达到51.2%。在法国人寿命方面，1946年男性61.9岁，女性67.4岁，1968年延长到男性68岁，女性75.4岁。在结婚率方面（结婚对数与人口之比），二战后逐渐下滑，二战后不久还保持在14.7‰（15‰~16‰表明婚姻情况良好），1972年下降到8‰，只有40多万对的男女结合。而离婚率却呈现上升势头，60年代末年均约为3.4万对，1974年上升到5.3万对。

在就业结构方面，二战后法国从事农业、林业和渔业的劳动力在急剧地减少，尤其在1962年后进一步加快了减少的速度。1946~1968年，随着法国经济的恢复和发展以及基础工业和重工业的加强，第二产业的就业人口数量有所增加，在三大产业中的比例有所提高。但是，由于工业中兴起了科技革命和自动化水平的提高，传统部门的没落、改造和重组，第二产业生产率的提高，法国第二产业就业人口数量和比重于1968年以后开始逐渐下降。与第一产业、第二产业的发展趋势相反，二战后法国第三产业急剧膨胀，使其就业人口迅速地增加。在"辉煌30年"中，法国就业人口在第一产业、第二产业和第三产业中比重的变化如下：1946年分别为36.40%、29.30%、34.30%，1954年分别为26.60%、35.50%、38.30%，1962年分别为19.90%、38.20%、41.90%，1975年分别为10.10%、38.60%、51.40%。1975年，法国第三产业就业人口的数量已经超过就业人口总数的一半。其中，法国就业人口在教育部门、卫生部门、行政和管理部门的增加尤为迅速。

随着法国经济和生产力的发展，以及人口结构的变动，法国人口和家庭参与经济和生产活动的数量日益增加，人口和家庭也日益社会化。特别是20世纪60年代，不仅第二产业和第三产业就业人口随着他们参与的经济和生产部门越来越社会化而进一步社会化，而且随着农业"以间接方式表现为最社会化的部门之一"[1]，如农业的各类合作社蓬勃地发展，农业经济

---

① 胡伟、H. 孟德拉斯、M. 威莱特主编《当代法国社会学》，三联书店，1988，第42页。

高度依赖工业和服务业，农业市场经济的发展和扩大，农民人际交往的开展等，第一产业就业人口的社会化程度也越来越高。随着法国经济和生产力的发展，分工日益细化，法国家庭成员、法国女性参加劳动、工作和社会活动越来越多，也日益社会化，甚至老年人也日益社会化。

在"辉煌30年"中，法国人口和家庭也出现许多问题，如人口老龄化、社会和劳动女性化、非婚生孩子增加、离婚和同性恋增多、非法移民等。

三　新型的社会阶级结构

二战后，随着法国经济生产发展，经济结构的变动，社会分工的扩大和细化，职业门类的增加，法国社会阶级阶层及其结构也随之嬗变，与二战前的法国社会阶级阶层及其结构不可同日而语。

二战前，法国传统中产阶级不断地分化和瓦解，极小部分上升为资产阶级，而绝大部分不断地被抛到劳动人民队伍中来，使法国社会形成了两大营垒，两大相互依存的阶级和两大社会力量——资产阶级和工人阶级，从而构成了法国社会两极化的社会结构。二战后，在旧中产阶级①迅速没落的同时，以专业人员、管理人员和公务员为主体的新中产阶级则迅速崛起，其数量已经占法国就业人口的1/3以上。"辉煌30年"结束时，在法国社会中不仅存在资产阶级、工人阶级，而且存在中产阶级，其中的新中产阶级还在继续发展壮大，构成了法国社会的中坚力量。法国新中产阶级的形成和发展，突破了二战前法国原有的社会结构，推动二战后的法国社会结构朝着多极化方向发展。

二战前的法国社会中，阶级和阶级内的阶层结构都比较简单。20世纪70年代的法国社会中，新中产阶级的发展壮大，使法国社会增添了一个基本阶级和基本社会力量，从而使法国社会结构复杂化。另外，引人注目的是在各个阶级内部新诞生了许多阶层。例如，资产阶级内部有国际垄断资本家，新一代财团，雇用的董事长、总经理、经理、经纪人和代理人等高

---

① 把19世纪马克思、恩格斯关于中产阶级的称谓改为"旧中产阶级"，以示将其与19世纪末20世纪初诞生、二战后壮大起来的"新中产阶级"区别开来。

级管理人员，高级文武官员，资产阶级政党的上层人物，再加上二战前就已经存在的大、中、小资本家，从而使法国资产阶级内部走向复杂化和多层次化。工人阶级内部有熟练工人、半熟练工人、专业工人等组成的"新工人阶级"①，他们是脑力劳动者，或者是脑力和体力相结合的劳动者。新工人阶级越来越构成工人阶级的核心力量。此外，在工人阶级内部还有普通职工、职员的上层和下层，加上二战前法国工人阶级内部的阶层（主要是体力劳动者），法国社会的工人阶级内部的阶层也走向复杂化和多层次化。至于中产阶级的内部结构，国内外学者都认为相当庞杂，既存在农业经营者、个体商人、小业主、小生产者、自由职业者等旧中产阶级，还存在日益壮大的专业人员、管理人员和公务员等新中产阶级。法国中产阶级内部结构也日益复杂化和多层次化。

20世纪30年代前的法国社会，农民和小生产者是"汪洋大海"，小资产阶级的数量超过工人阶级的数量，因此，当时的法国社会称得上是小生产者的社会、农民的社会、小资产阶级的社会。二战后，农业经营者、小业主、个体经营者、自由职业者等独立经营者急剧减少，与此同时，随着资本的发展壮大，其同时向法国政治、经济、社会和文化领域的渗透和扩张，被雇用的领工资者的队伍迅速扩大。在就业人口中，非领工资者和领工资者的比例，1976年分别为16.7%和83.3%，领工资者的数量已经大大地超过非领工资者的数量，他们已经构成就业人口的绝大多数，从而从根本上改变了农民和小生产者"汪洋大海"的传统法国社会结构，使法国社会转变成为名副其实的领工资者的社会、"被雇用者"的社会。

以新中产阶级和知识阶层为核心的法国中产阶级，通过管理经营、科技革命、革新发明等，创造了新的生产力和提高了生产率，直接地或间接地生产物质财富和精神财富。他们主导着法国的科技、教育、文化和文艺，掌握着法国自然科学、哲学和社会科学，引领法国社会现代化的发展进程。所以，以新中产阶级和知识阶层为核心的当代法国中产阶级，构成了法国新社会的中坚力量。

---

① 塞尔日·马莱：《新工人阶级》，瑟伊尔出版社，1963。

二战后初期，在法国社会中，作为社会底层和草根的工人阶级构成就业人口的多数，中产阶级次之，资产阶级仅占极少数，从而形成以庞大的低收入者为底座、中等收入处于中间、高收入者在顶尖的金字塔形的社会结构。到了 20 世纪 70 年代中期，由于生产力的发展和制造业减少、第三产业大大地超过第一和第二产业，法国产业工人和蓝领工人的数量迅速下降。与此同时，法国中产阶级、知识阶层、中等收入的阶层和群体急剧增加，他们已经占法国就业人口的 2/3①，超过了工人阶级的数量。原来的法国金字塔型的社会结构已经转变成为贫富两头小、中等收入大的橄榄形的社会结构。这样的社会结构促进了社会经济、政治、科技、文化和社会事业的发展，有利于社会的稳定与和谐，减少社会的动乱。

以新中产阶级为核心的法国中产阶级通过它的选民、政党、它所控制的议会和它所组织的社会集团，替代当代法国资产阶级来治理国家，从而构成法国社会的治理力量。

总之，20 世纪 70 年代中期的法国社会已经中产阶级化，已经成为"中产阶级社会"。

二战前，法国各个阶级、阶层和群体内部结构比较简单，差异性比较小，因而同质性比较多。20 世纪 70 年代，由于法国阶级、阶层和群体内部结构越来越复杂化和多层次化，各个阶级内部还出现了各自的流动阶层和过渡性阶层（亦称为边缘阶层），例如，持有股份的阶级、阶层和群体有可能改变其原来的阶级、阶层和群体属性从而成为持股型的过渡性阶层。总之，当代法国社会的阶级、阶层和群体在政治地位、经济条件、参与权、持股量、生活条件、文化修养、意识形态等各个方面的差距逐渐拉大，其同一性越来越少，差异性则越来越多。

20 世纪 50 ~ 60 年代，法国人对自己阶级属性具有十分强烈的认同感，这似乎构成法国工业社会的主要特征之一。但是，从 20 世纪 70 年代起，法国人的阶级意识开始淡化，其中，以法国工人阶级的阶级意识淡漠尤为引人关注。他们不仅向往中产阶级，而且实际上认为自己具有这个阶级的属

---

① 拉尔夫·朔尔：《20 世纪法国社会史》，贝兰出版社，2004，第 385 页。

性,并努力向中产阶级攀登。

二战后,法国政府着手制定法律,应用谈判、协商和参与等手段来调节劳资关系和缓解劳资冲突。1950 年法律规定,各个行业必须建立劳资对话和协商制度,就职工的工资和报酬、劳动力市场规则进行谈判和协商。1967 年 8 月颁布了一个新的法令,规定在百人以上的企业中,雇主和职工之间要推行协商和直接对话制度。经过历届政府的改进,对话、谈判、协商和参与已经法制化和制度化,已经成为政府处理与社会伙伴关系的主要手段,已经成为调节劳资关系和缓解劳资冲突的主要手段,也已经成为法国社会调整各个阶级、阶层和群体之间关系的主要手段。

四 城乡一体化

二战后,在法国着手恢复和发展经济的同时,城市化进程重新启动,原来已经满目疮痍的城市也重新恢复生机活力,农村人口和外国移民不断地流入城市,从而使新城市的数量在增加,旧城市在扩建和改造,城市人口在发展。正是在这种情况下,法国城市人口占全国人口的比重不断地上升,从 1946 年的 53.2% 上升到 1975 年的 68.4%。在 36934 个市镇中,有 4459 个市镇已经城市化。人口超过 200 万的大城市有巴黎、马赛等。在二战后西欧城市化潮流中,荷兰、英国、瑞典、比利时和联邦德国城市化程度较高,丹麦、芬兰、瑞士、奥地利、挪威、意大利、西班牙和葡萄牙城市化程度较低,法国则处在两者之间。城市的空间和面积迅速扩大,仅在20 世纪 60 年代就扩大了 1/3。新城市的发展则经历了从现代主义功能分区、人车分流、架空地面的空间组织模式,到小地块开发、功能混合、以自然平地组织交通网络、鼓励步行以及自行车交通的建设和改造过程。20 世纪50 年代至 70 年代中期法国城市的建设、改造和扩张,使城市化达到了较高的水平。

二战后,法国农村的发展经历了农村城镇化和农村现代化并行不悖的双向过程。相当部分的农村在逐步城镇化的同时,更多数量的农村走向现代化。二战后,法国历届政府在财政、生产组织、行政管理、科学技术等方面,均制定和推行了一系列有利于农业发展的政策和措施:推动土地集中和农庄兼并，实现规模经营；加大对农业生产、林业发展和乡村建设的财政支出的力度；对农业分布重新进行统一规划，合理布局；大力普及农业科技，促进农业机械化和化肥化；推动农业信贷合作社、供应和销售合作社、服务合作社的发展；对乡村进行改造；在欧洲一体化的过程中，又争取欧洲经济共同体在财政和市场对法国农村、农业以及农产品出口的支持。从1979年起，法国农业便跃居欧洲第一，并成为继美国之后世界第二大农产品和食品出口国，从而使农业和食品出口成为法国一张显赫的王牌，号称"欧洲粮仓"。二战前的法国农村，还是一个由血缘、家族、亲缘、地缘、宗族、民间信仰、乡规民约等深层社会网络联结的乡土社会，二战后到20世纪70年代，法国农村的古老结构发生了根本性的变化。农民已经不是传统意义上的农民（或称为小农）[1]，而被称为农业经营者[2]或农场主[3]；同时，农村社会的功能也越来越多样化。法国农村已经达到相当程度的现代化了。

二战前，法国城市和农村在生产方式、生活方式、行为方式、思维方式甚至风俗习惯方面都存在差别和对立。二战后，经过城镇化和农村现代化，到20世纪70年代中期，法国城乡已经初步达到一体化。其主要表现为：第一，法国农业从传统落后的农耕方式向先进的工业生产方式转变，实现了农业生产机械化、自动化、信息化、专业化、上下游服务体系化等。第二，农民已经基本上市民化。一方面是在工业化和城市化过程中，大量的农村剩余劳动力转移到城镇，政府给进城务工的农民奖励性的赔偿和补助，进行职业培训，与市民一样同工同酬，加入工会组织，从而使农民改变身份成为市民。另一方面是对坚持务农的农民普及基础教育和农业教育，进行职业培训，提出"有了文凭才能当好农民"的口号，促使农民技术化和意识现代化。此外，不断地提高农民的收入，提高农民的生活质量，从而使农民收入水平和生活质量接近甚至超过城市居民的水平，边远和落后地区的农民除外。这样，法国农民的身份发生了质的变化，已经不再是传

---

① 农民（或称为小农）法文为"le paysan"。
② 农业经营者法文为"l'agriculteur"。
③ 农场主法文为"le fermier"。

统意义上的农民，而是改称为农业经营者或农场主，农民已经市民化了。第三，法国城乡的社会结构已经相互渗透，可谓是你中有我，我中有你。在法国农村，除了农业经营者外，还拥有工人、手工业者、商人、雇员、资产者、城市的退休者；在法国城市里，除了原有的社会阶层和群体外，还生活着农业经营者和农业工人。

20世纪70年代中期法国农村虽然达到初步一体化，但是，仍然存在不少的问题。在法国城市中，特别是大城市中，豪华街区、普通街区、简陋街区依然十分明显，富人街区、穷人街区、移民街区、种族街区的划分依然十分突出，因而存在着各个阶级阶层利益的矛盾和冲突，存在着社会不平等，存在着城市贫富两极分化。在法国农村中，也存在着富饶的乡村、贫穷的乡村、边远落后的乡村的差别，存在着特大型农场主、大农场主、中等农场主和小农业经营者的阶层矛盾和冲突。

第四节　吉斯卡尔·德斯坦摘取总统桂冠

一　眼花缭乱的总统候选人

与上届总统选举比较，第五共和国第四届总统选举的政治气氛颇不稳定。20世纪70年代初以来法国政治力量有了重大的变化，总统候选人提名形势错综复杂，扑朔迷离。

多数派因乔治·蓬皮杜的病逝失去了一个无可争辩的、有权威的领袖。一时间，各个山头乘机蜂拥而起，竞相争取总统候选人的提名。

具有极强权力欲的戴派元老雅克·沙邦－戴尔马于1974年4月4日在悼念蓬皮杜仪式上便迫不及待地宣布参加总统竞选。他自比继蓬皮杜之后的戴派第二个"王储""总统后备"，因此打算捷足先登，造成既成事实。这位"新社会"的前总理的表态得到了共和国民主人士联盟多数成员和进步与民主中心的正式支持，也得到戴派元老米歇尔·德勃雷、亚历山大·桑吉内蒂的拥护。

吉斯卡尔派也早已对总统宝座虎视眈眈，他们早就从政治和组织方面做好了接管政权的准备。他们的领袖瓦莱里·吉斯卡尔·德斯坦审时度势，不紧不慢地于4月8日在"弑君事件"的地方①——夏马利埃市政府宣布参加总统的角逐。他得到独立共和人士全国联盟和让·勒卡尼埃所领导的民主中心的全力支持。

现任总理皮埃尔·梅斯梅尔于4月9日声称，如果得到多数派一致的支持，他也可以出面参加总统竞选，但要以多数派其他候选人退出竞技场作为先决条件。

多数派成员、戴派的同情者、国民议会议长埃德加·富尔自恃在多数派的优越地位，打算依靠多数派的支持和充分利用多数派的"开放性"政策，向总统宝座冲刺。

在多数派中，图尔市市长让·鲁瓦耶、卢兹市市长埃米尔·米勒、克里斯蒂安·富歇也纷纷加入总统宝座争夺战的行列。

于是，多数派各山头剑拔弩张，杀气腾腾地展开了争夺总统候选人提名的"肉搏战"。多数派中许多著名人士对此现象深表不安，他们希望取消山头，提出共同的总统候选人来对付左翼联盟的统一候选人。现任内政部部长雅克·希拉克断言在多数派中，"沙邦－戴尔马成功的可能性微乎其微"②，唯有吉斯卡尔·德斯坦具备同左翼联盟候选人抗衡的条件。于是，他纠集了43名多数派议员和部长组成"43人委员会"，并于4月15日发表了"43人呼吁书"。他们在呼吁书中提议多数派选出一名总统候选人，并明确地要求他们的选民投吉斯卡尔·德斯坦的票。这无疑从背后捅了沙邦－戴尔马一刀。他们的"离经叛道"行为得到了总理的支持。在这种情况下，梅斯梅尔、富尔、富歇都相继偃旗息鼓，急流勇退；只有沙邦－戴尔马不甘俯就，坚持参加竞选。

法国主要左翼政党的面貌已经大大改观：社会党的革新和统一、左翼两大党社会党和法共走向联合、左翼联盟在第五届议会选举中取得显著进展，都大大地改善了左翼政党的地位和增强了它们的影响。在这次总统选

---

① 指吉斯卡尔·德斯坦于1969年4月14日在夏马利埃市政府宣布他将在4月27日的公民投票中投反对票。这次公民投票的失败导致了戴高乐总统的辞职。

② 雅克·希拉克：《希拉克回忆录》（1932～1995），译林出版社，2010，第94页。

举前夕，左翼联盟正处在蜜月期。1974 年 4 月 4 日和 5 日，社会党、法共和左翼激进党人运动经过充分协商，一致推举弗朗索瓦·密特朗为左翼联盟统一的总统候选人。社会党为此于 4 月 8 日召开特别大会。在会上，代表们挥动红色玫瑰表示支持。统一社会党也在召开的代表大会上经过激烈的辩论，通过决议支持左翼联盟总统候选人。法国最大的两家工会——法国总工会和法国劳工民主联合会，以及全国教师联合会都声明表示拥护。左翼联盟总统候选人的顺利通过，无疑是对右翼多数派的巨大挑战。

此外，许多小党派和形形色色思潮的代表人物都提出了总统候选人，如阿兰·克里维纳代表革命共产主义阵线①、阿莱特·拉吉耶代表工人斗争②、勒内·迪蒙代表生态派③、让 - 马里·勒庞代表极右国民阵线④、保皇主义者贝特朗·勒努万代表新保皇行动⑤，以及欧洲联邦主义运动⑥代表居伊·埃罗和让 - 克洛德·塞巴格也纷纷参加角逐。

经过一番较量，总统候选人由最初的 33 名减至 12 名，但它仍比前两届总统选举多一倍，令人眼花缭乱。然而，其中有可能问鼎总统宝座者仅有沙邦 - 戴尔马、吉斯卡尔·德斯坦和密特朗三人。

二 吉斯卡尔·德斯坦险胜夺魁

这次法国总统竞选运动异常紧张和激烈。在左翼和右翼选民势均力敌的条件下，沼泽派⑦选民的动向（也称平原派⑧或中间派选民）具有决定性作用。吉斯卡尔·德斯坦、沙邦 - 戴尔马、密特朗三巨头都在政治纲领和个人形象上下功夫，以博得中间派选民的青睐。

多数派两个主要总统候选人都尽力乔装打扮，表示中间派人物因时代的不幸可能使他们的屁股移向右边，为他们的右翼属性开脱。吉斯卡尔·

---

① 革命共产主义阵线法文为 "le Front communiste révolutionnaire（FCR）"。

② 工人斗争法文为 "la Lutte ouvrière（LO）"。

③ 生态派法文为 "la Nébuleuse écologiste"。

④ 国民阵线法文为 "le Front national（FN）"。

⑤ 新保皇行动法文为 "la Nouvelle action royaliste"。

⑥ 欧洲联邦主义运动法文为 "le Mouvement fédéraliste européen"。

⑦ 沼泽派法文为 "le marais"。

⑧ 平原派法文为 "la plaine"。

德斯坦宣布忠于中间主义、自由主义和"蓬皮杜主义"，提出变革的口号。在政治体制方面，他将把总统任期缩为五年，实行比例代表制的选举法；在经济上，他将推行自由放任主义，稳定税收，优先解决失业；在对外关系上，他主张一个独立强大的法国和一个团结的欧洲。他的政治纲领受到相当多选民的欢迎。沙邦－戴尔马则强调坚持戴高乐主义，仍要囿于戴高乐式的政治纲领，对保守的选民有一定的吸引力。

左翼联盟总统候选人密特朗不否认他的政治属性，然而，为了让中间派选民甚至右翼选民放心，他竭力淡化左翼色彩。他在谈到"共同执政纲领"时，暗示其主要在精神上从中得到启迪，不会把它作为金科玉律逐字逐句地照搬实行。他针对选民对法国经济危机的不安，提出"孟戴斯式"的经济计划。这个经济计划分三个阶段完成：第一阶段用半年时间来研究和分析法国经济问题；第二阶段用一年半时间进行社会大改革；第三阶段用五年时间实行经济结构改造。他保证在未来的政府中将广泛罗致中间派人士。密特朗的政治纲领对选民也有相当程度的吸引力。

总统候选人还充分利用集会、报刊和电视来塑造各自的形象。密特朗已经历过总统选举，积累了丰富的经验。在这次竞选中，他精心安排发言，讲究修辞和仪表，给人以稳健持重的印象。吉斯卡尔·德斯坦年轻，头脑清晰，语言简练，处事沉着，且富于感情和人情味，给人以充满朝气和活力的感觉。沙邦－戴尔马则以戴高乐的"第二王储"自居，行事鲁莽，使得人言啧啧。

频繁的民意测验揭示了法国各个阶级和阶层的政治动向和总统候选人得票的百分比，而这些信息又反馈到选民中，对他们产生了深刻的影响。从4月9日至5月3日，法国民意测验所做的一次调查表明：密特朗得票率从40%上升到45%，在稳定地增长。有趣的是，沙邦－戴尔马和吉斯卡尔·德斯坦得票率在开始时分别为29%和27%，前者略为领先。但以后朝着相反方向变化，后者得票率逐渐超过前者。最后一次民意测验两人得票率分别为15%和30%，后来者居上，超过一倍。沙邦－戴尔马不可避免地要翻船。

在新闻媒介渲染的紧张气氛中，5月5日法国举行了第一轮投票。投票结果表明，选民积极性高，弃权率只占登记选民的 15.77%，同 1965 年一样低。三个主要候选人得票率占有效票总数的 90.96%，几乎包括了全部选票；其他九名候选人得票率只占有效票总数的 9.04%。在三个主要候选人中，正如民意测验所预料，密特朗独占鳌头，所获选票占有效票总数的 43.25%，吉斯卡尔·德斯坦次之，为 32.60%；沙邦 – 戴尔马排行第三，为 15.11%。最后的决战将在密特朗和吉斯卡尔·德斯坦，亦即在左右两名候选人之间进行。而他们两人的命运则要看另一部分右翼选民和中间派选民的抉择。因为正是这些选民在第一轮中将占有效票总数 24.15% 的票投向其他总统候选人。

希拉克在第一轮投票后立即指出吉斯卡尔·德斯坦是"总统多数派、蓬皮杜多数派的候选人，他具备领导一个国家所要求的一切条件"[1]，表示要毫无保留地支持。共和国民主人士联盟议会党团主席克洛德·拉贝保证在第二轮中转投吉斯卡尔·德斯坦。大部分戴派领导人也采取了同样的立场。沙邦 – 戴尔马见大势已去，含垢忍辱地发表声明表示赞同。进步与民主中心也步其后尘，准备改变立场。以塞尔旺 – 施赖伯为首的大部分激进党人原属于反对派，现在也倒向吉斯卡尔营垒。一个支持右翼总统候选人的新的力量重新集结起来，从而极大地改善了吉斯卡尔·德斯坦的地位。

密特朗获得拉吉耶、克里维纳、迪蒙、左翼激进党人运动及其选民的支持。法共表示要通力合作，声明如果左翼一旦掌权，它将放弃久已觊觎的内政部、国防部和外交部职务，从而消除了中间派选民的疑虑，增强了左翼选民的向心力。左翼总统候选人的营垒也有所加强。

在举行第二轮投票前，法国大选首次引进美国总统选举的电视辩论程序，让进入第二轮的两位总统候选人通过电视辩论将施政理念展现在法国公众面前。5 月 10 日，左右翼总统候选人在电视中进行了面对面的辩论。法国选民通过屏幕可以直接了解候选人思想和政策，以便做出最后抉择。在电视辩论中，吉斯卡尔·德斯坦表现得从容不迫，而密特朗则显得十分紧张。5 月 19 日，在各党派锣密鼓紧的气氛中举行了第二轮选举。投票结

---

① 安娜·努莉、米歇尔·鲁伏瓦：《搏斗》，世界知识出版社，1981，第 72 页。

果表明，弃权率再次下降到 12.67%，投票人数创造了纪录。右翼总统候选人共获得占有效票总数 50.81% 的选票，左翼总统候选人则为 49.19%。吉斯卡尔·德斯坦多得 35 万多张选票，险胜过关，终于摘取了总统桂冠。

瓦莱里·吉斯卡尔·德斯坦 1926 年 2 月 2 日生于法国的一个名门望族，1948 年以优异成绩毕业于巴黎综合工科学院，1951 年以第三名的成绩毕业于国立行政学院，1956 年当选为国民议会议员，1959 年任财政部负责预算的国务秘书，1962～1966 年年仅 36 岁便担任经济和财政部部长并最终解决了法国长达 36 年之久的财政赤字问题，1962 年组建独立共和党并成为该党的领袖，1966 年当选为独立共和派全国联合会主席，1967～1968 年任国民议会财政、经济和计划委员会主席，1969～1974 年任经济和财政部部长。他领导独立共和党力争进入议会、踏入政界、扩充势力，执行在多数派内"相互依存中保持独立"的策略，与戴派保持若即若离的关系。他在希拉克的支持下终于实现了梦寐以求的愿望。此时，他年仅 48 岁，是路易·波拿巴（1848～1870）和卡齐米尔－佩里耶总统（1894～1895）以来最年轻的总统。

这次总统选举具有重大的历史意义，它标志着经过分化和组合后的法国政治力量对比关系达到了一个新高度。法国政治力量终于实现了两极化，在法国政坛上形成了戴派、吉斯卡尔派、社会党、法共四大政党争雄和左右两大派对立的格局。吉斯卡尔·德斯坦上台执政意味着右翼多数派内部实现了重大转折：自 1962 年以来一直作为总统多数派中流砥柱的戴派，不能在新的总统多数派中起主导作用了，它已退居从属的地位。戴派左右法国政治的历史一去不复返了，法国政治史自此翻开了新的一页。

第五章
吉斯卡尔·德斯坦总统
（1974 年 5 月～1981 年 5 月）

第一节　希拉克政府及其改革和内外政策

一　"新人政府"

瓦莱里·吉斯卡尔·德斯坦总统于 1974 年 5 月 27 日走马上任，上任后总统立即宣布："从今天起，法国政治开启了一个新纪元，迎来变化和年轻化的纪元。"① 的确，吉斯卡尔·德斯坦总统的就职，意味着"戴高乐共和国"的结束。他在着手组织新政府时强调指出："总统选举是个起点，它必然促使一批新人脱颖而出并推动他们踏入政界，他们能够驾驭第五共和国机构并给它们带来活力。"② 他根据这条方针在组织政府班子时起用了"一代有能力接班的新人"。

在总理人选方面，吉斯卡尔·德斯坦选中了雅克·希拉克。这是法国政界和舆论界意料之中的事。首先，希拉克所属的戴派毕竟拥有相当

---

① 让－雅克·贝克尔：《1945 年以来法国政治史》（第 10 版），阿尔芒·科兰出版社，2011，第 178 页。

② 让－雅克·舍瓦利耶：《法国政治制度和机构史（1789 年至今）》，达洛兹出版社，1981，第 883 页。

强的实力，又是议会中的第一大党。相形之下，总统所属的独立共和人士全国联盟在总统多数派中势单力薄。他在执政期间还得借重戴派并同它合作，所以只能在戴派中寻找适合的总理人选。其次，吉斯卡尔·德斯坦得以当选，希拉克起了决定性的作用。作为报偿，前者要任命后者为政府首脑，因此，早在总统选举的两轮投票之间，他们两人就已做成这笔政治交易。

雅克·希拉克1932年11月29日生于巴黎一个富裕的家庭，毕业于巴黎政治学院，1957～1959年在国立行政学院深造，1962～1965年任总理府特派员，1967年作为保卫新共和联盟成员当选为国民议会议员，1967～1968年任社会事务部国务秘书，1968～1971年任经济和财政部国务秘书，1971～1972年任部长级代表，1972～1974年先后任农业和农村发展部部长和内政部部长。

吉斯卡尔·德斯坦还亲自挑选政府成员，组成了拥有16名部长和21名国务秘书的第五共和国第11届政府。该政府具有这样的特点：第一，作为最年轻的总统，他希望新政府成员"年轻有为"。他任命的总理年仅42岁，是戴派中的少壮派。他批准的部长和国务秘书的平均年龄也都比第五共和国历届政府成员有大幅度下降，使新政府成员年轻化。第二，在新政府中，他仅只保留了前届政府三名成员，其余都是初次进入政府的新人，实现了政府大换班。第三，在16名部长中，戴派只占5名，除罗贝尔·加莱稍有名气外，其余都知名度不高。他们都有受宠若惊之感觉。独立共和人士全国联盟3人，他们都是领导成员或总统密友，都被安插在关键部门，如吉斯卡尔·德斯坦的智囊米歇尔·波尼亚托夫斯基被委任为国务部部长兼内政部部长，而国务部长只设1名，它起着副总理的作用。中间派4名，其中勒卡尼埃任司法部部长。无党派专家4名，他们也都被委以要职，如原财政总监让-皮埃尔·富尔卡德为经济和财政部部长、驻波恩前大使让·索瓦尼亚格为外交部部长。总统别具匠心的安排，使独立共和人士全国联盟和中间派在政府成员中占了较大比重，从而保证了总统意图的贯彻落实。第四，调整了某些部门，设置了改革部并任命让-雅克·塞尔旺-施赖伯为改革部部长，以便适应改革的需要。正如总统所解释的那样："改革部需要一位改革派来领导。"①

　　吉斯卡尔·德斯坦不仅在政府构成方面标新立异，而且在权力的行使和政府工作方面也独辟蹊径。

　　他对总统的"仲裁人"地位重新做了解释，断言前几届总统只是"形式上的仲裁人"，没有起到真正的仲裁人的作用。他认为法国不是实行总统制，而是实行"拥护总统制的制度"②，它能够赋予法国总统比美国总统更多的权力。他按自己的见解进一步集中了国家权力，亲自掌舵和指挥。他在组织政府过程中亲自挑选政府成员，并由他在电视中向观众逐个介绍，以表明权力来自爱丽舍宫。他宣布总统的国情咨文就是政府的行动纲领，实际上是越俎代庖。他还参与政策制定的全部过程。十分明显，总统大权在握，有利于实现中间主义③、自由主义④和欧洲主义⑤三位一体的吉斯卡尔主义⑥，有助于推行总统决定的内外政策。

　　他还改进工作作风，规定总统给总理及政府的许多指示要公布，政府安排的下一个季度的工作计划也必须公开告示，使总统的活动和政府工作置于舆论监督之下，从而增加了本届总统和政府施政的透明度。

二　改革的浪潮

　　在总统竞选运动中，吉斯卡尔·德斯坦曾向选民许下要进行多种多样改革的诺言。他在 1974 年 5 月 19 日坦率地说："在这次竞选中，我明白了你们希望变革：政治变革、经济变革和社会变革。"⑦ 他同时宣布法国政治的"一个新纪元"从此揭开了。他在国情咨文中，以改革作为基调来统率施政纲领。9 月 25 日他再次宣布："法国将成为一个巨大的变革试验场。"⑧

① 安娜·努莉、米歇尔·鲁伏瓦：《搏斗》，世界知识出版社，1981，第 88 页。
② 拥护总统制的制度法文为 "le régime présidentialiste"，总统制法文为 "le régime présidentiel"。
③ 中间主义法文为 "le centrisme"。
④ 自由主义法文为 "le libéralisme"。
⑤ 欧洲主义法文为 "l'européanisme"。
⑥ 吉斯卡尔主义法文为 "le giscardisme"。
⑦ 安娜·努莉、米歇尔·鲁伏瓦：《搏斗》，世界知识出版社，1981，第 77 页。
⑧ 让－雅克·贝克尔：《1945 年以来的法国政治史》（第 6 版），阿尔芒·科兰出版社，1998，第 146 页。

因此，在本届政府期间，他多次掀起改革的浪潮，出台的法律和措施之多令人目不暇接。在经济危机打击之下，他企图通过改革来改善法国官僚机构运行的机制，缓和社会阶级矛盾，营造一个宽松的政治环境，实现他的"先进的自由社会"[①] 的目标。

两年多来，改革的旋风席卷了第五共和国国家政治体制、其他政治、经济和社会、伦理等各个领域。

1. 政治体制的改革

吉斯卡尔·德斯坦以改革精神整顿权力机构。他精简总统府办事机构工作人员，改革繁文缛节，剔除因循守旧，新辟改革部和生活质量部，增设妇女地位国务秘书并确定政府成员中女性的人数，使中央权力机构的工作有了起色。

1974 年 10 月 21 日议会两院联席大会通过的宪法性法律规定，宪法委员会不仅受理总统、总理和议会两院中任何一院议长，也受理 60 名参议员或国民议会议员联名关于尚未颁布的法律的申诉，并就其是否符合宪法做出裁决。这项对宪法委员会的改革，可以防止议会多数派滥用权力，同时也赋予反对派申辩的机会，因而有助于缓解议会中两大派对立情绪，提高法律的权威性。吉斯卡尔·德斯坦当政的七年中，议员约有 46 次向宪法委员会提出申诉，而后者 11 次宣布议会所通过的法律违宪无效。宪法委员会在执行 1974 年 10 月 21 日法律时，不断地加强了它的违宪监督的职能。

1976 年 6 月 18 日组织法对总统候选人提名方式做了改革。根据新规定，总统候选人的提名要分布在 30 个省（过去为 10 个省），500 名（过去为 100 名）议员、经济与社会委员会成员、地方议员或市长签名作保。这项改革可以适当限制日益增多的总统候选人数量，保证总统选举的顺利进行。

2. 政治改革

1974 年 6 月 26 日法律规定，将享有公民权和政治权的法定年龄降至 18 周岁。这项改革扩大了法国公民享受政治民主的范围，同时也满足了左翼

---

① 让-雅克·贝克尔：《1945 年以来法国政治史》（第 10 版），阿尔芒·科兰出版社，2011，第 179 页。

反对派多年以来的要求。

1975 年 12 月 31 日法律对巴黎市地位重新做了规定。巴黎是法国首都，是法国经济、政治、文化中心，其地位显著。过去，巴黎由中央政府直接控制，由中央政府派遣行政长官。改革后，巴黎市市长由民选产生，巴黎由民选代表管理，从而改变了巴黎市的地位，使巴黎同其他市镇一样具有较多的独立性和自治权力。

1976 年 7 月 19 日法律对选举法进行改革。它将候选人在第一轮选举中必须获得选票的百分比由 10% 提高到 12.5%，只有达到这一门槛，才允许参加第二轮选举。新选举法巩固了多数选举制，有利于大党的生存和发展，使法国政党和政治的两极化倾向加强。

3. 经济和社会改革

在短短的两年中，希拉克政府还陆续出台了令人眼花缭乱的经济和社会改革的措施，其中较为引人注目的有：1974 年 12 月 24 日和 1975 年 7 月 5 日的两项法律，将社会保障制度普及化，让所有法国人都能享受社会保险；1975 年 1 月 3 日法律保证了因经济原因被解雇的职工可以领取相当于解雇前工资的 90% 的救济；1979 年 12 月 30 日法律降低了法国体力劳动者的退休年龄；1975 年 6 月 30 日法律确定了残废者应该享有的特殊照顾；1974 年 7 月 19 日法律决定对资本开征增值税；1975 年 7 月 11 日《阿比法》（以教育部部长的名字命名）使教育进一步民主化，改革了法国大学预科制度，废除了片面追求培养尖子学生的倾向，让所有学生在接受教育方面机会均等。

4. 伦理改革

1974 年 12 月 4 日法律允许药店出售避孕药，并可以在医疗保险中报销。1975 年 7 月 11 日另一项法律简化了离婚手续，引入了“互相赞同”的程序。1975 年 1 月 17 日法律允许怀孕妇女堕胎，解决了自梅斯梅尔政府以来长期搁置的堕胎法案。此外，吉斯卡尔·德斯坦还取消了对诬蔑共和国总统的人治罪的规定。

这次改革之风来势猛烈、涉及面之广，是自第五共和国建立以来从未有过的。它对巩固现行的法国政权和促进法国社会的变动起了不可忽视的作用。但与吉斯卡尔·德斯坦在总统竞选中许下的大量改革诺言相比，仍有相当大的差距。首先，一些重要改革措施始终未能出台，如缩短总统任期问题，由于阻力大，他本人也不打算"逊位"，因而总统一改过去的腔调，并把它束之高阁；又如改善职工在企业中政治地位和限制雇主权力膨胀的改革方案虽已提出，但最后也被埋葬。其次，有些改革同原来计划相比，已走了样。如总统答应将多数选举法改为比例选举法，结果以比例选举法可能促进"政党制度"的复活为借口而放弃。1976年7月19日法律反而加强了多数选举法的功能。最后，已公布的某些改革措施，如议员替补法、社会保险法，有的并未认真执行，有的中途撤销。上述种种原因使这些改革黯然失色。

法国政党对政府的改革反应褒贬不一。左翼政党认为改革不深不广，其目标与左翼的要求相悖，故以冷眼对待，不予支持。戴派中多数成员惴惴不安，担心改变戴高乐所制定的宪法和所创立的政治体制，以及所制定的政策。他们是保全主义派①，经常对改革进行诘问和责难。中间派则对改革比较满意。

三　经济政策

毋庸置疑，经济决策权属于爱丽舍宫，这不仅因为吉斯卡尔·德斯坦要加强"拥护总统制的制度"，同时也因为总统本人过去长期控制里沃利街（法国经济和财政部所在地），已陶冶成为经济和财政方面的行家里手。

吉斯卡尔·德斯坦上台伊始，推出了限制信贷、提高贴现率、增加企业税收、控制工业品价格的经济"降温计划"，打算制止总统职位空缺期间来势迅猛的通货膨胀。然而，这服凉药并未见效，1974年3月～1975年8月法国爆发了战后以来最严重的经济危机。在危机期间，法国工业生产下降了14%，倒闭的企业约1902家，失业人数达102万，消费物价指数上升到19.1%。1974年，法国财政收支尚有9亿美元的盈余，而1975年呈相反趋势，财政赤字高达100.3亿美元。在如何克服危机问题上，法国政府内部

---

① 保全主义派法文为"les intégristes"。

意见相左。

希拉克总理提出一个带有通货膨胀性质的刺激经济发展计划，满足选民消费增长的需要，以便迎接比法定时间提前两年举行的立法选举。这个经济"复兴计划"表现出典型的戴派经济主张。经济和财政部部长富尔卡德持相反态度。总统则举棋不定，他原希望搞一个改善金融、抑制通货膨胀的计划，但他的典型的经济自由放任主义的主张遭到总理和戴派的抵制。尽管如此，"复兴计划"仍于 1975 年 9 月开始实施。然而，该计划并未促使法国经济的康复，而是令法国同其他西方国家一样转入了长期"滞胀"的阶段。法国经济的"黄金时代"一去不复返了。

在推行带有时代特征的经济政策过程中，法国政府逐渐放弃了戴高乐执着恪守的财政收支平衡的理论，允许预算赤字的存在。在货币方面，1975年春法郎再次参加西欧国家货币蛇形浮动体系。直到 1976 年 3 月，经欧洲经济共同体国家财政部部长布鲁塞尔会议的要求，法国政府宣布法郎又一次单独浮动。但是，由于经济不景气和财政赤字增加，法郎地位依然岌岌可危。

四　外交政策

如同前任总统那样，吉斯卡尔·德斯坦牢牢掌握法国外交大权，索瓦尼亚格外交部部长只作为总统的"助手"和"技术顾问"。总统继续推行戴高乐所制定的法国对外政策的基本原则。他在总统竞选期间曾许诺："假如我当选，我将继续维持前两届总统为法国树立起来的尊严和独立，我将使法国变成一个受重视的和受尊敬的国家。这样，我就能够以它的名义自豪地在世界上讲话。"[1]

当时，东西方紧张关系因欧洲安全和合作会议的召开而趋向和缓，南北关系则由于旧的国际经济秩序的作用和石油价格上涨加强了对抗，欧洲经济共同体实力继续增强。正是在这种错综复杂的国际情势下，吉斯卡尔·德斯坦强调在国际上要发展"多极政治"取代美苏两个超级大国的

---

[1]　阿尔弗雷德·格罗塞尔：《外交：1944 年以来的法国政策》，弗拉马里翁出版社，1984，第256 页。

"两极政治"，主张法国在多极世界中维持均势，执行"四海之内皆朋友"的"世界主义调和政策"。

他继续执行同苏联保持"特殊关系"的政策。1974 年 12 月，苏共中央总书记勃列日涅夫应邀访法并同法国总统举行会谈；翌年 10 月，吉斯卡尔·德斯坦赴苏回访。法苏两国领导人的直接对话进一步密切了两国的"特殊关系"，从而加强了法国对美的独立地位。通过给苏联贷款和技术援助，法国换取了苏联的市场和原料供应。此外，法国还加强了同东欧国家的联系。

法国总统继续改善同大西洋联盟的关系。他表示忠于大西洋联盟，恪守其义务，愿在"平等伙伴关系"基础上，加强同美国的合作。1976 年 5 月，吉斯卡尔·德斯坦访问了美国，把法美关系提高到一个新水平。但是，法美关系依然存在着别别扭扭的现象和疙疙瘩瘩的问题，如两国在核扩散和南北对话问题上的政策南辕北辙，在"协和"飞机在美着陆问题上意见相左等。

吉斯卡尔·德斯坦根据他的"欧洲主义"信念，重视欧洲建设，主张积极推进西欧联合和自强。他于 1974 年 12 月在巴黎举行的欧洲共同体成员最高级会议上，建议欧洲理事会定期举行会议和采用直接普选欧洲议会的方案，这无疑是一个创新和改革。前一个建议立即被会议通过；后一个建议一年后在罗马被欧洲理事会采纳，并确定了第一次选举日期。与此同时，法国还同西欧国家加强了双边关系。法德关系因吉斯卡尔·德斯坦和赫尔穆特·施密特的工作联系及个人交往日益频繁和密切而更上一层楼①，因此，法国总统在制定欧洲政策中坚持以法德谅解作为先决条件，并在提出建议和实施决议时仰仗联邦德国的有力支持。总之，希拉克政府期间的法国对欧洲的政策，推动了西欧国家的联合并进一步增强了它的实力，促进了西欧极的崛起，为欧洲的安全和世界和平做出了贡献。

吉斯卡尔·德斯坦重视发展同非洲、亚洲和拉美国家的关系。在希拉克政府期间，他频繁地出访撒哈拉沙漠以南非洲和马格里布三国。他还是自 1962 年以来首次访问阿尔及利亚的法国国家元首。他继续执行在以阿冲

---

① 吉斯卡尔·德斯坦和赫尔穆特·施密特曾先后担任各自国家的财政部部长，又几乎同时升迁为各自国家的总统和总理。

突中支持阿拉伯国家的政策，随着法国对中东石油依赖的加深，法阿关系
也愈加密切。因此，他自诩是一个"黑非洲，或阿拉伯非洲，或穆斯林非
洲的特殊总统"。

吉斯卡尔·德斯坦从战略高度发展法中关系。他认为中国是正在兴起
的多极世界的一极，是一个潜在的大国，"强大而繁荣的中国的存在是世界
平衡与和平的基本因素"。希拉克政府主动邀请邓小平副总理访法。通过邓
小平副总理 1975 年 5 月访法和法中经济贸易混合委员会的成立，法中关系
发展到了一个新阶段。

1974 年，法国总统不顾美国的阻挠，提出"南北对话"的倡议。这个
倡议是在排除了美国设置的重重障碍情况下实现的。1975 年 12 月，终于在
巴黎召开了"国际经济合作会议"，初步进行了部分南北国家的对话。法国
此举有助于缓和北方发达国家和南方发展中国家的紧张关系，有利于新的
国际经济秩序的建立。

五 多数派内讧和希拉克辞职

吉斯卡尔·德斯坦总统和希拉克总理在开始还能相互配合和协调，度
过了数月的"蜜月期"。这是因为双方各有所求：总统需要通过希拉克笼络
戴派，解除戴派因丢失总统权力的怨恨，软化他们中的强硬分子，巩固总
统多数派的地位；希拉克可以利用总理的地位提高自己在戴派内的身价，
培植少壮派势力和削弱元老派的影响，还可以借助总统来确立在多数派中
的领袖地位。的确，希拉克实现了他的夙愿，于 1974 年 12 月被推举为共和
国民主人士联盟总书记，稳稳当当地控制了戴派组织，并使它逐渐"吉斯
卡尔化"①。

然而，总统和总理所属的政治派别毕竟不同，都有各自的见解和主张：
一个要推行吉斯卡尔主义，另一个则坚持戴高乐主义。随着时间的推移，
第五共和国行政双头②在政治、经济、外交、防务政策上差异越来越明显。
另外，两人在总统和总理职权分配上各持己见，很难调和。最后，总统彬

---

① 吉斯卡尔化法文为"la giscardisation"。
② 行政双头法文为"les deux têtes de l'exécutif"。

彬有礼，慢条斯理和冷若冰霜，使人难以捉摸；总理言行溢于表，自负粗暴，给人以咄咄逼人的印象。性格的天壤之别不仅使两人难以长期共事，而且加剧了两人的冲突。

总统和总理的分歧随着岁月的流逝和各种重大事件的发生而趋向激化。1976 年 1 月 11 日，吉斯卡尔·德斯坦再次改组政府，将两名年事已高的部长和四名国务秘书撤下来，并新任命较为年轻的三名部长和八名国务秘书，使政府成员进一步年轻化。但是，这远非单纯技术上的调整，它还具有政治上的意义。如总统私人顾问当上体力劳动者部部长，加强了总统在政府中的势力；勒卡尼埃被委以国务部长一职并兼管掌玺与司法部，同波尼亚托夫斯基平起平坐，与希拉克一起构成总统的"三驾马车"①，在政府中增加了原中间势力的砝码，削弱了戴派的分量。

吉斯卡尔·德斯坦处心积虑的安排是对戴派严重的挑战。希拉克作为政府首脑事先一无所知，在人事安排上又不尽如其意。他已丧失了选择政府成员和领导政府工作的权力，像受人愚弄那样感到羞愧和愤愤不平。总统和总理的裂痕在扩大和加深。

省议会选举属地方事务，本来不带有政治色彩，但 1976 年 3 月的省议会选举非同寻常，它在多数派内部掀起波澜。在这次选举中，左翼联盟成了最大的赢家，共获得 51.8% 有效票，而 1967 年和 1970 年的省议会选举才分别获得 49.9% 和 41.7% 有效票，其中社会党和左翼激进运动共得 29% 有效票。左翼联盟正在取得长足的进展。

这次选举对多数派是个沉重的打击。戴派认为它是改革和经济政策的失败，反映了选民对失业激增、通货膨胀日趋严重、法郎贬值的不满。他们告诫多数派"应赶紧退到原来的阵地上"，恢复戴高乐的传统理论和政策。希拉克采取主动进攻的态势，乘机向总统提出实行具有通货膨胀性质的刺激经济发展的计划、提前大选、通过颁布政府法令解决社会和经济问题、协调多数派的行动四条建议。显而易见，他的经济计划是为了暂时满足消费者的要求，赢得选民的好感，以便在立法选举中一举击败左翼。他

---

① 三驾马车法文为"la troïka"。

企图使用法令手段重新恢复领导政府的权力，加强其相对总统的地位。他还打算通过协调多数派来树立自己在多数派中的领袖地位。但是，吉斯卡尔·德斯坦在国家权力上毫无妥协和让步的余地，他断然地拒绝了希拉克的大部分建议，使总理的打算化成泡影。自此，戴派和总统关系进一步恶化。

省议会选举后，希拉克只获得了协调多数派的权力。他准备通过协调行动指挥多数派，但除戴派外，其他党派不买他的账。1976 年 5 月，进步与民主中心和民主中心联合成立了社会民主人士中心①。在成立的大会上，勒卡尼埃在总统支持下，再次抛出了由中间派、激进党和吉斯卡尔派结成竞选联盟的主张。希拉克在协调多数派任务失败后，又让人从背后捅了一刀。他气急败坏，开始考虑辞职问题。

在增值税问题上，总统和总理的搏斗达到白热化的程度。总统希望尽快实现增值税的改革，以便兑现向选民许下的诺言。他要求多数派，尤其是第五共和国民主人士联盟全力支持。而戴派从维护企业主利益出发，坚决抵制这一改革，视总统的这场战斗为"凡尔登战役"②。在政府内，希拉克总理和总统密友富尔卡德相互顶牛；在议会中，戴派和法案支持者展开唇枪舌剑。吉斯卡尔·德斯坦也亲自干预，他以生硬的口气对希拉克说："我想知道，你当总理是为了什么？作为总理，应该奉行什么样的政策？"③总统以权势压总理，总理则让戴派听之任之。两人关系处于破裂的边缘。

一波未平，一波又起。总统和总理之间、吉斯卡尔派和戴派之间在欧洲议会改革上又爆发了冲突。自此，希拉克决定甩手不干，"1976 年 8 月 25 日，我宣布苦于没有履行职务的'必要工具'而请辞总理职务"④。这是第五共和国成立以来总理首次主动要求离开政府。

希拉克离任并不意味着戴派同总统多数派的决裂，但戴派不再受总统权势的约束。总统多数派已处于四分五裂，总统的政治基础大大缩小。

---

① 社会民主人士中心法文为"le Centre des démocrates sociaux"。
② 在第一次世界大战中，法军在法国凡尔登要塞同德军决战中取胜。从此，德奥阵线日趋崩溃。
③ 安娜·努莉、米歇尔·鲁伏瓦：《搏斗》，世界知识出版社，1981，第 176 页。
④ 雅克·希拉克：《希拉克回忆录》（1932~1995），译林出版社，2010，第 114 页。

第二节 两届巴尔政府及其内外政策和
议会换届选举

一 巴尔第一届政府及其复兴经济计划

吉斯卡尔·德斯坦对政府变动早有准备，就在希拉克辞职的当晚，他出人意料地立即任命外贸部部长雷蒙·巴尔为总理并组织第五共和国第12届政府。

总统挑选他的助手是费过一番心思的。巴尔1924年4月12日生于法国海外省一个批发商家庭，毕业于巴黎政治学院、巴黎大学法学院和经济学院，原是1950年任冈市法学和经济学院教授，1961年任巴黎政治学院教授，1963年任巴黎第一大学的政治经济学教授，1967～1972年先后任戴高乐总统经济顾问和欧洲经济共同体统一委员会副主席，因提出"欧洲货币联合浮动"的计划而被誉为"蛇形浮动"的创始人，1976年1月起参加希拉克政府。不言而喻，总统起用这位他称为"法国最杰出的经济学家"的目的，在于解决经济问题。巴尔属于无党派人士，没有政党做靠山，总统可以使他俯首帖耳，言听计从。此外，巴尔同多数派中的戴派和独立共和人士全国联盟都保持良好关系，因而总统的任命会受到多数派的支持。法国舆论普遍认为任命巴尔为总理"是最优化的选择"①。

8月27日组成的新政府同上届政府有所不同。在新政府中，总理亲自兼任经济和财政部部长，直接抓经济问题。这就恢复了第三、第四共和国传统：每当国家财政拮据，就由总理坐镇指挥经济和财政部。在新政府中，新增设三名国务部长，分别由多数派三个党占有：戴派的奥利维耶·吉夏尔、独立共和党的波尼亚托夫斯基、社会民主人士中心的勒卡尼埃。他们三人还分别兼任掌玺与司法部部长、内政部部长以及计划和领土整治部部长。三名"超级部长"组成工作小组，从政治上扶持缺乏政治经验的"专

---

① 《费加罗报》1976年9月2日。

家总理"，又平衡了多数派中各个政治势力的关系。在新政府中，还吸收戴派有影响的人物罗贝尔·布兰负责同议会的联系，协调和搞好同议会中第一大党——第五共和国民主人士联盟的关系。

从新政府就职起，吉斯卡尔·德斯坦对改革便讳莫如深，经济则成为萦绕在他脑中的重要课题。他再也不能无视备受"滞胀"经济折磨的法国人的呼声，开始把"复兴经济"作为压倒一切的任务。他对新上任的总理训示："你有一项头等重要的任务：克服通货膨胀……你要坚定地、不失时机地实施你所制定的政策。"[①]

巴尔可以说是"孑然一身"，没有远虑近忧。在制订经济计划中，他能够冒个人风险坚持自己那一套"经济自由主义"理论，不必去搞蛊惑人心的宣传来为某政党捞取选票。为了克服通货膨胀和复兴经济，他确定以捍卫法郎的地位为首要目标。

他于 9 月 22 日推出了《1976 年财政修正法案》（巴尔计划），并将法案中的要点融入总政策声明中。他在向议会宣读总政策声明时援引宪法第 49 条第三段，要求就该声明承担政府责任。结果，巴尔计划被议会两院采纳。

巴尔计划规定：临时冻结物价三个月；在 1977 年 4 月以前不再增加公用事业经费；冻结房租和高工资，严格控制购买力，提高高收入者的征税额；限制货币的发行量；减少进口和扩大出口；鼓励投资。巴尔计划遭到反对派和工会的反对，他们纷纷组织罢工和游行示威以表示抗议。总统和总理的声誉也因此受到影响，但是，他们力排众议，坚持推行"统制经济式"的措施。巴尔以毫不妥协的语气说："不要期待我在要点上做出让步，我要以我的方法对付危机。政府绝不随波逐流，绝不根据街头行动来决定自己的政策。"[②]

吉斯卡尔·德斯坦原打算通过新政府实现他的政治"多元论"[③]，建立一个"扩大的中左多数派"。总统的计划因左翼坚定的态度而告吹，与此同

---

① 安娜·努莉、米歇尔·鲁伏瓦：《搏斗》，世界知识出版社，1981，第 211 页。
② 让－雅克·舍瓦利耶：《法国政治制度和机构史（1789 年至今）》，达洛兹出版社，1981，第 903 页。
③ 瓦莱里·吉斯卡尔·德斯坦：《法兰西民主》，商务印书馆，1980，第 5 页。

时，多数派内部的明争暗斗亦愈演愈烈。

希拉克力图东山再起，他决定乘总统和总理危难之时扩充戴派的影响。他同他的追随者筹划从组织上革新戴派，拟就"一个保卫戴高乐主义主要价值观的人民运动和一个真正法国式的工党主义"[1] 的模式，改造共和国民主人士联盟。他于 1976 年 12 月 5 日宣布解散该党，另行成立保卫共和联盟[2]，并亲自担任新党主席。保卫共和联盟实际上是改头换面的戴派组织，其组织形式和政治纲领均无实质上的变化，但是，希拉克通过对戴派的改造，安插亲信，培植自己的势力，牢牢驾驭戴派运动，使之成为在多数派内同总统争斗、在多数派之外同左翼抗衡的工具。保卫共和联盟的主要信念是："捍卫国家的独立自主，保卫第五共和国的制度，在更负责的民主框架下巩固公众自由。"[3]

吉斯卡尔·德斯坦对戴派力量的增强十分不安，决心在 1977 年 3 月市镇选举中同戴派进行较量，夺取戴派的世袭领地——巴黎市。他派出心腹——工业部部长米歇尔·多尔纳诺参加巴黎市市长竞选，并任命他为多数派巴黎市市长的榜首候选人和多数派竞选运动的协调人。戴派当然不会放弃争夺自巴黎公社以来第一任民选市长的机会，希拉克对总统的独断专行、破坏即将达成的多数派巴黎竞选协议暴跳如雷，决心亲自出马参加竞选，同多尔纳诺对着干。而后者在巴黎势单力薄，既无群众基础又无政治影响，很快在竞选中败阵下来。希拉克轻而易举地当选为巴黎市市长。

经过市镇选举，多数派内部的分歧不仅未消除，反而因经济政策相悖和巴黎市市长的争夺更加四分五裂。

二 巴尔第二届政府及其内外政策

以"三驾马车"为标志的巴尔第一届政府的结构形式，使人追忆起第四共和国时期的三党联合政府。保卫共和联盟、独立共和人士全国联盟和社会民主人士中心虽然共同执政，但它们毕竟代表不同社会集团的利益，

---

[1]　雅克·夏普萨尔：《第五共和国政治生活》（第 2 卷），法国大学出版社，1987，第 78 页。

[2]　保卫共和联盟法文为"le Rassemblement pour la république（RPR）"。

[3]　雅克·希拉克：《希拉克回忆录》（1932～1995），译林出版社，2010，第 128 页。

都拥有各自的政治纲领。它们把党派性带进政府内部，致使本届政府内部的党派争斗尤为突出。它们组成的工作小组犹如"国师辅佐太子"，在马提翁大厦颐指气使，造成总理在诸多领域内"大权旁落"，指挥失灵。勒卡尼埃和波尼亚托夫斯基经常发表不合时宜的讲话，把总理置于十分被动和难堪的境地。

巴尔决心甩掉这个碍手碍脚的"三党联合政府"。他在征得总统同意后，宣布辞职和解散政府，并在总统再次任命他为总理后，于 1977 年 3 月 28 日组建了第二任政府，亦即第五共和国第十三届政府。

新政府废黜了 3 名国务部长的职务，铲除了政府权力分散的根源，从而加强了总理的职能，使总理重新拥有处理各种问题的必要手段。新政府成员十分精干，它只保留了 15 名部长，这有助于把政府内的党派斗争减少到最低限度。

经济问题仍将是巴尔第二任政府的主要课题。巴尔坚决反对"一揽子复兴"口号，表示要做不懈的努力，逐个地解决经济和社会问题。他以"经济上的霞飞元帅"的气度于 4 月 26 日端出"第二个巴尔计划"，对"第一个巴尔计划"的社会问题方面做了补充规定。根据新的计划，政府在一年内将采取必要的措施，优先解决某些社会问题，如增加青年就业、提高对家庭和老人的补助。

第二个巴尔计划在议会中以 271 票赞成对 186 票反对获得通过，但在实施过程中并不是一帆风顺的。以严厉为主要内容的巴尔计划正好同保卫共和联盟发布的《法兰西前景》的纲领大相径庭，因此，巴尔计划受到戴派的奚落。左翼反对派也谴责政府的紧缩经济政策。密特朗于 5 月 12 日还专门就经济、社会问题和货币政策同总理在法国电视台展开面对面的辩论。巴尔在回答左翼联盟领袖询问时不得不承认法国的"形势是脆弱的"。工会则反对购买力的下降，法国主妇关心菜篮子问题。在这一年中，罢工运动重又高涨起来，尤其是国营企业职工的斗争此起彼伏。

巴尔第二任政府期间，吉斯卡尔·德斯坦所推行的多极外交十分活跃。法国总统继续在两个超级大国之间玩弄平衡，他在 1977 年 6 月接待了苏联首脑勃列日涅夫之后，又于翌年 1 月在巴黎同美国总统吉米·卡特会晤。这些外交举动反映了法国在苏美争霸西欧中寻求和平、安全和生存的愿望。

法国总统积极推行欧洲路线，促进欧洲建设事业。自欧洲经济共同体采纳了直接普选欧洲议会的建议后，法国政府立即着手争取多数派和议会的支持。它于1977年5月端出了两个法律草案：第一个草案规定实行直接普选的原则，但欧洲议会不得由此而扩大职能；第二个草案规定欧洲议会的选举采取国家范围内的比例代表制。它使法国在欧洲议会中占据相当数量的席位，从而保证了优势。议会就这两个法律草案展开了激烈的辩论。保卫共和联盟和法共站在一条战线上，就第一个法律草案中的修改权、延期条件、先决问题同"欧洲派"进行了长时间辩论。最后，巴尔总理不得已再次搬出宪法第49条，要求就法律草案承担政府的责任，施压议会通过。法国两个法律草案的通过为欧洲建设添砖加瓦，也给欧洲议会注入了新的生机和活力。

吉斯卡尔·德斯坦积极主张和大力推进同非洲、亚洲和拉美国家建设性的对话。他在西方发达工业国举行的伦敦会议上和在巴黎举行的新一轮南北会议上，都重申了法国政府的立场和愿望。1978年1月，巴尔总理访问中国，并与中国签订了科技合作协定。这是西方国家与中国签订的第一个科技合作协定，促进了法中关系的进一步发展。

法国的多极外交是同防务政策相辅相成的。根据1976年6月的军事纲领，法国政府在继续坚持戴高乐独立防务的同时，对法国军事战略和核战略做了某些修改。吉斯卡尔·德斯坦明确了战争危险主要来自苏联，将戴高乐所确定的"全方位防御"更改为重点在东方的"前沿战斗"和"扩大庇护所"的战略思想，并将法国的军事防线"从莱茵河推进到易北河"。法国政府还多次声明，一旦发生战争，法国军队将同北约军队并肩作战。法国总统十分重视常规力量的作用，确认"除战略和战术核武器外，应该包括一支装备精良和训练有素的常规军队"，提出增加常规力量的军事拨款。他在坚持以核战争对付核战争的核战略原则的同时，还积极主张用战术核武器和常规力量对付敌人可能发动的"局部战争"。

巴尔第二任政府还加强了法国国家政治设施的建设。1977年7月19日的一项法律规定，将健全议会常设委员会和非常设委员会的组织机构，加强它们的职能，使之成为监督中央政府及其所属部门的有效手段。

三　政治生态和筹备立法选举

第五共和国第六届国民议会换届选举即将临近，法国各种政治力量又一次锣密鼓紧地行动起来筹备选举事宜。然而，自第五共和国第六届国民议会成立以来，法国政治生态已经发生了很大的变化。

自 1974 年法国政治两极化形成以来，左翼政党利用了选民对多数派和执政党处理紧缩政策、经济恶化、失业激增、收入和购买力下降的不满，在各次选举中取得节节进展，令人刮目相看。在 1976 年 3 月省议会选举的第一轮投票中，反对派特别是社会党的得票率获得突破性进展。在第二轮投票中，左翼政党的得票率进一步增长，总共获得 1863 个席位，其中社会党独得 520 个席位，比上届省议会增加了 194 个席位，法共获得 249 个席位，比上届省议会增加 75 个席位。在全国省议会中，有 10 个省议会从多数派转移到左翼手中。在 1977 年 3 月的市镇议会选举中，左翼在法国 3 万人以上的 221 个市镇中（不包括巴黎市和巴黎地区），又赢得了 156 个市镇的胜利。其中，社会党控制了 81 个市镇，法共控制了 72 个市镇。左翼政党在 3 万人以下的市镇中取得了比 3 万人以上市镇更大的胜利。正如 1977 年 3 月 22 日《世界报》所指出："左翼的胜利，无论在地理上还是在心理上都是极为深刻的，它表现出选民要求变革的强烈愿望。"

与之相反，总统的支持率已下降到前两任总统以来的最低点，1976 年年底，吉斯卡尔·德斯坦和巴尔的民意指数大跌。对总统，47% 的人表示不满意，持满意态度的人仅有 39%；对总理，这两方面的人分别为 50% 和 25%。

法国舆论和政界对此早已沸沸扬扬，预测左翼联盟在下届立法选举中夺魁和总统被迫提前下野的可能性，就连吉斯卡尔·德斯坦也对多数派竞选的前景忧心忡忡。他一方面断然否认提前结束总统任期的计划，另一方面明确表示：一旦左翼成为议会多数派，"你们可以实施共同纲领，因为这是你们的权利嘛。但是，一旦做出这种选择，你们就应该落实。不要误认为共和国总统会使用宪法手段加以阻挠"。① 吉斯卡尔·德斯坦为立法选举后的法国政府组成做了颇费心机的安排。

然而，在筹备立法选举过程中，法国政坛发生了出乎意料的转折：多数派政党从同室操戈走向携手共进，而左翼联盟则由勠力同心到反目成仇。

面对强大的左翼，多数派各个政党愿意重新和好，改变不利的形势和条件，同左翼政党在立法选举中一决雌雄。保卫共和联盟和社会民主人士中心早已整顿了组织和确立了方针，准备同多数派其他政党达成选举协议。独立共和人士全国联盟也效仿戴派的做法，整顿其组织。它联合了各个吉斯卡尔派系，于1977年5月19日在弗雷儒斯召开统一大会，成立了共和党②，同时推举现任青年和体育国务秘书让-皮埃尔·苏瓦松为总书记。自此，吉斯卡尔派摆脱了经常在多数派内煽风点火的原独立共和人士全国联盟总书记波尼亚托夫斯基，为同戴派的联合创造了条件。激进党的中间主义立场使其在政治上摇摆不定和反复无常。它的主席让-雅克·塞尔旺-施赖伯时而否认他的党属于多数派，时而又同吉斯卡尔·德斯坦打得火热。1977年6月，他拒绝在多数派选举契约上签字，直到获得"改变多数派政策和政府"的保证后才转变态度。激进党的"归顺"加强了多数派的势力和团结。

自本届政府成立以来取得多数派领袖封号的雷蒙·巴尔总理，随着立法选举的临近加紧了协调多数派的活动。多数派政党在总理的推动下，通过1977年7月19日的"多数派公约"、9月5日的"多数派宣言"、翌年1月7日的"布卢瓦纲领"，达成了在第一轮投票中多数派候选人提名办法和在第二轮投票中让票的协议。然而，多数派在协调过程中不是一帆风顺的，各个政党都在打小算盘，争取提出本党候选人，使自己处于更有利的地位。在协调过程中，共和党、社会民主人士中心和激进党在吉斯卡尔·德斯坦的怂恿下，于1978年2月1日联合成立法国民主联盟③。该联盟实际上是一

---

① 让-雅克·舍瓦利耶：《法国政治制度和机构史（1789年至今）》，达洛兹出版社，1981，第910页。
② 共和党法文为"le Parti républicain（PR）"。
③ 法国民主联盟法文为"l'Union pour la démocratie française（UDF）"。

个对付保卫共和联盟的"联合阵线"，是总统的"御用工具"，以便在商讨多数派候选人名单时同戴派讨价还价，在竞选中同戴派争夺右翼选民。通过协调，多数派政党由四分五裂走向团结，但这种团结是表面的、暂时的和脆弱的。

当多数派为立法选举的前景所困扰和逐渐达成妥协时，正在接近夺取政权目标的左翼联盟却产生了难以置信的变化。

社会党自 20 世纪 70 年代初完成了组织上和理论上的建设后，感到自己羽翼丰满，准备在推行左翼联合的策略过程中同法共进行争取群众的较量。密特朗早已扬言："我们的目标是要在共产党目前占据的地盘上建立一个强大的社会党。在 500 万共产党选民中，300 万有投社会党的票的可能。"[1] 根据这个指导方针，社会党打着"阶级阵线"旗号，在基层组织分化和争取法共群众和选民，并收到显著的效果。社会党在 1973 年的立法选举中获得19.2% 的有效票，在 1976 年省议会选举中上升到 26.5%，在 1977 年市镇选举中达到 29%。左翼联盟策略给法国社会党带来极大的好处。

法共自签署《共同执政纲领》后，也得到了暂时的好处，但它的纲领远不如社会党吸引法国劳动阶层，尤其是法国中产阶级。同时，它放松了对社会党挖墙脚策略的警惕性。于是，它在社会党猛烈的攻势下逐渐丧失了群众和选民，使其威信呈现下降趋势。社会党的蚕食政策已对法共造成了严重后果。这一切使法共大为忧虑，它从 1974 年起决定转变对左翼联盟的策略，提出以法兰西人民联盟[2]取代目前的左翼联盟，来钳制社会党。社会党自然不肯落入圈套，坚持左翼联盟。自此，法共对社会党的态度日趋强硬。

1977 年 5 月，法共、社会党和左翼激进运动就《共同执政纲领》的"现代化"如何适应法国政治、经济和社会的新形势以及迎接 1978 年立法选举进行会谈。一开始，法共同社会党双方就在国有化程度、对外政策、防务政策、最低工资限额、缩小收入差距方法、社会措施的日程安排方面发生争执，互不相让。问题挪到 9 月举行的一连串最高级会议中去讨论，依

---

① 法国《观点》杂志第 456 期中的《十年的战斗》一文。《观点》杂志法文为"le Point"。
② 法兰西人民联盟法文为"l'Union du people de France"。

然没有取得进展。法共坚持要全部重写《共同执政纲领》，指责它的伙伴"向右转"；社会党则只主张小修小补，反唇相讥法共"背叛"。双方的论战和互骂有增无减，致使谈判陷入僵局，最终导致失败。左翼联盟从此宣告破裂。

左翼联盟的破裂使左翼政党共同筹备立法选举事宜告吹，给左翼政党在未来的立法选举中投下了阴影。

四 议会换届选举及其意义

第五共和国第六届立法选举的竞选运动在紧张气氛中进行，法国各个政党争先恐后地提出了总数达 4285 名的候选人，创第五共和国历次立法选举的最高纪录。其中，左翼主要政党 1050 名，多数派 1097 名，余下近一半为小党派和无党派人士的候选人。这样，在每个选区里，都有一名法共候选人和一名社会党或左翼激进运动候选人。至于多数派，在一部分选区中出一名共同候选人，在大部分选区中出数名候选人。小党派和无党派人士候选人数量甚巨，但无力同大党抗衡，所以，本届议会选举形成了四大政党纷争的格局。

在选举前最后几次民意测验中，左翼政党得票率为 51%，保持领先的地位；而多数派仅为 45%，始终落在后面。形势对多数派是严峻的。为改变这种不利的局面，巴尔和希拉克四处游说，不停地发表演讲，以博得选民的好感。吉斯卡尔·德斯坦也一反对选举"不屑一顾"的常态，"在法国人的伟大抉择"时亲自出马，为选民阐明"对法国何谓最好的选择"。直到选举运动结束前几小时，他还在敦促选民投多数派候选人的票。

1978 年 3 月 12 日举行了第五共和国第六届议会选举的第一轮选举。那天，法国选民成群结队向投票站拥来，投票的选民占登记选民的 81.63%。换言之，弃权率只占 18.37%，是战后以来最低的数字。根据统计，18 ~ 21 岁青年投票率较高，这显示了他们对前途的关切。

多数派共获得 46.6% 的有效票，比上届立法选举所得选票略为下降，但保住了多数派的地位，阻塞了左翼夺权的通道。其中，保卫共和联盟获得 22.84% 有效票，在多数派内维持了优势；法国民主联盟获得 21.4% 有效票，几乎同"老大哥"平起平坐。

原《共同执政纲领》的政党共获得45.6%有效票，比上届立法选举有所增加，但并未出现所预言的"一边倒"现象。其中，社会党获得22.79%有效票，而法共只获得20.61%的有效票。社会党的得票率首次超过了法共。左翼两大党力量对比发生了质的变化。

原共同执政纲领派为闹不团结在第一轮选举中付出了沉重的代价，此后开始有所醒悟。它们立即共同商讨对策。会议只用了"六分钟时间便了结了六个月的公案"，草草地达成了相互让票协议和一个泛泛的政治协议，并未追究左翼联盟破裂的根源，也未触及双方在国内外重大问题上的基本分歧。左翼两大党的暂时妥协没有激发选民的兴趣，也未改变选民的投票意向。

多数派在第一轮选举所获得的意外胜利使其悲观情绪一扫而光。它们趁热打铁，依仗雄厚的财力和物力，开展了声势浩大的宣传运动。

3月19日的第二轮选举巩固了前一轮选举的结果。选民的弃权率仅为15.24%，降至法国实行普选以来的最低点。多数派共获得50.47%有效票，取得决定性胜利；原共同执政纲领的政党共获得49.36%有效票，在夺权的道路上再次受到挫折。

经过两轮的角逐，保卫共和联盟及其同情者夺得154席，法国民主联盟及其同情者137席，社会党及其同情者114席，法共86席，左翼激进党10席。总的来说，多数派占有291席的绝对优势，而左翼政党仅拥有210席。

第五共和国第六届立法选举具有深远的意义。第一，左翼政党准备"政治替换"的计划虽然暂时搁浅，但其影响仍在扩大。社会党的发展尤为引人注目，它不仅在法国中部、南部和西南地区站稳脚跟，而且还向法国东部、西部和中央高原地区扩展，使其激进的社会民主主义思潮逐渐普及化，为今后赢得更多的选民和实现"政治替换"创造了条件。第二，在议会中，保卫共和联盟保持了第一大党的地位，而法国民主联盟的议席同保卫共和联盟相差不远，增加了它同戴派抗衡的资本。第三，吉斯卡尔·德斯坦保住了议会多数派，解除了余下几年左翼反对派的威胁。第四，多数派的胜利大大提高了多数派领袖巴尔总理的地位并维护了其形象。

第三节　巴尔第三届政府及其内外政策和四大政党的争斗

一　巴尔第三届政府的组成，总统的权力和政府的丑闻

如同 1973 年一样，多数派在立法选举中的胜利也是对多数派总理的认可，因此，当巴尔代表政府辞职时，总统没有理由另起炉灶；何况，解决严峻的法国经济还要借重这位经济专家，巴尔在"实习领导"两届政府后在政治上已相当老成熟练，并逐步树立起个人的威信。吉斯卡尔·德斯坦当即指定巴尔组织新政府。由此，巴尔第三任政府亦即第五共和国第 14 届政府于 1978 年 4 月 4 日正式就职。

新政府仍是多数派政党的联合执政组织，它对政府机构做了某些调整：成立环境和生活质量部，总揽有关生产建设和自然保护事宜，努力改善生活环境和维持生态平衡；将经济和财政部一分为二，单独设置经济部和预算部，使两个部各司其职，互不扯皮和干扰。此后，政府还进行过多次改组，做了某些人事更动，但仅具有技术上的内容而无政治上的意义。这样，巴尔连续三次成为马提翁大厦的主人，是继蓬皮杜之后第五共和国任期最长的总理。它说明，第五共和国总理更迭的频率远比第四共和国总理低，因而有助于政权的稳定。

多数派在议会中的主宰地位，总统的嫡系法国民主联盟力量的上升，均大大加强了吉斯卡尔·德斯坦后几年执政的信心。同时，总统也意识到，他的劲敌希拉克绝不容忍多数派内所发生的有利于总统而不利于戴派的变化，他同戴派领袖之间、法国民主联盟同保卫共和联盟之间的争吵将趋向激化。鉴于多数派的脆弱性，总统打算进一步集中和加强自己的权力。

为此，吉斯卡尔·德斯坦进行了大规模的人事调动，将政府机构和公用事业以及教育、新闻、金融等部门的左翼人士甚至戴派人士从重要岗位上清洗出去，并安排法国民主联盟成员、自己的亲信甚至家族成员接替，如在任命的 20 名大学校长中，有 15 名左右曾是法国民主联盟参加竞选的候

选人。通过精心的人事安排，使总统权力的触角伸向各个角落。在同总理
和政府工作分工方面，前两届总统都遵循戴高乐所规定的"总统掌握大政
方针，总理处理日常事务"这一原则。这届政府则不然，吉斯卡尔·德斯
坦亲自行使政府职权，以公函形式为政府确定工作内容和日程安排，越过
总理直接召见部长来研究有关问题。至于总理，他已成为总统的"高级办
事员"，只能处理总统交办的一些零散任务。总统还经常动用"一揽子表
决"程序来阻碍议会对法律草案和年度财政预算的讨论和修改。

吉斯卡尔·德斯坦专权、越权和侵权行为引起了公愤，著名的法国政
论家雷蒙·阿隆指责"总统兼有奥尔良党人①的哲理和波拿巴主义的气
质"。② 公众舆论忧心忡忡地注视着总统的弄权，担心法国政治体制正在滑
向"总统制"。

毋庸置疑，在本届政府期间，吉斯卡尔·德斯坦继续坚持他在《法兰
西民主》中所阐述的核心思想，推行吉斯卡尔主义，准备 20 世纪末在法国
实现"先进的自由社会"。但他不得不看到这样的现实：法国经济前景十分
暗淡；社会冲突维持在高水平，如 1977 年发生大大小小罢工、罢课和游行
示威 3302 次，损失工作日 366 万个，1979 年劳资冲突上升到 3657 起。他乘
立法选举后党派暂时休战之机，重申开放性政策，准备松动与反对派的关
系，营造一个"宽松的政治环境"。因此，他经常邀请各个政党和工会领袖
到爱丽舍宫进行政治协商，通报国内外重大事件的信息以及政府的对策。
他还于 8 月 4 日成立由前激进左翼运动③领袖罗贝尔·法布尔主持的"经济
和社会领域研究和思考代表团"，吸引各界人士参加，以便集思广益，取其
所长。然而，总统对开放性政策的宣传甚于实践，"松动政策"没有导致爱
丽舍宫同左翼政党、工会的直接对话。多数派同反对派、总统同左翼政党
之间的对立情绪和紧张气氛并未松弛下来。

立法选举刚结束，吉斯卡尔·德斯坦再次掀起改革的浪潮。他于 6 月

---

① 奥尔良党人法文为"l'orléaniste"。
② 雅克·夏普萨尔：《第五共和国政治生活》（第 2 卷）（1974～1987），法国大学出版社，
1987，第 140 页。
③ 激进左翼运动法文为"le Mouvement de la gauche radicale（MGR）"。

14 日宣布将在政党财政资助、选举委托的兼任、大城市选举中比例代表制的应用三个方面进行改革。巴尔就此负责同多数派和反对派领袖会商，力图取得各主要政党的谅解。左右翼政党的意见相左使协商的步履十分艰难且旷日持久，法律草案迟迟不能出台。直到 1980 年 4 月 15 日，总理才无可奈何地承认三项改革或在议会讨论前中途夭折，或在议会讨论中未能表决而束之高阁。吉斯卡尔·德斯坦打算通过这几项改革给予法国政治生活新的刺激，以此作为转机来缓和法国政治斗争和阶级矛盾，但是，他的计划又一次落空。

在本届政府期间，法国政治丑闻接二连三地出现。1979 年 10 月 10 日出版的《鸭鸣周刊》披露：吉斯卡尔·德斯坦在 1970 ~ 1975 年，相继接受了中非总统让 – 贝德尔·博卡萨馈赠的价值在百万法郎以上的钻石。该报还怀疑总统的某些家庭成员和其他一些政府部长也接受了类似贿赂。法国舆论和政界为之哗然。当事人以"清者自清"的态度拒绝正面回应，爱丽舍宫也不紧不慢地声明所有钻石礼品均已被拍卖。法国情报部门的调查进一步证明，名为罗歇·德尔佩的极右派政客伪造了相关文件，意图抹黑吉斯卡尔·德斯坦政权。尽管如此，吉斯卡尔·德斯坦的傲慢给民众留下"心中有鬼"的印象，法国舆论更加刨根问底，严厉谴责吉斯卡尔·德斯坦容忍让 – 贝德尔·博卡萨凶残、腐败的行为和长久地保持同独裁政权的外交关系。

一波未平，一波又起。《鸭鸣周刊》又一次抛出三份材料，揭露现任劳工和参与部部长布兰滥用职权，在买一块地皮修造别墅的交易中营私舞弊。他在事发后不堪精神压力于 10 月 29 日投水自杀。布兰是戴派重要成员，曾在多届政府中任部长，被公认为巴尔总理的接班人之一。他的身亡在法国政界掀起轩然大波。

这一连串"水门事件"[①] 损害了法国总统和政府的威信，引起了多数派内部的混乱，加剧了法国党派斗争和政治斗争。

二 四大政党刀光剑影的争斗

立法选举的结束并不意味着法国政治斗争的终结，而是新一轮斗争的

---

① 原发生在美国。此处代指文中提及的当时法国政坛的一系列丑闻。

开始。这一时期，左右翼两大派失去了内聚力，纷纷倒戈自伐，在法国政坛上形成了"春秋战国"式的混乱局面。

戴派在政治纲领上同吉斯卡尔派的分歧、对失去爱丽舍宫和马提翁大厦的耿耿于怀、对法国民主联盟崛起的含垢忍辱、对总统企图推行"中左联盟"策略的不满，促使多数派内部矛盾趋向激化，进而大动干戈。其交战之声震撼法国政坛。

吉斯卡尔·德斯坦和希拉克在新议会议长人选上第一次爆发了剧烈的冲突。他们都有各自的候选人，总统打算医治总统竞选中自己的对手沙邦－戴尔马败北所留下来的创伤，支持沙邦－戴尔马。希拉克和戴派议会党团则支持前任国民议会议长、与戴派长期同舟共济的埃德加·富尔。双方互不让步，形成了顶牛的僵局。结果，富尔在议会第一轮投票中落在自己对手后面而主动告退，沙邦－戴尔马当选为议长。国民议会议长的选举使吉斯卡尔·德斯坦与希拉克之间、法国民主联盟与保卫共和联盟之间的关系趋向恶化。

1979 年 6 月 10 日欧洲议会选举让多数派中两大党投入了白刃战。戴派和吉斯卡尔派在欧洲联合问题上的分歧由来已久。前者坚守戴高乐关于欧洲问题的阵地，主张邦联式的欧洲；后者宣扬中间派观点，推崇联邦式的欧洲。两党对欧洲联合的政策也南辕北辙。双方在讨论欧洲议会普选法时就已发生过争吵，随着欧洲议会选举的临近，戴派加强了攻势。在德勃雷的指使下，戴派成立了保卫法国独立和团结委员会，揭露和抨击各种"超国家欧洲"的论调。希拉克于 1978 年 12 月 6 日发出"科尚号召"①，与之遥相呼应。他在号召中用粗鄙不堪的语言谩骂"超国家欧洲"的支持者，指桑骂槐地攻击总统和总理。在这种气氛下，右翼两大党再也不能结成选举联盟和提出统一候选人名单，它们已分道扬镳，提出了各自的候选人名单。保卫共和联盟的候选人名单以"保卫法国在欧洲的利益"为标题，而法国民主联盟则针锋相对地在本党候选人名单中以"为了法国在欧洲的团结"为标题。当然，在法国民主联盟这边，有总统亲自为之打气，巴尔也

---

① 希拉克在科尚医院治病期间发出的号召，故取名为"科尚号召"（l'appel de Cochin）。

出面同戴派展开唇枪舌剑，回敬"科尚号召"，为国家元首的欧洲政策进行辩解。总统和总理的撑腰使法国民主联盟候选人名单处于十分有利的地位。

果然，在投票中，以西蒙娜·韦伊夫人为首的法国民主联盟候选人名单在同以希拉克为首的保卫共和联盟候选人名单的较量中，以27.55%有效票对16.25%有效票遥遥领先。这次选举证明，法国民主联盟已成为多数派中的多数派，而保卫共和联盟则成为多数派中的少数派。但是，戴派和希拉克派①绝不甘居下风，它们还将在其他战场同吉斯卡尔派展开博弈。

在议会中，保卫共和联盟对爱丽舍宫出笼的改革方案和法律草案不是坚决地抵制，就是没完没了地提出修改建议，使之面目全非。这不仅缘于两党在政策上大相径庭，还由于吉斯卡尔·德斯坦与希拉克之间、法国民主联盟与保卫共和联盟之间的明争暗斗，在每件事上都要比个高低。在议会中，戴派还蓄意刁难政府，将几年前通过的法案重新拿出来加以抨击；至于政府提出的法律草案，戴派经常从中作梗，使其难以迅速通过。在这种情况下，巴尔总理不得已亲自出面斡旋，协调多数派行动或修改草案内容，直到戴派满意为止。而斡旋失败时，总理就动用"一揽子表决"程序或宪法第49条迫使法案通过。多数派的做法自然使反对派十分恼火，它指责政府戏弄议会。

此外，希拉克还在各种场合抓住一切机会攻击总统对非洲、欧洲、就业、通货膨胀、松动同反对派关系等一系列问题上的政策。

总而言之，希拉克与吉斯卡尔·德斯坦之间的冲突、保卫共和联盟与法国民主联盟之间刀光剑影的搏斗占据了大半个法国政治舞台，把多数派的联合推到破裂的边缘。

在这期间，左翼政党同室操戈现象不仅没有减缓，随着党内斗争的发展，法共和社会党之间的冲突反而进一步加剧了。

法共内部在左翼联盟策略问题上一直争论不休。党内的强硬派坚决抵制"自由化政策"，严厉谴责法共中央在左翼联盟时期所采取把"党引向歧途"的策略，要求尽早结束这种现象。正是在党内强硬派的压力下和苏联

---

① 希拉克派法文为"les chiraquiens"。

的影响下，法共第 23 次代表大会在左翼联盟策略上采取了更加严厉的立场。法共领袖乔治·马歇于 8 月 9 日谈到左翼联盟时表示"准备同魔鬼联合起来击败吉斯卡尔－巴尔的政策"①。显然，用"魔鬼"来诅咒社会党并不是良好的兆头。社会党也以牙还牙，认为"面对共产党的无理的和哗众取宠的要求，短期内唯一可行的办法是采取抵制和强硬的态度"。②

在这段时期里，社会党和法共互不妥协的僵硬立场导致了左翼的大论战，高潮迭起。论战一开始，两党都在追究左翼联盟破裂的原因，都把责任推到对方身上。社会党以左翼联盟的捍卫者自居，攻击法共对联合缺乏诚意，不愿看到左翼上台执政；法共则揭露社会党向右转，同右翼执政党勾勾搭搭，眉来眼去。论战逐渐涉足内政、国防、国有化、核政策、外交等各个领域，甚至翻出历史老账，乘机对党的领导进行人身攻击。

欧洲议会选举把社会党和法共的争斗推向高潮。两党在欧洲问题上的分歧根深蒂固。在欧洲议会选举期间双方又一次引发"欧洲派"③ 观点和"反欧洲派"④ 观点的激烈交锋。社会党谴责法共同保卫共和联盟沆瀣一气，反对欧洲联合，形成了客观上的联盟；法共则反唇相讥，说社会党企图搞吉斯卡尔－密特朗同盟。两党的唇枪舌剑有加无已，恶化了它们之间的关系，致使左翼政党在欧洲议会选举中结成联盟的可能性不复存在。它们只得拟定各自候选人名单，独立开展竞选运动，从而缩小了左翼竞选运动的声势和影响。左翼运动分裂的恶果显而易见，在欧洲议会选举投票中，社会党所得有效票的百分比为 23.57%，维持在这几年水平，没有取得进展；而法共也只获得 20.57% 有效票，其影响继续下降。

左翼两大党一度打算使争吵降温。于是，双方都派出代表团于 1979 年 9 月 20 日举行谈判。但是，由于双方都欠缺诚意，在谈判中各持己见，致使谈判不欢而散。这次会晤的失败被法国舆论讥笑为"左翼联盟第二次寿终正寝"，使法国左翼的发展前景笼罩着一层阴影。

---

① 雅克·夏普萨尔：《第五共和国政治生活》（第 2 卷），法国大学出版社，1987，第 132 页。
② 塞尔日·叙尔：《第五共和国时期的法国政治生活》，法国蒙秋斯田出版社，1977，第 435 页。
③ 欧洲派法文为"les européens"。
④ 反欧洲派法文为"les anti-européens"。

三 新的经济政策和社会政策

吉斯卡尔·德斯坦在立法选举后自然把注意力转移到令人烦恼的经济问题上，巴尔第三任政府也为此忙得焦头烂额。

在制定经济政策和致力于解决经济问题时，法国当权者不得不侧重考虑艰险多咎的国际经济环境。1978～1980年，石油再次大幅度提价狠狠地冲击了法国经济，使法国能源开支加大，工业品成本增加和价格上涨，国际支付猛升。与此同时，西方货币体系的混乱、西方黄金价格大起大落、美元和外汇市场剧烈动荡沉重地打击了法国对外贸易和国际收支，使法郎地位摇摇欲坠。阴霾密布的国际经济环境对法国经济产生了深刻的影响。

由此，法国当权者把消除第二次石油提价和西方货币体系动荡对法国经济所造成的后果以及使法国经济适应新的国际经济环境作为头等的目标，他们制定了一个新的经济政策，其主要内容是：稳定法郎币值和地位；加强法国商品在世界市场上的竞争力；保持外贸收支平衡。

稳定法郎币值和维护法郎在国际经济大循环中的地位则是巴尔第三届政府新经济政策的主心轴，吉斯卡尔·德斯坦也把它作为加强欧洲建设的先决条件。为此，法国政府采取了一系列措施。它首先在财政上开源节流，大量发行公债，如1978年和1979年分别发行135亿法郎和150亿法郎。大举发行公债弥补了财政赤字，吸收了游资，还减缓了货币发行量的增长势头。其次，紧缩银根，提高利率，控制银行贷款数量，如1980年法国国家银行——法兰西银行的贴现率上升到9.5%，大大高于邻国联邦德国和瑞士。这样做，既防止了资金大量外流，又稳定了法郎的地位。最后，法国政府还努力克服国内困难和外部阻力，促成欧洲货币体系的决议兑现。反过来，欧洲货币体系的建立不仅在欧洲共同体内组成了一个货币稳定区和减少了美元冲击的影响，而且保证了法郎的币值和地位。

法国政府针对法国工业品在世界市场上竞争力低的弱点，着重抓了工业结构的调整。首先，它淘汰设备陈旧和技术、工艺落后的企业，彻底改造钢铁、冶金、采掘、造船等传统工业，大力发展技术密集型的电子、核能、航天等新兴工业。其次，它重新放开工业品价格，加强市场的调节机制。政府先于 1978 年 6 月 1 日放开约 20 种工业品价格，接着于 8 月 1 日放开全部工业品价格，甚至自 1791 年以来一直为国家控制的面包价格也首次开禁。最后，法国总统不顾部分舆论的非议和生态学派的强烈反对，大力发展核能，以便减少对中东石油的依赖，减轻能源输入开支的压力，"保证法国作为核大国和工业强国的独立性"。此外，法国政府还采取措施，大力发展外向型的工业和农业，积极鼓励和支持出口。

巴尔第三任政府的新经济政策在实施中取得了一定的成效。它使法郎在不稳定的西方货币中保持了相对的稳定。而法郎的坚挺则减少了以美元计价的石油和其他原料进口费用，减轻了国内通货膨胀的压力。法郎的稳定和工业结构的调整又促进了法国外贸的突飞猛进。1979 年法国出口额达1000 亿美元，竟一跃超过了日本，排在美国和联邦德国之后成为世界第三大出口国。外销商品结构也起了根本变化。在出口中，法国工业品和机械设备占 80%，取代了酒类、香水和高级时装等传统商品。主要贸易对象已由非洲转向美、苏和中东国家。

然而，新经济政策并未从根本上扭转法国经济滞胀的状态，1979 年的第二次石油危机使法国经济雪上加霜，再度恶化。1974～1979 年，法国国内生产总值年均增长率只有 3%，1980 年则下降到 1.6%。折磨法国人日常生活的通货膨胀和失业不但没有减轻，而且逐渐趋向严重。通货膨胀率在1978 年上升为 10%，1979 年为 11.8%，1980 年为 13.6%，年年递增并已居西欧国家前列。失业人数在吉斯卡尔·德斯坦上台之初仅为 40 万，巴尔第三届政府后期竟达到 160 万。值得注意的是，在失业队伍中，那些刚走出校门进入劳动力市场的法国青年占颇大的比例。可见，新经济政策是顾此失彼。

巴尔政府也曾先后采取一些社会措施来解决失业顽症。它于 1978 年、1979 年和 1981 年同法国雇主协会签订"就业全国公约"，迫使法国雇主广开就业门路。它还于 1979 年 1 月颁布法律，并于 3 月同法国雇主协会和工会达成协议，实行失业救济金额递减制度，以便推动失业者积极主动寻找就业门路。它还同时减少外籍移民的数量，为外籍移民离境提供方便。但是，这些社会措施治标不治本，因而未能收到预期的效果。

法国政府在通货膨胀和失业人数居高不下的情况下，还向社会保障事业开刀，大量削减对社会保险的补贴，从而增加了法国人民的负担，激起了他们的愤慨。20 世纪 70 年代末 80 年代初，法国工人罢工和占领工厂事件屡见不鲜，农民游行和设置路障层出不穷，公教人员和医务人员也奋起反抗。特别是受经济危机打击最严重的洛林地区，工人组织大规模罢工和向巴黎进军把法国工人阶级斗争推向高潮。法国社会在动荡，吉斯卡尔·德斯坦政权的声誉在下降。

四　浓厚的吉斯卡尔·德斯坦色彩的外交政策

在总统当政的后期，法国形成了一套具有浓厚的吉斯卡尔·德斯坦色彩的外交政策。它在继承戴高乐式的民族主义基础上，把侧重点放在恢复法国地位和作用上，奉行"世界主义"[①] 的外交政策。

吉斯卡尔·德斯坦外交政策的总目标，是推动"美国的一片、欧洲的一片、苏联的一片和中国的一片"的多极世界的形成，力求法国在其间纵横捭阖地发挥特殊的作用。他的外交政策的要点，是要同美国在平等伙伴关系基础上加强协商和合作，继续发展以缓和为主要内容的对苏"特殊关系"，建立以法德为轴心的"强大的、独立的欧洲"，加强同非洲、亚洲和拉美的联系和合作。

在美国总统吉米·卡特当政后期，法美关系一度紧张。两国在经济上开展了钢铁战、农产品战，在裁减军备和欧洲防务问题上意见相左。在对待苏联入侵阿富汗问题上两国基本立场一致，但在具体做法上不很协调：法国不同意美国对苏联入侵性质的估计，认为"苏联军事干涉阿富汗也许不是预谋的，而是阿富汗内部形势所引起的"[②]，明确地声明反对对苏联实行制裁，强调法国"无意利用贸易关系为政治目的服务"[③]。总之，在这段时期，法美在诸多方面缺乏协商，步调不齐，裂痕扩大，互不信任，矛盾加深。

---

① 世界主义法文为"le mondialisme"。
② 1980 年 1 月 4 日法国总统对记者的谈话。
③ 1980 年 1 月 15 日法外长让·弗朗索瓦－蓬塞的声明。

但是，华约军事力量迅速增长并明显超过北约，苏联针对西欧的中程导弹数量惊人增加，以及苏联迂回包抄欧洲战略的实施，使法国当权者忐忑不安，意识到防范苏联为西方国家共同利益之所在，所以在罗纳德·里根上台并表达了同西方盟国加强协商与合作的愿望后，法国政府也顺水推舟，表示愿同美国"有效地恢复合作关系"。随后，法国和西欧主要国家同美国举行一连串的接触和会晤，如美、法、英、联邦德国四国首脑在法国海外省瓜德罗普岛进行的最高级会谈，都有助于扩大谅解、减少相互猜疑和消除分歧，在阿富汗和波兰问题上相互靠拢和协调。法美关系的改善有助于防范苏联的扩张。

吉斯卡尔·德斯坦面对苏联日益增长的威胁，一方面加强国防，不断增加防务经费，如 1980 年法国国防预算比上年增加 14.9%，占国内生产总值的 3.76%；同时，改组和加强海外干涉部队，防范苏联的迂回包抄。另一方面，他主张"保护缓和成果"，坚持同苏联"保持对话"和经济贸易往来。1979 年 4 月，法国总统在莫斯科访问时，同苏联签订了一份十年合作计划，稳定地发展法苏经济贸易，使法国在 1980 年成为西方仅次于联邦德国的苏联第二大贸易伙伴。为了避免中断"缓和"的进程，对苏联进行"规劝"，吉斯卡尔·德斯坦亲自飞往华沙同勃列日涅夫会谈。法国总统此行发生在西方国家对苏联入侵阿富汗采取强硬立场之时，因而其受到国内反对派和国际舆论的责备。

吉斯卡尔·德斯坦把欧洲联合列入对外政策的最优先的目标，而法德合作则被视为关键。为此，他于 1980 年 7 月访问了德意志联邦共和国。这是自 1962 年戴高乐访问以来法国总统对西德的首次正式访问。在访问期间，法国总统用明确的语言大声疾呼，法德两国应该"一起采取行动"，建立"一个强大的和独立的欧洲"，以便"恢复欧洲在世界事务中的正当的地位"。这一新的口号引起了世界舆论的强烈反响，它反映了以法国为首的西欧国家在美苏争霸中独立自主和联合倾向的发展。法德关系的密切和法德轴心的建立，有助于进一步推进西欧的联合，有助于解决欧洲经济共同体内部出现的、十分棘手的预算分摊额和共同农业政策问题，也有助于解决欧洲经济共同体扩大成员以及在政治领域的合作问题。

吉斯卡尔·德斯坦对非洲、亚洲和拉美外交也十分活跃。他强调法国在非洲的存在，竭力维持同非洲国家的特殊关系。当乍得发生内战，由北方各派组成的"人民武装部队"向政府军发动大规模进攻并逼近首都恩贾梅纳，法国在乍得的利益受到直接威胁时，法国政府于1978年8月及时地派兵干预，阻止了内战，稳定了政局。当1980年11月利比亚出兵干涉乍得内部事务，还于1981年1月同乍得一派达成利乍"合并"协定时，法国政府做出了强烈的反应，指责合并是"非法的"行为。

中非一向是法国在非洲的最大援助国。当中非皇帝博卡萨亲自参与屠杀约一百名儿童的"班吉事件"被披露后，国际舆论哗然。法国政府被迫于1979年5月宣布中止对中非帝国的财政援助和军事援助，并支持中非国内反对派发动政变，推翻帝制以恢复共和。法国政府此举不仅维护了它在该地区的利益，而且博得了非洲国家的好感。

抵制苏联在非洲的扩张和维持非洲的稳定成为本届政府对非洲政策的重要出发点。近年来，法国政府逐渐意识到苏联实施从非洲"来改变西欧地位"的包抄战术和非洲动荡的根源所在，所以，当古巴雇佣军武装入侵扎伊尔的沙巴省时，法国政府于1977年和1978年两次坚决果断地采取军事行动，挫败了苏联和古巴的阴谋。诚如西方报刊所评论，面对苏联和古巴在非洲咄咄逼人的攻势，在西方大国中只有法国还在"坚守阵地"。

本届政府期间，波斯湾地区成为法国外交的优先对象。由于所需石油的70%从这里进口，由于苏联实行南下迂回包抄西欧的战略，法国必须确保能源"生命线"的安全和遏制苏联的影响，吉斯卡尔·德斯坦于1980年3月对该地区的科威特、巴林、卡塔尔、阿拉伯联合酋长国、沙特阿拉伯和约旦六国进行了法国国家元首六年来为期最长的国事访问。在访问期间，他提出了欧—阿—非三方对话的建议，打算利用欧洲的技术、阿拉伯的资金和非洲的资源建立一个欧—阿—非"巨大的联合体"，作为多极世界中的平衡因素。法国总统的这一构想得到了海湾国家和参加法非首脑会议的非洲国家的积极响应。此外，他还首次表示支持巴勒斯坦人民的自决权。这一姿态受到阿拉伯国家的高度评价和欧洲经济共同体成员的积极支持。

吉斯卡尔·德斯坦意识到"一个繁荣强大的中国是世界平衡与和平的

主要因素"，于是积极推进同中国的友好关系。在本届政府期间，法中双向交往日益频繁。1979 年 10 月华国锋访法，这是中国总理第一次访问法国。访问期间，法中双方签订了许多协定。1980 年 10 月吉斯卡尔·德斯坦总统访华，把两国友好关系推向新的阶段，加速了两国在政治、经济、科技、文化和军事合作方面的步伐。

第四节　密特朗入主爱丽舍宫

一　总统选举的前奏

第五共和国第五届总统选举订于 1981 年 4～5 月进行。

从宪法角度看，本届总统选举与前几届总统选举有所不同。1965 年总统选举是宪法修改后首次使用直接和普遍的投票方式选举总统的尝试，第五共和国的奠基者戴高乐作为享誉法国和世界的政治强人，还没有任何政治家法国能与之匹敌，这就造成了总统非戴高乐莫属的特殊政治环境，所以，总统选举是在优劣悬殊条件下进行的。戴高乐弃政隐退和蓬皮杜猝然病逝，也是促成两次提前大选的特殊政治条件。现在，法国政治强人已消失，吉斯卡尔·德斯坦总统任期届满，第五届总统选举是在宪法规定的正常条件下进行的。

从政治角度看，法国政坛上的四大政党两大派的关系自上届总统选举以来发生了深刻的变化。社会党和法共由于在内外政策上的争吵不断升温，致使两党关系破裂，左翼联盟不复存在。保卫共和联盟和法国民主联盟之间的政见分歧也在加深，鸿沟继续扩大，关系日益紧张。因此，四大政党都决定在本届总统选举中分道扬镳，各自提出本党候选人和纲领口号。

社会党总统候选人的提名较为曲折复杂。自米歇尔·罗卡尔脱离统一社会党转入社会党以来，其地位和影响节节上升。"罗卡尔现象"曾一度动摇了密特朗在社会党内部的地位。一些法国舆论和社会党派系指出，密特朗在历次总统竞选中屡遭不幸，对左翼联盟的破裂和 1978 年立法选举的失利负有一定责任，况且，他年事已高，在下届总统竞选中取胜把握不大。

于是他们决定改换门庭，支持大受青睐的罗卡尔，从而使罗卡尔作为社会党总统候选人的呼声日益高涨。密特朗因此遭到党内劲敌的严重挑战。但是，他们两人真正的决斗发生在1979年4月社会党在梅斯召开的全国代表大会上。在那次大会上，密特朗派独占鳌头，并同昔日的对手让－皮埃尔·舍韦内芒派重归于好，在指导委员会中取得优势，从而制服了罗卡尔派[1]。1981年1月，社会党正式通过了第一书记为唯一总统候选人的提名。

另一左翼法共则要简单一些，它早在1980年10月12日党的全国会议上便决定它的总书记乔治·马歇作为"反吉斯卡尔的候选人"参加总统竞选。

在执政多数派中，保卫共和联盟于1981年2月推举该党主席希拉克为正式总统候选人，但由于内部发生分歧，已69岁高龄的元老派德勃雷抢先在1980年6月30日声称要以个人名义参加竞选，同党内的少壮派抗衡。

法国民主联盟是"总统的党"，对总统自然百依百顺。至于吉斯卡尔·德斯坦，他坚持要"履行共和国总统的职责"，拖延到1981年3月才宣布以"超党派"身份参加竞选。

在此期间，其他政党也推举了总统候选人，还有形形色色的毛遂自荐者，报名参加总统竞选的候选人总共达64名之多，而能够达到正式总统候选人标准的只有10名，其中女性三名。但在竞选场上角逐的主角还数"四人帮"（四大政党）中的吉斯卡尔·德斯坦、密特朗、希拉克和马歇。

随着投票日子的临近，法国各政党和总统候选人都全力以赴投入竞选运动中来。其中，四大政党实力旗鼓相当，基本上是"四分天下"，这就看它们开出何种药方来医治法国经济的不景气以及应付错综复杂的国际形势。

密特朗和社会党提出以变革为中心内容的《为法国提出的110条建议》[2]，号召"另一条道路，另一人（总统）"，主张增加福利，刺激消费和扩大国有化。吉斯卡尔·德斯坦强调七年的政绩，提出"自由、安全、和平"的口号，端出"青年就业计划"和"振兴经济，扶助中小企业"两张牌。希拉克主张"在安全中复兴"，提出减税、增加投资、扩大就业和生产

---

① 罗卡尔派法文为"les rocardiens"。

② 克洛德·芒塞隆、贝纳尔·潘戈：《密特朗传》，新华出版社，1984，第167～184页。

等项政策。马歇要求"结束垄断资本统治"，"实现社会根本变革"，重提"左翼要结成联盟"和"共产党和社会党联合执政"。四大政党及其候选人都以自己的口号、纲领和政策展开"宣传战""书籍战""电视广播战"，竞选空气不断加温，竞选运动走向白热化。

二　密特朗入主爱丽舍宫及其原因

4 月 26 日，在紧张而又热烈的气氛中举行了第五共和国第五届总统选举的第一轮投票。投票显示的结果正如一般舆论所预料，没有一名候选人得票超过半数在第一轮中当选。

在众多的总统候选人中，四大政党正式候选人总共获得了 87.52% 有效票，其余六名候选人总共才获得 12.48% 有效票。这又一次证明，在法国政坛上仍然是四大政党称雄的格局。

但是，同前几届总统选举中主要候选人在第一轮中至少获得 43% 有效票相比，本届总统选举第一轮中主要候选人得票率都大大下降了，如吉斯卡尔·德斯坦所得有效票为 28.32%，密特朗为 25.85%，希拉克为 17.99%，马歇为 15.36%。出现这种情况的一个重要原因是左右两大派各自为政，在竞选运动中彼此攻讦，造成了票数的分散。其余总统候选人所得有效票如下：生态学派布里斯·拉隆德得票率为 3.88%，阿莱特·拉吉耶得票率为 2.30%，左翼激进党人运动米歇尔·克雷波得票率为 2.21%，米歇尔·德勃雷得票率为 1.66%，戴派右翼马里－弗朗斯·加罗得票率为 1.32%，统一社会党于盖特·布沙尔多得票率为 1.11%。

就四大政党总统候选人所得选票相比而言，吉斯卡尔·德斯坦和密特朗比希拉克和马歇略高出一筹。他们有资格在下一轮中决出雌雄。在第一轮中，吉斯卡尔·德斯坦和密特朗所得选票相差甚微，依然是势均力敌，轩轾难分。这就要看第二轮投票前竞选运动的变化、各派政治力量的组合以及选民的最后抉择。

法共总统候选人在第一轮投票中所得选票跌到 1936 年以来的最低点，自知孤掌难鸣，于是决定号召它的选民在下一轮中投密特朗的票。其他极左小党也敦促它们的选民支持左翼总统候选人。希拉克考虑到密特朗上台有利于壮大戴派的实力和作为反对派具有更大的回旋余地，因而对属于同一政治派别的总统候选人只采取"消极的支持"，他宣布个人将在第二轮中投吉斯卡尔·德斯坦票。至于他的党和选民，则让他们自己自由选择。一部分戴派显要甚至公开表示支持左翼总统候选人。一言以蔽之，法国政治力量的转化对右翼总统候选人十分不利。

5月5日，吉斯卡尔·德斯坦和密特朗两位总统候选人在电视中面对面的辩论把竞选运动推向高潮。在这次辩论中，密特朗吸取了上届总统选举中电视辩论的经验教训，沉着冷静、坚定又充满信心地向对手主动发起攻势，批评前任总统的经济和社会政策，谴责吉斯卡尔·德斯坦在苏联入侵阿富汗的行为受到国际舆论抨击时飞赴华沙同勃列日涅夫会谈。这次电视辩论给选民留下良好的印象，密特朗因此处于上风的地位。

5月10日举行的第二轮投票更加紧张和激烈，络绎不绝的选民涌向投票站，投下具有历史意义的一票。选民参政的积极性把弃权率再次降到14.15%，创继1974年以后的最低弃权纪录。

在有效票总数中，密特朗获得51.76%，吉斯卡尔·德斯坦为48.24%。密特朗以百万张选票的优势一举当选，成为第五共和国成立以来第一位左翼总统，从此结束了右翼长期独揽政权的局面。这对法国乃至西欧的政治生活，都是一个重大的事件。选举结果于当晚公布后，巴黎中下层民众冒着狂风暴雨纷纷涌向街头和广场，通宵达旦地欢呼，掀起了"玫瑰浪潮"①，出现盛况空前的感人场面。

密特朗能够在这次总统竞选中蟾宫折桂出乎许多人的意料，但绝非偶然。首先，他和社会党在总统竞选中提出响亮的纲领、口号和一系列政策，迎合了众多法国选民在国际局势动荡和国内经济日益恶化情势下迫切要求变革的心理。而约占法国社会阶级人数1/3的中产阶级选民的转向，奠定了密特朗胜利的基础。新中产阶级在法国经济危机中首当其冲，他们税务重、消费和生活水平下降。如果说20世纪70年代他们还怕乱求稳的话，那么在80年代则急切要求改变现状。因此，他们选中了以他们的阶级为组织基础、

---

① 玫瑰花为社会党的象征，玫瑰浪潮法文为"la vague rose"。

以他们的愿望作为纲领的社会党及其领袖。法国中产阶级的另一翼如传统小资产阶级（或称为传统中产阶级）、中小企业主等也纷纷表示支持。吉斯卡尔·德斯坦哀叹地承认："我们的对手能够利用的东西就是法国公民尝试变革的心理。"①

其次，选民对吉斯卡尔·德斯坦在任后几年专权和弄权非常反感，要求结束"吉斯卡尔君主专制"现象。总统的专横必然导致官僚主义作风盛行和政治日益腐败，选民对法国官场上接二连三出现的丑闻十分愤慨，要求革新政治。

再次，选民对宪法规定总统过长的任期持有异议，他们在"五月风暴"中就倾吐过"十年，够了！"的积怨。所以，选民对吉斯卡尔·德斯坦长期把持政权早已感到厌倦，自然反对他再来一个七年。

除此之外，许多选民把"替换"作为民主的实践和标志，他们希望在这次总统选举中实现"民主替换"，让自 1959 年以来未曾尝试掌权滋味的左翼上台执政。

最后，在总统选举两轮投票之间出现的政治力量新的组合，对密特朗的当选也起着不可忽视的作用。

法国社会党在总统选举中和 6 月议会选举中取得的辉煌胜利，加速了西欧保守主义思潮的衰退，促进了西欧社会民主主义思潮的兴起。它在南欧国家中引起连锁反应，使希腊、西班牙和葡萄牙等国也相继出现社会党政权。因此，法国社会党上台执政，构成了 20 世纪 80 年代西欧政治生活中的重大历史事件，具有深远的意义。

三 "第三轮投票"——立法选举

密特朗总统于 1981 年 5 月 21 日走马上任，当晚组织了以皮埃尔·莫鲁瓦为总理的第五共和国第 15 届政府，22 日宣布解散国民议会，提前进行第五共和国第 7 届立法选举。

显而易见，密特朗打算利用法国选民向左转的势头，趁热打铁，通过

---

① 吉斯卡尔·德斯坦在 1981 年 5 月 5 日电视辩论中的讲话。

立法选举建立一个以社会党为核心的新议会，来巩固总统的地位，实现向选民许诺的变革和内外政策。

　　尽管在选举前右翼两大党总结了总统选举的经验教训并结成"为了一个新多数派联盟"，但为时已晚。在 6 月 14 日和 21 日的两轮投票中，法国再次掀起了一股巨大的"玫瑰海啸"[①]，社会党因此成了最大的赢家。在第一轮投票中，社会党获得有效票的 36.03%，法共为 16.13%，左翼激进党人运动为 1.41%，其他左翼为 0.80%，左翼总统多数派共获得有效票 54.37%。保卫共和联盟获得有效票 20.83%，法国民主联盟为 19.17%，其他右翼为 2.83%，"为了一个新多数派联盟"共获得有效票 42.83%。左翼两大党所获得有效票已经过半数，超过右翼两大党所获得的有效票。经过第二轮的选举，社会党获得 285 个席位，法共获得 44 个席位，保卫共和联盟获得 88 个席位，法国民主联盟获得 62 个席位，无党派人士获得 12 个席位。左翼两大党获得议会中压倒多数的席位，构成新的议会多数派。

---

　　① 玫瑰海啸法文为 "le raz de marée rose"。

第六章
密特朗第一任总统
（1981 年 5 月～1988 年 5 月）

第一节 "埃皮内政府"及其变革和内外政策

一 "埃皮内政府"的组成及其特点

弗朗索瓦·密特朗达到了在议会中建立新左翼多数派的目的，为筹备立法选举的临时过渡政府完成了使命。于是，密特朗于 6 月 22 日再次指定皮埃尔·莫鲁瓦为总理，并组成第五共和国第 16 届政府，亦即莫鲁瓦第二任政府。

起用莫鲁瓦为总理，是在总统选举两轮投票之间密特朗和莫鲁瓦两人做成的交易。莫鲁瓦 1928 年 7 月 5 日生于法国厄尔省一个小学教师家庭，毕业于初级师范学校，1950～1958 年任社会主义青年团①全国书记，1963年当选为社会党政治局委员，1965～1968 年任民主主义与社会主义左翼联合会执行委员会委员，1966 年任社会党副总书记，1973 年起为国民议会议员。正是莫鲁瓦作为工人国际法国支部的元老和实力派在社会党埃皮内代表大会上决定性的支持，才使密特朗荣任新社会党第一书记职务，从而掌

---

① 社会主义青年团法文为 "les Jeunesses socialistes"。

握了社会党的领导权。也正是他在总统竞选中尽心尽力地辅佐，密特朗才得以登上法国国家权力的巅峰。莫鲁瓦还是个"北方佬"，长期担任里尔市市长，控制着法国北部社会党地盘，在社会党内部除了密特朗派要数他的势力最强。他精力充沛，为人随和热情，特别受到法国舆论的青睐。为了感谢莫鲁瓦派[1]的积极支持和加强社会党的团结，国家元首才连续选中莫鲁瓦为新政府首脑。

本届政府最大特点是吸收法共入阁，这也是密特朗的惊人和大胆之举。早在总统选举两轮投票之间，法共曾建议以参加政府为条件投票支持社会党候选人，在密特朗获胜的当天再次表示准备在新政府中担当起自己的责任，但是，这位社会党领袖一直未予理睬。这是由于要照顾对法共追随苏联持反对态度的那部分选民的情绪，也是为了避免竞选对手找碴儿，所以对法共采取了灵活的策略。

为什么在议会中单独拥有绝对多数并完全可以独家执政的情况下，社会党却向法共敞开大门呢？这是因为社会党和法共两党都感到有抛弃前嫌重新和好的必要。对社会党和密特朗来说，他们需要对法共在总统选举第二轮投票中的"决定性贡献"给予报偿。再说，他们同法共合作可以排除来自法共及其所控制的工会、群众团体的麻烦和干扰，从而有利于安定政局和维持新政权。另外，一个被削弱的法共对社会党没有多大约束力，他们完全可以自由行事。对法共来说，它从十八大起就决定要走议会道路和参加"民主政府"，所以当社会党发出邀请时它当然不会轻易放弃这个机会。另外，它希望通过参加政府摆脱目前孤立状态，争取民心和扩大影响，以便恢复元气和重振昔日的雄风。

正是出于相互的需要，社会党和法共就法共参加政府问题进行了谈判，并就新政府的内外政策的要点达成一项政治协议。在对外政策上，两党主张苏军撤出阿富汗，希望波兰自己完成民主复兴，表示尽快就限制和裁减欧洲军备进行谈判。法共在谈判中做出了重大退让，改变了某些对外政策上的亲苏态度。在国内政策上，两党将积极推行总统的新政策。

---

[1] 莫鲁瓦派法文为"les mauroyistes"。

根据这项协议，法共的夏尔·菲特曼、阿尼塞·勒波尔、雅克·拉利特、马塞尔·里古四人进入政府，分别担任运输国务部长、总理府人事行政改革部长级代表、卫生部部长、职业培训部部长。法共在野 34 年后再度参加政府，标志着社会党和法共在左翼联盟破裂后重新修好，在历史上第四次联合起来。

本届政府的另一特点是它容纳了社会党内部的各个派系。社会党名义上是统一的党，但原来的派系依然存在，并且具有相当的独立性。因此，密特朗采取了兼容并包的方针，在新政府组成中兼顾各个派系，避免党内的矛盾和分裂。在本届政府设置的 5 名国务部长中，社会党占 3 名，他们分属社会党三大派系，即内政与权力下放国务部长加斯东·德费尔属密特朗派，科学研究与工艺国务部长让－皮埃尔·舍韦内芒属学习、研究与社会主义教育中心①，计划与领土整治国务部长米歇尔·罗卡尔属罗卡尔派。此外，在 44 名部长、部长级代表和国务秘书中，社会党占 37 名，他们也分属社会党各个派系。

除此之外，本届政府还吸收了民主人士运动②成员米歇尔·若贝尔为对外贸易国务部长，两名左翼激进党人运动米歇尔·克雷波和弗朗索瓦·阿巴迪分别担负环境保护部部长和文娱部负责旅游事务的国务秘书。

本届政府在成员结构上象征着社会党内部的统一，左翼两大党的联盟，以及法国左翼运动的团结，充分体现了 1971 年社会党埃皮内代表大会的精神和方针，所以，莫鲁瓦第二任政府也被称为"埃皮内政府"③。

二　大刀阔斧的变革

为了满足法国中下层人民对改革的期望，兑现在总统竞选中许下的诺言，密特朗总统和"埃皮内政府"以极大的热忱和紧张的工作节奏大刀阔斧地对法国政治、经济、社会和文化等领域进行了结构性改造。这些变革

---

① 学习、研究与社会主义教育中心法文为 "le Centre d'études, de recherches et d'éducations so-cialistes"。

② 民主人士运动法文为 "le Mouvement des démocrates"。

③ 埃皮内政府法文为 "le Gouvernement d'épinay"。

主要有：

1. 推行扩大国有化

密特朗认为："必须把掌握关键经济部门的工业企业变为国家集体单位……我们认为只有付出这个代价才有可能建设社会主义。"[①] 他把扩大国有化视为"法国式的社会主义"的先决条件。

"埃皮内政府"根据总统的指示起草了一份扩大国有化的法律草案，将社会党的主张和国有化具体项目尽行收入。该草案于 9 月 23 日迅速获得部长会议的批准，但在议会中遭到反对派百般刁难。反对派在议会辩论中情绪恶劣，肆意攻击。他们在议会召开的 33 次会议上轮番地提出了 1438 条修正案，企图将草案改得面目全非。但终因草案在议会中停留时间过长，"埃皮内政府"被迫动用宪法第 49 条，才于 12 月 18 日通过。反对派一计未成，又使出一招，他们向宪法委员会提出诉讼，多数派则奋起反击，提出"申辩状"，以确凿证据进行辩驳。反对派设置的重重障碍未能得逞，国有化法律经修改最后由国民议会于 1982 年 2 月 11 日通过，并由宪法委员会确认予以正式颁布。

根据国有化法案，政府将采取对股东赔偿的方式将五大工业垄断集团、两大金融公司和 36 家存款银行收归国有，还用控制多数股份的办法把两大军火公司和两大钢铁公司掌握在国家手里。这次国有化运动在规模上和深度上都要超过 1936 年人民阵线政府和战后初期临时政府所发动的国有化运动。前两次国有化主要涉及公用事业和基础部门；此次国有化的对象则是新兴或尖端工业以及金融信贷。通过扩大的国有化，国家控制的企业达 3500 家，投资额占法国企业总投资额的 1/3，职工占工业劳动力的 23%，产值占国内生产总值的 14%。在西欧诸国中，法国国有化名列前茅。

扩大国有化引起了法国垄断资本结构的变化。它进一步提高了国家垄断资本在法国国民经济中的比重，一定程度上削弱了私人垄断资本的势力，如法国最大的两家私人财团苏伊士集团和巴黎荷兰集团宣告解体，从而大大加强了国家对全国的生产、流通、分配和消费的干预能力。

---

① 克洛德·芒塞隆、贝纳尔·潘戈：《密特朗传》，新华出版社，1984，第 94 页。

2. 实行地方权力下放

密特朗和社会党把权力下放当作"法国式的社会主义"的主要内容，认为首要任务是使各级地方政权"非国家化"，以民主监督、自治管理、人民参政为中心内容的权力下放方式来改变几个世纪以来法国高度中央集权的地方管理制度，实现地方自治、民间团体参与地方管理的"新的公民制度"。

鉴于前几届总统在地区改革方面的经验教训，"埃皮内政府"分期分批地提出了关于权力下放的方案，由议会审议。在议会辩论中，反对派固然也表示赞成权力下放的原则，但以政府"仓促行事""没有充分与地方民选代表磋商"、法案"内容混乱""有害于国家的统一"等种种不妥为借口，从中作梗，致使法案每个章节在议会两院中都颇费周折。最后，"埃皮内政府"如法炮制，再次动用宪法第 49 条，法案才得以通过并于 1982 年 3 月 2 日颁布。

根据"市镇、省和大区的权力和自主权法案"，中央取消了对各级地方政权的监护，地方民选代表的权力明显加强。市议会是市镇最高权力机构；省议会是省最高权力机构；原来的经济大区改为行政单位，大区议会为大区最高权力机构。中央政府将分期分批把职权移交给这三级地方政府。1983 年移交城市规划、住宅建设、职业培训、计划化和农村整治职权，1984 年移交交通运输、社会活动和司法权；1985 年移交教育、文化、环境保护和警察权。

这次权力下放是自法国大革命以来法国地方行政管理体制的最重要改革。在此以前的一个多世纪，法国统治阶级曾提出多如牛毛的地方改革方案，但大多中途夭折。况且，这些改革只是侧重对中央管理方式做某些调整，不以地方自治为目标。因此，它们非但不能克服中央集权下的地方管理体制的弊端，反而加重了这些症状。这次改革则改变了法国数百年来高度中央集权的行政管理制度，缓解了法国高度官僚集权的现象，简化了审批手续，提高了行政效率。同时，此次改革也初步克服了中央与地方的矛盾，平息了地方的不满，调动了地方的积极性。

3. 改革司法制度

密特朗和社会党主张"司法独立""司法民主"以及在司法中贯彻"人

道精神"，对法国司法制度中一直为人所关注的弊病实施摘除手术。

1981年7月，"埃皮内政府"提出并由议会讨论通过了取消国家安全法院的法案。国家安全法院是根据1963年1月15日颁布的两个法律设置的，其主要任务是审理在和平时期进行颠覆活动的案件。由此，当局可以以某案犯犯有"政治罪"为理由，将该案犯从任何民事或刑事法庭移交国家安全法院审理。实际上，它主要是用来对付法国劳动人民反抗的特别司法措施。因此，自该法院成立以来其始终受到各方的责难。社会党此举顺应了民心，平息了各方的不满。

此外，由"埃皮内政府"创议，1981年9月经议会批准，废除了死刑；1982年6月废除了常设军事法庭；1983年进一步废止了《佩尔菲特法》（即《安全和自由法》）。

总之，通过对司法制度的改革，社会党取消了特别诉讼，废除了《反破坏者法》和《佩尔菲特法》，重新肯定了无罪推定的基本原则，因而有利于缓解统治阶级和被统治阶级之间的尖锐矛盾。

4. 增加劳动者权利

密特朗和社会党认为"法国式的社会主义"的中心思想是"自治管理"，而"自治管理"就是发扬"经济民主"，使劳动者成为自己工作单位的"享有全权的公民"和"企业变革的主人"。

根据这些理论，"埃皮内政府"先后于1982年8月、10月、11月提出三个法律草案。法国资产阶级则怀着恐惧的心理和怀疑的眼光看待这些统称为"奥鲁法"的草案，反对派也提出了许多修正案，致使原来草案的锋芒有所削弱，但议会最终通过的"奥鲁法"基本上反映了社会党的思想和原则。

根据"奥鲁法"规定，职工除了拥有原先的各种权利外，还享有公共自由权、对劳动条件的发言权；恢复劳动的集体性质，禁止使用临时工；加强劳动者的代表性，企业委员会有权了解本企业经营情况和在企业财政困难时提出"警告和查封权"；改革集体谈判制度，除了坚持每年劳资双方就工资和工时进行谈判外，每两年双方还要签订集体公约。

"奥鲁法"扩大了法国劳动者的权利，提高了他们在企业中的地位，充实了职工的参与制，从而淡化了法国的劳资冲突。

5. 给予视听机构独立和自由

1982 年 7 月的视听法规定，将成立一个"视听最高权力机构"，以便保证尊重新闻、广播和电视部门的独立和自由。新视听法还规定，广播电视实行多元化，地方行政单位可以自由地建立为地方服务的电台。新法规还取消一切新闻检查，确保记者和法新社的独立性，使之不受官方和外界压力的干扰和影响。

6. 密特朗和社会党主持"社会公正"，要"消除不平等现象"

社会党上台执政后，立即兑现在选举中许下的大力推行社会改革的诺言，如从 6 月 1 日起把各行业应增加的最低工资提高 10%；从 7 月 1 日起把最低养老金和成年残废者补贴各提高 20%，把家庭补贴提高 25%，把住房补助提高 50%；从 1982 年起，对拥有 300 万法郎以上大资产者开征 0.5% ~ 1.5% 的大宗财产税。毫无疑问，这种对法国社会财富和国民收入所进行的再分配或多或少有助于增加法国下层劳动人民的收入和减轻他们的经济负担，因而在某种程度上缩小了法国各阶层收入的差距，减缓了法国贫富悬殊的现象。

除此之外，"埃皮内政府"还进行了其他方面的改革，如城市住房租赁制度的改革，医疗制度的改革，国立行政学院的改革，巴黎、里昂和马赛三大城市行政区划的改革等。

密特朗和社会党在竞选中所提出的大部分改革项目已于 1981 年下半年和 1982 年完成立法手续，已经或即将付诸实施。改革并没有引起反对派预言的大混乱，其主要原因是：第一，变革顺应了民心，得到了法国广大中下层人民的热烈支持；第二，在改革的前期，"埃皮内政府"比较团结一致，协同作战，出现了前所未有的工作效率，使改革方案比较迅速和顺利地出台①；第三，社会党及其盟友不仅掌握政权，而且牢牢控制着议会，这就有可能排除来自反对派设置的障碍，把政府的方案变成法律。

密特朗和社会党把这场变革自诩为"平静的革命"。它比 20 世纪 30 年

---

① 皮埃尔·法维埃、米歇尔·马丹-罗朗：《密特朗掌权十年》（第 1 卷）（1981~1984），世界知识出版社，1992，第 116~153 页。

代人民阵线政府的改革以及现代西北欧社会民主党的改革要广泛和深刻得多，但它毕竟没有触动法国资本主义制度基础，也未对现存的法国政治、经济、社会和文化的结构做根本性改造，因而仍然不能脱离改良主义的窠臼。它实质上是法国寻求摆脱当前政治、经济和社会危机的新出路的一场激进社会民主主义试验。

三　新经济政策实验

密特朗和社会党接管政权时，法国经济各项指标都在下降。法国工业生产到 1981 年 2 月已经连续 16 个月下跌。1980 年国内生产总值只增长 1.1%，1981 年第一季度又比 1980 年第四季度下降 1%。伴随而来的是通货膨胀率上升，失业人数剧增，1980 年 3 月为 140 万，1981 年 5 月达到 165 万。法国经济依然处在衰退之中。

密特朗和社会党是以"变革""振兴经济""另一种政策"等口号获得广大选民支持的，因此，能否维持和巩固执政党的地位，关键是能否把经济搞上去，而正在进行的变革的成败，也要看经济形势能否好转。因此，"埃皮内政府"把解决经济问题作为压倒一切的任务。

密特朗认为："另一种政策的首要之点是振兴经济。"[1] 与前任政府采用自由放任主义的经济政策截然相反，"埃皮内政府"采取了加强对经济生活干预的方针。首先，政府把扩大国有化作为"火车头"，用以带动整个国民经济的振兴。其次，政府用增加财政支出和扩大财政赤字的手段来刺激经济发展，如 1981 年夏追加了当年度的财政预算，10 月议会通过的来年财政预算再增加 27.8%。这就造成财政赤字迅速上升，1980 年为 303 亿法郎，而 1981 年则达到 750 亿法郎。最后，政府采取众多的社会福利措施，大幅度增加各种津贴和补助来刺激消费，促进经济回升。

社会党还宣布："反对失业的斗争在政府的行动中处于最优先的地位。"[2] "埃皮内政府"在总政策声明中也强调本届政府的一个大目标就是要

---

[1]　克洛德·芒塞隆、贝纳尔·潘戈：《密特朗传》，新华出版社，1984，第 85 页。

[2]　中共中央党校科学社会主义教研室国外社会主义问题教学组编《社会党重要文件选编》，中共中央党校发行，1985，第 388 页。

迎接"失业的挑战"。莫鲁瓦总理还跑遍全国各地，不厌其烦地宣传政府的主张。

"埃皮内政府"除了以扩大国有化和大搞社会福利来部分解决失业问题外，还采取了一系列新的措施来创造就业机会。1982 年 1 月 6 日，议会通过决议，授权政府以法令形式采取通常属于法律范围内的措施，解决棘手的失业问题。根据这个决议，政府在三个月内连续颁布了 18 个法令，如推广五周带薪休假制度；实行 16～18 周岁青年职业培训；宣布每周 39 小时工作制，并逐年递减，到 1985 年完全实现每周 35 小时工作制；实行提前退休和鼓励半日工作制，腾出更多的空缺让失业者填补。这些社会措施都有助于创造新的就业机会。

密特朗及其政府的经济政策基本上属于凯恩斯扩大总需求以刺激经济的范畴，同时又适当兼顾了紧缩政策的某些方面，具有自身的特点：它强调国家干预的作用，同时又重视市场经济。这和大西洋彼岸的美国和隔海相望的英国正在推行的供应学派和货币主义政策形成鲜明的对照，因而被称为"欧洲经济实验室的又一种试验"。由于新经济试验是要用巨额财政赤字和通货膨胀来振兴经济，连密特朗也不得不承认这是"既有机会，又有风险"。

一年来经济政策试验结果令人失望。"埃皮内政府"原希望 1981 年和 1982 年的经济增长率分别达到 3% 和 3.3%，实际上 1981 年只增长 0.5%，1982 年也只能停留在 1.5% 的水平上。失业人数突破 200 万大关。通货膨胀率 1980 年为 13.6%，1981 年上升到 14%，1982 年还将继续上升。外贸逆差 1982 年上半年比上年同期几乎增加一倍，达到 432 亿法郎。同时，法郎地位十分疲软，被迫于 1981 年 10 月和 1982 年 6 月两度贬值。法国经济没有起色，它仍然陷入衰退之中。

"埃皮内政府"的经济试验未能达到预期的目标是由下列原因造成的：第一，凯恩斯理论已走向反面。二战后，法国当权者采用凯恩斯主义的经济政策曾经导致 20 世纪 50 年代至 70 年代初的经济繁荣，但到 1974 年经济危机爆发后，凯恩斯主义的经济政策造成"三高一低"（高通货膨胀率、高失业率、高财政赤字和低速经济增长）的恶果，致使吉斯卡尔·德斯坦总统不得不改弦更张，采用新自由主义的经济方针。而社会党再次捡起过时的理论，推行凯恩斯主义的经济政策，理所当然地要碰壁了。第二，低估了西方经济危机对法国经济的影响。政府曾经拿出了雄心勃勃的"振兴经济计划"，它准备在第一阶段促进商业繁荣，第二阶段鼓励生产发展。在西方国家经济相互依赖性越来越大的情况下，法国奉行与其他西方国家截然相反的经济政策，势必在利率、货币比价、外贸等方面遇到重重困难，从而影响了法国经济的回升。第三，财力不足。政府为解决失业所采取的种种措施，在一年内要新增加 900 亿法郎的开支；在公共部门新设立 12.5 万个就业岗位，每年也要增加 30 亿法郎经费。这就加重了政府的财政负担，使财政赤字猛增。为了弥补财政亏空，政府只好在国内外大举借债。第四，投资下降。社会摊派额的增加使法国企业利润降到历史上最低点，改革触动了法国大资产阶级的利益，使法国企业主丧失了投资欲望和热情。有的人在等待观望，有的人甚至把资金向国外转移，从而使国内投资急剧下降，如 1974～1980 年法国工业投资年平均减少 2%，1981 年则是 10%，1982 年为 7%。在这种情况下，法国经济复苏当然无望。

密特朗及其政府的变革必须以经济形势的好转为前提，既然一年来经济毫无起色，变革的进程和效果自然也受到影响。政府和多数派内部在变革问题上开始出现"不和谐的声音"，甚至进行公开争论，如早在 1981 年 11 月总理和财政部部长之间就爆发过关于变革速度的争论。

"埃皮内政府"多次召开各种会议，总结第一阶段经济试验的经验教训，研究对策，最后决定结束"慷慨大方阶段"，实行严厉的经济政策，并于 1982 年 6 月 13 日提出了紧缩计划。为了实施这个计划，密特朗总统于 6 月 29 日对政府进行了局部的改组。

为期四个月的紧缩计划分两大部分：第一部分为节约开支，压缩财政预算和重新修改社会保险计划；第二部分为冻结物价和工资。双冻结到期后，政府决定推行限制物价和工资增长速度的政策。自此，莫鲁瓦政府的经济政策从膨胀转向紧缩，从刺激消费转向刺激投资，从反对失业转向控制失业和遏制通货膨胀并重。莫鲁瓦政府的经济政策改变了航向。

四　浓厚的密特朗新色彩的外交政策

密特朗在"埃皮内政府"期间的外交原则上同前任一脉相承。他坚决维护法兰西民族独立和国家主权，在此基础上谋求法国的大国地位，进一步发挥法国在国际事务中的特殊作用。正如前总统蓬皮杜在谈到法国外交时所说的，任何一届法国政府都不可能制定一个和戴高乐将军不同的政策。它们可以用不同的形式来表达，但是，超越不出这个政策的范围。密特朗总统已多次表示，要继承戴高乐开创的事业，继续追寻法国的"大国梦"和"强国梦"。

密特朗及其政府的对外政策除了延续性外，还具有自身的特点：第一，更加正视现实。密特朗自进入爱丽舍宫那一天起，就准备在国际舞台上大显身手。他将法国外交部改为对外关系部，以示认同前任在外交方面的宏图大略并标新立异，他毫不隐讳地宣称："一个伟大的民族当然应该有伟大的计划。"① 他正视现实，讲求实际，善于审时度势和随机应变，既不拘泥于前任的做法，也不生硬地贯彻社会党的竞选纲领。第二，突出均势原则。密特朗认为，国际各种力量和地区的平衡是世界和平与安全以及缓和的必要前提，而 20 世纪 70 年代末 80 年代初东西方关系、南北关系和地区之间的均势都已被打破。在这种情势下，法国外交的战略目标，就是努力恢复国际力量的均势，建立地区间的再平衡。这样，就可以留给法国更大的回旋余地，在东西方夹缝中开辟第三条道路。第三，具有浓厚的社会党色彩。密特朗把社会党在国内推行的社会民主主义移植到国际事务中来，在对外政策中注入了"道义""人权""社会公正"等新内容。

延续性同现实主义、均势原则和社会民主主义相融合，构成了密特朗新色彩的外交政策，它在东西方关系中表现为倚美抗苏，在南北关系中表现为"第三世界主义"②，在欧洲要建设"第三种势力"。

1. 倚美抗苏

密特朗总统认为，自 20 世纪 70 年代末以来，苏联在"缓和"的幌子下悄悄部署了能够打到西欧任何角落的 SS－20 新式中程导弹，苏联和华约在常规武器方面的优势自不待言，现在在核武器方面也已超过北约。欧洲的均势已被突破。他一针见血地指出："我相信苏联在欧洲拥有优势地位，

---

① 密特朗于 1981 年 5 月 21 日就任总统时的讲话。

② 第三世界主义法文为"le tiers-mondisme"。

我认为这是真正的危险。"① 他向联邦德国《明星》周刊宣称："欧洲存在着苏联的霸权。"② 苏联的野心正在随着军事力量的迅速增长而膨胀起来。1979 年苏联入侵阿富汗就是例证，现在它正在窥视波兰局势发展，有蠢蠢欲动之态。苏联咄咄逼人的攻势对法国安全和欧洲和平构成严重威胁，在这种情势下，法国总统提出建立东西方之间持久和平，力量的再平衡是关键，而要达到这个目标，就要借助美国的力量。

因此，密特朗上台后立即着手调整同美国和北约的关系。他做出保证，法国是美国的"一个可靠盟国"，两国"有着不受临时事件影响的共同利益"③。他明确地支持美国在欧洲部署中程导弹，并认为必须以实力作为美苏裁减核武器谈判的后盾，他在莫鲁瓦政府期间，曾多次访美或同美国总统会晤，就国际形势和对苏政策交换意见，协调双方立场，消除因法共参加政府引起的美国的疑虑。他还摈弃了吉斯卡尔·德斯坦避免招惹是非的谨慎态度，强调大西洋联盟的团结并积极向北约靠拢，支持北约的"双重决议"。法美关系的改善和对苏战略上的防范，有助于恢复欧洲均势，遏制苏联在欧洲的扩张势头，因而有利于欧洲的和平与安全。

法国改善同美国关系和接近北约，并不意味着法国放弃独立自主的外交路线，也不预示法国将要重返北约军事一体化组织，更不是推行"大西洋主义"。事实上，法美在经济上的矛盾十分尖锐。法美两国在国内经济政策上相悖，使两国在利率、货币、外贸等方面各行其是，以致产生冲突，争吵不休。在对苏经济关系上，美国要求盟国紧跟它对苏联进行经济制裁；法国率先抵制，反其道而行之，同苏联签订供应天然气管道设备合同，发展同苏经济贸易。在对第三世界政策上，法国在中美洲推行"解放运动西方化"战略，公然在美国后院"煽风点火"，使美国十分憋气。然而，法美相互需要和相互依赖是大前提，争吵毕竟是次要的。

密特朗一反前任"向苏联屈膝献媚的懦弱做法"，对苏联扩张主义采取

---

① 密特朗于 1981 年 5 月 23 日对意大利《时代》周刊的谈话。
② 皮埃尔·法维埃、米歇尔·马丹－罗朗：《密特朗掌权十年》（第 1 卷）（1981～1984），世界知识出版社，1992，第 236 页。
③ 密特朗于 1981 年 6 月 26 日的讲话。

了强硬的针锋相对的立场。他首先加强本国防务，坚持核力量独立，进一步明确法国核威慑理论，增加核军费开支。他还决定组建一支快速行动与支持部队，以便有效地参加欧洲防务。同时，法国政府明确表示欧洲军事力量不平衡、阿富汗、波兰构成法苏关系的三大障碍，障碍不消除则法国就不会与苏联保持正常关系。法国由此中断了两国首脑定期举行的政治会晤，把两国交往降到最低水平。法苏"特殊关系"时代一去不复返了。

但是，法国在冻结对苏联政治关系的同时，继续开展与苏联的经济、贸易和科技交流，以减轻法国外贸逆差的压力，捞取经济实惠。法国政府于 1982 年 1 月同苏联签订为期 25 年的天然气供应合同，并决定向苏联出口输气管设备。1983 年 1 月，法苏大混合委员会强调还要在"更平衡的基础上发展经济关系"。法国总统对苏采取"政经分离"的原则，可以增加法国与美国打交道的筹码，也为将来对苏联在政治上解冻留下后路。

2. 建立"第三种势力"

正当欧洲经济共同体由于年积月累的老大难问题得不到解决而踏步不前的时候，密特朗总统发出了加强共同体成员在政治、经济以及社会方面合作的号召。

密特朗首先着手调整同联邦德国的关系，他虽然放弃"巴黎—波恩轴心"的提法，但强调要永远保持法德的特殊关系。莫鲁瓦政府期间，法德两国领导人的交往磋商达到新的水平。在 1982 年 10 月的最高级会谈中，法方倡议并经德方同意加强两国军事合作。法国还宣布，必要时法国核武器将用于保护联邦德国。这就使法德关系得到突破性进展。而法德关系的进一步密切有助于加强西欧国家的团结，推进欧洲经济共同体事业，增强西欧国家对苏联军事威胁的抵抗力。法德军事合作反映了西欧独立倾向的发展，标志西欧国家在建设"第三种势力"道路上又迈出了一大步。

3. 推行"第三世界主义"

密特朗上台时，许多非洲、亚洲和拉美国家在西方经济危机打击下，经济发展速度明显减慢，债台高筑，饥饿和灾荒在非洲蔓延，致使南北之间经济差距拉大，贫富不均严重，矛盾空前尖锐。加上苏美两霸在这三大洲展开激烈争夺，制造的热点有增无已，南北关系变得更加错综复杂。法国总统为了确保法国经济利益、传统的势力范围和发挥在非洲、亚洲和拉美的特殊作用，采取了"有利于南方，不利于北方"的政策。他主张恢复南北之间的平衡，彻底改革南北即穷国与富国之间的关系。他还从民族自决、基本人权、富国尽可能援助穷国、支持民族民主运动等社会民主主义的国际观点出发，提倡改变现存的国际经济秩序，建立国际经济新秩序。密特朗的政策既包含欧洲传统的国际政治理念，又带有浓厚的社会党色彩。

为了实现这些目标，法国积极主张和推进南北全球性的谈判，建立南北国家在政治上和经济上相互依存的关系。莫鲁瓦政府决定把发展援助资金由 1980 年占国内生产总值的 0.35% 提高到 1988 年的 0.7%，其中对最不发达国家的援助于 1985 年达到 0.15%。而在 1981 年，法国政府已把援助增加了 28%，占国内生产总值的 0.46%。这些措施，有助于改善法国在非洲、亚洲和拉美的形象，推动一些西方国家转变对他们的消极立场，促进南北对话，缓和南北紧张关系。

保持非洲的传统阵地和开拓非洲其他地区的势力范围，是密特朗的"第三世界主义"的重点。在本届政府期间，他曾四次风尘仆仆地到非洲大陆访问，涉足非洲法语国家和非法语国家；许多非洲国家和政府领导人也应邀接踵访法。

法国通过这些频繁的外交活动，大大改善了同贝宁、刚果、坦桑尼亚、安哥拉和马达加斯加等国的关系，消除了同阿尔及利亚由来已久的芥蒂，推动了乍得、西撒哈拉、非洲之角等问题的解决。法国还积极插手南非事务，谴责种族歧视和支持对南非经济制裁。它还把对外援助的大部分投向非洲，特别是非洲法语国家，如 1981 年对非洲援助为 54.2 亿法郎，占对外援助的 57.45%。为了改变"非洲宪兵"的形象，法国政府声明在非洲的军事存在是为了保护所在国不受外来侵略和威胁，"绝不干涉非洲内政"。密特朗的非洲政策，巩固了同非洲国家的"特殊关系"，有助于遏制苏联的扩张和减少非洲大陆的动乱。

中东是法国利益攸关的地区，因此，密特朗总统和克洛德·谢松外长频繁出访，苦心经营。"埃皮内政府"一改前任"一边倒"的做法，宣布承认以色列有权在国境内生存、巴勒斯坦享有自决、黎巴嫩恢复统一和独立

的 "存在、平衡与和平的政策"。这种兼顾阿以不偏不倚的平衡政策，使法国获得了同阿以都能直接对话的殊誉，从而扩大了在中东地区的回旋余地，增加了法国在该地区的分量。

"埃皮内政府" 成立之初，其对中美洲外交十分活跃。它以 "人权" "道义" 作为制定中美洲政策的出发点。1981 年 8 月，法国承认萨尔瓦多游击队是 "一支有代表性的政治力量"，接着，在出口军火 "道义化" 的口号下，向尼加拉瓜出售军火，并对预定给智利的数百辆装甲车实行禁运。毋庸置疑，法国正在美国后院打进一个楔子。

"埃皮内政府" 以重返东南亚为目标，开始制定新的亚洲政策，加强在该地区的外交活动。它把印度作为推行 "第三世界主义" 三大支柱之一（另两个是阿尔及利亚和墨西哥），通过密特朗 1982 年 11 月的访问，发展了同印度的 "特殊关系"，有利于扩大其在东南亚和不结盟国家中的影响。它还通过贷款和粮食援助来拉拢越南，以此为桥头堡重新恢复在印度支那的传统影响。

第二节　"战斗内阁"及其内外政策和欧洲议会选举

一　"战斗内阁"的组成及其特点

1983 年 3 月 22 日，密特朗总统打破了法国政界和舆论界持续一周之久的窃窃私语，宣布大规模地改组政府并再次指定皮埃尔·莫鲁瓦为总理并组织第五共和国第 17 届政府，亦即莫鲁瓦第三任政府。

这次政府的变动源于市镇选举产生的后果。本来，法国六年一度的市镇选举纯粹属于地方选举，丝毫不会动摇国民议会的政治力量配置和中央政府的合法性，因而并不具有特殊的重要性。但是，1983 年 3 月法国市镇选举非同寻常，它是对已执政 21 个月的左翼政绩进行的一次全面检验，具有鲜明的政治色彩。市镇选举已成为法国政治生活中的一件大事，为法国各方所瞩目。

　　由于这次市镇选举意义重大，法国左右两大派都十分重视，做了认真仔细的准备，进行了紧张的竞选活动。左翼多数派方面，政府早于1982年11月19日即对市镇选举制度进行了改革。新选举法规定，人口规模在3500人以下的市镇沿袭使用"多数票两轮选举制"，人口规模在此以上则采用新的"比例与多数票混合的两轮选举制"。改革后的选举法对目前已经控制多数市镇的左翼十分有利。此外，社会党和法共还于1982年12月达成联合竞选的全国性协议。右翼反对派方面，保卫共和联盟和法国民主联盟于1983年1月也达成了联合竞选协议。四大政党都提出各自的政治纲领，纷纷举行集会。左右两派展开对垒战，形成了"集团之间的较量"。

　　在紧张而又热烈的气氛中，3月6日和13日分别举行了两轮投票。投票结果表明，左翼多数派遭受挫折，右翼反对派取得明显的进展。在全国36个10万人以上的城市中，左翼保住了12个，右翼控制了24个，其中有7个是新从左翼手中夺回的。在全国221个3万人以上的城镇中，左翼保住了120个，右翼控制了100个，其中有34个是新从左翼手中夺回的。在四大政党中，保卫共和联盟是最大的赢家，新夺得23个3万人以上的城镇；法共则是最大的输家，丢失14个。在参加市镇选举的34名政府成员中，竟有8名落选。

　　执政多数派在市镇选举中的失利，说明左翼联合政府政绩欠佳，经济政策遭到失败，国内经济恶化，引起了法国各阶层的担心和不满，中产阶级抱怨在改革中所得实惠不多，其利益甚至受到损害。他们转向支持反对派，投了对左翼的"警告性"票。

　　市镇选举的结果对法国政局产生相当大的影响，它迫使密特朗总统重视选民的情绪，考虑调整现行的经济和社会政策，使以改革为己任的现行政府进行大规模改组势在必行，而在布鲁塞尔欧洲货币体系成员财长会议后法郎压力的大大减轻则为改组扫清了道路。

　　在政府改组中，密特朗总统为何挽留莫鲁瓦为总理而不挑选呼声甚高的时任经济和财政部部长雅克·德洛尔呢？首先，再三起用莫鲁瓦能够体现总统和社会党政策的连贯性，从而不再给右翼以更替总理证明政策失败的口实。其次，莫鲁瓦具有"内聚力"，能够团结社会党内部的各个派系，包括对密特朗最有威胁的罗卡尔派，也能够稳住法共。因此，对总统来说，莫鲁瓦第三届政府对度过经济困难时期至关重要。

经过改组后的政府班子十分精干。新政府成员共有 43 名，与前届政府大体相当。但留给人深刻印象的是，新政府取消了为照顾左翼各党和社会党内部各派系而虚设的国务部长，部长也由原来的 25 名裁减到 15 名。这表明新政府求实务实的精神，将更加注重行政效率和效果。莫鲁瓦总理称新政府为"战斗内阁"①。

新政府除原总理留任外，经济和财政、内政、外交、国防、社会事务、交通、司法等重要部门的部长都未易人。在缩小部长的编制中，左翼各党和社会党内部各派系都按实力状况做了相当的裁减，如法共从 3 名减为 2 名，社会党部长保留 12 名，左翼激进运动为 1 名。新政府中左翼派系未做重大变动。社会主义学习、研究和教育中心领袖舍韦内芒属社会党左翼，在领导科研与工业部时与国有化企业负责人关系很僵，他还是政府内的"持不同政见者"，主张退出欧洲货币体系。民主人士运动成员若贝尔在领导对外贸易部时同总统在工作上出现不协调，他也主张退出欧洲货币体系。原农业部部长埃迪特·克勒松夫人在任期间与农民关系紧张。总之，这三名都是政府中潜在的"地震派"，他们的离职有助于新政府的稳定。

新政府重点解决经济和社会问题。在新政府中，德洛尔不仅负责经济和财政部，还由于预算部的取消而兼管预算，使其权力进一步扩大，成为仅次于总理的第二号人物。皮埃尔·贝雷戈瓦的职权也因负责社会事务与民族团结部的同时还兼管劳工问题、就业问题和卫生事业而大大加强，成为政府中的第三号人物。由第二、第三号人物管理经济和社会问题，新政府工作的重点是不言自明了。此外，在新政府中，罗卡尔被委以同法国日常经济和欧洲事务密切相关的农业部，站到了经济管理的"第一线"，同前届政府期间因担任无实权的国务部长而长期坐冷板凳形成鲜明的对照。总统的亲信、年仅 36 岁的社会党后起之秀洛朗·法比尤斯被提升为工业和研究部部长，独当一面。

----

① 战斗内阁法文为"le Cabinet de combat"。

二 紧缩、改革和外交

1. 紧缩经济压倒一切

法国经济自去年改变航向以来，仍然没有从窘境中摆脱出来，它还在衰退之中。

根据统计，1982 年法国国内生产总值只增长 1.5%；工业生产呈锯齿形上下波动，实际下降 1.5%；通货膨胀率有所控制，但仍保持 9.7% 的高水平；失业人数高达 200 万，比 1980 年净增 15 万；外贸趋向恶化，全年出现 980 亿法郎巨额逆差；债务激增，全年已达 500 亿美元，仅次于墨西哥和巴西，居世界第三位。法国经济正在每况愈下。经济衰退的苦果首先由法国中下层人民吞咽，1982 年法国人的收入下降，他们的购买力也减弱，这在战后以来尚属首次。法国劳动人民开始滋长不满情绪，工会不时提出批评，发动罢工和组织示威游行。1982 年因劳资冲突而损失的工作日比上一年增加 56%，共计损失工作日 225 万个。

严峻的形势使制止通货膨胀、减少外贸赤字、解决失业现象和整顿经济成为当务之急。受命于艰难之时的"战斗内阁"于 3 月 25 日提出了"紧缩计划"，并从议会获得以法令形式来实施该计划的权力。这个"莫鲁瓦 - 德洛尔 - 贝雷戈瓦计划"十分严厉，它规定 1983 年的法国需求将减少近 2%，主要通过发行义务公债（140 亿法郎）、节约国家行政开支（150 亿法郎）、增加石油产品税（50 亿法郎）、削减公共工程项目（40 亿法郎）、增收可征税收入 1%（110 亿法郎）来实现。

"战斗内阁"制订了被法国总统称为"勇敢的预算"的 1984 年财政年度计划，继续推行紧缩政策，节约各项开支，以便进一步限制通货膨胀、缩小外贸逆差、解决失业。此外，本届政府还于 5 月颁布了 1984～1988 年第九计划，确定了经济和社会的战略目标，选择了工业现代化、研究和革新、青年培训和大力发展能源等 12 个优先项目。

根据中长期经济规划，"战斗内阁"于 1984 年 2 月决定大力调整法国工业结构，争取在今后数年内集中财力和物力改造传统工业，用新技术、新工艺装备冶金、煤炭、造船、汽车和电信工业，改变工业布局，加强工业科研，以便达到减少政府补贴、提高产品在国际市场上的竞争力以及振兴经济的目的。法国工业和研究部部长法比尤斯指出："工业调整是使法国能继续存在下去的唯一解决办法。"

为了贯彻紧缩经济政策，"战斗内阁"要求人民做出牺牲，"放弃过去的某些安逸和收入"。密特朗总统还亲自出马，在广播电视中发表谈话，向新闻界发表声明，在全国各地进行巡回演讲，表示承担新经济政策的责任，要求"全国和解"。

由于"战斗内阁"推行的紧缩经济政策同西方其他主要国家的经济政策并行不悖，因而有利于相互间的协调和配合，减少它们在货币、外贸、财政等方面的摩擦。新的严厉计划暂时影响了法国居民的收入和生活条件，工业调整也将使失业人数居高不下，从而引起更剧烈的社会动荡，如 1984 年 4 月 13 日，法国总工会、工人力量总工会、劳工民主联合会、职工总联合会的地方组织联合发动洛林地区 5 万钢铁工人"向巴黎进军"，反对政府调整钢铁工业和大量裁员的决定。这是近几年来性质比较严重的劳资冲突。由此看来，法国经济在走出谷底前需要经历相当长的阵痛期。

2. 改革退居次要地位

密特朗总统顶住了来自党内外要求停止变革的压力，继续他的"法国式的社会主义"试验。不过，随着经济问题压倒一切，改革势必退居次要的地位。

"战斗内阁"把改革的重点放在法国最敏感的教育问题上，于 5 月向议会提出改革法国现行大学教育的法案。该法案根据法国教育现状和法国经济发展对教育的要求，进一步充实和完善"五月风暴"后出台的《埃德加·富尔法》，突出了高等教育的"民主化"和"职业化"。该法案规定，凡是获得高中会考证书的学生可以直接进入大学第一阶段学习，然后通过"选择考试"进入第二阶段专科学习。该法案体现了学习机会均等和学习与专业对口的原则。

在议会讨论中，右翼反对派采取"拖延战术"，使辩论旷日持久。在这期间，他们轮番提出多达 3000 余条的修改意见。与此同时，亲右翼的学生和教师联合会发动和组织颇具规模的罢课和抗议活动，反对"选择考试"

"学习机会均等"，医学院学生要求实习期间发给工资。左翼多数派顶住了议会中来自右翼反对派的压力，也排除了议会外的干扰，终于在 1983 年年底通过了该法案。

接着，法国左右两大派卷入了另一场更大规模和更加激烈的斗争。改革私立学校体制，使教育与教会分离，扩大教育"世俗化"，是社会党和左翼的夙愿，也是《为法国提出的 110 条建议》中的重要内容。经过有关方面两年半的艰苦谈判和频繁磋商，终于在 1984 年 1 月颁布了以教育部部长命名的关于改革私立学校的《萨瓦里法》草案。该草案规定：国家将对私立学校经费分配拥有更多的权力；公私立学校教师可以相互调动，私立学校教师转为国家公务员；限制私立学校的开办和教师的招聘。毋庸置疑，《萨瓦里法》将使国家对法国现有的一万多所私立中小学的控制得到加强，从而朝着"建立统一、庞大的和世俗的国民教育公共机构"的目标大大跨进一步。

然而，维护"教育自由"和"保留教育的两元制"也是右翼在教育问题上的宗旨，因此，当《萨瓦里法》草案一经颁布并提交议会讨论时，政界和社会上马上掀起了轩然大波，立即成为左翼和右翼两大派角逐的焦点。在议会特别会议上，右翼反对派使出浑身解数，强有力的询问和激烈的攻击交替应用，甚至找碴儿闹事，致使会议多次被迫中断。当国民议会于 5 月21 日首读通过该法案后，由右翼反对派控制的参议院从中作梗，要求就法案举行公民投票。国民议会则于 7 月 6 日断然予以驳回。从此，法国政治斗争围绕着《萨瓦里法》走向白热化。

右翼反对派、教会和私立学校还利用家长对失去"选择自由"的担心、公立学校对资助私立学校的不满，发动和组织他们的支持者轮番上街游行。6 月 24 日，巴黎的示威者达 150 万之众，游行持续 14 个小时，声势之大在近 20 年来从未有过。《萨瓦里法》使"战斗内阁"承受了巨大的压力。在议会内，反对派议员扬言将竭尽全力阻挠该法案在复审时通过，哪怕折腾"一个夏季"也在所不惜。看来，《萨瓦里法》将导致一场政治危机。

3. 十分活跃和显眼的外交

在"战斗内阁"期间，法国无论在东西方关系上还是在南北关系上的外交活动都非常活跃。

密特朗总统继续执行倚美抗苏的策略，使北约的"双重决议"得以顺利实施、美国导弹在西欧的部署得以如期进行。然而，法美在经济上的冲突也曾一度升级。法国鉴于美元坚挺和法郎疲软导致汇率对自己不利的情势，建议召开一次新的"布雷顿森林会议"以重新调整各国货币汇率，美国则不以为然。在利率问题上，法国指责美国的高利率和高赤字的政策是转嫁赤字的政策，要求美国降低损人利己的利率，美国又针锋相对地予以回驳。双方在一些经济问题上的观点南辕北辙，又互不相让，致使两国关系紧张。然而，法美两国根本利益和战略目标是相吻合的，它们通过 1983 年 5 月在美国威廉斯堡举行的西方七国首脑会议，初步协调了双方的立场，达成了妥协的协议，使法美经济风波暂时平息下来。

在"战斗内阁"期间，法国对苏联的政策发生了戏剧性的变化。在初期，密特朗一方面根据议会通过的《1984～1988 年军事纲领法》，大力发展核独立力量，加强对苏联的防范，另一方面进一步冷却同苏联的政治关系。1983 年 4 月 5 日，法国总统亲自做出驱逐 47 名在法苏联外交官、记者和侨民的决定，把两国关系推入了冰河期。从 1984 年年中开始，考虑到北约和华约军事上的均势因美国中程导弹的部署正在恢复，密特朗着手解冻两国政治关系。他提出重开美苏谈判，实现双方均衡的裁军，恢复东西方缓和，推进法苏贸易。为此，他于 1984 年 6 月造访苏联，成为美苏谈判破裂后第一位同苏联领导人会晤的西方首脑。尽管法苏两国在欧洲安全、阿富汗、波兰问题上的鸿沟难以填平，但横在两国面前的坚冰已被打开，这不仅推动了两国关系的发展，而且重新发挥了法国在东西方关系中充当"中间人""调停者"的角色。

"战斗内阁"在前届政府调整和密切与联邦德国关系的基础上，着手推进西欧的联合。1984 年 6 月，在法国的倡议下，西欧联盟外长在巴黎举行会议，讨论和通过了法国关于恢复西欧联盟活动的一揽子建议，使沉睡多年的西欧联盟苏醒并开始活跃起来。此外，法国总统作为共同体理事会主席，同英国等国经过艰苦谈判，于 1984 年 6 月就共同体预算摊款和农业政策达成妥协，终于搬掉了欧洲共同体道路上的两块绊脚石，使踏步不前的共同体重新获得了动力，迈开了前进的步伐。

在就任总统之前，密特朗曾经三次访华，对中国具有特殊的感情，"这三次访华，我的地位虽然变了，但是我对中国的感情始终没有变"。[1] 他认为："中国在世界事务中起着重要的作用，尤其是在维护世界和平和均衡方面。"[2] 正是基于上述的认识，"战斗内阁"期间中法关系有了新发展。1983年5月3日至7日，密特朗应邀访问中国，就东西方关系、南北关系、建立国际经济新秩序同中国政府和领导人取得相同或相近似的看法。在柬埔寨问题上，法中两国的分歧已经缩小，误解已经消除。双方都认为越南军队全部撤出柬埔寨是政治解决柬埔寨问题的关键。法中两国还签订了法国向中国提供四座核反应堆的谅解备忘录，把双边经济和贸易推进了一大步。翌年6月，中国总理造访法国，成为中法政治、经济和贸易交往与合作的新里程碑。

三　欧洲议会选举及其后果

1984年6月的欧洲议会选举原属欧洲共同体范围内的事务，但它同样是反映各个成员政治气候的晴雨表。法国现行的政治格局正是通过这次选举发生了令人瞩目的变化。

密特朗在总统选举中夺魁和社会党在立法选举中获胜，导致了左右两大派互易其位：原左翼反对派重归于好，携手合作，组成执政多数派；原右翼多数派由团结走向分裂，成为在野反对派。而法国政治格局依然如故，未起根本性的变动。但是，自左翼执政以来，两大派力量对比和四大政党地位开始了升降沉浮的过程。

当变革受挫和新经济政策四处碰壁时，法国选民的不满情绪在滋长，中产阶级也叫苦不迭，"对社会主义灰心丧气者"日益增多。在这种情势下，多年受到抑制的保守因素和右翼思潮重新找到市场，开始抬头，对"玫瑰花"的热情逐渐减退。这表现在1982年1月四个选区的议员补缺选举中，社会党候选人全部名落孙山。在同年3月的省议会选举中，左翼多数

---

① 1983年5月3日在中国国务院总理举行的欢迎宴会上的讲话。

② 《人民日报》1981年2月13日。

派所获选票低于右翼反对派。1983 年 3 月的市镇选举，社会党丧失了许多城镇。社会党原打算通过一系列地方选举来扩大在地方上的势力，结果未能如愿。尽管它不影响社会党在议会和政府中的地位，却为未来的前途蒙上阴影。

法共原打算通过参加联合政府来改善形象，扩大在选民中的影响，但适得其反。它在议员补缺选举中和地方选举中总是落人之后，连连败阵。事实证明，法共正在面临着历史性的衰退。

经济政策的失败和法国经济形势的恶化也影响了左翼两大党的关系。在左翼执政初期，社会党的改革得到了法共的全力支持和密切配合。法共总书记马歇在 1982 年 2 月举行的法共二十四大上说："每个共产党员的言行都应该作为多数派一员和政府的代表。"就这样，左翼联盟度过了整整一年的蜜月生活。从 1982 年 6 月社会党放慢改革的步伐和实行"双冻结"起，法共开始改变立场，采取了有保留地支持社会党的策略，左翼联盟和执政多数派内开始出现裂痕。随着"战斗内阁"推行更加严厉的经济政策，法共逐渐加强了对社会党的批判，社会党也反唇相讥，使两党在内政和外交上的分歧公开化、矛盾尖锐化。两党曾多次会谈协调双方的立场：社会党要求法共在言行上支持政府；而法共则拒绝"俯首帖耳"，坚持自己的立场。1984 年 4 月，马歇还亲自参加洛林钢铁工人"向巴黎进军"的游行，利用工人运动从外部向政府施加压力。左翼联盟逐渐松弛下来，执政多数派的团结正经受严峻的考验。

保卫共和联盟在总统选举和立法选举失利后，曾一度陷入混乱。然而，通过 1982 年 1 月图卢兹代表大会，它整顿了组织，确立了希拉克在党内的不可动摇的地位，给戴派组织注入了活力，从而得到较快恢复和发展。

法国民主联盟因瓦莱里·吉斯卡尔·德斯坦丢失总统宝座和失去近一半议席而受到沉重打击，士气消沉，组织涣散。从 1981 年年底至 1982 年年初，各派先后召开代表大会，整顿组织，更换领导；一度销声匿迹的前总统从隐居中走了出来，组织"法国未来委员会"，拟订在"社会主义之后"重新"接任"的计划。法国民主联盟正在缓慢地恢复元气。

右翼两大党在整顿组织后，决定捐弃宿怨，加强合作。尽管它们处于少数和在野的地位，但在议会中拥有近 1/3 席位，具有相当的实力。它们扬长避短，因势利导，制定了一套对付左翼多数派的策略。第一，大肆渲染左翼政权在改革和新经济政策中的失误，行攻击之实。它们还在议会中动辄提出对政府的不信任案，并以政府政策丧失连贯性和继承性为由，无端地挑起关于政府和总统是否合法的争论。这样做虽然不能奏效，但起着蛊惑人心和干扰议会正常工作的作用。第二，提出新口号同左翼抗衡，以争取中间群众。保卫共和联盟提出"共和主义"口号，决心保卫第五共和国政治体制，同社会党的"法国式的社会主义"和法共的"法国色彩的社会主义"① 划清界限，力求吸引要求变革但又不愿破坏现存社会秩序的中间选民。法国民主联盟也再三表白自己是"中间党派"，目标是要建立一个"中间人士政权"，以讨好中间选民。第三，自下而上逐级夺取政权。反对派最终目标是控制议会，重返马提翁大厦和爱丽舍宫。为此，它们稳扎稳打，继夺得省议会选举胜利后，又乘胜追击，夺取了市镇选举的胜利。右翼反对派在历次选举中所取得的进展促使法国政治形势发生了逆转。

在筹备欧洲议员选举过程中，依然是法国"四人帮"的活动统治了法国政治舞台。社会党和法共决定提出各自的候选人名单，一是由于比例代表制为它们单独竞选提供了可能性，二是两党在欧洲问题上的观点南辕北辙，无法调和。保卫共和联盟和法国民主联盟则吸取了上届欧洲议会选举的经验教训，决定联合行动，提出了"保卫欧洲和自由的反对派联盟"统一候选人名单。

此外，极右国民阵线的活动也十分引人注目。它在 1983 年 9 月的德尔市镇选举中一举夺得 16.72% 有效票，初露头角，接着在多次议员补缺选举和地方选举中都取得进展。国民阵线为欧洲议会选举提出了"保卫祖国的欧洲全国反对派阵线"候选人名单。

6 月 17 日的选举结果，社会党和左翼激进党人运动获得 20.75% 有效票，取得 20 席；法共和进步人士联盟② 为 11.20% 有效票，取得 10 席；保卫共和联盟和法国民主联盟共为 43.02% 有效票，取得 41 席；国民阵线为

---

① 法国色彩的社会主义法文为 "le socialisme aux couleurs de la France"。

② 进步人士联盟法文为 "l'Union progressiste"。

10.95% 有效票，取得 10 席。一个原先在法国政坛上默默无闻的小党国民阵线，竟然在这次选举中异军突起，所获选票同法共并驾齐驱，出乎人们意料。法国舆论惊呼“国民阵线现象”为“勒庞现象”。

国民阵线成立于 1972 年 10 月 5 日，由新秩序运动①演变而来。它继承了从传统的君主主义、民族主义到现代新法西斯主义的极右思潮。国民阵线主席让－马里·勒庞在历史上就是一个臭名昭著的人物，曾作为布热德分子②当选为议员，疯狂反对阿尔及利亚独立。25 年来，他一直为希特勒和法西斯张目，宣扬狭隘的民族主义，提出“法国是法国人的！”“法国人第一，移民滚回去！”等排外主义和种族主义口号。在欧洲议会选举期间，他抛出了《法国人第一》著作和竞选纲领。在著作和纲领中，他要求修改宪法，限制罢工，加强专政和治安，谴责移民等。这样的极右组织及其领导能在选举中大受青睐，一方面是由于在经济危机打击下的部分选民对现状不满，滋长了民粹主义和排外主义情绪，国民阵线的纲领和口号正好迎合了他们的需要。另一方面，还有对现状不满的部分选民投了它的票，以示对左翼政权的“惩罚”和“警告”。

国民阵线的崛起突破了法国四大政党称雄十年的政党生态，也冲击着法国左右两极化的政治格局。从此，它经常在法国从中央到地方的各类选举中发起向四大政党的挑战，争夺传统政党的选民，从而对左右两大派和传统四大政党的结盟策略都将产生重大影响。

此外，欧洲议会选举还使左右两大派的力量对比发生了有利于右翼反对派的变化。从两大派拥有选票来看，在 1981 年立法选举的第一轮投票中左翼共获得 54.15% 有效票，而右翼只得 42.90% 有效票。两派相差超过 11%，比例悬殊。而在这次选举中，左翼只得到 31.95% 有效票，右翼上升到 43.02% 有效票。右翼反而超过 11%，它说明右翼势力和影响在迅速扩大，形势对右翼反对派十分有利，而执政的左翼变成了“事实上的少数派”。如果左右两大派的力量对比继续朝着这种逆转的方向发展下去，那将给左翼多数派及其政权带来严重的后果。

---

① 新秩序运动法文为 “le Mouvement de l'ordre nouveau”。
② 布热德分子法文为 “le poujadiste”。

第三节　法比尤斯政府及其内外政策
和议会选举

一　政府改组和私立学校改革风波的平息

1984 年 7 月 17 日，法国政府突然发生变动，密特朗总统接受了皮埃尔·莫鲁瓦总理辞呈，任命工业和研究部原部长洛朗·法比尤斯为新总理并组织第五共和国第 18 届政府。

入夏以来，法国政界和舆论界沸沸扬扬，盛传政府改组的可能性，但是，改组时间之早和规模之大却在人们意料之外。

触发这次变动的直接原因是私立学校改革问题。"战斗内阁"提出改革私立学校这样一个在法国十分敏感的问题，导致法国社会的激烈动荡。反对派更是借机寻衅，声浪甚嚣尘上。尽管国民议会断然驳回了参议院关于就改革法案直接诉诸公民投票的动议，左翼多数派取得了第一回合的胜利，但反对派绝不善罢甘休，准备斗争到底。正是在一场更大规模的风暴可能触发的微妙时刻，密特朗总统采取"以退为进"的策略，于 7 月 12 日改变私立学校改革的初衷，收回成命，并建议就修改宪法问题于 9 月间举行公民投票。这就使"战斗内阁"陷入困境，被迫下台。

当然，这场政治危机的发生还有更深刻的缘由。在经济方面，"战斗内阁"的紧缩经济政策固然初见成效，如外贸逆差逐渐缩小和通货膨胀得到一定程度的控制等，但经济复苏仍显迟缓，社会购买力继续下降，失业有增无减。人民的不满情绪在进一步发展，社会冲突陡增，其规模也在扩大。这就严重地损害了执政党的形象，大大降低了政府的威信。在政治方面，刚刚结束的欧洲议会选举造成左右两大派力量对比的逆转以及法国政治格局和政党格局遭到冲击，把总统及其政府置于十分尴尬的境地。如果照此发展下去，两大派力量差距继续拉大，那么，爱丽舍宫和马提翁大厦的工作必将处处捉襟见肘，甚至经过数十年奋斗赢得的政权就有得而复失的危险。总之，经济和政治因素决定政府的更迭势在必行。

　　法比尤斯政府在人事结构上有很大的连续性。在新政府 43 名成员中，上届政府成员留任的人数为 34 名。其中负责国防和外交的部长均未易人，经济、财政和预算部部长雅克·德洛尔被皮埃尔·贝雷戈瓦所取代，但后者是上届政府严厉经济政策的制定者。因此，人事结构的安排反映出新政府在经济、防务和外交上的基本方针不会做重大的变动。

　　在组织政府期间，法共代表团多次同新总理紧急磋商，要求新政府在经济政策上改弦更张，大量增加投资和刺激消费，重点解决失业问题。这些建议同总统和新总理的思路大相径庭，自然遭到坚决拒绝。在这种情况下，法共毅然地退出政府，致使历时三年的左翼联合执政局面宣告结束。法共的举动实际上是近几年来左翼两大党矛盾发展的必然结果，也是法共在左翼结盟策略遭到惨败和痛定思痛之后所做出的选择。法共退出政府缩小了新政府的政治基础。

　　在新政府中，总理和九名部长属密特朗派，占部长人数的一半以上。法比尤斯 1946 年 8 月 20 日生于巴黎一个大古玩商家庭，毕业于巴黎政治学院，1971～1973 年在法国国家行政学院深造，1974 年加入社会党，1975 年任密特朗经济顾问并获得密特朗的赏识和重用，1976 年任密特朗办公室主任，1978 年起为国民议会议员，1978 年任密特朗总代表，1979 年当选为社会党执行局委员，1981 年为密特朗竞选总统的负责人之一，1981～1984 年进入政府。法比尤斯是法国从第三共和国以来最年轻的政府首脑，是总统的亲密合作者和智囊团中的核心人物，被总统称为最能"解释"他的思想的人。九名部长占据了国务、经济、外交、国防、内政、司法、工业和外贸、运输等全部关键性职务。新政府以密特朗派为主体，有利于消除政府内部分歧，贯彻总统的大政方针。新政府还兼顾了社会党内部的其他主要派系，如莫鲁瓦派、罗卡尔派、舍韦内芒派[①]等，因而有利于加强社会党内部团结，共同迎接 1986 年的立法选举。

　　密特朗总统起用法比尤斯为总理，旨在赶在议会换届选举以前，争取法国经济的明显好转，以便改善社会党的地位，赢得选举的胜利，并为

---

　　① 舍韦内芒派法文为 "les chevènementiens"。

1988 年的总统选举打好基础。

新总理表示绝不让紧缩经济政策半途而废，因为它已使法国经济稍有起色。同时，他强调，"实现法国的现代化"将是政府致力于加速法国经济复苏的基调，他将身体力行地执行工业调整政策，以恢复经济平衡。为实现上述目标和对付众多的经济难题，法国政府于 7 月 19 日决定减少职业税和对企业投资的征税，减轻企业的负担。在此以前，法国总统还亲自宣布减税 8%，其幅度是"第二次世界大战结束以来最大规模的一次"，以便刺激社会投资的积极性。

法国政府还提出了 1985 年度财政预算，进一步贯彻紧缩和"现代化"的精神，如严格控制开支、减少义务性扣除、继续减税、大大提高对工业和研究的拨款。

新政府刻不容缓的任务自然是消除直接造成政局动荡的因素，平息私立学校改革引起的风波。为此，新政府根据总统的建议，提出修改宪法第 11 条，扩大公民投票的范围，并提交议会两院讨论和公民投票表决。反对派决心从中阻挠，他们指责政府企图借修改宪法之名行扩大总统权力之实，决定首先在参议院特别会议上发难，提出了"先决问题"的提案（拒绝讨论法案本身的内容）。提案于 8 月 8 日晚经过激烈辩论以 207 票赞成对 106 票反对获得通过，从而否决了政府的修改宪法法案。"公民投票战役"在第一回合中以反对派的胜利而告结束。

但是，由于修改宪法和公民投票关系到总统的权威，政府绝不会善罢甘休。它一方面由新国民教育部部长舍韦内芒负责与支持和反对私立学校改革的社会伙伴进行磋商，争取拿出一个双方均可以接受的新方案；另一方面，它利用多数舆论难以理解反对派抵制公民投票的做法，积极争取群众，在政治上置反对派于被动地位。在整个夏季，执政多数派和反对派都在蓄积力量，准备迎接下一回合的争斗。

进入 9 月，法国政坛继续升温。国民议会复会后立即审查和讨论宪法修改方案，并以 324 票赞成对 158 票反对获得通过。当新法案回到参议院时，后者如法炮制，再次以"先决问题"予以否决。这样，按宪法第 89 条关于修改宪法必须由议会两院通过才能生效的规定，法案已成为"死胎"，政府

的企图化作泡影，私立学校改革不了了之，由此引起的风波也逐渐平息
下来。

二　新喀里多尼亚的困扰和"彩虹战士"号爆炸丑闻

新喀里多尼亚问题从 1984 年冬至翌年夏一直困扰着法国当权者。

新喀里多尼亚属于法国的三块海外领地之一。社会党政府在 1981 年 8
月 26 日确定了"各种族之间在经济、社会和文化领域中的不平等是不能接
受的"原则，并根据 1982 年 2 月 4 日议会的授权，准备对海外领地进行改
革。在这以后，政府在新喀里多尼亚土著卡纳克人强烈要求独立的压力下
加快了对该领地改革步伐，于 1983 年 7 月 12 日承认"最早来此定居的卡纳
克人有获得独立的权利"，许诺将采取"实现自决的步骤"。接着，法国政
府提出了《关于新喀里多尼亚内部的、渐进走向自治的特别章程》，规定五
年后举行公民投票决定新喀里多尼亚的前途。

这个章程实际上是戴高乐在解决阿尔及利亚问题中出笼的绥靖计划的
翻版，旨在拖延时间。所以，当 1984 年 11 月新喀里多尼亚举行领地议会选
举时，以卡纳克人为主的独立组织卡纳克社会主义民族解放阵线①号召抵
制，并与坚持该岛留在法国内的欧洲人后裔发生多次流血冲突。一时间，
新喀里多尼亚岛上风波迭起，引起法国国内和国际舆论的关注。

法比尤斯政府担心这场风波在其他海外领地引起连锁反应，也害怕新
喀里多尼亚"国际化"，决心平息动乱，缓和矛盾。它于 1985 年 1 月提出
新的《皮萨尼计划》②。计划承认新喀里多尼亚为多民族的独立国家，但同
法国保持"联系国"的关系，其外交、防务和治安等大权仍由法国控制。
计划同意增加土著人在领地议会中代表，扩大领地议会权力等，许诺尽早
通过公民投票实现独立。法国总统还在这一年万里迢迢两次飞赴南太平洋，
安抚当地人民。

右翼反对派对社会党政府解决新喀里多尼亚问题的做法不以为然。他

---

① 卡纳克社会主义民族解放阵线法文为"le Front de liberation nationale Kanake et socialiste
（FLNKS）"。

② 该计划以法国政府驻新喀里多尼亚总代表埃德加·皮萨尼的名字命名。

们反对海外领地的改革和新喀里多尼亚的独立。吉斯卡尔·德斯坦在议会中鼓吹"捍卫"法国领土完整，把新喀里多尼亚"划为海外省"，直接并入法国领土。在《皮萨尼计划》问世后，反对派又在新喀里多尼亚独立方式上大做文章，反对派报刊也配合大肆渲染，使新喀里多尼亚问题成为法国舆论争论的主题，左右两大派斗争的焦点。

为了缓和同反对派的紧张关系和照顾新喀里多尼亚岛上欧洲人后裔的要求，法比尤斯政府从原来立场上退却，撤换了埃德加·皮萨尼总代表的职务，提出了延长独立的日程表。同时，它还向该岛增派军队，宣布实行六个月紧急状态，加强对新喀里多尼亚的控制。

在法国政府软硬兼施下，新喀里多尼亚的动乱暂告平息。但是，反对派和执政党在新喀里多尼亚问题上的观点和政策的分歧依然如故，卡纳克人争取独立的斗争也未止息，新喀里多尼亚犹如一股潜流，随时都有重新掀起风波的可能性。

"彩虹战士"号①爆炸丑闻在 1985 年夏季左右了整个法国政治生活，成为法国报刊和舆论的热门话题。

绿色和平运动组织的旗舰"彩虹战士"号在准备前往法国在南太平洋的穆鲁罗瓦岛核试验场周围抗议核试验时，于 7 月 10 日在新西兰奥克兰港神秘地被炸毁，船上一名摄影师当场死亡。当新西兰在调查中发现爆炸案与法国的情报部门"法国对外安全总局"有牵连时，法国舆论为之哗然，在国际上也闹得沸沸扬扬。

为了维护法国的声誉和解脱国家最高层的干系，法国总统打破近月来的缄默，于 8 月 8 日亲自签发一项手令，责成总理派专人迅速查清事实真相。曾经担任过戴高乐总统府秘书长的贝尔纳·特里科交出了一份报告，宣称受到指控的五名法国特工人员"清白无辜"，同案件毫无牵连，"在政府一级，没有做出过使'彩虹战士'号受到损害的任何决定"。随后，密特朗亲往穆鲁罗瓦岛核试验中心视察，重申坚持核政策和待在该地区的决心。"彩虹战士"号事件似有平息之势。

---

① "彩虹战士"号外来语为 *"le rainbow warrion"*。

9 月初，法国报界连曝内幕。素以持重著称的《世界报》首先发难，指出特里科调查报告漏洞百出，不能自圆其说，径直披露爆炸事件系法国对外安全总局第三组特工所为。《快报》不甘落后，抛出爆炸案详情。这些报刊的调查不谋而合，证据确凿，不容置疑，从而使扑朔迷离的"彩虹战士"号事件渐露端倪。它形成了一股强大的冲击波，震撼了法国朝野。从此，"彩虹战士"号爆炸案被喻为法国情报部门的"水门事件"，成为法国政府中的丑闻。

法比尤斯总理在事实面前再也无法抵赖了，被迫公开承认错误，下令彻底改组法国情报机构，解除法国对外安全总局局长皮埃尔·拉科斯特的职务，公认为政府中最有权威的国防部部长、总统的密友夏尔·埃尔尼也引咎挂冠而去。法比尤斯把责任推到法国对外安全总局局长和国防部部长这一级，实际上是"舍车马保将帅"的策略。反对派报刊因此穷追不舍，提出种种疑点，矛头直指爱丽舍宫和马提翁大厦，但由于拿不出真凭实据，只得作罢。

毋庸置疑，"彩虹战士"号爆炸丑闻大大损害了法国在世界上的地位和威信。它促使法国与新西兰交恶，推动了南太平洋诸国抗议法国在该地区进行核试验的运动，法国在南太平洋地区处境十分不妙。此外，法国政府在丑闻中自顾不暇，穷于应付，无力在欧洲共同体内采取主动行动，这就降低了法国在欧洲事务中的地位和削弱了其作用。这一丑闻发生在戈尔巴乔夫访法前夕，法国因此失去了与苏联打交道时经常亮出的人权问题的王牌，并进而削弱了其在谈判中的地位。

法国情报部门的"水门事件"在法国也产生了不可低估的影响。它在相当程度上损害了社会党总统和政府的形象，降低了社会党在选民中的信誉。

三　议会换届选举及其意义

第五共和国第八届国民议会选举的帷幕在 1986 年 3 月拉开。这次立法选举是在社会党上台执政五年之后举行的，不仅对执政党以及其他政治力量都是一次新的严峻考验，而且关系到法国今后的政治前途。

自政府改组以来，左翼两大党就法比尤斯政府紧缩经济政策和社会政策的分歧日趋严重，论战不断升级。法共领导迫于基层组织和广大党员的压力，改变了参政路线，进而再次抛弃了左翼联盟策略。9月6日，法共政治局委员、《人道报》① 社长开始放风，暗示法共脱离了多数派。接着，法共总书记马歇于9月8日在《人道报》节日活动中更加明确表示，鉴于"执政协议只是一纸空文"，"我们不属于最终不奉行多数法国人在1981年主张奉行的政策的联盟"。法共领导人改变对左翼联盟的初衷得到1985年2月举行的法共第二十五次全国代表大会的认可。这次代表大会还确定了一条新民众多数派②的路线，来取代左翼联盟策略。这一戏剧性的转变导致了历时三年多的左翼联盟的破裂，从此，法共既不属于执政派，也不属于反对派，它游离在这两派之间。

自欧洲议会选举以来，法国政治力量对比继续朝着有利于右翼反对派的方向发展。在1985年3月的省议会选举中，左翼政党只获得41%的有效票，还在下跌；而右翼反对派获得58%的有效票，再次取得进展。左右两大派的实力差距为17%，又扩大了许多。

在极右国民阵线崛起之时，多数法国舆论认定"勒庞现象"只是暂时性的。但是在省议会选举中，国民阵线所获得的有效票接近欧洲议会选举时的水平，它无可辩驳地证实：国民阵线的政治地位得到肯定，"勒庞现象"将长期存在下来，它将不断地冲击法国政治生态和政党格局。

这样的政局对反对派十分有利，而把执政党置于被动的地位。在竞选运动中，执政党要努力改善自己的处境，变被动为主动；反对派则要乘胜追击，企图压倒对方，实现夺权的夙愿。由于双方在外交政策和防务政策上同出一辙，在经济政策上自社会党政府改变航向以来都主张搞自由化，没有什么文章好做，因此，它们都在形象和口号上下功夫，如在电视屏幕上淋漓尽致的表演，在广播中哗众取宠的许诺，在集会上令人瞠目结舌的相互攻讦，在招贴画上生动形象的比喻等。这次立法选举运动颇有点"美国色彩"。

---

① 法国《人道报》法文为"l'Humanité"。
② 新民众多数派法文为"le Nouveau rassemblement populaire majoritaire"。

　　社会党利用人心思定的心理，揭露右翼要充当"摘桃派"的企图，提出"左翼播下的种子（紧缩政策）应由左翼收获"，拼命渲染右翼上台将给法国带来混乱和动荡，讨好和争取动摇不定的中间选民。密特朗总统也亲自介入，他极力宣扬执政党五年来的政绩，为社会党撑腰打气。保卫共和联盟和法国民主联盟自 1984 年政府改组以来，在对待公民投票法案和修改宪法问题上、在起用党内年轻一代新人问题上、在缓和政治紧张气氛问题上出现分歧，争吵不休。随着选举的临近，两党开始捐弃前嫌，弥合裂痕，协调立场，求同存异，于 1985 年 4 月签署了联合执政协议，1986 年 1 月 16 日进一步达成了共同竞选纲领，并在 2/3 的省里提出了联合候选人名单。反对派在结盟策略上比左翼两大党高出一筹。

　　1986 年 3 月 16 日，法国本土 3660 多万选民按 1985 年 4 月的省级一轮比例代表制①的新选举法投票。投票结果，社会党和左翼激进党人运动获得了 31.6% 有效票，在总共 577 个席位中分得 215 席。它终于实现了既定的目标，保住了第一大党的头衔，但丧失了在议会中绝对多数的地位。右翼两大党共获得 42.1% 有效票，分得 274 席，已从少数派一跃而为多数派，部分地实现了凤愿。法共只获得 9.7% 有效票和 35 个席位，再次跌到历史上最低水平。国民阵线获得 9.8% 有效票，超过法共，在席位上与法共持平。国民阵线首次挤进了第八届立法机构，在政治上站稳了脚跟，从而形成了五大政党争雄的新党派格局。

　　社会党失败早已为人们预料到：第一，政府的严厉政策固然在制止通货膨胀和缩小外贸赤字方面稍如人意，如 1985 年通货膨胀率降至 5.3%，低于西欧国家平均水平，外贸赤字减至 210 亿法郎。但 1985 年国内生产总值仅增长 1%，在西欧国家中是最低水平；失业人数达 240 万，十分严重。对此，选民日益失望和不满。第二，社会党的"内耗"，如各派系之间对改革和经济与社会政策的分歧、总理与第一书记之间争夺领导选举运动之纠纷，以及诸如"彩虹战士"号爆炸丑闻，都大大损害了执政党的威信，影响了左翼和中间派选民的情绪。第三，左翼联盟的破裂使社会党政治基础

---

　　①　省级一轮比例代表制法文为 "le scrutin proportionnel（listes départementales）à un seul tour"。

缩小，在竞选中受到左右两方面的夹击，处境艰难。

这次国民议会选举的结果，打破了第五共和国政治体制建立以来同属一个政治派别的总统、总理和议会多数派共同治理国家的框架，使法国处在总统和新议会多数派分属不同政治派别的微妙局面。在这种情况下，总统必须接受新多数派存在这一事实，并与之共事，而新多数派在议会中是微弱多数，难以逼走总统。总之，总统和议会多数派双方都不能与多数选民的选择相违迕，这就把左翼总统和右翼多数派推上了一条"共处"的航船，共同管理国事，在法国政治史上开始了一个罕见的政治"共处"和左右"共治"① 的历史时期。

第四节　艰难而微妙的左右"共治"

一　希拉克政府的建立

本来，密特朗总统可以自由地选择总理，不受任何方面的约束。但是，新多数派的形成和政治"共处"局面的出现，使法国总统挑选的回旋余地缩小。他必须尊重多数选民的意愿，承认新多数派存在的事实，从新多数派中进行选择，"即由国民议会第一大党的代表担任总理"。②

议会选举一旦结束，左右翼各方都偃旗息鼓，停止攻讦，为和解创造气氛，探索政治"共处"的途径。整整两天，各方进行频繁的磋商，总统多次召见雅克·希拉克。希拉克是新多数派领袖，又是最大的右翼政党党魁，自然特别受到总统的青睐。密特朗承认："从右翼获胜的第二天起，我就向法国人宣布，我将请获胜阵营的领导人入主马提翁大厦，而且就在这个时刻，我已决定这将是雅克·希拉克。"③ 几经会谈，他们终于取得谅解，达成左右"共治"协议，即在外交部部长和国防部部长人选方面必须与总

---

① 共处、共治法文为"la cohabitation"。

② 雅克·希拉克：《希拉克回忆录》，（1932～1995），译林出版社，2010，第187页。

③ 皮埃尔·法维埃、米歇尔·马丹－罗朗：《密特朗掌权十年》（第2卷）（1984～1988），世界知识出版社，1995，第440页。

统"和谐"。3 月 20 日，密特朗总统接受洛朗·法比尤斯政府辞呈，任命雅克·希拉克为新总理并组织第五共和国第 19 届政府。

过去，第五共和国总统不仅任命总理，而且越俎代庖，亲自挑选政府成员。现在，希拉克总理要回收宪法赋予的职权，担负起提名政府成员的使命。他分三批提出人选，并组成以保卫共和联盟和法国民主联盟头面人物为主体的新政府。

在新政府 41 名成员中，地位仅次于总理的国务部长爱德华·巴拉迪尔具体负责经济、财政和私营化"超级部"的工作。巴拉迪尔长期是蓬皮杜总统最亲密的合作者，后来他改换门庭，择主而事，成为希拉克的亲信、知己和心腹谋士。辅佐国务部长的有负责私营化的部长级代表卡米耶·卡巴纳、负责预算的部长级代表阿兰·朱佩和负责外贸的部长级代表米歇尔·努瓦尔，他们三人也都是希拉克派人物。此外，新政府中其他关键的部，如内政部、掌玺与司法部、海外省和海外领地部、社会事务和就业部，都为戴派所把持。新总理凭着这班人马，可以放心大胆地推行右翼的经济和社会政策。

新政府的成立标志着左翼总统和右翼总理的"共治"正式开始，这种"共治"十分艰难和微妙。首先，按第五共和国创始人当初的构思，总统作为国家权力的中心必须有一个同属政治派别的议会多数派，总理和政府为中流砥柱，而目前形势恰恰大谬不然。因此，总统权力势必受到新多数派、新总理及其政府的挑战。其次，右翼政府扬言要兑现它的竞选施政纲领，推行由法国人"选择了的一项新政策"。这项新政策与左翼总统的初衷背道而驰，从而有使左翼成果受到损害的危险。左翼总统绝不会等闲视之。在权力和政策的明争暗斗中，密特朗总统随时可以使用宪法赋予的任免总理、解散议会直至提前大选等几张牌，来对付欲要分庭抗礼的右翼总理及其政府；而希拉克也会挥舞自己的武器，如议会两院的多数，来要挟左翼总统。

总之，密特朗在任命新总理前与希拉克有个相互遵守宪法的约定[1]，但是，左翼国家元首和右翼政府首脑都拥有处置对方的手段，又都有各自的

---

[1]　详见雅克·希拉克《希拉克回忆录》（1932～1995），译林出版社，2010，第 187～188 页。

弱点，这就使得政治"共处"和左右"共治"非常微妙又十分脆弱。双方都不愿违背多数选民的意愿，都打算利用共处形势蓄积力量准备大选，不敢贸然挑起事端，制造突发事件。他们竭力克制自己，把斗争囿于政治"共处"和左右"共治"所能允许的范围内。密特朗确定两条作为共治的行动准则：一是"让政府治国"，二是"不会袖手旁观"。至于希拉克，他也行动小心，避免"羞辱总统"。

二　自由主义的改革

希拉克政府依靠议会中多数派和多数选民的支持，有总统"让右翼实行它的新自由纲领"这样一句话作保证，进行了比较深入的和比较广泛的自由主义改革。改革重点放在选举法、经济和社会方面。

1. 恢复单记名多数两轮投票制

恢复单记名多数两轮投票制是新政府政治改革的主要目标。戴高乐曾一语道破了选举法修改的动机："任何政党都是仅仅从其本身的利益来看待选举法的修改的。"执政派也越不出这个窠臼，鉴于右翼目前在议会中只是微弱多数，使用单记名多数两轮投票制就能够在议会中造就一个稳定的多数派，从而有可能加强右翼执政的地位，保持政局的稳定。执政派声称，恢复单记名多数两轮投票制最符合第五共和国宪法的精神。

选举法的改革牵涉法国各个政治力量的切身利益，自然引起各方的关注，在总统与总理之间以及朝野之间展开了激烈的交锋。

选举法改革分两个步骤进行。第一步是恢复单记名多数两轮投票制。本来，希拉克政府曾获得议会授权，准备以最简便和迅速的法令形式废除比例代表制和恢复单记名多数两轮投票制，但是，密特朗总统以比例代表制"最民主"为由拒绝在法令上签字。希拉克政府欲速而不达，被迫以"承担政府责任"方式要求议会不经实质性辩论通过。社会党为了维护改革成果，于5月23日对政府提出弹劾，并得到法共和国民阵线的支持。不过弹劾案因票数不足未获通过，恢复单记名多数两轮投票制的法案得到批准。

第二步是划分选区。希拉克政府审慎地处理这个十分敏感的问题，它用了几个月时间，由内政部精心设计，经过专门成立的"贤人委员会"的多次咨询，还在行政法院从法律角度论证，最终于 9 月 24 日经由部长会议讨论通过改革方案。政府为了尽可能减少与反对派的摩擦，在划分选区时照顾了社会党的利益。在立案过程中，法令又一次遭到总统的拒绝，密特朗这次举动主要着眼于下届总统选举。由于新选举法和新选区划分法对法共极为不利，法共采取了坚决反对的态度。而总统采取与法共同一立场，就有可能在下届总统选举中获得法共的同情和支持，赢得更多的选票，增加同右翼抗衡的资本。政府不得已于 10 月 13 日第六次以"承担政府责任"方式强行使议会通过。社会党也如法炮制，第七次弹劾政府，但同样未获成功。自此，选举法的改革完成立法程序。

总统与总理、执政派与反对派围绕着选举法改革的冲突并不像人们所预料的那么严重，这是因为法国政治力量对比并未发生逆转：9 月参议院选举结果表明，法国政治天平依然向执政派倾斜；公众舆论还对左右"共治"抱着颇为浓厚的兴趣并寄予厚望。在这种不利的形势下，总统和社会党不敢贸然行动，突破现有的政治格局。

新选举法有利于结成联盟的右翼，而不利于四分五裂的左翼。如果按新选举法举行新的选举，则必将出现执政派所希望的那种局面，造就一个稳定的多数派。所以，新选举法在客观上削弱了密特朗抗衡新多数派和希拉克政府的手段，使他动用解散国民议会和提前大选手段来要挟右翼的可能性变小。这就反过来巩固了政治"共处"，加强了新多数派和政府在改革中的地位。

2. 私有化

私有化是现政府经济改革的重点。鉴于法国国有企业生产效率低，亏损严重，债台高筑，已成为国家的沉重包袱，执政派根据减少国家干预、强调发挥市场调节作用、加强法国产品竞争力为主要内容的自由主义理论，准备反其道而行之，将国有企业私有化。

希拉克政府上台不久立即出台了私有化方案。方案计划在五年内分期分批将 65 个国营企业、银行和保险公司私有化，总资产高达 2750 亿法郎。它包括 1981 年以来国有化的工业公司和银行，还包括战后初期国有化的三家大银行。方案还采取了稳定私有化企业的措施，如在私有化企业中投资者组成一个"硬核"，确保在一定时期内私有化企业的资本不变；把企业10%的股份以优惠条件出售给本企业职工等。密特朗总统于4月9日又一次拒绝在法令上签字，而希拉克政府也再次动用宪法第49条，强行使议会通过，从而完成了私有化立法手续。

从1986年11月开始，法国政府抛售了所持有的圣戈班工业集团、巴黎荷兰银行、法国电力总公司、苏伊士金融公司等13家企业、银行和保险公司的股份。约有600万法国人积极踊跃地抢购，形成了一股热潮。通过两年的私有化，法国政府增加了约1000亿法郎的收入，缓解了巨额财政赤字的压力。

此外，希拉克政府还以法郎贬值为起点，改革税制，减少税收；废除1945年物价管制政令，完全放开物价；放宽外汇控制；降低利率。以私有化为中心，辅以这些措施，鼓励了自由竞争，增强了法国企业的活力。

现政府的经济改革差强人意。1986年法国经济增长率为2.5%，达到20世纪80年代以来的最高水平；通货膨胀率为2.1%，降至23年来的最低点；外贸收支显著地改善。1987年经济增长率为2.1%，通货膨胀率为3.1%。当然，法国经济日见起色同石油价格下跌和美元利率下降等国际经济环境也有关。但是，政府与失业作斗争的成绩欠佳，1986年法国失业人数继续上升，达到250万，1987年仍然居高不下。

3. 社会改革

右翼执政派懂得，社会问题与法国人日常生活密切相关，不能用经济改革那样大刀阔斧和雷厉风行的方式，更不能对社会党的社会改革主要成果实行"反攻倒算"。它谨言慎行，保留了左翼社会改革的一些成果，如每周39小时工作制、五周带薪休假、《奥鲁法》等。即便如此，希拉克政府在社会改革中每走一步，都要引起各方的强烈反响。

希拉克政府于1986年11月28日将以高等教育部的部长级代表名字命名的《德瓦凯法案》提交议会讨论。法国学生们认为法案剥夺了一些人入学的权利，是对平等的侵犯。自11月23日起，法国大中学校学生和教职工纷纷罢课、罢教，要求撤销法案。11月27日，巴黎20多万大中学校学生走上街头，举行声势浩大的抗议活动，学潮波及法国其他城市。12月4日，

50 多万人的示威游行把学生运动推向高潮。在游行中，警察与示威者发生冲突，酿成流血事件，这就进一步激起了示威者愤怒。他们高呼"内政部部长是刽子手""希拉克下台"等口号。学潮得到法国工人和农民的支持。社会党在学潮中起了推波助澜的作用，把学潮升华为政治斗争，其矛头直指右翼执政派。希拉克政府在学潮和反对派强大攻势面前张皇失措，急忙声明撤销高等教育改革法案，阿兰·德瓦凯被迫辞职。

由此可见，右翼执政派在社会改革方面成果不多，收效甚微，是这场自由主义改革中最薄弱的环节。

三　"双驾马车"的外交与防务

左翼国家元首和右翼政府首脑在外交与防务领域也展开了明争暗斗。希拉克就职不久后就趾高气扬地表示，外交与防务不再是总统的"保留职权范围"，"在左右共治时期，'专属职权范围'（亦即'保留职权范围'——作者注）已经变成了一个相对概念"。[①] 他声明总理有权分享，并在这两个领域发挥举足轻重的作用。既然密特朗提出以宪法为准绳来维持"共治"，而宪法对行政双头在外交与防务职权的划分有许多含混和灵活之处，他很难对总理的要求提出异议。他再也不能独家垄断外交与防务特权，被迫做出让步，承认"总理担负着与共和国总统一起分担外交政策的高尚使命"。[②] 于是，第五共和国历史上的奇特现象出现了："双驾马车"[③] 驾驭法国外交与防务。

分属不同政治派别力量的联合执政是造成这种现象的直接原因，而总统与总理在外交与防务上立场和观点基本一致则为这种现象的产生创造了条件。在法国，行政双头共享外交与防务自然意味着总统权力的削弱和总理权力的加强，但并非平分秋色，在这两个领域说第一句话和最后一句话仍然是法国总统的专利。当然，这种专利受到总理相当大的牵制。在双驾马车的外交条件下，希拉克可以堂堂正正地与密特朗一起出席通常由国家

① 雅克·希拉克：《希拉克回忆录》（1932～1995），译林出版社，2010，第 202 页。
② 见 1986 年 3 月 4 日密特朗总统在电视台的讲话。
③ 双驾马车法文为 "la voiture aux deux chevaux"。

元首代表法国参加的重要国际会议，如西方七国首脑会议、欧洲经济共同体首脑会议、法非首脑会议等，名正言顺地以政府首脑身份单独从事外交活动，派遣"总理特使"直接谈判，落实双边关系事宜。

在本届政府期间，法国继续坚持独立自主的外交政策，周旋于美苏两个超级大国之间，发挥桥梁作用。1986 年 7 月 1 ~ 10 日，密特朗在同美国总统里根面晤后，又飞抵莫斯科同戈尔巴乔夫会谈，给西方带来苏联在东西方关系中某些松动的信息，促进了 10 月间美苏首脑在冰岛的会晤。法国从坚持核独立和欧洲安全出发，对美国的"战略防御计划"可能危及本国核威慑战略表示深深的忧虑，对美苏首脑会谈中提出的两个"零点方案"反应强烈。在消除欧洲中程和中短程导弹的协议（即《中导条约》）签署后，法国一方面表示赞同，另一方面对欧洲非核化前景忧心忡忡，因为这不仅威胁西欧安全，而且将使法国丧失威慑手段。

为了抗击苏联的军事威胁和防范苏联在政治上软化欧洲，法国总统和总理统一了关于加强防务和坚持核独立的政策见解，于 1986 年 11 月提出并由议会批准了《1987 ~ 1991 年军事纲领法》。纲领法规定，法国军事开支在计划期限内将增长 40%，达 4740 亿法郎，占法国国内生产总值的比例将从 1986 年的 3.72% 提高到 1991 年的 4%。在拨款分配方面，核力量占总拨款的 34%，常规力量占 66%。五年内，法国将通过核力量和常规力量的现代化大大增强国家的安全系数和提高对苏联的抗御力。与此同时，法国为了增进同苏联的经济关系，改善在两国贸易中的地位，决定把法苏两国关系加温。以希拉克 1987 年 5 月访苏为转机，两国在财政、贸易、文化、科技方面加快了合作的步伐。

鉴于《中导条约》后美苏战略思想发生变化，以美国核保护伞为主体的欧美防务联盟行将瓦解，同时为了制约联邦德国和确立法国在西欧的盟主地位，法国决定把它的防务由内向封闭型转向外向开放型，加强以法德为核心的西欧防务合作。早在 1985 年年底法德首脑巴黎会晤时，两国就酝酿给 1963 年法德协定规定的军事合作以"新的推动"。1986 年年初法德外长宣布这年为促进欧洲建设的"法德关系年"，双方将在外交上加强磋商，在防务和战略上进行协调。在《中导条约》即将签署之际，双方于 7 月中旬决定建立一个"法德联合旅",共同投资研制新型作战直升机;9 月联合举行前所未有的大规模军事演习。短短一年时间,法德防务合作有了突破性发展。此外,法国与英国核防务协调与合作开始增多,与意大利、西班牙就南欧防务合作进行磋商,与荷兰达成研制新武器的协议,还提出《军事尤里卡》和《西欧安全原则宪章》等。法国在西欧安全和防务联合方面的构思、方案、措施和行动,推动了西欧防务合作,促进了西欧军事独立发展倾向,给东西方关系带来深刻影响。

如果说本届政府在东西方关系、欧洲建设方面的政策具有鲜明的连续性,那么就与非洲、亚洲和拉美国家得政策而言,除了连续性外,还有局部调整。希拉克根据新的国际形势和国内政局的变化,摒弃了"全面铺开的第三世界主义",抹掉了社会党色彩,以有限的财力重点经营与法国有传统关系的非洲国家。为了巩固与非洲法语国家的特殊关系和树立自身在非洲、亚洲和拉美同情者和支持者的形象,法国政府要员于 1987 年轮番访问中非和西非许多国家。法国还在法非第 13 届首脑会议上,提出紧急援非的"马歇尔计划",增加对非洲国家的合作援助。在中东,法国一改社会党政府在阿以之间玩弄平衡的外交,推行富有戴高乐色彩的重阿轻以的政策。在海湾地区,法国在支持伊拉克的同时,积极谋求同伊朗关系正常化。此外,法国还积极推进南北对话与合作,主张减免对非洲、亚洲和拉美国家的债务,创议建立初级产品国际市场以保护这些地区生产国的经济利益。希拉克政府以"新现实主义"为主要内容的非洲、亚洲和拉美外交政策取得了某些成果,它树立了法国"开明大国"的形象,维护了法国在非洲的传统利益,扩大了法国在这些地区的影响。

在本届政府期间,法中关系更上一层楼。本着增进了解、加强友谊、促进合作、维护和平的目的,胡耀邦总书记和李先念主席分别于 1986 年 6 月和 1987 年 11 月先后造访法国。密特朗和希拉克一致把中国作为平衡东西方关系不可缺少的砝码,维持亚洲稳定与和平的主要因素,推动南北对话与合作的重要伙伴。1987 年 5 月,法外长让-贝尔纳·雷蒙访问中国。通过两国领导人互访,法中在重大国际问题和双边关系上取得一致和近似的看法,在经济、贸易和文化上签订了一系列合同和协定,双边关系取得相当大的进展。

第五节 密特朗粲然蝉联总统

一 激烈的角逐

法国左右"共治"的航船在惊涛骇浪中驶入了大选之年。1988年第五共和国第六届总统换届选举非同寻常，它关系到法国左右两大派的政治"共处"和左右"共治"体制的存亡问题，也关系到法国政治发展方向问题，因而是法国和西欧政治生活中的一件大事，令人瞩目。

在大选之年，法国各个政治派别都紧锣密鼓地动员起来，酝酿和决定自己的总统候选人。1988年4月8日经宪法委员会审定，有资格参加总统竞选的候选人为9名，分别为保卫共和联盟的雅克·希拉克，无党派人士、前总理雷蒙·巴尔，社会党的弗朗索瓦·密特朗，国民阵线的让－马里·勒庞，法共的安德烈·拉茹瓦尼，法共革新派①的皮埃尔·朱坎，工人斗争的阿莱特·拉吉耶，争取建立劳动者党运动②的皮埃尔·布塞尔，生态学家安托万·韦克特。然而，多次民意调查证明，有可能问鼎总统宝座者仅有希拉克、巴尔和密特朗三人。

希拉克一马当先，于1988年1月中旬正式宣布参加竞选。他提出要把法国建成"欧洲第一大经济强国"。为此，他主张增强企业竞争能力，继续私有化进程，减轻企业税收负担，加强教育和职业培训，提高社会和家庭福利，以便振兴法国经济。巴尔也于2月8日正式宣布参加竞选，并提出要把法国建成为"高工资、高就业和有坚挺货币的国家"。为此，他要改革税制，减少和调节增值税和公司税，扩大就业，发展科技，提高教育质量。密特朗如前几届总统一样，直到3月22日才宣布参加竞选的决定。他在《致全体法国人民的一封信》中提出为了振兴法国经济，要经济投资优先、

---

① 革新派法文为"les rénovateurs"。
② 争取建立劳动者党运动法文为"le Mouvement pour un parti des travailleurs"。

教育投资优先、欧洲投资优先和社会投资优先，为此，就要减轻选民和企业税收负担，创造就业机会，增强企业竞争力。

从总体上看，三位总统候选人在法国经济不景气的情况下，都开不出灵丹妙药，都无法提出泾渭分明的竞选纲领。因此，他们的个人素质、形象，以及竞选策略至关重要，是选民抉择的主要依据。在这方面，他们三人都有各自的优势和弱点。

希拉克执政两年成绩显著。他使法国经济形势有所好转，生产性投资增加，预算赤字大幅度下降，购买力提高。他有效地打击恐怖主义活动，改善社会治安。他有人数众多、组织严密、资金雄厚的保卫共和联盟的鼎力支持。他还利用总理职权之便，笼络人心，如宣布给予农民 30 亿法郎补贴，公务员加薪 1% 等。但希拉克为人处世锋芒毕露，咄咄逼人，引起非议。

巴尔首先是一位出色的经济学家，对法国经济、财政，以及欧洲经济统一问题有独到的见解，颇受相当部分选民的青睐。况且，他老成持重，在选民中也有良好的形象。但支持他的法国民主联盟是由一些小党派拼凑起来的松散组织，内聚力较差，群众基础薄弱，在宣传和鼓动上都难以同戴派和社会党相抗衡。

密特朗作为现任总统，有着得天独厚的优势。他竭力淡化他的社会党色彩，努力树立"超党派"的"全民总统"候选人形象，以便争取中间派甚至一部分右翼选民的支持。他灵活，善于应变，在两年的政治"共处"和左右"共治"中顺从民意，顾全大局，受到称赞。他在竞选中扬长避短，专攻希拉克的弱点，分化和瓦解右翼多数派，争取法国民主联盟的选民。但密特朗当政初期的失误、本人年事已高，也是他的不利因素。

总之，从三个总统候选人的政治背景、个人素质和形象、选举策略等各方面比较，密特朗都要高出一筹，希拉克次之，而巴尔则以乌龟自喻，打算在"龟兔赛跑"中用锲而不舍的精神，后来居上。

二　密特朗辉煌的胜利

1988 年 4 月 24 日，法国举行了第一轮总统选举投票。在首轮投票中，三大党派所支持的总统候选人如同前几届总统大选一样，都未能一举夺魁。但密特朗获得 34.11％ 的有效票，遥遥领先于其他两个对手。希拉克获得 19.96％ 的有效票，巴尔仅获得 16.54％ 的有效票。正如人们所预料的那样，密特朗和希拉克所得选票列在前两名，进入下一轮的角逐，换言之，在最后一轮，依然是法国左右翼两名总统候选人之间的决战。

总的形势对左翼总统候选人有利。法共和法共革新派总统候选人都表示在下一轮投票中支持密特朗，他们的大部分选民也将投密特朗的票。两个左翼小党和绿党的半数选民也将支持密特朗。此外，一部分中间派选民以及为了发泄对左翼执政不满投勒庞票的一些左翼选民，在第二轮关键时刻也会转向密特朗一边。

希拉克处在十分不利的地位。虽然巴尔和法国民主联盟的政治局会议都号召他们的选民在下一轮投希拉克的票，但一些中间派人士及其选民在社会党橄榄枝的感召下，表露出离心倾向，向社会党靠拢。尤其是勒庞在第一轮中获得 14.38％ 有效票，对希拉克有相当的诱惑力。他想争取国民阵线的选民，又怕得罪中间派的选民，处境十分尴尬。离第二轮投票不到 5 天的时候，右翼政府争取了在黎巴嫩扣押三年之久的最后三名人质获释回国，用武力解决了新喀里多尼亚人质问题，在法国引起了巨大反响，从而改善了希拉克总理的形象，增加了希拉克在第二轮选举中的分量，从而使左右翼总统候选人的角逐更加白热化。尽管如此，这两起事件并不能从根本上扭转法国当前政治形势和选民的意向。

5 月 8 日举行了总统选举的第二轮投票，71 岁的弗朗索瓦·密特朗最终以 54.02％ 对 45.98％ 有效票的较大优势击败希拉克，一举成为法国历史上第一个通过普选连任两届的总统。

在第六届总统选举中和选举后出现的这种法国政治形势和党派格局，对密特朗第二届总统的活动、新政府的组成、新议会的结构以及内外政策都将产生重大影响。

三 "第三轮投票"——立法选举

密特朗总统再次走马上任后，立即要结束左右共治的尴尬状态，改变他这个左翼总统同右翼多数派议会和右翼政府再次共同治理国家的不协调局面，改变左右共治的源头——将国民议会中右翼多数派的构成转变为左翼多数派。于是，他挟总统选举之余威，乘胜追击，5 月 10 日指定米歇尔·罗卡尔为总理并组织第五共和国第 20 届政府，亦即过渡政府以筹备议会选举事宜，5 月 14 日解散国民议会并宣布于 6 月提前举行第五共和国第九届立法选举。

在左翼方面，社会党在组织竞选中各个派系相互争夺，矛盾重重，又没有与法共结成选举联盟，它主要依靠密特朗总统的个人威望和利用密特朗竞选总统的胜利余威，提出竞选纲领和各个选区的社会党候选人名单，以便争取左翼和部分中间派选民。法共自从与社会党分道扬镳后，不再属于总统多数派，在这次立法选举中独立地参加竞选，提出自己的竞选纲领和各个选区的法共候选人名单。在右翼方面，由瓦莱里·吉斯卡尔·德斯坦充当反对派领袖，组织右翼参加立法选举的反对派联盟。5 月 17 日，保卫共和联盟与法国民主联盟达成中右选举联盟，提出竞选纲领和在 536 个选区提出统一候选人名单，以便吸引右翼选民和中间派选民。

第五共和国第九届立法选举按照左右共治期间政治改革中恢复了的单记名多数两轮投票制进行。6 月 5 日进行第一轮投票，结果显示：社会党获得 34.76% 的有效票，法共获得 11.32% 的有效票，左翼激进党人运动获得 1.11% 的有效票，生态主义者获得 0.35% 的有效票。中右选举联盟（包括其他右翼小党派）获得 40.52% 的有效票，其中保卫共和联盟获得 19.18% 有效票，法国民主联盟获得 18.49% 有效票，其他右翼获得 2.85% 有效票。国民阵线获得 9.65% 有效票。在第一轮投票中，社会党和左翼激进党人运动共有 40 名候选人胜出，中右选举联盟共有 79 名候选人胜出。

社会党和法共虽然没有结成选举联盟和达成相互让票协议，但在第一轮投票后在某些选区两大党候选人达成相互让票协议。保卫共和联盟和法国民主联盟已有中右选举联盟并提出统一候选人名单，但在个别选区两大党候选人则与国民阵线候选人相互让票，从而引起左右翼选民的警觉和不满。

6 月 12 日进行第二轮投票，结果显示：社会党及其联系政党共获得 276

席，并未构成新国民议会的单独绝对多数。法共及其同情者共获得 27 席，比上两届国民议会所得席位进一步下降。中右选举联盟共获得 271 席，其中保卫共和联盟获得 128 席，法国民主联盟获得 130 席，其他右翼 13 席。国民阵线仅获得 1 席。

　　第五共和国第九届立法选举有如下特点：第一，在两轮投票中弃权选民分别占登记选民的 34.26% 和 30.11%，弃权率之高是第五共和国历次立法选举中从未有过的。它说明，选民对新选举法不太适应，对此次立法选举缺乏兴趣。第二，社会党虽然夺回上届立法选举失去的地盘，但并未构成单独的绝对多数。第三，与 1988 年大选相比，国民阵线获得选票百分比大幅度下降。

第七章
密特朗第二任总统
（1988 年 5 月～1995 年 5 月）

第一节 "开放性的政府"及其对内政策

一 "开放性的政府"

第五共和国第九届立法选举后，密特朗总统于 6 月 23 日再次任命米歇尔·罗卡尔为总理，组织第五共和国第 21 届政府。

罗卡尔 1930 年 8 月 23 日生于法国塞纳省一个高级知识分子家庭，后毕业于巴黎政治学院并获得法学学士学位，1950 年参加社会党，1956～1958年回到法国国家行政学院深造，1967～1973 年任统一社会党全国书记，1969 年当选为国民议会议员，1974 年率部分统一社会党党员加入社会党并成为该党重要派系——罗卡尔派的领袖，1975 年起任社会党指导委员会委员和执行局委员，1981～1983 年任国务部长。在社会党中，罗卡尔及其追随者同密特朗及其主流派系——密特朗派在思想和纲领上产生分歧并经常开展辩论。罗卡尔和罗卡尔主义[①]被视为"另一种左翼"或"第二种左翼"，主张"现实主义"的经济政策，以"权力分化、地方主义、自我管

[①] 罗卡尔主义法文为 "le rocardisme"。

理、公民参与”为特点，媒体称他为“法国社民党”理念的代表。所谓社民党理念，主要指强调市场经济规律、在取得经济成果的基础上推动社会公平和财富分配。他于1981年和1988年两次总统选举前，总是先声夺人宣布要参加竞选，并与密特朗争夺社会党内部总统候选人的提名，只是在密特朗获得社会党内部多数的支持后才罢休。

那么，为什么密特朗要挑选党内的劲敌和同自己有过过节的人来担任政府首脑呢？其一，根据5月8日民意调查机构调查[1]，罗卡尔的舆论支持率为32%，远远超过密特朗曾经考虑过的总理人选雅克·德洛尔（12%）和皮埃尔·贝雷戈瓦（8%）。罗卡尔是众望所归，密特朗总统不得不做出这样的政治选择。其二，密特朗在总统竞选中为了顺应法国“政治中间化”的潮流和争取中间选民的支持，提出“政治开放”。而实现上述诺言的最佳人选就是罗卡尔。因为，罗卡尔一向把争取和团结中间派和中间派选民作为战略目标，在社会党内部和中产阶级中的影响节节上升。其三，在6月的议会选举中，社会党及其盟友只获得278席，而右翼获得了271席。左翼只有相对的多数，多少出乎密特朗的预料。这就迫使密特朗总统更加坚定其选择“政治开放”的政策和让罗卡尔担任总理的决心。在总统竞选的第一轮投票前，密特朗曾经同罗卡尔等到塞文山脉一带游览。罗卡尔回忆道：“这次共同出游的重要性在于使我感到再不受排挤了。我感觉到我们要一起干几件大事情了。我看清了自己所处的位置。”[2] 密特朗也吐露了他内心的秘密：“罗卡尔不是最好的人选，但我将任命他为总理，轮到他当总理了。”[3] 密特朗和罗卡尔作为十多年的竞争对手，终于走到一起来了。

在过渡政府中，罗卡尔只吸收了3名中间派成员，因此被舆论称为“半开放”或“微开放”。但是，在立法选举后的罗卡尔政府则大大地“开放”了。在政府成员的数量上，它拥有49名，是第五共和国历史上人数最多的一届政府。在政府成员政治结构方面，罗卡尔政府中的非社会党部长

① 让-雅克·贝克尔：《危机与替换（1974～2000）》，瑟伊尔出版社，2002，第464页。
② 皮埃尔·法维埃、米歇尔·马丹-罗朗：《密特朗掌权十年》（第2卷）（1984～1988），世界知识出版社，1995，第721页。
③ 皮埃尔·法维埃、米歇尔·马丹-罗朗：《密特朗掌权十年》（第2卷）（1984～1988），世界知识出版社，1995，第721页。

和社会党及其左翼激进党人运动部长各占一半。罗卡尔政府是名副其实的"开放性的政府"①。在非社会党的部长中，中间派的部长占 7 名，其中法国民主联盟占 3 名，雷蒙·巴尔派占 4 名。"开放性的政府"体现了密特朗总统的"和解"政治，表明了从"左翼"共和国向"中间"共和国的转变。在罗卡尔政府中，还有 17 名无党派人士，尽管缺乏从政经历，但具有专业特长。他们分别担任掌玺与司法部部长、工业与领土整治部部长、卫生部部长、法语国家和地区部部长、环境保护国务秘书、人道主义行动国务秘书要职。按照社会党的说法，他们的任命具体体现了法国的"市民社会"②的性质。

二　处理新喀里多尼亚问题——"罗卡尔方法"

1988 年 4 月 22 日，即法国总统选举第一轮投票前两天，卡纳克社会主义民族解放阵线的一个行动组杀害了驻守在乌韦阿岛（新喀里多尼亚以东洛亚蒂群岛之一）上的 4 名法亚韦宪兵大队的宪兵，并扣押了 15 名宪兵在乌韦阿岛的岩洞里作为人质。接着，他们又将前来进行谈判的 7 名宪兵和 1 名法官扣为人质。这一悲剧性事件是继 2 名法国外交官和 1 名法国记者在黎巴嫩被扣押作为人质之后又一震惊全法国的事件，特别是其又发生在选民即将到投票站投票的关键时刻。

当时，作为右翼政府总理的希拉克主张对卡纳克社会主义民族解放阵线采取毫不妥协的立场，同时着眼争取准备在总统选举第二轮投票中弃权的极右翼选民，以便扭转在与密特朗角逐中所处的不利地位。因此，他坚持使用武力解决人质问题。于是，右翼政府派遣由 300 名军人组成的特别部队飞抵新喀里多尼亚，实施"维克托行动"③。巴黎时间 5 月 4 日 21 时，"维克托行动"开始实施，特别部队突袭关押人质的岩洞，解救出了 22 名宪兵和 1 名法官。但是，"维克托行动"造成了 2 名宪兵和 19 名卡纳克社会

---

① 开放性的政府法文为"le gouvernement d'ouverture"。
② 市民社会法文为"la société civile"。
③ "维克托行动"法文为"l'opération Victor"，见罗歇·法利戈、让·吉内尔主编《第五共和国秘史》，巴黎拉德古韦出版社，2006，第 438 页。

主义民族解放阵线成员丧生以及另外 2 名宪兵受重伤的流血事件。希拉克总理及其政府解救人质的武力手段并没有达到初衷：既没有为希拉克赢得总统选举的胜利，也没有平息新喀里多尼亚卡纳克人的民族解放运动。法国舆论抨击解救人质为"悲剧事件"，新喀里多尼亚卡纳克人没有屈服，争取民族独立的运动进一步高涨。

罗卡尔政府成立不久，卡纳克人斗争的烽火大有向全岛蔓延开来的势头。罗卡尔总理必须集中精力处理这个迫在眉睫的事件。首先，他派遣一个由 3 名高级官员、3 名宗教人士、1 名天主教徒、1 名耶稣教徒、1 名共济会①会员组成的调解使团，飞往新喀里多尼亚与各方代表多次协商和对话。然后，罗卡尔政府根据调解使团的报告起草了一个文本。罗卡尔在马提翁总理府召集让－马里·特吉巴乌领导的卡纳克社会主义民族解放阵线代表团和雅克·拉弗勒领导的保卫喀里多尼亚留在共和国内联盟②代表团就该文本进行讨论，并于 1988 年 6 月 26 日达成马提翁协议。8 月 20 日，该项协议获得议会的批准，当年 11 月 6 日经公民投票通过。

该项法律规定，10 年后的 1998 年，由从 1988 年开始定居在新喀里多尼亚的居民及其后裔组成的唯一选举人团就新喀里多尼亚的自决进行投票。该项法律还将新喀里多尼亚重新划分为 3 个海外省，确立法国高级专员及其行政与省议会联席大会之间的新关系，根据新喀里多尼亚的新地位采取经济、社会和文化的新举措。该项法律宣布在新喀里多尼亚实行大赦。

尽管关于新喀里多尼亚的地位获得公民投票的认可，但居住在该岛上的多数欧洲人，尤其是居住在努美阿岛屿上的欧洲人敌视该项法律，投了反对票。当根据该项法律赦免劫持人质者时，这些欧洲人更是怒不可遏。从此，再一次埋下了欧洲人与当地土著人发生冲突的种子。1989 年 5 月 4 日，一名卡纳克极端主义分子杀害了签订马提翁协议的两名卡纳克社会主义民族解放阵线成员，在新喀里多尼亚引起了骚乱。但是总的来看，该协议使新喀里多尼亚保持相当长久的稳定，流血冲突明显地减少。罗卡尔处

---

① 共济会法文为 "la Franc-maçonnerie"。
② 保卫喀里多尼亚留在共和国内联盟法文为 "le Rassemblement pour la Calédonie dans la république（RPCR）"。

理新喀里多尼亚及其内部冲突的和解方法——"罗卡尔方法"① 获得了法国舆论的称道，多数派和反对派也都交口赞扬。

三　令人困扰的经济和社会问题

罗卡尔政府成立的这一年，法国经济形势看好，国内生产总值比 1987 年增长 3.6%，1989 年则增长 3.5%，1988 年成为近 10 年来增长最快的年份。这是前几届政府从事经济结构和工业结构调整、提高法国产品在国际市场上竞争力的结果，也是由于国际市场需求旺盛的结果。但是，这一年物价有所上涨，通货膨胀率为 3.1%，1989 年为 3.5%，尤其是食品价格的上涨幅度比 1988 年加大了。失业率虽然有所下降，但仍然保持较高的百分比，1987 年占就业人口的 10.5%，1988 年为 10.2%，1989 年为 9.7%，即失业人口为 250 万。外贸赤字增加，1987 年为 330 亿法郎，1988 年增加到 440 亿法郎。公共财政和国家债务也居高不下，1987 年的财政赤字达 1201 亿法郎，占国内生产总值的 2.26%。

罗卡尔总理上台伊始，原打算放宽前届政府所推行的紧缩经济政策和严厉财政政策，但为了控制通货膨胀、缩小财政赤字和国家债务，听从经济、财政和预算部部长皮埃尔·贝雷戈瓦的忠告，继续前届政府的经济和财政政策。在经济政策方面，罗卡尔政府既不进行私有化，也不进行国有化。他把抑制通货膨胀放在首位，保持经济适度的增长，与失业现象做坚决的斗争。在公共财政政策方面，罗卡尔政府继续编制严厉的财政预算，减少财政年度的预算赤字，保持法郎兑换外汇的比价以维持本国货币在欧洲货币单位中的坚挺地位，同时还减缓工资的增长速度，并提高社会分摊额以平衡社会保险的开支。

罗卡尔政府运作的 3 年中，这种紧缩经济政策和严厉财政政策收到部分的成效。通货膨胀率从 1990 年的 3.4% 降到 1991 年的 3.1%。预算赤字 1991 年减少到 807 亿法郎，仅占国内生产总值的 1.2%。工资的增长速度大大低于物价的上涨速度。但是，长期推行这种经济和财政政策也带来不良

---

① 罗卡尔方法法文为 "la méthode Rocard"。

的后果，特别是在海湾战争导致西方国家经济衰退后，法国经济开始滑坡，1990 年国内生产总值增长率仅为 2.8％，1991 年则只有 1％。失业率 1991 年达 10％，为 280 万。可见，罗卡尔政府所开的药方是顾此失彼，未能从根本上改变困扰着法国的经济弊端。

关于社会问题，罗卡尔政府愿意以"另一种方式"① 来解决，也就是在处理新喀里多尼亚问题中使用的"罗卡尔方法"。他要求国家权力机构采用对话的手段，同社会伙伴进行最广泛的、最开诚布公的和理性的协商，从而填平"国家机器"与"市民社会"之间的鸿沟。即使不能完全填平，至少也要部分地弥合。他强调必须以德行和才干作为标准来安置公共职位，并以此来加强"社会的凝聚力"。为了加强"社会的凝聚力"，政府就应该关心法国人的细小问题，赤贫人群的问题，低租金住户家庭的生活问题，信箱损坏和电梯发生故障的问题……②

为了兑现诺言，罗卡尔政府提出了"最低融入收入救济（最低生活保障金）法案"，动员全社会同贫困做斗争，对拥有 400 万法郎以上财产者征收团结税，通过社会财富的再分配来救济贫困群体，促使他们能够融入社会生活。该法案规定，直接受益者每月可领取 2000 法郎，有 1 人负担者增加 1000 法郎，有 2 人负担者除了 1000 法郎外再增加 600 法郎，以此类推。该法案于 1988 年 10 月 12 日获得议会通过。受益者 1988 年有 50 万个家庭，1991 年达到 56.7 万个家庭，这年最低生活保障金的支出上升为 195 亿法郎。从这里可以看出，最低生活保障金实际上是法国最富有者救济法国贫穷者。

但是，对话和协商只能暂时地缓和政府与部分社会群体的矛盾，而不能及时地解决政府与广大的领工资者的冲突，因为，政府的经济和财政政策，特别是抑制工资增长的政策，损害了绝大部分领工资者的根本利益。他们根据历史传统的做法，利用国民经济好转的大好时机为本阶级和阶层最大限度地提高工资和福利待遇，以便补偿在经济不景气或危机时期失去的经济利益。从 1988 年 9 月开始，法国领工资者发动的斗争连绵不断：9 月，公共视听职工首先发难，罢工 15 天，接着全国护士大罢工；10 月，公职工会代表与公职

---

① 总理府事务局：《法兰西共和国政府公报－法律和法令》，行政文件出版社，1988。
② 见《总政策声明》1988 年 6 月 29 日。

部长谈判破裂后斗争规模进一步扩大，监狱看守人罢工；11 月，邮件车司机罢工，中断了邮件传递业务；巴黎地区高速铁路网和地铁职工罢工长达 1 个月之久；法国主要城市公共交通职工大罢工。在多事的秋天，罗卡尔政府的"罗卡尔方法"不仅遭到舆论和反对派的攻击，而且受到包括社会党在内的左翼政党的责难。他们认为罗卡尔政府在与社会伙伴协商时态度僵化，导致事态扩大。正是在内外的压力下，罗卡尔政府做了让步，于 11 月 17 日与公职工会达成大幅度提高工资的协议，才使罢工平息下来。

四　腐败的蔓延及其采取的防范措施

自罗卡尔政府建立以来，法国政界贪污腐败、营私舞弊的丑闻接二连三地被曝光，这说明腐败现象正在迅速蔓延开来，十分猖獗。

这个时期法国政界的腐败主要有两种类型：一个类型是法国政党为了筹集活动经费和竞选资金，不惜采取各种手段，或挪用公共资金用于政党的政治目的，或充当中间人为法国出售军火牵线搭桥并把收取的佣金和好处费放进政党的钱柜，或出具假单据和发票以瞒天过海地偷税漏税。根据《政治厨房》一书透露[1]，1980～1988 年两伊战争期间法国向伊拉克出售军火，各个执政党共得到 5 亿法郎的佣金。获得此项好处的主要政党是社会党、保卫共和联盟、法国民主联盟，但是，没有任何政党承认这一点。1989年 4 月 17 日，独立办案的警探在搜查于尔巴技术公司驻马赛的办公地点时发现了社会党秘密资金的有关文件。原来社会党为了筹集密特朗竞选的资金，通过于尔巴技术公司专为给社会党募集资金的公司开具假收据或发票，而当时密特朗竞选班中的司库正是罗卡尔政府中的农业部部长亨利·纳莱，1990 年 10 月 2 日改任掌玺与司法部部长。此后，法国政党的黑钱丑闻一个接一个被揭发出来。

另一个类型是法国政界要人收受贿赂，损公利己，中饱私囊。1988 年在国营佩希内铝制品公司接管一家美国公司时发生的"佩希内股票丑闻"中，密特朗总统的密友罗歇-帕特里斯·佩拉因透露政府的商业机密和从

---

① 迪埃里·沃尔东：《政治厨房》，世界知识出版社，1991，第 340 页。

事内部交易被起诉。如此等等，不胜枚举。

对于 20 世纪 80 年代以来法国愈演愈烈的腐败现象，甚至连密特朗总统都感叹不已，于 1989 年 5 月 14 日说道："民主制度在某些地方卡住了。"[①]

罗卡尔政府把制止腐败的蔓延以及使政治生活"道德化"和"透明化"作为政府工作的重中之重。早在 1988 年 3 月 11 日，法国议会为了迎接即将来临的总统竞选和议会选举匆忙地通过了《政治生活资金透明法案》。该法案规定，总统候选人和议员候选人的竞选经费由国家财政统一开支，当选的总统和议员必须在就任时和离任后申报个人的财产，总统的财产在《政府公报》上公示，以便接受民众的监督。但是，该法案规定的最高限额仅限于候选人本人直接支出的费用，而"附加资助"的条款规定"朋友们"和"独立组织"资助不计算在内，从而为形形色色的作弊打开了方便之门。根据统计，这年总统候选人和议员候选人实际竞选支出远远大于申报的竞选支出。[②]

罗卡尔政府提出的《政治生活的资金筹措法案》是对《政治生活资金透明法案》的修改和补充。该法案在议会两院中经过 6 个月激烈的辩论和修改终于在 1988 年 12 月 22 日获得通过，1990 年 1 月 15 日正式颁布。1 月 15 日法案内容包括，建立从中央到地方的选举资金筹措协会和管理财政的代理人体制，进一步增加政党财政的透明度；提高地方选举候选人竞选经费的最高额度，并加强对支出的监督；严格地规定政党在竞选中开支的范围（限制广告宣传，全面禁止政治性的广告）；建立对违反者的处罚制度。从此，法国如同西方多数国家一样，有了一个法国特色的政党财政法规，使法国政治生活有了一定的透明度，使法国政党的腐败现象有所收敛，但由于法国政党本身存在的缺陷（党员数量少、活动经费缺乏），两个政党财政法案不可能完全杜绝法国政党的腐败现象。

五 罗卡尔总理被"撵走"

罗卡尔政府在头两年由于采取的经济政策和财政政策取得某些成效而获得民心和舆论的支持。1988 年 6～12 月、1989 年 4～12 月和 1990 年 3～7

---

① 让－雅克·贝克尔：《危机与替换（1974～2000）》，瑟伊尔出版社，2002，第 518～519 页。
② 迪埃里·沃尔东：《政治厨房》，世界知识出版社，1991，第 346 页。

月罗卡尔总理所获得的信任指数甚至超过了密特朗总统，但是自 1990 年秋天起，法国民众对罗卡尔总理的支持率明显地下降，大大低于对密特朗的支持率。

从 1989 年下半年开始，法国经济下滑，1990 年进一步恶化，1991 年达到近几年来的最低点。失业率从 1990 年年底又开始回升，1991 年达到创纪录的数字。经济状况的恶化和失业人数的骤然增加引起了法国人民的不安，抑制工资政策导致了广大工薪阶层的不满，社会保障和教育的改革激起了有关群体的愤怒，罢工、罢课等社会运动连绵不断。1989 年 3~5 月科西嘉公务员罢工，5~11 月税务人员罢工，9~10 月珀若工人大罢工，1990 年 10 月巴黎郊区的中学生举行游行示威，到 11 月 12 日巴黎中学生参加人数达 10 万，外省达 20 万。1990 年秋天是法国多事的季节。罢工、罢课、游行示威不仅时间长，而且规模大。罗卡尔总理在工人运动和社会运动面前束手无策，1990 年 10 月对政府大改组也无济于事。

密特朗总统对罗卡尔总理早已心存芥蒂，对罗卡尔总理后期的"保守主义"和"无所作为"的状况十分不满，他利用海湾战争结束不久总统的支持率达到创纪录的时机，于 1991 年 5 月 15 日迫使罗卡尔总理提出辞职。这对曾经多次声明无意辞职的罗卡尔本人来说，无疑是突如其来的晴天霹雳，他满腹委屈地说他是被总统"撵走"的。

第二节 两届短命的政府及其对内政策

一 最不得人心的克勒松总理及其政府

当密特朗总统于 5 月 15 日任命埃迪特·克勒松为总理并组织第五共和国第 22 届政府时，法国政界和舆论界表现出"极大的惊愕"[①]。克勒松并不缺乏政治经历。她生于 1934 年，从政前为工程师。1965 年加入密特朗领导的共和制度大会党，受到密特朗的赏识。1975~1979 年任社会党青年和大

---

① 《法国政治、经济、社会和外交年鉴》，事件与趋势出版社，1991，第 46 页。

学生事务的全国书记。1977 年任图雷市市长。1979 年当选为欧洲议会议员。1981 年为国民议会议员，并于 1986 年、1988 年连任。1981～1984 年先后任农业部部长、外贸和旅游部部长。1984～1986 年继任工业调整和外贸部部长。1987 年当选为社会党执行局委员兼工业问题全国书记。1988 年任罗卡尔政府欧洲事务部部长。1990 年 10 月因抱怨政府缺乏强有力的工业政策而辞职。人们了解她的为人，她积极、活跃、有干劲，但粗暴、急躁、自以为是，又好斗。密特朗总统任命克勒松，一是因为她是自己的宠信，二是因为她是女性。

的确，克勒松是法国有史以来第一位女政府首脑，在早已有过女政府首脑的其他西方国家来说，任命女性（如英国有过女首相撒切尔夫人）是一件普通的事，但在法国引起了轰动，认为是法国的一个伟大的创举，能够产生"克勒松效应"。

与前届罗卡尔政府相比，克勒松政府明显地减少了构成的人数，特别减少了 14 名中间派和罗卡尔派的部长和国务秘书，它标志着"开放性政府"的结束。但社会党头面人物所占据的重要位置则如出一辙，二号人物利昂内尔·若斯潘为国民教育部部长，三号人物皮埃尔·贝雷戈瓦为经济、财政和预算部部长，罗兰·迪马继续担任外交部部长，皮埃尔·若克斯留任国防部部长，亨利·纳莱为掌玺与司法部部长，菲利普·马尔尚为内政部部长，雅克·兰为文化部部长兼政府发言人。在克勒松政府中，前总统府秘书长让－路易·比安科被任命为社会事务和民族团结部部长，加上 4 名法比尤斯派①和 3 名若斯潘派②，本届政府是最亲近密特朗总统的政府。

1991 年 5 月 22 日，克勒松总理在议会中论述她的施政纲领。她要在坚挺的法郎基础上建立一个强大的法国，建立一个有竞争力、有创造就业能力的工业来解决失业问题，加快投资和使生产现代化。她要加强社会凝聚力，保持高水平的社会保险。在防务上，她要建立一个强大的、精干的、装备好的和干部素质好的军队。在欧洲，法国要与德国一样强大。法国舆论认为，克勒松总理的施政纲领除了在工业方面有点新意外，其余的与前

① 法比尤斯派法文为 "les fabiusiens"。
② 若斯潘派法文为 "les jospinistes" 或称 "les jospiniens"。

届政府的施政纲领大体相同，而与密特朗总统更迭政府使其工作要有"新的跃进"的内涵相去甚远。

克勒松总理在工作中只信任她的唯一心腹和参谋阿贝尔·法尔努，尽管此人是工业方面的专家，但对克勒松的思想有极大的影响。这种作风导致了总理与政府成员之间的隔阂和猜疑。克勒松政府的工作作风在领土整治方面最具有代表性。1991年11月7日，部际委员会决定将巴黎市内的20多家公共机构和3万名公务员迁往外省或巴黎郊区，其中包括烟草及火柴工业企业局、国家森林局、国家教育中心、城市部、计划总署、领土整治和大区行动代表团。国家行政学院①（毕业生称为埃纳克②）迁往斯特拉斯堡。按照克勒松总理关于埃纳克搬迁的说法："我们的行政精英应该在欧洲的心脏，最接近公民，最远离第七城区的地方培养出来。"③巴黎第七城区是埃纳克的所在地。这项搬迁计划涉及方方面面，还要耗费巨大的开支，部际委员会在没有认真和细致研究的情况下仓促做出决定，突然对外宣布，从而引起了有关公务员的愤怒，发出一片抗议声。此外，克勒松总理讽刺地说盎格鲁-撒克逊人历史上就是"同性恋者"、日本人像"蚂蚁般生活"等露骨的、粗俗的、生硬的语言，不仅引起国内的不满，而且招致国际社会的非议。总之，数月来的执政证明，克勒松是一个到处惹麻烦的法国女人，是一个不称职的法国总理。

如果说克勒松政府在执政初期还被法国舆论看好，拥有民众较高的支持率，那么，克勒松总理在施政过程中的拙劣表现很快使她的威信急剧下降。从1991年6月开始克勒松失去了效应，1992年年初支持率只剩下19%，舆论提出对克勒松总理的"信任危机"问题。对克勒松总理及其政府的支持的急剧下降还殃及法国总统，使密特朗的支持率1991年年底降至20%以下，是1984年以来的最低点。1992年3月大区议会和省议会选举社会党惨败后，密特朗总统无可奈何地换掉了克勒松，于4月2日任命皮埃尔·贝雷戈瓦为总理并组织第五共和国第23届政府。克勒松政府存仅在

---

①　国家行政学院法文为"l'école nationale d'administration（ENA）"。

②　埃纳克法文为"les énarques"。

③　《法国政治、经济、社会和外交年鉴》，事件与趋势出版社，1991，第83页。

323 天，是第五共和国政治史上最不得人心的总理和最短命的政府。

二 短命的贝雷戈瓦政府

法国舆论对任命皮埃尔·贝雷戈瓦为政府首脑并不感到意外，但贝雷戈瓦本人则是感叹不已。他说："总统任命法比尤斯为总理，因为他最年轻；总统任命罗卡尔为总理，因为他在我们当中是最杰出的；总统任命克勒松为总理，因为她是女性；最终，总统任命我为总理，但已经太迟了。"①

贝雷戈瓦之所以认为自己是迟到的总理，是因为他漫长和丰富的政治生涯证明其早该掌管马提翁大厦。贝雷戈瓦 1925 年 12 月 23 日生于法国塞纳滨海省，在二战期间加入社会主义青年联盟②，1946 年加入社会党，1958年另行创建独立社会党，1963 年成为统一社会党书记处书记，1969 年任新社会党指导委员会委员和执行局委员，1973 年任社会党社会事务全国书记，1975 年任社会党经济问题全国书记，1981～1982 年任密特朗总统府秘书长，1982～1984 年任社会事务和团结部部长，1986 年当选为国民议会议员，1988～1992 年任经济、财政和预算部部长。由此可见，贝雷戈瓦有着从政经历，又和密特朗关系密切。

贝雷戈瓦总理走马上任，立即组成了"密特朗派的内阁"，即密特朗派（其中包括 3 名左翼激进党人运动成员和两名无党派人士）为部长的政府。该政府还具有"团结一致、年轻化、面目一新及女性比例提高"③ 的特点。贝雷戈瓦总理在国民议会中许下诺言：优先解决失业问题，只有介入工作分配才能阻止和减少失业；对社会保障进行改革，以建立社会保险收支的平衡；继续实行严厉的经济政策，巩固法郎的地位，维护法国人的购买力；取消有关汽车和奢侈品的 22% 的增值税的高税率。他的口号是同"三害"做斗争，即同失业、不安全、腐败做斗争。他的工作方法和作风可以概括为"决定、阐明、让人信服"。

---

① 克里斯蒂安·索瓦热：《皮埃尔·贝雷戈瓦》，《环球百科全书》（英文版），乌尼维尔萨利阿出版社，1994，第 514 页。
② 社会主义青年联盟法文为 "les Jeunesses socialistes"。
③ 法新社巴黎 1992 年 4 月 3 日法文电。

如何同失业做斗争？如何优先解决失业问题？贝雷戈瓦再三声明，在半年内要给 9 万长期失业者安排一个职位、一个培训的机会或一个临时工作岗位。作为长期担任过经济部部长的贝雷戈瓦不是不知道，1992 年法国经济正处在低迷时期，失业人数不仅没有减少，相反还在无情地增长。贝雷戈瓦政府的就业政策就像在刀刃上行走。

贝雷戈瓦总理声称要同腐败做斗争，但他本人在执政后不久也被腐败事件所缠绕。1993 年 2 月 3 日，经常曝光爆炸性新闻的法国《鸭鸣周刊》披露一条消息：贝雷戈瓦 1986 年 9 月曾经使用从罗歇 - 帕特里斯·佩拉借来的一笔 100 万法郎的无息贷款。消息一经宣布，法国舆论哗然，但在细查公司账目时发现罗歇 - 帕特里斯·佩拉借给贝雷戈瓦巨款的时间是 1986 年 9 月 18 日。贝雷戈瓦利用借款在巴黎 16 区购买一套公寓过程中已经向税务局申报，并无欺诈行为。他在《鸭鸣周刊》披露的翌日声明，借款早已归还，但他拿不出证明，佩拉也于 1989 年 3 月病逝，死无对证。因此，人们怀疑这是一笔赠款。而佩拉是密特朗总统的最亲密的朋友，又与"佩希内股票丑闻"有牵连。自此之后，这位在后来被证实是简朴和廉洁的政治家在执政期间一直受到该事件的折磨。

贝雷戈瓦政府在议会选举后于 1993 年 3 月 29 日结束使命，执政未满一年，也是一个短命的政府。已经下野的贝雷戈瓦在法国传媒不断的追逼下不堪精神重负，于 1993 年 5 月 1 日自杀身亡。

三　顾此失彼的经济政策

克勒松政府和贝雷戈瓦政府均推行紧缩经济政策和严厉财政政策，从而使法国的通货膨胀率进一步下降，1992 年为 2.9%，1993 年为 2.2%。它们也扭转了法国对外贸易的赤字，1991 年赤字为 300 亿法郎，1992 年则达到 305 亿法郎的顺差，1993 年顺差上升到 897 亿法郎。法国第十计划（1989 ~ 1992 年）因国际环境的变化未能完成，但经济结构、产业结构、地区经济结构和工业结构调整初见成效，法国产品在国际市场上的竞争力有了进一步提高。到 1993 年年底，法国是欧洲联盟中达到和接近《马斯特里赫特条约》规定的欧洲经济与货币联盟 5 项标准的最好国家之一。

但是，克勒松政府和贝雷戈瓦政府的经济政策和财政政策的确也造成了法国经济的衰退，1992 年国内生产总值增速为 1.2%。它使法国财政赤字失控，1992 年财政赤字上升为 2220 亿法郎，占国内生产总值的 3.18%。它还使法国失业现象日益严重，1992 年失业人口为 297 万，处在西方国家的前列。经济的衰退和失业的激增加剧了法国社会的两极分化，1992 年长期失业者达到 90 万，领取待业生活保障金者上升到 55 万。

克勒松政府和贝雷戈瓦政府的紧缩经济政策与严厉财政政策还导致了法国社会冲突的剧增，规模也不断扩大，1991 年 10 月，全国护士再次上街游行示威，时间长达 7 个星期。1991 年 11 月，30 万医务人员集会，抗议政府对医疗保险制度的改革。这两届政府的农业政策也使法国农民收入明显下降，欧洲共同体的农业政策也损害了法国农民的利益，法国农民愤怒了。1991 年 9 月，25 万农民到巴黎举行游行示威。1992 年，在斯特拉斯堡示威的农民与警察发生冲突。

以上事件说明，克勒松政府和贝雷戈瓦政府的紧缩经济政策与严厉财政政策顾此失彼，进退两难。正是在上述背景下，1992 年法国政界和舆论界爆发了关于保守主义政策的争论。舆论认为，经典的货币政策和紧缩经济政策固然带来某些好处，但总的来说妨碍了经济的发展，难道凯恩斯主义的经济政策真的过时了吗？多数认为，政府的经济政策和财政政策既要吸收新自由主义经济政策的积极成果，也要采纳新凯恩斯主义经济政策的积极成果。这场争论对 20 世纪 90 年代中后期法国政府推行的经济政策和财政政策具有相当大的影响。

四 "血门事件"和防腐的廉政新举措

1991 年下半年，法国出现了"血门事件"①。事件的起因是国家输血中心主任米歇尔·加雷塔博士曾在 1985 年 5 月举行的一次内部会议上指出：他们所拥有的一批血制品全部受到了艾滋病病毒的感染。当时他没有采取适当的措施，并保守了这一秘密。最后的调查结果表明，有 1250 名血友病

---

① "血门事件"法文为"l'affaire du sang contaminé"。

患者在使用被污染的血浆时感染上了艾滋病病毒，其中 289 名已经死亡。这一事件被称为"血门事件"。

　　丑闻被曝光后，法国舆论界哗然。人们义愤填膺，纷纷要求严惩酿成这一恶性事故的主要责任者。反对派乘机发难，于 1992 年 10 月在国民议会中对社会党前总理洛朗·法比尤斯、前社会事务和全国救助部部长乔治娜·迪富瓦夫人和前卫生部国务秘书埃德蒙·埃尔韦提出指控议案。63 名参议员以"不救助危难者"的罪名联名控告 3 人，要求成立最高特别法院审理该案件。迫于法国各界的压力，密特朗总统于 11 月 9 日公开表态，同意成立最高特别法院。12 月 19 日和 20 日，国民议会和参议院也分别做出此项决定。尽管后来最高特别法院宣判 3 人无罪，但此事反映了法国政界渎职和腐败现象十分严重。在克勒松政府和贝雷戈瓦政府期间，还相继揭发出了许多其他的腐败事件。

　　贝雷戈瓦总理把腐败作为三害之一，决心要与政治腐败进行坚决的斗争。根据 1993 年 1 月 29 日议会通过的《预防腐败、经济生活透明和公共诉讼程序法案》（即以贝雷戈瓦政府财政部长米歇尔·萨班命名的《萨班法 I》①），他一方面成立了"预防腐败委员会"，制订切实可行的防患未然的计划；另一方面建立一个"中央反腐败斗争局"，由一名德高望重的法官主持，并吸收司法部门和海关部门参加。该局同司法官员和警察配合，搜集有关腐败信息，打击和严惩与腐败案件有关的行政官员。与此同时，贝雷戈瓦政府还出台了许多新的举措：第一，加强立法，使防腐、反腐法制化和制度化，出台《道义法规》和《专门的道义法规》，作为公务员的行为规范。第二，增加政治生活的透明度，特别是高级官员财产的透明度。第三，进一步加强对政党收支账目的管理。第四，强化监督职能和侦察手段，并鼓励传播媒介揭露政治腐败的人和事。第五，建立一个专门的法庭，审查政府成员的渎职罪和其他刑事责任。第六，修改行政法和刑法中某些条款，加重对贪污、受贿和渎职公务员的惩罚力度。这些新举措逐渐使 20 世纪 90 年代法国的反腐倡廉形成了比较完备和科学的体系，并在实践中收到了一

_____

①　2016 年 6 月议会通过《萨班法 II》，即《提高经济生活透明度法》。

定的效果，但这并不能从根本上杜绝腐败特别是政治腐败的现象。

第三节　政治力量的消长和议会选举

一　1988年大选后的政治生态和政治格局

1. 左翼政治生态：社会党派性争斗激化，实力削弱；法共加速了衰退

1988年大选后，社会党的政绩并不显著，经济逐渐下滑，失业日益严重，腐败丛生，政治和经济丑闻不断，社会问题增多，从而使社会党内部意见分歧日益加深，派别日益发展，并开展明争暗斗。争斗的重点集中在树立谁作为密特朗接班人的问题上。

早在1988年总统选举第二轮投票过程中，密特朗派中就爆发了谁接密特朗班之争论：是利昂内尔·若斯潘还是洛朗·法比尤斯。密特朗总统是支持后者的，但是，大多数社会党人则支持前者。自从若斯潘加入罗卡尔政府后，密特朗千方百计要安排法比尤斯担任社会党领导，在社会党第一书记被皮埃尔·莫鲁瓦占据后，密特朗不得已安排法比尤斯任国民议会议长的职务。而法比尤斯也在此期间大力发展自己的势力。在筹备社会党全国代表大会期间，社会党的派系围绕着密特朗接班人问题的斗争已经白热化。

1990年3月15～18日在雷恩举行的第67次全国代表大会上，社会党派系之间的斗争空前激烈："在四个白天和三个晚上期间，社会党的头面人物、部长或派系头目们，相互对抗和攻讦，毫不相让和妥协，参加大会的代表们从开始满怀热情到最后表现出沮丧，在电视转播社会党大会中，法国观众看到大会群体疯狂的戏剧性场面和野心膨胀。"[1] 莫鲁瓦派、若斯潘派、法比尤斯派、罗卡尔派、舍韦内芒派、波普朗派[2]、利内曼派[3]、德

---

[1] 皮埃尔·法维埃、米歇尔·马丹－罗朗：《密特朗掌权十年》（第3卷）（1988～1991），瑟伊尔出版社，1996，第339页。

[2] 波普朗派法文为"les poperénistes"。

[3] 利内曼派法文为"les lienemannistes"。

雷－梅朗雄派①8 个派系提出 7 个提案，② 争论十分激烈，互不让步。在各派斗争的背后，实际上是对社会党领导位置和密特朗未来继承人的争夺。此次大会，把社会党内部的矛盾、密特朗主流派内部的分裂、社会党头面人物若斯潘派和法比尤斯派之间争权夺利的现实暴露无遗，使法国人民目瞪口呆，让社会党普通党员感到沮丧。雷恩代表大会甚至无法选出社会党第一书记，只是大会后的 3 月 21 日，各派才于巴黎达成妥协，由莫鲁瓦担任第一书记，法比尤斯派的马塞尔·德巴尔热担任社会党第二把手。社会党形成了若斯潘派、法比尤斯派和罗卡尔派鼎足而立的争雄格局。社会党雷恩全国代表大会表明，社会党内统一的“密特朗主义”③ 时代已经结束，从此以后，社会党的内部矛盾和斗争将更加激烈。

20 世纪 90 年代伊始，苏联和东欧剧变，福利国家的危机，新自由主义在西方盛行，使社会党的理论发生了重大的变化。在 1991 年 12 月巴黎西郊拉德芳斯召开的意识形态大会上，社会党通过了纲领性文件——《一个为法国和社会主义的新前景》。该意识形态纲领放弃了与资本主义“革命决裂”的口号，改称社会主义与资本主义是“批判的关系”，明确提出要“通过更加温和的改良主义实现革命的愿望”；放弃了“工人阶级是核心”的提法，以“领工资者”来替代；放弃了“阶级斗争”的口号，认为在后工业社会中，即在一个“相互关联的、开放的和多样化的社会中”应该用“妥协的民主方法”来“调节冲突”。在伦理方面，社会党主张“共和人道主义”④。在经济方面，主张密特朗自 1983 年以来推崇的“混合经济”。这样，社会党以温和的“社会民主主义”替代了激进的“民主社会主义”理论，与欧洲的社会民主主义理论渐行渐近起来。拉德芳斯意识形态代表大会，是社会党在意识形态上总结过去和开启未来的大会。

从 20 世纪 80 年代末开始，法共加速了衰退的过程。在 1988 年总统选举的第一轮投票中，法共总统候选人安德烈·拉茹瓦尼只获得 6.76% 的有

---

① 德雷－梅朗雄派法文为“les dray-mélenchonistes”。
② 莫鲁瓦派和若斯潘派共同提出一个提案。
③ 密特朗主义法文为“le mitterrandisme”。
④ 皮埃尔·布雷雄主编《法国政党》，法国文献出版社，2002，第 91 页。

效票，降至历史最低点。法共总统候选人所获得的选票比 1981 年总统选举时少了一半多，在其后的立法选举中也仅获得 11.32% 的有效票，同样比 1981 年立法选举时所获得选票少了许多。原因在于：第一，随着 20 世纪 70 年代以来法国工人阶级总数的减少，传统工业基地的非工业化，法共的社会基础日益缩小。法共曾经引以为傲的巴黎郊区的"红色"地带已经大大地缩小。第二，法共党员约有 1/4 是外籍工人，其中大多数是非熟练工人、失业者和临时工，使法共的政治素质下降，战斗精神瓦解。第三，1991 年苏联和东欧的剧变使国际共产主义运动走向低潮，尽管法共没有步其他一些西欧国家共产党改名解散、全盘否定社会主义、否定自己历史的后尘，但也为紧紧追随苏联共产党的路线付出了沉重的代价，从此它的威信和影响迅速下降。第四，法共内部关于党的路线和策略的争论在 1991 年达到高潮，分裂进一步加剧，政治危机日益深化。特别是法共内部持不同政见者日益发展，对法共内部的主流派别造成严重的挑战。第五，法共的理论、纲领和政策滞后。

针对这样严峻的政治形势，法共提出要重整组织。首先，法共为了遏制衰退的势头，于 20 世纪 90 年代初提出"开放、革新"的政治路线，组织全党上下就"马克思主义是否过时""资本主义胜利是否长久"等重大的问题进行讨论。法共于 1994 年 1 月召开了二十八大，重申其奋斗目标是"实现共产主义前景"和"建设民主的、自治管理的、使全体社会成员均能全面参与决策的社会主义"，提出"超越资本主义"的口号。大会放弃民主集中制作为党内生活的指导原则，因为"步调一致的党在发达的资本主义国家不再具有生命力"，党内唯一运转的原则是民主。在党的联盟策略上，大会把长期主张的左翼联盟改变为在公民干预基础上实行"左翼进步力量联盟"。大会把党的领导机构名称做了相应的变更：中央委员会更名为全国委员会，政治局更名为全国局，总书记更名为全国书记。大会顺利地实现了领导班子的新老交替。第二，在与社会党关系上，法共对社会党挖墙脚的策略保持高度警惕，决定把联合策略的重点放在基层层面上，对社会党高层若即若离。对罗卡尔、克勒松和贝雷戈瓦政府站在反对派的立场上，采取批评的态度。第三，关于法共的持不同政见者，1984 年出现了革新派，

1987 年诞生了重建派①，1989 年产生了再创派②。特别是再创派的首领是夏尔·菲特曼，曾经是法共的二号人物，在莫鲁瓦政府担任过部长，是法共内部有分量的人物。但是，法共对这些持不同政见者和派系，采取了压制的做法，其结果使许多法共党员远离而去，党员减少到 25 万。

2. 右翼政治生态：保卫共和联盟从分裂走向团结，法国民主联盟寻求变革

保卫共和联盟在 1988 年总统选举和议会选举后重又变成了在野党和反对派，一度消沉，出现分裂，成立了许多组织和派别，其中改革派最为活跃。但是，更多的党内人士则要求保卫共和联盟进行深入的自我审视和改革。他们指出，从 1968 年开始，特别是"戴高乐时代"的结束，戴派越来越"右倾化"，蓬皮杜时代进一步加快了"右倾化"的步伐，因而戴派逐渐地失去了选民和社会基础。以菲利普·塞甘为首的年轻戴派议员组成的改革派③，准备在 1989 年 6 月的欧洲议会选举中联合法国民主联盟的改革派，提出右翼改革派的竞选名单，以便与保卫共和联盟和法国民主联盟的竞选名单相抗衡。尽管塞甘中途放弃了这种做法，但是，塞甘仍然要在党内组成自己的派系，以便督促保卫共和联盟走上"革新"④之路。

希拉克于 1988 年 6 月任命自己的亲信阿兰·朱佩为保卫共和联盟总书记，使保卫共和联盟的派系斗争进一步尖锐化。塞甘联合夏尔·帕斯夸公开宣布要将"保卫共和联盟改造成为崭新的联盟组织"⑤，给本来已经四分五裂的戴派一个晴天霹雳。

正是在这个紧张的气氛中，保卫共和联盟于 1990 年 2 月在勒布赫日召开全国大会。在大会上，希拉克和朱佩的联合动议提出了戴高乐主义运动今后的开放和联合战略，而塞甘和帕斯夸联合提出"共同贡献"的动议与之相抗衡。该动议指出，目前的保卫共和联盟越来越右倾化，"已经无法向法国人提出宏伟的计划"，必须建立一个"崭新的联盟"即新的大联合来取

---

① 重建派法文为"les refondateurs"。
② 再创派法文为"les reconstructeurs"。
③ 改革派法文为"les rénovateurs"。
④ 《法国政治、经济、社会和外交年鉴》，事件与趋势出版社，1989，第 44 页。
⑤ 法国《世界报》1990 年 1 月 10 日。

代，它应该称为保卫法兰西联盟。但是，大会以 68.62% 赞成对 31.38% 反对通过了希拉克和朱佩的联合动议，还以 100% 的选票选举希拉克为党的主席。大会终于渡过该党和戴高乐主义运动历史中最大的危机，克服了该党和戴高乐主义运动历史中最严重的分歧，达到了团结的目的。

在意识形态方面，保卫共和联盟坚持奉行自由主义，并把它作为新一代戴高乐主义者在经济上的教义，作为希拉克主义①的组成部分。在社会问题方面，保守主义在党内越来越占上风，近三成的党员要求制定禁止同性恋的法律，四成的党员反对人工流产。希拉克在 1994 年出版的著作《一个新的法国——思考之一》中，明确地表达了他反对党内左翼的观点。总之，20 世纪 90 年代，保卫共和联盟在党内思想建设方面没有创新，在保守主义日益盛行的情况下，戴高乐主义越来越表现为实用主义和现实主义。

右翼另一大党法国民主联盟在 1988 年总统选举和议会选举后也曾经四分五裂，其实力和影响力双双下降。吉斯卡尔·德斯坦退出政坛，法国民主联盟失去了具有权威的领导人，从而使该党昔日的风光不再。一部分党内的头面人物组成改革派，要求彻底革新法国民主联盟。正是在改革派等推动下，为了遏制衰退的势头，法国民主联盟进行了革新，一方面更新党的思想和理论，提出建立扩大的中间力量，联合和统一右翼；另一方面，法国民主联盟改革领导机构产生方式，从而使该党的政治生活民主化。法国民主联盟由共和党、社会民主人士中心、激进党、前景与现实俱乐部、社会民主党②等成员党组成，1978～1991 年一直实行成员党在中央机构和地方组织中的代表数量一律相同的原则，1991 年后的新原则规定凡是成员党在中央委员会和地方领导机构中的委员，都要经过选举产生。领导机构产生方式改变的结果，使共和党在法国民主联盟内拥有很大的优势，但也扩大了共和党与其他成员党之间的鸿沟。

3. 1988 年总统和议会选举后的政治格局：左翼居优的多极化多党制

自第五共和国成立以来，法国政治格局经历了多次变换，1958～1973 年是戴高乐政党居优的多党制，1973～1981 年是右翼居优的两极化多党制，

① 希拉克主义法文为 "le chiraquisme"。
② 社会民主党法文为 "le Parti social-démocrate"。

1981~1984 年是左翼居优的两极化多党制。1984 年 6 月欧洲议会选举，极右政党国民阵线有如异军突起，冲击了 1973~1984 年的左右两极化的政治格局，从而使政治格局和政党格局朝着左翼、右翼和极右翼鼎足的多极化多党制方向发展。

极右国民阵线勒庞在 1974 年首次参加总统竞选的第一轮投票中仅获得 0.75% 的有效票，还是默默无闻的小人物，但他在参加 1988 年总统竞选的第一轮投票中竟然一举获得 14.38% 有效票，仅次于社会党总统候选人密特朗、保卫共和联盟总统候选人希拉克和无党派人士雷蒙·巴尔，排在第四位。国民阵线的势力和影响迅速地膨胀，从而给法国带来又一次"政治地震"，引起国内外的极大不安。国民阵线在 1988 年 6 月的议会选举第一轮投票中又获得 9.66% 有效票，比上届议会选举多了 4 个百分点。这次总统选举和议会选举证明：20 世纪 80 年代末，法国政治生态发生了具有标志性意义的变化，法国左右两极化的政治格局和两极化的政党制度已被突破，从而形成了左翼、右翼、极右翼三足鼎立的态势，法国政治格局和政党政治开始向着多极化的方向发展。就目前而言，则是左翼居优的多极化多党制。

二 1988~1992 年的地方和欧洲议会选举——左降，政治冷漠和小党崛起

自 1982 年地方权力下放后，法国大区、省和市镇三级地方政府获得了相当大的权力，三级地方政府的行政长官变成了"土皇帝"①。因此，法国大小政党自此都十分重视地方选举，展开激烈的竞选活动。而每次地方选举的结果，都会在不同程度上改变全国政治力量的对比，影响原有的全国政治格局，从而使地方选举越来越具有全国性的意义和影响。而随着《马斯特里赫特条约》的实施，欧洲议会权力的扩大，欧洲议会选举也变得越来越重要，越来越成为反映各个成员国政治气候的晴雨表，同样该选举也成为反映法国政治气候的晴雨表。

1988 年总统选举和议会选举后，9~10 月举行了省议会选举，1989 年 3

---

① 让-雅克·贝克尔：《危机与替换（1974~2000）》，瑟伊尔出版社，2002，第 481 页。

月进行了市镇选举，同年 6 月进行了欧洲议会选举，1992 年 3 月举行了大区和省议会选举。总结地方选举和欧洲议会选举的结果，可以看出法国政治力量再次发生了变化。

1. 右升左降，极右发展

1988 年举行的省议会选举，分别于 9 月 25 日和 10 月 2 日进行了两轮投票。其结果是左翼多数派遭到了失败，获得 49.6% 的有效票，仅控制 27 个省议会，其中社会党控制 20 个省议会，法共控制 2 个省议会。右翼获得 50.29% 有效票，夺取了 68 个省议会，其中保卫共和联盟夺取了 23 个省议会，法国民主联盟夺取了 44 个省议会。右翼获得胜利。

1989 年举行的市镇选举，分别于 3 月 12 日和 19 日举行两轮投票，其结果是左翼再次遭遇滑铁卢，仅获得 39.5% 的有效票。而右翼继续保持胜利的势头，夺得了 60.1% 的有效票。国民阵线控制了 1 个万人以上的市镇。

1989 年 6 月举行的欧洲议会选举，法国政治天平继续向右翼倾斜。由保卫共和联盟和法国民主联盟组成的联合名单共获得 28.88% 的有效票，在法国总共 81 个席位中取得 26 个席位；以社会党为首的"为了欧洲进步的多数派"获得 23.61% 的有效票，取得 22 个席位；国民阵线获得了 11.73% 的有效票，夺得了 10 个席位；法共获得 7.72% 的有效票，取得 7 个席位；由部分法国民主联盟人士等组成的"保卫欧洲中心"获得的 8.43% 有效票，取得 7 个席位。

1992 年 3 月大区议会选举采取一轮比例制，其结果是右翼大获全胜，获得 37.2% 的有效票，在法国本土 22 个大区中夺得 20 个大区议会，其中保卫共和联盟控制 8 个大区议会，法国民主联盟控制 12 个大区议会。而左翼遭到空前的挫折，社会党仅获得 18.3% 的有效票，比 1986 年大区议会选举减少了 11 个百分点，创社会党 1971 年重建以来在地方选举中得票率最低纪录，被法国舆论称为"历史性失败"。社会党在法国本土只控制 1 个大区议会。同年 8 月 30 日，舍韦内芒率领其派系从社会党分裂出来，另成立公民运动①。就是这年，社会党党员减少到 15 万。社会党的危机意味着其前

---

① 公民运动法文为"le Mouvement des citoyens（MDC）"。

途更加黯淡。国民阵线获得了 13.9% 的有效票。法共获得 8% 的有效票。

与大区议会选举同时举行的省议会选举，分别于 3 月 22 日和 29 日进行两轮投票，其结果是左翼仅保留了 21 个省议会，其中社会党丢失了 6 个省议会。正是左翼和社会党在地方选举和欧洲议会选举接二连三的失败，迫使密特朗总统改组政府，以贝雷戈瓦替代克勒松组织政府。

左翼多数派失败的原因十分明显：第一，经济逐年的下滑，中下层居民收入减速或者下降，购买力疲软，失业日趋严重，导致人们对左翼执政产生不满，因而他们把选票投向右翼，以示对左翼的惩罚。第二，执政的社会党腐败丛生，丑闻不断曝光，从而使左翼的声誉受损，影响力也在下降。第三，苏联和东欧的剧变，柏林墙的倒塌和两德的统一，使左翼政党特别是法共遭受巨大打击，其实力和影响力急剧跌落。其结果则是右翼势力和影响上升，极右势力和影响继续发展。

2. 对传统政党的失望，政治冷漠

自 1982 年地方权力下放后，法国地方政府更加贴近当地的居民，所以选民十分关注地方选举，在一般情况下选民参与地方选举的比率是很高的，但在 1988～1992 年的地方选举和欧洲议会选举中，选民的参与率越来越低，弃权率则越来越高，例如，1988 年 9 月省议会选举的弃权率第一轮为 50.87%，第二轮上升为 52.97%；1989 年 3 月市镇选举的弃权率为 30.38%，特别是大城市的弃权率更高，巴黎达到 44.12%，马赛为 39.5%，里昂为 41.9%；1989 年 6 月欧洲议会选举的弃权率为 51.2%；1992 年 3 月大区和省议会选举的弃权率分别为 31% 和 29.34%。

造成在地方选举中参与率低和弃权率走高的最根本原因是选民对传统大党——无论左翼社会党和法共还是右翼保卫共和联盟和法国民主联盟——在轮流执政期间都未能解决法国经济和社会问题感到不满，对近年来的传统政党在活动经费上的丑闻和头面人物的腐败感到失望，导致大部分选民对地方选举失去了兴趣，出现了政治冷漠的现象。不仅在地方选举中弃权率走高，而且参加传统大党的党员数量也在逐年下降。

3. 小党派的崛起

自 20 世纪 80 年代末以来，法国大部分选民除了以弃权惩罚传统大党外，还有一部分选民把票投向小党派，支持新兴的力量绿党①和生态学派②，支持极右国民阵线。在 1989 年 3 月的市镇选举中，绿党获得了 600 个以上的席位，控制了 15 个市镇市长和 40 个市长助理的职位。在 1989 年 6 月的欧洲议会选举中，绿党获得了 10.59% 的有效票，夺得了 9 个席位。在 1992 年 3 月的大区选举中，绿党的实力与影响进一步扩大。

三 第十届国民议会选举及其意义

由于 1993 年第五共和国第十届国民议会的选举关系到谁控制议会进而入主马提翁大厦的问题，法国左右两大派早在半年前就开始紧锣密鼓地准备。尽管选民的意向对社会党十分不利，但它并不甘于坐以待毙，相反积极地宣传左翼执政以来获得的社会改革成果，把经济衰退和失业严重归咎于不利的国际环境，并许下重新振兴法国的诺言。2 月 17 日，罗卡尔还提出了"创世纪大爆炸"的理论，联合和团结中间派，重建左翼大党，争取 1995 年总统选举时形成一个多数派。保卫共和联盟和法国民主联盟如前年地方选举一样组成法兰西联盟，摩拳擦掌地要与左翼决一雌雄。它们知道选民对传统右翼并无多大好感，但可以利用选民对执政党的不满。

3 月 21 日，法国举行立法选举第一轮投票。选举结果表明，法兰西联盟获得 39.69% 的有效票，社会党获得 17.39% 的有效票，国民阵线获得 12.42% 的有效票，绿党获得 10.70% 的有效票，法共获得 9.18% 的有效票。保卫共和联盟和法国民主联盟两大党获得选票之多和社会党失败之惨都大大出乎人们预料。在第一轮投票中，选民的弃权率为 31.08%，保持了比较高的比例，说明选民对政治不感兴趣，缺乏参与热情。

3 月 28 日，法国举行立法选举第二轮投票。总计两轮投票结果，在国民议会 577 席位中，右翼两大党夺得 458 席，其中保卫共和联盟 245 席，法国民主联盟 213 席；社会党及其盟友仅夺得 52 席；法共夺得 22 席；其他右翼 36 席。右翼政党共拥有 494 席，占国民议会总席位的 84%，获得了自第五共和国成立以来最重大的胜利，远远超过其在历届国民议会中所拥有的

---

① 绿党法文为 "les Verts"。
② 生态学派法文为 "les écologistes"。

席位数量。社会党则遭受自1981年来最惨重的失败，两轮中总共才获得20.13%有效票，比1986年和1988年议会选举所获得的选票还要低。即便是所有左翼所获得的有效票总共也只有30.76%，也比1981年、1986年和1988年议会选举所获得的选票（分别为55.70%、44.10%和49.20%）低不少。在参加竞选的社会党政府17名成员中，有15名落马。未参加政府的社会党头面人物如罗卡尔、若斯潘也被选民抛弃。由于在第二轮投票中左右翼采取结盟和孤立极右翼的策略，国民阵线没有获得席位，但是，它在第一轮投票中仍然获得较高的选票，说明极右翼仍然拥有相当可观数量的选民，其实力在法国政坛中继续发展。

　　这次选举意义非同小可：首先，正如法国政治史学家勒内·雷蒙所指出的："这个民选的国民议会是法国一个多世纪以来最右的议会，比一战后1919年民选的'天蓝色众议院'还要右，也比1968年6月民选的国民议会右得多。"① 除了国民议会，参议院和地方议会也都被右翼所控制，从而使左翼总统密特朗成为孤家寡人，难以有所作为。其次，改变了总统多数派和议会多数派同属一个政治派别的属性，开始了第二次左右政治"共处"和"共治"。再次，它标志着自1981年开始的密特朗时代的结束。最后，它吹响了1995年总统竞选的前奏曲。

第四节　第二次左右"共治"

一　巴拉迪尔政府及其特点

　　当立法选举的第一轮投票结束后，保卫共和联盟领袖雅克·希拉克得意扬扬地宣称，既然右翼获得压倒的多数，密特朗留在总统位置上是不合时宜的，应该辞职。他还表示他无意接受总理的职务，而密特朗则搬出第五共和国宪法进行驳斥，说他要把总统职务履行完成。于是，密特朗在立法选举第二轮投票结束后翌日任命保卫共和联盟的爱德华·巴拉迪尔为新

---

① 《法国政治、经济、社会和外交年鉴》，事件与趋势出版社，1993，第15页。

总理并组织第五共和国第 24 届政府。

巴拉迪尔 64 岁，他毕业于法国国家行政学院，曾经在行政法院任职，1973～1974 年任总统府秘书长。在蓬皮杜总统生病期间，他曾经代行总统的某些职权。1986 年当选为国民议会议员。1986 年任经济和财政部部长，在希拉克政府中起着副总理的作用。因此，巴拉迪尔担任新总理前已经积累了较为丰富的执政经验。他不苟言笑，说话特别讲究选词造句。他潇洒、严肃、冷漠，具有老法国绅士的风度。他在 1992 年出版的《改革词典》中表达了强烈要求改革的愿望，企望亲自举起变革的火炬。这一天，终于到来了。

巴拉迪尔仅用一天时间，便于 3 月 30 日组成新一届政府。他组织政府和挑选政府成员遵循两个原则：一个是小心翼翼地保持多数派内部各个党派之间的分配比例，另一个是维护新老政治家之间的平衡。于是，他组成了包括总理在内的现有 30 名成员的政府，其中有 4 名国务部长，19 名部长，6 名部长级代表。巴拉迪尔政府具有如下的特点：第一，人员比较精干，仅设置部长，不设置国务秘书。第二，巴拉迪尔政府成员年轻化，平均年龄为 52 岁。最大年龄为 67 岁，最年轻的部长只有 38 岁。第三，政府成员中约有一半是首次出任部长职务。第四，在政府成员中，16 名是法国民主联盟人士，14 名是保卫共和联盟人士。第五，4 名国务部长分别领导社会事务部、内政部、掌玺与司法部、国防部。

这次左右政治"共处"与 1986 年的第一次左右"共处"有明显的不同。对左翼总统密特朗而言，他再过几个月就要达到 77 岁的高龄，不可能是下届总统的候选人，不再担心总理作为竞争的对手。在巴拉迪尔总理方面，他已经同希拉克暂时达成某些默契，声明不准备参加下届总统的竞选。在性格和作风方面，巴拉迪尔头脑比较冷静，不易冲动，文质彬彬，谨小慎微。

新总理于 4 月 8 日在国民议会发表施政演说，设下 5 年重振法国的目标，而缓解失业和解决非法移民问题则是新政府的首要任务。他强调解决失业问题是新政府"绝对优先"的任务，将制定一项关于就业的 5 年指导法，以便阻止失业大军的进一步扩大。巴拉迪尔表示，新政府将加强在边境和国土上的检查，严厉打击黑工。在财政方面，他要在 1997 年将公共开支赤字控制在占国内生产总值 2.5% 的水平上。在经济方面，新政府将制定针对竞争性部门的国营企业私有化的纲领，给予法兰西银行自主权。

二　经济和社会的复兴计划以及经济和财政的四大战役

巴拉迪尔政府经过紧锣密鼓的准备，终于在 5 月间出台了一个复兴经济的一揽子计划。它利用增收节支和减轻企业负担双管齐下的方法，以弥补部分财政赤字和增强经济活力。经济计划的主要措施是：其一，节约公共开支。为了缩减 1993 年预计将达到 3300 亿法郎的预算赤字，计划决定削减政府部门的经费，包括下调部长 10% 的工资、精简各部行政人员、冻结国家公务员的薪金等，此举预计一年可节约 215 亿法郎。其二，增加税收。从 7 月 1 日起社会保险中的普通分摊税将由 1.1% 提高到 2.4%。从 7 月 12 日起汽油和柴油每公升提价 33 生丁，其他石油燃料和煤气也将上调 8.57%。含酒精饮料的消费税从 7 月 1 日起提高 16%。上述措施可使国家一年增收 600 亿法郎。其三，改革医疗保险制度，提高卫生部门和投保人的医疗投保比例，将使国家到 1994 年减少医疗支出近 300 亿法郎。改革退休金制度，使退休金按物价指数计算，并延长领取退休金的纳税年限和计算退休金的参照期限。建立老年团结基金。其四，减轻中小企业负担。政府将拨款减轻企业负担以创造新的就业机会。政府还将拨出 100 亿法郎为企业主代缴低薪职工的家庭补助金。加快偿还企业的增值税。建立 3 亿法郎的干预基金，以保证财政对企业的借贷。拨款 95 亿法郎用于就业连带合同，资助失业保险。其五，拨款 15 亿法郎扶植农业，减免农民的土地税，安置年轻农民和发展畜牧业。

与此同时，巴拉迪尔政府还在经济和财政领域进行了四大战役。

四大战役之一——公债战役。巴拉迪尔政府决定于 1993 年 6 月底以前向全国发行 400 亿法郎公债。这是第二次世界大战后法国举债数额最大的一次。此次公债名为"中继债券"，期限 4 年，利率随行就市。其发行对象以个人为主。为了鼓励个人认购公债，政府规定以储蓄股票转购公债可以一次认购，分 3 次付款，而且免缴股税。个人从公债中所得利息一律免缴所得税。政府所得的公债款项除了一部分用于偿还国家债务外，主要用于填补社会救济基金和支持就业基金，补贴住房建筑和公共工程行业，以便缓解低收入职工的住房困难。到 7 月 10 日为止，认购者达 140 万人，金额达 1100 亿法郎，超过规定数额的一倍半。巴拉迪尔的发行公债政策获得巨大的成功。

四大战役之二——私有化战役。经过议会于 1993 年 7 月 8 日的批准，巴拉迪尔政府开始推行私有化计划，从而结束了原社会党政府执行多年的"既不国有化，也不私有化"的政策。该计划主要是：其一，成立专门的"私有化委员会"，负责协助政府推行私有化，具体地评估即将私有化的国有企业的资产状况，确定股权价格，监督股权转让情况，确保国有资产不流失。其二，对 21 家国营工业企业、银行和保险公司实行私有化。对大型的国营企业以出售股份的方式，向法国和欧洲共同体国家的机构和个人完全开放，但优先考虑法国机构的投资者，并为本企业职工保留 10% 的股份。对小型的国营企业和银行采取竞标转让的方式，将整个企业出售给法国跨国公司。其三，对个人投资者购买私有化股票在资金和价格方面实行优惠。通过私有化，巴拉迪尔政府将在 5 年内获得 3000 亿法郎巨大收益，大大减少预算赤字。通过私有化，国家直接参与经济活动将大大减少，有助于克服由于政府直接从事经济活动而产生的权钱交易和贪污腐败现象。通过私有化，将推动法国企业走向国际化，巴黎的金融市场将得到加强。

四大战役之三——保卫货币战役。自 20 世纪 80 年代以来，法国历届政府都在推行紧缩货币的政策，维护法郎的地位。但是，由于法国经济不景气，在 1992 年 9 月和 1993 年 1 月欧洲货币体系两次危机中，法郎受到了市场的冲击。只是在法德中央银行的联手干预下才得以平息，保持了法郎的地位。巴拉迪尔政府为了振兴法国经济，决心继续维持法郎的坚挺地位。1993 年 7 月欧洲货币体系又一次陷入危机，法国货币再次受到冲击。法德再次联手进行干预，德国联邦银行动用了 600 多亿马克。法兰西银行将仅有的 1450 亿法郎的外汇储备投放市场，而且还负债 28 亿法郎。法郎的形势继续在恶化。巴拉迪尔政府面临着几种选择：要么提高利率，稳住法郎的阵脚；要么听凭市场机制的作用，让法郎自由浮动。选择前者势必影响法国经济的复苏，选择后者又与法国努力建立欧洲统一货币的主张大相径庭。巴拉迪尔政府为了避免上述弊端，做出另一种选择，即扩大欧洲货币体系汇率的波幅。正是在法国政府的敦促下，8 月 1 日欧洲共同体 12 国财长和中央银行行长开会决定，将欧洲货币体系汇率的波幅从 2 卫货币调到 15%上下。在这之后，法国法郎的比价才得以逐渐由大幅度下跌趋向稳定。接着，巴拉迪尔政府继续下调主导利率，以便促进投资和刺激消费，促进经济复苏和缓解失业现象。

　　四大战役之四——乌拉圭回合谈判战役。1992 年 11 月，欧洲共同体代表与美国就欧美农产品达成谅解：今后，欧洲共同体农民享受补贴的油料作物年产量将控制在 870 万吨到 920 万吨之间，享受补贴的其他农产品产量也将减少 21%。作为欧洲最大农产品出口国的法国，其农业利益受到重大的威胁，因此拒绝签字，从而使关贸总协定的谈判陷入僵局。巴拉迪尔政府运作不久立即着手处理这个棘手的问题。它一方面于 5 月 13 日向欧洲委员会发表备忘录，主张就农产品、工业产品和劳务的所有市场准入问题签订一个"全面的、平衡的协定"。作为世界上第四大商品出口国和第二大服务业出口国，法国在关贸总协定上虽然在农业等方面吃些亏，但在总体上还是利大于弊。基于这种考虑，巴拉迪尔政府发出信息，只要美国做出一些让步，法国保住面子，就在协议上签字。9 月，欧洲共同体要求美国补充和澄清有关条款。经过艰苦的谈判，双方终于在 12 月 6 日达成协议：减少出口农产品的补贴以 1991～1992 年而不是以 1986～1990 年度计算，油料作物的土地冻结 10%，产量维持在 1050 万吨至 1100 万吨之间，音像制品和文化产品按照特殊贸易条例处理。这个时期，法国农业产量已经有了很大的提高，从而把农产品出口补贴减少遭受的损失降到了最低程度。巴拉迪尔政府于 12 月在关贸总协定上签了字。另一方面，巴拉迪尔总理周旋于左翼反对派和右翼多数派之间，小心翼翼地处理好与主张妥协的法国民主联盟的关系、与主张采取强硬立场的希拉克的关系。12 月 15 日，巴拉迪尔政府关于关贸总协定的立场获得国民议会压倒多数的支持。巴拉迪尔政府处理乌拉圭回合谈判终于画上了圆满的句号。

1993 年，对于法国来说是"一个黑暗的年份"[①]，是 1945 年以来最糟糕的年份。这一年，法国经济进一步衰退，国内生产总值增速为 - 0.8%。财政赤字达到 3170 亿法郎，占国内生产总值的 5.7%。法国失业人数进一步上升到 329 万，占这年就业人口的 11.9%。法国这年因经济衰退损失了约 700 亿法郎的财富。但是，正是巴拉迪尔政府采取紧缩财政政策、多次降低利率、放宽信贷、恢复对法郎的信心，1994 年法国经济开始复苏。1994 年，法国国内生产总值增长了 2.4%；财政赤字占国内生产总值的 5.6%，比上一年有所下降；外贸盈余 800 亿法郎，由结构性的外贸赤字转变为结构性的外贸盈余；通货膨胀率为 2%，是欧洲国家中百分比最低的国家。1994 年年底，法国失业开始呈现下降的趋势，失业人数为 323 万。

三 加紧限制外籍移民

根据 1990 年法国人口调查结果，当年法国拥有 350 万外籍移民，占法国人口的 6%，非法移民在 100 万至 150 万之间，而且每年有 3 万～4 万新移民进入法国。在这些移民中，20 世纪 50～60 年代的移民主要来自阿拉伯国家和非洲国家，70 年代前后的移民主要来自印度支那国家，90 年代以来主要来自东欧和西亚（如土耳其人、库尔德人等）。他们为法国经济发展和社会做出了贡献，但在法国经济不景气和失业严重时期也带来负面的影响。他们的低收入加速了法国社会的两极分化，他们作为过剩劳动力加剧了法国的失业现象，他们的异国文化导致了与法国文化的不协调和冲突。特别是克勒松政府和贝雷戈瓦政府时期，外籍移民事件迅速增加，如外籍移民集中的巴黎郊区发生暴力和犯罪事件，导致了排外主义思潮的发展，给了极右势力以口实。

在国民议会中，外籍移民往往成为多数派和反对派争论的焦点。右翼反对派要求左翼政府采取严厉的移民政策。右翼反对派领袖希拉克于 1991 年 6 月 19 日在奥尔良举过这样的例子："一个住在古特 - 多尔的法国劳动者

---

① 法国《世界报——档案和文件，1993 年经济和社会总结》，第 53 页。

站在他的低租金住房的阳台上，看见旁边住着一家人，一个家长拥有 3 个或 4 个妻子、20 个左右的子女，不工作，然而，这个家庭却每月领取 5 万法郎的社会津贴。再加上这一家人的吵闹声和散发出的气味，能让这位邻居几乎发疯。"① 希拉克的例子反映了法国公众对外籍移民大量涌入法国的严重关切和恐慌不安。克勒松政府和贝雷戈瓦政府既拒绝颁布严厉的移民政策，采取租用包机遣返非法入境移民的做法又宣告失败，最终都拿不出一个切实可行的办法来解决外来移民问题。

巴拉迪尔政府上台不久便确定了"趋向于零的移民数""零的非法移民数"的方针，接连推出一系列加紧限制外籍移民的政策和措施。1993 年 5 月 13 日，议会通过了巴拉迪尔政府提交的国际法改革法案，增加了对移民入籍的限制，如出生在法国的外籍移民子女在 18 ~ 21 岁必须正式提出入籍申请，而不是按过去条文规定自动获得法国国籍。6 月 2 日，巴拉迪尔政府通过了关于外国人入境、异族通婚、外籍移民的家庭团聚的严格条件。6 月 10 日议会通过的加强身份证检查的法案，规定实施预防性身份证检查不必以被检查者的行为和危害公共秩序之间一定存在某种联系为条件，而被检查身份证的外国人还应当出示法国允许其居留的证件。巴拉迪尔政府出台的上述针对外籍移民的政策和措施，在法国社会引起了强烈反响。一些政党、反种族主义组织、宗教团体坚决地表示反对，近百个组织于 6 月 14 ~ 19 日举办行动周，在巴黎和外省举行示威游行，要求撤销这些外籍移民法案。

四　教育改革的失败和就业政策的挫折

1993 年 6 月 25 日，一位叫布律诺·布尔格 - 布罗克的保卫共和联盟议员在国民议会提出提案，要求修改《法卢法》。1850 年 3 月由法卢伯爵主持制定的法律，第一次将公立学校和私立学校分开，前者实行全民义务教育，后者为收费学校，但地方行政当局可以向私立学校提供修建校舍的不动产补贴的 10%。该法律沿用至今，成为法国教育的基础法律。《法卢

---

① 《法国政治、经济、社会和外交年鉴》，事件与趋势出版社，1991，第 56 页。

法》修正案要取消 10% 的上限，使私立学校能够获得更多的国家补贴，从而打破了公立学校和私立学校之间的平衡以及法国教育的传统法律基础。

修改《法卢法》的提案一经提出，立即遭到国民议会内社会党和左翼反对派的抵制，提案一直拖到 6 月 28 日才在国民议会中获得通过。当该提案开始在参议院进行审议时，反对派提出 3000 条修正案，以此阻挠该提案在参议院例会于 6 月 30 日闭会前获得通过。与此同时，密特朗总统也在配合社会党的活动，并坚决反对召开议会特别会议继续审理该提案。他于 7 月14 日解释说，他不认为有必要那么紧迫地修改一个近 150 年的古老法律，"这场辩论势必触及法国人的良心，重新挑起我极力避免的学校战争"①。但是，巴拉迪尔政府还是迫不及待地要求参议院绕过某些程序，避开社会党和左翼使用的阻挠手段，尽快地进行辩论和表决。于是，参议院于 12 月 14日下午通过《法卢法》的修正案。

《法卢法》修正案的通过在左翼政党和团体组织中引起强烈反响。17日，左翼教育工会组织的公立学校的教师在巴黎和外省游行示威。1994 年 1月，90 万人云集巴黎，举行了规模更加浩大的游行示威，这是 1984 年 6 月右翼组织 200 万游行示威反对将国民教育实行统一和公有化以来在教育问题上的最重大的游行示威。密特朗总统对政府匆忙将《法卢法》修正案付诸表决感到震惊，表示将考虑行使宪法赋予总统要求议会重新审议的权力。社会党则就此向宪法委员会提出交涉。右翼多数派立即批评总统不是站在仲裁者的地位讲话，而是站在左翼反对派的立场上表态。一时间，法国朝野围绕着修改《法卢法》的争论闹得沸沸扬扬。左翼反对派自 1993 年 3 月立法选举失败后，力量有所恢复，借助《法卢法》修正案这一事件显示了自己的力量和存在。左右政治的"共处"在和平相处半年多以后也出现了第一道裂痕。正是在这种背景下，宪法委员会审查了议会通过的《法卢法》修正案，并以"破坏了公民的平等"为借口，宣布该修正案无效。巴拉迪尔总理为了缓和内外的压力，平息世俗民众的不满，声明不再提出新的修

---

① 《法国政治、经济、社会和外交年鉴》，事件与趋势出版社，1993，第 80 页。

正案文本。巴拉迪尔政府的教育改革遭到失败。

　　巴拉迪尔政府还遇到青年就业的麻烦。在法国失业大军中，青年首当其冲。自 1992 年 7 月至 1993 年 7 月，25 岁以下的青年失业率上升了 5%，25~49 岁的壮年男性失业率上升了 19.5%，青年和壮年的失业率上升最快。在全国 321 万失业者中，25 岁以下的青年就有 72 万之多。青年的严重失业现象已经成为法国社会的主要问题，在左右政治"共处"的背景下也成为法国政党政治斗争的焦点之一。

　　巴拉迪尔政府为了兑现许下的关于优先解决失业的诺言，于 1993 年 7 月提出紧急法案并获得议会通过。该法案取消了企业向国家缴纳的附加值税须延期一个月才被国家返还的规定，并将企业为低薪金收入者所缴纳的社会分摊金逐渐纳入国家预算以减轻企业负担，降低劳动成本。8 月间，巴拉迪尔政府又提出了一项为期 5 年的就业计划，其核心是刺激消费，带动经济增长；减轻企业的社会分摊金，将雇主为职工缴付的家庭补贴分摊金部分纳入国家预算；缩短劳动时间，实行每周 32 小时工作制；降低退休年龄，取缔黑工，扩大学徒和职业培训规模等。1994 年 2 月，巴拉迪尔政府再次推出《职业安插合同》，重点解决青年人就业和培训问题。根据该计划，政府准备为不满 25 岁的青年人提供就业培训，不论是否有专业文凭，凡是没有工作的相应青年都可以得到一项培训、一份收入和一个工作。该计划还规定，这些青年人边培训边工作期间的工资只相当于政府规定的最低工资的 80%。该计划刚出台即遭到各界的强烈批评。许多人认为把青年人最低工资降到最低标准以下的做法会引起社会危机，工会决定举行抗议，上万大学生在巴黎举行示威游行反对该计划。3 月 17 日，游行示威人数在法国各地超过 20 万，并与警察发生冲突。巴拉迪尔总理为该计划专门与工会和雇主代表进行对话，做说服工作，但不欢而散。巴拉迪尔喟然叹道，人人都认为应该进行改革，可改革牵一发动全身，改革这个问题，别的问题就出来挡道。在无可奈何的情况下，巴拉迪尔总理于 3 月 30 日宣布撤销《职业安插合同》。巴拉迪尔政府开出的青年人就业政策受到挫折。

第五节　走向"新现实主义的外交"和防务

一　走向"新现实主义的外交"和防务

弗朗索瓦·密特朗第二任总统执政的初期，在美苏两大集团对峙的两极格局中和欧洲分裂的状态下，法国推行独立自主的外交，周旋于两个超级大国之间，"手持二等车票却坐在头等车厢中"，常以二等强国的地位发挥着头等强国的作用。但是，20 世纪 90 年代伊始，德国从分裂走向统一，苏联和东欧发生剧变，这不仅使欧洲地缘政治版图发生根本性的变化，也使雅尔塔体系瓦解，从而使两极世界走向单极世界或一超多强的世界，即进入后冷战时代。

在这复杂多变的国际形势中，密特朗总统为了维护法国独立自主的地位和寻找发挥大国作用的途径，曾经对法国的外交政策进行了调整。一是联合德国加速欧洲一体化进程，以便维护法国在欧洲的主导权；二是高举"民主"和"人权"旗帜，显示法国的存在和大国的作用。但是，密特朗总统在实施这些政策的过程中常常碰壁：法国和德国经常发生龃龉，难以发挥"轴心"的作用。同美国争夺欧洲安全事务的主导权但力不从心，最明显的例子是对南斯拉夫冲突的干预，密特朗总统于 1992 年 6 月 28 日"闯入"萨拉热窝，打开"人道主义援助"的通道，然后连续增派军队，干预部队达 6000 人。1994 年，法国感到越陷越深不能自拔，被迫从波黑撤军。充当"民主"卫士，搞人权外交，又使自己处于恶化与发展中国家关系的困难境地。法国的国际地位有所下降。密特朗总统的外交政策遭到了法国政界和舆论界的批评：法国外交政策缺乏明确目标，无法适应欧洲大陆出现的根本变革，使法国失去了原有的欧洲强国地位。法国《世界报》1991年 9 月 6 日发表文章，指出当柏林墙已经倒塌后密特朗还继续坚持说"统一吗？再过几周，人们就不会去谈论它了"的落后客观形势的话，1989 ~ 1990 年他曾经想通过拖延战术阻止德国的统一。《世界报》的该篇文章进一步指出：苏联东欧剧变以来，密特朗的对外政策是左右逢源，缺乏远见，敌友不分，黑白颠倒。密特朗的对外政策是"胡乱调和的大杂烩"。密特朗总统在外交上的某些拙劣行动，如两德统一前夕到民主德国的访问、对苏联剧变的惊慌失措都成了笑柄，他的个人威信也因此下降。

第二次左右"共治"开始，巴拉迪尔政府总结了前几年的经验教训，审时度势，立即推出了"新现实主义的外交"，其主要的特点是：第一，在继续坚持独立自主外交的同时，以务实、灵活和谨慎的态度与方法，处理东西方关系、北约问题等，以便扩大法国外交活动的空间，保留法国对外关系回旋的余地。第二，揭掉法国外交政策上所贴着的带有浓厚的社会党色彩的标签，淡化"人道主义""人权"等口号，以便保持法国在发展中国家的存在和影响。第三，突出法国的经济外交，在处理关贸总协定的谈判上、在对待东西方关系上、在与发展中国家的关系上，特别是在发展与亚洲国家关系上，越来越把经济放在优先的地位。第四，在采取外交行动时，必须考虑法国是否具备了"充分的、必要的条件"，每一个行动是否"充分有效"，从而减少盲目性。

巴拉迪尔政府还从现实主义角度调整了法国的军事战略。法国政府于1994 年 2 月发表了冷战结束后的第一个《国防白皮书》。该白皮书认为，法国的安全和稳定面临许多潜在的危险：如来自苏联地区和中东欧国家以及巴尔干地区的边境冲突和民族矛盾，宗教冲突，前法属非洲国家的动乱，非常规武器、核武器、生物武器等扩散对世界构成的威胁，恐怖主义活动和有组织的毒品贩卖对国内和国际的危害。正是在新的安全形势下，法国确立了"总体防务"观念，即在军事防务的基础上，密切协调和组织民防、经济、社会等各方面的行动，增强法国的整体综合防务能力。白皮书提出了"足够可靠的"核威慑与常规武装力量相结合的"多方位防御战略"和以"远距离干涉""防止危机"为重点的作战方针。鉴于冷战结束后核力量失去了明确的目标，海湾战争再次证明核大国对非核地区和国家无法使用核武器，法国在核威慑理论上做了很大的修正：从冷战时期的"有限、合理的足够"向"足够可靠"的核威慑转变。法国将严格地拥有最起码的核威慑手段，不再明确地针对某个集团和国家，而仅以核武器来确保法国的大国地位和在世界中的影响，同时威慑敢于侵犯法国根本利益的潜在的敌人。另外，鉴于冷战时期针对苏联的"单向防御"的战略指导思想已经不再适用，法国确定了"多向防御"的战略指导思想，特别要加强防范来自北非、中东和地中海的威胁。白皮书明文规定在下列情况下可以动用武装部队：在关系到法国切身利益的欧洲、地中海和中东短期和中期内有可能发生的地区冲突；从现在起在欧洲和更长期在地中海、近东和中东所能预见到的可能关系到法国切身利益的地区冲突；损害法国海外省和海外领地的完整；在非洲，执行双边防务协定时遇到可能性很大的一触即发的事态；在欧洲、中东和非洲，还可能在远东和拉丁美洲，出现可以预见的调停、控制边界、人道主义行动、监督停火等维护和平和国际法的行动；突然出现对西欧构成的重大威胁。

二　推进欧洲一体化，加强法德轴心，促成法英德"三驾马车"

在欧洲一体化方面，密特朗总统早就指出："尽管取消了关税，共同体内部自由流通仍存在着太多的障碍。"① 他呼吁欧洲经济共同体内部实现商品和人员的自由流通。正是在法德双"发动机"的努力下，1986 年 2 月共同体部长理事会通过了《单一欧洲文件》并于 1987 年 7 月生效。该文件决定于 1993 年在共同体内实现商品、资本、劳务和人员自由流通的统一大市场；为了统一大市场建设的顺利进行，改革决策机制，将部长理事会"一致通过"原则改为"特定多数表决制"。从此，法国放弃了戴高乐以来一直坚持的"卢森堡协议"所规定的"一致通过"原则，实际上等于放弃了否决权。这是法国对西欧联合政策的一个重大转变。密特朗总统推动欧洲一体化不再局限于某个领域和某一项具体政策，而是从政治、经济、货币、科技、军事各个方面，特别突出了欧洲联合史上敏感而又屡遭挫折的政治联盟和防务合作。

密特朗总统主张在世界货币领域建立"第三个极"，即与美元和日元平起平坐的"欧洲货币极"。于是，法国于 1988 年 1 月率先重新提出欧洲经济共同体货币统一问题，并积极推动经济与货币联盟的建立。正是基于上

---

① 1984 年 5 月 24 日在欧洲议会上的讲话。

述原因，1989 年 4 月欧共体委员会主席提出的《关于欧洲共同体经济与货币联盟》的报告在很大程度上反映了法国的意见。1991 年 12 月，欧共体首脑会议通过的《马斯特里赫特条约》并对欧洲经济与货币联盟做了具体的规定。根据法国的要求，条约议定书郑重声明，"走向第三阶段是不可逆转的"。该条约为欧洲联盟增添了共同对外和安全政策以及司法和民政合作两大支柱。为了慎重起见，密特朗总统就《马斯特里赫特条约》于 1992 年 9 月 20 日征求人民的意见，举行公民投票并获得通过。尽管只是以微弱的多数通过，但对其他欧洲联盟成员起了示范的作用。巴拉迪尔政府进一步强调，要在经济与货币联盟、政治联盟和西欧联盟的框架内推进欧洲的共同防务，用积极参与欧洲事务、缓解地区和民族冲突、维持和平的方法争取在欧洲事务中的主导权。为了防范欧洲国家因历史遗留问题发生冲突，法国提出"欧洲稳定公约"并于 1995 年 3 月被欧洲联盟采纳，它促使中东欧国家和波罗的海沿岸国家通过协商来解决边界和少数民族问题。

在对德政策方面，密特朗总统最初不赞成德国重新统一。当民主德国于 1989 年 11 月宣布开放"柏林墙"和两德边界以及科尔总理提出实现德国统一的"十点计划"时，密特朗总统没有做好心理上的准备，他手足无措，急匆匆地于 12 月前往苏联访问以阻止德国的统一，随后到民主德国访问试图稳住民主德国。结果事与愿违，德国实现了统一，苏联、东欧又相继发生了剧变，从而使法国陷入了十分尴尬的境地。一方面，密特朗总统害怕德国统一导致地缘政治的变化——德国成为欧洲的中心。德国已经是欧洲经济大国，而且将可能由欧洲的政治"侏儒"变成欧洲的政治巨人，从而使法国在欧洲的地位下降，并有失去在欧洲起主导作用的危险。另一方面，法国在推进欧洲建设中又离不开德国，法德两国起着"双发动机"的作用。正是在这种矛盾心理的情况下，法德在欧洲一体化方向、在欧洲联盟是东扩还是南下的战略、在关贸总协定的农产品出口补贴、在波黑问题的处理等诸多方面都发生分歧，法德轴心一度貌合神离，运转不灵。巴拉迪尔政府从新现实主义出发，把法德由过去的主从关系改变成互为所用的平等关系和互补关系，意欲把"德国的欧洲"变为"欧洲的德国"，在欧洲联盟扩大和深化的过程中最大限度地保持"法德轴心"的存在。经过对德政策的调整，法德政府和领导人加强了会晤和协商，弥合了双方在诸多问题上的分歧，在欧洲的经济、政治、军事和社会建设方面加大了前进步伐，带动和激励了其他欧洲国家的向心力和凝聚力，从而加速了欧洲极的形成。

与此同时，巴拉迪尔政府并没有把欧洲建设放在唯一依靠德国的基础上，它还加强与欧洲其他国家，特别与英国、意大利和西班牙的合作。1994年，法国与上述三国首脑会晤取得了积极的成果：法国和英国决定共同组建联合空军指挥部，法国、意大利和西班牙制订了地中海"欧洲海军空战部队"计划。特别是法国与英国的接近，既是对德国的牵制，又促成了在欧洲舞台上出现法、英、德"三驾马车"式的局面，从而使法国外交在欧洲舞台上拥有了更大的回旋余地。

三 与美国和北约既合作又抗争

冷战结束后，法国失去了周旋于两个超级大国之间的空间，丧失了在东西方之间的桥梁的作用，不得不随机应变，调整对美关系。密特朗总统继续坚持独立自主的外交政策，把美国视为大西洋盟友和平等伙伴，既要加强合作又要抗争，既要进行斗争又不得不做出必要的妥协。

密特朗总统在欧洲事务和与法国利益攸关的地区同美国争夺主导权。在欧洲，突出地表现在对南斯拉夫冲突的态度和处理的方法上，密特朗总统亲自飞往战火纷飞的萨拉热窝以便打开维和援助的通道，用实际行动明白无误地告诉美国，在南斯拉夫问题上欧洲人并非无所作为。他要军事和外交"双管齐下"，用武力保证人道主义援助的通道，同时召开国际会议进行政治解决。以此向美国证明，南斯拉夫问题和欧洲问题解决的主导权是在欧洲人手里。在与法国利益攸关的中东地区，1990年8月伊拉克入侵科威特，在美国进行干预的同时，法国为了保护在中东和海湾地区的利益和影响，也以自己的方式积极介入，并在1991年1月开始的海湾战争中与美国缩小了距离，度过了简短的"蜜月期"。但在海湾战争后，密特朗总统十分不满美国全面控制中东和海湾地区国家的做法，对于美国制裁伊拉克和伊朗的政策表示坚决反对。

在欧洲防务方面，密特朗总统始终认为要加强欧洲的自我防务能力，于1990年10月组建法德混合旅，于1992年5月决定组建以法德混合旅为核心的"欧洲军团"。美国随即做出反应，表示法德组建联军的计划意义不明确，对其中许多问题不能理解，声明欧洲共同体国家实行一项各行其是的欧洲防务政策会损害大西洋两岸的利益。美国认为法国组织"欧洲军团"居心不良，是要把美国从欧洲防务中排挤出去。因此，美国坚决反对成立独立于北约之外的欧洲联军。法美双方就欧洲防务问题展开了唇枪舌剑，你来我往地争论不休。

在经济关系方面，法美相互增加投资，双边贸易也在激增，两国的经济联系越来越密切。与此同时，法美的经济摩擦增加，贸易冲突不断。法美在关贸总协定和农产品出口补贴上的对立到达十分尖锐的地步。美国准备实行惩罚性的关税，法国立即要对此进行报复。1993年年初，美国宣布对来自欧洲19个国家的钢材征收高额倾销税，禁止美国政府部门接受欧洲共同体的产品和服务，指责欧洲共同体对"空中客车"实行补贴导致美国波音飞机公司的减产。法国则是首当其冲。此外，法美两国还在航空客运量，美国进口法国葡萄酒、奶酪、音像制品等方面相继爆发了贸易战。

巴拉迪尔政府成立以来，考虑到在同美国争夺欧洲事务和与法国利益攸关地区的主导权时经常是力不从心，或多或少还要借用大西洋彼岸的力量；同时自克林顿上台以来美国也着意修复和加强同西欧盟国的传统"伙伴关系"，缓和与法国的紧张气氛。鉴于此，它决定对美国推行"新现实主义外交"，在欧洲安全方面联合美国共同担当责任，在南斯拉夫冲突中法美立场逐渐趋向一致，决定由北约派部队在波黑建立"安全区"和在南斯拉夫境内维持和平行动，支持北约向波黑塞族发出动武的最后通牒。在经济关系方面，巴拉迪尔政府在农业种植面积和农产品出口补贴方面对美国做了让步，促使乌拉圭回合谈判的完成。在欧洲军团方面，法德保证在北约成员安全受到威胁及在联合国和欧安会授权下执行"维和"任务时，欧洲军团将由北约的欧洲盟军最高司令部统一指挥。

法国的"新现实主义外交"突出地表现在与北约的关系上。20世纪90年代初，法国认为西欧要加强自身的防务能力，北约则应减少其职能；美国恰好相反，要扩大北约职能。当 1990 年美国在北约罗马首脑会议上提出加强北约政治职能和 1991 年美国主张同东欧国家及苏联定期举行部长级会谈的建议时，密特朗总统都曾表示反对，因为法国不愿看到北约在东西方对话中发挥主导作用，从而影响法国战后以来与这些国家建立起来的"特殊关系"。因此，法美多次在北约首脑会议上发生冲突，甚至剑拔弩张，气氛十分紧张。在这以后，密特朗总统逐渐意识到法国在处理欧洲安全特别是解决南斯拉夫问题上能力有限，常常捉襟见肘，欧洲还是离不开美国，也离不开北约，再说苏联和东欧国家要求同北约发展关系，于是也开始转变立场：表示在必要时欧洲军团将由北约的欧洲盟军最高司令部统一指挥；支持北约扩大军事干预范围。

巴拉迪尔政府上台以后，进一步改变了对北约的立场，积极参加北约的决策和改组。法国把在北约军事委员会中的地位由观察员升格为正式代表，1993 年 4 月派军事代表团参加，就维持和平部队在南斯拉夫的使命享有表决权，从而使法国靠拢北约军事一体化组织的进程迈出了实质性的一步。1994 年 9 月底，法国国防部部长弗朗索瓦·莱奥塔尔出席了在西班牙塞维利亚举行的北约防长会议。这是法国国防部部长自 1966 年退出北约军事一体化组织以来首次与会。尽管如此，巴拉迪尔政府对北约的靠拢是有一定限度的，并没有违反 1966 年戴高乐所做出的决定。

四 改善和加强与俄罗斯和东欧的关系（包括苏联）

密特朗第二任总统执政伊始，为了迎头赶上德国、意大利等西欧国家同苏联关系的水平，着手调整和提升对苏关系。1988 年 11 月密特朗的访苏，把双方的政治对话提高到每年一次首脑会晤和每年两次外长会晤的新水平。法国向苏联提供 20 亿美元贷款，投资兴建铝品合资企业。双方还着手拟订经济、工业和技术合作的长期计划。1989 年 7 月戈尔巴乔夫再度访法，签署了 22 项文件和协定，其中包括航空航天、农业、林业、运输、文化、电视和人员培训等，从而加深了法苏在各个领域的合作。法苏还确定了未来 20 年双方合作的目标。密特朗和戈尔巴乔夫分别提出的欧洲邦联和欧洲大厦被认为非常接近，为两国合作提供了政治基础，而且两国在经济上的需要使法苏走向更加广泛的合作。

　　苏联解体后，密特朗认为苏联解体后的俄罗斯虽然不再是超级大国，但它仍然会对西欧、东欧和世界新格局的形成和发展产生重大影响，必须进一步加强与俄罗斯的联系和利用俄罗斯的力量来对付统一后在经济和政治上日益强大起来的德国的严峻挑战，维持法国在欧洲事务中的发言权和保持法国在欧洲和在世界上的地位，掌握向美国讨价还价的筹码。密特朗总统又及时地调整了对俄罗斯、独联体和东欧的政策，于1992年2月邀请俄罗斯总统叶利钦访法。双方在总统联合记者招待会上宣布，两国不再是"潜在的敌人"，两国传统的友好关系进入了更加亲密的新阶段。两国签署了《法国与俄罗斯之间的条约》，以替代1990年签订的《法苏谅解与合作条约》。该条约把西方价值观作为发展两国关系的政治基础，但没有体现对法苏特殊关系的继承。法国政府还慷慨地向俄罗斯提供巨额的经济援助。密特朗总统在苏联解体后短短的6个月中，作为西方大国首脑还访问了几个独联体国家。法国与立陶宛、爱沙尼亚和拉脱维亚波罗的海三国签署了《谅解、和平与合作协定》，恢复与三国的政治、经济和文化的传统联系，展示法国在这个地区的政治存在。法国于6月接待了乌克兰总统，两国签署了《谅解与合作条约》，支持乌克兰成为无核国家，推动乌克兰向西方和欧洲共同体靠近，发展与乌克兰的经济关系，开展在农业科技、食品加工、制药工业等方面的双边合作。

　　巴拉迪尔政府上台不久后表示，随着东方的变化动荡，有必要对世界进行更好的组织。他还说，没有俄罗斯的参与，欧洲的和平和政治一体化是不可想象的。巴拉迪尔政府做出决议：帮助俄罗斯渡过经济困难，给予俄罗斯大规模的财政援助，推动俄罗斯的改革和向市场经济转轨，呼吁西方七国集团就援助俄罗斯的方式做出决定。法俄还于1994年2月签订了军事和防务合作协定。根据这两项协定，法苏加强军官交流和联合演练，发展军事工业合作，这是俄罗斯第一次与西方国家开展在军事领域的合作，从而进一步深化了两国的关系。法国还决定帮助俄罗斯销毁核武器。在巴拉迪尔政府期间，法俄建立了战略伙伴关系，实际上恢复了两国的特殊关系。巴拉迪尔总理还表示要对东欧尽到责任，密特朗总统和巴拉迪尔总理频繁出访东欧国家，进一步加强了与东欧国家的关系。

五　加强在中东和非洲的存在，加快重返印度支那的步伐

在中东，1990 年 8 月伊拉克入侵科威特，酿成海湾危机。海湾危机危及了法国在中东的战略地位、经济利益和能源的重要基地，伊拉克在海湾危机中又将法国和西方侨民扣为人质，因此，法国继美国之后迅速采取行动：强烈谴责伊拉克侵略科威特的行动，要求伊拉克无条件撤军，恢复科威特合法政府；冻结伊拉克和科威特在法国的资产；宣布对伊拉克实行武器禁运；在安理会投票支持处理伊拉克和科威特冲突的各项决议；推动欧洲经济共同体通过制裁伊拉克的决议，并倡议召开西欧联盟特别会议并做出军事介入的决议。随着海湾危机的升级，法国从 1990 年 8 月 13 日起向海湾地区派遣海陆空部队。到这年年底，法国部署在海湾地区的兵力仅次于美国，已居其他派兵国之首。1991 年 1 月，海湾战争爆发，法国军队积极配合美军把伊拉克军队驱逐出科威特，结束了海湾危机。由于在两伊战争中法国向伊拉克提供了大量的经济和军事援助，法国又是伊拉克继苏联之后的第二大军火供应国，所以，为了维护法国在中东长远的战略利益、石油供应和法伊关系以及显示法国在这一地区的存在，法国在海湾危机中刻意同美国保持了一定的距离，如在海湾危机的初期表示反对伊拉克侵略行径的同时也反对以暴力为基础的对话，声明海湾危机应在阿拉伯范围内解决等。法国打的是一张特殊的牌，要让中东国家相信在西方国家中除了美国方式之外还有法国的另一种政策存在。

在非洲，密特朗总统于 1990 年 6 月在法国拉博勒召开的第 16 届法非首脑会议上当着非洲国家 35 位首脑的面宣布了对非洲的新政策：强调法国提供援助问题同非洲国家"争取更多的自由的努力"[1] 有关。这就意味着将法国对非洲的经济援助与非洲民主化进程挂钩，法国所给援助的多少，将视非洲国家争取更多自由和民主化成绩的大小而定，强迫非洲国家推行西方的政治"民主化"和经济"自由化"。正是在法国新非洲政策的影响下，

---

[1]　《法国政治、经济、社会和外交年鉴》，事件与趋势出版社，1990，第 285 页。

1990～1991 年的两年里，占非洲国家总数一半以上的国家受到了"民主化"浪潮的冲击，政变、骚乱和流血冲突接连不断。有十多个非洲国家首脑易人。1992 年密特朗总统对非洲政策做了某些调整，强调"稳定"是优先的目标，但仍然鼓励非洲国家"民主化"。1994 年，卢旺达发生了种族大屠杀，它在某种程度上就是密特朗的新非洲政策导致的后果。法国对非洲的新政策明显地削弱了其在非洲的影响，政策遭到了重大的挫折。巴拉迪尔政府审时度势，不得不回到现实的道路上来。它于 1994 年对非洲政策做了重大调整，纠正了前几年轻视非洲的倾向。当年 7 月巴拉迪尔总理到西非国家访问和 11 月法非首脑会议时，法国不再要求经济援助与"民主化"挂钩，而是再三强调"经济管理"，"以援助促稳定"，援助和自助相结合；法国不充当非洲的"欧洲警察"，而对非洲国家的冲突采取有限度的介入。经过调整后的法国对非洲政策，重新使法国在非洲的影响力上升，从而阻止了美国乘虚而入和打入法国的"势力范围"，保持了法国在非洲的存在。

在亚洲，随着柬埔寨问题逐步走向政治解决，法国加快了重返印度支那的步伐。一是重新恢复自 20 世纪 70 年代中期美国入侵越南以来在印度支那丧失殆尽的传统影响，二是抢在美国、日本和其他西方国家之前为法国取得这一大片富有吸引力的经济"处女地"的参与权和开发权，三是对解决柬埔寨问题施加法国的影响以提高未来在这一地区的政治地位。为此，密特朗总统不顾年迈和体弱，亲自率领庞大的政府和工商代表团于 1993 年2 月到越南和柬埔寨访问，急欲与印度支那国家重修旧好，重振法国昔日在印度支那的雄风。法国代表团与这些国家签订了大量的双边协定，允诺向越南、柬埔寨提供巨额的经济技术援助。同年 9 月，密特朗再次开展亚洲之行，出访韩国，为法国取得高速铁路建设的巨额合同，带动法国的航天、能源、电信、环保工业进入韩国市场，并进而向东亚市场拓展。法国也加强了对日本的攻势，发展法日的经济关系。1994 年 2 月，巴拉迪尔政府对亚洲政策进一步做了大幅度调整，决心以最快的速度和动员一切力量，坚定不移地实现向亚洲的转移，加强对亚洲的攻势，占领亚洲市场。它公布了包括 10 项措施在内的"法国在亚洲的主动行动计划"，决定在 5 年内将法国在亚洲市场的占有率从 2% 提高到 3%～3.5%，把亚洲在法国出口中所占的比重从 7% 提高到 10%。自此，法国越来越重视在亚洲的影响和作用。

六　与中国一波三折的关系

1989 年夏季在中国发生政治风波后，法中关系跌入了低谷。这是由于密特朗和社会党执政以来推行"人权外交"，对中国亦是如此，在中国发生政治风波后法国对华进行"制裁"，中止了法中的政治对话和高层往来，冻结了两国军事方面的合作。不仅如此，法国还敦促和赞同欧洲经济共同体和西方七国首脑会议对中国采取"制裁"措施。

法国不久立即意识到，制裁对中国不仅没有效果，反而给法国在政治上、经济上和贸易上带来十分不利的影响。1990 年 3 月 3 日，罗卡尔总理在对《日本经济新闻》的谈话中不得不承认："对于像中国这样一个具有自给自足能力的国家进行经济制裁，看来是没有什么成效的。"因此，1991 年 4 月法国外长对中国进行访问，标志着法中关系已经正常化。法中混合委员会也开始恢复工作，从而使两国的经济和贸易有了较大的发展。但是，法国政府不顾中国方面的严正交涉和强烈反对，于 1991 年和 1992 年分别批准向台湾地区出售护卫舰和战斗机。从已经披露的事实来看，法国政府这样一意孤行，除了从中国台湾地区谋求近期的经济利益、挽救法国不景气的军火工业、缓解法国经济困难和失业问题外，还由于以外长迪马为首的法国当权者从中国台湾当局和法国军火商那里获得了巨额的贿赂，把已在一年前被密特朗总统亲自冻结的售台军舰案解冻，才促成了这种损害法中关系和伤害中国人民感情的交易。法中关系又进入了困难时期。

巴拉迪尔政府就职后，着手调整对华政策，把恢复和发展法中关系作为法国对外政策的优先目标之一。1994 年 4 月，巴拉迪尔总理访华，两国政府发表联合公报，法国承诺不再批准法国企业参与武装中国台湾地区。法中两国恢复了传统的友好关系，从而为进一步发展两国经济合作扫清了障碍。同年 9 月，中国国家主席访法，使中法两国关系的全面发展进入了"快车道"。特别是"法国在亚洲的主动行动计划"颁布后，法国把发展与中国的关系作为首选目标，加大了对华政策的力度。从此，两国高层互访增加，两国在经济、科技、贸易和文化上的交往日益频繁。

第六节　希拉克终于登上总统宝座

一　总统选举前的政治生态

第十届国民议会选举后，是保卫共和联盟、法国民主联盟、社会党、国民阵线、法共、绿党和生态学派六个政党角逐在法国政治舞台上，是左翼（社会党、法共、绿党和生态学派）、右翼（保卫共和联盟、法国民主联盟）、极右翼三足鼎立，法国政治格局和政党政治继续朝多极化和多党制的方向发展，继续朝有利于右翼政党而不利于左翼政党的方向发展。

在右翼方面，保卫共和联盟和法国民主联盟作为执政党，和巴拉迪尔政府一起在战后最严重的经济危机面前推行了一系列的经济政策和采取了一系列的改革措施，使法国经济出现了复苏的迹象，失业现象也有所缓解，因而一直保持着较高的支持率。法国选民在较高的失业率和大量的社会问题上并未对右翼执政党和巴拉迪尔政府进行惩罚，而是采取了比较宽容的态度。1994 年 3 月举行的省议会选举被法国政界认为是对第十届国民议会选举后法国政治力量的第一次重大较量，也是对一年来法国政治力量对比的一次很好的检验。正是在这次选举的第一轮投票中，右翼政党共获得44.6% 的有效票，其中保卫共和联盟为 15.6% 的有效票，法国民主联盟为15.3% 的有效票，其他右翼派别为 13.7% 的有效票。在第二轮投票中，右翼政党共获得 54.34% 的有效票，其中保卫共和联盟为 18.29% 的有效票，法国民主联盟为 17.2% 的有效票，其他右翼派别为 18.85% 的有效票。在总共 2028 名省议员的改选中[①]，保卫共和联盟、法国民主联盟和其他右翼派别共取得 1137 个议席，失去了原有的 3 个省议会的多数派地位，但获得了另外一个省议会的右翼多数派地位。总之，它们在绝大多数省议会中继续保持多数的优势。在 1994 年 6 月举行的欧洲议会选举中，保卫共和联盟和法国民主联盟共获得 25.58% 有效票，法国右翼政党继续保持发展的势头。

---

① 法国各省总共有 4033 名议员，任期 6 年，每 3 年改选其中的一半。

在左翼方面，1993年议会选举败北后，社会党各派系相互埋怨，相互攻击。议员和党员纷纷退党，从而使党员数量从20万锐减到10万。社会党组织处于分崩离析的状态。4月4日在巴黎举行的检讨会上，社会党代表们要求革新党的理论和纲领的呼声高涨，各派系围绕着党的领导权展开了激烈的斗争。其结果是罗卡尔当选为临时领导机构负责人，废黜了第一书记法比尤斯。但社会党并没有因更换领导而走向团结，相反进一步四分五裂。直到7月在里昂附近沙西厄召开的全国级别的讨论会上，社会党才对执政时期的失误做了进一步反省。罗卡尔的报告获得了绝大多数与会者的支持，罗卡尔在党内的地位得到了巩固，社会党开始从议会竞选失败的阴影中走出来。同年10月，社会党在巴黎郊外的布鲁日召开了全国代表大会。罗卡尔指出，社会党要在组织上进行改革，从事"道德"上的建设，主张设置"伦理委员会"，以防止执政时社会党领导人的渎职、贪污和腐败。代表大会确认了罗卡尔为第一书记，通过了大会的《最后文件》。这次代表大会使社会党的重建终于迈开了重要的一步，也意味着非密特朗派系首次掌握了党的领导权。

从根本上来讲，社会党的理论和纲领已经由激进民主社会主义转向社会民主主义，转向"现实主义"和"务实主义"，与右翼政党的理论和纲领可谓泾渭不分，因而失去了许多传统的左翼选民，也失去了部分向往变革的青年人的支持，何况社会党执政时期的渎职、贪污和腐败还令人记忆犹新。在1994年3月省议会的选举中，社会党在第一轮投票中获得22.6%的有效票，在第二轮投票中获得29.5%的有效票。如果加上其他左翼的选票，包括社会党、法共在内的左翼政党在第一轮和第二轮投票中分别获得41%和44.7%的有效票，取得850个席位。同选举前雄心勃勃的计划相比，社会党在选举中所取得的成绩不够理想。而在同年6月12日举行的欧洲议会选举中，以罗卡尔为首的社会党候选人名单仅仅获得14.49%的有效票，受到了沉重的打击。在6月19日召开的社会党全国理事会会议上，罗卡尔被追究失败的责任并被赶下台，由原国民议会议长亨利·埃马努埃利临时担任社会党第一书记。1994年11月在列万举行的社会党第70次全国代表大会上，埃马努埃利被正式任命为第一书记，并通过了比罗卡尔主义还左的纲领。此次大会后，社会党还存在着法比尤斯派、若斯潘派、莫鲁瓦派、罗卡尔派等主要派系，他们的存在使社会党在总统候选人提名问题上趋向复杂化。

法共为了遏制衰退的势头，近几年来提出"开放、革新"的政治路线。它经过半年的筹备，于 1994 年 1 月召开了二十八大。大会顺利地实现了领导班子的新老交替，由 47 岁的罗贝尔·于担任全国书记。大会通过了宣言、党纲和新党章。宣言再次重申其奋斗目标是"实现共产主义前景"和"建设民主的、自治管理的、使全体社会成员均能全面参与决策的社会主义"，提出"超越资本主义"的口号。大会放弃民主集中制作为党内生活的指导原则，因为"步调一致的党在发达的资本主义国家不再具有生命力"，党内唯一运转的原则是民主。大会把党的领导机构名称做了相应的变更：中央委员会更名为全国委员会，政治局更名为全国局，总书记更名为全国书记。这次大会标志着法共进入了一个新的时期。但是，大会未能弥合党内多年存在的改革派和保守派①之间在政治和组织路线上的意见分歧，从而在客观上继续削弱了党的战斗力。在 1994 年 3 月省议会选举的两轮投票中，法共分别获得 11.4% 和 5.46% 的有效票，依然处于低迷状态。在同年 6 月的欧洲议会选举中，法共只获得 6.91% 的有效票，远远低于其他政党所获得的选票（绿党和生态学派除外）。

正是由于法国经济不景气和失业严重以及民粹主义思潮和民族主义思潮的泛起，极右国民阵线的势力和影响在 1993 年议会选举后又有了进一步的发展。国民阵线在 1994 年 3 月省议会选举的第一轮投票中获得了 9.8% 的有效票，在 6 月欧洲议会选举中获得了 10.54% 的有效票。事实证明，国民阵线及其领导勒庞不再是暂时的现象，极右思潮在法国已经成为长期存在的社会思潮和政治运动。

二　总统候选人的提名

第五共和国第七届总统选举将在 1995 年年中举行，但法国主要政党都

---

①　保守派法文为"les conservateurs"。

要提前一年进行筹备，其中包括酝酿各自的总统候选人，提出竞选的纲领和口号，开展轰轰烈烈的竞选运动等。

法国右翼政党早早就开始运筹帷幄。按照过去的传统，保卫共和联盟和法国民主联盟各自提出一个总统候选人在第一轮投票中进行角逐，然后联合起来全力支持进入第二轮的右翼总统候选人。这次却不尽然，法国民主联盟主席吉斯卡尔·德斯坦和受法国民主联盟支持的前总理雷蒙·巴尔在相当长时间等待观望，伺机而动，最后考虑到势单力薄和年事已高，终于在1995年3月宣布放弃参加竞选。这样，就只有保卫共和联盟一家在酝酿总统候选人。

而保卫共和联盟酝酿总统候选人则极具戏剧性。早在1993年立法选举期间，保卫共和联盟主席希拉克与巴拉迪尔就已经做了幕后交易：希拉克同意巴拉迪尔出任右翼多数派的政府首脑，条件是后者不得参与下届总统的竞选；希拉克则继续担任巴黎市市长，集中精力筹备竞选总统。巴拉迪尔上台后，连续10个月民意支持率接近70%，这是第五共和国政治史上绝无仅有的，经济政策初见成效，促使他不顾对希拉克许下的诺言，表示欲从马提翁大厦走向爱丽舍宫，登上总统的宝座。1994年11月4日，希拉克抢先在戴高乐的故乡里尔市宣布参加总统竞选；两个月后，即1995年1月18日，巴拉迪尔也正式宣布参加总统竞选。在第五共和国政治史上，首次出现了保卫共和联盟内两个总统候选人而不是保卫共和联盟和法国民主联盟总统候选人之间对总统宝座的争夺。

希拉克和巴拉迪尔两人各有自己的王牌，也有各自的弱点。希拉克原是保卫共和联盟主席，是该党当然的候选人，可以得到保卫共和联盟在人力、财力、物力上全面的支持。希拉克早有问鼎爱丽舍宫的志向，从年龄上（1995年已经62岁）看可能是最后一次拼搏的机会，多年以来就在认真地筹备，从1994年秋天起更是全身心地投入了竞选。他到全国各地游说，组织各种各样的集会，发表鼓动性的言论。他生性豪放，有种无坚不摧、攻无不克的"推土机"劲头。他除了获得独立经营者、农民、商人和自由职业者等传统选民支持外，也吸引了青年人、男性、领工资者的注意力。希拉克的不足之处是相当长时间得民意支持率一直比巴拉迪尔低，处于下风。

巴拉迪尔作为政府总理在解决法国经济和社会问题上有着良好的表现，特别是在 1994 年年底他在马赛亲自坐镇指挥迅速解救被阿尔及利亚极端分子劫持的"法航"班机上的全部人质，使其声望大震。他在总统竞选中获得了保卫共和联盟中已经崭露头角的尼古拉·萨科齐、弗朗索瓦·菲永等人的支持，萨科齐任巴拉迪尔竞选班子的发言人。他还获得了法国民主联盟、政府中大部分部长以及部分保卫共和联盟议员的支持，在右翼选民中也获得了老年人、妇女、非工资收入者的青睐。他在相当长时间内的民意支持率一直名列前茅，以至于到 1995 年 2 月前，一些国内外舆论都认为花落巴拉迪尔肯定无疑，从而使许多总统候选人参加的竞选运动可能变成一场"闹剧"。但是，巴拉迪尔也有着致命的弱点：他不是作为保卫共和联盟推荐的总统候选人，而是以个人名义宣布参加总统竞选，因此得不到右翼主要政党财力和物力上的全力支持。他在宣布参加竞选前后又没有认真投入竞选运动中去，没有全力争取更多选民的拥护。

1995 年 2 月中旬，希拉克和巴拉迪尔的民意支持率发生了戏剧性的变化。巴拉迪尔在总统竞选中的得力助手内政部部长夏尔·帕斯夸干预巴黎检察院正在办理的一桩受贿案件，引起政界和舆论界的强烈反响，巴拉迪尔因此受到牵连。接着，《世界报》又披露了一起违反 1991 年关于电话窃听法律的电话窃听案，导致了一场政治风波，使政府总理遭到了劈头盖脸的打击。3 月上旬，舆论又披露出巴拉迪尔的家产和收入存在问题，进一步使他遭到雪上加霜的打击。此外还有法美间谍案等。法国政界和舆论界对巴拉迪尔领导国家的能力表示了怀疑。仅仅一个月的时间，巴拉迪尔的民意支持率狂跌。3 月希拉克的民意支持率已经超过了巴拉迪尔。

社会党总统候选人的产生十分艰难。密特朗总统年事已高，况且还有癌症缠身，不可能再次参加竞选。在其他许多社会党头面人物中，找不到一个没有污点、能够团结社会党大多数并与右翼政党总统候选人抗衡的人物了。而欧洲联盟执委会主席、社会党人雅克·德洛尔 10 年来一直远离法国政坛，在欧洲范围内树立起了清廉、公正、称职的形象，在法国民意调查中一直被看好，在欧洲联盟国家中也获得了有力支持。他将在 1995 年 1

月卸任欧洲联盟执委会主席的职务回国。因此，从 1994 年秋天起，密特朗和社会党头面人物都要求德洛尔出面参加总统竞选。11 月 20 日，社会党召开大会，部署总统竞选策略，在莫鲁瓦派和法比尤斯派的支持下正式呼吁德洛尔参加竞选。但是，德洛尔考虑到自己年龄太大（1995 年 70 岁），在长年公务操劳后渴望过平静的家庭生活，竞选总统还要冒着失败而丧失良好形象的风险，更主要的是自己在党内并不是得宠的人物，即便是当选后他的改革纲领也不一定能得到社会党多数的支持，于是在 12 月 11 日正式宣布不参加总统竞选。社会党因此失去了一位能够与右翼政党总统候选人相抗衡的实力人物，不得已求其次，只得"矮子里拔将军"。前社会党第一书记若斯潘在 1995 年 1 月 4 日宣布参加总统竞选，接着密特朗主义的核心人物、现任社会党第一书记亨利·埃马努埃利也宣布参加党内总统候选人的角逐。经过 3 周的酝酿和讨论，社会党各个支部于 2 月 3 日进行投票表决，选择党的统一总统候选人。结果在 8 万张选票中，若斯潘获得 66%，埃马努埃利仅获得 34%。若斯潘胜出，社会党终于有了自己的总统候选人，增添了对未来的希望和信心。

法共动作比较迅速。它的全国局于 1994 年 9 月 21 日举行会议，一致推举全国书记罗贝尔·于为总统候选人，并在 11 月 6 日召开的全国会议上最终获得全党的确认。国民阵线于 1995 年 1 月 14～15 日举行的总统候选人提名大会上，正式推举主席勒庞参加总统竞选。在绿党和生态学派中，独立生态主义者运动①主席安托万·韦克特、绿党负责人多米尼克·瓦内夫人、生态学派领导人拉隆德分别于 1995 年 1 月 8 日、1994 年 10 月 23 日、1994 年 12 月 11 日宣布参加竞选。此外，还有 20 多名"独立候选人"，其中大多数本身就是失业者、低收入者、无固定住所者、社会不公正和不平等的受害者，他们知道不可能成为法定的候选人，但利用这个机会挺身而出控诉法国社会的种种弊端。

1995 年 4 月 7 日，法国宪法委员会正式宣布了获得总统候选人资格的九人名单。他们是巴拉迪尔、希拉克、若斯潘、罗贝尔·于、瓦内夫人、

---

① 独立生态主义者运动法文为"le Mouvement écologists indépendants（MEI）"。

工人斗争主席拉吉耶女士、法兰西运动①主席菲利普·德维利耶、勒庞、新团结联盟②主席雅克·舍米纳德。从这一天开始，法国大选正式拉开了帷幕。

三　总统竞选运动和第一轮投票

在总统竞选运动期间，各个政党的总统候选人相继抛出了竞选纲领。巴拉迪尔于 1995 年 2 月 13 日以"相信法兰西"为标题，提出对内要缓解就业危机、缩减行政开支、减税，对外推动欧洲建设、巩固法国在欧洲和世界上的地位的竞选纲领。希拉克早就发表了名为"一个崭新的法兰西"的纲领性著作，提出了与"社会断裂"③作斗争和变革法国社会不平等的主张。他于 2 月 18 日以"为了所有人的法国"为题的经济和社会纲领向选民承诺：重新给予每个法国人在社会中的地位和机遇；全力解决失业问题；实现社会的融合和团结；使所有的法国人都掌握自己的命运；保障国家的秩序。为此，他将采取紧缩公共开支、减税等措施。接着，他又出台了欧洲建设的纲领，打消国内外对他在欧洲一体化态度和立场上的疑虑。若斯潘于 3 月 7 日较晚的时候宣布他的竞选纲领：实施五年计划以便振兴法国经济，逐步推行每周 37 小时工作制以便解决失业问题。罗贝尔·于提出坚决反对金钱至上的政治，表示要充分利用竞选运动动员全党和全体人民参与政治生活。勒庞宣称要进行政治体制改革，建立"民众共和国"，排斥外来移民，反对欧洲一体化和经济全球化。

竞选运动虽然不能称为轰轰烈烈，但也够得上热热闹闹，如同美国那样诞生了许多花边新闻，出现了一些弦外之音。法国舆论调查所或民意测验机构进行频繁的调查，公布各个总统候选人在第一轮投票中所获得选票的百分比。但是，由于主要政党的候选人在解决国内经济和社会问题上，特别是在缓解失业、缩小社会不平等和不公正的差距问题上，开不出泾渭

---

① 法兰西运动法文为"le Mouvement pour la France"（MPF），成立于 1994 年。

② 新团结联盟法文为"la Fédération pour une nouvelle solidarité（FNS）"。

③ 社会断裂法文为"la fracture sociale"，见雅克·希拉克《希拉克回忆录》（1932～1995），译林出版社，2010，第 257 页。

分明和令人耳目一新的有效处方，所以，直到第一轮投票之前一周①，仍然有 1/3 的选民犹豫不定和持观望的态度。

4 月 23 日星期天，法国选民涌向投票站表达自己的意向，做出自己的选择。其结果正如民意测验所预料，若斯潘、希拉克、巴拉迪尔分别获得 23.30%、20.84%、18.58% 的有效票，排在所有总统候选人所获选票的前三位。但是，这前三位总统候选人的选票总共只占有效票的 62.72%，占登记选民的 48.05%，这说明对主要政党候选人的支持率在逐渐下降，许多选民、包括这些政党的传统选民都把票投向其他政党的总统候选人，以示对主要政党候选人的不满，从而使选票越来越分散。

这一轮投票也有出乎民意测验预料的地方：原先以为若斯潘所获选票的百分比要低于希拉克和巴拉迪尔。但投票结果大爆冷门，若斯潘独领风骚，要比另两位多 3~5 个百分点。若斯潘之所以拔得头筹，首先是因为他获得社会党一致的鼎力支持，更有德洛尔等享有很高声望的社会党人的助阵。其次，右翼出现两位总统候选人使一些右翼传统选民无所适从，干脆把票投向社会党的候选人，从而使若斯潘坐享渔利。第三，法国选民宁可看到左右翼总统候选人进入第二轮对阵，而不愿右翼两位总统候选人在第二轮中角逐，以体现法国式的民主。第四，若斯潘还获得社会激进党②的大力支持。

原先预测中呼声最高的希拉克则屈居第二位，而且仅比居第三位的巴拉迪尔多 2.26 个百分点，70 万张选票，这对做了两年精心准备的希拉克来说是不小的打击，但能够进入第二轮与左翼候选人对阵，要比与巴拉迪尔决战有利得多。

在极端组织方面，勒庞的有效票为 15%，比前届总统选举的得票率又有所提高，创造了 20 多年来参加各种选举的最好成绩。这轮选举再次证明，国民阵线已经成为法国政治中不可忽视的力量。

法共总统候选人罗贝尔·于获得了 8.64% 的有效票，其力量和在选民

① 根据法国法律规定，舆论调查和民意测验在第一轮投票前一周必须停止，以避免误导选民。
② 社会激进党法文为 "le Parti radical-socialiste（PRS）"，由左翼激进党人运动于 1995 年演变而来。

中的影响有所回升。

第一轮投票的另一个特点，就是法国小党派总统候选人获得的选票明显增加。在左翼方面，除瓦内夫人因为绿党和生态主义的分裂仅获得 3.32% 的有效票外，被称为"右翼中的右翼"的法兰西运动主席德维利耶获得了 4.74% 的有效票。托洛茨基组织——工人斗争主席拉吉耶女士获得了 5.30% 的有效票，超过了 5% 这一界定，可以从政府得到竞选经费的补贴。这是因为，许多下层选民特别是工人和失业者对主要政党的总统候选人不满，把票投向极端组织以示惩罚，从而导致包括极左和极右在内的法国极端势力的影响有了明显增长。

在第一轮投票中，弃权率为 21.62%，是近几届总统选举中弃权率较高的一次。它证明法国选民对政治缺乏兴趣，对主要政党的总统候选人失去信心。

四　希拉克终于登上总统宝座

根据 1958 年宪法规定，由于在第一轮投票中无一人获得绝对多数票，获得多数票的前两名候选人若斯潘和希拉克进入第二轮角逐。

希拉克若要战胜若斯潘，必须争取和团结全部右翼选民和在第一轮中把票投向巴拉迪尔、德维利耶的那部分选民，其中包括中间派选民。因此，第一轮投票结束后希拉克及其所属的竞选班子改变了对巴拉迪尔等人咄咄逼人的态度，表示要对多数派实行和解，同时降低了要进行激进变革的调子以便吸引中间派选民，甚至部分极右的选民。

巴拉迪尔虽然被淘汰出局，但获得了与希拉克不相上下的选票。他抛弃前嫌，明确表示要在第二轮投票中毫无保留地支持希拉克。他还号召他的选民也效仿他的做法。法兰西运动主席德维利耶自诩是真正的右翼代表，企图在竞选中击败希拉克和巴拉迪尔。他被淘汰后也呼吁他的选民在第二轮中把票投向希拉克。这样，希拉克赢得了整个右翼阵营和中间派阵营的强有力的支持。

若斯潘在第一轮投票中虽然处于领先的地位，但要在第二轮投票中战胜对手十分困难。法共已经要求他的选民在第二轮投票中把票投向若斯潘。

至于工人斗争主席拉吉耶女士，则公开号召她的选民在第二轮中不要支持若斯潘。因此，若斯潘已经明显地处于下风。

5月7日举行第二轮投票，结果希拉克获得了52.63%的有效票，若斯潘为47.37%的有效票。希拉克胜出，终于实现了入主爱丽舍宫的梦想，登上了追求多年的总统宝座。

希拉克之所以战胜若斯潘，除了上述的原因外，还与这个时期的法国政治气候密切相关。作为社会党领袖密特朗执政14年，经济上不去，政治改革成效甚少，社会问题积重难返，政府和地方腐败，社会党内部权力的争夺愈演愈烈，致使法国左翼的声誉每况愈下。法国政治正在向右转，从而有利于法国右翼政党的发展，那么在总统选举中多数选民把票投向希拉克就不足为奇了。

另外，国民阵线拥有450万选民，这是个不可小视的数字，其中一部分人是因为感到"移民的压力"而倒向勒庞这边，另一部分人则是因为对法国传统左右翼政党感到失望而投了勒庞的票。他们在第二轮投票中的表现，对两位候选人的胜出也有一定的影响。在第一轮投票结束后，勒庞并没有号召他的选民把票投向谁，而是让他们自己去选择。结果在第二轮投票中，51%的国民阵线选民选择希拉克，28%选择若斯潘，21%弃权。希拉克从国民阵线那里多得了约230万张选票，从而战胜了若斯潘。

雅克·希拉克于1981年和1988年两次参加总统竞选，均以失败告终。但他雄心不泯，终于在这次总统选举中拼搏成功。这也是戴派在失去总统职位20年后重新回到爱丽舍宫。希拉克是个实干家，做事雷厉风行。他身高1.80米，具有明星般刚毅的外表。他讲话简洁、明快、有力，表情丰富。他酷爱东方文化，特别是中华文化，具有很高的文化修养。希拉克于当选的这天晚上在巴黎市政厅以超越党派候选人的身份和爱丽舍宫新主人的姿态宣布"我将是所有法国人的总统"。随后他接替密特朗，开始了他的第一任总统的政治生涯。

密特朗总统于1981年走马上任时就已经发现前列腺癌扩散，在职期间一直为病魔所缠绕，离任后病情逐渐地恶化，终于在1996年1月8日逝世，走完了他79年的人生旅程。密特朗入主爱丽舍宫14年，是第五共和国至今唯一任满两届的总统。他作为法国政治家，自二战后一直从事政治活动，为法国当代政治史留下了不可磨灭的足迹，所以在他去世后，法国人仍然尊称他为"法国历史上最伟大的政治家之一"。的确，密特朗"代表了法国的一个时代"。他在总统任期内，实施"总统工程"，在巴黎大兴土木，扩建罗浮宫，修建拉德芳斯大拱门，盖了世界上最大的国家图书馆（后改名为弗朗索瓦·密特朗图书馆），改造奥塞火车站成为奥塞博物馆，兴建巴士底歌剧院和工业科学城球形电影院等。他在世时酷爱读书，爱好文学艺术，擅长写作，著有《在法兰西联邦的边境》《法国的存在和退出》《中国面临挑战》《可行的社会主义》《蜜蜂和建筑师》等。

第八章
希拉克第一任总统
(1995 年 5 月~2002 年 5 月)

第一节　大力调整内外政策的朱佩政府

一　朱佩政府及其特点

　　雅克·希拉克作为第五共和国第七届总统于 1995 年 5 月 17 日举行就职仪式，当晚任命阿兰·马里·朱佩为新总理并组织第五共和国第 25 届政府。

　　朱佩 1945 年 8 月 15 日生于一个农场主家庭，先后毕业于巴黎高等师范学院和法国国家行政学院，1976 年任希拉克总理办公室特派员，1978 年起先后担任巴黎市市长希拉克办公室技术顾问、巴黎市政府的金融与经济部负责人助理、巴黎市政府负责经济和财政事务秘书长，1984 年当选为保卫共和联盟全国书记，1986 年起当选为国民议会议员，1986~1988 年任希拉克政府的发言人以及经济、财政和私有化部的部长级代表，1988 年当选为保卫共和联盟总书记，1993 年任外交部部长，1994 年任保卫共和联盟代理主席。

　　从上述经历可以看出，朱佩从政以来紧紧追随希拉克，是希拉克的左右手、谋士和笔杆子，曾经为希拉克竞选起草过施政纲领。在这次总统竞选中领导着希拉克的竞选班子，为希拉克的当选立下汗马功劳。总之，他追随希拉克近20年，忠心耿耿，矢志不移，又能与希拉克精诚合作，心心相印，是总统最可信赖的战友。挑选朱佩就是要培养朱佩这个希拉克的"嫡生子"成为他的接班人。朱佩才华出众，思维敏捷，精明强干，被法国右翼报刊称为法国"精英政治"的代表人物；但他冷漠、粗暴、傲慢，也是技术官僚的典型。

希拉克和朱佩在选择政府成员时，将巴拉迪尔分子①及其在总统选举两轮投票中支持巴拉迪尔的右翼人士排除在外，个别巴拉迪尔分子如菲永被吸收入阁，组成了新一届政府。朱佩政府具有如下的特征：第一，与右翼一贯主张建立紧凑的内阁的观点相反，新政府包括总理在内共有43名成员，是第五共和国右翼政府中最庞大的政府，仅次于第五共和国政治史上人数最多的罗卡尔政府。第二，朱佩政府小心翼翼地保持着右翼多数派两大党——保卫共和联盟和法国民主联盟之间的政治力量平衡，前者拥有21名成员，后者则拥有17名成员。但是，保卫共和联盟不仅在人数上占有一定的优势，而且占据着新政府中重要的和关键的职位，如政府第二号人物雅克·图邦任掌玺与司法部部长、让－路易·德勃雷为内政部部长等。法国民主联盟则拥有外交部部长埃尔韦·德沙雷特、国防部部长夏尔·米永、国民教育部部长弗朗索瓦·贝鲁等职位。第三，在朱佩政府中，女性部长占4名，女性国务秘书占7名，是迄今为止女性成员最多的政府之一，而且这些女性政府成员在法国政坛上是初出茅庐。第四，朱佩政府成员的平均年龄为49岁，较为年轻，具有生气和活力。

希拉克当选总统和朱佩政府建立揭开了法国政治生活新的一页，以保卫共和联盟为首的右翼政治力量实际上掌握了全国的大部分权力。它们在参议院和国民议会中都拥有绝对多数，在大区、省、市镇议会中也占据多数。这些政治优势为希拉克及其政府执行"变革"的政策铺平了道路。

二　从"社会目标"转向"紧缩"

朱佩总理为了促进就业的"社会目标"，终止了巴拉迪尔政府以消除公

---

① 巴拉迪尔分子或称巴拉迪尔派法文为"les balladuriens"。

共赤字为目标的紧缩财政政策，也拒绝了菲利普·塞甘在总统竞选中提出的咄咄逼人的社会政策。朱佩总理于 1995 年 5 月 23 日在国民议会中发表了总政策声明，特别强调新政府把就业作为工作的重中之重，同时指出"与失业做斗争的总动员"符合选民投希拉克票时所表达的要将数百万被排斥者纳入"共和公约"的"伟大愿望"。他的抱负和慷慨激昂的声明获得了议会的热烈响应。

朱佩政府要刺激消费，促进经济增长。它让广大工薪阶层"享受经济复苏的成果"，增加国有企业职工的工资，并要求私有企业主与工会谈判增加工资问题。它大幅度提高最低工资标准，从 1995 年 7 月 1 日起将最低工资线提高 3.9%，即每月毛工资由 6010 法郎提高到 6245 法郎。此外，它还于 7 月 1 日增加养老金。朱佩政府打算通过增加工资来刺激消费，提高人民的购买力，从而使法国经济增长率在 1994 年 2.5% 的基础上再来一个飞跃。

朱佩政府要尽量削减财政赤字，增加国库收入，保持财政收支的平衡。它从 1995 年 6 月底起将增值税从正常的 18.6% 的税率标准提高到 20.6%。仅此一举，每年将为国家带来 370 亿法郎的额外财政收入。它还临时地将从大宗财产中征收的团结税和公司税分别提高到 10% 的水平。总之，这些措施有可能使 1994 年占国内生产总值 6% 的法国财政赤字降下来，从而使法国逐步达到《马斯特里赫特条约》规定的加入经济与货币联盟的四项标准。

朱佩政府在中央和地方建立各级"就业委员会"，采取刺激性措施，促进企业增加劳动力，主要有：①140 亿法郎用于实施"促进就业合同"和"青年就业合同"。前者主要解决长期失业者问题，后者则主要解决青年人的失业问题。其办法是政府与企业签订上述两个合同，而企业主免缴社会保险分摊金并享受政府的补贴。②在失业现象严重的市镇设立"免税区"，使当地的企业 5 年内免缴盈利税。③开辟新的就业领域，创造环境保护方面的职位，发展对个人的服务（老年人、残疾人、婴幼儿等）。④发展职业和技术教育，加强学校和企业的联系，鼓励企业开展有针对性的职业培训。⑤鼓励灵活安排工作和劳动时间，实现部分时间就业。

朱佩政府专门设置一个中小企业、商业和手工业部，负责制订一项中小企业计划。该计划的核心是：鼓励向中小企业投资，减轻企业的纳税负担，特别是减收中小企业为低薪职工支付的社会保险分摊额，减收企业的继承税和转让税，加强企业贷款的保障机制。

朱佩政府表示要实现缩小贫富差距和消除被排斥者的"社会目标"，将50 亿法郎用于住房补贴，新开设对无依靠老人的津贴等。

促进就业和解决社会断裂的"社会目标"能否成功，关键在于法国经济是否保持着复苏和继续增长的势头。1995 年夏天，对新政府的信心不足、家庭购买力的下降、企业缺乏活力、投资者在社会压力下对投资的悲观，使法国国内生产总值在逐月下降：1995 年头一个季度，平均每月增长0.7%，而第二和第三季度，平均每月仅增长 0.2%。法国经济增长速度的放慢严重地影响了就业。根据 1995 年 6 月新的统计法（月工作和劳动在 78小时或超过 78 小时者不计为失业者），失业者 1 月为 306.9 万人，6 月为293.6 万人，8 月继续降至 291.1 万人，但是 9 月开始反弹到 295.2 万人。正是在这种情势下，朱佩政府内部产生了分歧：经济和财政部部长阿兰·马德兰力主裁减在欧洲联盟国家中最庞大的法国公务员数量，削减社会福利开支，减少税收以刺激私有企业投资，从而创造更多的就业机会。而朱佩总理坚持认为减少失业和解决社会断裂是法国当务之急，裁减公务员只能增加失业的严重性，削减社会福利开支会加重法国的社会断裂。马德兰在得不到支持的情况下只好辞职。正如 1995 年法国《政治年鉴》所指出："对就业计划不抱有幻想了！"[①] 朱佩政府的经济和社会政策遭到了严重的挫折。

经济合作与发展组织所公布的关于法国经济的报告也认为，朱佩政府的经济和社会政策出了毛病：一是加重某些赋税只是权宜之计，它最多只能对这些收入进行重新再分配，对解决失业问题的作用十分有限；二是朱佩政府将新增加的财政收入主要用于填补新的开支，而用于弥补财政赤字的款项十分有限。该组织告诫朱佩政府，要达到《马斯特里赫特条约》规定的加入经济与货币联盟的四项标准，必须在社会福利和公务员方面动大手术。德国当权者更是担心法国不达标，将使欧洲统一货币体系夭折，从

---

① 《法国政治、经济、社会和外交年鉴》，事件与趋势出版社，1995，第 462 页。

而引起严重的政治后果。在 10 月法德首脑会晤中，科尔总理向希拉克表达了对目前法国经济政策的忧虑。

正是在国内和国外的压力下，法国当权者决定改弦更张，转变现行的以"社会目标"为核心的经济和社会政策。希拉克总统于 1995 年 10 月 26 日发表电视讲话，承认低估了"困难问题的严重性"，表示要推行"紧缩政策"，以减少公共赤字作为主要目标，从而如期达到加入经济与货币联盟的要求。他还宣布要降低利率，以便促进经济发展，从而解决严重的失业问题。这实际上是朱佩政府的经济和社会政策在绕了一个弯道后又回到巴拉迪尔政府的轨道上来。为了推行新的政策和实现新的目标，希拉克总统于 11 月 7 日大规模地改组政府。他重新任命阿兰·朱佩为总理并组织第五共和国第 26 届政府，尽管朱佩在法国民意测验中的得分率已经降至第五共和国政治史上的最低点。他大力精减政府成员，建立了一个包括 33 名成员的新政府。

朱佩作为新一届政府首脑，表示政府的优先目标是"减少公共债务和财政赤字"，要进行社会保险改革、国家机构改革、税制改革、城市化政策的改革，其中社会保险改革是四大改革中的重点。他于 11 月 15 日提出对社会保险进行"结构性改革"，目标是两年后消除社会保险赤字，即 1996 年降至 170 亿法郎，1997 年达到收支平衡。其结构性的改革主要是：①修改宪法以加强议会对社会保障制度的监督职能。今后议会每年都要讨论社会保障的总方针，确定各种社会保障收入和支出的额度。②设置由议员组成的保险金库监督委员会，监督保险金库管理委员会的工作。③扩大社会保险金的征收范围，从 1996 年 1 月 1 日起每个法国人（300 万赤贫者除外）每月再缴纳全部收入的 0.5%，作为社会保险赤字偿还税，在 13 年内偿还社会保险所积累的赤字（预计到 1995 年年底累计达 2000 多亿法郎）。④改革医疗保险制度，如设立医疗保险支出的上限，1996 年的增长率不得超过 2.1%；将退休金中医疗保险的提成比例由 1.4% 提高到 3.8%；一部分领取失业津贴的人今后也要缴纳医疗保险金等。⑤公务员和国有企业职工交满 40 年退休保险金才能领取全额退休金，亏损的国有企业必须裁减职工。

这次改革是迄今对法国社会保障制度最大胆的改革，它获得了议会的批准和超过半数法国人的赞同，但是它触动了一部分人的利益，特别是中下阶层和穷苦人的利益。于是，法国掀起了几百万人参加的罢工浪潮，时间长达一个月。在这期间，法国总工会和劳工－工人力量总工会组织了六次全国规模的示威游行，酿成了 1968 年"五月风暴"以来最大的社会动荡，经济生活在一段时期内几乎陷入瘫痪状态。

不对法国社会保障制度常年积累的弊端进行改革就没有出路，改革则必然要冒一定的风险。在强大的社会压力面前，朱佩政府坚持改革计划的主要部分，如加强议会监督、扩大保险金的征收范围、改革医疗保险、家庭和养老保险改革等，同时做了必要的让步和妥协，收回对"特殊退休制"的改革，终于平息了工潮。朱佩政府还于 1996 年 2 月出台了与"社会排斥"现象做斗争的 10 点计划，成立中央和地方的专门机构负责，建立青年人援助基金，同时提高最低就业收入标准，改善低租金住房的分配办法，保障最贫困者享受免费医疗等。

转变后的朱佩政府的经济和社会政策具有浓厚的自由主义色彩，但又不是"彻底自由主义"，它打破了右翼保守主义的某些传统，信守在总统选举期间对选民的承诺，高举改革的旗帜，既保持了二战后建立的法国社会保障制度和社会保障体系的基本内容，又初步克服了常年积累起来的弊端，消除了社会保障开支的黑洞，恢复了社会保障收支的平衡，从而大大地减少了法国财政赤字，向着经济与货币联盟的标准前进了一大步。

三　调整防务政策和防务体制

1. 恢复核武器试验

为了在国际核裁军进程中争取主动以增加外交回旋的余地和缓和与历来反对法国核试验的南太平洋国家的关系，并着眼于 1993 年的议会换届选举，密特朗总统于 1992 年 4 月 7 日致函各个核国家首脑，通报法国决定暂停核试验。对此，希拉克表示坚决反对，认为它有悖于法国发展独立核力量和坚持核威慑战略的基本方针和政策。因此，希拉克总统就职后立即于 1995 年 6 月 13 日宣布恢复核试验，从 1995 年 9 月至 1996 年 5 月要在南太平洋穆鲁罗瓦环礁进行 8 次最后的地下核试验（实际进行了 6 次），以便恢复世界大国的形象，保证核打击力量的安全性和可靠性。他还表示，法国进行这一系列地下核试验之后，可以考虑签订《全面禁止核试验条约》。希拉克总统此举获得了右翼多数派的积极支持，但在国际上引起了很大的反响，重新恶化了法国与新西兰、澳大利亚等南太平洋国家的关系。

2. 大力改革防务体制

1996 年 2 月 22 日，希拉克总统宣布改革法国防务政策和防务体制，其主要原因是：第一，法国现行的防务体制是在 1959 年《国防组织法》基础上建立起来的，已经不能适应冷战后形势的需要。第二，法国实行义务兵和志愿兵相结合的兵役制度。法国从冷战特别是海湾战争的经验中认识到，现代战争具有高度的机动性并内含越来越多的高科技，因而需要越来越多的高科技和高素质的军事人才。义务兵役制不能适应这种新的军事形势，而只有军队职业化才能提高军队的技术素质和加强军队的机动性，才能担负起处理欧洲甚至欧洲以外地区的冲突和危机的任务。第三，建立一个"有效的、现代化的、同时又少花钱的"防务体制。第四，法国军火工业过于分散，在国际军火市场上竞争力有所下降，需要进行改革和调整。

希拉克总统对法国防务改革的目的是使国防理论、兵力、军备和军火工业更好地协调一致，其主要内容是取消义务兵役制，裁减军队，改革法国防务体制，并计划在 6 年内完成上述任务。希拉克总统防务改革的主要措施有：①军队职业化。取消义务兵役制，实现青年志愿报名参军，从而在 6 年内建立起海、陆、空三军的职业化军队。与此同时，将法国现有部队52.5 万和共有 124 个团的兵力裁减至 35 万和保留 85 个团的建制。这样，法国军队的技术素质将大大提高，其机动性也大大增加。②压缩国防开支。1994 年法国国防开支为 1993 亿法郎，1995 年为 1900 亿法郎。以人均国防费用计算，法国超过英国、德国和欧洲国家的平均数，为欧洲之最。经过改革，法国防务总开支将减少 30%。③调整法国核威慑力量的布局。关闭陆基导弹发射场，特别是设置在阿尔比翁高原的陆基导弹的发射场。大力发展战略核潜艇和机载核武器，扩建新一代导弹核潜艇和维持"狂风号"战斗机生产，以便增加海军、空军的威慑力量。④改造军火工业。关闭生产高纯度铀的皮尔拉特工厂，发展和推进新型核潜艇、"狂风号"战斗机、

"虎式"直升机等大型项目的生产，精减军工职工。

四　大力调整外交政策

希拉克总统就职不久宣布恢复核试验，国际社会惊呼"戴高乐主义回来了!"的确，希拉克是戴高乐派第三代传人，沿袭了戴高乐的基本思想，对外政策的总目标是独立自主，谋求法国的大国地位，推进世界朝着多极化方向发展。但是，在 20 世纪 90 年代中后期和即将进入 21 世纪的背景下，"在 21 世纪即将来临之时领导法国外交，对我来说，意味着更多地体现法国的特性，保证其行动的完全自由。当涉及关乎它未来的根本利益和本质问题时，法国必须掌握决定权"。① 希拉克大力调整法国的外交政策，从而使本届政府的外交政策具有新戴高乐主义②的外交色彩和风格，亦即"希拉克主义外交"：第一，当年戴高乐在推行法国外交和戴高乐主义时突出表现的是意志主义和理想主义，而希拉克总统则使法国外交和戴高乐主义更加务实和更加灵活。希拉克直截了当地声称，戴高乐主义就是务实主义③。第二，希拉克总统开展全方位的外交，四面出击，力图从各个方面和在各个地区体现出法国作为大国和强国的存在和影响，展示戴高乐主义的"雄心大志"和内涵。第三，在对外活动中，希拉克总统突出经济外交，强调法国的商业利益，积极推销法国的资本和产品，为法国开拓市场。

法国外长埃尔韦·德沙雷特于 1995 年 12 月 20 日对《费加罗报》发表谈话，宣布法国对外政策的核心仍然是欧洲，并提出了"新欧洲"④的概念。自此，打消了欧洲国家对法国长时间特别是在总统选举前后在欧洲建设上无所作为和希拉克可能转向"务实的民族主义"的猜疑。"新欧洲"包含两大目标：一是实现欧洲进一步的联合。法国支持欧洲联盟向东欧和南欧的扩大，从而使它成为一个拥有约 30 个国家 4 亿人口的政治、经济和文化区域和大市场。二是建立"西欧极"。法国将促进欧洲联盟成为一个"更

---

①　雅克·希拉克：《希拉克回忆录》（1932～1995），译林出版社，2010，第 260 页。

②　新戴高乐主义法文为"le néogaullisme"。

③　务实主义（实用主义）法文为"le pragmatisme"。

④　新欧洲法文为"la néo-europe"。

活跃、更团结、步子迈得更大、可能更有向心力的"西欧极。单一货币则是西欧国家的强大的凝聚因素。德沙雷特外长认为，这两个目标密切联系，相互促进，使欧洲联盟的建设既有规模，又有质量。为此，法国坚持实现经济与货币联盟，不惜在国内推行紧缩的经济和社会政策，提出建立"欧洲外交和共同安全机制"，推动欧洲政治联盟的建设。"新欧洲"的提出既显示了法国积极促进欧洲一体化的决心，又实实在在地启动了欧洲新一轮建设的步伐。这证明，欧洲的发展离不开法国。

法国坚持认为，建设"新欧洲"必须依赖法德轴心，法德在欧洲建设中发挥着不可替代的发动机作用，因此希拉克接任总统的翌日便匆匆赶到法德边境的斯特拉斯堡与德国总理科尔会晤，打消有关法德关系的种种顾虑和担忧。自此，法德两国首脑继续坚持每 6 周会晤一次，随时协调，消除误会，加强两国之间的合作，为推动欧洲建设制定和发表共同文件。1996年 6 月 5 日和 6 日法德两国首脑的会晤，讨论了两国军事合作的战略和军工合作的项目、欧洲联盟体制的改革、修改《马斯特里赫特条约》、欧洲统一货币等问题，协调了双方的立场，达成了新的一致。在法国的推动下，法德于 1997 年年初公布了《安全和防务共同构想》，表达了两国在核武器问题上进行合作的意向，在核威慑力量"欧洲化"方面迈出了第一步，使欧洲防务的独立自主性得到加强。另外，基于恢复核试验得到英国的理解、英国在欧洲防务和处理波黑危机问题上的观点和立场同法国也比较接近，法国加强了与英国的联系和磋商，从而形成了法英轴心，作为推动欧洲建设和欧洲安全的法德轴心的补充。此外，希拉克总统还加强了同意大利和西班牙一度松弛的关系。

在朱佩政府时期，法国在维持前南斯拉夫和平和中东和平，防止核扩散，支持俄罗斯、独联体国家和东欧国家改革方面与美国加强了合作。法美在经济上进一步密切起来，在 1995 年外国在法国投资的 264 个项目中，美国占 50 个，其中包括外国在法国投资的最大项目，数额为 10 亿美元的IBM 项目。法国和美国各有 40 万职工在对方公司工作。但是，法国在北约改革、中东和平进程、非洲势力范围等问题上与美国的矛盾增加。法国积极重返中东，力主欧洲联盟参与中东和平进程，改变欧洲出钱美国做主的状况，同美国争夺中东的石油市场以及在中东销售武器和签订军备的合同。在非洲，法美在组建非洲危机反应部队和联合国秘书长加利连任问题上发生争吵，在派遣多国部队对扎伊尔出现的难民危机进行干预问题上产生严重的分歧。法美两国在农产品贸易和货币政策方面历来存在摩擦，法国强调法美、欧美是平等的贸易伙伴，反对美国动辄搞经济制裁。

1995年12月5日，法国外长德沙雷特在布鲁塞尔北约组织总部宣布，法国愿意参加北约的防长会议，准备恢复它在北约军事委员会的席位，并加强它与北约欧洲盟军最高指挥部的关系。法国之所以调整对北约的政策，有如下原因：第一，冷战结束后面对美国这个唯一的超级大国，法国没有能力单独与之抗衡，战略回旋余地大大缩小。法国只有向北约靠拢并通过北约改善与美国的关系，才能借重美国和北约维护欧洲安全和稳定。第二，法国意识到，欧洲联盟还是一个"空壳"，不能承担起维护欧洲安全的重任，而北约在冷战后解决欧洲安全特别是在解决南斯拉夫冲突和波黑和平问题上起了其他欧洲组织无法替代的作用。法国只有参与北约的行动，才能在欧洲安全和欧洲地区问题上拥有更多的发言权，才能摆脱被动和孤立的局面。第三，法国希望通过参加北约，从内部"改造"北约，在该组织内建立欧洲支柱，淡化北约的"美国色彩"。法国的"浪子回头"，无疑将进一步加强北约在欧洲的地位和作用。但是，正如法国外长德沙雷特所表示，法国调整与北约的关系并不意味着法国重返北约军事一体化机构，而是着眼于改造北约，法国希望美国交出南欧盟军司令的职务。法国的这一设想获得了进展，1996年6月举行的北约外长柏林会议就"欧洲安全与防务特性"达成协议，并批准建立一支可由西欧联盟指挥的"多国多兵种部队"。

法国积极发展与俄罗斯的政治关系以便加强自己在欧洲的地位，抢占俄罗斯市场以便迎头赶上其他西方国家在俄罗斯市场上所占的份额。1996年2月，朱佩总理访问俄罗斯，表示支持俄罗斯在国际社会中发挥充分的作用。法国还与俄罗斯签署了经济合作委员会总协议，以及能源、环保、信息技术、石油等经济合作协议。法国在加强与俄罗斯关系的同时，开始"挥师"东进。1997年年初，希拉克总统先后访问匈牙利、捷克、罗马尼亚，提出"新东方政策"，以便扩大法国在中东欧的政治影响，抑制德国东扩的势头，为法国商品和资本开拓市场，维护法国在欧洲的战略地位。

法国力图打破美国自海湾战争以来垄断中东事务的局面，重返中东，以便恢复法国在中东的传统影响和保护法国在中东的利益。希拉克总统多次出访中东和阿拉伯国家。法国外长德沙雷特于1996年穿梭于中东国家之间，在以色列和巴勒斯坦之间维持平衡，提出八点和平方案，得到许多阿拉伯国家的赞赏。法国强调黎巴嫩不应成为中东和平的牺牲品，叙利亚应该收回戈兰高地，对伊拉克的制裁不能是无休止的。法国还与伊朗保持对话关系。

法国外长德沙雷特于1996年新年向新闻界拜年时说："法国的外交有三个圈，第一个圈是欧洲联盟，第二个圈是传统盟国，第三个圈是非洲特别是法语国家。"由此可见非洲在法国对外政策中的地位。希拉克总统走马上任后立即调整对非洲的政策，他于1995年和1996年多次出访非洲国家，特别是1996年7月第三次出访非洲国家时，在刚果（布）首都布拉柴维尔发表了政治声明。他指出长达四个世纪的黑奴贩卖是非洲落后的根源，西方国家对此负有不可推卸的责任；他本人无意充当非洲的"民主教师爷"，非洲应寻找自己的民主之路；不发达是非洲面临的主要问题，西方国家应更积极主动地援助非洲。希拉克总统看到前任总统对非洲的错误政策导致非洲国家的动荡、更加贫困和美国的乘虚而入，积极调整政策，倡议与非洲建立新型的全球伙伴关系。他取消了一些非洲国家的债务，加强和提高对非洲国家的援助，主张非洲避免动乱和保持非洲的稳定，以便保护法国在非洲的政治和文化影响，保持在非洲的经济利益，并依靠非洲加强法国在国际事务中说话的分量。

法国冷落拉丁美洲近30年之后重返该地区的重要步骤，就是希拉克总统于1997年年初出访巴西、阿根廷、巴拉圭、乌拉圭和玻利维亚等拉丁美洲国家，从而扩大了法国在政治、经济、贸易和文化上对该地区和国家的影响，在美国"后院"重新打进楔子。

朱佩政府意识到，在全球的欧洲—北美—亚洲三角关系中，欧亚关系是其中最薄弱的环节，必须加强欧亚关系以平衡这个三角关系。它还意识到，法国与亚洲国家，特别是与中国的经贸关系远远落后于美国、德国等，必须迎头赶上。因此，法国在 1995 年上半年担任欧洲联盟轮值国主席时，积极制定欧洲联盟对亚洲和中国的新战略，还于 1996 年将经贸重点从非洲转向亚洲。1996 年，法国和新加坡共同发起召开"亚欧首脑会议"，旨在在排除美国的情况下加强欧盟国家与亚洲和东盟国家之间的经济与政治对话。朱佩政府声称，亚洲是法国的"新边界"，要积极调整对亚洲和中国的政策，加大对亚洲和中国的投资力度，开拓亚洲和中国的市场。

希拉克总统积极和主动地纠正法国前任总统对华政策的错误，做出了"无中方同意，不向台湾出售武器"的承诺，在人权问题上不与中国对抗而是开展建设性的对话，从而扫除了发展两国关系的障碍。1997 年 5 月 15 日至 17 日，希拉克总统应邀访华。在访问期间，法中两国签署了《法中联合声明》。联合声明宣布，在 21 世纪即将来临之际，法中两国应承前启后建立长期、稳定、友好的全面伙伴关系，从而使两国关系进入一个新的发展阶段。双方决定进一步密切合作，推动世界多极化进程，推动联合国改革，促进裁军，保护环境，加强发展援助，反对毒品、犯罪和恐怖主义。法中两国决定建立交往和磋商机制，每年至少安排一次双边高层会晤和至少两次外长会晤，以便保持两国领导人之间的密切接触和经常性的联系，这对于加深相互信任和了解，促进双边关系持续发展具有特别重要的意义。双方还决定建立外交部之间各级的磋商并使之制度化，继续深化有关战略问题的对话。双方鼓励两国议会、地方、团体和行业组织之间的交往与合作。两国决心发展双方的经济贸易伙伴关系，鼓励在对方的投资，加强技术和工业的合作，重视两国中小企业参与双边贸易。双方将加深文化、教育和科技交流。法国总统的访华把两国关系推向新阶段，扩大了法国在亚洲的影响，也推动世界向多极化方向发展。

第二节　议会提前选举及其结果

一　议会提前选举及其原因

1997 年 4 月 21 日晚，希拉克总统在电视上宣布解散国民议会，提前 10

个月举行第五共和国第十一届立法选举，法国政局出现戏剧性的变化。

根据 1958 年宪法规定，总统有权解散议会和提前大选以便化解政治和社会危机，戴高乐和密特朗当政时有过四次这样的做法。但是，希拉克总统在没有政治和社会危机的情况下采取这种做法，在法兰西第五共和国政治史上尚属首例。促使希拉克总统下此决心的有如下几个原因。

（1）经济方面，1997 年年初工业生产有所发展，但只能缓慢地带动整个国民经济的增长，能否达到预期的国内生产总值目标还没有把握。而本年度的经济发展态势必将影响 1998 年经济的增长，由此也必将影响到来年的法国政局，对执政党和多数派更为不利。权衡利弊，与其等待本届国民议会任期结束进行大选，还不如解散议会提前大选来得有利。

（2）法国人最关心的莫过于失业问题了。1996 年法国失业人数已突破300 万大关，占就业人口的 12.4%，在欧洲联盟国家中仅次于西班牙，排第二位。1997 年 1 月比 1996 年 12 月又增加了 0.6%，但是 2 月下降了 0.2%，3 月继续下降 0.2%。失业人数增加不多，然而是个好兆头。利用选民在失业问题上心理压力有所缓解的时机进行议会选举，对执政党和多数派也许有利。

（3）在财政方面，根据估计，1997 年法国公共赤字有可能占国内生产总值的 3.8%，1998 年将上升至 4.5%。朱佩政府的财政专家不断地向希拉克总统传递这种悲观主义的信息。而欧洲联盟实现单一货币的日期越来越近，1998 年年初欧洲联盟将考核各成员在经济趋同标准上的"达标"情况。如果不从根本上扭转经济形势和公共赤字状况，法国就难以搭上单一货币的头班车，由此就会丧失在欧洲建设中的领导地位，朱佩政府也将面临重大的政治危机。而提前议会选举有可能避免再次出现左右共治的尴尬局面，就有可能使新的多数派有 5 年的任期与政府保持一致，从而使希拉克有可能采取更加严厉和果断的改革措施，以使法国按期奔向欧元。

（4）朱佩政府坚持遣返非法移民，特别是制定了更加严厉的《德勃雷移民法》，并于 1997 年 3 月 25 日最终获得国民议会的通过。新移民法比1993 年帕斯卡移民法更为严厉，不但加强了押解出境的程序、身份证检查等规定，而且使住房担保制度更为严格等。它消除了国民阵线攻击执政党和右翼多数派的口实。它也获得了多数法国人的赞同。法国民意调查所调查结果表明①，59%的被调查者支持该移民法。1997年年初，朱佩政府和希拉克总统的支持率有所回升。正好趁热打铁，提前议会选举，取得选民授权，重新获得议会多数派的席位。

（5）最后，左翼反对派的影响虽然有所回升，但还没有准备就绪。1997年2月，一位社会党市长因政绩不佳和经济丑闻缠身在地方选举中被极右国民阵线击败就是很好的例子。一旦宣布解散议会和提前大选，势必造成它们仓促上阵，处于不利的地位。

希拉克总统正是考虑上述原因，才做出解散议会的决定，以便速战速决，重组右翼多数，确保今后完成一系列改革。但是，法国和欧洲舆论同样也指出，提前大选是"孤注一掷""引火烧身"，是"充满风险的战术选举"。总之，希拉克总统的决定充满了风险。

二　两轮投票和左翼获胜的原因

在选举前，法国所有的民意机构普遍预测，由保卫共和联盟和法国民主联盟组成的右翼多数派在与左翼反对派的较量中会略占上风，险获席位多数。然而，1997年5月25日第一轮投票结果大大出乎人们预料，法国政治生活发生了"地震"②。

在第一轮投票中，社会党获得25.71%的有效票，法共获得9.86%的有效票，绿党获得4.17%的有效票；而保卫共和联盟仅获得16.48%的有效票，法国民主联盟获得14.88%的有效票；国民阵线获得15.24%的有效票。另外，公民运动获得1.07%的有效票，其他左翼为1.93%的有效票，其他右翼为4.42%的有效票，极左为2.22%的有效票，其他极右为0.16%的有效票。如果将社会党和保卫共和联盟比较，前者比后者几乎高出10个百分点。在选举中，结成左翼选举联盟的社会党（包括左翼激进党人运动）、法共、绿党和公民运动共获得40.81%的有效票，而结成右翼选举联盟的保卫共和联盟和法国民主联盟仅获得31.36%的有效票。右翼两大党所获得的选

---

① 法国《解放报》1997年2月20日。《解放报》法文为"la Libération"。
② 法国《世界报——1997年立法选举文献资料》，第41页。

票比 1993 年立法选举少了 8 个百分点。在法国本土，有 20 个选区把右翼候选人淘汰出局，只保留左翼和国民阵线的候选人进入第二轮较量。即使在右翼的许多传统选区，其候选人也没能在第一轮中当选。在第一轮投票中，国民阵线有史以来首次在立法选举中获得这样好的成绩，它在 133 个选区获得了 12.5% 以上的有效票，将在第二轮投票中与传统左翼或右翼候选人抗衡。在第一轮投票的 3700 万选民中，31.5% 为弃权者，创下了 20 世纪 90 年代法国选举中弃权的最高纪录。

第一轮投票结果大大出乎执政党和右翼多数派的预料。为了改变选民对执政党和右翼多数派的看法，特别是消除传统的右翼选民对朱佩政府的不满，朱佩明确地表示无论第二轮投票结果如何他都要辞去总理的职务。与此同时，希拉克总统以塞甘替代朱佩领导右翼多数派的选举运动。希拉克总统还亲自出马助选，再次于 5 月 27 日发表电视讲话，呼吁选出一个能引导法国走向"富有活力和负责任的社会"的议会多数派。

6 月 1 日第二轮投票的结果并没有改变前一轮投票的趋势，左翼获得绝对多数的胜利。在国民议会的 577 个总席位中，社会党和左翼激进党人运动 259 席，法共 37 席，公民运动 7 席，绿党 8 席，其他左翼 9 席；保卫共和联盟 139 席，法国民主联盟 109 席，其他右翼 8 席；国民阵线 1 席。社会党和左翼激进党人运动虽然没有获得单独的绝对多数，但无可争议地重新上升为法国政坛第一大党。法共取得了自 1986 年议会选举以来最好的成绩，其影响有所回升。绿党则借助左翼选举联盟的力量首次进入议会。左翼总共赢得 320 席，比上届议会多出 221 席，以绝对优势组成新的议会多数。4 年前以排山倒海之势获得议会多数派地位的右翼痛失 217 席，创下了 1981 年以来的最低纪录。

右翼政党失败的最基本原因是朱佩政府的经济、财政、社会政策没有取得选民的认同，它的社会保障制度的改革也没有得到民众的支持。右翼政党执政期间，1997 年年初经济和社会形势有所改善，但总体上两年的政绩不佳，中下阶层的购买力下降，法国人依然受到失业的威胁。法国选民向左翼候选人投票，以示对右翼执政党和右翼多数派的"惩罚"。其次，朱佩总理的腐败丑闻接连不断，他的主观和独断专行不得人心，民意的支持率始终处于低水平，影响了选民投票的取向。最后，右翼政党内部闹分裂，候选人相互竞争，使许多右翼选民无所适从，他们中有相当一部分人或弃权，或转向左翼和极右，从而使选票分散。

社会党及其左翼之所以在未及重振之时就取得意外的结果，其主要原因是：第一，在竞选中提出以变革和促进就业为主的纲领和口号，更加诱惑选民和贴近选民的愿望，从而赢得了众多青年、妇女和中下阶层的选票。第二，社会党积极与法共、绿党等左翼政党协商，建立了选举联盟，共同遵守让票的协议，从而加强了左翼在选举中的地位。第三，法国选民的心理发生变化，他们不再愿意一派独揽总统、总理和议会的权力，希望左右翼进行共治，因而把票投向左翼。

这次法国议会选举非同寻常，它使法国政治向左转，实现了第五共和国政治史上的第三次左右"共治"。不过，第一次和第二次是左翼总统和右翼总理的共治，第三次则相反，是右翼总统和左翼总理的共治。它使西欧政坛的左翼得势。在欧洲联盟 15 国中，左翼在法国、英国、意大利、希腊、葡萄牙和瑞典单独执政，在奥地利、荷兰、丹麦和芬兰领导着中左的联合政权，在爱尔兰、比利时和卢森堡的联合政府中参政。在野的德国社民党和西班牙工人社会党的实力也有所增长，力图重新上台执政。西欧左翼力量的壮大给西欧政治带来了巨大的冲击。

三　第三次左右共治下的若斯潘政府

右翼总统雅克·希拉克根据议会多数派组织政府的原则，于 6 月 2 日任命社会党领袖利昂内尔·若斯潘为总理并组织第五共和国第 27 届政府，从此翻开了第五共和国政治史上第三次左右共治的新篇章。

若斯潘 1937 年 7 月 12 日生于法国默东市一个教师家庭。父亲是社会党老党员。他毕业于巴黎政治学院。受父亲影响，他于 1960 年先后参加独立社会党和统一社会党。1963～1965 年在国立行政学院深造。1965～1970 年在法国外交部工作。1971 年参加社会党。1973～1975 年任社会党负责培训的全国书记。1975～1979 年任社会党负责第三世界工作全国书记。1979～1981 年任社会党负责国际关系全国书记。1981～1988 年接替密特朗任社会党第一书记。1981 年、1988 年当选为国民议会议员。1988～1991 年任罗卡尔政府国民教育、科研和体育国务部长。1991～1992 年任克勒松政府国务部长兼国民教育部部长。受父亲影响，他经常往返于政坛与民间，1993 年因在立法选举中败北而隐退，1994 年重返政坛。

6 月 4 日，若斯潘组成新政府。法国新政府从结构上看有如下的特点：第一，新政府除总理外有 26 名成员，其中部长 14 名，部长级代表 2 名，国务秘书 10 名。是 1962 年以来人数最少的政府。新政府的精干有利于提高工作效率，节约行政开支。第二，新政府吸收了参加这次议会选举的所有左翼政党入阁，即除了社会党外，法共占 3 名，左翼激进党人运动占 3 名，绿党占 1 名，公民运动占 1 名。新政府是一个向所有左翼开放的“多元左翼政府”①，其中绿党和公民运动均为首次参加政府。这对团结所有的左翼、保持国民议会中多数派的地位、兑现社会党对选民的许诺、稳定政局都十分有利。第三，新政府以社会党人为主，其中又以若斯潘派和罗卡尔派为核心，没有吸收社会党著名元老级人物和密特朗派主要人物如法比尤斯、罗卡尔、亨利·埃马努埃利等入阁，仅吸收法比尤斯派和埃马努埃利派②各 1 名成员，从而保证了政府内社会党的团结一致。第四，新政府中，曾经担任过政府成员的仅有 11 名，其余大部分是首次入阁，是新人，显示了本届政府的革新精神。第五，在新政府中女性有 8 名，约占政府成员总数的1/3。其中，5 名是部长，1 名是部长级代表，另 2 名是国务秘书。大部分女性政府成员担任要职，排名第一的是欧洲联盟委员会前主席雅克·德洛尔的女儿马蒂娜·奥布莱，出任就业和互助部部长，并有权在特殊的情况下代理总理职务；在密特朗时期做过欧洲事务部部长的伊丽莎白·吉古，成为法国历史上第一位女掌玺与司法部部长；卡特琳·特罗特曼任文化和通信部部长兼政府发言人；多米尼克·瓦内任领土整治部部长；马丽－乔治·比费任青年和体育部部长。新政府体现了左翼主张的男女平等的思想，强调女性的参政权利，发挥女性在国家机构中的领导作用。

若斯潘政府为兑现在议会选举中提出的施政纲领，实施了社会党制定

① 多元左翼政府法文为“le gouvernement de gauche plurielle”。
② 埃马努埃利派法文为“les emmanuellistes”。

的新的内外政策。新内外政策以务实主义作为指导方针，在务实主义中体现社会民主主义。按照若斯潘总理的说法，它叫"左翼现实主义"①。左翼现实主义首先考虑法国内政和国内政策，优先解决国内亟待解决的经济、财政、失业和两极分化的问题，建立国家和市场间的平衡，把社会公正和经济效能协调起来。正是根据这种基调，新政府调整了内外政策，使其既有继承性、连续性，又具有左翼的色彩。

第三节　第三次左右共治下的经济和社会政策

一　"要市场经济，不要市场社会"和"若斯潘方法"

1998 年 6 月 19 日，若斯潘总理在美国华盛顿会见记者时简洁地概括了法国左翼联合政府的经济和社会政策："要市场经济，不要市场社会。"这句话已成了他的"名言"，不但在法国社会党的文献中反复出现，而且被许多西欧工党和社会民主党所接受。

社会党承认市场经济的突出优点，若斯潘认为："关于财富的创造和资源的分配，市场对计划的优越性是不容争辩的。但是我们并不因此就把市场当作一种价值。市场是一个有效的、可贵的工具，但只不过是一种工具。它应当始终为社会服务。就其本身而言，市场既不产生意义，也不产生计划。"② 按照社会党的理解，所谓"不要市场社会"就是不允许这个社会全盘商品化，不通过自由市场来分配全部社会财富，不把利润法则当作衡量价值的唯一尺度。所谓"不要市场社会"，就是在维持现存资本主义制度下对它进行调控。若斯潘指出市场经济不管有多大的活力、灵活性和可塑性，"对我们来说，市场是给定的，是一种技术，是一种我们愿意掌握的实行生产和分配资源的技术"。③ 他还明确地指出："对资本主义必须不断加以控制

---

① 左翼现实主义法文为 "le réalisme de gauche"。

② 利昂内尔·若斯潘：《现代社会主义》，让·饶勒斯基金会出版社，2000，第 63 页。

③ 利昂内尔·若斯潘：《现代社会主义》，让·饶勒斯基金会出版社，2000，第 63 页。

和调节。"①

根据上述理论和思想，法国多元左翼政府确定了经济和社会政策。若斯潘总理于1997年6月12日在政府会议上宣布："坚决终止法国人不再能够忍受的执政方式和方法。"② 于是，多元左翼政府诞生了新的执政方法，即法国政界称为的"若斯潘方法"③。

若斯潘方法主要表现为：第一，多元左翼政府治理经济和解决社会问题的方式和方法。第二，集中力量解决法国民众最关心的问题——失业问题，并提出解决的计划。第三，既不拘泥于社会党和左翼一向使用的凯恩斯主义的经济和社会政策，也不完全拒绝右翼一贯采用的自由主义的经济和社会政策。若斯潘将上述的两种方法加以融合，从而使左翼联合政府的经济和社会政策既包含了凯恩斯主义成分，也包含了自由主义的因素。

若斯潘总理将多元左翼政府的经济和社会政策确定为：扩大就业—促进消费—刺激增长。多元左翼政府执政期间，就是按照这12字方针采取具体的政策和措施来促进法国经济和社会发展的。

二　压缩财政赤字，改革税收和社会保障制度

根据法国审计院报告的估计④，1997年法国财政赤字占国内生产总值的比重为3.5%～3.7%，与加入欧元区的标准还有较大的距离。这不仅增加了法国公共开支的负担，而且可能把法国排除在首批加入欧元区的国家之外，从而损害了法国在欧洲的政治地位。

多元左翼政府成立伊始，若斯潘总理一再声明新政府要搭欧元区头班车的愿望和决心，同时付诸行动，通过节支和增收来减少财政赤字。新政府的经济、财政和工业部部长斯特劳斯－卡恩表示，政府在1997年年底前压缩100亿法郎的财政开支，主要是削减国防和其他行政部门的行政预算。同时通过增加税收实现320亿法郎的财政盈余，以便把目前财政赤字占国内

---

① 利昂内尔·若斯潘：《现代社会主义》，让·饶勒斯基金会出版社，2000，第68页。
② 让·雅克·贝克尔：《危机与替换（1974～2000）》，瑟伊尔出版社，2002，第786页。
③ 若斯潘方法法文为"la méthode Jospin"。
④ 法国《费加罗报》1997年7月22日。

生产总值的比重压缩 0.4 个百分点。此后几年，多元左翼政府继续推行节约开支的财政政策，取得良好的效果。

税收是增加财政收入的重要一环。多元左翼政府于 1997 年 7 月宣布今后两年把那些营业额在 5000 万法郎以上的大型企业利润税的税率从目前的 36.6% 提高到 41.6%，长期资产增值税由目前的 20.9% 提高到 41.6%。这两项增税为法国财政多增加 220 亿法郎的收入。特别是 1998 年，随着法国国内需求的上升和消费的增长，增值税和石油制品税大幅度增加，法国当年的财政收入有了明显的增加。随着法国经济形势的好转，企业和公司营业额的增长，社会党于 1999 年开始不再坚持反对减税的传统立场，认为企业和公司的减税可以增加企业和公司的资本投入，刺激整个国民经济的发展，从而增加税收，解决政府的财源。为此，若斯潘总理于 2000 年 3 月改组执政已经长达 33 个月的政府，请现任国民议会议长法比尤斯入阁，掌管经济、财政和工业部。法比尤斯奉行经济自由主义，有利于政府推行经济和税制改革。果然，新的经济、财政和工业部部长于当年 9 月宣布 1999 ~ 2003 年减税计划：把企业和公司的主要税率从 37% 降低到 33.3%，废除前政府实行的 10% 的附加税，放宽对企业的限制，减免最低收入家庭的社会保险分摊税，废除车辆年检费等。

改革社会保障制度，压缩社会保障的赤字，逐步达到社会保障的收支平衡，从而改善政府的财政负担，是 20 世纪 90 年代以来历届法国政府的根本方针。多元左翼政府执政的初期保留了朱佩政府规定的医生报酬和治疗开支的标准，使 1997 年医疗保险节约了 5.65 亿法郎，把全年的社会保障赤字压缩到 470 亿法郎。从 1998 年开始，多元左翼政府对公司企业的领工资者收取部分医疗费用，并实行"医疗保险开支量化指针"，1998 年的增长率定为 2.2%，1999 年定为 3.7%。此外，多元左翼政府将家庭补助金的数额与收入多少挂钩，从而减少了 0.6% 的财政支出。尽管上述改革还只是对社会保障总体制的改革，特别章程体制、专门职业体制和补充体制三种社会保障体制的亏损也十分严重，有待改革，但对社会保障总体制的改革逐渐显出了效果，1999 年开始扭亏为盈，节余 360 亿法郎，2000 年节余 600 亿法郎。

正是上述果断的措施，使法国财政赤字逐年下降。根据经济合作与发展组织统计[1]，法国财政赤字占国内生产总值的比重 1997 年为 3.0%，已经达到加入欧元区的标准，1998 年为 2.7%，1999 年为 1.6%，2000 年进一步下降到 1.4%，2001 年保持在上一年水平。

三 扩大就业和实行 35 小时工作制，降低失业率

多元左翼政府为了兑现在立法选举中的诺言，把就业作为政府工作的优先项目。若斯潘总理强调："在未来 7 年里，即使经济增长率达到 3%，每年也只能减少大约 7 万人的失业。经济增长本身是不够的，必须寻找创造就业机会的办法。"[2] 就业和互助部部长奥布莱于 1997 年 8 月 20 日提出了"青年就业计划"，通过国家财政支持，鼓励国营和私营企业招收无业青年从事家政服务、教育辅助、住宅及环境维护、治安助理等。1998 年年底新创造就业岗位 15.85 万个，到 2000 年将新创立工作岗位 35 万个。为了落实政府的就业安排，若斯潘政府这年 10 月召开了就业、工资和工时的全国大会，要求雇主和工会等社会伙伴配合政府的就业计划。与此同时，若斯潘政府同英国政府一起，要求在欧洲联盟 1997 年 10 月签订的《阿姆斯特丹条约》中增加社会专章，争取各成员配合解决失业问题。

1998 年，多元左翼政府进一步加大了解决失业问题的力度。在这一年度的财政预算中，增加了 3.6% 的拨款，总共达 1551 亿法郎，用来安排就业。它还于 4 月推出"促进就业全国行动计划"。该计划主要内容有：改善青年和成年人的职业融入能力。从 2000 年起向 50% 以上失业 6 个月或 12 个月的青年和成年人提出"新的起点"计划，加强教学与实习的交替培训，减少过早辍学青年的人数。在 2000 年以前保证 15 万人在巩固就业合同下就业。简化企业行政手续，辅助希望创业但有困难的人。减轻低薪者的社会分摊金，给予开创净就业岗位者减税贷款。对某些劳动力高密集的服务业降低增值税，在商

① 中国社会科学院欧洲研究所主编《欧洲发展报告（2000～2001 年）》，社会科学文献出版社，2000，第 232 页；中国社会科学院欧洲研究所主编《欧洲发展报告（2002～2003 年）》，社会科学文献出版社，2002，第 231 页。
② 法国《解放报》1997 年 9 月 30 日。

品业和非商品行业中发展新的职业活动。改善劳工和企业的适应能力，改革在职培训，承认某些职业的既得利益有效。发展机会均等政策，向希望创业的妇女提供银行贷款的方便，提高企业对残疾人的雇佣率。

多元左翼政府还通过减少工时来增加就业机会。国民议会于1998年6月19日最终通过政府提交的《奥布莱法案》，1999年12月通过另一个《35小时工作法》。这两个法案规定，从2000年1月1日起（实际上是2月1日），职工超过20人的企业现行的每周法定工作时间逐步由39小时缩短为35小时。职工20人以下的企业则从2002年1月1日开始实行35小时工作制。职工超过法定工时，企业必须加付时薪并缴纳社会分摊款，但年法定工作时间不得超过1600小时。在2005年前，领取各行业最低工资者减少工时而不减少工资，企业因此受到的损失由国家承担。为了推行35小时工作制，左翼联合政府2000年财政支出709亿法郎，2001年为670亿法郎。

正是及时地采取了就业计划和35小时工作制，加上这一时期法国国民经济稳定而又以较快的速度发展，法国就业机会大大增加，1998～2000年共创造了近100万个就业岗位，从而使失业率逐年下降。根据经济合作与发展组织统计①，法国失业率1997年为11.8%，1998年为11.4%，1999年为10.7%，2000年下降到9.3%，2001年再下降到8.6%。就业机会的增加和失业率的下降扭转了法国人的悲观心态，刺激了消费的欲望，从而进一步促进了国民经济的发展。但是，从通过起，法国各界就对《奥布莱法案》有不同的看法：有的人认为当美国人人均年工作1950小时的时候，法国人只有1500小时，致使法国成为世界上工作时间最短、劳动成本最高的国家，从而影响了法国商品在国际市场上的竞争力；也有的人认为，它是用财政开支维持每周35小时工作制的，从而增加了国家的财政负担，也不利于消灭今后法国的财政赤字。

四　工农业的调整和科技的发展实现了向"新经济"过渡

为了参与经济全球化、提高产品的国际竞争力和加快经济的复苏，多

---

① 中国社会科学院欧洲研究所主编《欧洲发展报告（2002～2003年）》，社会科学文献出版社，2002，第234页。

元左翼政府加强了对产业结构调整的力度，采取了一系列的政策和措施。

多元左翼政府放弃了密特朗后期既不搞国有化也不搞私有化的两不政策，于1998年4月将原来的"私有化委员会"更名为"参股和资产转让委员会"，用来领导私有化事务。它通过资本开放、资产转让、公私联手等政策，对竞争性工业和商业以及公共服务部门等10多家国营大企业实行资本重组，转变其体制。1998年10月29日，政府宣布国营里昂信贷银行在1999年10月之前完成私有化，并在该银行设立"伙伴股东集团"，拥有其10%的股份。同年11月7日，宣布国营法国电信公司第二次"开放资本"，出售总额达400亿～450亿法郎的股份，并向德国电信公司职工出让占资本2%的股权，德方给予同样的回报。国家在法国电信公司的股份将由75%降至62%，而个人和机构将占33%，职工占3%。国家将根据同年11月10日国家、国营宇航集团、私营达索工业集团三方达成的协议，把它在达索飞机集团中所持有的46%的股权于年底之前转让给宇航集团。而宇航集团将于1999年1月1日与私营马特拉公司合并，国家在新公司中将拥有低于50%的股权。同年11月底，国营汤姆森多媒体公司决定向法、日、美4家同行公司开放30%的资本，并把40亿法郎的资本投放市场。左翼联合政府的企业转制政策反映了社会党"要市场经济"的思想，也是为了适应欧洲统一资本市场的需要，更好地参加国际市场竞争的体现。

多元左翼政府鼓励和推动法国银行、航空、汽车、电信等行业进行兼并，从而使法国在1999年刮起了在国内乃至在欧洲兼并的风暴，震惊了整个欧洲和世界。1999年，法国最大的石油产品企业道达尔公司宣布与埃尔富公司合并，使该公司成为世界第四大石油产品企业。8月30日，法国两大超市集团家乐福和普罗莫代斯宣布"友好合并"，组成欧洲第一大、世界第二大超市集团。这年，雷诺公司克服了过去"固守阵地"的战略失误，于3月投资54亿美元收购日产汽车公司36.8%和日产柴油汽车公司22.5%的股权，从而成为日产的控股公司。正是这个兼并战略，使雷诺公司在资产和产量上15年来首次超过德国大众公司，使它的菱形商标一举成为欧洲汽车的第一品牌，跻身全球五大最盈利的汽车制造商之列。目前，雷诺公司是世界第四大汽车集团，年产汽车480万辆。特别是在高科技领域，多元左翼政府有意在法国乃至欧洲范围内促进国防电子和航空航天两大联合体的形成。1999 年 1 月 1 日，法国宇航集团与拉加戴尔集团所属的马特拉高技术公司实行合并，使法国生产的飞机、卫星、导弹联合起来，形成更大的规模。接着，法国宇航—马特拉公司与德国航空公司合并，组成欧洲最大、世界第三大航空集团，以应对美国波音、麦道公司的竞争。

多元左翼政府十分重视科技的发展。为了使科研成果更快地转化为生产力，它于 1999 年 1 月出台了《技术创新与科研法》，以立法的形式促进科研人员与企业的合作，提倡创办高科技企业，并通过提供资金和减税等措施鼓励技术创新。多元左翼政府执政的头一年，在领导人中使用电子邮件的仅占 5%，而美国高达 65%。法国只有 15% 的家庭拥有个人计算机，而美国为 37%，德国和英国均为 26%。平均每个法国学校拥有 10 台计算机，而德国为 21 台，英国为 31 台。多元左翼政府意识到法国信息技术落后的严重性。若斯潘总理明确地提出，信息技术的发达与否关系到法国在国际市场上的竞争力和法国的国际影响。于是，多元左翼政府于 1997 年 9 月底采取措施促进信息技术的发展，以互联网替代 20 世纪 80 年代开发的仅在法国使用的对话式电视传真询问终端①及其网络，使法国向信息社会迈进。

在农业方面，为了保持"欧洲粮仓"的美誉和其传统的国际地位以及适应现代化农业发展的客观要求，经过前几届政府的酝酿，法国议会于 1999 年 1 月通过了《农业发展方向草案》，确定了法国面向 21 世纪的农业发展战略。该草案指出，农业的发展必须考虑农业在经济、环境保护及社会等诸方面的作用，并与领土整治事业同时进行，以求做到可持续发展。该草案规定：建立土地经营合同制，合理调整农场经营结构和规模，鼓励农业经营经济组织跨国界发展，提高农产品质量，加强对土地和森林面积的管理，加强农业教育和科研等。该草案于 2000 年 1 月 1 日生效，规范了今后 20 年法国农业发展的战略。

经过 20 世纪 80 年代特别是 90 年代和多元左翼政府执政以来所进行的经济结构、产业结构、工业结构和农业结构的调整，科技和信息的迅速发

---

① 对话式电视传真询问终端原文为 "le Minitel"。

展，在 20 世纪末 21 世纪初，法国开始向"新经济"过渡，以信息产业和生物工程产业为主导的新产业有力地带动了整个法国经济的增长。

五　国民经济的发展和"新社会"的诞生

多元左翼政府在执政期间除了采取一系列调整工农业的措施和科技政策外，在影响法国国民经济发展方面还兼顾其他国内外因素。

1997 年，国际市场需求旺盛，国外订单纷至沓来，使法国出口保持增长的势头，如第二季度的出口比上一季度增长了 5%。国际市场的旺盛需求给出口占国内生产总值 20% 的法国国民经济注入了兴奋剂。这一年，美元对法郎的比价逐渐上升，在第三季度达到 6 年来的最高点，而法郎的贬值则提高了法国产品在国际市场的竞争力。根据法国国家统计与经济研究所计算，美元对法郎的比价每上升 10%，法国国民经济第一年就能多增长0.4%，第二年多增长 0.2%。这一年，国外投资者也看好法国投资的良好环境和职工的素质，纷纷前来办企业、开公司。法国吸收外资数量仅次于美国和英国，名列西方国家的第三位。正是受上述国内外因素的影响，法国国民经济加快了复苏的步伐。

从 1998 年起，法国国内的因素在促进国民经济发展上逐渐起着主导作用，从而把亚洲金融风暴、拉美经济危机等国际经济环境恶化给法国国民经济造成的负面影响降到最低限度。首先，由于国民经济的复苏、通货膨胀率和失业率的下降以及人均收入的增加，法国消费者的购买力上升，1996 年仅为 0.1%，1997 年上升到 2%，1998 年进一步提高。正是在 1998 年，法国家庭消费出现了新的热点，人们对信息技术及相关产品如计算机、打印机、扫描仪、移动电话等的需求首次超过了电视、音响等传统电子娱乐产品。到 2001 年，法国人已经拥有 3500 万台移动电话，2500 万台个人计算机，网民人数达到 1500 万，这对 6000 万总人口的法国来说，比例还是较高的。其次，随着国内需求日益旺盛，法国投资者的信心增强，其在国内的投资不断上扬，1997 ～ 2001 年投资占国内生产总值的比重年平均增长2.1%。其中，以法国大企业、建筑业和交通运输业的投资势头最强劲，旅游业紧随其后。

　　多元左翼政府期间，正是实施扩大内需政策的结果使法国国民经济进入"稳步增长"的阶段。法国国内生产总值增长率 1997 年为 2.3%，1998年为 3.2%，1999 年为 2.9%，2000 年为 3.6%。20 世纪 80 年代，特别是90 年代和多元左翼政府执政以来，法国国民经济的发展给法国社会带来了新的变化：以信息和生物工程为主要标志的新经济诞生，农村城市化进程加快使城乡高度一体化，新中产阶级壮大和工人阶级数量减少使社会结构发生嬗变，工作时间的缩短和休闲、度假时间的延长使法国各阶层生活方式发生巨大的变化，消费社会进一步发展和成熟，民众追求高质量的生活水平，从而诞生了一个"新社会"。但是在这个"新社会"中，贫富差距依然存在，政治变动的因素增加，移民问题日益突出，社会治安恶化，不可捉摸的问题和因素也在增加。

第四节　第三次左右共治下的政治改革

　　多元左翼政府期间，法国新闻媒介和司法部门相继揭露出或正在审理的政界要人的腐败丑闻达到了顶点。其中包括：前总理朱佩在主管巴黎市府财政时期的"非法收取利益"案，前外长迪马"收受被侵占公款"案，保卫共和联盟前财政主管卡里尼翁"非法筹谋经费"案，保卫共和联盟前秘书长蒙塞贪污案，巴黎市市长让·蒂贝里的夫人格扎维埃·蒂贝里"侵占市有豪华住宅"案，保卫共和联盟向法国航空公司支取干薪案，法国民主联盟主席莱奥塔尔为筹款购置总部办公大楼在银行"洗钱"案，前社会党司库埃马努埃利受贿黑金案，密特朗之子接受某石油公司贿赂案，全法国大学生互助会①负责人挪用公款资助社会党竞选案，"梅里事件"披露左右翼政党收受政治黑金案等，不一而足。腐败丑闻、党派间借此相互攻击和内部斗争毒化了法国政治生活，令选民感到愤怒和失望。法国人对传统政治和传统政党的冷漠，表现在投票中或大量弃权，或倒向极端势力，从

① 全法国大学生互助会法文为"la Mutuelle générale des étudiants de France（MNEF）"。

而逐渐地改变了法国的政治版图。为了改变上述状况，左翼联合政府提出了要"政治生活现代化"，并出台了一系列政治改革。

一　总统任期缩短为五年

缩短总统任期属于旧事重提。当年戴高乐主张总统有职有权、任期七年并载入第五共和国宪法以便固化其政见，是为了克服第四共和国政体的弊端，稳定第五共和国的政局，发展第五共和国的经济。但是，自新的政治体制建立以来，法国政界围绕着半总统半议会制特别是总统过于长久的任期一直在争论，并展开激烈的交锋。

左翼政党以及左翼的同情者和支持者则坚决要求修改宪法和现行的政治制度，缩小总统的权力和任期，恢复议会的传统权力和地位，建立议会制共和政体。左翼的政见载于社会党和法共于 1972 年 6 月达成的《共同执政纲领》和社会党于 1981 年总统选举前夕发表的《为法国提出的 110 条建议》之中。

以保卫共和联盟为主体的戴派政党和戴高乐的支持者则坚决维护这种政治制度，坚持现有的权力结构和运行方式，竭力支持总统的权力和地位，包括总统的任期和选举方式，"从根本上反对任何滑向议会制的倾向"。支持或反对现行的半总统半议会制构成划分右翼和左翼的主要标准。1973 年，蓬皮杜总统曾经就缩短总统任期提出宪法修正案，但因考虑到未必获得议会两院 3/5 的多数票而终止了宪法修正案的立法程序。

但是，自 20 世纪 80 年代初社会党上台后，阵线就不那么明朗了。第五共和国政治制度面临着来自政界多方面的挑战。一向反对现行政治制度的密特朗当选总统后，一反常态地要利用它来维护自己的地位和推行社会党的内外政策；而在一向要维护现行政治制度的戴派中，一部分显要攻击密特朗专权和弄权，要求修改宪法，缩小总统的权力和缩短总统的任期。一部分有名望的政治活动家也不得不承认如不进行改革，总有一天会导致政治危机。

20 世纪 90 年代以来，无论是左翼还是右翼，无论是执政党还是在野党，在缩短总统任期问题上逐渐有了共同语言。实践证明，七年的总统任期只适用于戴高乐时代，而在戴高乐之后其弊端日益显露。特别是在 80 年代以后，七年的总统任期和五年的国民议会任期在选举时间上的不一致，造成了先后三次左右共治。尽管左右共治有其长处，是选民的愿望和选择，也为宪法条文所容，但与以总统为国家权力中心的宪法精神相悖。当总统多数派与议会多数派一致时，总统能够正常地行使其职权；当这两者不一致时，总统的职权受到极大的牵制。特别是执政的两派在治国理念和方略上存在着差别，导致总统和总理之间经常出现不和谐的声音，甚至爆发争吵，不利于内外政策的实施。如果将总统任期由七年改为五年，与议会任期一致，在先后相隔不长的时间进行选举，则可以避免选出在政治上不一致的总统和议会多数派，从而也避免了左右共治的再现。另外，在 20 世纪和 21 世纪交替之际，法国、欧洲乃至世界都处在急剧变化过程中，必须缩短总统的任期以便加强第五共和国政体的应变能力。

2000 年 5 月 9 日，前总统瓦莱里·吉斯卡尔·德斯坦向国民议会提交将总统任期缩短为五年并可连任一次的宪法修正案。若斯潘总理对此采取了积极的态度，于 5 月 19 日的声明中表示这项改革"对法国民主生活的现代化至关重要"。希拉克总统在此以前多次表示反对缩短总统任期，但鉴于后年可以在换届选举中连任，便一改初衷，抱着开放的态度。国民议会经过多次的激烈辩论，最终于 6 月 20 日通过了吉斯卡尔·德斯坦的提案。9 月 24 日，宪法修正案在公民投票中以 73% 的有效票获得通过。

缩短总统的任期使第五共和国政治体制的改革又迈出了一大步，它对今后法国政治制度的演变必将产生深远的影响。

二　提高妇女的政治地位

法国提倡"自由、平等、博爱"在世界上是家喻户晓的，但是在法国，真正地实现女性在政治、经济和社会上同男性一样的平等，则要比一些欧洲国家晚得多。

在多元左翼政府以前，法国妇女并没有真正地获得解放，法国妇女的权益也没有完全确立。在政治方面，法国妇女参政的权利往往被忽略，就拿女议员在国民议会中的数量和所占比重为例：第一届国民议会有 8 位，占

1.38%；第三届国民议会有 11 位，占 2.26%；第六届国民议会有 20 位，占 4.07%；第十届国民议会有 35 位，占 6.06%；第十一届国民议会有 63 位，占 10.92%。在第十一届国民议会中，虽然女议员的比例有了空前提高，但是在欧洲国家中仅排在希腊之前，位居倒数第二，而瑞典高达 40%，挪威占 1/3，德国和西班牙各占 1/4。在经济方面，法国妇女大多在服务业就职，绝大部分是女职员，属低薪阶层。在社会地位方面，法国妇女虽然于 1983 年获得法律上享有与男性平等的就业权，但就业的机会比男性少得多。大量的法国妇女留在家庭中，处于从属地位。

舆论和许多法国社会学家普遍认为，在法国女权运动如此盛行，女选民又占选民总数的 53%，但法国妇女的地位问题依然没有得到很好的解决，的确是一个令人费解的怪现象。社会党在第十一届国民议会选举所发表的竞选纲领中，曾经许诺将男女均衡分配职位的原则写入宪法之中。左翼在组织政府过程中做了表率，吸收了许多妇女入阁。为了兑现这个许诺，它于 1998 年 7 月提出宪法修正案，将"法律鼓励男女任职机会均等"加入宪法第 3 条关于国家主权的条文中，获得了议会的批准。特别在提高法国妇女政治地位方面，多元左翼政府做了许多努力，1998 年 6 月 18 日出台了一项旨在确保男女在选举中平等地位的组织法，2000 年 6 月 6 日又出台了一项关于男女获得同等参政机会的法律（共两项：一为组织法，另一为普通法）。根据这两项法律规定，今后在各级选举中，各政党提出的候选人名单里男女各占一半，奇数的名单则男女候选人之间的数目差不得超过一。男女候选人名单必须按一男后一女，或一女后一男的顺序排列。在使用比例代表选举制的欧洲议会选举、大区议会选举和拥有 3500 名以上居民的市镇议会选举中，当选的议员总数中男女比例必须是持平的。在使用两轮多数选举制的国民议会选举和省议会选举中，各政党在各个选区提出的候选人总数里必须男女各一半。这两项法律还规定了各政党在提出的候选人中达不到平等原则就会受到经济制裁的办法。

法国是世界上第一个采取这样规定的国家，对提高法国妇女的政治地位、激发法国妇女参政的积极性在法律上提供了保证。就在 2001 年 3 月举行的市镇选举中，法国女性当选市议员占总数的 47.5%，有了大幅度的提高。法国妇女在当代法国政治生活中起着越来越大的作用。

在经济上,通过各种职业培训制度确保妇女参加人数的最低限额,以保证男女就业机会的均等。通过每个职业部门谈判签订集体合同,实行并保证男女同工同酬。承认参加农业、商业和手工业者的辅助工作的女配偶具有劳动者的地位。在社会上,提倡尊重妇女的尊严,特别在学校教科书、广告和电视中要注意妇女的形象。对歧视妇女的现象,保卫妇女权利联合会可以提出控告。

三 议员不可兼职性和商业法院的改革

议员的不可兼职性是指议员在任期内不得兼任某些职务或从事某种职业,以便保证议员的地位和独立性。议会组织法、选举法和 1985 年 10 月 30 日颁布的组织法规定,国民议会议员和参议员不得相互兼任,议员不得兼任一个以上由选举产生的公共职务,如欧洲议会议员、大区议会议员、省议会议员、巴黎市议会议员、巴黎以外 2 万名居民以上的市镇市长以及巴黎以外 10 万名居民以上市镇的市长助理。议员不得同时兼任所有的公职。但是,还是有些议员经常身兼数职,在其位而不谋其政,或通过这种办法牟取私利,从而损害了议员的地位和独立性。多元左翼政府于 2000 年 4 月 5 日出台了两项法规:一项组织法规定,国民议会议员和参议员不得兼任欧洲议会议员;另一项法律规定,任何公民都不得兼任两个以上由选举产生的职务。如果兼任上述的职务,则必须在 30 日内辞去其中一职。这些改革虽然没有完全禁止兼职,但毕竟对议员的兼职做了进一步限制,从而或多或少地清除了滋生腐败的温床。

商业法院在法国已经存在了 500 年,它是专门负责审理经济和商业纠纷与案件的司法机构。商业法院的执法官都是从商人中选举产生出来的,具有相当完备的法律知识和丰富的从业经验,从事无偿的服务。但是,事实证明,这个司法机构存在着弊端,是腐败的根源之一。多元左翼政府最初的改革方案是用职业法官取代选举产生的兼职法官,把经济领域的司法权收归职业法官掌管。经过修改后,政府于 2000 年 9 月 21 日颁布关于商业法院改革的政令:商业法院的各个审判庭的庭长由职业法官担任,其他法官仍然按选举的方式产生。这一改革，或多或少改变了原来商业法院的面貌，使它不再是商人的世袭领地。

四　市镇实行参与式民主和欧洲公民参加市镇选举

1. 市镇实行参与式民主

2001 年，多元左翼政府出台"贴近基层法案"并获得议会通过。法案规定，要求 30 万以上居民的市镇实行参与式民主，每一个市镇都建立街道咨询委员会，加强市议会议员、居民和政府的联系与沟通，就重大问题与居民讨论，帮助政府科学决策。

2. 欧洲公民参加市镇选举

《欧洲联盟条约》规定给予欧洲公民[①]在其居住国参与欧洲议会选举与该国市镇选举的权利。1989 年 2 月，欧洲议会通过一项决议，要求原欧洲经济共同体成员赋予所有在各国居住、工作的成员公民参加该国地方选举的权利。根据欧盟条约的规定，欧盟成员纷纷修改内法，赋予所在国的欧洲公民参加欧洲议会选举和地方选举的权利。

法国也于 1992 年修改第五共和国宪法，设置欧盟联盟专章。根据第五共和国宪法第 88 - 3 条规定，在法国居住的欧洲公民得被赋予参加市镇选举的选举权和被选举权。但是，这些公民不得担任市长和副市长，也不得参加参议员选举人的选派和参议员的选举。但是，法国出于保护国家主权的考虑，在欧盟成员中最后才落实，议会直到 1998 年才正式颁布具体实施的组织法，在法国居住的欧洲公民由此享受了参加市镇选举的权利。而欧洲公民以外的第三国侨民在法国享有选举权的立法仍有漫长的路要走。

五　科西嘉问题和新喀里多尼亚未来地位问题

1. 科西嘉问题

科西嘉是法国内政中令当政者棘手的问题之一。科西嘉是法国第一大

---

① 西班牙于 1990 年提出"欧洲公民"概念，专指欧盟成员公民。

岛，位置在地中海西部，是法国 22 个行政大区之一，辖上科西嘉和南科西嘉两省，面积 8750 平方公里，人口 25 万，大多数为科西嘉人。科西嘉人笃信天主教，使用属意大利语系的两种方言。科西嘉于 1768 年并入法国版图。20 世纪 70 年代，科西嘉民族主义分子要求独立的呼声日益强烈，并成立了科西嘉民族阵线等组织，提出独立的政治纲领。这些组织开展武装斗争，从事政治暗杀和恐怖主义活动，给法国造成了巨大的财产损失和人员伤亡，同时成为法国社会不稳定的重要因素。

长期以来，科西嘉问题一直是法国政府的一块心病。20 世纪 70 年代，法国右翼政府对科西嘉民族主义分子和地方分裂主义分子采取坚决镇压的政策，结果导致了科西嘉岛内要求独立的运动更加高涨。继而，80 年代的社会党政府采取镇压为主和对话为辅的两手政策。1982 年 3 月 2 日和 7 月 30 日分别颁布了两个法律，也称以内政部部长命名的《德费尔法》。该法律规定：其一，将科西嘉大区议会改名为科西嘉议会，以便提升科西嘉地方议会的地位。其二，科西嘉议会拥有对有关科西嘉法律和条例的建议权，从而增加了科西嘉地方议会的权力。但是，这种改革收效甚微，岛内暴力频仍。社会党政府再次对科西嘉进行改革，于 1991 年 5 月 13 日颁布有关科西嘉的法律，也称为《若克斯法》。该法律规定，设置科西嘉行政委员会，经济、社会和文化委员会，建立岛屿整治基金，以便加大地方政府的行政权力，促进科西嘉经济和社会的发展。但是，科西嘉依然动荡不安，1997 年 2 月初政府派驻当地的最高行政长官、科西嘉大区区长兼南科西嘉省省长埃里尼亚克遭有预谋的恐怖袭击身亡，震惊了全法国。正是这些政治暗杀和恐怖活动使科西嘉的经济和社会发展受到极大的影响。

若斯潘总理上任后，决心在科西嘉问题上有所突破，以便结束岛上的民族主义分子和地方分裂主义分子的恐怖活动。多元左翼政府于 1999 年下半年开始同岛上的民选代表和科西嘉民族主义分子的代表谈判，经过一年的努力，终于在 2000 年 7 月 20 日达成协议（也称为《马提翁协议》）。该协议在政治方面给予科西嘉较大程度的自治，让地方政府有更大的自主权，许诺 2004 年给予地方议会"有限的立法权"并在 2004 年之前进一步扩大地方政府的权力。在经济方面，15 年内免除居民的遗产税，15 年内给予科西嘉 150 亿法郎的贷款。在文化方面，将科西嘉语言作为义务教育的语言。但是，《马提翁协议》遭到希拉克总统、右翼政党中许多重量级人物的反对，甚至内政部部长舍韦内芒也因为反对若斯潘总理的科西嘉政策于 8 月 29 日挂冠而去。多元左翼政府于 2001 年 5 月将科西嘉法案提交议会讨论。在激烈的辩论中，该法案经过不断修改，终于获得通过。根据 2002 年 1 月 22 日颁布的法律，在科西嘉的初等教育中进行科西嘉语言的义务教育，到 2016 年科西嘉享受税收的优惠。该项法律关于科西嘉改革的内容比起《马提翁协议》，倒退了许多。总的看来，科西嘉在今后一个较长的时间内仍将是法国政府的隐患。

2. 确定新喀里多尼亚的未来地位

1998 年 4 月 21 日，多元左翼政府与新喀里多尼亚对立两派——卡纳克社会主义民族解放阵线和保卫新喀里多尼亚留在共和国内联盟，就新喀里多尼亚的未来地位在努美阿达成一项政治协议。在协议的序言部分，法国首次承认"殖民化的统治损害了当地卡纳克民族的尊严"，"给卡纳克人带来长久的创伤"。协议表示，法国将逐步放弃对新喀里多尼亚的主权，在未来 15～20 年内完成政权的移交，并在这一过渡期结束之前在岛内举行公民投票，决定新喀里多尼亚是否最终实现独立。

5 月 5 日，若斯潘总理亲自飞赴新喀里多尼亚岛，正式签订了《努美阿协议》。该协议于 1998 年 12 月以组织法的形式颁布。

六　打击邪教

法国邪教团体由来已久，20 世纪 90 年代有了很大的发展。根据统计，法国有邪教组织 172 个，其信徒约 50 万人。信徒在 5000 人以上的邪教组织就有 10 多个，其中最著名的有"太阳圣殿教""科学神教""曼达罗姆"邪教等。它们都具有传播和散布歪理邪说、要求信徒绝对盲从和进行修炼、诈骗钱财供教主享受的共同特征。

它们制造骇人听闻的事端和惨剧，"太阳圣殿教"策划了几起"升天仪式"，导致 74 人丧生，其中有 1994 年 10 月的瑞士、法国、加拿大信徒相继集体自杀案，仅瑞士就有 48 人丧生；1995 年 12 月 16 日，11 名"太阳圣殿教"信徒带着包括 3 个孩子在内共 14 人来到森林中空地集体自杀。另有两个信徒，一个是法国警察，一个是瑞士建筑师，专门来帮助"升天"，这次共 16 人死亡。

法国官方长期同邪教势力进行斗争。1976 年，法国国民议会就在其法律委员会内成立了"邪教情报小组"，对国内的邪教活动展开调查。"邪教情报小组"于 1981 年向议会提交了关于法国邪教的第一个调查报告，明确要求政府对邪教保持警惕。20 多年来，法国国民议会和参议院以及政府内部分别成立了关于调查邪教的机构或委员会，并陆续提交了 9 个关于邪教的调查报告。法国还曾经针对邪教组织两度立法，但那两部法律不具体，操作性不强，很容易被邪教组织钻空子。在法国民间，一位被邪教侵害致死青年的父亲早在 1974 年就发起成立了"保护家庭和个人协会"。这个协会目前已经发展成为下属 21 个协会和 15 个分支机构的全国联合会。它与其他陆续成立的 10 多个全国性民间反邪教组织互相协作、密切配合，开展反邪教的斗争。

多元左翼政府加强了反对邪教的斗争。它于 1998 年 10 月专门成立了"打击邪教部际委员会"，领导和开展针对邪教的全面斗争。与此同时，法国议会加紧立法，于 2001 年 5 月 30 日通过了《对侵犯人权与基本自由的邪教组织加强预防和惩治法》（简称《反邪教法》）。这部法律的通过开创了世界各国反邪教立法的先河，为世界各国立法打击邪教提供了有益经验，引起了国际舆论的高度关注。根据《反邪教法》，今后凡被判犯有对人身或精神造成伤害、利用邪术行医和非法售药、做欺骗性广告和从事走私活动等罪行的邪教组织，法国高等法院将依法予以取缔。这项法律还明确将邪教组织利用他人无知和弱智进行欺诈的行为定为犯罪。犯有上述罪行的邪教头目将被判处 3 年徒刑和 250 万法郎罚款，情节严重者将被判处 5 年徒刑和 500 万法郎罚款。此外，《反邪教法》支持邪教受害者的家属或社会团体对邪教头目提出起诉，特别是可以就给受害者造成的精神和心理伤害起诉。这为深受邪教毒害不能自拔而失去起诉能力的受害者提供了人权保证和法律支持。反邪教法草案在法国国民议会投票表决时，除了一名自由民主党①议员外，左派和右派议员都投了赞成票，它表明了法国左右翼各党派在打击邪教问题上的认识是完全一致的，都认为邪教是危害社会安定的因素，是公众的敌人。这部打击邪教的法律受到了法国人的普遍欢迎。

法国司法机构正是依据《反邪教法》，将那些罪恶累累的邪教组织成员送上法庭。2001 年 4 月 17 日，格勒诺布尔市法庭开庭审理"太阳圣殿教"第三号人物。这是继 1996 年 9 月里昂法庭审判"科学神教"欺诈案之后，法国对邪教的又一次审判。9 月 6 日根据地方法院下达的命令，将耸立在法国南方上普罗旺斯阿尔卑斯省的旅游观光胜地维尔东峡谷的"曼达罗姆"邪教已故教主吉贝尔·布尔丹的巨型塑像引爆炸毁。

多元左翼政府加强反对邪教的力度，有利于法国社会的稳定，保证了民众人身的自由和财产的安全，维护了青少年的精神健康。

第五节　第三次左右共治下的外交

一　左右共治下的外交和外交政策取向

法国左右翼的理念和主张南辕北辙，在外交领域是如何协调的呢？首先，无论是第一次和第二次左右共治，还是第三次左右共治，总统在外交决策方面起着主导作用这一点始终没有改变，外交仍然是总统的专属领域，尽管有些时候在某个问题上总理企图染指。其次，如果说在左右共治下总统与总理在内政问题上经常产生分歧、出现不和谐的声音甚至发生争吵，那么在对外关系方面二者则比较协调一致，左右翼往往用"一个声音"讲话，在第三次左右共治时期亦然。这是由于左右翼都不能违背戴高乐制定的第五共和国外交政策的原则，都忠实不渝地推行着戴高乐的独立自主和大国地位的外交政策。最后，若斯潘总理和多元左翼政府实施"左翼现实主义"的外交，希拉克总统则强调戴高乐主义就是实际主义，两者并行不

---

① 自由民主党法文为"la Démocratie libérale（DL）"。

悖，具有灵活、务实等许多共同点。

在 1998 年 8 月举行的法国外交使节年会上，希拉克总统特别强调："某些人认为法国在两极世界崩溃后丧失了活动的余地，这种看法是错误的。"[①]他以此措辞来激励法国外交官们怀着伟大的抱负，不应自暴自弃和怨天尤人。希拉克总统和左翼联合政府都一致地指出，法国在国际事务中应该有"全球"的视野，维护法国作为"大国"和"强国"的使命，以积极的姿态参与解决全球的事务，推进全球化的进程。若斯潘总理指出，全球化具有双重意义：它促进了全球的经济增长，但也伴随着越来越多的不平等；它有利于发现人类的多样性，但又孕育着同一性的危险；我们应控制全球化的潮流，使其成为全球文明进步的新阶段。法国外长于贝尔·韦德里纳多次强调法国在全球化中的作用：法国依然是有世界影响力的强国。他指出法国不仅有"硬国力"，还有如语言、文化、艺术、音乐、知识分子、非政府组织、烹调、优美景观等"软国力"。所以与其他国家相比，法国拥有特殊的使命来应对全球化的挑战。

科索沃战争时期，法国追随美国参加北约对南联盟的动武，尽管出于无奈并时而提出异议，但实质上仍起了替美国霸权主义张目的作用，从而严重地损害了法国自身的国际形象和声誉，国际社会对法国是否还坚持多极化的外交战略提出质疑。科索沃战争甫停，法国立即对这场师出无名的不义战争进行反思，发觉美国极力主张北约的军事干预行动不受安理会的制约是为了方便搞自行其是的"单边主义"，进一步体验到美国搞"单极化"的战略图谋，从而更增强了法国推行多极化外交战略的紧迫感。希拉克总统于 1999 年 8 月 26 日法国外交使节年会上再次重申和极力强调：反对单极世界，推动世界向多极化方向发展是法国外交的总方针和总目标。

二　全面推动欧洲一体化进程

法国要把欧洲建设成为多极化世界中重要一极的使命越来越迫切，不仅要建设经济和货币联盟，而且要建立政治联盟，使欧洲联盟实行共同的

---

① 让－雅克·贝克尔：《危机与替换（1974～2000）》，瑟伊尔出版社，2002，第 830 页。

外交和安全政策，为在北约中建立欧洲支柱创造必要的条件。2000年下半年，法国作为欧洲联盟轮值主席国，积极推进法国关于全面建设欧洲一体化的构想。它在这期间于欧洲联盟框架内共组织双边、多边峰会20多次，部长级会议60多次，研讨会、报告会160多次。法国召开了欧洲联盟15国与13个入盟候选国的"欧洲大会"，与部分入盟候选国展开谈判，从而加速了欧洲联盟东扩的进程。促进负责改革的"政府间会议"，使在法国尼斯召开的欧洲联盟首脑会议通过了"改进和加强欧洲联盟机构运转机制的工作效率"的协议。修改《欧洲联盟基本权利宪章》，促进"社会欧洲"和"公民欧洲"的建设，落实"防务欧洲"的战略。

2001年，希拉克提出制定欧洲宪法，为欧洲的未来进行设计，并确定欧洲联盟的发展方向。2000年，在欧洲联盟内部再次出现了"欧洲联邦"和"双速欧洲"之争论。法国不同意关于建立"欧洲联邦"的设想，宁可同意原欧盟委员会主席德洛尔关于建立一个"欧洲国家—民族联邦"的构想。这是介于联邦方案和政府间合作方案的一种必要的选择，只有这一构想才能准确地表达欧盟的"结构趋势"。法国依然坚持以对外关系的方针来对待欧洲一体化，前提是保留法国的独立性。至于在"双速欧洲"问题上，法国同意建立"先锋小组"，作为新的政治联盟核心带领欧洲联盟向未来发展。可以说，制定欧洲宪法，就是要解决长期以来关于"欧洲联邦"和"双速欧洲"的争论，确定欧洲联盟未来的发展方向。在2001年12月召开的欧洲联盟首脑会议上，通过了《莱肯宣言》，决定成立以法国前总统吉斯卡尔·德斯坦领导的制宪筹备委员会，制定一部欧洲宪法，以实现法国和其他欧洲联盟成员对欧洲联盟未来的发展计划。

法国懂得，没有法德的轴心作用，进行欧洲建设难有作为；而没有欧洲一体化的进展，也难以凸显法国的大国地位。在作为欧洲联盟轮值主席国前后，法国加强了与德国的磋商，就欧洲联盟机构改革达成协议，在欧洲联盟机构改革的表决机制问题上主张实行多数表决制，即在欧洲联盟理事会中采取"特定多数原则"进行表决，在政府和国家首脑间实行平等代表权，在欧洲议会按人口比例确定代表权。法德还就推进欧洲共同安全与防务建设、加强军备生产合作达成了共识。欧洲"发动机"在不断地升温。

为了促进欧洲一体化，法国还加强了与英国和意大利等国的"多重联盟"。法国和英国就欧洲联盟共同外交与防务政策进行了多次讨论，尽管在如何将西欧联盟的权力纳入欧洲联盟问题上存在分歧，但在 1998 年 12 月第 21 届法英首脑会议上通过了《欧洲防务问题宣言》。法英两国在宣言中指出，欧洲联盟应该依靠可靠的军事力量，具有独立自主的行动能力，随时能够应对国际危机。英国在欧洲防务问题上态度的转变有利于欧洲联盟的共同外交与安全政策的实施。在 1999 年 9 月举行的第 19 届法意首脑会议上，双方就加强欧洲防务达成共识，呼吁欧洲联盟尽快实现这一目标。

三 法美既合作，又抗争

法美同属西方国家，经济关系密切，持有相同的价值观。希拉克总统通过参加 1997 年 6 月在美国丹佛举行的八国首脑会议和 7 月北约马德里会议表示法国是"西方联盟忠实的一员"，在共同解决全球性问题和欧洲安全问题方面与美国保持密切的合作，在维持原南斯拉夫地区的和平、中东和平，防止核扩散以及支持俄罗斯及东欧国家改革方面采取相互配合的立场。在"9·11"事件后，希拉克于 2001 年 9 月 18 日作为事件后第一个访问美国的国家元首，表示支持美国的反恐怖主义行动，进一步加强了与美国在反恐问题上的合作和在欧洲的合作。

但是，作为世界上唯一的超级大国，美国则要在经济全球化过程中力图在世界上建立经济、政治和军事上的霸权，维持单极世界。因此，法美两国对外方针的碰撞必然导致两国在各个领域的摩擦、矛盾和冲突，从而使法国对美的抗争进一步发展，在相当长时期对美的抗争多于对美的合作。法国常常在不同的场合指责美国是冷战后的"特号超级大国"，在国际重大问题上搞"单边主义"，谋求美国的私利而损害他国利益。在 2000 年夏天法国驻外使节云集爱丽舍宫的会议上，希拉克总统发出了"断然拒绝神圣同盟"的檄文（即美国如同拿破仑时代结束后欧洲对法国的封杀），呼吁加强法国外交以维持多极化世界。因此，巴黎和华盛顿经常龃龉不断。

在北约改革和建立"欧洲支柱"问题上，由于北约外长柏林会议承诺的多项改革计划受到美国的阻挠而未能付诸实施，在 1997 年 7 月北约首脑马德里会议前夕，法国总统府和总理府发表联合公报，表示在分享北约指挥权问题上无法与华盛顿达成一致，法国认为目前尚不具备重返北约军事一体化组织的条件。这项声明表明，法国雄心勃勃地改革北约、建立"欧洲支柱"的计划遭遇挫折。但是，法国在依赖北约内部"北美支柱"的同时，也绝不放弃在北约内部发展欧洲防务特性的要求。

法国认为美国发展导弹防御系统可能引发新一轮军备竞赛，从而破坏目前的世界均衡关系，威胁到世界的和平和安宁，《反弹道导弹条约》曾与《不扩散核武器条约》一道促进了核武器国家履行销毁核武器的承诺，而美国建立导弹防御系统的决定则有可能造成形势逆转。法国认为，美国建立导弹防御系统实际上是为了维持单极世界和美国的霸主地位。因此，法国对美国的导弹防御系统计划有"很大的保留意见"，持怀疑态度。2000 年 5 月 30 日，希拉克总统在巴黎举行的一次会议上发出警告说，美国的这一计划将危及国际社会在防止核扩散和制止军备竞赛方面的努力。他同时指出，这是关系世界和平与稳定的大问题，欧洲安全也与此息息相关。在中国和俄罗斯于 7 月 18 日发表声明坚决反对后，法国外交部发言人于次日也发表谈话，要求美国考虑该计划可能带来的一切后果。只是在美国推迟部署国家导弹防御系统后，法国才缓和了批评的措辞。

在科索沃战争期间，法国虽然追随美国对南联盟动武，但法国主张将有关结束空袭的和平谈判纳入联合国框架中，并把一度打算退出的俄罗斯拉回谈判桌。法国指出北约对南联盟的行动未经联合国同意"只是例外，不是先例"。法国为牵制美国和北约成功地发挥了一定作用。

在中东，法国外交要追求的政治目标是实现以持久的因而也是公正的和平为基础的地区稳定，保持与中东国家的传统关系，保护法国在该地区的利益。在 2000 年 2 月伊拉克武器核查危机当中，法国以印有"法兰西共和国"字样的总统专机将联合国秘书长安南送抵巴格达斡旋，在美英即将动武的最后关头化解了危机。2001 年 8 月美英飞机再次空袭伊拉克时，法国表示了强烈的不满和反对。

法国对美国在非洲迅速的扩张保持高度的警觉，针锋相对地提出了"保持与开拓"的战略。它一方面加大对传统影响地区的工作力度，另一方面借助多边对话机制在非洲南部和非洲其他地区建立新据点。

法国反对美国退出《京都议定书》，并与欧洲联盟一起积极寻求妥协的办法，经过艰难磋商，与会各方终于就落实《京都议定书》具体措施达成一致。

冷战结束后，法国独立的经济外交也经常与美国的经济霸权发生冲突。法国强调法美是平等的贸易伙伴，反对动辄搞经济制裁。法国在经济和贸易（如法在伊朗的石油投资、波音和麦道公司合并等问题）、农业食品、航空、国防工业和空间技术等许多领域，常常同美国发生正面冲突，有时达到十分尖锐的程度。如 1999 年，美国和欧盟发生贸易摩擦，美国开始对欧盟 60 种产品加征 100% 的关税，其中包括法国的一种奶酪。当时，愤怒的法国农民捣毁了位于法国南部阿韦龙省的一家美国麦当劳快餐店。2001 年 8 月 12 日，又有 2000 多名法国农民聚集在法国南部阿韦龙省的一家美国麦当劳快餐店外面，抗议美国继续执行对欧洲 60 种产品加征高额关税的政策。

四　一波三折的法俄关系

1997 年 9 月，希拉克总统访问俄罗斯，从而把两国的政治、经济和贸易提高到新水平，并建立了"优先伙伴"的关系，为俄罗斯融入欧洲和建立"大欧洲"创造了有利的条件。这次访问不仅提高了法国在欧洲的政治地位，也加强了抗衡美国的立场，推进了世界向多极化方向发展。

此后，法俄关系一波三折。一向标榜是"人权故乡"和"人权旗手"的法国支持车臣的非法武装活动，指责俄罗斯打击车臣地区非法武装，蛮横干涉俄罗斯的内政，频频地向俄罗斯政府施加压力。法国还不顾国际关系准则接待了车臣非法武装的"外交部部长"，从而恶化了法俄关系，使两国关系陷入低谷。2000 年 5 月，法国以瑞典商业仲裁法院冻结俄罗斯在国外部分财产和银行账户为由，冻结了属于俄罗斯驻法国官方机构的银行账户，致使俄罗斯驻法国大使馆整整三个月连水电费都无法支付。同年 7 月，法国警方以同样的理由扣押了参加法国布雷斯特 2000 年帆船航行国际大赛的俄罗斯著名的大型帆船。所有这些，都导致两国关系进一步恶化。

但是，希拉克意识到人权外交仅仅是法国外交政策的组成部分，不能因为车臣问题恶化法俄关系，这样做不仅使法国失去了俄罗斯这样广阔的市场，而且丧失了对付超级大国美国的一张牌。因此，希拉克调整了对俄罗斯的政策。法国外交部部长韦德里纳于2000年8月底在法国第八届使节会议上做了长篇主旨报告。在《国际形势和我们的外交政策》中，他声称法国对俄外交政策是：第一，坦诚对话；第二，援助；第三，对援助的使用保持警惕；第四，对提供援助方向做出规定；第五，为政治解决车臣问题保持压力。在俄罗斯方面，普京总统表示，无论在地理位置和文化方面，还是在经济一体化方面，俄罗斯过去、现在和将来都是一个欧洲国家，俄罗斯将一如既往地把发展与欧洲国家的关系放在首位。

正是双方的需要使法俄开始接近起来。2000年10月底，普京应邀首次对法国进行了为期一天半的访问。希拉克总统改变了在车臣问题上的立场，积极主张在尊重俄罗斯主权和领土完整的基础上"寻求一项政治解决办法"。法俄双方在建立安全与防务特别磋商机制、协调裁军、军控、防止核扩散、促进危机控制方面达成共识，在中东问题、巴尔干局势、联合国的作用以及全球战略稳定等问题上取得了较为一致的意见。两国总统会晤取得了"双方满意"的成果，从而使法俄关系解冻。

五　加强与发展中国家的关系

在以巴冲突中，法国寻求一种不同于美国偏袒以色列的政策，而是在以色列和巴勒斯坦之间小心翼翼地保持平衡。法国极力推动美国直接同以色列和巴勒斯坦对话，敦促立即停火。在中东问题上，法国也是一贯遵循历届总统所推行的"不偏不倚"的政策。2000年2月若斯潘总理访问中东国家时出言不慎，称黎巴嫩真主党游击队袭击以色列的行动为"恐怖活动"，在阿拉伯世界引起轩然大波，人们怀疑法国对以色列和巴勒斯坦的政策以及对中东政策起了变化。结果希拉克总统亲自出面，重申了法国倡导的"均衡政策"。法国在伊拉克问题上实行双重缓和政策：一方面，它反对美国"以武力实行单边主义和防范的做法"；另一方面，如果萨达姆坚持拒绝接受联合国武器核查小组的调查，应当由安理会采取措施来制止萨达姆逍遥法外。

　　法国政府考虑到财力和防务改革的要求，决定大幅度调整对非洲的政策，并使法国在非洲的伙伴多样化。在军事上，素有"非洲宪兵"之称的法国于 1997 年开始将驻非洲六国的 8000 人部队削减 1/4，同时精简那里的军事设施，不再进行无利可图的武装干涉和"人道行动"，而是要借助欧洲联盟国家共同干预非洲事务。与此同时，法国强调在非洲的存在，积极出资培训和装备非洲的维和部队，并坚持在非洲参与维和行动。在经济和贸易往来方面，法国已经占非洲市场份额达 21%，成为非洲最大的贸易伙伴，但近年来美国也逐渐扩大在非洲的市场份额，与法国展开激烈争夺。法国不仅要巩固在法语国家的经济和贸易阵地，而且要加强与南非、安哥拉、埃塞俄比亚的经贸联系，并积极打开与肯尼亚、坦桑尼亚和乌干达等英语国家的经贸渠道，使法国在非洲的伙伴多样化。法国新的非洲政策正是通过希拉克总统于 1998 年对南部非洲进行的访问体现出来的。

　　在拉丁美洲，希拉克于 1997 年年初访问了巴西、阿根廷、巴拉圭、乌拉圭和玻利维亚等国，倡导召开欧洲——拉美首脑会议，从而扩大了法国在拉美政治、经贸和文化上的影响。

　　希拉克还开拓亚洲的"外交新疆界"，制定与亚洲国家发展伙伴关系的战略。多元左翼政府期间，法国积极推动亚欧首脑会议。法国领导人及部长多次访问了亚洲国家，与其领导人进行了广泛的接触，加强了与他们的关系，开创了过去没有的磋商习惯。法国将更深入地分析亚洲内部发生的各种情况和各种形势，更好地宣传法国的立场，进一步密切法国与亚洲国家的经济、文化、政治和外交的关系。

六　法中"全面伙伴关系"进一步发展

　　自建立法中"全面伙伴关系"以来，两国各个层次往来不断，两国关系进一步发展。

　　多元左翼政府成立不久，立即重申法国遵守"1994 年法中协议"的规定，不再出售武器给中国台湾地区。同年 10 月中国副总理温家宝访法，就进一步发展两国关系交换了看法。1998 年 9 月若斯潘总理访华，与中国谈判的贸易项目总额达 30 多亿法郎。

1999 年 10 月中国国家主席江泽民访法，两国首脑就重大国际问题交换了意见。中国国家主席强调当前世界应该是一个多极的世界，希望欧洲联盟就中国加入世贸组织采取积极务实灵活的态度。希拉克赞同世界多极化的看法，认为中国将是多极中的重要一极，表示支持中国尽快加入世贸组织。在访问中，法中在经贸方面也取得了丰硕的成果。2000 年 10 月希拉克总统再次访华，双方确认在当今世界发生重大而深刻变化的新形势下中法更应该密切在国际社会中的协调与合作，巩固和加强两国面向 21 世纪的全面伙伴关系，继续保持和密切两国领导人之间的接触和联系，促进两国在各个领域的互利合作。

2001 年 4 月中国外交部部长唐家璇与法国外交部部长韦德里纳在巴黎举行了会谈。双方一致积极评价中法关系的发展势头。中国外长说，中方一向从战略和全局的高度看待中法关系，总是从积极的方面处理双边事务，希望双方从大局出发，在平等互利的基础上，继续保持高层往来势头。他希望继续加强两国政治磋商，进一步扩大和深化两国的经贸合作，求同存异，妥善处理两国间的分歧，相信通过双方的共同努力，两国关系将继续健康顺利地向前发展。中国外长还表示，中法两国作为安理会常任理事国，对国际事务负有重要责任，在涉及世界和平与发展的一系列重大问题上，中法有着广泛的共同利益，应当进一步加强在各个领域的协调与合作。韦德里纳说，法方对法中关系的发展势头感到满意。他表示，法方愿与中方一道，继续保持两国高层对话，加强政治磋商，进一步促进两国在政治、经济、文化等各个领域的友好合作关系。

2001 年，法中两国决定于 2003 年和 2004 年互办文化年活动。双方商定：两国在 2001 年 5 月底前，召开有关中国文化年和法国文化年混合组织委员会第一次会议；在巴黎设立中国文化中心和在北京设立法国文化中心。文化中心将举办文化和教育活动，并对公众开放。两国政府将为对方有关机构在本国开设文化中心提供便利。

中国加入世贸组织后，法中两国的政治、经济和贸易、外交关系得到进一步发展。

第六节 政治力量的消长

一 1995 年大选后的政治生态和政治格局

1. 右翼的政治生态：保卫共和联盟声誉下降，法国民主联盟闹分裂

1995 年大选前后，保卫共和联盟主要分裂为四大派别：①希拉克派（亦称新正统戴派①）。其思想和政治主张在自由主义和与激进主义关联的进步主义之间摇摆，维护国家独立和民族尊严。该派的主要成员有阿兰·朱佩、让－路易·德勃雷等。②巴拉迪尔派（亦称新自由戴高乐派或自由保守派②）。其思想和政治主张与法国民主联盟相近似，特别与法国民主联盟中的共和党和自由民主党衔接。该派的主要成员有尼古拉·萨科齐等。③塞甘派（亦称社会戴派）③。它继承 20 世纪 60~70 年代戴派左翼的思想和政治主张。该派的主要成员有弗朗索瓦·菲永等。④正统戴派④。它属于戴派右翼，以 1991 年成立的法兰西明天联合会⑤为核心。该派的主要成员有夏尔·帕斯夸等。20 世纪 90 年代初期对保卫共和联盟民主化的革新，不仅确认了各种流派在党内的合法性，而且进一步规定主要流派必须在领导机构中占有相应的席位，从而使这四大派别在该党的全国委员会和政治局中都按照比例拥有自己的代表。保卫共和联盟正在从"精英党""干部党"逐渐地转变成"大众化的党""平凡的党"⑥。

保卫共和联盟在夺得总统选举胜利之后，又在 1995 年 6 月的市镇选举中取得良好成绩，从而保持了右翼政党在地方的政治优势地位。保卫共和联盟于 10 月 15 日举行大会，选举朱佩为该党主席。在大会上，朱佩要求保

---

① 新正统戴派法文为 "les néo-gaullistes légitimistes"。
② 新自由戴高乐派或自由保守派法文为 "les néo-gaullistes libéraux ou les conservateurs libéraux"。
③ 塞甘派或社会戴派法文为 "les séguinistes ou les gaullistes sociaux"。
④ 正统戴派法文为 "les gaullistes orthodoxes"。
⑤ 法兰西明天联合会法文为 "l'Association demain la France"
⑥ 皮埃尔·布雷雄主编《法国政党》，法国文献出版社，2001，第 46 页。

卫共和联盟加强团结，消除派别斗争，实现和解与联合。而曾经在总统选举中与希拉克抗衡的巴拉迪尔派以及与朱佩争夺总理位置的塞甘派表示了和解的愿望，支持朱佩出任党的主席和政府总理的工作，从而使保卫共和联盟在一个时期内加强了内部的凝聚力。

但是，朱佩政府的经济和社会政策受挫和多变，法国经济发展速度放慢，财政赤字继续攀升，失业人数仍在增加，社会运动和斗争日益发展，使右翼执政党的地位受到猛烈的冲击，朱佩在民意测验中的支持率从1996年夏季开始就急剧下降，年底已降至30%的水平，希拉克总统的声望也受到拖累随之下跌。朱佩政府上台不久便面临如此严峻的形势，在第五共和国政治史上实属罕见。

法国民主联盟因党的创始人吉斯卡尔·德斯坦年事已高，其在党内的影响逐渐减弱，无法控制党内的分歧，在1988年和1995年两次大选中都因为势单力薄提不出本党的总统候选人。在1995年大选中，法国民主联盟分裂了：社会民主人士中心和一部分共和党支持巴拉迪尔；保卫法兰西民主人民党①则支持希拉克。1995年大选后，法国民主联盟虽然参加了朱佩政府，但是，当朱佩政府对内政策遭到挫折时，右翼两大党内部发出不和谐的声音，从而加深了法国民主联盟内部的分裂。

2. 左翼的政治生态：社会党声誉回升，法共实力有所上升

社会党在总统选举中虽然败北，但在1995年6月的市镇选举中依然与右翼对峙，显示了它的存在。在10月14日社会党大会上，若斯潘当选为该党的第一书记。他以温和的改革派形象吸引和团结了党内的各个派别。他在党内开展了关于"民主和公民权利""财富再分配""欧洲和法国在世界上的地位"等问题的大讨论，试图制定出有号召力的经济和社会纲领，为在议会选举中东山再起做好思想和组织的准备。社会党逐渐在恢复元气。在1995年12月的议员补缺选举中，在原来7个多数派的空缺席位中社会党一举夺得5个席位，引起法国政界的震动。接着在1996年3月的另一个议员补缺选举中，社会党在号称"右翼堡垒"的瓦尔省又一次击败对手。特

---

① 保卫法兰西民主人民党法文为"le Parti populaire pour la démocratie française"。

别是密特朗逝世，法国大众媒体怀恋这位连任两届总统的故人，对其赞扬有加。1996 年 1 月 11 日法国为密特朗举行国葬，有 61 位国家元首和政府首脑参加。社会党的声望正在回升。

法共也在积极总结参加总统选举的经验教训。它于 1996 年年底召开二十九大，通过了《法国共产党的政策》的最后文件。该文件以"变革"为基调，要使党"更开放、更民主"。在组织上，法共仍然以工人阶级为主体，但也吸收中产阶级参加，从而使其社会基础有所扩大。在经济上，法共主张以公有制为主导的多样性经济，刺激消费，促进经济增长和解决失业问题。法共二十九大还决定与社会党等左翼结成政治联盟，共同承担起改造法国社会的责任。法共全国书记罗贝尔·于在 1995 年 11 月 15 日发表了著作《共产主义：变动》，阐述了对法国现在和未来的看法，指出法共正在经历涉及根本性的变革。他猛烈地批评希拉克总统和朱佩政府的经济与社会政策，从中获得了一些选民的好感和支持。法共的实力和影响力也有所上升。

3. 极右翼的政治生态：国民阵线保持扩张的势头

国民阵线在总统选举的第一轮投票中取得了较高比例的选票，又于 6 月的市镇选举中赢得了马里尼亚讷、奥朗日、土伦 3 个城市，其中土伦是拥有 10 万以上人口的大城市。在这以后，国民阵线加强了组织建设，特别是基层的建设，竭力在中下阶层中发展党员，使极右队伍进一步扩大，在法国南部的极右势力进一步发展。勒庞不仅将法国经济的不景气和社会不稳定归咎于移民，宣传带有暴力倾向的种族歧视和排外情绪，在就业、住房等方面实行"法国人优先"，而且在文化上也主张采取高压政策，煽动极端民族主义。1997 年 2 月 2 日，极右人物——土伦市市长强行要求解散当地一家抵制极右势力的国家剧院，制造了一起文化上的极端民族主义事件，引起了全法国的一片抗议声。不久，在离土伦不远的维特罗尔市市长选举中，国民阵线候选人以 52.48% 的绝对多数票一次性当选，预示了一个"危险的信号"，标志着法国极右组织正在以令人担忧的势头扩张。

4. 1995 年大选后的政治格局：右翼政党居优的多极化多党制

从 1995 年大选第一轮投票的结果不难看出，保卫共和联盟两位总统候选人希拉克和巴拉迪尔获得的有效票加起来总共为 39.42%，而社会党总统候选人若斯潘、法共总统候选人罗贝尔·于和绿党总统候选人多米尼克·瓦内夫人获得的有效票加起来总共为 35.26%，右翼政党所获得选民的支持率超过左翼。在大选的第二轮投票中，希拉克当选总统。总之，右翼在1995 年前后的法国政治格局中处于优势的地位。

让－马里·勒庞自 1988 年首次参加总统竞选取得突破性的进展后，1995 年大选中的得票率又有所提高，国民阵线在地方选举中也取得较好的成绩，从而巩固了左翼、右翼、极右翼三足鼎立之态势，使法国政局继续朝着多极化的方向发展，使 1995 年以来的法国政治格局呈现右翼政党居优的多极化多党制的特点。

二 1995 年市镇选举和议员补缺选举——左升右降

在 1995 年 6 月举行的市镇选举中，保卫共和联盟和法国民主联盟所获得的席位占总数的 54.6%，社会党、法共和绿党所获得的席位占总数的27.4%。右翼占压倒性优势，保卫共和联盟和法国民主联盟两大党继续保持1995 年总统选举的发展势头。在这次市镇选举中，国民阵线一举夺取了 3个市镇，极右势力又有了进一步的发展。

但是，由于朱佩政府经济和社会政策遭受挫折与多变、经济下滑、失业攀升等引起民众不满，右翼政党的形象也受到损害，在 1995 年 12 月和以后举行的几次议员补缺选举中均遭到失败，导致法国政治力量的急剧变化，从而使左翼影响力上升和右翼影响力下降。由此，右翼两大党内部发出不和谐的声音，法国民主联盟的一位政府部长被解职，一向支持保卫共和联盟和法国民主联盟的右翼选民也感到失望，要求改组政府和撤换朱佩总理的呼声十分强烈。

三 第三次左右共治时期——右翼逐渐地走强，左翼则逐渐地走弱，极右在发展

第三次左右共治期间，法国政治力量逐渐地发生着此消彼长的变化。

保卫共和联盟和法国民主联盟在 1997 年立法选举败北后，先后陷入了结构性危机。保卫共和联盟四分五裂，派系林立，内部纷争不已，党员人

数从 13 万减少到 5.5 万。1997 年 7 月塞甘代替朱佩成为该党主席。他组织人力修改党章，革新党的机构，加强党内的凝聚力，实行最广泛的右翼团结策略。但保卫共和联盟要恢复元气并非易事，尚需假以时日。

法国民主联盟内讧更是接连不断，1997 年 9 月该联盟内的共和党单独成立自由民主党，与母党分道扬镳。法国民主联盟的党员锐减，到 1998 年 9 月已经减少了近 1/3。在 1998 年 3 月举行的大区和省两级地方议会选举中，右翼两党受到挫折。特别是法国民主联盟竟有四名候选人在国民阵线的协助下当选为大区议会议长，给右翼带来出乎意料的冲击。民主力量主席弗朗索瓦·贝鲁和自由民主党主席阿兰·马德兰在对待极右政党的立场和态度上发生分歧：前者反对与国民阵线结盟，后者则主张与国民阵线联合。当贝鲁的策略获得法国民主联盟多数支持时，阿兰·马德兰又带领自由民主党脱离母党，自行其是。法国民主联盟的实力和影响开始下滑。

为了对付左翼和迎接下届选举，保卫共和联盟和法国民主联盟于 1998 年 5 月 13 日签订议定书，结成联盟党，目标是“联合右翼各派力量”，但“拒绝与极端主义势力妥协”。随后，联盟协议则因 5 月 16 日自由民主党正式脱离法国民主联盟遭到失败。1999 年保卫共和联盟内讧加剧，塞甘拉拢帕斯夸派来削弱希拉克派，而后者也加紧安插亲信以应对此种局势。塞甘最终决定辞职，帕斯夸也挂冠而去，从而导致右翼在当年的欧洲议会选举中再次败北。法国政界和舆论界都在议论右翼阵营已经名存实亡。

进入 2001 年，右翼政党吸取了历次选举失败的教训，开始探索联合的道路。在 2001 年 3 月举行的市镇选举中，右翼虽然失去了巴黎和里昂 2 个大城市，但从左翼手中夺回了 14 个市镇。右翼力量开始回升。为了迎接 2002 年总统和议会的选举，保卫共和联盟、自由民主党和法国民主联盟几个议员代表于 2001 年 1 月 13 日在《费加罗报》上发表声明，成立 2002 年替代运动①，同年 4 月 4 日改名为运动联盟②，翌年 4 月 23 日改名为总统多数派联盟③。总统多数派联盟的现任主席阿兰·朱佩宣称，该联盟与戴高乐主义并存，还要

---

① 2002 年替代运动法文为“le Mouvement de l'alternative 2002”。

② 运动联盟法文为“l'Union des mouvements”。

③ 总统多数派联盟法文为“l'Union pour la majorité présidentielle”。

吸取其他的政见。该联盟是希拉克派的大组织，它的成立标志着法国右翼政党终于实现了结构性改革，从此右翼力量迅速地壮大起来。

社会党在执政期间加大了对理论和党的建设方面的革新。在理论上，它提出了有别于"第三条道路"的"现代社会主义"，既要坚持社会民主主义，忠于自己的价值观，也要根据法国社会深刻的变化实现思想和方法的现代化，同时在政治、经济、社会和文化等各个领域实现全面彻底的现代化。在党的建设上，它进一步确立了若斯潘在左翼中的领袖地位，实现党组织的民主化和对外开放，以便增加党务活动的透明度。

1997年社会党举行的七十一大，决定将第一书记改由全体党员直接选举产生，将党的各级议会候选人改由地方党组织选举产生，从而顺利地完成了领导班子的新老交替，极大地调动了普通党员的积极性。2000年11月社会党七十二大之后，社会党对基层组织进行改革，加强了企业支部的建设，尝试设立"主题总支"，以便将对某个问题感兴趣的党员团结在一起。在联盟策略上，社会党提出建立包括中产阶级、平民阶层和"被社会排斥者"在内的"新阶级联盟"。

社会党的上述改革取得了良好的效果。但是，社会党的经济和社会政策与右翼日益趋同，从而冲淡了自身的政治特性，模糊了左右翼的界限；在重视中产阶级的同时，忽视了争取中下阶层的支持，与工会关系也逐渐疏远，从而缩小了自身的社会基础。因而，社会党并没有在理论和党的建设的革新中进一步发展起来，在几次地方选举中也都没有继续扩大选民基础，对右翼没有占据太多的优势。

自法共二十九大后，以罗贝尔·于为代表的"革新派"占据了党内主导地位，他放弃"法国色彩的社会主义"的提法，代之以"超越资本主义"的观念，并提出了一整套"新共产主义"[①]理论。根据这种理论，共产主义是一个"男女自由、联合和平等的社会"，是一个"在资本主义之后，摆脱了资本主义的倒退、对抗和逻辑，更加文明和更加人道的社会前景"。根据这种理论，法共于2001年10月三十一大通过了"新共产主义计划"，明确

---

① 新共产主义法文为"le nouveau communisme"。

了新的社会变革纲领。

在组织上，法共在三十一大后为了体现集体领导，设置了由党主席和全国书记组成的双头领导制，鼓励支部之外成立形式多样的活动小组，讨论基层党员和群众关心的问题。法共还坚持左翼进步力量变革联盟的方针。但是，法国工人阶级数量的下降使党的社会基础继续缩小，法共分裂为正统派、革新派和重建派并进行激烈的斗争，从而使党的凝聚力进一步削弱。社会党、绿党和极左小党的"挤"和"压"的结果使党的力量继续缩小，其影响也进一步下降，党员数量由 1994 年的 20 万降至 2002 年的 14 万。法共在几次地方选举中的得票率始终没有超过 10%，1999 年 6 月欧洲议会选举中的得票率仅为 6.83%。

国民阵线 1998 年年底发生内讧，该党主席勒庞和该党总代表、第二号人物梅格雷分裂为两派。他们在思想和政治主张方面没有差别，但在对待传统右翼的策略、1999 年欧洲议会选举、党内的人事安排等战略问题上的矛盾激化。12 月 23 日，勒庞正式把梅格雷及其支持者开除出党。而后者也不甘示弱，于 1999 年 1 月召开特别代表大会，另立山头，成立了国民阵线——国民运动①，随后又改名为共和民族运动②。国民阵线的分裂对其实力产生了不利影响，它在 1998 年 3 月的地方选举中还获得了 15.27% 有效票，在七个大区议会主席选举中成为左右翼孰能胜出的决定性因素，而在 1999 年欧洲议会选举中勒庞一落千丈，仅获得 5.74% 的有效票，梅格雷获得 3.31% 的有效票。但是，法国经济形势的恶化、失业率的反弹、治安状况欠佳使国民阵线的势力自此以后又得到了发展。

绿党继续保持发展的势头，在 1999 年欧洲议会选举中获得了 9.76% 的有效票。值得注意的是，法国极左组织工人斗争、革命共产主义同盟③、劳动者党④等托洛茨基派⑤在 1998 年 3 月的地方选举中还只获得 4.38% 的有效票，1999 年欧洲议会选举中则获得了 5.23% 的有效票，其势力和影响有了

---

① 国民阵线——国民运动法文为 "le Front national-Mouvement national（FN‐MN）"。
② 共和民族运动法文为 "le Mouvement national républicain（MNR）"。
③ 革命共产主义同盟法文为 "la Ligue communiste révolutionnaire（LCR）"。
④ 劳动者党法文为 "le Parti des travailleurs"。
⑤ 托洛茨基派法文为 "les trotskistes"。

进一步增长。

总的来看，法国政治力量呈现出右翼和极右翼在逐渐走强和左翼在逐渐走弱的局面，与整个欧洲政治力量的发展趋势同步。1999 年，以海德尔为首的极右翼政党奥地利自由党在选举中获得较多选票，同保守的奥地利人民党组成联合政府。2001 年春末夏初，意大利右翼政党在大选中击败左翼政党，同极右翼政党联合执政。同年 11 月，丹麦右翼自由党在大选中击败执政的社民党，取得执政资格。同时，极右翼的丹麦人民党也取得了较大胜利，一跃成为该国第三大党。2002 年 3 月葡萄牙右翼政党在大选中击败了执政的左翼政党，荷兰的右翼政党也有可能因左翼政府的辞职而得势。整个欧洲正在向右转。

第七节　希拉克再次登上总统宝座

一　总统选举的前奏

法国将于 2002 年进行第五共和国第八次总统选举，这也是总统任期由七年改为五年后的第一次总统选举，其意义十分重大。

事实上，法国主要政党都已经提前一年或一年半开始准备。保卫共和联盟和社会党早已内定希拉克和若斯潘为本党的总统候选人，法国政界和舆论界也都认为这两人最具有竞争力，但此前他们两人都采取了观望的态度。希拉克直到 2002 年 2 月 11 日才宣布将参加下一届法国总统竞选，接着若斯潘于 20 日也正式表态。由于他们两人再次在总统竞选中狭路相逢，致使这次法国总统选举格外引人注目。

在传统的左右翼政党中，还有法共全国书记罗贝尔·于、法国民主联盟主席弗朗索瓦·贝鲁宣布参加总统竞选。除了传统的左右势力对阵之外，还出现了既批评左翼政策又批评右翼政策的"第三势力"。法国媒体报道较多的"第三势力"代表人物是共和极①（由"公民运动"演变而来）主席

---

① 共和级法文为"le Pôle républicain（PR）"。

让－皮埃尔·舍韦内芒。此外，国民阵线主席让－马里·勒庞也宣布参加总统竞选，还有其他的小党派以及无党派人士也要参加总统的角逐。宪法委员会正式公布的总统候选人多达 16 名，为历来总统选举中参加竞选人数之冠。

在竞选运动中，希拉克和若斯潘展开了激烈的较量。希拉克的竞选口号是："朝气蓬勃、恢复国家、改善治安、尊重他人。"他还就法国的前途提出三项主张：面对世界经济全球化，法国必须对外开放；所有的行动都应服务于国家的最高利益；必须强化民主意识和共和理念。"9·11"事件后，希拉克熟练驾驭着总统化的法国外交，开展全方位外交活动。他是事件发生后第一个飞往华盛顿和纽约的外国元首；他关于经济全球化和不同文明对话等讲话，树立起一个"有欧洲和世界视野"的领袖形象。法国舆论认为，他是一个"有亲和力的""能在危机时期担起责任的成熟的总统"。若斯潘的竞选口号是："当不一样的总统。"他的竞选纲领是：充分就业、加强法治、进行收入和养老金制度改革以及努力扩大欧洲在世界上的影响。他的竞选策略是大讲特讲多元左翼政府执政期间的政绩。但是，希拉克和若斯潘都有腐败或丑闻缠身：前者任巴黎市市长时曾经接受政治黑金和吃回扣；后者青年时代曾经参加过托派。两人相互攻讦和揭短。若斯潘于 2002 年 3 月 1 日出版《回答的时刻》谈话录，洗刷自己，攻击对方。一时间，舆论沸沸扬扬，笔墨官司不断，好不热闹。

在法国这个充满浪漫风情的国度里，占选民总数 53% 的女性选民讲究"性感政治"。她们不仅比总统候选人的政见，还要比总统候选人的风度和魅力。因此，希拉克和若斯潘都在个人形象上狠下功夫，以便获得女性选民的青睐。希拉克身材高大，时尚的形象，优雅的气质，又有热情和活力，讲话生动，在很多女性的心目中是个理想丈夫，是"火热的兔子"①。若斯潘身材瘦长，长相不大讨巧，还要努力克服表情严肃和动作粗鲁的缺点，但他有提高妇女地位的政绩。

这次总统竞选运动还具有美国总统竞选运动的特色，即主要总统候选

---

①　法国女人用这个词来形容性感的男人。

人都打"夫人"牌。谁更符合选民心中"第一夫人"的形象，已成为投票的一个重要砝码。为此，希拉克和若斯潘的夫人使出浑身解数，展示自身魅力。现任"第一夫人"贝尔纳代特·希拉克现年68岁，是信仰虔诚的保守贵族后裔，为家庭默默牺牲，喜欢软呢裙；总理夫人席西尔维娅娜·阿加辛斯基现年56岁，来自波兰移民家庭，是著名哲学家和女权主义者，在巴黎的社会科学院任教，著有《性别政治》和《自私主义批判》等书。她结婚多年坚决不改夫姓，独爱高雅的套裙。在竞选期间，她们两人走向前台，频繁地露面，出入公开场合，为各自的丈夫拉选票。

二　第一轮投票和出人意料的结果

2002 年 4 月 21 日，法国在热闹喧哗的气氛中举行了总统选举的第一轮投票。投票结果出人意料：在 2950 万张有效票中，希拉克的得票率为19.71%，勒庞的得票率为 16.95%，若斯潘的得票率为 16.12%。在登记的4120 万选民中，弃权票占 27.86%。

投票前被舆论界和民意测验看好并认为将要同希拉克一道进入第二轮角逐的若斯潘，其得票率竟然出人意料地低于勒庞，被淘汰出局。究其原因：第一，多元左翼政府执政前四年固然成绩良好，但从 2001 年开始，法国经济增长速度明显放慢，政府不得不数次下调经济增长预测，实际为2.0%。2002 年进一步下降到 1.4%。自 2001 年 5 月以来，法国失业率开始反弹，2002 年上半年失业人数进一步增加，法国人特别是青年人重又感到失业的威胁。与此同时，形形色色的犯罪活动也困扰着法国，2001 年犯罪率打破历史纪录，比 2000 年上升了 7.69%。选民们不再看多元左翼政府的过去，而是关注现在。当法国经济、社会和治安状况恶化之时，多元左翼政府拿不出有效的措施，屡屡遭到批评，并激起了选民的不满，选民们把票投向其他的总统候选人。第二，在众多的总统候选人中，传统左翼和极左翼的总统候选人就有七八个之多，使左翼选民投票的方向大大地分散，从而降低了若斯潘的得票率。第三，这次总统选举的弃权率创造了历史新高，不仅使右翼同时也使左翼总统候选人的票源大量丢失。第四，若斯潘和左翼其他总统候选人集中精力对付希拉克和右翼其他总统候选人，忽视

了在民意测验中支持率日益上升的勒庞和其他极端势力的总统候选人，致
使遭到惨痛的失败。若斯潘被淘汰出局，改变了自 1974 年以来传统的左右
翼总统候选人进入第二轮对峙和角逐的政治格局。若斯潘因失败感到内疚，
表示将在总统选举结束后结束政治生涯。

在第一轮投票中，极右国民阵线主席勒庞胜出，又一次造成了法国的
"政治大地震"。法国舆论惊呼"不可思议"。勒庞胜出的最主要原因，首先
是对法国经济、社会和治安恶化以及经济全球化感到惶恐不安的许多选民，
特别是中下层如小商人、小手工业者和小企业主等选民，对传统政党的总
统候选人的竞选纲领感到失望，对这些老面孔和老论调感到厌倦，他们寻
求新的出路，而勒庞驱逐外来移民的做法和"法国和法国人优先"① 的口号
正好迎合了他们的需要。尽管这些选民深知勒庞其人，但仍然要把票投给
他。其次，在投票前，所有的法国民意测验机构都忽视了勒庞的支持率逐
渐上升的事实，都宣称勒庞必遭淘汰，从而使许多左右翼选民放松了对极
右势力的警惕，并采取了弃权的做法。最后，勒庞在总统竞选中改变了言
谈肆无忌惮、恶语伤人甚至动粗的形象，从而麻痹了一些政党和左翼选民。
勒庞的胜出，加上其他极端势力总统候选人得票率的增长（工人斗争主席
拉吉耶夫人得票率为 5.72%，革命共产主义同盟主席贝桑瑟诺为 4.25%）
改变了法国政治力量的对比，也进一步改变了欧洲的政治版图。

对国民阵线主席的胜出，世界上一些国家、组织和舆论，特别是欧洲
国家和舆论表示极大的震惊和不安。欧盟委员会发言人富尔在记者招待会
上说，法国在欧盟历史上一直扮演着十分重要的角色，希望法国能够始终
忠实于欧盟基本价值观并积极参与欧盟建设。欧盟轮值主席国西班牙外交
大臣皮克说："从欧洲各国政府和人民的利益出发，我不希望看到表示历史
倒退的选举结果，而希望重新看到法国对欧洲建设、自由、民族与宽容所
做的承诺。"欧洲议会议长考克斯认为，法国总统选举首轮结果不仅给法国
上了一课，同时也给整个欧洲政治敲响了警钟。英国首相布莱尔的发言人
说，英国政府"相信法国人民能拒绝任何形式的极端势力"。瑞典首相佩尔

---

① 法国和法国人优先法文为 "la France et les français d'abord"。

松说："今天的欧洲已不同于过去。各国已不再像 10~30 年前那样是单一民族的国家，而是在最大程度上发展成了多文化的社会。捍卫这样一种社会，并将这种社会视为财富，是每一个有责任感的政治家所必须履行的职责。"欧洲社会党主席罗宾·库克发表声明呼吁法国选民在第二轮投票中阻止勒庞在法国执政，这对于法国和欧洲都是至关重要的。

历史有许多相似之处：法国曾经出现过波拿巴主义运动①并通过农民把拿破仑的侄子拥为皇帝，第三共和国时期的"复仇将军"布朗热险些在狂热民众的拥戴下入主总统府，还有 20 世纪 50 年代的布热德运动等。但是，事过境迁，法国人对 21 日"法兰西的耻辱日"进行了深刻的反省。为了捍卫共和制度和维护法国在世界上的形象，他们于 22 日在巴黎、马赛和里昂等 20 多个大中城市不断地举行反对极右势力的大规模群众示威游行，强烈抗议勒庞进入第二轮总统竞选。5 月 1 日抗议活动达到高潮。两周内动员了法国 100 多个城市的居民。法国主要政党领导人也纷纷发表谈话，要为挫败勒庞竞选总统筑起大坝。希拉克发表讲话指出，勒庞挤入总统第二轮投票"伤害了法兰西"，明确指出"共和国在大家手中"。

三 第二轮投票和希拉克再次登上总统宝座

2002 年 5 月 5 日举行第二轮投票，结果希拉克以获得占有效票总数 82.15% 的压倒性得票率再次登上总统宝座，勒庞仅获得 17.85% 的选票而惨遭淘汰。得知希拉克当选的消息后，巴黎的希拉克竞选总部爆发出一片片欢呼声。早已等候在那里的人们齐声欢呼，有人还挥舞起法国国旗，高唱马赛曲。希拉克立即宣布："将在近日成立新政府，其任务就是着手解决选民关心而长期以来受到忽视的问题"，"政府的当务之急就是重建国家的权威，去解决急迫的治安问题，并使法国踏上经济增长和就业增长的新途。要以坚强的信念和强有力的行动，要以民族的团结和有效的措施，去遏制极端现象，确保我们民主的活力。"随后，希拉克和夫人前往巴黎共和广场，向在雨中等候的支持者致意。法国舆论一致指出：希拉克的胜出是

---

① 波拿巴主义运动法文为"le Mouvement bonapartiste"。

"共和的胜利""人民的胜利"。

　　希拉克之所以胜出，其得票率远远超过历届总统选举中当选总统的得票率，最主要的原因是，其一，绝大多数法国选民为了捍卫共和国的基本价值观和欧洲建设的成果做出了明智的选择，把票投向希拉克。其二，右翼实现了联合，从而使右翼选民一致地把票投向右翼总统候选人。其三，各个左翼政党候选人尽管在第一轮投票中被淘汰，但为了遏制勒庞，他们理智地号召支持他们的选民投希拉克的票。这就使第二轮投票具有同以往任何一次投票不同的性质：左翼支持右翼，左翼选民投右翼总统候选人的票，从而使当选总统的得票率上升到第五共和国以来最高水平。其四，对勒庞和极右势力日益抬头的警觉提高了法国公民的责任心，即使是公休日也要到投票站去履行公民的权利。正是法国公民对政治参与的积极性的提高，大大地降低了第二轮投票的弃权率，从而使弃权率达到 20.29% 的较低水平。

　　希拉克连任总统后进入了 5 年的执政时期，他于 5 月 6 日接受了若斯潘总理的辞呈，7 日任命自由民主党人让 - 皮埃尔·拉法兰为新总理并组织第五共和国第 28 届政府，以便迎接 6 月举行的国民议会选举。

四　"第三轮投票"——立法选举

　　由于左翼总统候选人在总统竞选第一轮投票中全部落马，所以在第二轮投票中左右翼并没有进行过真正的较量。左翼人士警告说，希拉克的连任应归功于左翼选民的支持，是民主的胜利。为了洗刷总统选举第一轮投票惨遭淘汰的耻辱和保持现有的执政地位，社会党和左翼将全力以赴，在即将到来的议会选举中与右翼决一雌雄。而右翼方面，将乘胜追击，取得议会选举的胜利，组成一个右翼总统多数派，以便结束"左右共治"的噩梦。勒庞则不承认在总统选举中的失败，指望在议会选举中挽回败局，意图东山再起。正是上述的原因，使得人们把 2002 年 6 月举行的第五共和国第十二届立法选举称为总统选举的继续，是法国政治力量较量的"第三轮投票"。

　　由于拉法兰政府积极地落实希拉克在总统竞选时的纲领，从而产生了

"拉法兰效应"，加上选民对"共治"政治的反感，绝大多数法国选民在 6 月 9 日和 16 日议会选举的两轮投票中选择了右翼政党的候选人，致使右翼大获全胜，总共获得了 399 个席位：其中总统多数派联盟 357 席，法国民主联盟 29 席，保卫法兰西联盟 5 席，保卫法兰西运动 2 席，其他右翼 6 席。"蓝色浪潮"蓝色为右翼的象征。席卷了国民议会。左翼仅获得 178 席：其中社会党 140 席，法共 21 席，左翼激进党① 7 席，绿党 3 席，其他左翼 7 席。

这次议会选举的结果不仅宣告了第三次左右"共治"的结束，而且形成了右翼总统、议会两院的右翼多数派、右翼政府一统法国政坛的格局。左翼在议会中变成了少数派，失去了执政权。一些左翼领袖如法共主席罗贝尔·于、共和极主席舍韦内芒、绿党主席瓦内夫人等也纷纷落选。

希拉克总统和拉法兰政府执政，对内要实现"改善社会治安、2002 年减税 5%、加强与社会伙伴的对话"的优先目标，实现国家的现代化改革；对外要推进"更加现实的戴高乐主义"，以便维护法国的世界大国地位。

---

① 左翼激进党法文为"le Parti radical de gauche（PRG）"，由社会激进党于 1998 年演变而来。

第九章
希拉克第二任总统
(2002 年 5 月~2007 年 5 月)

第一节　务实的拉法兰政府

一　拉法兰政府的组成及其特点

国民议会选举尘埃落定后，作为法国 40 年来权力最大的总统和"新欧洲强人"[①]，雅克·希拉克于 6 月 17 日再次任命让－皮埃尔·拉法兰为总理并组织第五共和国第 29 届政府，从而结束了过渡政府的使命。而正是议会新多数派由右翼政党联盟组成，拉法兰顺理成章地被重新任命为总理。

希拉克选择拉法兰是经过深思熟虑的。"当我参加竞选时，在我的脑海里出现过几个总理人选。我把拉法兰的名字列入了人选名单……在第一次投票之前，我已经产生了看法，这就是拉法兰。"[②] 但这个决定有点出乎外界意料。的确，拉法兰在法国政界和舆论界是一张新面孔，知名度甚低，因而一些政治观察家认为希拉克此举过于冒险。拉法兰 1948 年 8 月生于法

---

① 2001 年起，右翼或中右翼政党先后在意大利、挪威、丹麦、荷兰、葡萄牙、爱尔兰等国执政，现在又在法国执掌大权，欧洲政坛已明显右倾化了，一个"新欧洲"已经形成了。

② 弗朗兹－奥利维埃·吉埃斯贝尔：《希拉克传 1986~2006》，世界知识出版社，2007，第279 页。

国维埃纳省会普瓦捷，毕业于巴黎大学阿萨斯法学院和巴黎高等商业学院，学习法律。他曾任巴黎政治学院讲师、贝尔纳·克里夫通信公司总经理。拉法兰于 1977 年当选普瓦捷市议员，1986 年当选法国中西部普瓦图－夏朗德大区议员，1998～2002 年任该大区议会主席。1989～1995 年任欧洲议会议员，1995 年当选维埃纳省参议员，1997 年再度当选。1993～1995 年历任法国民主联盟发言人、副总书记、总书记，1995～1997 年任中小企业、贸易和手工业部部长。1997 年任自由民主党副主席。2001 年 1 月加入由保卫共和联盟、自由民主党和法国民主联盟几个议员先后组成的 2002 年替代运动和总统多数派联盟。可见，拉法兰作为全国性的政治人物在法国政治舞台上刚刚崭露头角，资历尚浅。

希拉克之所以看中拉法兰，而未选择各方普遍看好的保卫共和联盟的尼古拉·萨科齐，还有弗朗索瓦·菲永，其原因是：第一，希拉克首先是现实主义者和实用主义者，不管左的还是右的，只要有效，他就拿来使用，他不停留于自由主义经济理念，而服从于政治逻辑。拉法兰来自下层和外省，提出比较贴近民众的"基层法国"的思想，是"下层法兰西"①的化身，行动比较务实。因而，希拉克和拉法兰两人在思维和理念上相吻合。第二，希拉克在这次非同寻常的总统选举中以高得票率当选，中间派和左翼选民都有功劳，他需要回应各方的期待。萨科齐虽然行动果断，但自由派色彩较浓烈，容易受到左翼的责难。拉法兰为中右的自由民主党成员，政治色彩相对温和，容易被中间派和左翼政党及其选民所接受。希拉克任命不属于保卫共和联盟的政治人物为政府总理，还表明执政党能够容纳不同政治派别的"开放性"。第三，拉法兰属于坚定的"希拉克派"，和总统的关系非同一般。在 1995 年和 2002 年的总统竞选中，拉法兰都组织了跨党派的"对话与倡议"活动，成为希拉克与民意沟通的渠道。他一直主张右翼政党大联合，以夺取议会选举的胜利。总之，希拉克在总统选举和议会选举中都得到了拉法兰的鼎力相助。对希拉克来说，拉法兰是"可靠的人"。第四，希拉克要为"法国人民找到了一位令人放心、性格温和、长着

---

① 弗朗兹－奥利维埃·吉埃斯贝尔：《希拉克传 1986～2006》，世界知识出版社，2007，第 280 页。

一副和善面相的政府总理：让－皮埃尔·拉法兰"。①

拉法兰第二任政府由 39 名成员组成，比原过渡政府的 27 名成员多了 12 名，原过渡政府中除了负责欧盟事务的部长级代表雷诺·多纳迪厄·德瓦布尔因涉嫌"洗钱"丑闻而主动提请辞职以外，其他成员全部留任。在新政府中，部长共 15 名，其中内政、国内安全和地方自由部部长为尼古拉·萨科齐，外交部部长为多米尼克·德维尔潘，国防部部长为米谢勒·阿利奥特－玛丽女士，经济、财政和工业部部长为弗朗西斯·梅尔；部长级代表 11 名；国务秘书 12 名。在新政府中，将原来的内政部的职能扩大到国家安全，从而满足选民对犯罪和暴力的严重关切。在入阁的成员中，绝大部分来自右翼政党，其中主要是保卫共和联盟中的希拉克派和巴拉迪尔派，其次则是来自法国民主联盟。而保卫共和联盟的重量级人物（也属于巴拉迪尔分子）萨科齐主管内政、国内安全和地方自由部，格外引人注目。这次还有多名无党派人士入选新内阁，其中女宇航员克洛迪·艾涅雷被任命为主管研究和新技术的部长级代表颇为出人意料。此外，两位穆斯林人士被吸收为内阁成员。在新政府中，女性的比例有所提高，在 39 名成员中占 10 名。

希拉克是一位在法国政坛上历经风雨、成熟老练的政治家，或多或少改掉了昔日火爆的脾气，养成了不紧不慢的性格。拉法兰从政时间不长，崇尚法国"现状的暴政"②，主张新官上任"三把火"。拉法兰一旦坐上总理职位，就立即紧锣密鼓行动起来，推动马提翁大厦这台庞大复杂的机器开始运转，想用最短的时间做出立竿见影的成就。部长们也各就各位，很快进入状态，让选民切实感受到变化。巴黎的政治精英们对于这位外省人还抱有怀疑，但是，新总理本人很自信，他承诺，不夸海口，不突出个人，牢记总理是个服务者。他断言，新政府绝不是一个短命政府，其工作着眼于长远，要表明右翼在处理重大社会问题时有决断和效率。新政府应通过

---

① 弗朗兹－奥利维埃·吉埃斯贝尔：《希拉克传 1986～2006》，世界知识出版社，2007，第 279 页。

② 米尔顿·弗里德曼、罗斯·弗里德曼：《现状的暴政》，J. C. 拉泰斯出版社，1984。作者提出了"百日改革理论"，即无论右翼或左翼执政，都要在上台后 6～9 个月内将理念迅速地付诸行动，否则将错过良机。

自己的工作恢复国家权威。总目标是实现国家的现代化改革，恢复法国的世界强国地位。

二　拉法兰政府的经济和社会政策

拉法兰政府面临着严峻的法国经济形势。法国经济增长开始明显地放慢，国内生产总值增速从 2000 年的 3.1% 下滑到 2001 年的 2.1%，减少了 1 个百分点。2001 年破产的企业达 3.69 万家。2002 年上半年形势更不容乐观：许多工厂和企业负债累累，甚至破产，商店倒闭，或者搬迁到费用较低的地区。仅这年上半年，向法院提出破产申请的企业就已经超过 2.2 万家，比上年同期增加 4%。首当其冲的是商业和服务业，其次是建筑业，再次是工业。然而，破产的工业企业增幅最大，比上年同期上升 13%。从企业规模看，雇员在 50 名到 100 名的中小企业受冲击最大，破产数量比上年同期陡增了 17%。在法国经济活动集中的法兰西岛大区，这年上半年工业企业破产数量同比增加了 21%。与此同时，法国进出口贸易形势恶化；失业结束了连续四年下降的趋势，自今春再度开始回升，3 月的失业率达到就业人口的 9.1%。

法国经济的不景气，主要是受到西方国家经济疲软的影响。首先，受占世界经济总量 37% 的美国经济衰退的制约，法国经济难以复苏。其次，自 1995 年秋天法国重新建立公共财政并付诸实施以来，为推动并达到 2007 年实现零赤字的目标，法国政府不情愿地加重本已被压得喘不过气来的企业的财政负担。自 1999 年以来，企业生产成本的增加比售价上涨得更快。再次，自今年以来，法国消费者信心不足，家庭购买力有所下降，而失业人数的回升进一步动摇了消费者的信念。最后，法国经济增长还与国家财政状况和社会安全紧密相连。

为促进法国经济恢复增长，兑现希拉克在总统竞选期间对选民许下的诺言，拉法兰总理于 6 月 3 日在法国国民议会发表讲话，提出了采取灵活及强有力的措施，以加强社会治安、降低赋税、改进社会保障和保护法国农业为重点的新政府施政纲领。

在经济和财政政策方面，施政纲领集中体现了自 20 世纪 80 年代以来法国右翼的经济思想，即自由主义的经济理论和原则。[①] 最主要的措施是减税，以刺激经济发展。希拉克在总统竞选纲领中提出在未来五年内把个人的税务负担降低 1/3，公司税也要降到欧洲的平均水平，总计减税达 300 亿欧元，其中包括 150 亿欧元的个人所得税。拉法兰政府在减税上迈出的第一步，是国民议会 7 月通过的 2002 年财政法修正案，规定从当年秋天起降低 5% 的个人所得税，相当于减税 27 亿欧元左右，并表示要说服社会合作伙伴把餐饮业的增值税率调低到 5.5%，目的在于通过减税恢复家庭的购买力，促进就业，刺激经济增长。为了鼓励创办中小企业，拉法兰政府出台了《创办企业法》，将公司注册资金从 7500 欧元降低到象征性的 1 欧元。拉法兰政府还于 2004 年 5 月宣布了扩大内需和促进经济增长的一系列措施：推行"自愿工业政策"，帮助大工业集团，扭转企业外迁趋势；对国有部门的服务和产品价格实行政府干预；通过发放专项援助鼓励创办中小企业，使每年新办中小企业的数目从目前的 17.7 万个增加到 20 万个；鼓励居民使用银行信贷消费；鼓励父母给子女捐赠款物；扩大周日商场营业，搞活商业经营；等等。

本届政府另一个重大举措，就是提供法国企业的国际竞争力。进入 21世纪，法国经济不景气，法国外贸地位在国际排名中不断下跌，与法国企业产品的国际竞争力每况愈下。为了提高法国经济和产品的国际竞争力，拉法兰政府于 2004 年 9 月出台"法国竞争力集群计划"，旨在振兴国家科技和经济，提升法兰西的国际竞争力，特别是扶持创新型中小企业的发展。计划分为多期进行：第一期为 2005～2008 年，第二期为 2009～2011 年，第三期为 2012～2018 年。2005 年夏天，法国政府授予 67 个分布在全国各地的项目"竞争力集群"的标签，比如欧洲空中客车总部所在地图卢兹市及周边地区就被命名为航空工业"竞争力集群"。至此，法国政府从拉法兰时代即着手制定的经济发展新战略正式进入实施阶段。

拉法兰政府推进私有化进程。2002 年 7 月，经济、财政和工业部将 13个国营大集团的资本开放向商业银行招标，其中有法国电力公司、法国电

---

① 克里斯托夫·韦纳伊：《法国政治史：1914～2007》，埃利普斯出版社，2007，第 182 页。

信集团、法国瓦斯公司、航空公司等。从 6 月开始，政府就已经出售法国电信股票，开放法国瓦斯公司资本，转让资本的行动一个接一个。私有化成为右翼政府刺激经济增长和大幅减少负债的主要手段。在面向社会开放国营企业资本的过程中，希拉克总统和拉法兰政府极力回避使用"私有化"一词的行为不无道理，因为通常所理解的"私有化"是将整个国营企业集团转让给私人，变为私有制，而拉法兰政府所进行的私有化，则是相当多的国营企业集团只是出售部分股权，而绝大部分股权仍归国有。例如，转让法国电信 6% 的资本获得 34 亿欧元，转让法国瓦斯公司 22% 的资本获得 25 亿欧元。当然，拉法兰政府也将法国高速公路全面私有化，包括法国南方高速公路、巴黎—莱茵—罗讷高速公路以及法国北部和东部高速公路。所以，拉法兰政府的私有化政策，也可以称为"有控制的私有化"。为避免社会动荡，拉法兰政府强调开放国营企业的资本必须与有关的工会协商，获得工会同意后再实施，并保证将不改变企业职工的身份和退休制度。

在财政和公共债务方面，拉法兰政府也面临严峻的形势。为了首批加入欧元区和达到加入欧元区的标准，法国政府从 1997 年开始下定决心，通过增收和节支减少财政赤字，从而使此后几年法国的财政赤字有了明显的下降，1997 年占国内生产总值的比重为 3%，1998 年为 2.9%，1999 年进一步下降到 2.5%，2000 年达到 2%，2001 年为 1.5%，创造了自第五共和国成立以来的最低水平。但是，由于 2001 年起法国经济下滑所导致的收入减少和开支增加，法国财政赤字又迅速抬头，预计 2002 年为 1.8%。公共债务也在不断地攀升，它占国内生产总值的比重，1999 年为 48.7%（6540 亿欧元），2001 年上升为 49.9%（7240 亿欧元），2002 年上半年继续攀升。为了保障欧元区经济和欧元币值的稳定，履行《稳定与增长公约》，完成马德里欧盟财长会议要求法国、德国、意大利、葡萄牙等国在 2004 年消灭财政赤字的目标，拉法兰政府开源节流：严格控制财政以节约支出，推行私有化以增加国库的额外收入，取消申办 2004 年国际博览会以节约开支，将一些重大的公共工程延期施工等。

在社会政策方面，拉法兰政府不拘泥于法国右翼的传统思想，着眼于现实和实际，强调正义、公平和公正，切切实实地解决迫切的社会问题，回应选民的呼声。其中，最迫切的是治安问题。近年来，法国的治安问题异常严重，犯罪率大幅提高，2000年比1999年上升5.7%，发生犯罪案件377万起，2001年又比2000年增加7.7%，发生犯罪案件超400万起。在波尔多和马赛等大城市，犯罪率增长则高达8%～9%。特别是法兰西岛大区，大有"赶超"纽约之势。近两年来在法国，暴力抢劫案增加19%，武装抢劫案增加27%，金融犯罪案增加33%，创下了近10年来的最高纪录。2002年上半年，有关抢劫、凶杀、强奸等恶性犯罪的新闻不时传来。罪犯们越来越猖狂，甚至开枪，根本没有丝毫顾忌或犹豫。

一起最典型的案例发生在巴黎西郊的上塞纳省农泰尔市。2002年3月27日凌晨1点，市议会审议市政府预算的会议结束了，当市长宣布会议散会、好几名议员起身准备离开的时候，听众席上的一名男子突然站起来，掏出自动手枪，对着大厅里的人射击。凶手携着两支自动手枪，一支步枪。他先掏出一支手枪，三个弹夹，狂射一阵后，掏出第二支手枪继续射击。这场疯狂的屠杀持续了好几分钟，有4男4女共8位各党派市议员被当场射杀，19人受伤，其中14人重伤。这起疯狂的枪杀案震惊法国，面对血淋淋的屠杀，从总统、总理到小学生，都表示惊愕、气愤，并沉浸在巨大的悲伤中。

因此，治安问题自然成为总统选举中的一个最热门话题，是选民关注的焦点。因此，所有总统候选人在竞选纲领中都不得不把治安问题列为头等的大事。社会党竞选失败的原因之一，就是未能在治安方面提出有效的药方。而希拉克正是在竞选纲领中突出社会治安的治理，从而深得选民支持，使一度左右翼不相上下的民意测验结果发生了有利于右翼的决定性变化。为了实践竞选纲领和满足选民的愿望，拉法兰上台后首先狠抓了国内治安问题，主要采取了以下两项措施。

第一项措施是通过立法加强社会治安治理。6月25日进入正常运转的议会最先审议并通过了《社会治安法》，使一系列加强社会治安的措施得以施行。该法案规定，未来五年内法国将投入60亿欧元用于司法和安全；增加1.35万名警察和1万名宪兵编制；建立新的安全模式，宪兵和警察合并，统一归内政部领导；建立有效的预防犯罪机制。第二项措施是制定跨年度的《安全指导和计划法案》和《司法指导和计划法案》，加强治安管理机构，改善打击犯罪活动的手段。其主要内容是设置专门负责国内安全的主管机构"国内安全委员会"，由总统直接领导，包括总理、内政、司法、国防三部部长；调整治安力量的归属，加强治安力量的协调和统一指挥；改善警察和宪兵的装备，提高他们在执行警务时的自卫能力。鉴于社会治安恶化的一个明显特点是未成年人特别是城市郊区失学青少年的作案率大幅增加，因而法案将司法惩治年龄降至 10 岁；扩大了对 13～16 岁未成年罪犯的监禁范围，设立封闭式"教育中心"；加大对侵犯教师行为的打击力度；加快审理未成年犯罪嫌疑人的速度；在所有社区特别是郊区建立警察部门；改革刑事诉讼程序和保护受害人权益。此外，法国还加强了应对恐怖分子可能发动的生化袭击，加强了对生活用水水源的监视和保护。

失业也是法国社会和舆论关注的焦点之一。法国失业率于 2001 年降到 8.6%，是 20 世纪 80 年代以来的最低点，然而，由于经济发展放慢，2002 年上半年法国失业率开始回升。8 月底，失业率上升到 9%，失业人数已经达到 265.26 万。拉法兰政府以务实的态度把就业列为政府的优先任务之一。为实现希拉克在竞选纲领中提出的未来五年内增加 100 万个中小企业以促进就业的诺言，拉法兰新委任企业创办署负责人弗朗索瓦·于雷尔负责联合中小企业部和企业创办署，共同起草了一份支持企业创办的报告，出台一系列新举措。为解决年轻人就业问题，政府制定了《工资、工作时间和促进就业法案》，并就有关年轻人就业问题与企业和工会开展"社会对话"。设立个人培训档案，制定《低学历青年就业法》。推广面向 16～22 岁青年的《青年就业契约》，雇用该年龄段的企业免除一定数额的社会税。灵活执行上届政府制定的每周 35 小时工作制法规，以增加就业岗位。到 2009 年培养 50 万名学徒，即相对于目前的学徒人数增加 40%。建立税收鼓励机制，鼓励雇主改善学徒的报酬，提高他们的社会地位。拉法兰政府另一个《青年合同法》规定，拨款 6.5 亿欧元，用于在 2005 年以前确保 25 万名青年就业。建立 300 个"就业之家"，将地方上与就业问题相关的各方人士联合起来，帮助有困难的失业者。

移民问题也是拉法兰政府刻不容缓要解决的课题。法国总统选举第一轮投票中，极右翼势力的代表勒庞因在就业、福利等方面鼓吹"法国人优先"，把移民问题以及与此关联的社会治安问题作为"颠覆性"的武器而胜出，从而引发法国和欧洲的"政治大地震"，教训极为深刻。法国政治学家和社会学家认为，不要责怪选民夸大形势的严重性，说什么"法西斯沉渣泛起"，应该反省的是左右翼总统候选人对移民问题感觉迟钝。与其说是"移民与治安"颠覆了选举，不如说是当政者的麻木不仁使自己受到惩罚。

从历史、文化和传统上看，法国不仅是接纳移民最早和最多的国家，也是对移民较为宽容的国家。目前法国有移民 400 万人，加上前几代已经入籍的移民，总数约为 1200 万人，也就是说，1/4 的法国人具有外国血统。事实上，早在 19 世纪，外国人就开始向法国移民，一战前夕大量外国人涌入法国，投入劳动力市场，挖掘战壕备战。两次世界大战之间，外籍移民流入形成了第一次高潮，从而使法国成为仅次于美国的第二个移民大国。二战后，法国为了恢复和发展经济，大量吸收外国劳动力，从 20 世纪 40 年代中期至 60 年代初出现了外籍移民流入的第二次高潮，其中 70% 是来自北非和马格里布国家。20 世纪 60 年代末至 70 年代出现了第三次外籍移民流入高潮，在印度支那发生战乱时大批柬埔寨和越南难民迁居法国。此外，还有许多非洲人和亚洲人涌入法国。这些移民为法国经济和社会的发展和繁荣做出了很大的贡献。20 世纪 70 年代中期法国发生经济危机后，法国劳动力过剩。为克服经济危机和解决失业问题，法国政府于 1974 年开始限制外来移民。20 世纪 90 年代，中东欧及非洲地区出现难民潮，大量非法移民涌入法国引起了民众惶恐不安，也带来了社会问题。同时，在合法移民的新一代子女中，多数因缺乏所需的文凭和足够的技能而失业，其失业率比法国平均失业率高出几倍。这些青年失业者便捣乱滋事，导致众多的社会治安问题，成为"问题青少年"。

过去，法国左右翼主要政党在移民问题上缺乏明确的政策，一直以司法和人道的标准接收移民。为了加强对新的外来移民和外来人口的控制和管理，拉法兰政府出台了有关移民和外来人口的实用主义政策和法规，如 2003 年 7 月议会通过的《新的移民和外国人居留法案》。2003 年 11 月 26 日颁布的关于控制移民、外国人居留以及国籍的法律，旨在做好移民接纳工作，并加强对各类非法移民的打击力度。法律还改革了"双重惩罚"制度，强制性规定外国移民入籍必须考虑融入法国社会的事实。打击非法移民的主要措施为：建立申请法国居留证、签证的外国人指纹与照片档案；惩罚虚假婚姻和虚假亲权。2003 年 12 月 10 日法律改革了避难程序，旨在缩短受理避难申请的时间，统一避难程序，其由法国保护避难者和无国籍者办事处集中受理。

三 欧洲宪法被否决和拉法兰总理的下野

拉法兰政府成立之初踌躇满志，采取了一系列刺激经济增长的政策和措施，对未来几年的法国经济充满乐观，但是，与其愿望相反，经济政策并未取得预期效果。拉法兰政府的经济开局就不是很顺利，继续呈现下滑的态势，法国国内生产总值 2002 年只增长 1%，2003 年也仅增长 1.1%。2002 年成为法国经济自 1993 年衰退以来增长速度最慢的年份。

工业生产几乎处于停滞状态。以 2000 年指数为 100，2002 年仅为 101，2003 年则为 101.9。其中，除了农业食品工业指数 2002 年和 2003 年分别增长至 105 和 106.6，情况较好外，消费品生产指数分别为 100.9 和 101.1，汽车制造业生产指数分别为 102.3 和 102.7，设备业生产指数分别为 100.7 和 100.8。这些部门都出现不景气状态。特别是能源生产指数，2002 年和 2003 年分别为 97.1 和 99.6，反比 2000 年有所下降。说明企业界对经济前景缺乏信心，投资者持观望态度，不敢贸然投资。与此同时，企业破产的数量有所增加，2002 年为 3.8 万家，2003 年上升为 3.97 万家。作为法国经济重要支柱的对外贸易连续两年萎缩，出现负增长，2002 年为 - 0.3%，2003 年进一步下降到 - 2.9%。2002 年还有 215 亿欧元的顺差，2003 年则出现 23 亿欧元的逆差。

法国经济的下滑，首先是家庭消费缺乏信心，从而使家庭消费量增长的幅度放慢，2001 年增长 2.9%，2002 年降至 2.7%，2003 年再降至 1.7%，比上年减少了 1 个百分点。正是法国居民对消费的信心下降，削弱了法国内需的动力，减缓了国内生产总值增长的速度。其次是外部因素对法国经济的影响。随着美国对伊拉克发动战争，"经济停滞论"的悲观论调在法国蔓延开来，影响了投资的信心，从而使固定资产投资出现负增长；石油价格飙升并在高价位上徘徊，使法国能源进口成本大大增加；而能源价格的上涨、欧元的升值和汇率市场过度的自由浮动，使法国商品价格上涨，进一步削弱了法国产品在国际市场上的竞争力，也导致大量外国商品涌入法国市场；由于法国反对美国发动伊拉克战争，法国商品在美国市场受到美国民众的抵制，法国产品出口量减少，从而打击了法国经济。

拉法兰政府把增加就业作为最优先的目标，上台伊始即采取了一系列措施，虽然遏制了年中以来失业率和失业人数猛增的势头，但是远未制止失业率和失业人数回升的态势。2002 年法国失业率和失业人数分别为 8.8%和 239.2 万，2003 年则分别上升到 9.7%和 265.6 万。

法国经济专家早已指出，如果法国经济增长速度达不到预期的 3%，为实践竞选承诺而降低税收将对国家财政收入造成极大冲击，使财政赤字加剧，并直接威胁到欧盟确定的目标，即在 2004 年消灭财政赤字。不幸被专家言中，正是经济的不景气，使法国税收减少，财政开支增加，从而使法国财政赤字上升和公共债务债台高筑。法国财政赤字 2002 年为 500 亿欧元，比上一年猛增 184 亿欧元，占国内生产总值的 3.2%；2003 年上升到 567 亿欧元，占国内生产总值的 4.2%。两年的财政赤字双双超过欧盟《稳定与增长公约》规定的 3%的上限。法国公共债务 2002 年为 8120 亿欧元，占国内生产总值的 58.2%；2003 年猛增到 9956 亿欧元，占国内生产总值的 62.8%，首次超过了欧盟《稳定与增长公约》规定的 60%的上限。根据欧盟《稳定与增长公约》的规定，如果欧元区成员的财政赤字连续三年超标，将受到相当于国内生产总值 0.5%的罚款，而法国预计 2004 年的财政赤字肯定又要超标，从而使作为欧盟核心成员的法国陷入十分尴尬的境地。幸亏欧盟委员会和欧盟理事会对财政过度赤字的成员采取了灵活和宽容的态度，给法国等成员以限期改正的机会。①

拉法兰政府因经济和社会政策的失败受到了惩罚，尽管其治安和移民政策取得了成效。在 2004 年 3 月 28 日举行的大区议会和省议会选举中，法

---

① 关于法国和德国财政赤字超标之争，可参见中国社会科学院欧洲研究所主编《欧洲发展报告 2004～2005》，中国社会科学出版社，2004，第 48～50 页。

国执政的右翼政党遭到惨败，党内外和舆论掀起了一片"换总理"的呼声。为了承担责任，拉法兰总理于 30 日向希拉克总统递交了辞呈。但希拉克总统在接受拉法兰的辞呈后，旋即于 3 月 30 日任命他为新总理并组织第五共和国第 30 届政府。希拉克总统要求他在 31 日宣布新政府成员名单，组建一个更具"公正"色彩的新政府班子。拉法兰新政府由 44 人组成，包括 17 名部长、13 名部长级代表和 13 名国务秘书。其中，引人注目的是：曾经因为伊拉克战争树立法国反战形象的原外长多米尼克·德维尔潘改任内政部部长，内政部原部长尼古拉·萨科齐出任国务部长并兼任经济、财政和工业部部长，欧盟委员会原负责改革事务的委员米歇尔·巴尼耶任外交部部长。此间舆论认为，希拉克坚持任用民意调查中支持率不到 40% 的拉法兰，是在"希拉克时代"接近尾声时着眼于"后希拉克时代"的右翼政治生态。

为了平息民众的不满，更加贴近选民的愿望，第三届拉法兰政府开始转向，把就业政策作为政府工作的重中之重，并实施紧缩政策，通过国家机构改革、裁减国家公务人员等办法压缩行政开支，以便降低财政赤字和公共债务。但远水解不了近渴，在 2004 年 6 月举行的欧洲议会选举中和 9 月举行的参议院选举中，执政的右翼政党又连续遭遇滑铁卢。

2004 年，虽然法国经济形势出现好转，增长势头强劲，国内生产总值实现 2.5% 的增长，相当于欧盟 27 国国内生产总值的平均水平，但是，财政赤字和公共债务依然严重，尤其是失业率和失业人数不降反升，分别为 9.9% 和 273.4 万。拉法兰政府的经济和社会改革也不尽如人意，尤其是医疗保险改革和养老保险改革遭到左翼和工会力量的强烈抗议，致使拉法兰及其政府的民意支持率一而再再而三地下降。5 月的民意测验结果也显示，5 年前以 82.15% 的高得票率再次当选总统的希拉克如今的支持率已经跌到了 39%。2005 年 5 月 29 日，法国的公民投票以 54.87% 的反对票否决了《欧洲宪法条约》，显示出法国民众对欧洲一体化进程的担忧和他们对法国内政的强烈不满。令人瞩目的是，反对《欧盟宪法条约》最激烈的地区，恰恰是那些失业人数最多的地区，实际上是"法国人想踢开政府，却把脚端到欧洲的屁股上"，从而引发了严重的政府危机。在这种形势下，希拉克总统于 5 月 31 日接受了让 - 皮埃尔·拉法兰递交的辞呈，当天任命多米尼克·德维尔潘为新总理并组织第五共和国第 31 届政府。

拉法兰从总理位置上下野，但并未退出政治舞台，他继续活跃在法国政治舞台上。值得一提的是，让－皮埃尔·拉法兰及其夫人安娜－玛丽·拉法兰长期以来坚持促进法中关系发展和法中两国友谊。从 1972 年首次访华到"非典"期间仍然坚持访华，他们一路见证和参与了中法关系的发展。拉法兰于 2005 年 4 月再次对中国进行正式访问，其间，在法国《费加罗报》上发表了《致一位中国朋友的信》，指出："中国已摆脱神秘的形象，进入我们的日常传媒世界，整个世界都已意识到了'中国崛起'。法国想要对亚洲的前途预先保持清醒，它必须越过自己与中国关系的一个新阶段。"拉法兰夫妇还专门写作了《中国的启示》① 一书。作者称该书为"一封给法国青年的公开信"，能帮助法国人和法国年轻人更客观地认识古老而又年轻的中国，更珍惜来之不易的法中友谊。作者坦言该书是对中国和平发展的"内心表白"，是对中国诸多领域状况的生动描绘和深入浅出的叙说。该书歌颂了中国传统文化，驳斥了"中国威胁论"。

第二节　孤注一掷的德维尔潘政府

一　德维尔潘政府的组成及其特点

为什么希拉克总统在《欧洲宪法条约》公投失败后选择了多米尼克·德维尔潘担任第五共和国第 31 届政府总理，而放弃了在民意测验中领先于德维尔潘的尼古拉·萨科齐呢？

首先，希拉克总统是以"用人唯忠"的标准来任命第二把手的。德维尔潘 1953 年 11 月 14 日生于摩洛哥首都拉巴特的一个官宦世家，拥有一流的教育背景和从政资历。1978～1980 年就读于法国国立行政学院，毕业后长期从事外交工作。1980～1984 年先后任法国外交部非洲及马达加斯加事务司秘书和法国外交部分析与预测中心秘书，1984～1989 年先后出任法国

---

① 让－皮埃尔·拉法兰、安娜－玛丽·拉法兰：《中国的启示》，世界知识出版社，2010。

驻美国大使馆一等秘书和法国驻美国大使馆信息与新闻处主任，1989～1992年先后任法国驻印度大使馆二等参赞和法国驻印度大使馆一等参赞，1992～1993年任法国外交部非洲与马达加斯加事务司副司长，1993～1995年任法国外交部办公厅主任，1990～1995年在保卫共和联盟总部工作并积极帮助希拉克竞选总统。1995～2002年，德维尔潘出任爱丽舍宫的秘书长，以"大内总管"之头衔忠实地执行希拉克总统的指令，时间长达七年，他承认："我从来没有推辞总统交给我任务的习惯。"由此，他成为与希拉克关系最密切的亲信之一，被法国舆论称为希拉克的"嗣子"①。1996～1999年出任法国国家森林署理事会主席。2002～2004年作为希拉克总统的外交、合作与法语国家事务部部长，借法国在推翻伊拉克政权问题上与美国持相反立场的契机，绘声绘色地写下了法国现代外交史上不可多得的篇章。2004～2005年，他被希拉克总统任命为法国内政、国内安全与地方自由部部长，希拉克意图借助他在外交界的声望和人脉，着力解决国际合作"反恐"问题，并将其培养成为取代拉法兰总理的人选。

其次，希拉克总统也欣赏德维尔潘的个人气质和魅力。德维尔潘高大英俊，举止得体。他名字中的"德"在法语里含有高贵的意味，曾为贵族所使用，正好匹配这位地道的法国绅士。他性格刚强，能诗善文，人称"铁腕书生"。他不仅是耀眼的政坛之星，更是一位杰出的法兰西诗人。迄今为止，他已经出版了好几部诗集，如2001年的《一百天》（又名《牺牲的精神》）、2002年《魔兽的哭泣》。在2003年出版的《盗火者之颂词》中，他以自己的作品为例分析了诗人和诗学对世界观的影响，即"诗言志"。他在序言中提到，写出这些诗并非归功于技巧或运气，很多诗从童年时起就已经深植于心了，随时随地都能思如泉涌。他在2004年出版的《鲨鱼与海鸥》中论述了奠定法国未来行动的思想和历史基础，并评述了伊拉克危机。希拉克在谈到德维尔潘时喜欢这样评价："能遇到像他那样的人是非常难得的，他同时是一个诗人和一个非常优秀的突击领袖。"德维尔潘能够流利地讲英语、西班牙语和意大利语。

---

① 弗朗兹－奥利维埃·吉埃斯贝尔：《希拉克传 1986～2006》，世界知识出版社，2007，第347页。

　　最后，希拉克总统因法国公投失败遭受重创，而此时距 2007 年总统大选仅剩两年的时间，"法国人民的不满已经到了顶点，它有可能在欧宪公民投票失败后发生爆炸。因此，必须派一位强人去马提翁大厦"。① 希拉克总统已经没有多少回旋余地，选择德维尔潘接任总理显示了他孤注一掷的决心，即所谓的"不成功，便成仁"。

　　法国总统府公布的德维尔潘新政府的成员共 32 位，比此前的拉法兰第三届政府减少了 12 个职位。除了 16 名部长外，还包括 15 名部长级代表。本届政府不设国务秘书。在新政府中，保留了拉法兰第三届政府的 23 位成员，其中许多关键职位的人事没有变动。例如，经济、财政和工业部部长蒂埃里·布雷东、国防部部长米谢勒·阿利奥特－玛丽和就业、社会团结和住房部部长让－路易·博洛均留任原职。在新政府中，不再包括法国民主联盟的成员，这是由于其领袖弗朗索瓦·贝鲁为了参加 2007 年总统竞选，要与人民运动联盟保持距离，禁止法国民主联盟成员参加政府。在新政府中的国民教育、高等教育和研究部部长吉勒·德罗比昂为参加内阁，自愿放弃了其法国民主联盟的党籍。在新政府成员中，有 6 位女性。

　　新政府的成员结构体现了"团结合作"的特点。法国总统希拉克曾多次强调法国国民"团结在国家利益的周围"的重要性，他所要求的团结合作精神不仅要体现在法国社会中，而且要体现在新政府的结构中。例如，尼古拉·萨科齐不仅是德维尔潘当选总理的最大竞争对手，同时也是挑战希拉克总统权威的劲敌。希拉克在宣布德维尔潘出任法国新总理后，一反传统习惯，又在当晚的电视广播讲话中亲自宣布了对萨科齐的任命——新政府中唯一的国务部长并兼任内政和国土整治部部长，从而体现了希拉克总统以大局为重，团结所有的右翼力量，同心协力共渡难关的决心。

　　由于德维尔潘和萨科齐这两名前政府内阁同事成为法国新政府的第一、二把手，又是新政府中的强势人物，所以被法国舆论喻为法国新政府中的"双雄配"，或成为"德萨配"。法国媒体就《欧洲宪法条约》公投后组织的调查显示，希拉克总统的法国民众支持率仅有 24%，已经跌到了他 10 年

---

　　① 弗朗兹－奥利维埃·吉埃斯贝尔：《希拉克传 1986～2006》，世界知识出版社，2007，第 334 页。

前就任法国总统以来的最低点，希拉克的民望已经到了岌岌可危的地步。虽然希拉克不喜欢也不信任萨科齐，但考虑到萨科齐在经济方面和政府事务方面的能力，还是忍痛做出了妥协。萨科齐在担任拉法兰第一届和第二届政府的内政部部长期间，曾制定一系列行之有效的措施，使得法国犯罪率下降，因此在民众中声望很高。妥协是政治手段，希拉克起用萨科齐也是指望为自己提升一些民意。在"双雄配"中，德维尔潘是执政联盟"主流派"代表人物，萨科齐则是执政联盟"叛逆派"的领袖。萨科齐不动声色地拥护着"盎格鲁－撒克逊式"的自由市场模式，德维尔潘则主张重新采取关税保护主义、优先考虑民众社会状况的政策，与萨科齐的思路相左。但希拉克的逻辑是：既然目前没有一个成功的经济政策可以遵循，不如让他俩都试试。"德萨配"照顾到了法国目前对立的两大经济思潮。但是，他们如何"在合作中竞争"以及能否"在竞争中合作"，将成为今后法国政坛的一大热点。

在新政府中，希拉克总统任命卫生部前部长菲利普·杜斯特－布拉齐接替米歇尔·巴尼耶为外交部部长。布拉齐时年52岁，是一名心脏病学家，曾在上届政府中成功推出医疗保险改革计划，同时也被誉为"高效部长"。他是希拉克的忠实跟随者，但缺乏处理国际事务的经验。在法国人否决欧盟宪法之后，布拉齐面临着一个几乎不可能完成的任务：保持法国在欧盟的影响力。在外交关系错综复杂的欧盟，即使像巴尼耶这样的职业外交官都未必游刃有余，更何况是毫无外交经验的布拉齐。

此外，在新政府中，前外交官卡特琳·科隆纳女士被任命为负责欧盟事务的部长级代表，作为布拉齐的助手。科隆纳女士曾在1995~2004年担任爱丽舍宫发言人，后被任命为法国国家电影局局长。比起布拉齐，科罗纳女士还算有点外交经验。值得注意的是，克里斯蒂娜·拉加德女士首次从政，成为德维尔潘政府负责对外贸易的部长级代表。

法国新政府组成后，作为新总理的德维尔潘将会面临许多挑战。由于德维尔潘没有参加过竞选和没有当过议员，他的仕途升迁一贯靠的是作为高级外交官和公务员的调动或任命，而在处理复杂的国内事务问题上则略显经验不足。他本人也一度与议会的多数派关系不太融洽，因此怎样协调好政府和议会之间的关系将是德维尔潘必须认真对待的问题。此外，德维尔潘在当外长时因坚决反对伊拉克战争而招致美国的强烈不满，出任总理后对法美关系今后的发展有何影响也值得关注。而且，由于德维尔潘个性强，一些法国的欧洲盟友对其并不是很欣赏，因此他领导的新政府在外交上也会面临一定的压力。

但是，德维尔潘作为一个政治家，有着坚定的政治理想，那就是重振法兰西的辉煌。他对多极世界和多边机制抱有坚定的信念，坚持认为任何情况下都必须以法律为国际秩序的基石，相信对话与宽容的精神。如同戴高乐说过"法国如果不伟大，就不成其为法国"① 那样，德维尔潘也言必称"法兰西的远大抱负"，可以说他是戴高乐精神的传人和希拉克理念的执行者。他临危受命，对挽回民心信心十足。德维尔潘在 6 月 8 日向议会阐述新内阁的施政纲领时，甚至给自己订下了 100 天内重建选民信心的"军令状"。可见，德维尔潘总理也崇尚"法国现状的暴政"。

二 孤注一掷的经济和社会政策

希拉克总统于 6 月 3 日对新政府班子斩钉截铁地说："你们是一个争取就业的政府。"② 他表示，政府要有作为，要对政府注入"新的动力"，要求政府迅速回答国民通过公民投票所表达出的"担忧和期待"。因此，解决失业问题将成为法国新政府的当务之急和重中之重。德维尔潘总理更是雄心勃勃，期望在短期内在就业方面有所建树，声明"我们并未做到千方百计地反对失业。世上不存在宿命论，反失业是一场伟大的战斗。我将亲自挂帅，领导这场战役"。③ 他提出"就业，就业，还是就业"的口号。

的确，失业问题是法国社会的一大痼疾，诸多的社会问题皆源于此。自 1984 年以来，法国失业率一直在 10% 上下浮动，失业大军也一直保持在 300 万左右，始终居高不下。2005 年上半年，法国失业率已突破 10%，就

① 戴高乐：《战争回忆录》（第 1 卷）（1940～1942）（上），世界知识出版社，1981，第 1 页。
② 弗朗兹－奥利维埃·吉埃斯贝尔：《希拉克传 1986～2006》，世界知识出版社，2007，第 342 页。
③ 弗朗兹－奥利维埃·吉埃斯贝尔：《希拉克传 1986～2006》，世界知识出版社，2007，第 342 页。

是说在就业年龄的人口里面，每 10 个人里边就有 1 个处于失业状态，在欧盟成员国中排在前列。失业人数近 300 万人，其中，25 岁以下的青年人里面，失业率达到了 25%，4 个人中就有 1 个失业。在移民集中居住的郊区，失业青年将近 50%，2 个青年人里边就有 1 个处于失业状态。预计 2005 年的失业保险赤字将达到 24 亿欧元，累计达到 127.02 亿欧元。居高不下的失业现象已经引起民众的不满和社会的严重关切，他们把这种愤怒的情绪倾泻到《欧洲宪法条约》上，投下了反对票。现在，希拉克总统撤换了总理以争取民心，但是法国民众的不满依旧在积累，如果德维尔潘政府不能采取及时和有效的措施，解决失业、治安等社会问题，必将造成严重的后果。

严重的失业等社会问题，首先是长期以来法国经济低迷所造成的。法国已从工业社会进入服务业为主导的社会，现在需要经济年增长 3% 左右才能带来更多的就业机会。而据经济合作与发展组织 2005 年 5 月的预测，2005 年法国经济增长率将只有 1.4%。因此，经济专家认为，德维尔潘政府必须进行经济结构性改革，采取非常规性措施，刺激经济增长，从而增加就业机会。

其次，长期的失业与法国的劳工模式有关，与法国的雇佣制度有关。在法国，任何一个雇员与雇主签订的合同都是一个无限期的合同，雇主不能在任何期限解除合同。如果这个雇员没有犯下足够被解雇的错误，他很难被解雇。雇主要解雇雇员，必须要给雇员一个书面的说明，理由得充分，如果有一部分理由不充分的话，雇主可能被告上法庭。与此同时，雇员的劳动权利还得到工会组织的保护，社会上也有着一个很强烈的保护劳动力、保护雇员的传统。所以，鉴于非常严格的法国雇佣制度，雇主要解雇一个已经签订了合同的雇员，基本是不可能的事情。在这样的情况下，法国雇主在雇用劳动力的时候就非常谨慎，特别是对于年轻人，因为年轻人可塑性大、稳定性差、经验缺乏。所以，雇主在雇用年轻人的时候就非常慎重，从而导致法国年轻人就业率大大降低。总之，法国劳工模式和雇佣制度太僵化，要创造就业岗位，就必须给雇主松绑，改革法国劳工模式和雇佣制度。

最后，法国的失业保险制度和就业制度固然能够保障失业者不致在生活上陷入绝境，但是，优惠的和宽容的失业保障体系也造成相当部分失业者对职业和工种挑三拣四，失业者宁可长期领取失业补助和其他有关津贴，成为"自愿失业者"，也不愿从事条件较差的工作。因而造成这样的奇特现象：在失业率居高不下的同时，又有很多岗位无人问津。特别是累活、重活、脏活，如清洁工、土木建筑工人、农业短工等"低贱的"职业和工种，大多由移民和有色人种承担。从这个意义上讲，法国社会保障制度和失业保险制度成了土生土长的法国人"贪图安逸的代名词"。因此，改革法国失业保险制度和就业制度也势在必行。

在分析失业现象和解决失业路径上，法国左右翼有着不同的看法。法国右翼认为：法国企业解雇与雇佣成本均太高，造成企业竞争力下降，也造成目前人才市场死水一潭；企业负担过重，不敢雇人，是年轻人大量失业的根源。而左派的传统论点是：老板是天下乌鸦一般黑，得到好处也不会首先想到治理失业，而是要榨取更多的利润。很多大企业在利润很高的情况下依然要大批解雇员工就是证明。因此，保护员工不被解雇才是政府应该做的。

为表示新政府解决失业问题的诚意和决心，德维尔潘总理于 6 月 2 日来到塞纳－马恩省的"就业办事处"了解情况，表达新政府确实已把降低失业率作为头等重要任务来抓。他郑重宣布：将"查清劳工市场上妨碍求职者顺利就业的阻塞，一个个把它们打开"。他声称将采取措施，推进就业培训，努力根据各人不同情况，逐个解决困难。总理参观办事处时，询问培训、网上联系情况，就青年、老年就业提了许多问题，了解具体求职困难及他们的希望。他还发表"为打赢降低失业率这一仗，将求助于一切经验，甚至是他山之石"的誓言。

接着，德维尔潘总理于 6 月 8 日在议会发表施政报告，特别强调鼓励就业是新政府的当务之急。在他 50 多分钟的演讲中，约一半时间涉及就业问题。他声明，政府将推出多项措施降低失业率。首先，政府将大大简化企业的用人手续，取消一些烦琐的用人规章制度，提高企业用人的积极性。其次，政府还计划减轻企业的财税负担，如取消对中小企业的特别赋税，以便使中小企业愿意雇用更多的人员。他宣称，青年人代表了法国的未来，因此解决他们的就业问题是关键，也是政府工作的重点之一。他表示，政府将对青年人就业提供大量财政补助，同时优先考虑向失业 1 年以上的青年人提供培训和工作岗位，对企业雇用 25 岁以下青年人采取优惠政策。他还表示，今后如果失业 1 年以上的法国人通过努力找到了工作，政府将为他们提供 1000 欧元的奖励，以使他工作所获利益超过单纯领取失业金和各类补助所得。政府计划在 2006 年度财政预算的基础上再增加 45 亿欧元专门用于解决就业问题。此外，德维尔潘在讲话中还提及政府将鼓励 50 岁以上的人积极就业，特别是在教育、医疗领域要充分利用他们的知识和成熟经验，并放宽或取消在用工制度上的某些年龄限制。他最后表示，法国将启动多项大型工程项目，包括铁路、高速公路、桥梁等，以便吸收大量人员就业。德维尔潘总理在施政纲领中给自己订了一个时间表：以百日为期恢复公众对政府的信心，故施政纲领又称为"百日复兴计划"。

透过施政纲领不难看出，德维尔潘在解决就业路径上已经意识到：欧洲多数国家都在探寻既保护员工又鼓励企业用工积极性的新雇佣模式。荷兰、瑞士、丹麦、西班牙、意大利乃至德国等，都在为此努力。因此，他已经不拘泥于法国左右翼的传统观点，不囿于法国传统的雇佣模式。他把视线转向国外，从丹麦实行的"灵活保障"制度中得到启迪。因为在丹麦的这种模式中，企业可以自由地雇用职工或随意地解雇职工，从而降低了劳动力的成本，给予企业发展和创新的空间，激发了企业的活力，也相应地活跃了劳动力市场和增加了就业机会。被解雇的职工则从制度化的失业保险和救济中得到保证，从而保证他们在四年内享有其原收入 90% 的失业救济金。同时，失业者有义务寻找工作和接受再就业培训，就业办公室会提供空缺职位的信息。如果失业者无理拒绝所提供的职位达到规定的次数，失业救济金就会立即被取消。丹麦的雇佣和就业模式，即"灵活保障"制度，建立了"灵活"与"保障"的平衡，使丹麦的失业率始终保持在 5% 的低水平。除了施政纲领中所列举的促进就业的措施外，2005 年 8 月出台了"新雇佣合同"①，放宽了 20 人以下中小企业解雇职工的标准。2006 年 8

---

① "新雇佣合同"法文为"le contrat nouvelle embauche（CNE）"。

月还出台了五项促进就业的新措施：为缺乏经验的年轻人进行上岗培训，促进敏感地区如郊区年轻人就业，奖励雇用长期失业者，鼓励个人创业，进一步降低雇工成本以激励中小企业雇用员工。所有上述就业政策和措施证明，德维尔潘政府采用了某种改进型的"丹麦模式"，其中既有自由化因素，又有社会化内容。

透过施政纲领还不难看出，德维尔潘政府在经济政策上主要以减税刺激经济增长，特别是以减税促进中小企业的创新和发展。德维尔潘总理自上任以来，推出了一轮又一轮的经济政策和改革措施来改善经济环境，包括彻底改革税收体制、增加公共运输和社会住房投资、以"竞争力极点"政策增强企业国际竞争力、以强令商场减价的方式鼓励居民增加消费，以及以国企私有化增加财政收入，等等。特别是这年 10 月发生震惊全国的郊区骚乱事件后，法国政府将筹资 270 亿欧元的巨资用于改造全国各地城市中的贫困街区。2006 年 4 月 25 日，希拉克总统亲自宣布国家通过六大世纪战略工业创新项目，以期振兴法国工业科技创新并进而带动法国科技、经济的发展。尽管德维尔潘本人在主观意志上并不赞成自由主义和新自由主义的经济模式，但在实施的经济政策中或多或少地表达出"英国模式"的因素，或多或少地体现对"自由经济"的选择。

总的来说，德维尔潘政府的经济和社会政策，既是着眼于解决当前亟待解决的法国失业和经济问题，也是考虑到距离 2007 年总统选举和议会选举越来越临近，必须赶在大选前采取坚决和有力的措施，改变法国人对执政党的形象，恢复对右翼的信任，提升人民运动联盟的支持率，以便赢得大选的胜利。所以，法国舆论称德维尔潘政府的经济和社会政策出于无奈，是"孤注一掷"。

"孤注一掷"的就业政策收到一定的效果。自 2005 年 4 月以来，法国失业率一直呈现下降的趋势，2005 年降至 9.8%，失业人数为 271.7 万。2006 年年初开始，失业率降幅更加明显，全年为 8.8%，失业人数为 240 万，为法国自 2002 年以来的最低水平，也是近 20 年来仅有的第三次降至 9% 以下，尽管没有达到德维尔潘政府本年度失业率降至 7.9% 的预期目标。

2005 年，法国国内生产总值实际增长率为 1.7%，没有达到德维尔潘政府年初规定的 2.5% 的目标，2006 年的增长率为 2%，略有上升。法国经济呈现复苏的势头，这是由于：第一，法国家庭消费出现持续增长，2005 年增长 2%，2006 年增长 1.9%，成为推动法国经济复苏的主要动力。家庭消费增长的主要原因在于就业状况的改善，同时政府也使最低工资上调 3.05%，最低年毛工资突破 15000 欧元。在通货膨胀率为 1.5% 的前提下，工薪阶层的购买力提高了近 2 个百分点。第二，在国内外需求均十分强劲的情况下，法国工业生产回升，投资增长，其中相当大部分用于生产设备的更新改造和技术升级。第三，由于外部贸易环境的改善，特别是欧元经济区市场需求的强劲，法国外贸持续增长，促进了法国经济的增长。

法国财政赤字 2005 年为 3%，略高于德维尔潘政府降至 2.9% 的承诺，尽管如此，它是 2001 年以来法国首次达到欧盟稳定公约的规定。2006 年又进一步降到 2.5%。2005 年，法国公共债务占国内生产总值的 66.2%，总额为 11368 亿欧元，2006 年下降到 63.7%，总额为 11422 亿欧元，但是尚未降到欧盟《稳定与增长公约》规定的 60% 的上限。

三　德维尔潘下野

2007 年上半年，法国经济继续保持复苏的势头，失业率进一步下降，就业数量增加明显。这本来对德维尔潘政府是个好兆头，也有利于德维尔潘与萨科齐在党内争当右翼总统候选人的提名。不幸的是，德维尔潘因受"清泉案"事件和"首次雇佣合同"法案的影响，人气一落千丈，使他雄心勃勃的计划化为泡影。

2004 年，负责调查法国售台武器案的预审法官收到匿名信，信中提供了一份名单，名单上的法国政商人士都在卢森堡一家名为"清泉"的金融公司开设了账户。匿名信指控这些人在售台武器案中收取贿赂并通过"清泉"公司洗钱，名单中包括时任财政部部长萨科齐。法国司法部门 2005 年年底认定账户名单为伪造，萨科齐等随即以诽谤受害者名义要求司法当局调查匿名信的作者。

2006 年，司法机关先后搜查国防部、情报机关和法国军工企业的一些办公室寻找调查线索。一些法国情报界人士表示自己曾接受德维尔潘指令调查"清泉案"① 中涉及的人员，同年 6 月欧洲航空防务和航天公司前副总裁让－路易·热尔戈兰接受司法调查并承认自己是匿名信作者。德维尔潘也承认自己在 2004 年担任外交部部长时曾下令调查售台武器案中的可疑人员，但他否认调查是专门针对某些政界人士，并且否认自己与匿名信有关。

　　法国政坛乃至全国民众都被德维尔潘和萨科齐之间沸沸扬扬的"清泉案"所吸引。法国媒体每天都对包括政治高层与工业界领导阶层的权力倾轧现象进行大幅报道，揭露其政治丑闻，德维尔潘旋即被指为"清泉案"幕后黑手，从而严重影响德维尔潘总理的可信度。希拉克总统于 2006 年 5 月 10 日对媒体称其在日本拥有神秘账户加以谴责，并首度对四面楚歌的总理德维尔潘表示支持。法国总统大选尚有一年时间，但政坛已经充满权力角力的火药味。"清泉案"正是发生在德维尔潘和萨科齐两人争夺党内总统候选人提名最激烈的时候，媒体怀疑这实际上是各派政治人物明争暗斗的政治事件。后来的司法诉讼和法院审判证明，"清泉案"的获益者是萨科齐，最终的受害者是德维尔潘，使其声誉受到诋毁，影响力直线下降。

　　为了进一步缓解失业率和增加青年人的就业机会，德维尔潘于 2006 年 1 月 16 日推出《首次雇佣合同》②，并于 3 月获得议会通过。法案规定，法国 20 人以上的企业在雇用年龄不满 26 岁的雇员时，可以在头两年内自由终止合同，无须说明理由。两年后，雇主可以和雇员签订长期正式合同。德维尔潘政府推出《首次雇佣合同》的主要目的，是增加企业在雇用青年员工方面的灵活性，为青年创造更多的就业机会。许多学生则认为这一措施损害了青年员工的权益，工会方面认为《首次雇佣合同》违反有关劳工法规，威胁法国社会经过多年斗争取得的劳工权益。于是，大大小小的抗议示威活动于 2 月 7 日在议会审议法案期间开始在法国各地爆发，而且规模愈来愈大。3 月 28 日达到高潮，200 个城镇 300 万人举行罢课和罢工。舆论认为，此次学潮和工运可与 1968 年的"五月风暴"相提并论。

　　法国青年如此反对这部新的就业法案是政府始料不及的。法国舆论认为，法国青年对这部法案的过度反应是失业率居高不下的法国青年焦躁不

---

　　① 清泉案法文为 "l'affaire Clearstream"。
　　② 《首次雇佣合同》法文为 "le contrat première embauche（CPE）"。

安、对前途没有信心的一种极端表现。在学潮和工运的压力下，法国政府同工会与学生组织就这一问题进行了一系列对话和磋商。最终，希拉克总统于 4 月 10 日决定用《帮助困难青年就业机制》取代备受争议的《首次雇佣合同》，以解决数月来新劳工法引发的抗议浪潮。德维尔潘总理对法国公众对《首次雇佣合同》的不理解表示遗憾，承认自己采取这一措施"操之过急"。至此，持续了数月的法国民众的罢工和示威活动终于以政府的妥协而告一段落。德维尔潘总理在此事件中的声誉进一步低落。

2007 年年中法国大选后，德维尔潘辞去总理职务，由于"清泉案"缠身一度在政坛上保持沉默。法国巴黎检方于 2008 年以"诽谤同谋"等罪名对德维尔潘提起诉讼，2009 年 10 月向法院提出判处德维尔潘 18 个月监禁，并对其处以 4.5 万欧元罚款。经过几年的调查，巴黎法庭终于在 2011 年 1 月 28 日宣布：德维尔潘在该案中被指控的四项罪名均不成立，德维尔潘无罪。此后，德维尔潘重返政坛。

德维尔潘 2003 年 1 月曾以法国外交部部长的身份对中国进行了正式访问，同年 10 月主持在法国巴黎举办的法中文化年开幕式。2008 年、2009 年、2010 年，德维尔潘以亚太总裁协会全球主席的身份，出席了在中国郑州、成都、吉林、南京，以及吉林、山西举办的亚太总裁与省市长国际合作大会，全球外包大会和世界新兴产业大会。德维尔潘结下了"中国缘"。

第三节　改革、社会矛盾和社会风潮

一　当代社会保障制度的改革和劳资冲突

20 世纪 80 年代以来，法国多届政府都对社会保障制度进行过改革，虽然改革的力度和采取的措施有所不同，但是，其目的主要是克服亏损，力求减少赤字，达到收支平衡，从而减少政府的补助和减轻政府的财政负担。改革的主要对象是医疗保险，扩大医疗保险的收入范围并节约医疗保险的支出。改革取得了明显的成效，在一定程度上缩小了法国社会保障制度的赤字，减轻了政府的财政负担。但是，这些改革只限于法国社会保障制度的某些领域，深层次的问题并未触动。

进入 21 世纪，法国社会保障制度的弊端日益严重，深层次的矛盾日益显现。它主要表现为以下几个方面。

1. "等级社会保障"加剧了社会矛盾和冲突

当代法国社会保障制度是由多层次和互为补充的社会保障体制组成。通常根据职业分为普通制度、专门制度、农业制度、非领工资者和非农业的制度四大类。每一大类还可以再细分为各个类别，而各个类别又是由许多小类别组成。按保障的内容分类，有医疗保险、家庭保险、工伤保险和养老保险，仅就养老制度而言，初步统计就有 1500 种。

当代法国社会保障制度的这种现象是由于历史上各个行业的单项社会保险积累下来的，而在二战后制定社会保障制度时并没有将所有行业的单项社会保险法规统一起来，因而各个行业的社会保障自成体系。其主要原因就是在制定当代法国社会保障制度时，必须考虑各个阶级、阶层和群体在社会保险方面的既得利益，照顾某些行业的特点，从而形成了"等级社会保障制度"。它在相当长时期达到了各个阶级、阶层和群体利益的平衡，保持法国社会中的和谐关系。

但是，"等级社会保障"本身就反映了各个制度和类别之间在待遇上的参差不齐和高低不一，例如，在公务员退休制度中规定，从事"艰苦职业"的公务员，可从 55 岁起享受退休。但是，对"艰苦职业"的定义依据的仍然是 1853 年制定的一项条例，海关工作人员、小学教师都算作"艰苦职业"。另外，公务员在退休前 6 个月内获得晋升的话，可以拿到更多的退休金，因此公务员在退休前获得晋升的比率，在各个部门都在 15% 以上，在军队更达到了 41%。这些荒谬现象使专门退休制度形成了特权等级。进入 21 世纪，"等级社会保障"差别进一步拉大，从而打破了各个阶级、阶层和群体的利益平衡，引发了他们在待遇上的攀比和竞争：享受优惠待遇者要维护他们的既得利益，其他社会保障中的投保者则要求向前者看齐。当代法国社会保障制度的宗旨就是要解决社会公平和公正问题，但是由于制度本身存在的缺陷，加上这样的攀比和竞争，反而加重了他们之间的不平等关系，激化了社会阶级、阶层和群体间的矛盾和冲突，破坏了法国社会的和谐，给法国社会带来不安定的因素。

2. 财政负担日益沉重

进入 21 世纪，当代法国社会保障支出的增长率在大多数年份仍然高于国民经济增长率，2002 年为 5.7%，2003 年为 4.3%，2005 年为 3.6%，2006 年为 3.5%。法国经济增长的减缓和失业的发展又使社会保障财源减少，导致了社会保障收入和支出的失衡，社会保障赤字从 2002 年开始出现并有增大趋势。以当代社会保障制度中的普通体制为例①，其赤字 2002 年为 35 亿欧元，2003 年为 102 亿欧元，2004 年为 119 亿欧元，2005 年为 116 亿欧元，2006 年为 87 亿欧元。社会保障支出占国内生产总值的比重，2003 年为 29.9%，2004 年为 29.3%，2005 年为 29.6%，2006 年为 29.4%。在欧盟国家中，当代法国社会保障支出占国内生产总值比重之高，仅次于瑞典，居第二位。

在当代法国社会保障支出中，养老保险是最大的户头。随着法国人口日益老龄化，60 岁以上的老人占总人口的比重，2004 年为 20.7%，2005 年为 20.8%，2007 年为 21.3%。严峻的老龄化趋势导致养老保险的支出以很高的速度增长，特别是 21 世纪初几乎以 5% 的年增长率递增，2002 年为 1926 亿欧元，2003 年为 1996 亿欧元，2005 年上升为 2226.7 亿欧元。2007 年，养老的支出占社会保障总支出的 43%，占当年国内生产总值的 13%。

其次是医疗保险。法国人每年人均光顾医疗机构达 15 次之多，居欧洲各国之首。进入 21 世纪，医疗保健支出的增长率和支出总额，2000 年分别为 4.9% 和 1363 亿欧元，2002 年分别为 6.3% 和 1542 亿欧元，2003 年分别为 6.1% 和 1642 亿欧元，2005 年分别为 3.9% 和 1784 亿欧元。2006 年，法国人均的医疗保健支出为 3318 欧元。普通体制中的医疗保险赤字，2002 年为 61 亿欧元，2003 年为 111 亿欧元，2004 年为 116 亿欧元，创历史新高。

3. 工作效率和劳动生产率有所下降

随着当代法国社会保障事业的发展，受保障者享受的社会福利待遇越来越多，其质量越来越高，从社会再分配中得到的补助和津贴占他们收入

---

① 当代法国社会保障制度按所保障人口比例和职业，可划分为普通体制、特别章程体制、专门职业体制和补充体制四种，其中普通体制覆盖面最广。

或他们家庭收入的比重也越来越大，而工资收入部分在他们收入或他们家庭收入中的比重则逐渐下降，有的占 2/3，有的只占一半。受保障者对工资依赖的减少，势必降低工作和劳动的热情，从而导致工作效率的下降和劳动生产率的减少。

鉴于当代法国社会保障制度的弊端日益严重和深层次矛盾日益突出，改革当代法国社会保障制度已经刻不容缓。

在医疗保险改革方面，拉法兰总理建立了医疗保险改革高级委员会，其目标是：完善管理，杜绝浪费；重新确定责任，明确任务；普及社会附加保障，建立特别援助基金；发展相关信息体系；改善医疗服务和重新规划集体互助形式。2004 年 6 月 16 日，医疗保险改革高级委员会提出了医疗保险改革方案，经过议会两院的激烈辩论最终于 8 月 13 日获得通过。

该法案分为三部分。首先，在医疗组织和运作方面，建立起"个人病历"，病人的一切医疗活动都将记录在个人病历中。医疗报销率也取决于病人是否准许医生查看他的病历。投保人都必须选定一位医生作为自己固定的家庭医生。该医生将负责安排和处理病人的就医进程，并在病人情况需要的情况下向其指定前往就诊的专科医生。如果投保人拒绝选定固定的家庭医生，就医的报销费的比例将被降低，以此作为代价；同样，如果投保人就诊的不是固定的家庭医生所指定的专科医生，专科诊费可以酌情提高，但妇科、儿科、眼科医生除外。病人每次就诊或治疗时必须缴付 1 欧元的定额捐金，此费用不能通过社会保险或补充保险予以报销。投保人的收入若不超过普遍医疗保险补充保险上限 15%，将可获得一笔用于购买补充医疗保险的补助，具体数额根据年龄而各有不同，介于 75～250 欧元。

其次，在医疗保险的管理方面，成立卫生高级机构，研究和提高医疗服务水平，监督各级医疗机构，沟通有关医疗的信息。加强打击乱开病假条现象，加强对病休者的检查。对"滥用者"（滥开药方或病假条的医生和参加社会保险的人）进行处罚，报销费收回，追究医生或投保人的责任。

最后，在医疗保险的财政方面，使医疗保险的财政管理现代化。实施每年节约开支 150 亿欧元的计划，同时还要增收 42 亿欧元，其中，普遍化社会捐金从收入中提取的比例将提高。具体做法是：受薪者的普遍化社会捐金的征税基数从 95% 提高到 97%；退休职工、失业者和享受残疾抚恤金者的普遍化社会捐金指数提高 0.4%（从 6.2% 到 6.6%）；房地产和投资者、赌博业者收入的普遍化社会捐金都将相应提高。医疗保险内部挖掘潜力并节省开支 98 亿欧元，国家从 2005 年起补助 10 亿欧元。

医疗保险制度的改革获得了成功，没有引发太多的社会矛盾和社会风潮。但是，拉法兰政府在改革退休制度问题上，却没有那么幸运。

由于人口老龄化和专门退休制度的财政状况日益恶化，拉法兰总理决心改革以前多届政府想解决而未能解决的这个难题，他在致法国人民的公开信中发出警告：如果不改革现行的养老金制度的话，预计到 2020 年养老金短缺将达到 500 亿欧元，法国人领取的养老金数额将被减掉一半。2003 年 5 月，政府与工会代表就退休金制度改革方案进行谈判，但双方没能就改革计划达成一致，拉法兰政府顶住压力，并最终使该项改革法案于 2003 年 8 月 21 日获得议会的批准。

改革的要点是：用以计算退休金的社会分摊金缴纳年限将普遍被延长；公务员的退休制度与普通退休制度拉平，都要在 160 个工作季度（40 年）的基础上计算；不考虑退休金实际水平和职业特点等问题；对私营业主设立真正的强制性补充退休金制度；在公务员退休制度中，取消退休者可因其等级地位而获享更多利益的规定；放宽和协调退休者再就业的规定；设立"加分"制度，鼓励职工在达 60 岁的退休年限以后仍留职工作，每多工作一年，在计算退休金时增加 2% ~ 3%；同时设立"减分"制度，当事者每欠缴一年的退休征摊金，就减少一定比例的退休金；重新审查对拥有 3 个以上孩子的母亲在公务部门服务满 15 年之后"提前退休"的规定；等等。

2003 年的养老制度改革，不仅仅为了弥补养老金每年的缺口，减轻政府在财政上的压力，更主要的是为了逐渐削平养老制度中的山头，逐渐地消灭差别和特权，从而逐步地实现在当代法国社会保障制度中养老制度方面的社会公正和公平。

尽管拉法兰政府坚持改革的立场，严令政府机构和国营企事业单位在罢工期间一律不发工资，但是，从 5 月中旬开始，法国还是连续发生了多次全国性的游行示威和罢工活动，抗议拉法兰政府对专门退休制度的改革。5

月 13 日，法国交通、教育、通信、邮政、医疗和社会服务等行业的职工，针对法国政府正在酝酿中的退休制度改革计划，组织了自 1995 年以来规模最大的示威和罢工。据各大工会的组织者称，此次罢工全国共有 200 万人参加，他们高喊："退休制度，社会保险，我们曾为赢得这些福利而战，我们也将为捍卫它们而战！"罢工造成了公路、航空和市内交通的全面瘫痪。5 月 27 日，法国机场塔台控制人员举行罢工。6 月 10 日，又爆发了一次全国性大罢工，参加罢工的人员包括警察、海关人员、医护人员、银行职员、教师等。此后，抗议退休制度改革法案的罢工连绵不断。

拉法兰政府也为推进专门退休制度改革措施付出了代价。2004 年 3 月 28 日法国地方选举中，由右翼控制的绝大多数大区议会，统统易手。拉法兰政府对专门退休制度的改革，则以失败而告终。

二 "头巾法案"和伊斯兰世界的抗议

法国早在 1905 年就出台了政教分离法，其中就有禁止"炫耀性宗教标志"进入公立学校的条文，但对什么是"炫耀性"却没有具体规定。1989 年，几名头戴伊斯兰头巾的女学生在法国一所中学被禁止入校，引起了法国穆斯林社会的强烈抗议。近年来，随着法国穆斯林投身伊斯兰运动的人数增加，戴头巾和面纱的现象越发严重。2003 年秋天，在法国外省的一个中学里，四名穆斯林女学生由于不听校方的劝阻，不愿意在校园里摘掉头巾，而被学校开除。由此引发了法国全国有关政教分离、民族团结和统一的大争论。

由希拉克总统主持的"政教分离专家调查委员会"于 2003 年 11 月提交的报告指出，学校、政府机构及其他公共场所的工作人员，均应坚持中立性原则，不宜让故意带有宗教或政治色彩的标志出现。据此，拉法兰政府明确地表示，如果允许学生在学校内佩戴带有宗教标志的饰物，会对其他人的宗教平等权造成侵害。于是，拉法兰政府提出了"公立学校内禁止佩戴明显宗教标志"的法案（又叫"头巾法案"），并于 2004 年 2 月 10 日和 3 月 4 日分别在国民议会和参议院以压倒性多数票获得通过。该法案严禁在公立中小学校内佩戴明显的宗教标志，包括穆斯林头巾、犹太教小帽、基督徒的大型十字架等。违反此法者，如校方劝诫无效，将面临纪律处罚，情节严重者将被开除。

法国拥有 500 万穆斯林，是欧洲穆斯林人口最多的国家。在这样一个多宗教、多民族的国度里，为防止族群主义倾向抬头，强调宗教宽容、政教分离等原则具有重要意义。因此，新法案获得了法国左翼和右翼领导人的支持，也获得了超过 60% 的法国人的赞成，其中教师中支持的比例高达70%。新法案也获得了法国穆斯林宗教领袖的支持，他们认为这有助于遏制激进的伊斯兰教派。

但是，新法案引起了法国穆斯林民众的强烈不满，也引起了欧洲其他国家穆斯林社会的一片抗议声，曾有穆斯林走上街头游行示威表示抗议。这项针对法国国内的法律也引发国际社会抗议。教皇保罗二世公开批评法国。47 名美国国会议员致信法国驻美大使，称该法案威胁了法国青少年的宗教权利。特别是伊斯兰国家，反对浪潮是一浪接一浪。马来西亚首都吉隆坡的法国使馆前，出现了抗议人群。2004 年 3 月，一个名为"强大英明真主之国"的恐怖组织写信给法国总理拉法兰，扬言如果不取消这个法案，将对法国发动武装袭击。同年 8 月，一个伊拉克武装组织"伊斯兰军"绑架了两名法国记者，要求法国政府在 48 小时内取消"头巾法案"，以此作为释放人质的条件。

正如法国多数舆论所指出的那样，公民有信仰宗教的自由，也有不信仰宗教的自由。人权原则保障公民在私人领域的宗教信仰自由，世俗原则保障公民在公共领域不受宗教影响的自由，二者的民主和宽容精神是统一的。过去一个世纪，法国对天主教、犹太教就按照这一原则处理，如今对伊斯兰教也应该一视同仁。"头巾法案"不过是重申国家政体及公共生活的世俗原则、非宗教化原则和共和同化原则。这一原则是法国在血与火的教训之后确立的立国之本，是法国人衷心信奉的共和价值观的一部分。

三 "共和同化"移民政策的困境和改革

法国具有对外开放的传统，并长期以来对移民采取积极的同化政策，强调外来文化与法国文化的融合，相信法兰西大熔炉能够用"人权、自由、平等、博爱”的价值观改造和同化外来移民。但口惠而实不至，长期以来法国当局不能对移民与本土法国人一视同仁，平等相待，移民实际上是二等公民。在事业方面，多数移民及其子女只能从事卑贱的工作，从事本地法国人不愿意干的重活、累活、脏活等；在教育方面，多数移民子女无法进入高等学府，特别是著名的高等学府和培养法国各个领域精英的学府；在居住方面，多数移民被安排在城乡接合部或者集中在郊区，远离法国主流社会。

因此，占法国人口 10% 的 600 万移民，往往与失业、贫困、不平等、种族歧视联系在一起，特别是在经济不景气的情况下，首先受到打击的是移民及其子女。2005 年，1/4 以上的移民劳动力处在失业状态，是当地人的两倍。其中，15～24 岁移民青年的失业率占同龄青年的 32.3%，而移民妇女的失业人数则占移民妇女总数的 24.5%。在收入方面，多数移民的工资收入都比较低，往往领取法国各行业的最低工资，甚至只领取各行业最低工资的一半。多数法国移民在经济上十分拮据，处于贫困线以下。移民及其后裔已经沦为弱势群体。理想与现实的差距，使移民及其子女渐渐地失去对政府的信任，不满和敌视情绪逐渐滋长。

2005 年 10 月 27 日晚，巴黎东北的克利希苏尔瓦郊区，三名北非裔少年为躲避警察追捕躲进变电站，其中两名不幸触电身亡。法国当局处理这个事件不当，引发了数百名移民青少年走上街头，他们焚烧汽车、垃圾桶，打砸店铺和一所消防站，并与警方发生冲突。参与骚乱的青少年向警察投掷石块，警察发射催泪弹予以还击。冲突中，还有人向警察的一辆防暴车辆开火。内政部部长萨科齐称他们为“暴民”，要用“铁腕”手段平息事态，结果引发众怒，使事态升级。从 10 月 27 日至 11 月 17 日，生活在各大城市郊区的移民后代（主要是青少年），走上街头，焚烧汽车，砸抢店铺，袭击警察和居民，延续时间超过半个月。根据统计，[①] 全国 300 个城市和市镇被殃及，大约 10000 辆汽车被焚烧，233 栋公共建筑和 74 栋私人住宅被毁。法国的骚乱甚至波及德国和比利时。法国总统于 11 月 8 日被迫宣布全

---

① 让－雅克·贝克尔：《1945 年以来法国政治史》（第 10 版），阿尔芒·科兰出版社，2011，第 257 页。

国进入"紧急状态"。这次骚乱的规模之大，波及范围之广，为1968年"五月风暴"以来法国历次骚乱之最。

移民沦为弱势群体和移民后裔的骚乱凸显移民问题的负面效应，致使德维尔潘政府下定决心改革移民政策，变被动接纳移民为主动筛选移民。于是，2006年5～6月，法国议会两院先后通过《移民与社会融入法案》，开始走"选择性移民"的道路，从而使法国的移民政策具有鲜明的"实用主义"的色彩。新移民政策就是按行业筛选短缺性技术移民，按积分筛选留学生，从而提高移民准入门槛，收紧过去出于人道主义考虑而制定的"家庭团聚""与法国人通婚"等移民的申请条件，把不符合"标准"的人拒之门外。

新的移民政策有利于引进有竞争力的技术人才，从而促进法国经济发展。新的移民政策也满足了对原有移民政策不满的法国人的愿望。但是，新的移民政策将使新移民与原有的移民之间的差距拉大，使原有的弱势移民群体进一步边缘化。

四 权力下放

拉法兰政府要深化权力下放，其主要原因有：第一，中央政府在经济发展乏力、公共财政负担日益沉重的情况下实行简政放权，可以进一步活跃地方生活，让地方在经济发展上发挥更大的作用，在地方财政上承担更多的责任，从而减轻政府的财政负担。第二，让地方参加欧洲一体化进程，扩大欧盟国家之间的地区合作，参与竞争，从而开拓地方更加广阔的发展空间。拉法兰总理就深化权力下放的改革强调，改革要使共和国政权更加接近人民，要建立一个"单一的和权力下放的共和国"，同时"发展地方民主"。改革之后，地方政府被赋予新的职能，譬如可以制定地方法规，先试验后实行，增强地方政府财政自给能力。从宪法上认可地方政府"对所有税种全部或部分地征税"的权力，从宪法上认可地方政府自行确定不同的税率，规定"国家与地方政府之间的所有职能转让"，包括转让相等的财源权力，在权力下放的同时，还给予地方公众更多的民主和发言权。

2003年3月28日，法国议会两院联席大会通过了宪法修正案，补充了

1958 年宪法中序言的第 1 条，确认"共和国的组织结构为地方分权"①，使之同民主、平等、政教分离、社会和不可分割一起成为法兰西共和国的立国之本，从而首次在国家大法上确定了法兰西共和国为分权型共和国，规定了中央与地方的关系，为地方自治提供宪法保证，也为具体实施权力下放打下了基础。

2003 年 3 月 28 日的宪法修正案，还修改和补充了 1958 年宪法的第十二章地方公共团体，明确了地方政府财政自治的原则和行政自由的原则，规定了地方政府在地方税收中负责征收地方资源中的主要部分。规定地方政府可以推行一定程度上的直接民主，地方政府拥有请愿权、地方公决权和地方民意测验权，从而让人民积极地参与到地方生活中来。1958 年宪法第十二章还规定了辅助原则，从而使地方政府可以替代国家针对自己能够更好处理的事务做出决定。1958 年宪法第十二章第 72 条同意地方政府进行试验的权利："根据情况，当法律或行政法规已有规定，地方公共团体或其联合体可以依照组织法规定的条件，为特定目的并在确定期限内，试验性地减损调整其权限行使的该立法性或者法规性条款，但涉及行使公共自由或者宪法所保障的实质条件的除外。"② 第 72 条还规定，所有地方政府和跨市镇组织，都可以努力争取行使以前是中央政府的或其他公共机构的责任。2004 年 8 月 13 日的法律规定在特定的领域将国家权力移交给地方，增加地方政府的自主权，承认进行试验的地方政府是对于普遍规定的例外。为了防止权力下放后地方差别的扩大，修改后的 1958 年宪法还完善了国家调控系统，落实平衡机制。

拉法兰政府在权力下放的改革方面还算比较顺利，没有引起地方的矛盾，也没有导致社会波动，但是，如何区别对待地方的特点，如久已存在的科西嘉以及海外的新喀里多尼亚独立运动，仍然是中央政府要解决的棘手问题。

---

① 《世界各国宪法》编辑委员会编译《世界各国宪法》（欧洲卷），中国检察出版社，2012，第 268 页。

② 《世界各国宪法》编辑委员会编译《世界各国宪法》（欧洲卷），中国检察出版社，2012，第 277 页。

五　关于"法国衰落"的大讨论

自第五共和国成立至 20 世纪 80 年代，从戴高乐到密特朗的法国历届总统"民族大志"得到了回报，实现了"大国梦""强国梦"。法国作为大国和强国屹立在世界之林，并在国际事务中展现它的大国和强国风貌。

然而，自 20 世纪 90 年代以来，法国作为大国和强国的地位受到极大的挑战；其一，法国硬实力相对下降，其中作为硬实力核心的经济实力相对下降尤为明显。20 世纪 70 年代受到石油和经济危机打击后，法国经济发展速度逐渐放缓，1979～1989 年年均为 2.4%，1989～1995 年年均只有 1.3%，1995～1999 年年均为 2.2%。进入 21 世纪，法国经济增长率，最高年份 2000 年为 3.7%，2001 年下降为 2.0%，2002 年进一步下降为 1.2%，2003 年再降为 0.8%。法国"辉煌 30 年"那种高增长率再没有出现过。法国国内生产总值，从 20 世纪 60～90 年代的世界第 4 位跌落到 21 世纪初的第 5 位。总之，90 年代以来法国硬实力的相对下降使法国大国和强国地位受到挑战，其大国和强国作用有所削弱。其二，自苏联和东欧剧变、两极世界瓦解和冷战结束以来，左右逢源和纵横捭阖的法国外交失去了表演的舞台。在反对美国霸权和单边主义的斗争中，法国往往单打独斗，得不到盟国或友国的响应和支持。在欧洲，法国不仅要依靠德国甚至还要建立法、英、意三国联盟来巩固法国在欧洲的政治领导地位。在非洲，法国的"势力范围"受到美、德、日、英的侵蚀。总之，自 20 世纪 90 年代以来，法国再不能像 60～80 年代那样在国际政治舞台上叱咤风云，法国大国和强国地位和作用受到很大的挑战。

正是由于上述原因，自 20 世纪 90 年代中期以来，认为强大的法国逐渐走向衰落的法国"衰落学家"开始零零星星地出现。1997 年，法国历史学家和经济学家、"衰落论"的"鼻祖"尼古拉·巴弗雷出版了《可悲 30 年》一书，他以 30 年前法国经济学家让·富拉斯蒂耶的著作《辉煌 30 年或意外的革命（1946～1975）》为对照，起了该书名。作者称 1997 年前的 30 年见证了"没落欧洲内的病态法国"的出现过程，其唱衰法国论调在法国舆论界引起很大反响。接着，尼古拉·巴弗雷又出版《法兰西在倒下》一书，作者进一步指出法国在政治、经济、社会、文化等方面出现了严重的危机。这本书在法国读者中再次引起了极大反响，长期占据法国畅销书排行榜的"冠军"位置。瓦莱里·吉斯卡尔·德斯坦也在他 2000 年出版的《法国人》著作中指出："虽然有感于过去时代的辉煌，国人接受当下的现实难免倍感苦涩，但他们已经意识到，自己的国家正在与一个强国的称谓渐行渐远……"[①] 一时间，法国的"大国梦""强国梦"成为"梦幻"，高卢雄鸡发蔫，"衰落论"在法国甚嚣尘上。之后，法国学术界又先后出版了《法国的不幸》、《告别离去的法国》等持有相同论调的新书，法国上下一片哗然。2005 年 7 月，巴黎申办 2012 年奥运会失利后，法国《世界报》的社论标题让法国人进一步心颤——法国"确实在衰落！"进而渲染悲观情绪。在国际社会中，也时有唱衰法国的声音，揶揄法国在国际事务中"持二等车票，却坐头等车厢"。

2004 年夏，法国《费加罗报》发起了一场题为"成为法国人意味着什么"的"法国衰落"全国大讨论，共有 40 多位政治家、经济学家、社会学家、哲学家等加入讨论。当时，哲学家尚塔尔·德尔索尔的一段经典评论成为众多媒体转载的对象："一个如此辉煌的民族怎么会变得如此平庸、如此沉闷、如此禁锢于自己的偏见……今天，作为法国人的意义就是悼念我们不再拥有的品质。"而参加讨论的语言学家克洛德·阿热日则认为法语正在走向衰落，这与法国民族的衰落是分不开的。讨论的发起者、《费加罗报》编辑部主任在总结中写道：过去 20 年的欧盟计划被看作法国走向复兴与繁荣的独特道路，但这一承诺没有兑现，"2004 年的法国是一个处在疑问中的民族"。

与上述悲观派观点相对立，以著名评论家阿兰·迪阿梅尔为代表的乐观派则认为，法国并没有走向衰落，目前所经历的只是一场暂时的低潮。法国目前在经济、社会等方面虽遇到诸多困难和挑战，但这些问题的出现并不能说明法国在走向衰落。他们指出，悲观派看问题过于片面，在发现问题的同时却忽视了法国自身具备的优势和取得的成绩。事实上，法国目

---

① 瓦莱里·吉斯卡尔·德斯坦：《法国人》，清华大学出版社，2016，第 4 页。

前依然是世界上少数经济发达的国家之一，不仅国内生产总值、对外贸易额、吸引外国直接投资数量在世界上名列前茅，其劳动生产率、技术水平、企业竞争力等也居于世界先进行列。人文发展方面，法国拥有良好的医疗、退休等社会保障制度，国民享受着高质量的公共服务。其公共卫生体系更被世界卫生组织评为世界上最有效率的公共卫生体系。此外，法国本身并非如悲观派所说的那样一成不变。几十年来，各种各样的改革从未间断，并取得了一定的成效。

总的来说，在关于"法国衰落"问题的全国大讨论中，综观法国国内外的话语，对法国肯定、惊佩、理解、尊重要多于否定、讽刺、挖苦，唱响法国要多于唱衰法国。不过，在法国国内外的话语中，无论是"唱衰论者"还是"唱响论者"，都承认法国政治模式、法国经济发展模式、法国社会模式存在许多弊端，都要求进行深刻的结构性改革，才能振兴法兰西民族，保持法国的伟大和地位，继续实现"大国""强国"的梦想。

六 "法国社会模式"的现代化

二战后初期至 20 世纪 70 年代，法国在历史传统的基础上建立起"法国社会模式"：高标准的社会保障制度，慷慨的社会再分配体系，稳固的劳资关系，共和同化模式，强调社会平等、互助和团结，高质量的生活方式，等等。这样的法国社会模式，令法国人感到自豪，让世人艳羡[1]，"甚至到了将法国的社会模式作为楷模向全世界推荐的地步"[2]。

自 20 世纪八九十年代以来，特别是进入 21 世纪后，在全球化浪潮冲击下，在世界市场的激烈竞争中，法国经济始终处于低增长或者不景气状态，国内生产总值从来没有哪个年份达到或者超过"辉煌的 30 年"的 5% 的平均水平，甚至有些年份出现负增长。法国财富积累的步伐缓慢，逐渐被其他西方国家和一些新兴经济体甩在后面，仅以法国人均国内生产总值在经合组织中的排名为例，1980 年处于第 6 位，2005 年则退居第 16 位。而正是

① 弗朗兹－奥利维埃·吉埃斯贝尔：《希拉克传 1986～2006》，世界知识出版社，2007，第 360 页。
② 尼古拉·萨科齐：《见证——萨科齐自述》，上海辞书出版社，2007，第 85 页。

经济发展的减速和财富积累的减少，使建立在经济高速发展和财富丰厚基础之上的法国社会模式成了问题。

当代法国社会保障制度的开支越来越庞大，赤字越来越严重，特别是医疗保险覆盖面全和标准高使其经费支出失控，退休金的支出由于人口日益老龄化和退休人员激增而难以为继。慷慨的社会再分配出现不公平、结构性的失业，使法国社会出现断层，出现了新贫困、新穷人、社会排斥群体。僵化的劳资关系导致法国产品竞争力下降和就业困难。此外，共和同化模式因移民成为名副其实的"二等公民"而陷入困境，生活质量因收入的减少也有所下降。

正是由于上述原因，法国社会模式面临严峻的挑战，令法国人质疑。在 2005～2007 年，包括政要、思想界、知识界、舆论界等在内的整个法国社会就"法国社会模式"开展大辩论。他们著文和发表评论承认，的确存在法国社会模式，它既与莱茵社会模式有共同之处也有所不同，与盎格鲁－撒克逊社会模式也有很大差别。它是根据法国历史传统并参考莱茵社会模式和盎格鲁－撒克逊社会模式而建立起来的。许多专家学者和媒体指出，正是在全球化和新自由主义的冲击下，以及法国经济低迷的情势下，法国社会模式显露出弊端，产生了危机。但更多的政治家、专家学者和媒体坚持认为，法国社会模式依然具有生命力，同时也确实存在问题，出现老化和危机。在这个时期的大讨论中，在著作、文章和评论中出现频率最高的关键词就是"法国社会模式""危机"等。

希拉克、萨科齐、拉法兰、德维尔潘作为政要，都参与了这场全国性的大辩论，他们都对法国社会模式不持疑义，也都认同法国社会模式出现了危机，并表示要努力革新法国社会模式，要使法国社会模式现代化。希拉克总统在 2005 年 7 月 14 日的国庆电视讲话中说："法国的社会模式既不是无效的，也不是垂死的。"他在 2005 年 5 月 31 日宣布组织德维尔潘政府的讲话中，也明确表示"本着尊重法国社会模式的精神"，并坚决要使法国社会模式"得到生存和发展"。德维尔潘总理于同年 9 月 1 日也表示："我们的社会模式符合法国人民的切身要求。但世界变化很快，我们亟须推进社会模式的现代化，以继续保持领先地位。"他于当天推出的第二波经济和社会改革议程，就是为了法国社会模式的现代化。萨科齐在《见证——萨科齐自述》一书中承认："法国的社会模式不再是最好的社会模式"，[①] "法国的模式兼有这两种社会模式（盎格鲁－撒克逊模式和斯堪的纳维亚模式——笔者注）的不利条件，却没有认识到这两种社会模式的有利条件。"[②] 综上，可以得出这样的结论：这场法国大辩论的目的不是要摒弃历史上形成的法国社会模式，而是找出它的弊端，要求通过改革，趋利避害，从而促进法国社会模式现代化。

第四节　更加务实的外交与防务

一　更加务实的外交及其特征

希拉克第二任总统的初期和中期，法国外交空前活跃，其主要表现为：在欧洲地区和欧盟内部事务中，法国仍然延续二战后以来的传统，在政治和外交上扮演领头羊角色，发挥核心作用。在国际事务中，法国外交在西方国家中是最具生命力和活力，最具倡议性的，法国也是在西方国家中仅次于美国的最具有影响力和起着重要作用的国家。希拉克第二任总统的初期和中期，法国所开展的外交在创新方面常有惊人之举，敢于发出不同的声音，让世人刮目相看，令今人惊叹不已。其中，法国某些外交政策和行动，是勇敢而富于远见的，在国际政治舞台上产生了显著的效果，对国际政治的发展具有深远的影响。

这个时期的法国外交之所以空前活跃并获得显著的效果，是因为希拉克大力调整外交政策和策略。而希拉克果断地深化外交改革，又是基于法国对外关系所面临的国内外形势，与希拉克第一任总统时期的国内外形势相比，第二任总统时期有着不同的特点：第一，进入21世纪后，全球化不仅延续了20世纪90年代的发展趋势，而且加快了发展的进程。在全球化过

---

① 尼古拉·萨科齐：《见证——萨科齐自述》，上海辞书出版社，2007，第86页。
② 尼古拉·萨科齐：《见证——萨科齐自述》，上海辞书出版社，2007，第90页。

程中，新兴经济体的出现和崛起对国际政治产生越来越大的影响。尽管法国本来就是一个开放性的国家，但是，法国的对外关系也要适应全球化进程中的新形势，迎接全球化过程中出现的各种挑战。第二，苏联和东欧的剧变导致世界两极格局的瓦解，从而在相当长时期形成了单极世界。美国成为头号霸主。进入 21 世纪后，美国的霸主地位进一步巩固，在国际舞台上经常推行"单边主义"，从而引起许多国家的不满，反对的声音不绝于耳。美国的颐指气使也是对法国对外关系总目标的严重挑战。第三，在法国，通过 2002 年总统和议会换届选举，形成了右翼占据总统职位、右翼多数派控制议会两院、右翼组成政府的局面，右翼一统法国政坛，从而结束了左右共治局面。自此，希拉克在制定和推行外交政策时，不再受到左翼的掣肘，从而为其开展外交拓宽了活动空间，为其纵横捭阖地运用外交策略和手段提供了自由度。第四，希拉克本人对各国历史和文化、政治背景的丰富知识和深刻认识，是其制定法国外交政策时的重要依据。

为了适应 21 世纪新形势和迎接全球化的新挑战，希拉克决心调整他第一任总统时期特别是左右共治时期的外交战略和政策，确定了第二任总统时期的法国对外关系的总目标和基本方针：第一，从本国利益出发，自始至终继承和坚持戴高乐所确立的独立自主的基本外交方针，无论国际风云如何变幻都不动摇。第二，反对国际事务中的单边主义，努力推进世界朝着多极化的方向发展，并保持与各"极"的良好关系，谋求在各大国之间的合作和利益平衡。2003 年 7 月 23 日，希拉克总统在新喀里多尼亚首府努美阿的椰子树广场发表演说时宣布，法国要推动实现一个建立在法律、民主、协商基础上的多极平衡，以促进世界的和平、稳定与进步。拉法兰总理于 2003 年 3 月 20 日呼吁，法国向世界发出的信息是，强化法制，通过法律的力量治理国与国之间的关系，避免文明之间的冲突。第三，借重欧盟和新兴经济体国家之力，恢复法国在其第一任总统后期因国力衰退而失去的大国形象和大国地位，发挥法国作为大国的作用。第四，进一步摒弃冷战中的意识形态外交，发展政治和经济外交，大力推行文化外交、人文外交。这不仅是因为法国具有长达几千年的深厚的文化底蕴，堪与具有悠久历史的其他国家的文明媲美，能够展示法国的软实力，以此提高法国的国际地位和扩大法国的影响力，同时还由于希拉克本人的高文化修养，对各国文明的深刻认同和理解。

正如阿兰·朱佩所说："希拉克一贯用文明的语言来思考世界。"① 多米尼克·德维尔潘也指出："希拉克不是完全来源于法兰西，这是一个永远屹立在当今世界之上的东方人或亚洲人。"② 希拉克本人也承认："我不是佛教、道教、伊斯兰教或其他宗教的狂热信徒。但是，我不能容忍西方文明对其他文化进行的摒弃。"③ 正是在希拉克亲自倡导和推动下，法国着力推行文化外交、人文外交，展示法国的软实力，反对"文明冲突"的理论，强调多元文化并存，重点是发扬和尊重语言和文化的个性，从而在国际文化交往中重新塑造法国大国形象，提高法国大国地位，扩大法国的大国影响力。为了实施文化外交并倡导把国际文化合作作为可持续发展的支柱，法国加大对文化外交的投入并推行一系列新的文化外交政策，宣传和保护世界文化的多样性，并促进世界文化交流等。同时于 2006 年 5 月 15 日宣布整合法国外交部与文化部的相关资源，联合成立"法国文化署"，以促进法国对外文化交流，推广法国和欧洲文化，以彰显法国文化和欧洲文化比美国"单一文化"具有更加丰富的内涵、更加宽容的特性。

希拉克第二任总统时期法国外交的总目标和基本方针具有如下的特征。第一，法国外交的总目标和基本方针更加现实、更加务实、更加实用。昔日的法国外交和外交家，在国际交往中或在国际会议上，往往以大国自居，炫耀法国的光荣和伟大，盲目地妄自尊大，经常引起他国或与会者的不满和反感，啧有烦言。希拉克第二任总统时期，法国外交及其外交家一改昔日的腔调和风格，发扬"谦卑"的作风。正如法国外长米歇尔·巴尼耶在 2004 年 8 月举行的法国驻外使节会议上所指出的，如果法国是傲慢的，她就不是伟大的国家；如果法国单打独斗，她就没有力量。为了推进世界多

① 弗朗兹－奥利维埃·吉埃斯贝尔：《希拉克传 1986～2006》，世界知识出版社，2007，第 308 页。
② 弗朗兹－奥利维埃·吉埃斯贝尔：《希拉克传 1986～2006》，世界知识出版社，2007，第 308 页。
③ 弗朗兹－奥利维埃·吉埃斯贝尔：《希拉克传 1986～2006》，世界知识出版社，2007，第 308 页。

极化和重振法国昔日的大国雄风，法国需要放下架子，以更加现实、更加务实、更加实用和平等的态度对待和处理国与国之间的关系。第二，法国外交的总目标和基本方针更加灵活。自蓬皮杜就任第五共和国第三届总统以来，法国一改戴高乐外交顽固和僵硬的风格，往往以灵活著称于世。而希拉克第二任总统时期的外交，每年都有变化，经常进行调整，其灵活性更加彰显。路透社报道，希拉克在政策上的反复，让他有了"天气风向标"的外号；他总能找到摆脱困境的方法，让他赢得了"豪德尼"（一个有名的逃生专家和魔术师）的外号。德国《明镜》周刊认为，希拉克是个"平衡木高手"，面对政治危机时总能化险为夷。

总之，希拉克第二任总统时期，法国外交更加现实、更加务实且更加灵活，亦可称为"更加现实主义的戴高乐主义外交"，或"希拉克主义外交"。

二 推动欧洲一体化，加强法德轴心和多重联盟

推动欧洲一体化建设仍然是希拉克第二任总统时期法国对外政策的重中之重，旨在把欧盟建成独立一极，以此为依托，使法国在欧盟、欧洲和国际政治中重塑大国形象，继续发挥"中等国家坐头等车厢"的作用。希拉克于2001年提出制定欧洲宪法，为欧洲未来进行设计并确定欧盟发展方向，正是出于上述的考虑。《欧盟宪法条约》出台后，于2004年10月29日在罗马获得欧盟25个成员领导人的签署。不过，条约还必须在欧盟全部25个成员根据本国法律规定通过全民公决或议会投票方式批准后方能生效。如获得所有成员和欧洲议会的批准，条约将于2006年11月1日正式生效。此前，已经有9个国家投票批准了条约。但是，在作为创始国的法国于2005年5月29日举行的公民投票中，该条约被否决，之后又被荷兰公民投票否决，致使欧洲政治一体化遭到重大挫折。尽管希拉克总统于5月30日致信欧盟各成员国领导人，强调否决的结果不会对法国对欧洲建设的历史承诺产生任何影响，但是，否决的结果使法国在欧盟的形象受到损害，使法国在欧盟的地位有所削弱。

在希拉克第二任总统时期，法国支持在欧盟扩大进程中采取东扩和南下的双向策略。在东扩方面，前一时期由于德国抢先向东扩张，法国措手

不及，企图采取南下的策略来平衡德国的捷足先登。现在法国意识到，这等于默认东欧是德国的势力范围。希拉克决定改变前期的做法，支持东欧国家加入欧盟和北约的愿望，并利用东欧国家尚存的"恐德心理"和"潜在的亲法情绪"，频繁地访问中东欧国家，支持吸收一些中东欧国家加入欧盟，从而重返东欧。在策略上，法国主张依欧盟"本身的消化吸收能力"，还要照顾法国民众畏惧新成员的劳动力大量涌入本国劳动力市场导致失业的心理，适度地进行东扩，以确保欧盟的前途。在南下方面，法国积极地发展与欧洲南部国家和地中海国家的关系，希拉克频繁地访问该地区的国家和召开与该地区国家有关的会议，主导欧盟南下的事务，从而增强了法国在欧洲和欧盟的地位。

法德合作一直被当作欧洲一体化的"发动机"，法德轴心也一直被视为欧洲建设的关键，但是，近几年两国在欧洲一体化的扩大（如共同农业政策）和深化（如机构改革）上存在分歧，影响了欧洲建设的进程。希拉克第二任总统任期伊始，积极弥合法德分歧。2002 年 10 月，法德两国在老大难的农业补贴问题上达成协议：法国同意从 2007 年起减少欧盟在农业方面的补贴，德国则同意对 2007～2013 年的欧盟农产品拨款设定上限。正是法德双方的妥协，消除了两国的分歧，从而使法德发动机重新启动。2003 年 1 月两国分别举行法德《爱丽舍条约》签署 40 周年庆典，并实现了法德两国首脑第 80 次会晤，签署了《法德共同声明》。自此，法德两国不仅在欧洲和欧盟内部事务中密切合作与协调，而且在国际事务中也加强了沟通与合作，从而使法德轴心成为国际舞台上反对单边主义的重要力量。

希拉克第二任总统时期，法国继续在欧洲和欧盟事务中坚持"多重联盟"的方针。希拉克强调"欧洲建设不能没有英国"，同时表示将加强与意大利等南欧各国的关系。正是在这个方针的指导下，法国积极地与英国加强了以核防务与军事合作为重点的关系，同意大利和西班牙组织南欧联盟的活动也十分活跃。希拉克这样做的目的就是要通过"多重联盟"，在欧盟内部建立起新的力量平衡，从而突出法国在欧盟事务中的中心地位和主导作用。但是，法英围绕伊拉克开战问题产生分歧，2005 年 6 月中旬欧盟首脑会议未能就欧盟中期预算问题达成妥协，令法英矛盾进一步加深。尽管这样，法英两国在总体上保持良好的关系，在伊朗核问题、消除贫困和中东和平等诸多方面仍保持着密切的合作。

三　与美国关系起伏跌宕，不放弃反对单边主义的立场

希拉克总统在法美关系上有这样的说法："我在外交政策方面有一个简单的原则，这就是，我先看美国人做什么，然后反其道而行之。于是，我肯定自己做得有理。"① 这种本能不仅来自他对美国的认识，而且主要出于维护本国的利益。

希拉克第二任总统初期调整外交政策的最大亮点，就是改善 20 世纪 90 年代末以来走向低迷的法美关系。法美同属西方国家，有着共同的价值观，也拥有共同的利益。尽管法美在外交和贸易方面存在矛盾和冲突，但是，两国在根本利益上是一致的，是可以协调的。因此，希拉克再次走马上任后，立即表示要修补法美关系。2002 年 7 月法国外长德维尔潘访问美国，与美国领导人进行了"直接""友好"和"相互信任"的对话。虽然法美在一些国际热点问题上没有取得一致，但是，两国关系已经由紧张走向缓和。

但是，缓和的法美关系好景不长，两国在伊拉克问题上又爆发了严重的分歧和冲突。2002 年下半年，美国以伊拉克支持恐怖主义和"基地"组织、研发大规模杀伤性武器和欺骗国际社会为由，公开表示将以武力推翻萨达姆政权，并随之陈兵海湾。法国则反对美国对伊拉克动武：第一，希拉克坚持世界多极化和反对单边主义，而法国看到美国在中东做了什么呢？它通过与沙特阿拉伯和科威特保持特殊关系，企图进一步控制伊拉克，从而重绘中东政治版图，因此，法国必须阻止美国势力在该地区的扩张，反对美国攻打伊拉克，维护法国在中东和伊拉克的传统势力范围。希拉克的反战立场在国内得到广泛的民众（78%）拥护。第二，法国在伊拉克和阿拉伯地区拥有广泛的经济利益，法国一直是伊拉克的重要武器供应国，在伊拉克有近百亿美元的投资和 80 亿美元的债权，在战争爆发前夕已经通过

---

① 弗朗兹－奥利维埃·吉埃斯贝尔：《希拉克传 1986～2006》，世界知识出版社，2007，第 298 页。

"联合国石油换食品计划"，大包大揽成为伊拉克最大的单一供应商，[1] 还与伊拉克签订了许多石油协议，从而使法国拥有 300 多亿桶的石油开采权，相当于伊拉克石油开采总量的 25%，而战争一旦爆发必定使法国的经济利益遭受巨大损失。法国的石油也主要从中东地区和伊拉克进口，美国控制中东和伊拉克，就意味着法国石油资源受到美国的钳制。第三，法国与阿拉伯国家关系密切，在法国国内又有与阿拉伯地区保持着千丝万缕联系的 500 万穆斯林，支持美国对伊拉克动武会在内政上造成负面影响，失去法国穆斯林和一向对美国单边主义持批评立场的法国民众的支持。第四，在欧盟内部，欧洲议会通过反对伊战的决议，欧盟作为整体也反对"倒萨战争"，德国、比利时等国也站在法国一边；在国际社会中，俄罗斯、中国等也都反对美国对伊拉克动武。法国并不孤立。

正是基于上述原因，从 2002 年秋天到 2003 年 1 月 21 日，法国一再强调美英攻打伊拉克必须得到联合国的授权，否则不会同意美国"打伊倒萨"，伊拉克危机应该在联合国框架内加以解决。针对美国要求联合国安理会授权美国动武的决议，法国提出"两步走"的方案：恢复核查，弄清事实后再由联合国安理会采取相应的行动。法国的方案获得通过。从 2003 年 1 月 22 日到 3 月底，法国为反对对伊拉克动武四处奔走游说，合纵连横。法德在共庆《爱丽舍条约》40 周年时明确表示反对美国对伊动武，2 月 10 日法、德、俄三国在巴黎发表联合声明，呼吁以和平方式实现解除伊拉克武装的目标。此后，法国一再对美国对伊最后通牒的议案提出反建议，直至威胁使用否决权，公然跟美国对着干。在此期间，由于法美在伊拉克问题上的矛盾激化，为发泄对法国、德国等反战的不满，美国国防部部长拉姆斯菲尔德称这些国家为"老欧洲"，称赞支持美国动武的英国、意大利、西班牙、波兰等国为"新欧洲"。大西洋彼岸舆论也反复指责法国是"麻烦制造者"[2]。法国则反唇相讥，法美两国的舆论战达到高潮。法美关系因伊拉克问题降至历史最低点。

---

① 肯尼思·R. 蒂默曼：《法国对美国的背叛》，中央编译出版社，2010，第 286 页。

② 弗朗兹－奥利维埃·吉埃斯贝尔：《希拉克传 1986～2006》，世界知识出版社，2007，第 301 页。

3 月 20 日，美英不顾国际社会的强烈反对，绕过联合国安理会，向伊拉克宣战并开始实施军事打击。法国在未能阻止伊战的情况下，迫不得已来了 180 度大转弯。法国外长德维尔潘 4 月 1 日声明，虽然法国没有直接介入伊战，但"我们是站在我们的盟友美国和英国一边的"，并希望萨达姆政权迅速垮台。尽管伊战爆发后美国摆出了"原谅俄罗斯、冷淡德国、处罚法国"的姿态，① 法国则显示了和解的立场。首先是随着形势的发展，越来越多的法国人认识到日益恶化的法美关系对法国的长远与核心利益不利，特别是法国经济界和朝野强烈要求改善法美关系。其次，法国意识到，与德国、俄罗斯在反对伊战基础上结成的若有若无的"三国轴心"，不仅没有使法国获得实惠，反而使欧洲中小国家感到担忧，害怕法德同俄罗斯搞秘密交易，出卖它们的利益，从而使那些国家更加向美国靠拢，因而必须及时地调整法美关系。最后，为了在伊拉克重建中攫取更多的利益，恢复法国作为伊拉克重要经贸伙伴的地位，从而维护法国在伊拉克和中东地区的传统利益。

正是基于上述考虑，希拉克于 4 月 15 日在与美国总统小布什通电话时宣布法美不再纠缠于过去，而是用"务实态度"处理双边关系。法国外长多米尼克·德维尔潘担声明在战后重建问题上愿意与美国协调立场。为了表示法国对美国和解的诚意，爱丽舍宫下令法国官员不要对美国加以批评。美国方面也向法国伸出橄榄枝。与此同时，法德英三国紧锣密鼓地商讨伊拉克战后重建问题，发挥联合国的"中心作用"。法国外长频繁地出访埃及、叙利亚、黎巴嫩、沙特阿拉伯等中东国家。围绕修复法美关系和战后伊拉克重建问题，法国开展了一系列的外交活动，从而使紧张的法美关系有所缓和。

但是，由于法美在外交方针和战略上的差异，在中东和伊拉克以及世界其他地区利益的不同，法美这个被西方学者称为"冷同盟"的关系依然在争夺与合作、一致和矛盾的交织中此起彼伏，时冷时热。

---

① 惩罚法国的措施，可参阅肯尼思·R. 蒂默曼《法国对美国的背叛》，中央编译出版社，2010，第 298 ~ 299 页。

四 法俄关系的加热和升温

与希拉克总统第一任时期一波三折的法俄关系不同，希拉克第二任总统时期的法俄关系一直处于加热和不断升温的状态。

这是因为：第一，法俄在建立"多极世界"上具有共识。希拉克继承戴高乐主义的传统，积极地推动世界多极化，普京上台后也反复强调要建立"多极世界"。法俄双方在这个问题上的立场和观点是一致的。第二，在战略层面上，建设大欧洲的进程也需要俄罗斯参与。希拉克于2005年3月28日在法国北部城市阿拉斯明确表示，欧盟与俄罗斯的关系是未来世界稳定的关键因素。第三，法俄在平衡与美国关系的立场上有共同点。法、德等大多数欧盟国家都拒绝支持美国建立导弹防御系统。俄罗斯也对美国发展导弹防御系统表示不满和反对，它利用欧洲担心美国此举会引起新的军备竞赛的恐惧心理，积极地向法国和欧盟各国做工作，争取到了大多数欧盟国家的支持。特别是在伊战前后，法俄双方强烈地要求提升两国的关系。第四，法俄两国的经济和贸易互补性日益增强，法国需要俄罗斯的能源和矿物资源，俄罗斯也急切需要法国的资金和技术。

正是由于上述原因，法俄关系在不断地加热和升温。2002年7月，希拉克再次当选总统后，竟然打破首次出访必是德国的惯例，将首访安排在俄罗斯。希拉克与俄罗斯总统普京展开议题广泛的会谈，旨在促进两国双边关系，重点是有关战略安全、航空及太空事务的议题。通过访问，法俄还签署了一项双边航空协议，赋予双方航空公司飞行优先权。

而当2003年2月普京对法国访问时，希拉克又打破惯例，亲自到机场迎接，表示对法俄关系的高度重视。双方就伊拉克问题深入地交换意见，取得了广泛共识，并与德国领导人一起于2月10日在巴黎发表了法、俄、德联合声明，再次强调了反对对伊拉克动武的立场，从而在一个时期形成了"巴黎—柏林—莫斯科良性轴心"。在普京访法期间，两国签署了《法俄战略问题声明》和《法俄能源声明》等一系列文件。《法俄战略问题声明》宣布，为了维护国际和平与稳定，防止大规模杀伤性武器及其运载工具的扩散，法俄将在有关领域开展和加强全面合作。《法俄能源声明》宣布两国决定在能源、核安全、反对恐怖主义和环保领域建立"伙伴关系"，俄罗斯则将为欧洲特别是法国提供石油和天然气。此外，法俄双方有关部长还签订了安全合作框架协定和有关司法合作问题等六项协议。上述一系列文件的签订全面提升了法俄关系。

此后，随着法俄两国领导人频繁地接触和互访，两国的关系一步步升温。在法国的鼎力支持下，俄罗斯加入了八国集团。之后，法国又提议俄罗斯担任 2006 年八国集团轮值主席。法国和德国倡导北约跟俄罗斯逐步接近，并先后通过 1997 年的《北约和俄罗斯相互关系、合作与安全的基本文件》和 2002 年建立的"北约—俄罗斯常设联合理事会"。在经济方面，法国推动在法国和俄罗斯之间以及在欧洲范围内，建立尤其涉及能源、航空和空间工业等关键领域的长期工业合作伙伴关系。法国还积极支持俄罗斯加入世界贸易组织。

五　巩固传统势力范围，开拓发展中国家的"新边界"

1. 巩固和扩大在中东和伊拉克的地位和影响

中东地区是欧洲大陆的战略侧翼，是法国和欧洲的能源供应地和商品（特别是军火）市场，是欧亚非三大洲交通要道，法国在该地区有重要的经济、政治和安全利益。希拉克第二任总统时期，法国不仅要巩固在该地区的传统势力范围，还要扩大其政治和经济作用及影响，但是，伊拉克战争后，由于美国的影响和势力的膨胀，法国受到排挤和削弱，希拉克不能容忍这种情况继续下去。法国要争取在中东扮演更加重要的角色，积极参与制订中东和平与重建伊拉克的方案。

伊拉克战争后，法国一方面采取了一系列措施来修复法美关系。关于美国在伊拉克驻军问题，法国虽然认为美国撤军是实现伊拉克最终和平的先决条件，但法国对美国撤军的最后期限避而不谈，也不再使用"结束占领"这样的措辞。在 2004 年 11 月的沙姆沙伊赫会议上，法国也不再坚持要求伊拉克反对派参加会议。另一方面，法国希望"重返"伊拉克，积极地参与伊拉克的重建。为此，法国同意减免伊拉克的债务，幅度达 80%，总共 40 亿美元。努力争取在伊拉克的石油开采合同，发展与伊拉克的经贸关系，以维护法国在伊拉克的传统利益。

在法国和以色列关系方面，鉴于法国是世界上犹太人最多的国家之一（50 万 ~ 80 万人），是以色列的第三大科技合作伙伴和第六大贸易伙伴，也是以色列国民的第二大旅游目的地国，更重要的是，法国想借此在寻求中东和平、建立巴勒斯坦国问题上发挥作用，希拉克要解冻自 1967 年第三次中东战争以后变冷的法以关系。以色列也要在法国和欧洲恢复因修建以色列和巴勒斯坦之间的隔离墙遭国际舆论谴责而受损的形象。正是双方的需要，法以关系开始松动。2004 年 2 月，以色列总统卡察夫应邀访问法国，成为 15 年以来第一位访法的以色列国家元首，从而使两国关系解冻。但是，法以在巴以冲突问题上的分歧难以弥合，两国关系的改善不会有太大的进展。

2006 年上半年，黎巴嫩真主党与以色列冲突骤然升级，中东地区形势紧张起来。作为时任联合国安理会轮值主席国的法国，素来与黎巴嫩有着传统的密切关系，因此责无旁贷地发挥了举足轻重的作用。法国积极在黎巴嫩和以色列之间斡旋，在安理会决议草案的形成和促进黎以停火上起着不可替代的积极作用。在斡旋中，法国既未得罪美国和以色列，同时也照顾到了黎巴嫩和阿拉伯国家的利益，使黎以的紧张关系得以缓解，维持了中东地区的和平与安宁。在斡旋中，法国成为国际舞台上引人注目的主角，起到了大国的作用。

在伊朗核问题上，法国主张伊朗就其核计划的民用动机做出保证，并愿意在政治、经济和能源领域同伊朗开展广泛的合作。

2. 对非洲推行"借重"战略

冷战结束后，法国对非洲经历了一个从忽视到重新重视的调整过程。希拉克纠正第三次左右共治时期对非洲"既不介入，也不冷漠"的实际上忽视非洲的政策，建立起新型的合作伙伴关系，从而使非洲能够在国际事务中发出自己的声音，并支持法国的立场。

希拉克一再重申非洲是法国对外合作的优先区域，将从 2002 年起在 5 年内使发展援助（主要是对非洲）的数额增加 50%，继续减少在非洲的驻军，不干涉非洲国家的内部事务，以多国维和部队替代单独军事干预，吸收新兴国家和包括非洲国家在内的发展中国家参加新型会晤和发达国家的首脑会议。

2003 年 2 月，比历次规模都大，历次规格都高的第 22 届法非首脑会议在巴黎召开，会议的主题是"法非共建新型伙伴关系"。希拉克总统宣布，非洲是"法国外交优先的中心"。正是在伊战爆发前夕，法国借重出席会议的 50 多个非洲国家，发表就伊拉克问题的共同声明，主张在联合国安理会第 1441 号决议框架内对伊拉克进行武器核查，动武只能作为最后的解决办法。这对法国的反战立场无疑是有力的声援。作为回报，法国加大对非洲和发展中国家的官方发展援助，到 2007 年，援助数额将占法国国内生产总值的 0.5%，到 2012 年达到联合国提出的占国内生产总值的 0.7%。法国外长杜斯特 - 布拉齐于 2005 年 7 月出访苏丹、尼日尔等国，以彰显法国对非洲的重视。此外，法国强调法语国家的团结，加强与阿尔及利亚、摩洛哥和突尼斯北非三国的特殊关系。

3. 开拓亚洲和拉丁美洲的"新边界"

在亚洲，希拉克无论从财力、物力、人员和设施上都加大了投入，以便巩固与日本、印度、中国的战略伙伴关系，同时在亚洲开拓法国外交的"新边界"，努力使法国成为亚洲各国的"信任中心"，以便借助新兴经济体来建设多极化世界，维持各个大国之间力量的平衡，推动法国经济和欧盟经济走出困境。为此，希拉克于 2006 年先后访问了泰国、印度、印度尼西亚、中国等国家。

日本是法国在亚洲的外交重点，这是因为日本是法国第二大投资国，维系了法国的经济利益。法国和日本同为八国集团成员，两国每年进行最高级别会晤，并就多边问题举行政治和战略对话，内容涉及打击恐怖主义、联合国安理会改革、不扩散、可持续发展等广泛领域。法国多年来一直支持日本成为联合国安理会常任理事国。此外，法国和日本定期就地区性问题进行磋商，特别是朝鲜和伊拉克问题，法日两国从 2002 年起开始进行极为密切的对话和协商，从而把两国关系推向全面合作的新阶段。

法国和印度保持着传统良好关系。早在 1998 年 1 月，希拉克总统访问印度时就确定了两国长期和全面战略伙伴关系，希拉克第二任总统时期，法国进一步加强了法印关系。法国和印度对国际关系的看法一致，致力于共同捍卫多边体制的作用，尤其是在维和及安全、打击恐怖主义等领域。法印两国积极在技术和科学领域开展合作，努力使印度成为法国未来的工业合作伙伴。法印双方努力发展经济和贸易关系，法国企业在印度大规模投资能源、环境或航天领域。法国支持印度成为联合国安理会常任理事国。

此外，法国也非常关注同东南亚的关系，积极将其纳入欧盟跟自身的关系范围内（欧盟和东盟关系），并将其合作项目转向近年来兴起的局部地区，尤其是大湄公河次流域地区。

希拉克还认为拉丁美洲国家"发展前景广阔"。希拉克于 2006 年出访巴西、智利等国，进一步打开了法国进入拉丁美洲的大门，吹响了法国进军拉丁美洲的号角，推进了法国和欧盟与南方共同市场国家的经贸关系。

六 保持良好的政治关系，大力推动经贸合作，开展文化交流，将法中关系推进到历史上最好的时期

在希拉克第二任总统时期，法中保持了良好的政治关系，大力推动经贸合作，并开展文化交流，从而使两国关系跃上一个新台阶，达到历史上最好的时期。

为什么进入 21 世纪后法中关系能发展到如此的高度呢？这是因为：第一，希拉克高举"戴高乐主义"的旗帜，在对外关系上实行独立自主的外交方针，在战略上推动世界向着多极化方向发展，因而同中国一向实行独立自主外交和主张世界多极化并行不悖，两国在外交上有着共同的政治基础和战略目标。第二，希拉克总统以及先后担任法国总理的拉法兰和德维尔潘都看到，中国已经成为新兴经济体，欲要使低迷的法国经济有起色和发展，必须依靠中国，借助中国的力量。针对法国部分舆论对中国崛起的恐惧心态，希拉克、拉法兰和德维尔潘都在不同的场合指出，中国经济强大起来对法国和世界是机遇而不是挑战，中国也需要法国和欧盟的资本、科技、市场、管理来发展自己。第三，法国在国际舞台上坚决反对单边主

义，主张以多边主义来处理国际事务。中国也在国际舞台上坚决反对霸权主义，主张在联合国框架内通过多边对话和协商解决国际争端。这正是在多极化世界理论的基础上，进入 21 世纪后法中两国自然而然演绎出的多边主义新共识。第四，法中两国都具有悠久的历史和灿烂的文化。中国在法国民众心目中，正如法国在中国民众心目中一样，都是十分迷人和颇具魅力的国家，两国民众相互吸引和向往。在这里，特别要提到希拉克本人有一种特殊的"中国情结"，对中国文化的热爱可以说已到了痴迷的程度，他除了对中国的历史、古典诗词、绘画和书法颇有研究之外，对中国文物和考古尤其热爱，对青铜器更是情有独钟，而且已能就此和中国的顶尖专家进行学术交流。因此，希拉克被国际舆论认为是"法国乃至欧洲历史上最了解中国的总统"。

正是由于上述原因，希拉克第二任总统时期法中关系的发展达到了一个新的高度。首先，法中两国领导人频繁互访。2002 年 9 月，朱镕基总理访问法国，双方就双边关系和共同关心的国际和地区问题交换了意见，签署了《法中政府间文化合作协定》。同年 11 月，巴黎中国文化中心正式挂牌成立。这是中国在西方国家建立的第一个文化中心。2003 年 4 月，让 - 皮埃尔·拉法兰总理在中国人民抗击"非典"的关键时刻访问中国，突出表明法方对发展对华关系的重视和法国人民对中国人民的友好情谊，显示出法方进一步密切两国全面伙伴关系的愿望，对法中关系的深入发展起到积极促进作用。

2004 年是法中建交 40 周年，中国国家主席胡锦涛于 1 月对法国进行了国事访问，两国元首签署了《中法联合声明》，把两国"全面伙伴关系"提升到"全面战略伙伴关系"的新高度。在两国元首会谈中，双方在加强多边体系、促进全球问题的解决、深化法中双边关系等领域达成一致意见。希拉克总统再次确认坚持"一个中国"的一贯立场，明确表示反对包括"公投"在内的旨在改变现状、加剧台海紧张局势和导致"台湾独立"的任何单方面举动。2004 年 10 月，希拉克总统来华进行回访，法中两国领导人举行了内容广泛的会谈。双方一致强调，法中互办文化年是两国文化交流史上的创举，对两国关系的发展具有深远影响。双方一致同意，进一步促进和深化两国各领域交流与合作，把法中、欧中全面战略伙伴关系推向更高的水平。2004 年法中首脑互访并发表《法中联合声明》，从而把两国关系带入了历史上最好时期。

2005 年 4 月，拉法兰总理再次访华，法中双方签署了关于农业、航空、能源等领域的 20 个双边合作协议。2005 年 12 月，温家宝总理到法国回访。对于法中关系的发展，温家宝总理提出了五点建议。法中两国还签署了 15 项合作文件，涉及财政、社会保障、中小企业合作、公路交通、海上救助、科研、电信、农业、航空等多个领域。2006 年 10 月，希拉克总统再次访华。两国领导人在会谈中一致表示要遵循双方共同确定的原则和方向，不断深化两国各领域的互利合作，推动法中全面战略伙伴关系深入发展。两国元首共同签署了《法中联合声明》，宣布两国将在政治、欧中关系、司法、安全、经济合作、人文等领域采取一系列共同行动。两国政府还签署了涉及空间合作、核电项目开发、购买"空中客车"飞机等 14 项合作协议。

通过法中两国领导人的频繁互访，双方的战略合作深入到各个领域，两国在重大国际问题上密切协调与配合，政治互信不断加深，对世界的和平与稳定起到了积极作用。

正是在法中双边关系良好的基础上，法中的经贸关系有了很大提升。两国签有海运协定、航空运输协定、长期经济合作协定、避免双重征税协定、投资保护协定、知识产权合作协定等，设有经贸混委会和农业及农业食品合作委员会。法中的经济关系涉及领域广泛，不仅包括航空、能源、铁路等原有的领域，而且进一步扩大到农业、环保、高新技术和电信等领域。法国对华投资显著增加，截至 2006 年，法国在华投资项目 3271 个，实际投资金额 78 亿美元，在欧盟国家中列第三位（仅次于德国、英国）。仅在 2006 年，法国在华投资项目就有 338 个，实际投入 3.8 亿美元。法国在华投资主要集中在能源、汽车、化工、轻工、食品等领域，大部分为生产性企业。在投资的地域上，法国在华企业从东南沿海逐步向中西部和东北地区扩展。在财政金融合作方面，截至 2004 年年底，法中共签订了 24 个财政议定书和 2 个赠款协议，法方承诺贷款总额 25.8 亿欧元，双方共安排

134 个贷款项目。法国是对华提供政府贷款最多的国家之一。法中的贸易发展尤为明显，据中国海关总署统计，2006 年法中双边贸易额为 251.9 亿美元，同比增长 22%，其中中方出口额为 139.1 亿美元，同比增长 19.5%，进口额为 112.8 亿美元，同比增长 25.2%。法中双边贸易保持快速增长的势头，不过在两国贸易中巨大的法国逆差问题也有待解决。

法中两国还为促进双方文化、科学技术和教育交流做出了巨大努力。在文化交流方面，两国元首共同决定从 2003 年至 2005 年互办法中文化年活动。2003 年 10 月至 2004 年 7 月，中国文化年在法国举办，其内容涵盖文化、艺术、教育、科技、体育、旅游等众多领域，共计 300 多个项目，展示了中国的古老文化、民间和民族艺术、当代艺术等，受到法国公众的热烈欢迎。中国文化年期间，100 多万人参观了各项展览，100 多万人观赏各类演出。香榭丽舍大街举行中国彩装行进表演，这是香街首次向外国人开放，观众达 70 万。埃菲尔铁塔也被染成中国红。中国文化年的一系列展览和表演，彰显了中国古老文化的魅力，也体现了现代中国在文化上的创新。

2004 年 10 月至 2005 年 7 月，以"浪漫、创新而又以人为本"为主题的法国文化年在中国举办。法国文化年期间，北京、上海、广州、武汉、成都、重庆、深圳、香港等一些大城市举行了 200 多场法国文化活动，其中包括各种艺术展览、科学研讨会、教育和技术的活动。在艺术方面，内容从设计、造型艺术、电影、文学到舞台艺术，包罗万象。两国元首共同出席法国印象派画展开幕式。法国空军特技飞行表演、雅尔午门激光音乐会等活动成功举办，受到中国民众的热烈欢迎。法国文化年的一系列展览，彰显了法国在多个领域的创造力，表明法国不仅拥有古老的灿烂文化和丰富的旅游资源，而且拥有现代的和强大的科技创新实力，使中国人民领略到法国民族的浪漫以及社会和文化的多样性。此外，北京法国文化中心以及在中国多个城市的法语培训中心也开始启用。

七　务实的防务

"9·11"事件后，法国意识到世界安全形势发生了重大的变化。由于局部战争此起彼伏，武装冲突频仍，严重影响了世界和地区的和平与安全。

又由于大规模杀伤性武器的扩散，恐怖主义、信息安全、气候变化等非传统因素上升，越来越对法国、其他国家和地区，乃至全球的安全和稳定构成极大威胁。原来的法国防务及其政策已经不能适应新的内外形势的需要，因此，法国总统希拉克多次公开表示，振兴法国防务是政府的优先施政目标，2015年法军应建设成为新型的武装力量。在希拉克及法国军方的大力推动下，法国议会通过了一个规模较大的振兴军队的决议——《2003～2008年军事纲领法》。

根据《2003～2008年军事纲领法》，法国军费支出将改变20世纪90年代的负增长状态，出现较大幅度的增加，目的在于使军队继续职业化，军备现代化。该法将军事装备采购费用在五年内从上一个五年的834亿欧元增加到约888.7亿欧元，从而使法国军事开支从占国内生产总值的1.8%上升到2%～2.5%。除了订购和装备大批先进的武器外，法国还将为军队装备第三艘核动力导弹潜艇，并开始建造第四艘核动力导弹潜艇和新的航空母舰。

为保证法国国内外的安全，即保证国土的完整、人民的安全、尊重国际条约和协定，《2003～2008年军事纲领法》确定了法国防务的四大支柱：第一支柱是确保核力量由威慑向实战方向转变，由"被动式核防御"向"主动式核防御"方向发展，核威慑的范围更加广泛，核打击的门槛进一步降低，实战性大幅度提高。第二支柱是防范恐怖主义活动，防止核武器扩散。首先是情报搜集，即增强卫星、无人机和情报人员的能力，以防范恐怖分子获取核材料、放射性材料、生物或化学材料。其次是加强纵深打击能力，这意味着法国将使用更多的战斗机、运输机和新增加的航空母舰。最后是加强部队在战场上的保护，尤其保护部队免受核武器和生化武器的攻击。第三支柱是保障人民、领土、设施、文化遗址和经济活动。第四支柱是确保驻外军队的行动。

法国重视欧洲独立防务的建设，确立新的欧洲安全机制，谋求在欧洲安全事务中发挥主导作用。法国继续参与北约的集体防御，力促北约进行内部改革，积极扩大法国的影响和作用。

第五节　政治力量的消长

一　2002 年大选后的政治生态和政治格局

1. 右翼的政治生态：戴高乐主义政党重组，实力增强；法国民主联盟分裂，实力削弱

总统多数派联盟于 2002 年 11 月 17 日在布尔热召开奠基性代表大会后定名为人民运动联盟①。阿兰·朱佩当选为该联盟首任主席。人民运动联盟在 2002 年总统选举和议会选举中，为希拉克当选和戴派进入议会立下了汗马功劳。

为什么存在近 30 年的保卫共和联盟在进入 21 世纪后却要改头换面，进行重组呢？其一，是为了适应 21 世纪初新形势的需要。正如人民运动联盟成立时的宗旨所指出的，20 世纪 90 年代以来法国人对政治的兴趣减退和对所有的政党都丧失了信心，甚至连政权的合法性都不予承认，这就给法国社会发出危险的信号。为了恢复法国人对政治的兴趣和提振他们对政党的信心，保卫共和联盟必须扬弃旧的外壳，重新包装，把它造就成为"人民的联盟"，以便使法国人对戴高乐政党有焕然一新的感觉。其二，倾听公民的心声，努力贴近公众，了解公民的困难和每个人的愿望，提倡直接民主和社会对话，满足每个公民参与决策权的要求，力图改干部党为群众性政党。其三，在近 21 年的三届总统任期内，右翼执政时间远少于左翼，主要原因在于右翼主要政党在竞选时往往各自为战，难以形成抗衡左翼的合力。2002 年总统选举和立法选举是契机，利用这个机遇聚合中右政党中的戴高乐派和希拉克派，以便争取选票，取得大选的双胜利。

人民运动联盟在筹备和成立过程中，拉走了中间政党——法国民主联盟的主要力量，引起了该党领袖贝鲁的坚决反对和抵制。贝鲁指责成立人民运动联盟会导致中右走向"单一政党"，而"单一政党是一个将整个右翼

---

① 人民运动联盟法文为 "l'Union pour un movement populaire（UMP）"。

装'在同一个模子里'的体制……由于'单一政党'的存在，将来就会有'单一舆论'和'单一思想'"。① 正是贝鲁的坚守，使法国民主联盟得以继续生存和运作下去，在 2002 年总统选举的第一轮投票中，贝鲁获得了 194.91 万张选票（占有效票的 6.84%），在议会选举中法国民主联盟获得了 22 个席位。人民运动联盟吞食了自由民主党，但法国民主联盟则"逃脱了希拉克的收割机"，② 从而确保了法国中间政党的前途。

人民运动联盟奉行戴高乐主义，但是，它与 20 世纪五六十年代的戴高乐主义又有所区别：当初的戴高乐主义主张高度中央集权，现在的戴高乐主义则主张进行政体改革，实行权力下放；当初的戴高乐主义强调国家对经济和社会生活的干预，现在的戴高乐主义则主张减少对经济和社会生活的干预，给予企业更多的自由；当初的戴高乐主义在捍卫国家主权之下推行欧洲一体化，现在的戴高乐主义则愿意让渡广泛的主权来实现欧洲一体化。总之，从上述三个角度看，此戴高乐主义非彼戴高乐主义，人民运动联盟给原戴高乐主义注入了更多的自由主义成分，成为新戴高乐主义，希拉克主义的戴高乐主义使目前的法国右翼与传统的右翼相区别。人民运动联盟体现了 21 世纪初法国中右政党的色彩。人民运动联盟新的政治纲领是建立在"自由、责任、互助、国家、欧洲"基本价值之上的，强调奉行务实和开放的经济、社会和对外关系政策。

人民运动联盟 2002 年取得了总统选举和立法选举的双胜利，又控制了地方议会，如日中天，但是，人民运动联盟内部的矛盾随着时间的推移日益显现，从而削弱了右翼的力量，给执政党带来不利的影响。

2. 左翼的政治生态：社会党整顿组织，力量回升；法共调整纲领和政策，但仍举步维艰；绿党走向复兴之路

社会党在 2002 年总统和议会选举中惨败后，其力量有所削弱，影响有所缩小。特别是社会党的领袖和理论家若斯潘在总统选举第一轮投票中被

---

① 弗朗兹－奥利维埃·吉埃斯贝尔：《希拉克传 1986～2006》，世界知识出版社，2007，第 286 页。

② 弗朗兹－奥利维埃·吉埃斯贝尔：《希拉克传 1986～2006》，世界知识出版社，2007，第 286 页。

极右政党的候选人勒庞击败，失去了第二轮通常由左右翼候选人对决的传统，在政治舞台上丢尽了左翼的颜面。若斯潘灰心丧气，决心退出政坛，从而使社会党在一个时期内处于群龙无首的状态，致使党内山头蜂起，派系斗争激化，社会党的实力进一步下降。

数月后，社会党才开始重新振作起来，动员全党进行反思，召开了上千次不同规模的讨论会，探讨失败的原因。在讨论中，许多党员怀疑和质问社会党组织结构、运作方式和影响力等一连串问题。正是在集思广益的基础上，社会党决定整顿组织，筹备召开全国代表大会，力求在理论上进行更新，从而推进党的现代化。

在 2003 年 5 月举行的第戎全国代表大会上，社会党进行了反思和政策调整，声明"我们需要对我们的组织和实践进行深刻的创新"①，提出了"左翼改良主义"②的新主张。社会党对自身进行再认识，认为在新时期社会党应该成为一个"人民党"，为公民服务的政党，应该成为社会的中介者。社会党应该对所有的社会群体开放，并不断与他们对话，以便能够创新。社会党还应该成为对全国开放的、可接近的和受监督的党。大会对法国的民主政治进行重新评价，认为过去的民主政治主要是委托代议，今后的民主政治应该是参与，应该增加公民在选举时期以外的参政机会，加强社会团体和工会的作用。大会针对法国国营经济不景气的状况，提出了"社会经济"的概念。大会对党组织进行革新，使党更具有代表性和开放性，非党人士可以参加党的会议并在政策制定过程中享有一定的发言权和投票权。通过通信技术使党成为一个处于信息网络之中和不断从事对话的党。大会还强调扩大党的基层组织，发挥基层党员的参与作用，保证每位党员享有表达意见的权利、个人投票权和可能发生冲突时接受平等管理的权利。大会进行规划，决定第戎全国代表大会后每年组织一次入党运动，把党员数量提高一倍，把选民的支持率提高到 30%。

第戎全国代表大会后，社会党振奋精神，克服了 2002 年选举失败引发的党内矛盾，形成了以第一书记弗朗索瓦·奥朗德和党内第二号人物洛

---

① 社会党 2003 年第戎全国代表大会声明：《建设一个伟大的社会党》。

② 左翼改良主义法文为 "le réformisme de gauche"。

朗·法比尤斯为首的多数派，2003 年和 2004 年党员数量上升到 12.5 万，比 2000 年的 11.87 万有所增加，2006 年增长到 28 万，超过预期目标。社会党力量回升，影响逐渐扩大。

法共总统候选人罗贝尔·于在 2002 年总统选举第一轮投票中仅获得 95.9 万张选票，占有效票总数的 3.39%，比 1995 年总统选举中 8.64% 的有效票下降了许多。接着在议会选举中仅获得 21 席，比上届议会选举获得的 27 席减少了 6 席，在议会中不能单独组成议会党团。某些法国舆论认为，法共遭到前所未有的惨败，其实力进一步削弱，影响力进一步减退，处于被政治"边缘化"的危险境地。

法共在竞选中遭遇的双失败，加深了党内的矛盾和分裂，特别是以罗贝尔·于和玛丽－乔治·比费的变革派①（也是主流派②）与乔治·阿热领导的正统派③（也称为传统主义派④）和以历史学家罗歇·马尔泰利为代表的重建派⑤之间的冲突，使法共处在危机之中。

为了总结 2002 年竞选失败的教训、团结党内各个派别力量、克服党出现的危机、探索适合本国国情的发展道路，法共于 2003 年 4 月间召开第 32 次全国代表大会。大会认真地总结和反思自 1997 年以来的失误，特别是竞选失败的教训，认为主要原因是：党缺乏应有的亲和力，与社会底层的联系日益松弛；对国内外重大事件不敏感，应做出反应时则犹豫不决，甚至采取消极的态度，从而辜负了群众的期望；在左翼结盟问题上，往往不能保持党的独立性，反而屈从社会党的需要。大会及时地调整了党的纲领和政策，通过了《共同谱写共产主义新篇章》的文件，进一步完善和深化了"新共产主义"理论，从而使该理论成为地地道道的法共自我认识、自我改革、自我发展的理论。大会通过决议：今后法共的主要任务是反对右翼的新自由主义及其政策；积极地参加群众运动以扩大党的社会基础；加强组织建设，发挥基层党组织的作用；加强党内的团结，避免派别纷争。在大

---

① 变革派法文为"les novateurs"。
② 主流派法文为"le courant principal"。
③ 正统派法文为"les orthodoxes"。
④ 传统主义派法文为"les traditionalistes"。
⑤ 重建派法文为"les reconstructeurs ou les refondateurs"。

会上，罗贝尔·于辞去党主席的职务，由全国书记玛丽－乔治·比费全面主持党的工作。①

法共第 32 次全国代表大会克服了党出现的危机，但是，在贯彻大会决议和实践"新共产主义"理论过程中，仍然充满荆棘和艰险。

在 2002 年总统选举中，绿党候选人诺埃尔·马梅尔获得了 149.5 万张选票，占有效票的 5.25%，超过了法共，是历次总统选举中所获得的最好成绩。绿党在 2002 年议会选举中则获得了 3 个席位，走上了复兴之路。

绿党为了适应 21 世纪初国内外形势的变化，求得更大的生存空间，对自身体制和内外政策进行了大幅度改革和调整，力图以新的形象成为法国政党中更具竞争力和影响力的党派。在 2003 年 12 月至 2004 年 1 月举行的全国代表大会上，绿党确定了党的生态政治的基本原理，从责任、自治、团结互助和社会正义、民主、男女平等、生产第一主义和浪费资源的社会、世界与欧洲等几个方面阐述了绿党生态政治的基本立场和观点。绿党的政治立场从激进走向温和，纲领从理想走向现实，目标从单一走向更广阔的视野，绿党的组织从封闭走向开放。另外，绿党于 2004 年 2 月参加了在意大利罗马举行的欧洲绿党成立大会，并签署了《欧洲绿党宣言》。正是来自法国外部的欧洲绿党，进一步加强了绿党在法国政坛的地位和作用。

3. 极右翼的政治生态：国民阵线内部矛盾重重，但势力有所发展

总统选举后，国民阵线不断地进行人事上的调整，但麻烦也接踵而来。让－马里·勒庞大放厥词，说二战中纳粹煤气室只不过是这场战争中的"细枝末节"。2003 年 4 月勒庞因为为纳粹张目而被撤销欧洲议员资格。同年，他安排他的女儿玛琳娜·勒庞进入国民阵线执行局，并在 4 月国民阵线全国代表大会上使其当选为副主席，为培养接班人做准备。2004 年 2 月 22 日，让－马里·勒庞被马赛行政法庭取消被选举资格。

尽管国民阵线及其头目遭到接二连三的打击，但是，对内提出反对现行的移民政策、主张恢复死刑、保护"小人物"、宣扬"法国人优先"等纲领和口号，对外提出反对全球化、反对欧盟、反对美国等纲领和口号，迎

---

① 此次大会没有选出党主席，党章规定由全国代表大会决定是否增设主席。

合了受上述方面侵害的法国手工业者、小企业主、小商人、工人、失业者的愿望和要求，所以国民阵线及其头目在总统选举后继续获得他们的拥护和支持，从而使国民阵线党员数量有较大增长，其势力有所扩展。

4. 2002 年大选后的政治格局：右翼居优的多极化多党制，右翼、左翼、极右翼鼎立的政治格局

2002 年大选后，法国形成了右翼、左翼、极右翼，亦即人民运动联盟和法国民主联盟，社会党、法共、绿党，还有国民阵线三足鼎立的政治生态。在这种政治生态中，人民运动联盟和法国民主联盟等右翼，无论在选民、议会两院、欧洲议会以及包括大区、省和市镇的地方议会中，都拥有绝对多数，占有压倒性优势，如日中天。社会党、法共和绿党等左翼，在选民中拥有相当的支持率，在议会两院、欧洲议会以及包括大区、省和市镇的地方议会中也占据一定比例的席位，但是，左翼处于劣势。至于国民阵线等极右翼，虽然在议会两院中没有席位，但在欧洲议会和地方议会中占有一定比例的席位，特别是拥有较多的选民，具有相当大的影响。在左右翼选民势均力敌的情况下，极右翼选民往往成为左右翼政党争夺的对象，从而使极右翼势力成为均衡左右翼的力量，能够决定左右翼的胜负。

二　2004 年三大选举——左升右降

1. 3 月大区议会和省议会选举——左升右降

2004 年 3 月举行的大区议会选举和同时举行的省议会选举，在法国亦称这些地方选举为"中期选举"，这是对希拉克总统和拉法兰政府当政两年来的政绩的大检验，也是对法国政治力量两年来消长情况的确认。

此次大区选举中，将选出 1880 名大区议会议员。根据 2003 年 4 月 11 日修改过的大区议员选举法规定，大区议员选举采取"名单比例代表两轮多数投票制"①，替代原来使用的"单轮比例代表制"。3 月 21 日和 3 月 28 日分别举行第一轮和第二轮投票，结果表明：以社会党为首，联合法共、

① 名单比例代表两轮多数投票制法文为 "le scrutin proportionnel à deux tours avec prime majoritaire"。

绿党、左翼激进党、共和与公民运动①的左翼联盟共获得 39.11%（第一轮）和 49.92%（第二轮）的有效票，共夺取 1126 席，占总席位的 59.9%。左翼联盟共夺取总数 26 个大区中的 24 个大区，其中法国本土 22 个大区中的 20 个大区，包括法国政治中心法兰西岛大区，而在此之前社会党仅控制 10 个大区。以人民运动联盟为首，包括法国民主联盟、保卫法兰西运动②、社会共和人士论坛③的右翼联盟共获得 33.73%（第一轮）和 36.84%（第二轮）的有效票，仅夺取 522 席，占总席位的 27.8%。右翼政党在此次大区选举中仅保留了法国本土的 2 个大区，而在此以前右翼政党控制着 15 个大区，另一个大区由独立派④控制。国民阵线获得 14.70%（第一轮）和 12.38%（第二轮）的有效票，夺取 156 席，占总席位的 8.3%。

省议员选举依然采取"单记名多数两轮投票制"，角逐 2034 个席位。两轮投票的结果：社会党获得 834 席，人民运动联盟获得 468 席，法共获得 108 席，法国民主联盟获得 68 席，左翼激进党获得 44 席，绿党获得 11 席，国民阵线仅获得 1 席。自此，社会党和左翼联盟掌握了 100 个省里的 53 个省议会，超过半数。

造成右翼惨败和左翼大获全胜的原因是多方面的：其一，拉法兰政府两年来推行一系列政治、经济和社会改革措施，减少对国有企业和机构的投入，加快私有化和经济自由化进程，触及了大多数法国人的实际利益，也导致居高不下的失业率，从而引发民众不满，罢工风潮不断，引起社会动荡。为此，大多数选民对右翼执政党投了"惩罚票"。这次选民"惩罚票"的规模和数量与 1993 年 3 月立法选举的选民"惩罚票"相当，只不过当时是选民的"惩罚票"是对左翼投的。⑤　其二，左翼政党在选举前调整了政策，提出了切合实际的竞选纲领和口号。社会党在 2002 年败选后积极地推行改革，强调社会公正，积极地开展基层工作，加强与中下层的联系，

---

① 共和与公民运动法文为"le Mouvement républicain et citoyen（MRC）"，由"公民运动"于 2003 年改名。
② 保卫法兰西运动法文为"le Mouvement pour la France"。
③ 社会共和人士论坛法文为"le Forum des républicains sociaux（FRS）"。
④ 独立派法文为"les indépendants"。
⑤ 克里斯托夫·韦纳伊：《法国政治史 1914～2007》，埃利普斯出版社，2007，第 182 页。

抵制右翼政府的改革措施，突出社会党促进社会发展的志向，从而受到了选民的青睐。其三，在这次地方选举中，社会党采取了正确的选举策略，从 2003 年秋天起，社会党就在寻求与左翼政党的联盟。在投票前，社会党不惜做出许多让步，在绝大多数选区与法共、绿党、左翼激进党、共和与公民运动分别结成两党、三党，或四党的左翼选举联盟，团结一致对付右翼政党的候选人，从而在两轮投票中占据十分有利的地位，导致左翼的大获全胜。至于右翼政党中的人民运动联盟，其主席和希拉克的"天然接班人"阿兰·朱佩因"非法设虚职领薪"罪名于 2 月被判刑和剥夺 10 年被选举权，这给予该联盟沉重的打击。在此次选举中，人民运动联盟与法国民主联盟又闹分裂，各自为政。特别是法国民主联盟坚持在 16 个选区采取单独竞选的方法，导致右翼力量未能形成合力而得票下降。其四，"名单比例代表两轮多数投票制"规定，在第一轮投票中名单一旦获得绝对多数，则不再举行第二轮投票。获得绝对多数的名单可获得 25% 的席位，剩余 75% 的席位再按比例分配给至少获得 5% 有效票的名单，包括已经获得 25% 的席位的名单。如果在第一轮投票中未有名单获得绝对多数，则至少获得 10% 有效票的名单方可进入第二轮角逐，在第二轮投票中所得票数最多的名单可获得 25% 的席位，剩余 75% 的席位再按比例分配给至少获得 5% 有效票的名单，包括已经获得 25% 的席位的名单。这样的选举法对获得多数的名单十分有利，从而使社会党和左翼联盟额外多得 25% 的选票，增加了社会党和左翼联盟取得全胜的概率。

3 月的两次选举结果表明，左右翼力量对比发生了不小的变化，左翼力量回升，右翼力量下滑，正如时任社会事务、劳工和团结部部长弗朗索瓦·菲永于当年 5 月 9 日在人民运动联盟全国委员会上发表演说中承认的，3 月社会党选举的胜利是对"4 月 21 日希拉克的颠倒"（指 2002 年 4 月 21 日希拉克在总统竞选中取得的胜利）①。社会党的实力和影响力，不仅有了回升，而且有了很大发展。3 月两次选举的结果，形成了右翼中央政府与左翼大区和省地方政府的共治，构成了中央和地方两股政治力量相互制约的

---

① http://www.u-m-p.org/.

关系。3 月两次选举的结果迫使希拉克总统改组政府，在社会政策上改弦更张。

2. 6 月欧洲议会选举——继续保持左升右降的势头

6 月 13 日，法国举行欧洲议会选举，在全国 9 个选区内选出 78 名欧洲议员。就欧盟整体而言，这是欧盟由 15 个成员扩大到 25 个成员后首次举行的欧洲议会选举，也是欧盟历史上规模最大的一次议会选举，可以说是欧盟和欧洲当年的重大政治事件。在法国，当年的欧洲议会选举也是一个重大的政治事件，它将对法国政党进行又一次大检验。

在选举中，有 57.42% 法国选民没有投票，远高于上届欧洲议会选举的弃权率。这是因为：其一，如同欧盟其他成员的选民一样，法国选民对国内事务的关心甚于对欧盟事务的关心，对欧洲议会越来越"不感冒"。其二，投票方式拉大了参选者与选民之间的距离。在欧洲议会选举中，法国 26 个行政大区被分成 9 个选区，这就意味着选民要面对一些不属于自己的行政大区的、完全陌生的参选者。这种距离让各个政党难以充分动员选民。事实证明，每次欧洲议会选举后，很多选民甚至无法说出代表自己地区的欧洲议员。其三，2004 年法国选举频繁，使选民降低了对选举的兴趣，导致投票率的降低。

不过，法国各个政党参加竞选的兴趣不减，它们积极从事选举宣传，提出本党参选的候选人名单，进行党内外动员，以便争取更多的选票。尤其是社会党，展开了声势浩大的竞选活动，并取得了明显的效果。选举的结果表明：在左翼中，社会党获得 28.90% 的有效票，夺得 31 席；法共获得 5.25% 的有效票，夺得 2 席；绿党获得 7.41% 的有效票，夺得 6 席。在右翼中，人民运动联盟获得 16.64% 的有效票，夺得 17 席；法国民主联盟获得 11.96% 的有效票，夺得 11 席。极右翼国民阵线获得 9.81% 的有效票，夺得 7 席。左翼席位与右翼席位呈现 39:28 的比例，左翼夺得的席位大大超过右翼的席位，左翼又一次取得胜利，从而继续保持法国政治力量左升右降的势头。

3. 9 月参议院部分选举——再次保持左升右降的态势

9 月 26 日，在法国举行的参议院部分改选中，社会党获得 97 席，增加了 14 席，成为参议院的第二大党。人民运动联盟获得 155 席，丢失了 7 席，虽然保持了参议院中第一大党的位置，但丧失了绝对多数。法共 21 席，丢失了 2 席，但因有两位同情的参议员参加，勉强组成议会党团。左翼激进党 16 席，丢失了 1 席。法国民主联盟 33 席，比上届多了 2 席。总之，9 月的参议院部分改选继续保持左升右降的态势，从而对执政的右翼形成了巨大压力，并在很大程度上鼓舞了社会党人和左翼选民的士气。

综上所述，2004 年三大选举导致自 2002 年以来法国政治力量的格局发生了的逆转，造就了左升右降的态势。这里指的"左升"，实际上指的是社会党力量的上升，其他左翼政党并非如此。法共在省议会选举中仅获得 108 席，而上届省议会选举（2001 年）获得 126 席，丢失了 18 席，在参议院选举中又丢失了 2 席。实际上，法共的力量和影响仍然在下滑。绿党在省议会选举中丢失了 1 席。激进党左翼在省议会选举中增加了 4 席，但在参议院选举中丢失了 1 席。这样看来，2004 年三大选举中，左翼的巨大胜利实际上是社会党的巨大胜利，从而又一次在法国政坛上形成了"玫瑰浪潮"，它几乎染遍了法国所有的大区和一半以上的省份。社会党在时隔两年后重又恢复了信心，燃起了希望。尽管 2004 年三大选举体现了法国政治格局的左升右降，但是，由于右翼在全国性的议会两院中保持多数，所以，并未改变右翼居优的多极化多党制的政治格局。

三 《欧洲宪法条约》的公民投票与政党内部出现分歧和矛盾

2004 年 6 月，欧盟 25 个成员一致通过了《欧盟宪法条约》草案的最终文本。同年 10 月，欧盟 25 国首脑在意大利首都罗马签署了《欧盟宪法条约》（也简称为"欧宪"）。根据有关规定，该条约必须在欧盟所有成员批准后方能生效。在法国举行公民投票前，已有西班牙等 9 个欧盟成员批准了欧宪。

在公民投票前，法国就批准《欧盟宪法条约》是否能给法国带来好处举行全国大讨论，84% 的法国人参与了这场大辩论。辩论甚至激烈到导致朋友反目、家庭不和的地步。在此期间，十多次的民意调查结果显示，逾半数的法国民众反对通过欧宪。他们认为，该条约无法体现法国在扩大的欧盟中的地位，他们担心该条约会损害法国人社会保障和福利事业的传统，法国人的就业也会受到新成员移民的更多威胁。支持欧宪的法国民众则认为，该条约可以提升法国的地位，保障法国的利益，同时保证法兰西传统和特性不受损害，但这些支持者只占少数。正是在对欧宪的批准十分不利的情势下，欧盟和欧盟其他成员领导人纷纷来到法国，或发表公告，或深入民间，试图劝告法国人看清欧洲发展大方向，要求法国人以实际行动证明他们与欧洲其他民族团结、友爱的信念。但是，反对欧宪的法国人并没有因此而减少。

正是由于上述的原因，《欧洲宪法条约》最终在 2005 年 5 月 29 日法国公民投票中以 54.87% 的反对票被否决。法国是欧盟的主要创始国之一，也是推动欧洲一体化建设的发动机，法国对欧宪的态度关系到欧洲未来的命运和发展，所以公投结果引起整个欧洲的关注。而法国是欧盟 25 个成员中第一个否决该条约的国家，自然在欧盟和欧洲激起强烈的反响。法国否决的后果是引发欧盟 50 年来最严重的危机，正如欧盟委员会主席巴罗佐所说，法国是欧盟重要成员，它的否决使欧盟陷入困难境地。欧洲各国民众不明白的是，多年来法国大力敦促其他国家接受欧洲统一设想，而现在法国人却自己否决了他们的前总统吉斯卡尔·德斯坦亲自发起并草拟的《欧盟宪法条约》。面对这一"怪现象"，与其去责怪法国民众，责怪他们"没有大局观""习惯我行我素""一点亏都不吃"，责怪他们的"新国家主义"抬头，从法国人的特性中去寻求答案，不如追根溯源，从一些法国政党对欧宪的立场和态度以及它们在公民投票中所起的推波助澜的负面作用中探索缘由。

正如在公民投票结束后次日法国《费加罗报》评论所指出的："从今天早晨开始，法国这个国家的政治生活全被打乱了。不仅是谁输谁赢的问题，而且是出现了更不知所措的右翼，更分裂的左翼。"早在 2004 年上半年，包括右翼两大党人民运动联盟和法国民主联盟以及左翼大党社会党在内的法国主要政党纷纷表态，支持欧宪。直到 2004 年 6 月，民意调查显示，支持率也在 65% 至 75%。这一时期，只有法共、托派、国民阵线、社会共和人士论坛等党派宣布反对欧宪。

  然而，从 2004 年下半年起，特别是 7 月 14 日希拉克总统宣布就《欧洲宪法条约》于 2005 年秋举行公民投票后，社会党主流派内部发生严重分歧。党内的二号人物洛朗·法比尤斯指责欧宪鼓吹"极端自由化"的经济模式，重市场原则，轻社会保障。他要求重新谈判，使该条约能够更好地体现法国尊崇的社会公正和人道主义。法比尤斯在社会党内部聚合了新社会党①等一部分人，形成了反欧宪的少数派。他们既代表了反对欧宪的那部分法国民众，也作为政治力量为反欧宪运动推波助澜。在这种情势下，社会党决定首先在党内就欧宪进行一次投票，以第一书记弗朗索瓦·奥朗德为首形成支持欧宪的多数派，并成立支持欧宪的左翼委员会。双方都建立了自己的网站，进行网上宣传，发动党员进行讨论，就条约的不同观点进行交锋，其影响不仅限于社会党内部，而且引起全国甚至欧盟和欧洲的关注。

  奥朗德于 10 月 9 日在社会党全国理事会上明确表示：就欧宪举行党内投票，"多数的决定将成为党的决定。这一决定对所有党员都有约束力"。②经过数月的党内大辩论，社会党于 2004 年 12 月 1 日正式举行全党投票。在社会党全体 12 万党员中有 9.5 万人参加了投票，占党员总数的约 80%。表决的结果是 58.83% 党员支持欧宪，41.17% 党员表示反对。社会党多数派获得胜利。随后，法比尤斯和前第一书记亨利·埃马努埃利等少数派无视党内公决结果和党的纪律，违背党的路线，不再参加党内活动。从 2005 年春天开始，他们同法共等左翼政党组成反欧宪阵营，大张旗鼓地开展反对欧宪的宣传运动，导致社会党出现严重分裂，一分为二。随着时间的推移，围绕着法比尤斯少数派的队伍日益巩固和壮大，其影响力越来越广，并逐渐在改变赞同欧宪和反对欧宪的力量对比，促使法国民众中否决的呼声日益高涨，其中包括绝大多数的职员、手工业者、工人、农民、失业者等下层民众，而支持的声音日渐低落，其中包括管理人员、知识阶层、大学生、退休者等中上层民众。

---

① 新社会党法文为"le Nouveau parti socialiste"，成立于 2003 年社会党第戎全国代表大会期间，主要成员有樊尚·佩永、伯努瓦·阿蒙、阿诺·蒙特堡等，是社会党左翼。
② 见 2004 年 10 月 9 日法国社会党网站（http://www.parti-socialiste.fr）。

　　鉴于洛朗·法比尤斯等违背党的纪律和从事反欧宪活动，社会党全国理事会于 2005 年 6 月 4 日以 167 票支持、122 票反对、18 票弃权通过了将法比尤斯及其支持者开除出党的领导机构全国书记处的决议，以保持社会党"指导思想的一致性"。而希望修改党的路线和方针、与法共和极左翼政党联合组成新左翼的法比尤斯表示将继续"走自己的路"，团结支持者，开创新局面。社会党自此分裂，其实力和影响力都不同程度地下降。

　　在右翼执政党人民运动联盟方面，2004 年三大选举中接连惨败引发了党内领导人的接班之争。希拉克与萨科齐之间早已不和。萨科齐是保卫共和联盟中后起之秀，曾备受该党主席希拉克赏识与栽培。然而，萨科齐于 1995 年在时任总理巴拉迪尔同巴黎市市长希拉克争取右翼总统候选人资格的同室操戈中站在巴拉迪尔一边，由此，双方出现了芥蒂。希拉克蝉联总统后在组织政府时，萨科齐期望能出任总理，但希拉克只安排他当内政部部长，后又在政府改组时安排他担任不情愿就任的财经部部长，从而使希拉克和萨科齐之间的成见日深。萨科齐还时常对法国内政外交政策发表同希拉克相反的观点，使希拉克不悦，因为国防和外交是总统的"领地"，不容外人插手。在希拉克的亲信朱佩因滥用社会信任和公共财富罪被判刑并被迫辞去人民运动联盟主席等职务后，2004 年 11 月 28 日萨科齐接任人民运动联盟主席一职。这是希拉克自 1976 年创建戴高乐政党以来第一次对党失去直接控制。

　　《欧洲宪法条约》在公民投票中的失败，使法国陷入政治危机，也使总统希拉克的威望突然跌落到谷底，"从政治上说，希拉克是在 2005 年 5 月 29 日法国就《欧洲宪法条约》举行公民投票这天死亡的，而且可以说，此次死亡后是没有复活希望的"。[①] 在此次公民投票后，尽管希拉克还有两年总统的任期，但他的影响力已经日渐式微，他的政治前途也日益渺茫。反观他的政敌萨科齐，自从担任人民运动联盟主席和国务部长兼财经部部长后，更加气盛，如日中天。这一衰一盛，促使希拉克和萨科齐之间的冲突无论是在人民运动联盟内部还是在政府内都进一步加剧。"他们俩并不准备

---

① 弗朗兹－奥利维埃·吉埃斯贝尔：《希拉克传 1986～2006》，世界知识出版社，2007，第 330 页。

实行和解。萨科齐在出发去征服人民运动联盟及其一大笔经费积蓄时，就已摆出了一副不可超越的继承人的样子。对希拉克来说，不等自己去世就要抢班夺权，这是不可容忍的。"① 法国右翼最大的政党——人民运动联盟——内部，特别是其主要领导人之间的矛盾和冲突日益显现。

第六节　萨科齐入主爱丽舍宫

一　总统选举的前奏

2007 年的总统选举，是第五共和国第九届总统选举。事实上，法国主要政党早在一年甚至两年前就已经着手筹备这次大选。

在人民运动联盟内部，其主要领袖早就开始争夺入主爱丽舍宫。最早是在雅克·希拉克和尼古拉·萨科齐之间。萨科齐怀有问鼎总统宝座的勃勃雄心，1995 年在总统竞选时对希拉克的背叛，并不妨碍他在 2002 年总统选举时转向为希拉克蝉联总统助选，其目的是在希拉克当选后谋求入主马提翁大厦，通过总理之路走向总统的征途。但是，希拉克对政府总理的另行安排使萨科齐大失所望，于是，两人之间再生芥蒂，重燃战火。② 在改组政府中，萨科齐多次表达入主马提翁大厦的强烈愿望，但都被希拉克回绝。当然，希拉克和萨科齐之争，不仅是权力之争（此时的希拉克仍然怀着想第三次担任总统的愿望），还是两人政见的差别：前者在内政上求稳，趋向保守的改革，在伊拉克问题上与美国弄僵；后者在内政上要进行激进的改革，反对希拉克在伊拉克问题上对美国的立场。随着时间的推移，希拉克因内政上的失误导致其威信和影响力在减退，特别是在《欧洲宪法条约》公投失败后更是一蹶不振；而萨科齐精力足、魄力大、善沟通，在任内政

---

① 征服人民运动联盟指的是争夺人民运动联盟主席职位，征服一大笔经费积蓄指的是担任财经部长，可参阅弗朗兹－奥利维埃·吉埃斯贝尔《希拉克传 1986～2006》，世界知识出版社，2007，第 318 页。
② 希拉克和萨科齐在希拉克第二任总统时期的矛盾和冲突，可参阅弗朗兹－奥利维埃·吉埃斯贝尔《希拉克传 1986～2006》，世界知识出版社，2007。

部部长和财经部部长任上都干得有声有色，在右派领导人中很受青睐，其威信和影响力节节攀升。

在问鼎总统宝座的征途上，萨科齐又遇到另一个拦路虎——多米尼克·德维尔潘。德维尔潘被称为希拉克的"嗣子"，在担任总理期间也是有"一个雄心和一项战略"，① 从而在法国政坛上开展了德维尔潘和萨科齐之间的明争暗斗。不幸的是，德维尔潘因受"清泉案"事件和"首次雇用合同"的影响而败下阵来。这样，在人民运动联盟乃至右翼阵营内不再有与萨科齐竞争总统宝座的劲敌了。

2007 年 1 月 14 日，人民运动联盟在巴黎举行党员代表大会，选出该党主席萨科齐作为候选人参加法国总统选举，前总理拉法兰、巴拉迪尔、朱佩②及现任国防部部长阿利奥－玛丽和外长杜斯特－布拉齐等在大会上发言支持萨科齐竞选。萨科齐在大会上发表讲话，全面阐述了自己的竞选纲领，并宣告人民运动联盟的竞选活动正式开始。

2007 年大选临近，社会党筹备竞选的前提则是要克服严重分裂所导致的危机。为此，社会党于 2005 年 11 月召开第 74 次全国代表大会，各派就国家机构改革、社会和经济、重建欧洲等问题进行了激烈的争论，在相互妥协的基础上通过了以弗朗索瓦·奥朗德提案为主、吸收法比尤斯派和新社会党派主张的共同提案，从而克服了以奥朗德为首的多数派同以法比尤斯为首的少数派之间的分裂以及分裂所造成的党内危机，实现了三大派的广泛联合，并选举产生了以奥朗德为第一书记的全国领导机构，为未来制定 2007 年大选的竞选纲领和确定社会党的总统候选人创造了条件。但是，由于社会党主要派别之间的政见和主张分歧较深，主要派别之间的妥协和联合只能是暂时和脆弱的。

随着大选临近，社会党内部争取总统候选人提名的斗争愈演愈烈。奥朗德是社会党第一把手，又是党内多数派领袖，在争取总统候选人提名上

① 弗朗兹－奥利维埃·吉埃斯贝尔：《希拉克传 1986~2006》，世界知识出版社，2007，第347 页。

② 阿兰·朱佩于 2004 年 12 月 1 日被法院改判为 14 个月刑期加一年剥夺被选举权，2006 年刑满重返政坛。

占有一定的优势。法比尤斯属于密特朗派，有朝一日参加总统竞选是他的夙愿。多年来，他也一直在为此进行各种铺垫。欧宪公决使他认为是一个机会，他判断法国人多数不喜欢欧宪，所以就挑头打出了"不"字旗，从而使其在党内外的威信和影响有了很大的提高。多米尼克·斯特劳斯－卡恩也是社会党的领军人物，在担任多元左翼政府的财政与经济部部长期间促进了法国经济发展并见证了欧元的诞生，在法国政界有一定影响。斯特劳斯－卡恩也在争取总统候选人的提名。若斯潘则跃跃欲试要出山，在总结 2002 年总统竞选失败经验教训的基础上，有意争取党内的提名。引人注目的是，普瓦图－夏朗德大区议会主席塞戈莱纳·罗亚尔女士突然于 2006 年 8 月宣布要参加 2007 年总统竞选。此外，还有众多的前部长、巴黎市市长以及地区区长等，如马蒂娜·奥布莱、雅克·兰也宣布参加党内总统候选人的提名，数量达 10 人左右。

于是，社会党决定进行一次改革，对党内对候选人的初选实行全党投票。经过民意测验的不断筛选，民调结果显示排在后面的候选人纷纷宣布退出竞选，只有塞戈莱纳·罗亚尔、斯特劳斯－卡恩和法比尤斯参加最后的较量。随着时间的推移，年轻、貌美又典雅的罗亚尔在党内外的支持率均节节攀升。作为她的丈夫，奥朗德主动弃权，鼎力帮助妻子竞选。为了收到"先声夺人"之效，社会党"引进"了美国总统选举的电视辩论模式。罗亚尔、法比尤斯和斯特劳斯－卡恩三人在电视中进行了六场辩论，阐述自己的施政纲领。社会党内外都见证了辩论者的风采和观点，特别是罗亚尔更是赢得了社会党党员的青睐。罗亚尔终于在 2006 年 11 月 16 日的党内选举中以 60% 的支持率击败法比尤斯和斯特劳斯－卡恩，成为社会党的总统候选人。罗亚尔作为社会党唯一的总统候选人，还得到左翼激进党及共和与公民运动的全力支持。

在 2007 年大选临近之际，法共于 2006 年 3 月举行第 33 次全国代表大会，在总结 2002 年竞选失败教训的基础上，制定了参加大选的战略。全国书记玛丽－乔治·比费指出，法共要积极参与和领导当前反自由主义社会运动，并在此基础上重新赢得左翼选民的信任。为此，大会决定加强左翼选民的工作，争取让玛丽－乔治·比费成为代表全体反自由主义力量的总统候选人。大会还强调法共与社会党联合竞选和参加未来左翼政府的先决条件是社会党必须奉行真正的左翼政策，并宣称法共今后是否参政将由全体党员投票决定。

法国民主联盟于 2006 年 1 月在里昂召开特别代表大会，决定重新制定政治纲领，确定新的政治方针：与人民运动联盟拉开距离，保持法国民主联盟的独立性，将自身定位为中间力量，并成为"一个新生的力量""一个联合的力量"。法国民主联盟推举弗朗索瓦·贝鲁为总统候选人，国民阵线方面，让－马里·勒庞在大选年已经 79 岁，但"壮志未酬"，再次被极右组织推举为该党的总统候选人。这是勒庞第五次也可能是最后一次参加总统竞选活动。

除此之外，还有如下的总统候选人：绿党的多米尼克·瓦内，保卫法兰西运动的菲利普·德维利耶，革命共产主义同盟的奥利维耶·贝桑瑟诺，工人斗争的阿莱特·拉吉耶，劳动者党所支持的热拉尔·席瓦尔迪，狩猎、钓鱼、自然与传统运动①的弗雷德里克·尼乌，无党派人士若泽·博韦。2007 年 3 月 11 日，希拉克发表电视讲话，正式宣布放弃竞选下一任法国总统。这样，本届大选将有 12 位总统候选人参加角逐。

二　第一轮投票以及萨科齐和罗亚尔的胜出

本届大选投票前的形势，具有如下的特点。

第一，总统候选人众多，令人眼花缭乱，说明法国政治力量多样化：左翼、极左翼、右翼、极右翼、中间力量、独立派等，形形色色，五花八门。

第二，如同历次总统选举一样，选民不仅看重总统候选人的竞选纲领和口号，还特别关注总统候选人的个人形象。在本届众多的总统候选人中，萨科齐担任内政部部长期间全力打击犯罪，行事果断，主张激进的改革，给人留下"警察政治家""小拿破仑"的深刻印象。罗亚尔则大打民意牌，很有亲和力，在法国版《男人帮》杂志评选的"2006 年世界最性感百位女

---

① 狩猎、钓鱼、自然与传统运动法文为"le Mouvement chasse pêche nature et tradition（CPNT）"。

性"中排名第六，故被媒体称为"美女政治家""现代贞德"、社会和谐的象征。出生于法国西南部阿恩地区的贝鲁对自己的出身从不避讳，以扎根乡土为荣，努力打造"法国农民"的形象，因而被媒体称为"农民政治家""老实农民"。

第三，从"老人政治"向"强人政治"过渡。从1981年密特朗入主爱丽舍宫以来，法国就进入漫长的老人政治时代，而希拉克于2007年3月11日宣布退出竞选，则标志着长达26年的"老人政治"时代的结束。本次大选的主要总统候选人萨科齐、罗亚尔和贝鲁的年龄分别是52岁、53岁、55岁，是二战后出生的新一代政治家。在法国的经济停滞、社会失去活力的情况下，法国选民表现空前的热情，呼唤"强有力"政治家来改变法国的现状，客观上导致"强人政治"的诞生。

第四，从大选年初期至投票前一周，七家法国民意测验所已经公布了200多份民意调查结果。民意测验证明，大选最大的悬念仍然是近1/3的选民尚未决定投票的去向。距离首轮投票前两周，4月8日出版的法国《巴黎人报》①公布的一项民意调查显示，有1800万选民尚未做出最终选择，这部分人占选民总数的42%，接近选民总数的一半，比此前的1/3又有了大幅度增长，从而使本次法国大选成为自第五共和国成立以来选情最复杂、选民意向最飘忽的一次。鹿死谁手，很难预料。

第五，互联网的普及，使法国网民数量越来越多。网民不是简单的读者，而是积极的参与者。网民们厌倦了平面媒体枯燥的宣传语言，转而在互联网上寻求网民们推荐的文章，网络的作用愈发明显。因此，几乎所有的总统候选人都开辟了自己的网站，直接与选民对话，加强与选民的联系。网络成为今年总统大选的竞选营销新模式。

第六，此次法国大选，20万华裔选民热情高，参与意愿特别强烈。华裔选民投票趋向多元化，其中也有人根据总统候选人对中国的态度决定投票去向。因此，法国主要总统候选人都热衷于打"中国牌"，纷纷向华裔选民伸出橄榄枝，罗亚尔还专门率团访问中国，萨科齐在竞选中开办中文网

---

① 法国《巴黎人报》法文为"*le Parisien*"。

站，从而使本次法国大选带有鲜明的"中国色彩"。

第一轮投票前，各个总统候选人开展竞选活动，进行宣传鼓动，除了展示自己的个人形象和表现个人魅力外，还纷纷提出自己的政治纲领和口号。

萨科齐的竞选语录是"（希拉克）总统先生求无为，我希望求变"，其竞选口号是"与过去的法国平静地决裂"①。他做出承诺要"全面革新"法国经济，主张从观念和制度两方面鼓励"勤劳致富"②，制定以"研发和创新"为主题的工业政策；萨科齐支持减征收入税、削减加班费；对于主动放弃工作机会的法国人，政府将减少向其发放失业救济补助；在移民问题上他采取强硬的立场，不但反对全面赦免非法移民，还支持专门成立政府部门，主管移民事务；萨科齐主张，根据申请人的技术和工作能力有选择地给予移民居留资格，但严格限制这些移民家属进入法国，同时实施更严格的遣返制度；在治安问题上，他坚决要求恢复城市周边居民区的法律和秩序，严厉打击青少年犯罪，信奉"惩罚"就是最好的"教育"；在欧盟发展前景方面，萨科齐希望通过一个适用范围更窄的条约，取代《欧洲宪法条约》草案。

罗亚尔的竞选语录是"我是唯一能够击败右翼（候选人）的人，我代表人们渴望的深刻变化"，其竞选口号是"更公正，法国就会更强大"。罗亚尔在其新书《现在》中描述了自己试图"改变法国"的三大步骤：成为法国首位女总统，更新法国社会软件，实现法国政治转型。在经济问题上，她希望进行经济改革，要在经济现实主义、自由主义与社会理想主义、保守主义之间寻求折中，在捍卫基本社会原则的同时为僵硬的经济体制松绑；在收入问题上，罗亚尔建议，将法国人每月最低收入从 1250 欧元增加到 1500 欧元；为解决就业问题，罗亚尔主张政府创造 50 万个"过渡性职位"，为年轻人、老年人和长期失业者创造就业机会；在移民问题上，罗亚尔持温和人道主义的立场，为减少非法移民，她建议向季节性外国劳工发放多次入境签证；此外，她支持在法国居住 10 年以上的非法移民能获得居民身

---

① 平静的决裂法文为"la rupture tranquille"。
② 勤劳致富法文为"travailler plus pour gagner plus"。

份；在欧盟发展前景上，罗亚尔建议，在现有《欧盟宪法条约》草案中加入保护工人权益和有关公共服务的条款，2009年再次公决。她认为，促进经济增长和增加就业应该成为欧洲中央银行的工作重点，同时应该采取更多措施，防止欧元汇率进一步走高。

弗朗索瓦·贝鲁则另辟蹊径。他的竞选语录是"我们不是上流社会，我们是拖拉机大队"，其竞选口号是"超越左右分野，走第三条道路"。贝鲁认为，20世纪80年代以来的左右共治和轮流"坐庄"的政治生态已把法国引入了"死胡同"。针对这一局面，贝鲁提出了改造法国的"第三条道路"。为刺激就业，他提出，如果企业新设职位，可以免缴其中两个新增职位的有关社会负担费用；他主张通过宪法修正案限制财政赤字；在移民问题上，他计划增加文化融合项目，开办更多法语课程、推广法国价值观，他主张严厉打击非法偷渡，严厉惩处雇用非法移民者的行为；欧盟发展前景上，他主张开放但不脱离传统，立足本国建设欧洲；他赞成再次就《欧盟宪法条约》草案举行全民公决，但他建议减少欧盟宪法覆盖的内容。

老勒庞的目标是争取右翼和极右翼选民，竞选纲领是"右行到底"。为拉动经济增长，他主张减税50%，以此促进消费、拉动经济。在就业问题上，他反对每周35小时工作制，他计划向辞去工作在家专心带孩子的母亲发放津贴。移民政策上，他主张外国劳工不能携带家人同往法国务工，全部遣返非法移民，完全停止吸收外国移民。老勒庞还专门面向外国记者召开了一场新闻发布会，详细阐述了自己的外交主张。在欧洲政策上，他表示自己是"欧洲怀疑论"的拥护者。他认为在欧盟内部的法国，已经不再是一个拥有独立主权的国家。他宣布如果当上法国总统，要先退出欧元区，接着退出欧盟。他还表示，其领导下的法国不与美国沆瀣一气。

在竞选运动中，各个主要总统候选人都极力表现亲民的意愿，努力贴近民众。萨科齐"热烈地"飞吻以向选民致意，罗亚尔"深情地"接过果农送上的草莓，贝鲁在小酒馆"虚心地"听取选民意见，勒庞在拉票活动中与鱼摊摊主攀谈。罗亚尔还效仿密特朗1981年竞选总统的做法，到中国攀登八达岭长城，以显示其"不到长城非好汉"的精神。大选因为总统候选人的竞争和选民少有的热情而如火如荼，还不断地曝出花边新闻，更加增添了大选热烈而喧哗的气氛。老勒庞在专门为外国记者准备的招待会上盛气凌人，预言首轮选举将出现"一大一小"两个惊奇："大惊奇"是指目前被认为在"龙凤斗"中肯定能够携手进入第二轮的萨科齐和罗亚尔，必定会有一个在第一轮遭遇意外的惨败，如同 2002 年大选中希拉克和若斯潘两大热门在第一轮中被意外淘汰一个一样；"小惊奇"则暗示像自己或者目前在民意调查中排名第三的贝鲁，说不定会取代两大热门之一，进入第二轮。

在举行投票前，法国内政部对海外选民的投票时间进行了调整。此前，法国总统选举本土和海外的投票都在同日举行。但是由于时差的问题，当一些生活在海外的选民参加投票时，法国本土的投票形势已经明朗，从而对海外选情产生影响。为了避免出现这样的情况，法国内政部规定部分海外地区的投票提前一天举行。当法国本土的投票开始时，这些海外地区的投票已接近尾声，海外选区的计票结果将在法国本土的投票结束后公布。根据统计，约 82 万名生活在海外的法国公民已经参加了选民的登记注册，比上届总统选举前登记的海外选民增长了一倍以上。正是由于对海外选民投票规则的调整，海外法国选民对此次大选的热情高涨。

在本次大选中，法国首次采用电子投票系统进行计票。在法国本土选择了 800 余处投票站共计安装 1200 台电子投票机，估计将有 150 万选民以该方式进行首轮投票。

4 月 22 日巴黎当地时间 8 点整，法国本土在 85000 个投票站开始第一轮投票活动。法国选民们这一天纷纷来到投票站，排起长龙般的队伍，有条不紊地进行投票，至下午 6 点整投票结束，但因个别城市的特殊情况，投票时间最多延长至晚上 8 时整。

法国总统选举第一轮投票的结果，如同第五共和国历来直接选举总统的投票一样，12 位总统候选人无一人获得超过半数的选票。其中，萨科齐获得 31.18% 的有效票，罗亚尔获得 25.87% 的有效票，贝鲁获得 18.57% 的有效票，老勒庞获得 10.44% 的有效票，其余总统候选人的得票率均未达到 5% 的有效票。因此，获得最多选票的前两位——萨科齐和罗亚尔将进入第二轮角逐。

三　第二轮投票和萨科齐入主爱丽舍宫

第一轮投票虽然选情复杂和难以预测，但其结果并未爆出冷门，未出现"一大一小"两个惊奇，相反再次出现了左右对决的格局。第一轮投票揭晓以后，左翼和极左翼阵营的所有总统候选人以及无党派人士若泽·博韦都表示在第二轮中支持罗亚尔，右翼总统候选人菲利普·德维利耶则呼吁选民投萨科齐的票，老勒庞则呼吁他的选民放弃投票，其他总统候选人都没有表明立场。由于萨科齐和罗亚尔所获得的选票仅有 5 个百分点的差距，而贝鲁在第一轮投票中所获得的有效票排在第三位，拥有 700 万名支持者，这些人很有可能成为决定萨科齐或罗亚尔谁最终领导法国的关键因素。

于是，萨科齐和罗亚尔争先恐后地向中间选民抛出橄榄枝，从而把竞选运动推向白热化。前者发表了一席颇带感情色彩的讲话，阐明了增加就业等优先政策，同时还刻意突出自己"博爱"的一面，号召全体法国人团结在他周围共建法国，以实现"法国梦"。后者则全面阐述了自己的政策和主张，同时也保证自己将成为一名"不受任何党派、集团或金融势力束缚的""保障国家公正的"总统。

萨科齐与罗亚尔还于 5 月 2 日晚参加了一场由法国电视一台和二台联合组织的电视辩论，就选民关心的政治、经济和社会等问题进行了面对面的交锋。当晚，法国 10 多家电视台和广播电台对这场电视辩论进行了现场转播，电视观众和电台听众超过 2000 万人，创下了近年来政治类节目收视收听率的最高纪录。

5 月 6 日，法国举行总统选举第二轮投票，结果萨科齐以 53.06% 有效票击败获得 46.94% 有效票的罗亚尔，当选第五共和国第六位暨第九任总统。萨科齐终于登上总统的宝座，实现了"我不是想当总统，我是一定要当总统"的夙愿，而法国则迎来了"萨科齐时代"。

萨科齐 1955 年 1 月 28 日出生在巴黎，父亲是匈牙利移民，母亲是法国人。他曾在巴黎第十大学和巴黎政治学院学习，获法律硕士学位。毕业后，他曾担任律师。萨科齐在政坛上可谓一帆风顺，早在 1975 年就从政追随希拉克。1983 年出任讷伊市市长，1988 年任保卫共和联盟全国书记，1991 ~

1993 年任该党副总书记，1993~1995 年任预算部部长与政府发言人，1998~
1999 年任保卫共和联盟总书记，2002 年任内政部部长，2004 年 4 月任国务
部长兼经济、财政和工业部部长。萨科齐喜爱文学，曾先后撰写《政治僧
侣》《证词》《团结起来》等书。萨科齐个性鲜明，以"直言敢干"的作风
著称。由于务实和干练的工作作风以及突出的政绩，萨科齐成为法国政坛
上独树一帜的人物。萨科齐当选法国总统，使他成为 29 年来爱丽舍宫最年
轻的主人，同时也是首位二战后出生的法国领导人，还是法国历史上第一
位移民后裔总统。

在左右翼对决中，萨科齐之所以能够战胜罗亚尔，其主要原因如下。

第一，选择萨科齐即是选择了改革。进入 21 世纪后，法国的经济始终
处于低迷状态，失业率居高不下，社会问题日益严重，国力江河日下。在
对外关系方面，法国因为反对伊拉克战争造成法美关系紧张，《欧盟宪法条
约》在公投中的否决使法国在欧洲的影响力下降。在内外交困的背景下，
法国人迫切需要进行深刻的变革，来"拯救法兰西"，使之走出困境，振兴
法国，恢复法国的国际形象和影响力，而以"小拿破仑"著称并将以铁腕
手段进行全面改革的萨科齐正好适应了这样的需要。

第二，右翼团结，左翼不和。在此次大选中，萨科齐是被人民运动联
盟高票推举的唯一总统候选人，并在选举运动中和投票过程中得到党内的
鼎力帮助。而罗亚尔在社会党内部击败众多对手获得总统候选人提名后，
一些党内人士对她是否具备击败萨科齐的能力存在怀疑，一些社会党官员
经常对她的竞选言论进行"修正"，特别是她并未得到若斯潘等重量级人物
的一致拥护和支持，甚至她的竞选班子在关键时刻闹矛盾，曝出某些有损
她名誉的小道消息，在一定程度上影响了选民对她的信心。

第三，在此次大选中，依然是左右翼阵营分明[1]：传统的左翼选民投左
翼总统候选人的票，传统的右翼选民则投右翼总统候选人的票。但是，萨
科齐不仅保住了传统的右翼选民，而且从左翼选民中夺取了不少的选票。
根据统计，法国北部传统工业地区自 1965 年以来还从未投票给一个右翼

---

[1]　让 - 雅克·贝克尔:《1945 年以来法国政治史》（第 10 版），阿尔芒·科兰出版社，2011，
第 261 页。

总统候选人，而这一次却投给了萨科齐，甚至在巴黎以北的塞纳－圣但尼省——2005 年骚乱的重灾区，萨科齐也获得了近 40% 的选票。萨科齐成功地从左翼那里夺得蓝领工人的选票，是因为他强调了蓝领工人和选民极为关切的安全和移民问题、多劳多得以及增加购买力等问题。最令人感到惊讶的是，"警察政治家"赢得 52% 的女性选票，而"美女政治家"只获得 48% 的女性选票。这表明此次大选并未出现性别大战，它超越了性别界限，超越了在女权主义或大男子主义之间的选择。此外，萨科齐在第二轮投票中还争取到了 2/3 的勒庞支持者的选票，而罗亚尔仅获得其中 15% 的选票。

第四，"小拿破仑"的竞选纲领符合需要，深得民心；反观"现代贞德"的竞选纲领，内容多达百项，但可操作性差，难以兑现。特别是在 5 月 2 日萨科齐和罗亚尔进行最后一场电视辩论时涉及的 20 个主要议题中，前者在 16 个议题上占据上风，更能吸引选民支持；后者则仅仅在学校、减少社会不公等 4 个议题上占有优势。双方施政纲领的高下已见分晓。

第五，萨科齐具有丰富的政治阅历，长期在戴高乐政党内从事党务，又长期在中央政府部门工作，历经磨炼，为领导法国打下了坚实的基础。与萨科齐比较，罗亚尔的政治阅历较浅，尤其是不谙外交。正因为如此，对挑剔的法国舆论和选民来说，罗亚尔处于下风。

总统选举的第一轮投票率高达 83.77%，第二轮投票率上升为 83.97%，创法国建立总统直接普选制度以来参选率的新高。在两轮投票中，法国选民可谓"倾巢而出"，万人空巷，潮水般涌向投票站。它说明了法国民众求变之心甚切，证明了法国人自 20 世纪 90 年代以来的政治冷漠有所变化，在 2007 年大选中重新激发起政治热情。

根据 1998 年的《政治家生活资金透明度法》，总统候选人和总统当选者都必须向宪法委员会申报个人及家庭财产，当选者的财产状况还要在《政府公报》上公布，有关信息可在政府公报网站查阅。萨科齐申报的财产主要是以人寿保险形式进行的投资，截至 2007 年 1 月总价值为 203.57 万欧元：一个存款总额 1 万多欧元的账户；分别以他本人、妻子和 3 个孩子名义开设的住房储蓄账户，存款总额约为 7.5 万欧元；在一家律师事务所持有 34% 的股份；一辆估价 1.5 万欧元的汽车。萨科齐同时申报了他的负债情况：为律师事务所一份 100 万欧元的借款合同提供的部分担保；两处总计 5 万欧元的住房。自 1992 年起，法国高级官员的工资和收入已经公开化和透明化。萨科齐当选总统时的月薪为 8457.33 欧元，与当年法国公务员月工资平均 2682 欧元相比，总统与公务员平均工资的差距为 3.1 倍。[①] 而这年在法国公务员中，10% 的人领取的最高月工资平均为 3223 欧元，10% 的人领取的最低月工资平均为 1429 欧元，差距为 2.3 倍。[②] 前者的差距略高于后者。除此之外，总统享有免费入住爱丽舍宫、乘坐火车、使用公车和专机、使用几处休假别墅等特殊权利。萨科齐还可从他投资的律师事务所取得分红收入。

5 月 16 日上午，萨科齐在 21 响礼炮声中正式接任总统职务，希拉克则正式结束他的总统任期，离开爱丽舍宫。早在 4 月 24 日，法国政府就以两页篇幅列述希拉克和配偶贝尔纳黛特的财产清单：夫妇两人银行存款合计 74140 欧元；两人在克瑞兹地区一处占地超过 10 公顷的房舍加上庭院、树林的房产，现值 50 万欧元；希拉克自母亲处继承一栋农村房舍，现值 6 万欧元；家具、收藏品项目总值 20 万欧元；希拉克夫人投资股市 42 万欧元。财产清单还列出，希拉克夫妇在 2004 年将名下巴黎市塞纳河路上一座面积 114 平方米的公寓赠予次女克劳德。

作为跨世纪戴高乐主义的继承人，希拉克毕生致力于法兰西民族的复兴和伟大事业，追逐法国的"大国梦""强国梦"。他以坚定与睿智在对外关系上执行了戴高乐独立自主外交的基本路线，长期致力于欧洲一体化和构建法德轴心的战略，推进世界向着多极化方向发展，反对美国的霸权和单边主义，特别是反对伊拉克战争的坚定态度，强调不同文明之间相互尊重和对话，发展多元文化世界，从而使法国的"大国"形象得到了很大提

---

① 2007 年年底，萨科齐总统的月工资增长了 140%，为 20000 欧元，与当年公务员月平均工资差距拉大到 7.4 倍。如果按纳税后计算，则总统与公务员月平均工资的差距在 4～5 倍。

② 法国国家统计与经济研究所：《法国经济图表》，法国国家统计与经济研究所出版社，2010，第 60 页。

升。作为"法国乃至欧洲历史上最了解中国的总统"，希拉克为建立和发展中法全面战略伙伴关系做出了独特的贡献，在法中关系史上留下了光辉的一页。希拉克在对外关系方面的政策，得到法国政坛和媒体几乎一致的认可和称道，激发了法国人的自信心，令法国人找回了戴高乐时代的那种民族自豪感。但对他在国内事务上的所作所为，法国政坛和媒体则褒贬不一。诚然，希拉克在总统任期内推行的经济政策往往虎头蛇尾，社会改革畏缩不前、踌躇不决，致使经济长期不振，失业严重，但在促进法国政治和政治体制现代化方面有所进展，在解决社会不公和缩小贫富差距方面也取得某些成效，并未实行"停滞主义"。[①] 作为最后一名出身于戴高乐时代的政治人物，希拉克被誉为法国二战后政治文化的代表人物、"政坛常青树"。74 岁的希拉克离爱丽舍宫而去，意味着其四十余年的辉煌政治生涯的结束，也标志着一个时代的结束。希拉克著有《一个新法兰西》《所有人的法兰西》《抉择时刻论法国》《希望的闪现：夜晚对清晨的思考》《爱丽舍宫的陌生人》《希拉克回忆录》等。

四 "第三轮投票"——立法选举

2007 年 6 月，法国迎来"第三轮投票"——第五共和国第十三届立法选举。它与总统选举相比虽然处于次要的地位，但在法国政治生活中仍然是一个重大事件。它关系议会组成的变化，关系政党的斗争，关系政治力量的消长。

在 6 月 10 日举行的国民议会选举首轮投票中，110 名议员候选人得票超过 50%，顺利当选，无须进行第二轮投票，创下法国议会选举首轮投票的历史纪录。在首轮当选的议员中，除了一名社会党人士外，其余均为人民运动联盟的成员。新总统萨科齐取得"压倒性"的胜利，[②] 也是自 1978 年以来法国执政党首次在国民议会获得如此巨大的胜利。法国右翼和新总

---

① 弗朗兹-奥利维埃·吉埃斯贝尔：《希拉克传 1986~2006》，世界知识出版社，2007，第 388 页。

② 让-雅克·贝克尔：《1945 年以来法国政治史》（第 10 版），阿尔芒·科兰出版社，2011，第 262 页。

统多数派兴高采烈，《世界报》则估计人民运动联盟在两轮选举后将夺取
500 个以上的席位。[①]

可是，6 月 17 日的第二轮投票却发生戏剧性的变化。投票统计结果表
明[②]：人民运动联盟和同情者 323 席，欧洲与社会自由党[③] 20 席，社会党和
同情者 205 席，法共和同情者 18 席，绿党 4 席，民主运动 4 席，其他小党 3
席。人民运动联盟及欧洲与社会自由党总共 343 席，构成总统多数派，在国
民议会中占据压倒性多数。但是，仅就人民运动联盟而言，所得席位却比
上届议会减少了 46 席。社会党在第一轮投票后十分沮丧，认为第二轮的形
势仍然对它不利，但是，其结果出乎意料，社会党不但没有丢失席位，反
而比上届议会增加了 57 席。

右翼政党席位减少，没有在第二轮投票后形成席卷法国政坛的"蓝色
浪潮"，这个结果让很多人大跌眼镜，其主要原因是：第一，部分右翼选民
对萨科齐"开放"政策迷惑不解，对萨科齐组织的过渡政府吸收社会党人
士入阁表示怀疑，因而没有继续支持右翼候选人。第二，选民还对执政党
在竞选的辩论中扬言要上调公司增值税表示不满，认为这些措施将导致物
价上涨，从而增加消费者的负担，因而把票投向其他党派的候选人。明显
的例子是，萨科齐推崇的前总理、现任国务部长兼环境与可持续发展部部
长阿兰·朱佩在所属的波尔多选区获得 49.07% 的有效票，以微弱劣势败给
名不见经传的社会党候选人米歇尔·德洛奈，后者得到 50.93% 的有效票。
朱佩成为过渡政府的 11 名成员中唯一未能通过国民议会选举关的成员，不
得不宣布辞职。第三，相当多的右翼选民认为，总统多数派在此次议会选
举中稳操胜券，没有必要积极地去投票，致使第一轮的弃权率高达
39.56%，第二轮投票中依然保持高弃权率，从而导致右翼支持率的下降。
第四，右翼执政党陶醉于第一轮胜利之中，没有认真和细致地进行竞选活
动。反观社会党，尽管在第一轮失利后情绪低落，但是，其仍然在认真细

① 让 – 雅克·贝克尔：《1945 年以来法国政治史》（第 10 版），阿尔芒·科兰出版社，2011，
第 262 页。
② 让 – 雅克·贝克尔：《1945 年以来法国政治史》（第 10 版），阿尔芒·科兰出版社，2011，
第 263 页。
③ 欧洲与社会自由党法文为 "le Parti social libéral européen"。

致地准备做最后的拼搏，终于得到了回报。

尽管人民运动联盟在第二轮投票中遭受"相对的失败"①，在国民议会中的席位有所减少，但是，其仍然在国民议会中占据绝对多数，从而主导了议会的运作。

---

① 让－雅克·贝克尔：《1945 年以来法国政治史》（第 10 版），阿尔芒·科兰出版社，2011，第 264 页。

第十章
萨科齐总统
（2007 年 5 月～2012 年 5 月）

第一节　金融和经济危机前后的菲永政府

一　"彩虹政府"的组成及其特点

2007 年 5 月 17 日，尼古拉·萨科齐任命人民运动联盟领导人、社会事务部前部长弗朗索瓦·菲永为政府总理，成立第五共和国第 32 届政府。

菲永与萨科齐的交往始于 20 世纪 90 年代，他曾经担任过萨科齐的政治顾问，在萨科齐竞选过程中出力甚多。两人具有诸多共同特征，比如，两人是同龄人，菲永仅比萨科齐年长一岁，两人都学习政治和法律，在政治问题上都一样积极乐观。菲永在其出版的《法兰西能够承受真相》一书中写道："解决方案就在那里，伸手可及。当然，要想执行这些方案，我们需要勇气和坚韧，但最重要的是诚实。"两人都锐意改革。菲永在希拉克总统时期推行的养老金制度改革就被称为"菲永改革"。菲永直面声势浩大的抗议活动，成功推行养老金和教育改革，成就了他作为改革家的威望，他是一位头脑冷静的改革家。同时，两人也有互补之处：菲永头脑冷静，内敛低调，属右翼温和派；恰与萨科齐举止张扬和高调、直言快语形成鲜明的对照。法国《世界报》干脆总结说："尼古拉·萨科齐？火。弗朗索瓦·菲永？水。"因此，两人的性格可以互补。总之，菲永将成为萨科齐的好搭档。

菲永 1954 年 3 月 4 日生于勒芒市，毕业于巴黎第五大学和巴黎政治学院，获法学硕士学位。27 岁进入法国政界，成为当时最年轻的国民议会议员。菲永拥有 20 多年的地方从政经验。1993 年 3 月首次进入法国政府并在政府中任高等教育和研究部部长。1995 年 5 月任信息技术和邮电部部长。1993～1995 年，菲永和萨科齐都供职于爱德华·巴拉迪尔政府，并为巴拉迪尔竞选总统助选。1995～1997 年任工业、邮政和电信部负责邮政、电信和空间问题部长级代表。1997 年阿兰·朱佩下台后，菲利普·塞甘决定让萨科齐复出，任命其为保卫共和联盟总书记，并任命菲永为负责省委事务的全国书记。这就为两人未来的合作奠定了基础。2002 年 5 月，菲永进入让－皮埃尔·拉法兰政府，任社会事务、劳工和互助部部长，2004～2005 年任国民教育、高等教育和研究部部长。任职期间，他对法国教育制度进行了部分改革。2005 年 5 月底《欧盟宪法条约》遭遇否决后，菲永也随之离开了内阁，开始致力于萨科齐所领导的人民运动联盟，备战 2007 年总统选举活动，并担任萨科齐的政治顾问，积极支持萨科齐备战总统大选，成为萨科齐竞选总统中的"首席高参"，萨科齐派[1]的中坚人物，对萨科齐的当选居功至伟。菲永以勇于改革和善于与社会各界对话著称。他喜欢文学，爱好登山活动，并对赛车情有独钟。他所著的《法兰西能够承受真相》一书，颇为畅销。

在组织政府方面，萨科齐于 5 月 6 日晚赢得总统大选后发表了首个公开讲演，他对所属的人民运动联盟的议员说，他将亲自组织政府，选择范围将不限制在保守阵营内，而是要广泛地挑选部长人选，以便吸纳法国最优秀的人才。果然，萨科齐按照这种思路于 5 月 18 日成立了过渡政府，在议会选举后结束了菲永过渡政府的使命并于 6 月 19 日成立了菲永第二任政府，亦即第五共和国第 33 届政府。菲永的两届政府都具有以下共同的特点。

第一，政府组成十分精干。包括总理在内总共成员 31 名，其中部长 15

---

[1] 萨科齐派法文为"les sarkozystes"。

名（包括国务部长1名），国务秘书15名。

第二，开放性。萨科齐按照他广纳人才的思路，改变了"左右对立"的传统做法，在组织政府中向左翼反对派人士和中间派人士开放，从而组成了左、中、右的政治结构。在全部31名成员中，除了人民运动联盟占21名外，原社会党3名，①左翼人士2名，中间政党4名，同情人民运动联盟的激进党人1名。在菲永政府中，非人民运动联盟的成员几乎占据1/3。尤为引人注目的是，一些关键职位和重要职位并非由人民运动联盟成员，而是由社会党人和左翼人士担任，如同情人民运动联盟的激进党人、就业和互助部前部长让-路易·博洛被委任为国务部长兼生态、发展和可持续整治部部长，成为菲永政府中的第二号人物，这样的高级别设置在第五共和国历史上还是首次。现年67岁的原社会党人、卫生部前部长贝尔纳·库什内被委任为外交和欧洲事务部部长。库什内1971年在巴黎创建了无国界医生组织，在人道主义方面的工作使他成为法国最受欢迎的人士之一。1999~2001年在担任联合国驻科索沃特派团团长期间，其也曾获得多方好评。库什内在总统选举中坚决支持罗亚尔，并对萨科齐发起猛烈的攻击。萨科齐不计前嫌，让来自反对阵营的成员出任如此高职位，这在法国政治史上还属首次。原社会党人埃里克·贝松被委任为总理府负责公共政策评估和前景的国务秘书。原社会党人让-马里·博克尔被委任为外交部负责合作与法语地区的国务秘书。左翼人士让-皮埃尔·茹耶被委任为外交部负责欧洲事务的国务秘书。左翼人士法德拉·阿马拉被委任为住房部负责城市政策的国务秘书。此外，新中间党人埃尔韦·莫兰被委任为国防部部长，其余3名新中间党人分别被委任为有关部门的国务秘书。

第三，在15名部长中，女性占7名，撑起了"半边天"。其中，有些女性是希拉克总统时期的政府"老将"，如刚刚卸任的国防部部长米谢勒·阿利奥特-玛丽出任内政、海外事务和地方行政事务部部长，负责外贸的前部长级代表克里斯蒂娜·拉加德出任经济、财政和就业部部长。拉加德现年51岁，曾是一名具备竞赛水准的花样游泳运动员，2005年进入德维尔

---

① 社会党第一书记奥朗德声称：凡是参加右翼政府的社会党人必须开除出党。

潘政府后一度被美国《福布斯》杂志评为全球最具权力的女性之一。此外，在15名国务秘书中，女性占4名。萨科齐吸收这么多的女性入阁，一是为了兑现法国政治体制民主化和现代化的诺言，二是为了答谢在总统竞选中一半以上女性选民对他的支持。

第四，多名移民后裔被委任政府要职。萨科齐的总统竞选团队发言人、被称作"女萨科齐"的拉希达·达蒂出任掌玺与司法部部长，从而成为法国政治史上第一位北非（摩洛哥）裔的部长。41岁的达蒂在2002年时曾担任过萨科齐的青少年犯罪问题顾问，协助萨科齐在市郊的移民区建立支持者网络，也在贫穷区替其筹划竞选活动。原是塞内加尔移民后裔的拉马·亚德被委任为外交部负责外交与人权事务的国务秘书，法德拉·阿马拉国务秘书原是阿尔及利亚移民的后裔。由此，法国数百万阿拉伯裔和非洲裔居民有了代表这一群体的声音。

菲永政府的特点一方面表达了萨科齐"新型政治"的理念，这是第五共和国政治史上在未达成左右联盟的情况下，首次实现了"跨党派的全国联盟"① 的"彩虹政府"② 其目的在于建立一个团结的政府，一个"现代、开明"的内阁，一个"和谐"的班子。另一方面，萨科齐组成这样的政府也是为推行新经济和社会政策做铺垫，为推行改革计划减少来自其他阵营的阻力。

萨科齐还把"新型政治"理念推广到除了政府外的国家机构和国际机构中去，推荐社会党人和左翼人士担当特殊的使命。例如，他提名社会党人多米尼克·斯特劳斯－卡恩出任国际货币基金组织总裁，提名社会党人、前文化部长雅克·兰参加以前总理爱德华·巴拉迪尔为首的国家体制改革委员会的工作，提名社会党人担任审计院院长，在国民议会中选举一名社会党人为财政委员会主席等，这里不再逐一赘述。萨科齐的"新型政治"理念，进一步拓展了总统多数派执政的政治基础。

在萨科齐本届总统任期内，根据内外政治和经济形势的需要，或者因为阁员不称职，或者因为内政丑闻（如用公款抽雪茄达一年之久的国务秘

---

① 克里斯托夫·韦纳伊：《法国政治史1914～2007》，埃利普斯出版社，2007，第186页。
② 彩虹政府法文为"le gouvernement d'arc-en-ciel"。

书、外出乘坐昂贵私人飞机的合作部部长等）等，菲永政府的改组和调整
达十多次。其中，在 2009 年 6 月政府改组中，随着非洲裔女性达蒂的离去，
菲永政府淡化了多样性的特征，逐渐抹去了最初"彩虹政府"的色彩。
2010 年 11 月又进行了一次大换血，弗朗索瓦·菲永为第三任总理并组织第
五共和国第 34 届政府，但基本上保持着菲永第二任政府的某些特点，如菲
永始终掌管马提翁大厦，从而使他成为第五共和国历届总理中任职时间最
长的总理之一，政府仍然保持着"跨党派的全国联盟"的结构，仍然是女
性占据相当大的比例，仍然保持移民后裔入阁等。

二　金融和经济危机前的经济和社会政策

萨科齐于 2005 年 9 月在人民运动联盟举办的夏季大学上发表讲话，第
一次谈到了"决裂"问题，此后在他的第五部著作《见证——萨科齐自述》
中反复强调了现有的道路难以为继，表达了要与"旧法国"决裂的思想、
目的和决心。

萨科齐在《见证——萨科齐自述》中指出：法国经济和社会的困难，
"自从 1981 年——这是一个莫斯科还在华沙发号施令的年代——以来，就
不断变得严重起来。每过 10 年，法国的经济增长率就失去半个百分点（在
20 世纪 80 年代，经济增长率平均每年为 2.5%，在 20 世纪 90 年代降为
2%，自 2000 年以来则降为 1.5%）。曾几何时，法国经济增长率高于世界
经济增长率，但从 1990 年以来就经常低于世界经济增长率。2004 年，世界
经济增长率达到了 20 年来的最高水平（5.1%），翌年还达到 4% 的高水平，
而法国的经济增长率却只有 1.6%"。[①] 萨科齐又指出，自 1984 年以来法国
失业率一直居高不下，在 10% 上下徘徊，成为法国社会潜在的不安定因素。
而正是上述的经济和社会原因，造成法国社会的贫困和新的社会不平等，
也使法国国力和国际地位下降，法国人均国内生产总值在经合组织中的排
名从 1980 年的第 6 位降至 2004 年的第 17 位，法国人文发展指数在联合国
的排名已从 1990 年的第 8 位降至 2003 年的第 16 位。萨科齐最终得出结论：

---

① 尼古拉·萨科齐：《见证——萨科齐自述》，上海辞书出版社，2007，第 91 页。

法国衰落的主要原因是多年以来实行的"停滞主义"①，现在就是与"停滞主义"进行决裂的时候了。萨科齐解释说："我主张实行的决裂，就是同过去的方法实行决裂，就是同法国多年来搞政治的方式实行决裂，就是同停滞主义这种恰恰是背离我们理想、价值观和'某种法国观念'的思想实行决裂。"② 与此同时，萨科齐承认，"我是一个自由主义者"③，但"接受一种调节的自由主义"④。

法国政界和舆论界根据萨科齐总统当政前后的思想和行动，将其命名为"萨科齐主义"⑤并流行开来。我们不妨把同"停滞主义"决裂，称为在经济和社会问题上的萨科齐主义。萨科齐主义显示了新总统的调节自由主义思想，强硬、果断和雷厉风行的行事风格，介入一切，几乎事必躬亲，从而改变了第五共和国宪法对总统和总理职责的分工：外交与防务是总统的"保留领域"，而经济、社会、文化、体育等其他事务，则由总理全面负责。当萨科齐执掌总统大权以后，立即督促新政府全面展开他在大选中承诺的各项改革，首先是推行在经济领域方面的新政策和新措施。

萨科齐一贯推崇"调节自由主义"的市场经济，主张减轻企业负担以提高经济活力，给予企业更多聘用及解雇员工的灵活度。他承诺在 10 年内将企业的社会福利税税率降低 4 个百分点，改革现行社会福利制度和劳工制度，包括工作时间和企业用工等方面。他主张重新确立"劳动的价值"，实行"多劳多得"，在尊重饱受争议的"每周 35 小时工作制"前提下，对加班实行鼓励政策。加班者不但可以得到额外津贴，还可以享受税收减免优惠。萨科齐经济政策和措施的重点将是就业，希望法国能在 5 年内实现充分就业。

菲永秉承了经济和社会方面的萨科齐主义，于 7 月 3 日在议会宣读的总政策声明中，在进一步阐明对经济增长的看法时指出："必须使法国走出其'老经济增长'的死胡同……所谓'老经济增长'，就是增长乏力，就是

---

① 尼古拉·萨科齐：《见证——萨科齐自述》，上海辞书出版社，2007，第 160 页。
② 尼古拉·萨科齐：《见证——萨科齐自述》，上海辞书出版社，2007，第 159~160 页。
③ 尼古拉·萨科齐：《见证——萨科齐自述》，上海辞书出版社，2007，第 165 页。
④ 尼古拉·萨科齐：《见证——萨科齐自述》，上海辞书出版社，2007，第 165 页。
⑤ 萨科齐主义法文为"le sarkozysme"。

'赊账增长'（选择赤字和国债，使国家失去任何活动余地），就是社会支出失控，就是 15 年来，法国经济增长率比欧洲经济平均增长率少一个百分点……设想一种新的经济增长……就是强大的增长，健康的增长，互助的增长，就是提高法国经济增长率。"他许诺将通过经济改革，实行新经济政策和措施，促进法国经济有效增长并常年达到 3% 的增长目标，在 5 年内即到 2012 年总统任期结束时把失业率降至 5% 以下，最迟到 2012 年把财政赤字降到零，把公共债务降到占国内生产总值的 60% 以下。

的确，2007 年上半年法国的经济形势不容乐观。法国国内生产总值第一季度只增长 0.5%，低于上年第四季度的 0.6%，第二季度仅为 0.3%，远低于 0.6% 的预期值。出口在第一季度增长 1.5%，第二季度降为 1.1%，上半年外贸逆差创下了 153 亿欧元的历史新高。法国国家统计与经济研究所预计，第三和第四季度国内生产总值增长率分别为 0.7% 和 0.5%，达不到预期 2%～2.5% 的水平。失业率仍然在 8% 高位上徘徊，财政赤字不断拉大，更可怕的是，经济疲软已经成为常态，成为"法国病"。法国经济增速在世界的排名继续下滑，其滞缓的状况与其"欧洲火车头"的身份多少有些不相匹配，连一向言辞谨慎的美联储主席格林斯潘都忍不住发出警告："我要对法国说：要小心了！如果对竞争抱有敌视的态度，那么法国在全球主要经济体中的实力就可能下滑。"

因此，法国新一届政府自走马上任以来，在经济方面出台了一系列新举措，其中减税和提高企业竞争力两项尤其引人关注。

2007 年 7 月，法国议会通过了政府提出的《工作、就业及购买力法案》（亦即"一揽子减税法"），旨在鼓励家庭消费，提高国内购买力，推动生产发展。该法案规定，将税收盾牌即纳税人直接缴纳的各种税收（包括直接税、国家税、地方税和一般社会缴款税）占其收入的比例从 60% 降至 50%，降低税收盾牌的上限，其目的在于防止巨额资产向国外转移，并使国内有充足的资本进行投资；降低可能影响中小企业发展的巨富税；免收 25 岁以下的大学生打工收入税；推出"买房减税"政策，对购买住宅的贷款者第一年减免相当于 40% 房贷利息的所得税，在随后的 4 年里减免 20%；减免遗产税和继承税，夫妻中尚健在的一方或合法同居的伴侣在接受夫妻遗产时可全部免税，子女继承遗产也可享受大幅度的减税；限制企业领导人的奖金和其他优惠。

在增强法国企业在国际市场上的竞争力方面，菲永政府在 2007 年夏天推出一系列措施，主要是：加大对企业的扶持力度；对新创办、力主创新的企业给予减征社会分摊金等优惠；鼓励企业增加研发投入，将企业在研发上所缴的税款减少 10% 至 30%，研发费用超过一亿欧元则超出部分可获得 5% 的减税，该项政策是目前全欧洲最优惠的政策；从 2007 年 10 月 1 日起为 35 小时工作制松绑，对个人的加班收入实行免缴所得税和社会缴款税，鼓励人们通过延长工作时间多劳多得。这项新政策不仅适用于私营企业员工（包括经理和兼职员工），也适用于国营企业符合条件的员工。企业也可以通过增加工时抵扣社会缴款税：20 人以下企业每小时抵扣 1.5 欧元社会缴款税，20 人以上企业每小时抵扣 0.5 欧元社会缴款税。根据政府预测，这项措施将新增 7000 万个工作小时，等同于 45000 个全职工作岗位。这也将有效提高法国人的工作时间，此前，法国人的工作时间与欧洲其他国家相比相对较低，法国人工作年限占平均寿命的 48%，而英国人和丹麦人则分别为 58% 和 60%。与此同时，菲永政府着手简化法国产品的出口手续，争取在 2008 年年底以前实现出口手续网络化，从而改善企业的从业环境。菲永政府意识到"德国正是依靠中小企业保持着在欧洲乃至世界市场的出口优势"，因此下决心大力扶持本国的中小企业，加大对中小企业的投资和产品研发，鼓励中小企业开展对外贸易，计划将雇员在 250 人至 500 人的企业扶持成为出口贸易的主力军，从而改变法国单纯依靠大型跨国集团出口的模式。

菲永政府于 2008 年 8 月开始实施议会于 2007 年通过的《经济现代化法》，旨在通过多项经济结构性的改革，推动法国经济增长、促进就业和提高居民购买力。该法案共有 175 个条款，重点是提高法国企业的生产积极性、促进市场竞争和经济增长、增强法国企业在国际上的竞争力等。例如，微型企业可免除商业登记，开业前三年免除职业税，支付企业的付款期限减为 60 天，其商业活动的营业额界限提高到 8 万欧元，服务活动营业额界限提高到 3.2 万欧元。大型商店的商人可自由开设 1000 平方米以下的商店；

在大型超市的采购总部和供货商之间可自由对价格进行谈判；除了政府以政令规定的一年五周两次削价销售期以外，商店每年可自选时间组织两周的"非定期"削价销售活动。又例如在加强法国对人才的吸引力方面，法案规定在法国工作的外国高级职员在一定期限内可以免税，为对"法国经济有特殊贡献"的外国人颁发特殊的居留证等。法国经济、财政和就业部部长拉加德认为，这一法案将推动法国的经济增长，从 2009 年起法国的经济增长率将因此提高 0.3 个百分点，亦即额外增加大约 60 亿欧元的财富，5 年内每年新增的就业机会将达 5 万个，每个家庭每年的购买力增加 1000 欧元。

菲永政府还宣布了促进"竞争力集群计划"实施的有关决定，2009 年 6 月实施新一轮招标。主要内容包括：新命名 6 家生态技术领域的竞争力集群，优先领域为水、能源及垃圾处理；重新给予 2008 年竞争力集群评估中需要整改的 13 家中的 7 家竞争力集群标签，另外 6 家则取消；通过 2 家竞争力集群的土地扩展计划；将竞争力集群计划实施期延长一年至 2012 年；促进"大型国债"与竞争力集群计划的协调。

正是出台的这些刺激经济发展和扩大内需的一系列政策及措施，促进了 2007 年法国经济的增长，虽然没有实现常年增长 3% 的目标，也没有达到法国政府计划的 2.5% 预期值，但达到了 2.2% 这个数字，高于 2006 年 0.2 个百分点。它低于这年欧盟 2.8% 的经济增长率和欧元区 2.6% 的经济增长率，但超过本年度日本 2.0% 的经济增长率，与美国本年度的经济增长率相等。2008 年年初，法国经济依然表现强劲，在商品制造业产出增长的推动下，第一季度增长率为 0.6%，明显快于 2007 年第四季度的增速。失业率稳步下降，2007 年降到 8%，失业人数为 221.5 万，为 25 年来的最好水平。通货膨胀率继续走低，2007 年仅为 1.8%，成为欧元区通货膨胀率最低的国家。法国政界和经济学界因此受到鼓舞，对 2008 年法国经济形势持乐观态度，认为法国经济将要复苏，即将走出长期萎靡不振和低速增长的怪圈。

三　金融和经济危机中的经济和社会政策

2007 年和 2008 年上半年法国政府出台的一系列经济和社会政策及措

施，旨在兑现萨科齐在总统竞选中向选民许下的诺言，急于同"旧法国"决裂，为法国打一个"翻身仗"，但是，出台的这些政策和措施没有考虑外部环境，没有正确认识和充分估计国际形势，特别是美国和西方的经济和金融形势。对于外向型的法国经济来说，国际、西方、欧洲和欧盟经济环境至关重要，它关系法国经济的兴衰，影响法国经济与社会政策和措施的效果。

事实上，自 2007 年夏季开始，美国出现了次贷危机并向全球和法国迅速蔓延，特别是 2008 年下半年美国进一步爆发了金融危机，很快波及法国的金融业和法国的实体经济，使法国在经济和社会方面推行的改革以及出台的经济政策和措施，如"一揽子减税法""经济现代化法"等在实施中的效果大打折扣，使法国国内生产总值常年规定为 3%、五年内失业率降到 5% 以下、2012 年财政赤字为零和公共债务占国内生产总值比重下降到 60% 以下的计划化为泡影。

美国次贷危机对法国金融业和银行业的冲击于 2007 年 8 月开始显现，法国巴黎银行是第一家被卷入次贷危机的银行，也是欧洲第一家被冲击的大银行。随后，法国许多银行纷纷曝出较大金额的次贷相关损失。尤其是 2008 年下半年，国际金融危机很快波及法国金融业，从而导致金融业资产萎缩、亏损和萧条。国际金融危机也对法国股市产生了巨大冲击，许多个股股价被腰斩，股市融资功能基本丧失，而集中了法国最大的 40 家上市公司的 CAC40 指数则下跌了 42.68%，创下自 1998 年以来最大的年度跌幅。其中，法国许多大型银行的股价缩水一半到 90% 不等。

受国际金融危机、美国经济增长的下滑、欧元区经济的疲软和能源食品价格剧增的影响，2008 年第二季度法国经济形势突然逆转，国内生产总值环比下跌 0.4%，这是自 2002 年第四季度以来首次出现负增长。此后，连续三个季度分别下滑 0.2%、1.5% 和 1.4%。法国经济受到打击最大的除了银行业外，还有许多实体经济行业，如汽车制造业、钢铁业、化工行业、房地产和建筑业、房屋出租业、旅游和酒店业、玩具零售业以及电信、收费电视和报纸订购业等。至 2008 年 9 月，企业倒闭 4.022 万家，达到自 1997 年以来的最高水平。倒闭潮从中小企业蔓延至大型企业。从 2008 年第四季度开始，雷诺汽车公司宣布在欧洲地区削减其总产量的 20%，在法国的 15 家工厂临时停产一至二周，在国外的工厂停产几天，并实施 4000 人的自愿离职计划。PSA 标致雪铁龙汽车公司则削减其在欧洲地区总产量的 30%，停止了原先的招工计划。世界著名护肤和化妆品生产商欧莱雅第三季度销量锐减，并宣布关闭其在欧洲地区的两座工厂。此外，法国最具有竞争力的三个部门，航空制造、医药和酒类也都面临困境。

受汽车工业产量大幅下降的影响，2008 年 11 月法国工业生产比 10 月下跌 2.4%，而 10 月工业生产为 3.7% 的负增长。除了能源以及农产品和食品生产之外，11 月法国制造业的生产下降了 3.1%，10 月的下降幅度为 4.4%，制造业中下降幅度最大的为汽车生产行业，下降率为 8.1%，而其 10 月期间的下降幅度曾经高达 22.2%。在 2008 年 9 月至 11 月，法国工业生产相比前三个月下降了 3.8%，与 2007 年同期相比下降了 6.5%。菲永政府原先预计 2008 年经济增长为 1.7% 到 2.2%，以后一再表示实际增长率要低于预计。在经历前五年的复苏之后，法国经济仅能勉强维持低速增长，2008 年国内生产总值增长率下降到 0.4%。

2008 年，法国外贸形势持续恶化。2008 年法国出口总额为 4126 亿欧元，与上一年相比仅增长了 2%。进口总额为 4657 亿欧元，与上一年相比上升了 5.3%。2008 年法国的外贸逆差额达 531 亿欧元，再创历史新高。这一数字远远高于此前经济学家的预期，也明显高于 2007 年时 388 亿欧元的外贸逆差数字，法国外贸连续第 5 年维持逆差状态。由于国际原油价格上涨、2008 年下半年欧美经济突然衰退所导致的需求大幅度减少，以及欧元汇率的变化以及原材料价格的波动等影响，法国外贸赤字迅速上升。

受国际金融危机冲击实体经济的影响，法国国内越来越多的企业宣布了裁员计划，尤其是汽车制造业和建筑业大幅度的裁员，使就业市场形势逐渐恶化。2008 年第一季度失业率还保持上年第四季度继续下降的势头，第二季度开始反弹，10 月失业人数再次突破 200 万这一极其重要的心理关口。截至 2008 年 12 月底，法国失业率为 7.4%，失业人数达到 207 万人。虽然略低于 2007 年的水平，但企业破产和裁员之风愈刮愈猛烈，从而使法国就业形势日益暗淡。

　　法国消费者对经济前景担忧，消费和购买力下降。家庭消费2008年第一季度呈现0.1%的负增长，第二季度增长0.1%。与此同时，法国通货膨胀的压力增大，特别是2008年6～7月物价上涨3.6%，全年上涨2%，而2007年只有1.8%。法国消费者的购买力被住房、运输燃料、取暖油以及牛奶、奶酪、鱼肉、鸡蛋和蔬菜水果等食品消费价格指数的大幅上涨所抵消，人们纷纷推迟购买大件商品，推迟购买非必需品，在服装和休闲方面的开支不断压缩。法国家庭消费全年仅增长1%，而2007年为2.4%。

　　正当国际金融危机在法国金融业和银行业不断蔓延并逐步向法国实体经济发展的时候，菲永政府在很短的时间内陆续推出一系列应对措施和经济重振计划。首先，菲永政府于2008年10月初推出了一项总额高达3600亿欧元的救市方案，其主要内容包括：通过为各家银行发行债券提供担保和参与银行资本重组等方式，帮助银行摆脱融资难的困境；为银行发行最长为5年期的中期债券提供担保，并专门成立一个机构从市场筹措资金，用来保证银行各项业务的正常开展，政府用于这方面的资金总额最高可达3200亿欧元。与此同时，菲永政府要求银行必须满足多项条件，其中包括资本充足率必须达标，融资过程中必须以市场价格付出利息，银行必须承诺对领导人的薪酬设限，银行所获得的资金必须用于为个人、中小企业和地方政府发放贷款等。法国总统萨科齐强调，这项措施旨在为银行重新打开信贷阀门，而不是给银行提供备用资金。此外，菲永政府宣布建立一个国家参股公司，该机构可以动用400亿欧元的资金，当有银行陷入困境甚至濒临破产时，该机构将到市场上融资，并通过各种方式参与陷入困境银行的资本重组。一旦银行经营好转且股价上涨，该机构可通过出售股权而从银行退出。政府将为该机构融资提供担保。正是根据这个救市方案，菲永政府对六大银行提供了200亿欧元救助资金，逐步稳定了金融业和市场信心。

　　接着，2008年11月20日，萨科齐总统宣布成立"法国战略投资基金"，从事"未来投资计划"，旨在对受当前国际金融危机冲击而陷入困境并且可能被外国企业集团控制的法国企业提供支持，并保护法国国内的战略性企业。该投资基金出于长期发展战略考虑，通过对法国国内具有战略意义的大型或小型企业参股的方式，而对一些工业项目进行投资。"未来投资计划"属于"神圣不能削砍"的项目。2010 年的"第一轮未来投资计划"总共 350 亿欧元。其中，200 亿欧元主要由政府信托投资银行通过发行债券筹集，另外 150 亿欧元将来自法国政府和信托投资银行在一些大企业中的股份。在法国经济史上，当权者一向对能源、汽车、航空和防务等战略性企业采取这种"经济爱国主义"的做法。每当这些企业陷入困境或面临外资收购时，当权者均会出面进行直接干预，以免因企业易主而威胁法国能源、金融等战略经济部门的安全。

位于法国中部的航空设备供应商达埃尔公司等企业，成为法国战略投资基金的第一个受益者，该公司将因此获得 8500 万欧元的援助资金。而法国国内的老牌大型电子设备制造企业汤姆逊集团表示，在该集团公司重组中，将把利用国家战略投资基金作为一种选择。事实上，汤姆逊集团公司已被列入法国战略投资基金进行干预的首批企业名单之中。汤姆逊集团公司的股票价值自 2008 年年初以来已下跌 80% 以上；至 10 月中旬，汤姆逊集团宣布该集团营业额第三季度下跌 7.9%，远远超过之前 4.3% 的预计数字。2008 年 6 月底，汤姆逊集团的债务高达 13 亿欧元，债务占自有资金的比例高达 85%。

2008 年 12 月 4 日萨科齐总统宣布了另外一项总额为 265 亿欧元的两年重振经济计划，其主要目标是优先资助国内目前陷入困境的汽车制造业和建筑业。其中 114 亿欧元将用于直接向企业提供各项财政支持，以改善被危机窒息的企业的流动资金状况。另有 111 亿欧元用于增加中央与地方政府的公共支出，资助总数多达 1000 个项目，平均每个项目的规模都是上百万欧元，有的甚至上千万欧元。其余 40 亿欧元则用于国有企业新增投资。此外，重振经济计划还包括帮助弱势群体，特别是对低收入家庭发放补助，以改善他们的生活；增加购买新房零利率贷款，同时加快环保住房建设；鼓励淘汰旧车购买新车以及加强军工企业的建设等。萨科齐总统还于次日任命德韦吉安出任经济振兴部部长，其主要职责是监督经济刺激计划的实施。

根据菲永政府追求速战速决的目标，所有的经济刺激计划都必须在 2009 年内启动，并用掉经济刺激计划资金的 75%。根据 2010 年度的财政计划，为期两年的经济振兴计划资金进一步提高到 388 亿欧元，从而使 2010 年仍将有近 100 亿欧元资金投入。地方政府也承诺 540 亿欧元的两年投资计划，其中 2009 年完成近 50%，另外一半也在 2010 年实施。正是利用这个刺激计划，整个法国都行动起来，都在"重新装修"。大到展览馆，小到路边餐厅，门庭都陆续焕然一新，仅巴黎就打算花费 1000 万欧元的经济刺激基金来为它的各类文化遗产"美容"。这是法国应对全球经济危机的方式。在升级基础设施建设等方面，法国已经走在了美国的前面。

2009 年 12 月 14 日，菲永政府宣布实施总额为 350 亿欧元的"未来投资"计划（又称大借贷计划，相当于法国国内生产总值的 1.8%），旨在通过投资促进技术进步，拉动长期的经济增长。法国希望通过对未来创新产业的支持，从而占据未来竞争的制高点。"第一轮未来投资"计划资金主要用于五个优先领域：高等教育与培训、科研、工业及中小企业、数字经济，以及可持续发展。政府的投资还带动了私人投资，从而使未来项目投资总规模将达到 650 亿~700 亿欧元。菲永政府还希望这个庞大投资新计划能够加快法国经济增长的步伐，带来更多的就业机会，从而降低失业率和失业数量。

2009 年，菲永政府为了扩大内需，还采取了一系列措施，如降低房贷利率等以稳定房地产市场，出台购车补贴政策以刺激汽车消费，调整商家运营时间以方便顾客消费等，有效稳定了国内消费市场。在 2009 年深陷危机的发达国家消费市场普遍黯淡的情况下，法国消费成为唯一的"亮点"，成为法国抵御危机、促进增长的"发动机"。

尽管法国在国际金融危机前已经有了比较完备和稳固的金融体制，并具备银行业、保险业和证券市场分业的监管，但是在国际金融危机的冲击下仍然暴露出许多弊端：其一，法国金融领域自 20 世纪 90 年代开始，在新自由主义影响下有计划和有步骤地进行私有化和自由化，逐渐放弃了传统的"社会—柯尔贝主义"①，即"国家以一种政治雄心和一种社会进步意愿的名义统率经济"②，从而淡化了国家干涉主义的色彩，弱化了对金融业的

---

① 米歇尔·阿尔贝尔：《资本主义反对资本主义》，社会科学文献出版社，1999 年，第 212 页。
② 米歇尔·阿尔贝尔：《资本主义反对资本主义》，社会科学文献出版社，1999 年，第 212 页。

监管，放松了对金融领域风险的警惕。其二，传统的分立监管机构十分庞大和复杂，分工又过细，造成部门监管职能重叠和交叉。一方面，它造成监管职责界限不清，相互扯皮，或相互推诿，导致监管运转不顺畅，从而降低了监管的效率。另一方面，它还留下权责真空，可能使一些跨业经营和创新金融活动未受到应有的重视和监管，使某些金融机构的诸多经营行为无法得到全面的跟踪，出现漏洞，给予金融冒险分子可乘之机，从而增加了法国金融中的风险和不安全因素。2008 年 1 月 24 日，法国兴业银行因其交易员凯维埃尔违规豪赌股指期货损失 49 亿欧元。这是继 1995 年英国巴林银行因为一名交易员的类似违规操作之后最大的欺诈案，有人将它称为金融界的"9·11"事件。其三，一些银行、保险、证券等金融公司规模小，资本少，在金融和经济危机中经受不起冲击，或倒闭，或破产。

针对金融监管的弊端及其弊端造成的不良后果，菲永政府在金融和经济危机期间采取了一系列改革措施。

其一，重新强调国家干涉主义，恢复柯尔贝主义的传统。一时间，在法国社会上形成了凯恩斯热，凯恩斯的著作《就业、利息和货币通论》在法国畅销书中高居榜首。从法国"人人都是凯恩斯"中可以看出，法国人在金融和经济危机时期对国家作用的向往。

其二，加大对金融业和银行业的扶持力度，以体现"经济爱国主义"。早在国际金融危机爆发前，菲永政府正式提出"经济爱国主义"理论，并将之当作一项国家战略。其含义是：运用国家力量，实行保护措施，阻止外国企业并购掌握国家经济命脉的大企业。2008 年年初，当法国兴业银行的财务陷入困境而国外银行意欲乘机收购的时候，菲永政府立即出面干预，指责外国银行的"恶意行为"，阻止外国银行对兴业银行的收购。当国际金融危机冲击法国金融业和银行业造成一些法国银行严重亏损和流动资金严重短缺的时候，菲永政府立即行动起来，出台救市方案，其中规定了庞大的专项资金实施对金融和银行的救援，以避免金融危机对实体经济造成严重影响，以期恢复金融市场信心，促进经济发展。

其三，对金融监管体制进行改革，变"三驾马车式"的监管模式为单一的监管模式。菲永政府先后颁布《经济现代化法》（2008 年）、《消费信贷改革法案》（2009 年）、《银行和金融机构监管法》（2010 年）以及相关的法令政令，将分别监管银行业、保险业和证券业的机构合并，组建成一个单一的金融监管机构。其中，《银行和金融机构监管法》采取了 26 项更加明确和具体的措施：对金融工具买卖、金融衍生产品、碳交易和评级机构等金融交易和活动做出规范；禁止卖空交易，并授权法国金融市场管理局加强金融工具卖空交易的透明度，加强对衍生产品市场和评级机构的监管；成立审慎监管局，作为单一的监管机构对银行业和保险业进行监管，监控银行业和保险业的产品创新，规范金融市场操作员的报酬；成立金融调节和系统风险理事会来规避金融风险；赋予金融咨询委员会新使命，来规范银行的开支；加大针对不规范交易和活动的惩罚力度，大幅提高法国金融市场管理局和审慎监管局的处罚权；鼓励金融支持经济增长，具体措施包括帮助经营困难的企业保住就业岗位、为企业融资提供便利等；要求法国政府在欧洲和国际层面，特别在担任 G20 轮值国主席期间在改造国际金融体制方面起先锋作用。

其四，为了把银行做大做强，增强银行业和金融业抗御风险的能力，菲永政府鼓励和采取措施，促使法国一些银行寻求合并与重组以巩固自己的地位。2009 年 10 月法国巴黎银行宣布收购富通银行在比利时和卢森堡的金融业务，从而成为欧元区最大的储蓄银行。法国储蓄银行与法国人民银行实现合并。

其五，菲永政府于 2009 年 9 月宣布，对政府扶持的银行实行薪酬监察员制度。薪酬监察员可以对薪酬体制或个人薪酬水平提出建议，也可以对各银行董事会或股东大会提出要求，如果需要，他还可以要求央行下属的银行委员会进行相关调查。一旦查出银行有违规行为将采取制裁措施。菲永政府还于 2011 年 1 月 1 日起实行"限薪令"，规定金融业和银行业发放的奖金至少有 40% 必须分 3 年支付，奖金额度越大，延期支付的比例越高，最高可达 60%。奖金必须和长期的业绩与表现挂钩，如果表现不佳，现金红利将不予发放。

其六，法国议会于 2012 年 2 月通过法案，从 2012 年 8 月起开征金融交易税。上市资金超过 10 亿欧元的企业的税率为 0.1%。此外，对部分"涉及投机"的产品和交易行为征收 0.01% 的交易税。

从菲永政府应对经济和金融危机的政策可以看出以下几个特点：第一，法国应对经济和金融危机决心大，动作快，措施及时，在欧盟和欧洲国家中率先推出一系列的计划、政策和措施。第二，无论是救市方案还是重振经济计划，投入的资金规模庞大、针对性强、落实迅速有效，足够应对金融业和实体经济的急需。所以在 2009 年第一期资金投入完成时，菲永政府宣布无须实行第二期资金投入的计划。第三，法国国营企业在克服经济危机和减轻经济危机带来的严重后果方面发挥着重大的作用，在金融危机和经济危机中显示了国有经济的优势。第四，依靠比较稳固的法国金融体系和严格的监管，使法国金融业和银行业经受住了国际金融危机的冲击。

此外，菲永政府还推出新环保法案并于 2009 年 7 月获得议会通过。该项法案涉及气候、能源、交通、农业等多个领域，明确了法国未来的环保发展方向。根据这一法案，在气候领域，到 2050 年法国的温室气体排放量将在 1990 年的基础上减少 75%；在交通领域，法国将大力发展铁路运输，到 2020 年前将新建 2000 公里高速铁路；在能源领域，法国预计 2020 年将可再生能源占能源消耗比重提高到 23%，并从 2010 年起逐步停止销售使用耗电量大的白炽灯泡；在农业领域，力争到 2020 年将种植生态农产品的农田比重提高到 20%，并从 2009 年起加倍抵免生态农业的税收。建筑业是耗能大户，占法国能源总耗的 40%，因此法案规定，从 2012 年开始严格根据所建房屋的能耗发放建房许可。法国经济正在向着"绿色经济""低碳经济"的方向迈进。

菲永政府为应对法国二战以来最严重的经济和金融危机实施的一系列经济和金融计划、政策和措施，取得了不错成效。根据法国国家统计与经济研究所统计，2009 年，法国国内生产总值增长为 -2.2%，根据欧盟统计局的调和统计则是 -2.6%，欧盟 27 国的平均值为 -4.2%，欧元区 16 国的平均值为 -4.1%。① 法国比欧盟和欧元区的平均衰退率要少一些，比大多数欧盟国家和欧元区国家的深度衰退要轻一些。据法国国家统计与经济研

---

① 中国社会科学院欧洲研究所主编《欧洲发展报告（2010～2011）》，社会科学文献出版社，2010，第 294 页。

究所统计，2009 年下半年，法国经济实际上开始缓慢的复苏，2010 年加快了步伐，经济增长率为 1.4%，根据欧盟统计局的调和统计则是 1.3%，欧盟 27 国的平均值为 1.0%，欧元区 16 国的平均值为 0.9%。[①] 法国经济复苏的速度要快于欧盟和欧元区的平均值。法国在西方国家和欧盟中率先走出危机的阴影。

菲永政府对银行业和金融业采取的一系列改革措施也取得了显著的效果。第一，据欧洲银行业监管委员会于 2010 年 7 月 23 日公布的欧洲银行业压力测试结果显示，法国接受测试的四家银行——法国巴黎银行、兴业银行、农业信贷银行和人民—储蓄银行集团在假定的最糟糕情形下，核心资本充足率仍大大高于测试所设定的 6% 的"安全线"，表明法国银行业处于健康状态，并已有效控制住欧洲债务危机带来的风险。第二，与 2009 年年底多家企业业绩"亮起红灯"所不同的是，法国 40 家在巴黎证券交易所上市的大型企业 2010 年绝大部分业绩大涨，其中法国各大商业银行净利润总额已超过 210 亿欧元，大部分已还清政府救助资金，还上交国库约 24 亿欧元利息。法国的银行业和金融业已经渡过了国际金融危机的惊涛骇浪，在健康的道路上运行。

菲永政府在经济危机中的表现，不仅得到了多数法国企业界和政界人士的称道，而且得到了经济合作与发展组织和有关研究机构的充分肯定。法国财经部部长克里斯蒂娜·拉加德还被英国《金融时报》评选为 2009 年欧洲最佳财经部长。

三 金融和经济危机后的经济和社会政策

尽管法国渡过了跌宕起伏的经济和金融危机，但是，危机也留下了后遗症，从而使菲永政府又陷入了财政赤字和公共债务危机，以及面临失业率和失业数量的迅速反弹。

根据法国国家统计与经济研究所公布的数据，菲永政府的财政赤字占国内生产总值的比重，2007 年为 2.7%，2008 年为 3.3%，2009 年急剧上升

---

① 中国社会科学院欧洲研究所主编《欧洲发展报告（2010~2011）》，社会科学文献出版社，2010，第 294 页。

至 7.5%（1425 亿欧元），2010 年则为 7.1%（1365 亿欧元）。公共债务占国内生产总值的比重，2007 年为 63.8%，2008 年为 67.5%（13187 亿欧元），2009 年急剧上升至 78.1%（14928 亿欧元），2010 年达 82.3%（15912 亿欧元）。法国财政赤字和公共债务双双创下历史新高，大大超过欧洲《稳定与增长公约》规定的财政赤字 3% 和公共债务 60% 的警戒线。早在 2009 年 12 月，欧盟委员会确认欧盟 27 个成员中有 19 个国家处于"过度赤字程序"（EDP）的状态，其中包括法国。

菲永政府的财政赤字和公共债务迅速攀升，其中有结构性的原因，如缘于要填补社保机构越来越大的巨额赤字的窟窿，以及支付越来越庞大的行政经费和公务员的薪酬，但也是为了应对经济和金融危机以及刺激经济投入的巨额资金而大举借债。另外，则是为了避免希腊债务危机产生多米诺骨牌效应，导致欧元区解体，菲永政府先后两次向希腊提供 44 亿欧元和 45 亿欧元的贷款，还通过欧洲金融稳定基金向爱尔兰提供了 9 亿欧元贷款。在经济增长缓慢、财政收入下降的情况下，菲永政府的财政赤字和公共债务的过分膨胀，使法国的财政赤字和公共债务处于高位运行，因而面临"严重的危险"。

希腊的主权债务危机给菲永政府敲响了警钟，西班牙、意大利、爱尔兰及葡萄牙的主权信用评级被下调一个或两个等级也对法国发出了警告。国际三大信用评级机构已频频向法国发出预警。

标普公司 2011 年 10 月认为，在当前欧洲经济的紧张形势下，法国是有可能遭降级的欧元区主权国家之一，AAA 最高评级可能将不保。另一家评级机构穆迪也表示，法国正面临失去最高评级的威胁。早在 2011 年 7 月，法国有可能失去 AAA 级主权信用评级和法国银行对欧元区较弱国家的债务风险敞口过高的传言就已经撼动了全球市场。最终，标普公司于 2012 年 1 月 13 日将法国从 3A 降至 2A＋，但穆迪和惠誉国际信用评级机构均宣布维持法国 AAA 主权信用评级不变。的确，作为欧盟第二大经济体的法国如果出现主权债务危机，即便是举全欧盟 27 国或者全欧元区 16 国之力，也是很难挽救的，它有可能导致欧元区的解体，有可能导致欧盟的崩溃。

法国政府已意识到财政赤字和公共债务状况的严重性，菲永总理早在

2007 年就发出"法国破产"的惊呼，并收紧 2010 年的预算，期望通过缩减政府机构开支、减少税收优惠等措施来改善公共财政状况。鉴于法国 1974 年以来财政预算从未平衡过，30 年来公共债务由占国内生产总值的 21% 上升至目前的 80% 以上，萨科齐总统在 2010 年提出将实现公共财政收支平衡作为政府永久性目标列入宪法条款，并获得议会的通过，从而使公共财政的平衡成为国家大法的原则之一。当希腊爆发主权债务危机和风传法国主权信用评级可能下调时，菲永政府进一步意识到改善公共财政和公共债务状况的必要性和紧迫性，官民都有了一定共识，称"再不压缩赤字，就会尾随'笨猪五国'，① 面临更大的危局了"，提出把压缩财政赤字作为当前优先国策，并规划了紧缩的时间表：2011 年将财政赤字降至占国内生产总值的 5.7%，2012 年降至 4.6%，2013 年降至 3%，以达到欧盟《稳定与增长公约》规定的目标，2016 年实现财政平衡。

正是在上述宏观政策思路的指导下，菲永政府采取了一系列的财政紧缩计划、政策和措施。第一，减缩国家机构的经费和精简人员以节约行政的开支。菲永政府于 2009 年宣布，从 2010 年起冻结国家支出三年，也就是说，采用每年国家开支的增幅不超过通货膨胀率的零增额模式，并逐步退出 2009 年推出的各项经济刺激举措。与此同时，菲永政府还要在行政开支上进行节流，未来 3 年内行政开支将减少 10%，2011 年开始减少 5%。在 2011～2016 年，财政预算的缩减总共需达到 1150 亿欧元。为此，要压缩半数以上国家机构的经费，如生态部经费同比减少 4.5%，地方政府关系部减少 4.2%，海外部减少 3%，城市与住宅部减少 2.6%，农业部减少 2.5%，社会团结部减少 1.8%。此外，还通过削减公务员岗位来节约财政经费，通过实施公务员"退 2 补 1"的政策，大幅减少政府部门雇员人数，每年平均减少公务员 3.4 万人，到 2013 年累计削减 10 万人，并因此减少财政支出 30 亿欧元。

第二，通过提高增值税和取消大部分税务优惠来开辟财源。菲永政府将增值税的税率从 5.5% 提高至 7%，上调烟草、酒类、软饮料、主

---

① 国际经济界、学者和媒体对葡萄牙、意大利、爱尔兰、希腊、西班牙欧洲 5 个主权债券信用评级较低的经济体的贬称，亦称为"群猪五国""欧猪五国"。

题公园门票和资本收益的税率，但是，生活必需品、能源和"对最脆弱群体产生影响的产品"如残障设备等的增值税税率保持不变。2012年和2013年将对营业额超过2.5亿欧元的大企业征收的公司税临时提高5%。根据统计，在法国拥有的总金额高达1040亿欧元的500多项避税优惠中，近530亿欧元的避税优惠完全无效或收效甚微，达不到财富再分配的最佳目标。取消这部分的税务优惠政策，既可以避免税务优惠造成的弊端，又可以增加财政收入，从而使2011年对所得税征收优惠减免额减少94亿欧元，2012年额外减少21亿欧元，2013年和2014年再额外减少30亿欧元。此外，菲永政府还计划在两年内通过打击偷税漏税增加50亿欧元财税收入。

第三，法国议会于2011年10月通过决议，开征高收入人群的附加税。年收入25万至50万欧元的高收入者，除了按规定征收所得税外，还要额外征收3%的附加税。年收入在50万欧元以上的高收入者则还要额外征收4%的附加税，直到法国财政预算赤字降到3%的预定目标。

第四，菲永总理宣布冻结总统和部长的工资，直到公共财政恢复严格的平衡为止，同时呼吁大企业，尤其是构成巴黎四十大股指数（CAC 40）的大企业领导人也采取同样的行动。

为了实现财政开源节流的目标，菲永政府还对财政体制进行结构性的改革，如改革特殊退休制度等，笔者将在下一节论述。

法国经济和金融危机的另一后遗症则是失业率和失业数量的迅速反弹。法国失业率和失业数量在2008年降到了25年来的最低点。可惜好景不长，失业率和失业数量在2009年法国经济负增长的严峻形势下迅速反弹，急剧恶化，失业率回升到9.1%，失业数量达257.7万，在这一年内失业人数增加超过50万。2010年又有所增长，失业率为9.3%。2011年失业率在1～4月下降之后，5～7月又开始回升，与经济增长率的趋缓（第二季度增长率为零）恰好并行。7月的上升速度之快在过去11年中更是从未有过。根据统计，法国7月失业人数增加36100人，较上月增长1.3%，与上年同期相比则增长2.8%。失业总人数达到276万人。如把找临时工作的也算在内，总求职者人数达到412万，为2000年2月以来最高。就业难，在50岁以上和 25 岁以下群体以及女性群体中体现得尤为明显。

菲永政府把降低失业率和减少失业数量作为政府的当务之急，意识到要增加就业人数，就是要发展经济，改变经济疲软的状态，同时也是实践 2010 年 6 月欧盟首脑会议通过的 "欧洲 2020 战略" 中提出的欧盟未来十年的发展重点和具体目标，即三大发展重点、五大要实现的具体目标、七大框架计划。① 三大重点是：实现以发展知识经济为主的智能增长、实现以发展绿色经济为主的可持续增长、实现以提高就业和消除贫困为主的全面增长。五大目标是：使 20 ~ 64 岁的劳动人口就业率达到 75%；增加研发投入，把研发经费在欧盟国内生产总值中所占的比重从目前的 1.9% 提高到 3%；将温室气体排放量在 1990 年的基础上削减 20%，提高可再生能源在欧盟总能源消耗中的比重，使之占到 20%；把未能完成基础教育的人数控制在 10% 以下，将 30 ~ 34 岁年轻人获得高等教育文凭的比例从 31% 提高至 40%；将生活在贫困线以下的人口数量从 8000 万降到 2000 万。七项发展计划是：实施智能增长的三个计划有，分别是面向创新的 "创新型联盟" 计划、面向教育的 "流动的青年" 计划和面向数字社会的 "欧洲数字化议程"；实施可持续增长的两个计划，分别是面向气候、能源和交通的 "能效欧洲" 计划和面向提高竞争力的 "全球化时代的工作政策" 计划；实施全面增长的两个计划，分别是面向提高就业和技能的 "新技能和就业议程"，面向消除贫困的 "欧洲消除贫困平台" 计划。

另外，菲永政府积极进行职业培训计划，鼓励企业以职业培训和学徒培训合同雇用年轻人。根据政府的规定，当企业雇用的年轻人超过法定 3% 的比例时，政府可考虑给予 "免缴社会保险征摊金的补偿"，超过的比例越高，则享受的免缴社会保险征摊金的补偿越多。

综上所述，金融危机和经济危机前后，萨科齐总统和菲永政府的经济和社会政策在不断地转向，不断地改变，顾此失彼。为了渡过财政和债务危机而采取的紧缩政策收到了某些成效，如 2011 年财政赤字下降至 5.2%，

① 关于 "欧洲 2020 战略"，详见中国社会科学院欧洲研究所主编《欧洲发展报告（2010 ~ 2011）》，社会科学文献出版社，2010，第 51 ~ 58 页。

比菲永政府预期的 5.7% 要低。但是，紧缩政策势必影响法国经济发展的速度，导致经济又一次探底，2011 年法国国内生产总值仅增长 2%，2012 年下降到 0%。而经济增长的停滞则导致失业越来越严重，社会不平等加剧，民众不满情绪滋长，进一步激化了社会矛盾。

第二节　改革、社会矛盾和社会风潮

2007 年 1 月 14 日人民运动联盟在巴黎召开党员大会，萨科齐在发表的长篇讲话中声明："我不是保守派。我不要一个墨守成规、停滞不前的法兰西。我要创新，要发明，要同不公正作斗争。"[①] 他意识到，"法国人在期待一个'后法兰西'"，[②] 而他必须顺应潮流，使"法兰西现代化"。[③] 的确，2007 年他当选总统，是法国人选择了他，也是选择了改革。萨科齐就任总统后，雄心勃勃地推出了 1181 项改革措施，实际完成 931 项，涉及法国政治、经济、教育、司法、国防、社会文化、地方等方方面面。在执政的头两年，萨科齐实现的改革措施，已经占全部改革措施的 77%。有些改革措施，特别是经济领域的改革措施，由于发生金融和经济危机而被迫取消或延期，但它们仅占全部改革的很少部分。总之，萨科齐的改革与前任总统比较，无论在深度和广度上都堪称空前。

与前几届总统还有不同的是，萨科齐以特立独行的方式进行改革，具有极大的毅力和坚韧性，没有畏首畏尾，没有瞻前顾后，不顾舆论和媒体的谴责，不屈服于来自社会的威胁，更无视个人民调的下降，顶住了各方面的压力，把既定的改革进行到底，而不是放弃或半途而废。当然，萨科齐在推行改革过程中表现出来的是强势、硬朗和干练，不是采取"武断化"的手段，而主要是通过同社会伙伴的对话和协商，取得对方的理解和认同，从而达到改革的目的。

---

① http://www.lemouvementpopulaire.fr/.
② 尼古拉·萨科齐：《见证——萨科齐自述》，上海辞书出版社，2007，第 194 页。
③ 尼古拉·萨科齐：《见证——萨科齐自述》，上海辞书出版社，2007，第 194 页。

一　政治体制改革，调整行政权和立法权的关系，地方改革

　　萨科齐在当选总统前，就已经酝酿宪法和政治体制改革。他指出："时至今日，第五共和国宪法已呈现出一些弱点，甚至是一些机能障碍。"① 他认为，宪法规定的第五共和国政治体制存在严重的弊端，"然而，在我看来，只有实行政治和道义上的负责任原则，才能证明第五共和国宪法，即在 1962 年修改过的 1958 年宪法，将那么多的权力集中在共和国总统一人手中是一种正确的做法。至于议会两院，即国民议会和参议院，并未构成一个真正的'反权力'，反而陷入了一种多产而不太有效的立法活动之中，日复一日地耗尽了其力量。"② 他用反话来证明现行法国政治体制的弊病，而在他的著作《见证——萨科齐自述》中多次提到总统权力过分集中，议会权力软弱等问题。他立志在当选总统后要让法国政治体制更加现代化和更加民主化，要重新调整行政权与立法权、总统与议会的关系，目的"一个是要使总统的职位少一些君主制，变得更加透明、更加现代和更加民主；另一个则是要减少总统的某些权力，更好地限制，乃至取消这些权力"。③ 与此同时，他表示："不要怕赋予议会一些追加的职权。除了加强议会的主动行动权和监督权之外，我们别无选择。在法国，这样的时候到了！"④ 他"要把议会变成一个真正的'反权力'"⑤。

　　萨科齐当政后，立即于 7 月 18 日成立了以前总理巴拉迪尔为首，由 13 名委员组成的"第五共和国政治体制平衡和现代化思考委员会"，着手修改宪法和政治体制。该委员会提出的关于政治体制改革的宪法修正案，于 2008 年 7 月 21 日在法国议会两院联席会议进行表决，当天共有 905 名议员出席会议，896 人投票，其中 539 人投票支持修宪案，比所需 3/5 的绝对多数仅多了 1 票。修宪案对总统和政府权力做出一些限制的同时，相对加强了议会权力和公民权利。这是自第五共和国成立以来第 24 次修宪，涉及宪法

① 尼古拉·萨科齐：《见证——萨科齐自述》，上海辞书出版社，2007，第 108 页。
② 尼古拉·萨科齐：《见证——萨科齐自述》，上海辞书出版社，2007，第 108 ~ 109 页。
③ 尼古拉·萨科齐：《见证——萨科齐自述》，上海辞书出版社，2007，第 111 页。
④ 尼古拉·萨科齐：《见证——萨科齐自述》，上海辞书出版社，2007，第 119 页。
⑤ 尼古拉·萨科齐：《见证——萨科齐自述》，上海辞书出版社，2007，第 115 页。

的 47 个条文，几乎占宪法条文的一半。

修宪案针对政治体制的最主要改革内容，就是对国家元首的权力进行了一些限制，其内容是：总统连任不得超过一届，总统根据普通法和组织法任命的一些重要人事需征求议会两院主管委员会的意见，总统特赦罪犯需事先征求一个专门委员会的意见，总统拥有的公民投票权被公民和议员分享，议会通过法律后政府必须在合理期限内提交执行方案，制定法律限制政府部长的最高数目。此外，总统有权在"国家生活的重要时刻"在国民议会和参议院两院联席会议上发表讲话，而修宪前总统本人不能在议会发表讲话，只可以向议会写信发表意见。议员随后在总统不在场的情况下进行辩论，但不表决。此前，已经将总统任期缩短为 5 年，2007 年 2 月又规定总统不仅因叛国罪而且严重渎职的情况下，也可以取消其司法或行政豁免权。修宪后对国家元首权力的某些限制和制约有利于防止人治，有利于预防行政权力走向集中化和个人化。

在 2006 年 4 月 5 日出版的《世界报》上，巴拉迪尔撰文写道："必须让议会起作用，（法国）议会是欧洲邻国中唯一功能被剥夺的民主议会：它不能决定大部分会议的议事日程，不能取消捆绑式的投票，没有可能通过投票做出决定，尤其在外交领域，没有权力扩大对政府的监督力度，增设专业委员会。"特别是总统多数派与议会多数派一致的情况下，议会的功能进一步削弱，议会的监督权形同虚设。修宪案针对政治体制改革中另一项最主要的内容，就是扩大了议会的功能，加强了议会的权限，提高了议会的地位和强化了议会作用。

修宪案规定，议会两院每院控制其一半的议事日程，不再任由政府主导，"每月有一天的会议"的议事日程由在野党拟定；议会两院每院的常设委员会的数目从 6 个增为 8 个，议会有权自行决定设立专门委员会；议会有权在会议上对议会委员会预先通过的法律草案或法律提案文本进行审议，预算案除外；议会每周"至少举行一次"对政府的询问[①]会议，在特别会议

---

① 询问的法文为 question，常被误译为"质询"，而在法国议会中"询问"和"质询"属于不同的程序，详见吴国庆著《当代法国政治制度研究》，社会科学文献出版社，1993，第 102～103 页。

期间也一样；议会对国家元首最重要的人事任命如宪法委员会成员拥有否决权（必须获得委员会 3/5 的多数通过）；宪法第 49 条第 3 款的引用（即以政府承担责任不经议会表决而通过法案的方式）只限于国家预算案、社会保险预算案以及"例会审议的另一个法案文本"；议会有权限制政府财政预算和社会保险预算；政府派遣武装部队到外国时，必须在 3 天内通知议会，在国外驻军的时间延长超过 4 个月时，必须通过议会表决批准；议会在欧盟建设以及外交政策领域将发挥更大的作用；涉及加入欧盟的重大决定必须通过公民投票批准，除非议会两院每院都有 3/5 的议员要求总统做出决定，届时总统可在两个选择中做出一个决定，或者通过公民投票批准，或者通过议会两院联席会议以 3/5 的绝对多数批准；议会两院对不具约束力的决议案、声明或宣言也要进行表决；两院的议长可宣布不接受某个修正案；经一定数量的议员和选民联合署名可以发起公民投票；议会增设代表法侨民意的议员；国民议会包括法定 577 名议员，参议院包括法定 348 名参议员（以前为 331 名）。经过改革，第五共和国议会逐渐走向一个真正的"反权力"，真正可以制约总统和政府总理。

修宪案还加强了法国公民的参政权利，规定 1/5 的议员提议，并得到全国 1/10 的公民的支持，就应当组织公民投票；公民有权直接就政府法律法规是否违宪问题提出异议，向宪法委员会以及行政法院和最高法院提出申诉，而原来规定只有总统、总理、议会两院议长或一定数量的议员联署才拥有该项权利；设置"公民权利捍卫人"，由国家元首任命，任期 6 年，他受理公民在其权益受到行政或公共服务机构侵害时提出的申诉。此外，法律保障政党和政治小团体意见的多元表达和公平参与国家政治生活，法律保障媒体的独立、自由和多元化。

2008 年 7 月的修宪吸取了美国总统制运作的某些方式，调整了行政权和立法权的关系，使总统权力和议会权限达到了新的平衡，但是，这次修宪并没有使法国走向总统制或者议会制，没有从根本上推翻第五共和国宪法的基本原则，也没有从根本上颠覆第五共和国政治体制的基本架构。总统的权力虽然受到某些削弱和制约，但仍然是国家的权力中心，既统又治，然而在政治上不负责；议会的权限和监督职能虽然有所扩大，但仍然具有相当大的局限性，并未走向"议会至上""议会万能"的道路，然而，总理和政府必须对议会负责。所以，修宪后的第五共和国政治体制依然是具有总统制的某些特点，但也不是总统制，又具有议会制的某些特点，但也不是议会制，依然是半总统半议会制，没有"异化"，没有转变成为"第六共和国"。

第五共和国政治体制中设置了"行政双头制"，由于在宪法中对总统和总理的职权划分存在模棱两可的地方，所以国家元首和政府首脑的不平等关系一向是法国国内外争论的焦点，在 2008 年 7 月修宪前后以及萨科齐就任总统后在处理与总理的关系中，也激发了法国国内外的讨论，曾在左翼执政期间当过十几年部长的雅克·兰甚至提出取消总理一职。的确，萨科齐总统就职后，多次表示要"总统管理国家"，事必躬亲，独揽行政大权，不再有总统的"专属领域"了，菲永总理则唯萨科齐马首是瞻。从主观上分析，萨科齐认为普选国家元首已经赋予了总统掌握行政权的合法性，"政府总理的角色应当被公认为政府行动的协调人"。① 从客观上分析，萨科齐总统当政后，要与"旧法国"决裂，要雄心勃勃地进行空前的方方面面的改革，克服和渡过金融危机、经济危机和债务危机，还要在国际舞台上大展宏图，恢复法国大国形象，就必须集中权力，以实现他的政治抱负。事实上，萨科齐的权力运作并没有超过第五共和国宪法规定的范围，并同戴高乐关于"总统掌握大政方针，总理负责日常事务"② 的理解并行不悖。

萨科齐总统还出台了公共政策整体改革计划，用菲永总理的话说，就是要"做得更好，花得更少"。该改革计划由国家现代化总署主持和实施。总署采取了 450 项以上的措施，涉及 18 个部委。这些措施包括结构改革，合并或者撤销一些臃肿的机构，如合并税务和征收部门；变革治理模式，从"基于资源"的方法转变为"基于效果"的方法，如实施基于绩效的公立大学拨款体系；改善服务体系，简化繁杂的手续，如对选举名单进行在线登记，又如对必须强制注册的所有 16 岁的公民都可以通过互联网注册；改进 IT 和人力资源等辅助职能的工作。该改革计划能够进一步实现法国政

---

① 尼古拉·萨科齐：《见证——萨科齐自述》，上海辞书出版社，2007，第 110 页。
② 吴国庆：《当代法国政治制度研究》，社会科学文献出版社，1993，第 50 页。

府机构现代化，从而建立起一个灵活的行政体系，坚持以公民为本，将资源投向核心服务而不是辅助职能，并为公务员创造一个更好的工作环境。以公民为本，就意味着"将用户的基因融入政府的 DNA 里"，把公民作为政府工作的核心，更好地为公民服务，其衡量标准就是发布服务质量的 15个指标。该改革计划削减 15 万名公务员，主要方法是"退休两人、补充一人"的减员方法，以达到为臃肿的公务员团队瘦身的目的。该改革计划截至 2010 年已经为法国财政节约了 70 多亿欧元，预计到 2013 年将为政府节约 100 亿欧元。该改革计划还对新招募的公务员实行合同制，并提高公务员工资水平。在第五共和国的历史上，如此规模的公共政策调整尚属首次。

此外，法国议会还于 2010 年 12 月 16 日通过地方行政改革法。该法案规定，从 2014 年起通过选举产生地区议员①，以便取代现有的大区议员和省议员，同时在大区级和省级议会履行职责，这样就可以把现有的大区级和省级议员人数减少一半，即从目前的 6000 人减少到 3000 人。与此同时，也要改变地方选举法（包括地区选举法和市镇选举法），把现行的两轮多数制改为一轮多数制，80% 的议员将以一轮单记名多数制在一个区当选，余下的 20% 按比例制产生。改革地方议员的目的是精简地方不断膨胀的民意代表，节约地方行政开支，提高地方行政效率。但改革地方议员选举法则更多具有"政治性"，是法国右翼未雨绸缪，准备在 2014 年 3 月的地方选举中打压左翼的做法。众所周知，在"右强左弱"的情况下，右翼往往在首轮选举中即以相对多数领先而胜出的概率较高，而左翼中在首轮选举中经常因为党派候选人众多选票分散未能过关。因此，使用一轮多数制是右翼在玩弄民主的游戏规则。

二 "温和地"改革"豪华的"退休制度与工潮

萨科齐总统和菲永政府另外一个重大改革，就是对"豪华的"退休制度和专门退休制度"动手术"。

的确，改革退休制度和专门退休制度已经刻不容缓。首先，法国人均

---

① 地区议员法文为"les conseillers territoriaux"。

寿命的延长和人口的老龄化使原来的退休金制度入不敷出更加严重。1945 年建立社会保障体系时，法国人均寿命为 65 岁，而 2007 年则为 81 岁，人均寿命的延长使退休人员享用退休金的年限大增。与此同时，法国人口也在急剧老龄化，60 岁以上人口 2007 年已占全国人口的 21.3%，退休人员已占全国人口的 23.8%，未来 20 年还会有 250 万人退休。现在，每年靠国家借债支付退休金的退休人员已达 150 万，退休金赤字总额在两年内翻了两倍，已经达到 320 亿欧元。照此发展下去，预计 2018 年退休金赤字总额可能会攀升到 423 亿欧元，2020 年为 450 亿欧元，2030 年将上升至 700 亿欧元。巨额的退休赤字不但使现行退休制度处于难以为继的窘境，而且将极大地拖累法国债务级别，使法国悬而又悬地在 3A 级别边缘徘徊。爱丽舍宫早就发出警告，现行的退休金制度一直在亏损，甚至可能在 2018 年 "破产"。为了保证赤字当头的退休系统能够持续运转，同时避免国际评级机构降低法国主权债务的 3A 级别，改革现行的退休制度势在必行。

其次，与欧盟国家相比，法国于 1983 年将退休年龄从 65 岁降到 60 岁，那些专门退休制度中还规定退休年龄提前为 50 岁、53 岁或 55 岁，而德国、英国和西班牙的法定退休年龄为 65 岁，丹麦为 67 岁，瑞典为 61 岁。同时，在纳税年限和领取全额退休金年限上，法国也较为宽松。法国人发挥余热的热情也远不及欧洲邻居，55 ~ 65 岁人口的就业率仅为 37.4%，处于欧洲最低水平。因此之故，人们称现行的法国退休制度属于 "豪华的" "慷慨的" 类型。鉴于目前欧洲平均每 4 名工作年龄的人就要 "供养" 1 名 65 岁以上的退休人员，到 2060 年将形成每 2 名工作年龄的人需要 "供养" 1 名退休人员的局面，欧盟委员会多次警告，欧盟国家政府必须提高退休年龄，才能确保其社会保障制度免于崩溃。该委员会预计，为保持当前的退休金支付水平，至 2060 年欧盟 27 个成员必须将退休年龄推迟至 60 ~ 70 岁。英国准备把退休年龄调高到 68 岁。基于国外的压力和国内的现状，菲永政府也要改革法国式的退休制度。

最后，针对等级制的专门退休制度造成的社会不公正问题，法国社会多有怨言。当初设定该制度时，主要考虑这些行业相对比较艰苦，因此从退休制度上设立了优惠措施予以照顾。然而，随着科技的发展和条件的改善，当初的"艰苦条件"如今已经不复存在。例如，与当初挥锹铲煤烧锅炉的火车司机相比，今天驾驶世界上最先进高速列车的司机已经没有"艰苦"可言，为什么还要特殊照顾呢？何况，目前专门退休制度下领取养老金的退休者有110万人，而缴纳分摊金的在职者只有50万人，在财政上严重入不敷出，为此法国政府每年都要拿出50亿欧元予以填补。而1995年朱佩政府和2003年拉法兰政府对专门退休制度的改革，均在声势浩大的罢工压力下以失败而告终。因此，鉴于历史经验和紧迫形势，萨科齐总统和菲永政府决心破釜沉舟，背水一战，力求破解这一"世纪难题"。

萨科齐总统和菲永政府对退休制度的改革采取两步走：首先是对特殊行业的专门退休制度改革，使它们向公职部门的专门退休制度看齐；然后再对公职部门的专门退休制度和普通退休制度进行同时改革，使公共部门和私营部门的退休制度统一起来。

2007年10月，菲永政府出台了《专门退休制度改革方针》的文件。文件规定，专门退休制度所涉及的海事、采矿、电力、煤气、铁路、巴黎独立运输公司等16个部门总共50万职工，缴纳退休保险金从37.5年延长到40年，从2008年年中算起至2012年与公职部门拉平。改革风声乍起，有关享受专门退休制度部门的工会立即行动起来，抗议政府的改革计划。

2007年10月18日，全法国铁路举行24小时大罢工，造成法国铁路全线瘫痪；接着，10月28日航空公司举行24小时罢工，全法所有机场同时瘫痪。如果说这两次罢工是"序幕"的话，那么11月的罢工则达到了"高潮"。11月13日，法国国营铁路公司7大工会正式宣布举行"无限期大罢工"，由此打响了专门退休制度部门大罢工的第一炮，随即巴黎独立运输公司等立即群起响应，同声抗议社保制度改革。在这次大罢工期间，全法700个高速铁路班次只有90个正常运行；巴黎大区2/3以上的地铁线路停止运行，快线地铁只有1/4正常行驶；地面公交更加混乱，基本处于瘫痪状态，因为虽然正常行使的公共汽车大约有60%，有轨电车大约有75%，但周边公路车龙已超过200公里长，把巴黎包围得水泄不通。

随着改革的推进，法国电力公司、法国煤气公司、大中小学、医院、邮政、消防、税收、医护、电视、芭蕾和歌剧、气象预报甚至印刷和香烟

店等十几个行业的工人也都走上街头举行游行示威。一时间，电台和电视
节目的正常播出受到影响；不少中小学被迫停课，40%的教师加入罢工行
列；全法国近一半大学发生罢课事件；印刷工人和送报工人罢工，导致民
众看不到全国性报纸；许多演出被迫取消；等等。这次罢工和罢课规模仅
次于1995年和2003年抗议专门退休制度改革的社会风潮。

　　抗议者认为，原来艰苦行业的工作和劳动条件虽然改善，但仍然存在
特殊的劳动条件和环境，诸如经常熬夜的铁路工人、护士等，身体丧失能
力率仍高于普通行业。与欧洲其他国家相比，法国老年人的失业率一直较
高，达到60%以上。在就业市场本就不容乐观的法国，要一个老年人到65
岁高龄时继续工作确实存在就业困难等问题。另外，如果工作时间未能达
到法律规定的领取全额退休金的年限，退休金的数额将大幅减少。

　　但是，萨科齐总统和菲永政府意识到，除非进行改革，没有其他选择，
也没有其他出路。如果说朱佩政府和拉法兰政府对专门退休制度的改革还
遭到质疑的话，那么，现在提出改革则已经获得多数人的认可。民意调查
表明，68%的法国人期待对专门退休制度进行改革，再也不能容忍这种社会
不公正的现象存在下去了。基于上述考虑，萨科齐总统和菲永政府采取了
强硬不妥协的立场。另外，2007年10月以来的工潮，造成了社会动荡，打
乱了工作和生活节奏，给各阶层带来诸多的不便，越来越多的市民表现出
对罢工的不满并开始转向，不再同情和支持罢工了。在迫不得已的情势下，
法国工会妥协了，坐下来同法国当局进行谈判，双方终于达成协议。菲永
政府最先与法国国营铁路公司和巴黎独立运输公司达成协议，并于2008年
1月16日发布改革这两个部门专门退休制度的政令，随后陆续与其他部门
签订改革协议。萨科齐总统和菲永政府终于完成了对专门退休制度的改革。

　　为了兑现竞选总统时许下的诺言，为了建立一套更加公正、自由度更
大的退休制度，为了恢复收支平衡，菲永政府于2010年7月13日出台了推
迟退休年龄和延长工作年限的《退休制度改革法案（草案）》，并提交议会
审议。其具体内容是：2011年7月1日起要满60岁零3个月才能退休，
2012年则是60岁零6个月，以此类推，直到2018年，62岁整才能退休。
这条措施涉及的第一代人是1951年7月1日以后出生的人。领取全份额退

休金的法定最低年龄将从 2016 年的 65 岁逐步提高到 2023 年的 67 岁。将缴纳养老保险金的年限提高到 41 年。公共部门养老保险金缴纳比例将在 10 年内从 7.85% 提高至 10.55%，向私营部门看齐。其理论依据就是，随着医学的发展，法国人的平均寿命已经大大延长，多工作两年不是问题。改革法案草案中提出，法定退休年龄延长两年可在今后 7 年中削减 50% 的退休金赤字。这样的改革方案从 2011 年实施起要经过 7 年才能达到 62 岁的退休年龄，与欧洲邻国的退休制度相比，仍然属于"温和"的改革，仍然可以使法国退休制度保留"豪华"和"慷慨"的称谓。

即便如此，改革方案公布后立即引起法国各大工会的强烈不满，运输工人最先于 9 月 6 日晚发难。7 日，学校、邮局等职员也将加入。遍布全法 137 个城镇的 200 多场示威游行约 300 万人参加，持续 24 小时，直到当地时间 8 日早结束。罢工期间，法国民航部门停飞 1/4 飞往巴黎的航班，铁路部门停运 5 条快线中的 3 条，巴黎地铁部门减少一半运力。法国国内和往来邻国的交通受到严重影响。

在议会审议期间，法国社会风潮连绵不绝，长达 3 个月之久，并随着时间的推移而逐步升级。10 月 12 日爆发了工会号称全法 300 多万工人参与的大罢工，示威者封锁了全国近 2/3 的加油站，使法国频传"燃油危机"，陆空交通均受到严重影响。10 月 19 日再次爆发了第六轮跨行业大罢工和大规模游行示威活动，全法 300 多万人走上街头，地铁、铁路和机场罢工使得当天公共交通几近瘫痪。各工会组织的大罢工愈演愈烈，越来越多的人加入示威队伍，全国炼油产业几近瘫痪。由于学生上街参与游行活动，全法数百所中学无法正常上课。罢工示威后来演变为各地示威者与警察发生严重冲突，多处道路被罢工的卡车司机封锁，各地的加油站因全国炼油厂全数停产无油可卖。罢工与断油也冲击了航空业，导致法国多个机场被迫取消航班。法国经济部宣布跨行业罢工导致法国每天损失 2 亿 ~4 亿欧元。法国中小企业联合会声明，过去几周法国发生的全国性罢工活动给法国经济造成的损失超过 40 亿欧元，而中小企业受影响最严重。尽管 2008 年秋季，法国议会通过公交系统"最低服务原则"法案，规定公交铁路系统在罢工期间必须提供起码的服务，以保证其他行业职工正常工作，但是，大罢工仍然严重影响正常的工作和经济活动，打乱了法国人的生活节奏。法国媒体称这是萨科齐当选总统至今面临的"最大危机"。

法国最大的反对党社会党等在反对退休制度改革中起着推波助澜的作用，不仅与工会一道发动罢工和游行示威，在议会中也使出浑身解数，阻挠法案的通过。他们对草案逐条逐字提出异议，通过提出几百条修正案的手段来拖延进程，每条修正案都需要进行一次单独投票，甚至要求停止审议、重新开展更为广泛的社会讨论。以人民运动联盟为主的执政联盟亦针锋相对，利用议会多数优势和动用单一表决的紧急程序，把每一个修正案分别进行辩论的规定搁在一边，加快审议程序，最后闯关投票通过法案。国民议会在审议期间充满了火药味。数名左派议员离开座席，将他们联名签署的反对退休改革意见书交给位于前排的政府官员，局面一度失控，导致议长不得不宣布暂时休会。国民议会于9月中旬才通过草案。参议院则用了3周时间、长达140多个小时的辩论，创下了自1986年以来的最长耗时纪录，多次推迟投票时间，最后于10月22日表决通过草案。25日，两院组成联合委员会依据修改意见提出最终版本，并随后于10月26日和27日分别在两院通过。

法国6个主要工会仍然不依不饶，宣布将于10月26日和11月6日组织第7次和第8次全国性罢工，试图在新法案颁布之前与政府进行最后一搏。反对派也不甘心自己的失败，试图抓住争取民意的最后机会，继续向政府发难。但是，这场改革大局已定，无可挽回。在经历了法兰西第五共和国历史上规模最大、持续时间最长、破坏性最强的抗议活动后，法国社会也渐渐从激情中苏醒过来，开始理性看待政府迫不得已推行的改革。超过56%的民众认为，议会最终投票通过法案后，抗议活动也应告一段落。

萨科齐总统和菲永政府在这场社会风潮中态度强硬，表现了改革的勇气和决心。一方面，菲永政府针对民众的反对意见，在议会辩论期间对法案的一些细节进行了微调，对一部分特殊群体规定了一些弹性措施，比如考虑劳动强度、多子女家庭和残疾儿童家庭妇女的提前退休问题，但在提高退休年龄和延长退休金缴纳年限的原则问题上，菲永政府没有丝毫的让步。当然，萨科齐总统在这场改革中也冒了极大风险，为此付出了沉重的代价，其支持率降到了 29%。不仅创下了上台以来的最低点，也是法国近代史上总统获得支持率的最低纪录。

三 教育制度改革以及罢教罢课风潮

鉴于法国社会对学生学业失败率高、校内传承的知识与社会各行业实际需求脱节、教育不平等等现象多有抱怨和不满，法国的教育问题在历次总统选举中都被列为辩论的重点，这显示教育改革已势在必行。

2006 年 2 月 22 日，人民运动联盟公布了《教育协定》，表达了萨科齐的教育方针、理念以及进行基础教育改革的决心和措施。协定确定教育改革的两大目标为优质和机会均等。为了实现优质的目标，教育的使命是使尽可能多的学生接受高质量的教育。为了实现机会均等的目标，有必要采取两大结构性措施：确定教育最迫切需要解决的问题，以公共知识与共同基础为目的；为学生提供个别辅导，制订个性化教学计划，以保证教育的成功。

萨科齐总统还于 2008 年伊始特别给所有教师写信，表达要"怀着信念和激情"进行教育改革，并邀请教师一同"重建学校"。萨科齐总统提出了革新的模式，要对初中教学进行统一改革，打破现行教学方案和教学节奏。要精减学校职工，提高教师的地位和待遇，减少一些课时。学校要加强对学生的道德教育，使学生学会尊重，给予每个学生自尊感。教师、家长都有权利和义务，法官、警员和思想辅导员都是"教育工作者"，应当为青少年做出表率。

为了兑现《教育协定》和竞选总统时的承诺，为了与欧盟其他国家高等教育制度协调一致，萨科齐总统和菲永政府对法国教育进行了全面的改革。在对中小学的改革中，要给予中小学生更多的自由度和活动空间。对国民教育部总计 120 万人的职工（其中教师 80 多万）队伍进行整顿，精简人员，提高教学和科研人员的待遇等。

萨科齐总统和菲永政府特别对高等学校进行改革，最终目的是要让大学实现真正的"自治"。2007 年 8 月，法国议会通过了《大学责任与自治法》，该法规定大学拥有自我管理预算、工资总额及人力资源的权限。这是法国政府进入 21 世纪以来在大学去行政化方面迈出的重大步伐，尤其是解禁了长久以来没有触及的大学人事及财务管理权问题。

该法为了提高大学治理的效率和加强大学自治的能力，赋予大学的决策机构校务委员会以更大的权力，它选举产生校长，决定设立教学与研究单位，确定人员的分工以及建议员工晋升等。大学校长全权管理大学内的人力资源事务，包括教师的聘用、职称评定、人员调动等，可以调整教师和研究员的工作量，决定其奖金，全权自行支配预算经费。校务委员会成员有 20~30 人，其中教师和研究人员 8~14 人，校外人士 7~8 人，学生代表 2~3 人，行政与服务人员 3~5 人。需要特别指出的是，校外人士的比重增加到 26.6%~40%，其中至少有一位企业经理和一位地方政府负责人，目的是保证大学与社会的强有力联系。

根据该法的规定，国家对大学仍然采取契约式拨款制度，剩下的 80% 拨款将由学校的教学与科研工作量决定：教学工作的参照系数是参加考试的学生人数，之前根据注册人数；科研工作则是根据教师和研究人员发表专业类文章的数量来确定拨款的数额。剩下的 20% 根据业绩评估，包括本科阶段的学业合格率、学生毕业后的就业率、学校研究部门和博士生的比重、学校的管理质量以及之前与政府签订契约的履行情况等多方面的因素。

萨科齐总统支持"积极歧视"的理念，于 2008 年 12 月 17 日进一步宣布向弱势家庭子弟"硬性"提供精英教育机会"配额"，向移民子弟铺设众多通向成功之职业"天梯"的新政。这些新政包括从 2009 年 9 月起，每个高等名牌学校预科班将提供 25% 的名额给弱势家庭的"优秀助学金学生"。2010 年，这个"配额"将提高到 30%。此外，政府将要求包括电视等优越行业和 100 家大公司与政府签约，以便增加高端就业市场中弱势群体的比例。此举针对法国社会长期以来满足于意识形态层面的"表面平等"，反对"积极歧视"的理念，却对实际存在的社会不平等麻木不仁的虚伪"共识"，具有振聋发聩的积极作用。

但是，萨科齐总统和菲永政府对教育的改革也遇到来自学校教职工和学生的阻力。例如，修改 1984 年有关教师地位的法令引起越来越多教师的不满，他们担心大学校长权力太大，从而损害他们的独立性。他们还抗议教师培训改革以及高等教育系统取消工作岗位。从 2007 年 9 月开始，法国教育系统的罢工罢教以及学生的罢课此起彼伏。2007 年 11 月，法国教育系统职工和学生进入全国大罢工的行列，导致大中小学校停课。从 2008 年 3 月开始，法国中学生和教师在许多地区举行游行示威和罢工，抗议裁减教师岗位。4 月，教育部与师生对话失败，全国高中生举行游行示威活动，抗议减少教师职位的改革。然而，教育改革势在必行，罢教和罢课未能获得期望的成果。

四 不断收紧的移民政策

萨科齐总统和菲永政府在社会改革方案中的一个重要内容，就是在德维尔潘政府的《移民与社会融入法案》基础上，再一次对移民政策进行改革，继续收紧移民政策。

为了保证移民政策改革顺利进行，萨科齐政府将原来分属内政部、外交部、社会和司法事务部负责移民事务的部门抽调出来，并入一个专门设置的新机构——移民、融入、国家认同和共同发展部（简称移民部）。移民部陆续出台新政策，对移民问题进行改革。

第一，再次提高移民准入门槛，增加家庭团聚移民入境的难度。2007 年 8 月实施的以移民部部长布里斯·奥尔特弗命名的《奥尔特弗法案》规定：移民申请者必须接受详细的背景调查，必须会讲法语；申请家庭团聚的移民要签订《移民协议》，保证履行公民义务；接受亲人的家庭月收入必须达到 1600 欧元。

第二，加强对非法移民和移民的管理。2010 年 9～10 月议会两院通过新移民法，进一步加强了对移民和欧洲自由流动人口的管理。新移民法的主要内容是：对"具有高等专业文凭"和拥有至少一年工作合同或雇用承诺的外国劳工，发给一张欧盟居留证。外国人要想获得法国国籍，必须签署《法国公民权利与义务宪章》。欧洲国家侨民如果"滥用短期居留（3 个月以下）"，多次出入法国国境，"目的是维持留在法国"或对"法国的社会保险制度造成不合理的负担"，则可能被驱逐出境。在法国生活 3 个月以上至 3 年以下的外国人，不论是否为欧洲人，如果因多次盗窃、强行乞讨或非法占据公共或私人地点等违法行为，而"威胁公共秩序"时，可能被驱逐出境。对加入法国籍不到10年、因杀害或企图杀害行使公共权力人员（警察、宪兵、消防员等）未遂而被判刑的人将被剥夺法国国籍。在边境检查站以外同一地点，或相隔10公里以上的几个地点拦截的10人以上的外国人偷渡团体，将设立特别留置区。

第三，加大打击非法移民的力度，严查饭店、酒店等大量雇用外来移民的工作场所，无证件者一经发现，立即遣返。移民部每年设定驱逐非法移民数量的指标。据移民部2009年1月13日公布的数据，2007年共驱逐非法移民25000人，2008年为29796人。2008年"超额"完成了萨科齐总统于年初给移民部下达的28000人的任务"指标"。

第四，实施移民配额制度，按职业和地区选择移民，鼓励技术和经济移民，控制家庭团聚移民。法国大约有罗姆人（茨冈人）8500人，主要来自罗马尼亚和保加利亚等东欧国家。他们来到法国等西欧国家，经常在城市郊区搭建住宿营地，靠打黑工、乞讨、捡垃圾，甚至偷盗为生，被法国当局视为扰乱治安的不安定因素。2010年7月中旬，在法国圣艾尼昂市镇，一名涉嫌盗窃和无照驾驶的罗姆青年因拒捕而被宪兵击毙，引起数十人持械围攻宪兵，并焚烧汽车和法国国旗，致使萨科齐把治安管理的目标对准罗姆人。在萨科齐总统的积极推动下，菲永政府计划在3个月内，拆除300个罗姆人非法营地，驱赶罗姆人离开法国。

萨科齐总统和菲永政府的新移民政策和遣返罗姆人的措施，固然满足了多数法国人的愿望，即限制移民数量，打击非法移民，也强化了治安，但是，在国内外激起了强烈的反响，并招致联合国反歧视委员会和欧洲理事会反种族主义机构的严厉批评，欧盟委员会特别"提醒"法国关于欧盟境内自由流动的权利。法国国内还就此爆发了示威游行。

五　禁止伊斯兰罩袍

法国500万穆斯林中，约有2000名穆斯林妇女经常穿戴从头到脚包裹起来的罩袍，出现在公共场所，这不仅与普通民众的服饰形成鲜明的反差，而且往往引起社会冲突。萨科齐总统于2009年6月22日在议会两院凡尔赛大会上发表猛烈抨击时声称："全身罩袍在法国不受欢迎，这是一种受奴役的标志。"他明确指出："这不是个宗教问题，它牵涉的是妇女的自由和尊严。"在这之前，大约 60 名议员签署议案，要求议会介入调查法国出现的少数但日趋增多的妇女穿着罩袍的趋势，以了解这些妇女是否被迫这么做。如果确实如此，政府将立法保护这些妇女。2009 年年底 2010 年年初，由法国移民部发起和组织的主题为"国家认同"的全民大讨论，则推动了菲永政府对伊斯兰罩袍问题的解决。

正是基于上述原因，2010 年 9 月法国议会几乎全票通过禁止妇女在公共场所穿戴伊斯兰蒙面罩袍的法案。法国由此成为禁止穆斯林妇女穿传统遮面长袍上街的首个欧盟国家。该法案规定，禁止妇女在公共场所穿戴伊斯兰蒙面罩袍，违法的妇女将被罚款 150 欧元或被令上公民课，强迫女性穿戴头巾或罩袍的男性，则可被罚款 3 万欧元和遭监禁。该法案禁令的延伸，即使是前来法国旅游的女性游客也必须遵守，不能在公共场合穿戴遮盖身体和面容的长袍。

菲永政府有关人士称，法案是为了保护妇女，免于被迫穿戴会遮住整张脸的服饰，将有助于人民"保持同一价值观"。民意调查显示，超过 80% 的民众对政府的这一做法表示支持，法案能够在一定程度上遏制宗教激进主义的泛起。但一些穆斯林人士担心，"禁袍令"将会影响法国人的宗教信仰自由，甚至可能引起少数极端分子对清真寺发动报复性袭击。

六　关于"国家认同"大讨论和增强国家认同的新举措

"国家认同"大讨论起源于一场足球比赛。2008 年法国队在巴黎主场对阵阿尔及利亚队，比赛开始前按规定播放两国国歌。当播放法国国歌的时候，一些法国籍的阿尔及利亚球员发出了嘘声，使在场的一位政客认为法国的身份受到侮辱，拂袖而去。此后，法国政治家和媒体就利用这个机会开展了讨论。

2009 年 11 月，在萨科齐总统和菲永总理支持下，移民部部长埃里克·贝松发起和组织了一场轰轰烈烈的"国家认同"大讨论，历时近 4 个月。大讨论的核心议题是"什么是法国人"，话题涉及爱国主义、法兰西民族精神、民族主义、法国价值观、移民的社会融入与整合、伊斯兰教法国化、欧洲认同、全球化等。大讨论让民众重温法国的普世价值———自由、平等与博爱，也让法国人重新为法国的深厚文化底蕴，如 18 世纪的思想家和哲学家、19 世纪的文学家而感到自豪。大讨论还探讨法兰西民族如何在不同文明相互碰撞、融合的大格局中明确自己的国家定位，从而厘清困扰法国社会的民族、宗教、种族等问题，明确法国国家的认同。

菲永政府为"国家认同"大讨论专门建立了一个网站，供法国民众参与讨论。在大讨论过程中，这个网站就有 410 万次网页和 76 万次网站浏览量，5.6 万条论坛留言，从而使"国家认同"大讨论成为这段时间法国社会最热门的话题。各省省长或市长还亲自举办包括政府官员、社团成员、宗教人士、新近入籍者和外国裔法籍青少年等各阶层代表约 100 人参加的 350 余场讨论会。大讨论网站对历次讨论会所提出的观点进行分析、归纳、总结，得出了法国民众的国家认同确实有减弱趋势的结论。

与此同时，菲永政府还委托权威的民调机构就国家认同问题进行民意调查。调查问卷于 2010 年 1 月 20～26 日通过网络发送给具有代表性的 1000 个法国人。当调查问卷问到法国国家认同的趋势时，65% 的人认为已经减弱，24% 的人认为会丰富，11% 的人认为没有什么改变。当问到削弱法国国家认同的原因时，29% 的人认为是价值观的丧失，25% 的人归咎于移民，18% 的人认为是政治原因，18% 的人认为是族裔和文化的多元性，6% 的人认为是宗教因素，4% 的人认为是其他因素。

尽管法国媒体和舆论对这场"国家认同"大讨论褒贬不一，但它触及了多年来法国社会甚至欧洲社会都不敢触及的敏感话题，重温悠久的法国文化和文明，似乎在"国家认同"问题上找到了共识，明确了增强法国国家认同的方向。

正是在大讨论的基础上，菲永总理代表政府宣布了一系列增强国家认同的新措施，主要涉及学生和移民两种人群。目的是培养法国人的民族自豪感，并保证移民更好地融入法国社会。这些新措施主要有：在学校方面，每个学校都必须悬挂法国的蓝白红三色国旗；每个教室里都应有一本 1789 年法国大革命时期的《人权宣言》；从小学到大学，给每个法国学生发一本

"市民手册"，教导他们如何成为一名更好的法国公民。在移民方面，每个新成为法国公民的外国人都将参加一个盛大的欢迎仪式，以庆祝他们获得法国国籍；为移民开设课程，让他们更好地掌握法语和了解法国的价值观；所有申请成为法国移民的人员都应签署一项宣言，宣言上阐明了他们的权利和义务。

菲永政府还成立了一个特别的"专家委员会"，由议员、智库成员和历史学家组成，专门用于跟进当前的国家认同政策，并制定新的相关措施。

第三节　"真正现实主义"① 的外交与防务

一　"真正现实主义"的外交及其特征

萨科齐总统时期，无论其在任前期、中期或后期，法国外交均十分积极和异常活跃。特别是2008年下半年担任欧盟轮值主席国期间、2011年同时担任G8和G20轮值主席国期间、在主持5月的G8和11月的G20峰会期间，以及在对利比亚和科特迪瓦动武期间，法国及其总统萨科齐在国际舞台上努力树立大国形象和"领导身份"，在西方阵营中扮演"激进派"或鹰派角色，成为全球最耀眼的明星。

萨科齐总统、菲永总理和历届政府的外交部部长频繁出访，或访问有关国家，或出席有关国际会议，或参与有关国际事务，往来穿梭于各大洲和诸国，会晤有关国家的政要，其频率之高令人眼花缭乱，目不暇接。萨科齐代表法国就解决有关国家、地区和全球事务，多边和双边问题和争端而提出的倡议和办法，往往令国际舆论和媒体刮目相看，或瞠目结舌，发出诸多的感叹话语。例如，法国全面重返北约是"独树一帜""全球瞩目"；法国同时参与阿富汗、利比亚和科特迪瓦三场战争是"特立独行""我行我素""法国现象""世人震惊"；萨科齐抢先对利比亚和科特迪瓦动武是"带头大哥"；法国在联合国教科文组织2011年10月31日表决巴勒斯坦为

---

① 萨科齐于2007年8月27日在法国第15届驻外使节会议上的讲话，见法国总统府网站。

成员申请的议案时没有站在美国、德国、加拿大等一边投反对票，也不与英国一起投弃权票，而同中国、俄罗斯、印度等一道投赞成票是"不按常规出牌""惊人之举"；等等。在这些话语中，褒贬不一，但是，唱响法国要多于唱衰法国，肯定、赞扬要多于否定、讽刺和挖苦。事实上，第五共和国历届总统，从戴高乐、蓬皮杜、吉斯卡尔·德斯坦，到密特朗、希拉克，在国际事务中和外交舞台上无不有惊人之举，只不过萨科齐在当时国内外新形势下更加张扬，更加突出，更具有"拿破仑情结"。

之所以如此，是因为掌握外交大权的萨科齐有着这样的理念：其一，萨科齐总统决心要改变希拉克总统后期在外交领域的无为状态，坚决与希拉克在国际舞台上的"停滞主义"①　决裂，要打破因循守旧，拒绝重复过去。他认识到法国在国际事务中的地位和作用的削弱固然与法国国力的下降有关，更深刻地认识到法国只有在国际舞台上有所创新才能避免被边缘化的危险。为改变这种状况，他必须更新法国外交理念，必须调整和改革法国外交战略和政策，"我和其他一些人一样，相信只要联合在同一观念和意志下，法国就一定会成为伟大并能够发出自己声音的国家"。②　他坚信只要在国际舞台上展示法兰西民族所富有的想象力和创造力，"对所有重大地区和国际问题上提出独特的解决办法"，③　发出另类的声音，就可以保持法国的伟大，提高法国作为"大国""强国"的地位、作用和影响力，就可以使法国成为"持二等车厢车票坐头等车厢"的国家，享受大国的荣誉和地位。于是，萨科齐总统在首次召开的使节会议上系统地阐述外交新政时，提出了法国外交要回到"真正现实主义"④　的道路上来。

其二，萨科齐坚守戴高乐主义，他指出："戴高乐主义在许多问题上，仍然是一种对当代来说中肯的思想方法。甚至可以说，戴高乐主义在法国具有现实意义……"⑤　萨科齐首先认同戴高乐对法兰西民族和国家的观点。在《战争回忆录》第一卷第 1 页中，戴高乐开宗明义地论述他"对法国一

---

① 尼古拉·萨科齐：《见证——萨科齐自述》，上海辞书出版社，2007，第 186 页。
② 萨科齐于 2007 年 8 月 27 日在法国第 15 届驻外使节会议上的讲话，见法国总统府网站。
③ 萨科齐于 2007 年 8 月 27 日在法国第 15 届驻外使节会议上的讲话，见法国总统府网站。
④ 真正现实主义法文为"le réalisme réel"。
⑤ 尼古拉·萨科齐：《见证——萨科齐自述》，上海辞书出版社，2007，第 186 页。

向有一种看法"①：法国是"上天创造"，因而具有"天赋"而不是"庸才"，"法国如果不伟大，就不成其为法国"，法国是"献身给一个崇高的卓越的使命"，他如果不"站在最前列"② 则是不可思议的。萨科齐不仅赞同而且在对外政策中努力实践戴高乐的看法，从而使法国在国际事务中常有创见和惊人之举。其次，萨科齐坚持独立自主的外交，追求大国的地位，发挥大国的作用，提高法国的影响力，可以说，主要体现萨科齐外交理念、战略和政策的萨科齐主义，就是当代的戴高乐主义，萨科齐主义的戴高乐主义。

其三，从"相对大国"到"新世界、新思维"。2008 年 1 月 18 日，萨科齐总统在为外国使节举行的元旦团拜会上发表讲话时指出③："我们已经脱离了 1945～1990 年的两极世界，这个世界是稳定的，但并不公正"，"我们现在也不再是 1991～2001 年的单极世界，像'超级大国'这样的词几年前叫得很响，但如今已不再流行。"萨科齐总统接着指出："在未来 30～40年，我们将进入相对大国时代④，中国、印度、巴西等国在政治、经济领域日益崛起，俄罗斯逐渐恢复元气，为形成一个新的大国合唱的多极世界创造了条件，欧盟只要有政治意愿就可以在多极世界中成为最活跃的其中一极。"从萨科齐总统的讲话中不难看出，他认为当今多极世界业已形成，这就与从戴高乐到密特朗再到希拉克的世界格局发展观一脉相承。在这次外国使节元旦团拜会上，萨科齐总统以前瞻性的眼光，未雨绸缪，提出"相对大国"的理念，即当今时代已经具有多极世界的雏形，不再存在"超级大国"，只存在实力大致均衡的大国，这实际上是对"美国霸权主义"的否定，对"单边主义"的否定。在业已形成的多极世界中，他认为在"相对大国"关系中使用"敌人"和"对手"等概念已经过时，必须用"负责任的伙伴"来替代"竞争"和"角逐"，"关键的问题是我们能否构建 21 世纪的新秩序，使之适应我们这个全球化的世界"。"相对大国"理念构成了法

---

① 戴高乐：《战争回忆录》（第 1 卷）（1940～1942）（上），世界知识出版社，1981，第 1 页。
② 戴高乐：《战争回忆录》（第 1 卷）（1940～1942）（上），世界知识出版社，1981，第 1 页。
③ 萨科齐于 2008 年 1 月 18 日在外交使节团拜会上的讲话，见法国总统府网站。
④ 相对大国时代法文为 "l'ère de puissance relative"。

国"真正现实主义外交"的核心理念。

在金融危机、经济危机和欧盟债务危机先后爆发的过程中，萨科齐总统的世界理念又有了新发展。他于 2008 年 9 月在联合国大会上以欧盟轮值主席国身份发言指出："一个新世界正从人类经历的所有功绩和危机中诞生，对于这个新世界，人们不能听之任之，而是必须打造它。"[1] 他于 2009 年 1 月在与德国总理默克尔、英国前首相布莱尔共同主持主题为"新世界、新资本主义"的研讨会时指出："危机对人们的信任、立场和理论提出了挑战，世界在变，我们也应改变，必须以另一种方式思考、研究和做出决策。"[2] 在 2009 年 4 月 G20 伦敦峰会前夕，萨科齐在法德领导人共同举办的记者招待会上宣称，法德就峰会立场协调一致是"创造新世界的历史机遇"[3]。他于 2011 年 1 月 24 日正式宣布法国担任 G20 峰会轮值主席国的目标时，强调人类已存在一个"新世界"，需要用"新思维"来解决"新世界"面临的新问题和新挑战，并表示要用"新世界、新思维"作为 G8 和 G20 双峰会的主题。在萨科齐看来，在"新世界"中，由于新兴经济体实力的增长和影响力的扩大，世界格局已经发生变化，多极世界初见端倪。萨科齐总统指出，在"新世界"中必须建立与之相适应的"经济和社会新秩序"，在"新世界"中国际社会应以"新思维"加强协调和合作，建立"合作式"的世界发展新模式[4]，建立与多极世界相适应的权利、义务和责任体系。"新世界、新思维"成为法国"真正现实主义"外交的主要内涵。

其四，坚持把民主、人权、人道、公民社会作为"真正现实主义"外交的目标。正是根据萨科齐总统的外交理念，法国外交进行了全方位、大幅度和频繁地调整。第一，恢复在希拉克第二任总统后期被挤压（如法美关系）或被冷落（如地中海联盟），或受到阻碍（如《欧洲宪法条约》）等的传统外交活动空间，并以此为依托，开辟和扩大全球化世界里外交活动的新领域，如重返北约、在多边场合发出法国的声音、积极参与国际热点

---

① 萨科齐于 2008 年 9 月 23 日在联合国大会上的发言，见法国总统府网站。
② 法国总统府网站，2009 年 1 月 8 日。
③ 法国《费加罗报》，2009 年 4 月 2 日。
④ 萨科齐总统于 2009 年 6 月 22 日在议会两院联席大会上的演说，见法国总统府网站。

和地区热点的事务、调解俄罗斯与格鲁吉亚之间的冲突等。第二，在大国之间，特别是在西方国家与新兴经济体之间起着桥梁作用和平衡作用，在多元化外交世界中起着杠杆作用。第三，恢复欧盟和欧元区的活力，在欧盟和欧洲事务中重新起着领头羊的政治作用，勾画欧洲新战略，把欧盟建设成为联邦制。第四，在法国外交战略和政策层面上，更加适应于多极化世界和全球化世界的现实，在外交形式上采取一种"积极和主动外交"，全线出击，重点突破。

萨科齐总统时期的法国外交，具有如下的特点。其一，更加务实，更加现实，更加实用，更加适应多变的世界形势和全球化时代。其二，具有浓厚的萨科齐主义色彩，更具有强烈的"拿破仑风格"①。萨科齐雄心勃勃，为重建法国大国形象乐此不疲，在他执政的百日里对149件国内外大事进行了干预或发表言论，出国访问十多次，接见了数以百计的法国各界人士和外国来宾。美国报刊将萨科齐比喻为"金霸王电池"广告里那只永不疲倦的小兔子。其三，出于内政的需要而采取一些外交政策和措施，或者在国内舆论压力下出台，或者争取在外交上的得分来弥补内政的缺失，"以外安内"。其四，萨科齐外交受到三大智囊团所左右。根据法国《外交世界》月刊2008年7月号刊登的文章《关于法国外交变化的调查》披露，围绕着萨科齐总统有三个负责制定外交政策的智囊团：第一个是由亲美的学者、记者等组成的"西方大西洋主义派"②；第二个是以总统特别顾问亨利·盖诺为首的传统戴高乐主义继承派③；第三个则是以总统外交顾问让－达维德·莱维特为代表的实用主义派④。法国外交左右摇摆，反复调整，经常变换，都与这三大外交智囊团力量的消长有关。其五，萨科齐外交还受到《外交政策白皮书》的影响。受法国外长贝尔纳·库什内委托、由法国前总理阿兰·朱佩领导的独立专家委员会起草并于2009年4月11日公布的《外交政

---

① 阿兰·迪阿梅尔：《执政官的步态》，普隆出版社，2010，第1页。注：执政官系指1799～1804年法国的执政官，拿破仑为三名执政官中的首席执政官，阿兰·迪阿梅尔在书中把萨科齐比作拿破仑。
② 西方大西洋主义派法文为"les occidentalo-atlantistes"。
③ 传统戴高乐主义继承派法文为"les héritiers du gaullisme traditionel"。
④ 实用主义派法文为"les pragmatistes"。

策白皮书》分析了目前到 2020 年前后法国需要面对的世界格局变化，认为全球经济和人口等领域的深刻变化改变了世界格局，世界经济和战略重心正向亚洲转移，由此带来的世界政治影响力"重新分配"有利于新兴大国，这一现象不对欧洲和法国构成"威胁"，但是带来了"压力"。白皮书认为，法国对外行动中应有五大重点：保护法国和法国人的安全与利益；建设一个"强大、民主、有效的欧洲"；在世界范围内采取行动保卫和平、安全与人权；推动有利于地球"可持续与平衡发展"的全球化进程；通过促进"文化多样性"保持法国思想、语言和文化在世界上的地位。其六，萨科齐总统的一些外交政策，如 G8 和 G20 双峰会上关于全球治理的建议、关于建立新国际经济体系的建议等过于理想化，与现实产生矛盾和脱节，最终被迫放弃，或者不了了之。其七，萨科齐担任总统前，一向主管内政，与其他国家领导人没有太多个人交往，缺乏外交经验。因此，他在担任总统后在国际交往中有时心血来潮，口无遮拦，任意发挥，出尔反尔，反复无常，从而引起有关国家及其政要的不满和疑惑，导致法国外交公信力下降。

二　提出欧宪简化版，解决欧债危机，加强法德轴心，打造法德英铁三角，团结新老欧洲，推动欧盟和欧元区向纵深发展

萨科齐总统就职后立即把法国带回欧洲大家庭，"恢复其对欧洲的领导权"[①]，发挥法国在欧洲的核心作用。他于 2007 年 8 月 27 日在法国第 15 届驻外使节会议上的讲话中强调，欧洲建设是法国"压倒一切的头等大事"，因为"没有欧洲，法国就无法对当今面临的挑战进行有效回答"。法国《外交政策白皮书》，提出法国对外行动五大重点之一，就是要"建设一个强大、民主、有效的欧洲"。

自 2005 年 5 月以来，欧洲一体化进程由于欧宪被否决出现了"反思"的瘫痪状态，欧洲的政治和安全格局面临严峻挑战，主要表现在一体化进程停滞不前，传统的法德轴心黯然失色，欧盟前进缺乏动力和活力，老欧洲和新欧洲矛盾重重等，德国在 2007 年上半年担任轮值主席国期间提出的

---

① 尼古拉·萨科齐：《见证——萨科齐自述》，上海辞书出版社，2007，第 195 页。

解决欧宪危机的"路线图"因未得到欧盟一致的认可而受挫，从而使欧盟处于分裂状态。以欧盟为依托来实现"大国梦"的法国，自然急于摆脱欧盟的这种尴尬，排除各种障碍，恢复欧洲的活力，重启欧洲一体化进程。

萨科齐就任总统后倡导一个简单版本的"欧宪条约"，淡化了其核心即具有"宪法"性质的部分，去除了其中的盟旗、盟歌等宪法性要素，强调其国际条约性质，形成了一个简化版"条约"，以取代原来有争议的《欧盟宪法条约》，但保证欧盟政策的稳定性和对外事务的一致立场。这样，它既满足了德国等保留有关机构改革的内容，也符合了英国、波兰等国要求弱化条约"超国家"性的条款。为此，萨科齐在就职典礼结束后立即首访欧盟轮值主席国德国，与默克尔商谈具体解决办法；5月23日访问欧盟总部，与巴罗佐讨论简版欧宪的构想。随后，法国又周旋于新老欧盟国家之间，接连游说了意大利、西班牙、波兰等国。为了换取布鲁塞尔对简化版欧宪条约的支持，萨科齐搁置了一贯反对土耳其入盟的立场，向欧盟主席巴罗佐保证法国将不反对土入盟。6月22日峰会上，欧盟领导人就"欧盟宪法简化版"达成妥协。12月13日，欧盟领导人在葡萄牙首都签署"欧盟宪法简化版"条约，定名为《里斯本条约》。

2008年6月12日爱尔兰公民投票否决《里斯本条约》，又一次引发了欧盟政治大地震。之后，法国作为2008年下半年欧盟轮值主席国，与德国等国一起做了大量的工作，在有关成员相互让步和妥协的情况下，爱尔兰终于在2009年10月2日第二次公民投票时通过了《里斯本条约》，各国议会也先后批准。2009年12月1日，《里斯本条约》开始生效。《里斯本条约》的实施，正是导致欧盟陷入危机的法国，又使欧盟走出了2005年以来的欧宪危机和欧洲一体化的瘫痪状态，欧盟从此拥有了有效的决策机制，拥有了一个理事会常任主席和对外代表，从而使欧盟重新焕发活力，欧盟跃上了一个新台阶，也使法国在国际舞台的纵横捭阖有了依托。

欧洲一体化进程并不平坦，《里斯本条约》刚刚启动，2010年上半年希腊主权债务危机便引发了欧洲主权债务危机，给欧盟和欧元区带来了巨大的震荡。法国为化解危机和推动欧盟改革做出了不懈努力。在希腊债务危机之初，法国就提出了欧盟救援希腊的主张，并且提出了建立欧洲稳定机制（即欧洲版的国际货币基金组织）的设想。法国竭力劝说财力雄厚但持犹豫态度的德国对希腊予以救援。经过法德的反复磋商，2010 年 5 月 18 日德国在欧盟峰会上最终接受了救援方案，欧盟决定向希腊提供 1100 亿欧元的救援。法国还推动欧盟设立了 4400 亿欧元的欧洲金融稳定机制，以便制止欧债危机的蔓延。2011 年 10 月下旬，法德再次联手推动欧盟制订了新的一揽子救援计划，决定银行业对希腊减记 1000 亿欧元的债务，以便帮助希腊渡过第二次危机。

法国意识到，欧债危机是欧洲一体化进程半个多世纪来遭遇的最大挑战之一，其根本原因在于欧元区内的统一货币缺乏与之相配套的统一财政政策，解决债务危机的根本途径是进一步推动欧洲一体化。为此，萨科齐倡议建立欧元区"经济政府"，以便解决"货币统一，财政分散"的状况。由于该建议涉及各成员的财政主权让渡，因此遭到一些欧盟成员的抵制。为此，法国联合德国提出了修改《里斯本条约》的建议。尽管 2011 年 12 月 9 日举行的欧盟峰会未能就该建议达成协议，但在法国的坚持和推动下，首脑会议就制定一项新的政府间条约达成协议。新的政府间条约的核心是强化欧元区各国的财政纪律和加强各国之间财政预算的协调。这个条约与法国提出的"经济政府"的含义还有一定差距，但它毕竟是未来的欧洲财政联盟的雏形。在债务危机的压力下，欧洲朝着深化一体化方向迈出了关键一步。这其中，法国所发挥的主导和推动作用是很明显的。

随着欧盟的扩大，法国将继续坚持"双速欧洲"；而为了欧盟的深化，法国也会坚持"经济政府"的主张，使欧元区进一步走向财政的融合，最终使欧盟走向"联邦制"。

为了恢复欧洲的活力和动力以及推动欧洲一体化，法国必须联合德国，重建"法德轴心"。为此，萨科齐总统就职当天就启程赴德国并于当晚会见总理默克尔，就恢复两国密切关系进行磋商。2008 年法国进一步加强法德关系，在重大国际问题上积极与德磋商，在多边场合下力争统一步调。2009 年 10 月 28 日，默克尔连任德国总理后也于当晚就访问法国，显示了两国非同寻常的关系。在会谈中，萨科齐表示两国在重大国际问题上的观点基本一致。默克尔则认为，德法应该在经济方面加强合作，采取共同行动，这一点正在变得"前所未有地重要"。在欧盟一体化的问题上，德法应该起到"表率作用"。

2010年2月21日，萨科齐和默克尔在爱丽舍宫共同主持召开第12届法德两国政府联席会议，通过了《法德2020年合作日程》，为两国未来十年的合作绘制了蓝图。日程内容不仅涵盖经济政策、气候变化、外交与防务、教育与科研等诸多领域，而且每个议题都规定了具体的合作事宜。在经济方面，两国将尽快恢复预算平衡，促进经济增长，在G20框架下共同推进国际金融体制改革；在应对气候变化方面，建立法德可再生能源署，建立全球首个跨境电动车试验区，推广运用可再生能源；在外交和防务方面，两国在国际减灾、危机管理、移民控制、军工企业等方面都有具体安排；在教育合作方面，两国设置了法德双语教学和联合培养学生数量翻番的目标。两国在日程中表示，法德希望将欧盟塑造成增长的"典范"，不仅要有速度，而且具有可持续性，能够刺激就业并促进社会进步。萨科齐总统时期，德强法弱的趋势日益明显，法德合作无论在两国之间，还是在欧盟内部或在国际和地区热点问题上都出现越来越多的摩擦和冲突，因而双边关系时冷时热，但是，总的来说是在波折中前行。

不过，由于欧盟已经扩大到27国，新欧洲与老欧洲之间矛盾不断，"法德轴心"虽然能够起作用，但是，越来越力不从心，因此，法国决定扩大合作范围。首先，法国同欧洲另一个大国——英国发展结盟关系。法英两国历来是对手，新近在对待美国发动伊拉克战争问题上的立场截然不同，因此，双方关系始终处于低潮。2007年，布朗接替布莱尔出任英国首相后，力图突破英美特殊关系，他访问了巴黎，从而使法英两国关系有了明显改善。2008年3月，萨科齐在访英时表示，希望两国建立"新型法英兄弟关系"，并希望双方通过在经济、移民、安全和防务等领域进行"实质性"合作实现这一目标。2010年11月，法英根据协议结成防卫伙伴，两国合作将涉及建立一支联合军事部队，共享航空母舰，联合进行核武器试验。根据这项协议，两国将在英法各建一个实验中心，在英国的实验中心负责研究技术，在法国的中心负责实验。法英都是欧洲地区的主要军事强国，占欧洲军事力量的50%，占欧洲大陆防卫预算的45%，占为应对未来战争所需要的研究与发展费用的 70%。不过，英国仍然同美国保持特殊关系，法英经济结构存在差异，法英在欧洲一体化问题上经常意见不合，这样的"新型法英兄弟关系"能否持久值得怀疑。

自此，一个由法德英组成的"铁三角"正在形成，法德英的结盟无疑会对推动欧洲一体化以及欧美关系发展产生影响。法国在这个"铁三角"关系中处于关键地位：法国同经济实力强大的德国结盟形成"轴心"，将成为主导欧盟事务的核心；而作为都拥有核武器的欧洲军事大国，法英两国的合作在推动欧洲独立防务建设中具有决定性作用。

萨科齐还先后与欧盟新成员签订战略伙伴关系，以便弥合"老欧洲"和"新欧洲"的裂痕，他还提出以法、德、英、意、西和波兰六国组成新的欧洲核心，为欧盟的一体化进程注入新的活力，引导欧盟继续前进。

三　修复法美关系，保持在两国关系中的独立自主地位

萨科齐总统时期，法国外交政策最大的变化是法美关系。摆在萨科齐面前的客观事实是：法国因前任总统希拉克反对单边主义、反对美国对伊拉克动武引起美国极度不满，因而美国在国际交往中往往要"处罚法国"，挤压法国，导致法国在欧洲事务特别是欧洲安全事务中的作用受到极大制约，在国际热点问题上法国的外交空间不断缩小，在国际舞台上的声音日益微弱，难以有所作为。虽然希拉克总统在职后期曾经做了一些弥补工作，但是，法美关系并未因此而趋向和缓，依然处于十分紧张的状态。

萨科齐素有亲美之名，曾有美国媒体称他是"巴黎的美国人"。事实正是如此，萨科齐在《见证——萨科齐自述》一书中承认："我并不迷恋美国的模式。不过，如果必须加以选择，那我就会感到自己比世界上许多人更加接近美国社会。"[1] 萨科齐早就对法美关系的恶化持有异议，他在就任总统前就已经明确指出："法国的利益就是同美国拥有最好的关系。"[2] "美国人过去是、现在是、将来也继续是我们的朋友和盟友。"[3] 萨科齐一就任总

---

[1]　尼古拉·萨科齐：《见证——萨科齐自述》，上海辞书出版社，2007，第181页。
[2]　尼古拉·萨科齐：《见证——萨科齐自述》，上海辞书出版社，2007，第180~181页。
[3]　尼古拉·萨科齐：《见证——萨科齐自述》，上海辞书出版社，2007，第181页。

统，立即着手修复法美关系，以便恢复和扩大法国在国际舞台上的空间，施展法国的大国外交。在大西洋彼岸方面，美国失去法国这样一个盟友对其实施全球战略也是个不小的损失。因此，美国希望通过更换领导人的契机来打破法美关系的僵局。法美两国都表现出诚意，希望忘记过去在伊拉克问题上的严重分歧。法国人想抹掉德维尔潘当年在联合国威胁美国那一幕留下的印象，美国人则要淡化前国防部部长拉姆斯菲尔德把欧洲划分为"新欧洲"和"老欧洲"并声称美国支持"新欧洲"这件事造成的影响。由于法美双方都有化干戈为玉帛、改善两国关系的愿望和需要，这就为修复两国关系打开了大门。

在萨科齐当选总统之际，美国总统小布什发来友好和热情洋溢的贺电。萨科齐则将当选总统后的第一休假地选在美国，并于 2007 年 8 月 11 日与小布什举行私人会谈。美国总统小布什准备了汉堡包和热狗等美国传统食品，在缅因州肯纳邦克波特一处属于其父、美国前总统老布什的滨海庄园内，以独特方式破格招待萨科齐，上演一幕"庭院外交"。此后，五角大楼的高级将领纷纷前来巴黎参加在这里举办的国际航空航天博览会，美国"企业号"航空母舰在法国南部港口戛纳进行访问，法国"阵风式"战斗机也首次降落在这艘美国核动力航母上。法国军方认为，两国"军事行动合作迈出了重要一步"。美国国防部部长盖茨 6 月也来法国参加了纪念诺曼底登陆的活动。停滞多年的法美关系已经开始以不事声张的方式逐步升温。

2007 年 11 月 6 日起，萨科齐总统正式对美国进行为期两天的访问。在访问期间，萨科齐在美国国会参众两院联席会议上发表演讲。这对外国领导人而言堪称"殊荣"。随后，他与小布什在开国元勋华盛顿的故居弗农山庄举行工作会谈。此后，法美关系进一步升温，军事方面的交流得到加强，在国际热点问题上的合作更加明显：积极介入伊拉克问题以协助美国摆脱战争泥潭；响应美国呼吁，对伊朗采取更为强硬的立场；增加在阿富汗的法国驻军，以分担北约的维和压力；决定全面重返北约军事一体化机构等。

从 2008 年起，法美两国领导人互访不断，从而使法美关系不断加强。萨科齐在 2008 年 6 月 14 日与到访的美国总统小布什会谈后表示，法美两国关系友好稳定，双方在彼此关心的所有问题上保持着"相互信任"的定期对话。在 2010 年 3 月对美国进行的两天正式访问中，萨科齐与美国总统奥巴马在会谈中几乎对所有问题都持相同看法：他们都认为制裁伊朗的时机已经到了，都声称对阿富汗和中东和平进程持相同观点。用法国总统萨科齐的话说：法美一直保持着"特殊的友谊"，美国可以信任作为"朋友和盟友"的法国，"在历史上，还很少可以看到美国与法国之间观点如此一致"。法美两国总统均努力营造"法美和谐"的氛围。法国国防部部长朱佩 2011 年 2 月 8 日在华盛顿与美国国防部部长盖茨签署了关于"太空环境治理合作"的"原则声明"。这项协议旨在共同追踪太空垃圾，以避免其威胁"至关重要的卫星"。

不过，萨科齐改善和修复法美关系，并不意味着法国执行"大西洋主义"的外交政策，也并不意味着其完全追随美国，萨科齐在发展法美关系的过程中仍然要忠于戴高乐主义，保持法国外交独立自主的地位。事实正是如此，在发展法美关系过程中，两国在原则性问题上，特别是在涉及重大利益时，仍然会出现分歧和矛盾，龃龉不断。例如，在伊拉克问题上，法国依然要求美国撤军；在伊朗核问题上，法国反对采取武力解决的方式；在美国推行的北约改革问题上，法国反对北约全球化、反对用北约取代联合国；在美国质疑的欧洲防务建设上，法国依然认为这是确保欧洲安全的关键步骤；在全球气候变暖问题上，法国指责美国没有尽到该尽的义务。国际金融危机爆发后，萨科齐多次揭露并谴责危机根源在于美式资本主义的贪婪和无度，要求重塑资本主义，强调多极世界不能只有一种国际货币，主张建立国际金融新秩序，还经常公开批评奥巴马应对危机的政策，使法美两国关系一度冷淡下来。

四　法俄关系：从"冰冻"到"特殊关系"

早在竞选总统期间，萨科齐便在人权、车臣等问题上对莫斯科进行公开指责，批评俄罗斯利用丰富的石油和天然气资源威胁欧洲邻国，对俄国表现出十分强硬的态度，以至于他当选总统时，普京对这位有浓厚"亲美"倾向的法国新总统迟迟没有发来贺电，以表示不满。萨科齐执政后的相当长时间，法俄两国在诸如美国在东欧的导弹防御系统计划、科索沃前途、伊朗核计划、中东局势等一些国际问题上的观点和立场南辕北辙，相互指责。尽管 2007 年 10 月萨科齐访问莫斯科，法俄紧张关系有所改善，但是，由于双方缺乏相互信任，两国关系实际上进入了"冷冻期"。

以 2008 年 5 月俄罗斯总理普京访问巴黎为标志，法俄关系开始解冻。这首先表现为两国关系在气氛上出现了积极变化，一向在人权问题上批评俄罗斯的萨科齐改变了口气。与普京举行会谈的菲永指出，俄罗斯在经济领域取得了令人瞩目的成绩，在国际舞台上正重新发挥"重要国家"的作用，法国希望与一个"强大、繁荣和民主"的俄罗斯建立"长远的伙伴关系"。

法国调整对俄政策并非偶然。在地缘政治上，法国同俄罗斯是近邻，同属欧洲；法俄在欧洲安全方面相互关联；两国在经贸和能源领域又相互需要。基于上述认识，萨科齐于 2008 年年初把俄罗斯列入了"相对大国"的范畴，指出俄罗斯作为一个"恢复元气"的大国将成为未来多极世界的一员，法国必须同俄罗斯和世界上所有大国建立起稳定的平衡关系。俄罗斯也认为，改善俄法关系是当务之急。法国是西欧大国，是欧盟中具有相当影响力的核心国家，通过改善俄法关系可以稳定俄罗斯同欧盟的关系，并可以缓解美国对俄罗斯咄咄逼人的战略压力。俄罗斯对法国的经贸、科技和军事也有很高的期待。法国是 2008 年下半年欧盟轮值主席国，双方可以趁机就构建未来两国新型关系进行磋商。

在 2009 年 11 月 27 日召开的第 14 届法国与俄罗斯政府间研讨会期间，双方签署了 20 余项涉及经济、能源、环境、科技、文化、教育等领域的协议。法俄的交往，也是采取文化作为先锋。2009 年法国在俄罗斯举办文化交流年，2010 年俄罗斯在法国举办文化交流年，双方在对方国家进行数百项文化交流活动，以推动两国的相互了解与往来，增进两国的友谊。

2010 年法俄两国领导人进行了互访。从 3 月 1 日起，俄罗斯总统梅德韦杰夫开始对法国进行为期 3 天的国事访问。在访问期间，萨科齐与梅德韦杰夫进行了会谈，就法俄战略伙伴关系进行深入讨论，就某些重大的国际问题如伊核问题、国际金融形势、全球气候变暖等问题交换了看法，谈判气氛融洽，体现了更多的"信任"。在法俄总统联合举行的记者招待会上，萨科齐表示，"我们将翻过冷战时期的一页"，双方将在各个领域展开全面合作。从 6 月 19 日起，萨科齐前往俄罗斯进行访问。在访问期间，萨科齐与梅德韦杰夫就法俄关系、国际和地区热点举行了会谈。俄罗斯总统在会谈后表示，俄法近来的合作完全"反映两国协作伙伴关系的特点"；法国总统也指出，两国制订的合作计划"如此雄心勃勃，充满相互信任的精神"，"这在法俄历史上极为少见"。法俄两国签署了一系列经贸合作项目。

自此，法俄建立起"特殊关系"，从而把两国关系提升到前所未有的紧密程度。法俄的经贸往来从 2006 年起正在以每年 25% 的速度增长。法国已是俄罗斯的第 7 大投资国，对俄出口列在法国出口的第 9 位，法国还在努力提高两国的经贸水平。法国电力公司参与俄天然气项目，法国的天然气能源巨头苏伊士集团与俄方签署共同参与建造被称为"北方管道"的国际输气管道 9% 投资权的协议。该管道通过波罗的海海底，将俄罗斯的天然气经德国输往欧洲国家。法国阿尔斯通集团向俄罗斯火车头企业 TMH 注资 7500 万美元，成为在该公司控股 25% 的股东，俄原子能公司与法国公司在核电站建设等方面进行合作，俄法在航天领域也开展合作等。此外，法俄还发表了发展两国间铁路运输合作的联合声明。

在军售方面，法国经过"排他性的独家谈判"，出售给俄罗斯 4 艘"西北风"两栖攻击舰，两艘在法国建造，另两艘在俄罗斯建造，战舰不提供武器装备。这是自 1949 年以来，一个北约国家第一次向俄罗斯出售这样的重型武器装备。它不仅满足了俄罗斯军购、引进技术的需要，更为法处于萧条中的造船厂带来了生机。尽管法国对俄出售舰艇引来部分北约东欧成员的担忧，但法方认为，此举更具有"政治意义"，既然双方要翻过"冷战"这一页，就不能再对俄罗斯实行武器"禁运"。

此外，通过法俄的特殊关系，还带动了双方与德国的关系。被称为"头脑风暴"会议的法德俄三国首脑会议于 2010 年 10 月 18 日至 19 日在法国海滨城市多维尔举行。萨科齐、默克尔和梅德韦杰夫就欧洲安全战略，以及欧盟与俄罗斯关系、北约与俄罗斯关系、伊朗核问题、中东和平进程、阿富汗问题等进行了磋商。三国强调改善欧洲与大西洋地区及欧亚地区的安全状况，12 月在哈萨克斯坦召开的欧安组织峰会是朝此目标努力的"重要机会"。三国还要求加强欧俄安全合作及北约—俄罗斯理事会内的安全合作。

五　法国与非洲和中东的关系

1. "非洲优先"：从维稳到"人道主义干涉"，建立地中海联盟

早在当选总统前所写的著作《见证——萨科齐自述》中，萨科齐就表示"要重新思考法国的外交政策"[1]，在法国与非洲关系方面提出"非洲优先"[2]。他指出："非洲是一个优先目标。不仅法语非洲，而且整个非洲都是优先目标。与此同时，法国必须重新考虑其执行非洲政策的方式。"[3]

萨科齐之所以提出"非洲优先"，并要转换法国在非洲的角色：其一，非洲，特别是北非、西非和中非历来是法国传统势力范围，必须像前任总统那样，坚决把非洲视为法国的"后院"，捍卫法国在该地区的利益。第二，伊拉克战争期间和战后，美国加紧渗入非洲，2007年5月美国以"加强反恐"和"人道主义援助"名义组建非洲司令部，扩大在非洲的军事存在。法国在塞内加尔、中非、加蓬、乍得和吉布提等国家均设有军事基地，在科特迪瓦派驻了维和部队，其在非洲部署的总兵力约有9000人之多。美国对非洲的军事渗透，使法国感到威胁。第三，随着"金砖四国"经济的发展，中国、印度、巴西和俄罗斯也加强了与非洲国家的经贸关系，这也使法国疑虑重重。所有这些，使萨科齐在处理非洲关系上有了某种紧迫感。

在萨科齐总统执政初期，法国推行维持和稳定非洲的政策，"稳定……是一切外交行动的关键词"[4]。正是在稳定非洲政策的指导下，法国淡化了对非洲腐败和缺乏民主的价值观外交色彩，收缩在非洲的军事基地和减少在非洲的驻军，强调法非平等的政治关系，发展法非的经贸联系，深化与非洲特别是与北非、西非和中非国家的合作。萨科齐在2007年7月间先后两次访问阿尔及利亚、突尼斯、利比亚、塞内加尔、加蓬等国，希望法非

---

① 尼古拉·萨科齐：《见证——萨科齐自述》，上海辞书出版社，2007，第177页。

② 尼古拉·萨科齐：《见证——萨科齐自述》，上海辞书出版社，2007，第178页。

③ 尼古拉·萨科齐：《见证——萨科齐自述》，上海辞书出版社，2007，第179页。

④ 萨科齐于2011年3月18日讲话，选自《费加罗报》2011年3月25日刊登的《萨科齐重启冒险外交》一文。

在"基于现实"的基础上建立一种新型、平衡的合作伙伴关系。自此，法非及其领导人之间交流日益频繁和密切。萨科齐主张通过政治途径解决达尔富尔问题以实现该地区的和平。2010 年 5 月底 6 月初，法非第 25 届峰会一扫往日"政治色彩"，改由"经济挂帅"。峰会还邀请近 250 名法非商业和企业界人士参加，就经贸合作等议题进行讨论，以加强法非的经贸联系。2010 年是"非洲独立年"50 周年，萨科齐邀请 12 个非洲国家的元首参加法国国庆观礼，13 个非洲前殖民地国家的军队参加法国国庆阅兵。萨科齐还特别宣称，非洲是法国"后院"的观念已经成为过去，法国再也不会以非洲的特殊伙伴自居。

2011 年风云突变，北非、中东和西非一些阿拉伯国家先后掀起了民主化浪潮，被称为"阿拉伯之春"，利比亚和科特迪瓦爆发内战，法国不再推行维持和稳定非洲的政策了，借用法国外长朱佩 2011 年 3 月 24 日对以色列外长说的话："现状不能继续维持下去了。"于是，法国开始转换在非洲的角色，从维持稳定外交改变为"人道主义干涉"。萨科齐调整对非洲、特别是对利比亚和科特迪瓦的外交战略的意图十分明显：第一，重新强调人权、人道、民主等法国价值观外交，承认北非、中东和西非一些阿拉伯国家出现民主化潮流，认为利比亚的卡扎菲和科特迪瓦的巴博是长期独断专行的独裁者，对不满当局的游行示威平民和反对派进行血腥镇压和枪杀是反人道和反民主的，必须予以严厉的惩罚，必须进行人道主义干涉。第二，2011 年年初，当突尼斯和埃及发生"茉莉花革命"时，法国的反应则是犹豫和迟钝，在外交上十分被动，招致国内舆论的批评。为了法国经济利益，萨科齐曾经大张旗鼓地在巴黎隆重安排卡扎菲的国事访问，损毁了法国以人权祖国自居的形象。为了恢复法国以人权祖国自居的形象，争取国内舆论的支持，变法国外交被动为主动，必须在非洲政策上改弦更张。第三，在法国，萨科齐的威信因内政的缺失在民意测验中降到历史最低点，为了提高威信，也为了赢得 2012 年大选，必须争取在外交上得分。

2011 年年初，利比亚局势发生动荡，政府军与反政府力量发生武装冲突。法国宁可放弃 2007 年与利比亚达成的合作关系和签订的巨额贸易合同，也要利用这个机会竭力插手利比亚事务：法国根据 2005 年联合国通过的一项名为"保护责任"新理念的决议①，在联合国安理会积极展开外交活动，与英国联手倡议经济制裁利比亚并于2月26日获得安理会通过，3月10日法国抢先正式承认了利比亚反对派组织"全国过渡委员会"，又推动安理会3月17日通过了在利比亚设立"禁飞区"的决议，允许动用"一切手段"保护平民，实际上是授权西方对利发动战争。3月19日法国战机率先起飞前往轰炸利比亚，当天共进行了四次军事打击，从而拉开了多国部队对利比亚展开军事行动的序幕。法国不仅始终参与了对卡扎菲军队的轰炸行动，而且还扶持反对派的武装力量，提供武器弹药和培训武装人员，最终帮助反对派力量于8月攻占首都的黎波里，导致卡扎菲政权的彻底倒台。法国对利比亚军事干预的成功，获得了法国从政界到媒体的一致支持，反对党也叫好，甚至多数法国公众也表示满意，从而使萨科齐的人气有所上升。

科特迪瓦总统巴博自2000年执政以来，同法国的关系不睦，甚至2004年曾发生过科特迪瓦军队袭击法国驻当地军营的事件，造成9名法国士兵死亡。2010年科特迪瓦大选引起的局势动荡成为法国介入的有利时机。2010年11月28日进行的总统选举第二轮投票中，巴博和另一位总统候选人、前总理瓦塔拉互相指责对方舞弊。12月4日，巴博和瓦塔拉各自宣誓就任总统，科特迪瓦陷入政治僵局，暴力事件频发，最终酿成武装冲突。法国在这场战乱中明确支持瓦塔拉，并且积极推动联合国安理会通过了要求巴博下台和对科实施制裁的决议。随后，法国又以保护侨民为由，主张对科特迪瓦采取军事行动。2011年4月4日，法国政府宣布向科特迪瓦增兵，随后法国军队与联合国驻科行动团联手向巴博的兵营和驻地发动袭击，最终活捉了巴博，并把他交给了瓦塔拉政权。巴博政权的倒台为法国恢复在这个地区的政治影响力铺平了道路。

把地中海周边国家联合起来，组建一个"地中海联盟"②，是萨科齐竞选总统期间提出的最为耀眼的外交构想。法国也属于地中海国家，与沿岸国家在政治、经济和安全等方面有着十分密切的联系，地中海又是法国与非洲特别是北非和撒哈拉以南非洲法语区的连接地带，也是法国通向中东

---

① "保护责任"决议指出："确认当独裁者屠戮本国民众时，世界大国有权利和义务介入。"
② 地中海联盟法文为"l'Union pour la Méditerranée ou l'Union méditerranéenne"。

和海湾的必经之地。因此，加强和扩大与这个地区的合作成为萨科齐任内一个重要外交目标。法国提出"地中海联盟"，就是在经贸共同发展、打击国际恐怖主义、协调移民问题和推进民主化方面发挥作用。经过法国外交努力，终于使地中海联盟的构想取得实质性的进展。2008年7月13日，欧盟、北非和中东43个国家的元首和政府首脑在巴黎举行会议，宣布成立"地中海联盟"，从而取代了1995年开始的以欧盟与地中海国家合作为目标的巴塞罗那进程。从此，"地盟"这个"地中海联盟"的简称作为全球化背景下的一个区域性合作新实体，同"欧盟""阿盟""非盟""东盟"等国际政治词汇并存，而法国有望通过这个新的地区组织来不断提升自身的影响力，特别是在欧盟和欧洲的影响力以及在其中的地位和作用。

2. 加快重返中东的步伐

伊拉克战争结束后，希拉克总统开始重返中东地区，进行了频繁的外交活动。萨科齐接任总统后，鉴于美国在中东地区影响力的日益增长对法国在该地区的存在造成威胁，于是进一步加快了重返中东地区的步伐。

2007年12月，萨科齐对埃及进行首次访问。埃及是中东地区的大国，也是中东地区最重要的国家，发展同埃及的关系不但为法国重返中东打开方便之门，而且会为法国参与解决复杂的中东问题创造有利条件，并为法国与埃及和中东地区的经贸带来机遇。通过此次访问，萨科齐和穆巴拉克在许多问题上达成共识，两国加强了在经贸、投资、文化和核能领域的合作。通过此次访问，法国在一定程度上改善和扩大了在中东和北非地区的影响力和话语权。

在对待巴勒斯坦和以色列方面，萨科齐改变了以往亲阿拉伯、远以色列的立场，同时对巴以之间的冲突进行积极的斡旋。在萨科齐看来，久拖不决的巴以冲突已经成为影响西方与阿拉伯世界关系的"痼疾"，斡旋巴以冲突，寻求缓和中东局势，符合法国和欧盟的战略利益。2008年年底，以色列军队开始对加沙地带发动大规模军事打击，萨科齐随后前往中东地区展开斡旋。随后，萨科齐又在巴黎先后会见了以色列总理内塔尼亚胡、叙利亚总统巴沙尔、约旦国王阿卜杜拉、埃及总统穆巴拉克等多位重量级人物，并与巴勒斯坦民族权力机构主席阿巴斯保持密切联系。2011年6月1

日起，法国外长朱佩到中东穿梭访问，力促阿以的和谈，并使双方达成妥协。

在法国和伊拉克关系方面，法国加快了介入伊拉克的步伐。2007 年 8 月 19 日，法国外长库什内出访巴格达，这是法国外长自 2003 年伊拉克战争以来首次访问伊拉克，旨在"无一例外地倾听伊拉克各方的声音"。因此，库什内的访问被称为"倾听之旅"。2009 年 7 月初，菲永总理率领庞大的企业家代表团抵达巴格达，与伊拉克有关部门开展广泛的经贸合作，参与伊拉克的重建，扩大法国在伊拉克的市场。

2008 年 1 月初，萨科齐率领庞大的代表团前往沙特阿拉伯、卡塔尔和阿联酋海湾三国进行访问。在访问中，法国同这些国家就经贸合作达成了多项协议，签署了多个供货合同。尤为引人注目的是，法国与阿联酋签署了一项重要的军事协议，根据这一协议，法国将在阿联酋首都阿布扎比设立永久性海军基地。该海军基地以海军为主，同时也驻扎陆军和空军等其他军种。2009 年 5 月 23 日，萨科齐出访阿联酋并出席该军事基地的剪彩仪式，使法国成为在这个地区拥有军事基地的少数几个西方国家之一，从而凸显了法国在中东和海湾地区的存在。

叙利亚曾经是法国的保护国，1946 年独立后仍然与法国保持密切的关系。萨科齐在重返中东进程中，叙利亚总统巴沙尔·阿萨德为法国提倡的"地中海联盟"制造障碍，法国充当叙利亚与以色列之间调停者角色失败，法国与叙利亚发展经贸关系又受到挫折，从而使法国与叙利亚关系恶化。自 2011 年 3 月叙利亚爆发内部动荡后，法国立即改变对叙利亚现政权的政策，率先承认了叙利亚反对派组织"全国委员会"，法国外长朱佩多次会见并力挺常年生活在法国的"全国委员会"主席布朗·加利温①，支持阿盟对叙利亚现政权的制裁。法国还以叙利亚总统巴沙尔·阿萨德镇压反对派和屠杀平民为由，力促联合国安理会通过谴责或制裁大马士革的决议。

在法国和伊朗关系方面，法国以往一直承认伊朗有和平利用核能的权利，愿意在伊朗放弃谋求核武器的基础上与之发展正常外交关系，进行经

---

① 布朗·加利温是法国巴黎第三大学阿拉伯研究中心的负责人。

济合作。但是，萨科齐总统上台后，以"价值观外交取向"和推进伊朗"民主化"对待伊朗，其外交立场强硬起来。法国提高了对德黑兰的调门并以武力相威胁。在国际原子能机构于2011年11月发表伊朗可能制造核弹的报告以及法国驻伊朗外交官遭殴打后，法国立即进行报复，缩小驻伊朗使馆规模，并推动欧盟对伊朗进行经济制裁，但是，法国依然反对对伊朗进行军事打击。法伊关系进一步恶化。

六 深化与印度和巴西的关系

2009年7月14日，印度总理辛格作为特邀嘉宾参加了法国国庆阅兵仪式，法国和印度加强了政治对话。萨科齐2010年12月访问印度期间，称赞印度是正在崛起的新兴强国，承诺法国将支持印度争取获得联合国安理会常任理事国的努力。法印两国签订了高达150亿欧元的商业协议，其中最为引人关注的是70亿欧元的核电合作协议和50亿欧元的军售协议。法国通过加强法印关系，扩大了在亚洲的影响。与此同时，法国还加强了与日本、韩国、巴基斯坦、柬埔寨等亚洲国家的战略关系。

巴西总统卢拉更是在2009年之内三次访法，且都是在重要的多边会谈之前，充分显示了法国对两国关系的高度重视。萨科齐2009年9月7日访巴期间，两国签署了一项总金额达123亿美元的军售大单。法国通过加强与巴西的关系，巩固和扩大了法国在拉丁美洲的地位和影响力。

七 法中关系：一波三折

业内人士认为希拉克总统卸任和萨科齐总统就职意味着法中"蜜月期"的结束不无道理，这是因为：第一，前任法国总统希拉克在推进世界多极化过程中，更多地采取反对美国单边主义以及亲东方和亲中国的立场，与中国建立起政治上相互信任的紧密关系。而萨科齐在"相对大国""新世界、新思维"的理念中，更多地采取亲美的立场，在政治上与中国保持一定的距离。第二，前任法国总统希拉克主张世界多元文化共存共荣，突出文化外交，对中国和东方文化情有独钟，甚至达到痴迷的程度。萨科齐虽然也推行文化外交，"法国需要在像印度、中国和巴西这样的国家里拓宽服务机构，传播法语和法兰西文化"。[①] 但是，他并不十分强调文化外交。至于对中国的认识，萨科齐在当选总统前多次访华，对中国有所了解，但是，他对中国的了解和喜爱远未达到希拉克的深度和水平。

纵观萨科齐总统时期的法中关系，可以说初期（2007 年 5 月～2008 年 3 月）保持了法中战略伙伴关系，中期（2008 年 3 月～2009 年 2 月）则出现波折并陷入了低谷，后期（2009 年 2 月～2012 年 5 月）逐渐地恢复到正常轨道。法中关系出现起伏跌宕的责任不在中国方面，而主要是由于萨科齐的"中国观"所导致的。那么，什么是萨科齐的"中国观"呢？第一，在萨科齐最初提出的"相对大国"理念以及金融危机爆发后提出的"新世界、新思维"理念中，他一方面承认中国是增长的发动机，中国的崛起不可等闲视之；另一方面他强调中国作为"相对大国"要真正地负责任，要在知识产权、环境保护、全球气候变暖、人民币汇率、在非洲获取资源等方面承担责任。[②] 第二，萨科齐指出："法国有必要'重新研究'法国的传统经济关系，以便将这种传统经济关系引向世界经济增长强劲的地区。应当优先考虑中国、印度、巴西和东南亚各国。"[③] 在他的法中关系理念中，发展两国的经贸关系是重点，是首要的任务，法国必须在发展法中经贸关系中一改希拉克总统的政策，获得更多的实惠。第三，萨科齐同时认为："人们不能使法国的经济利益等同于恪守法国的普遍价值。"[④] 他要在发展法中关系中贯彻法国价值观，以民主、人权等作为外交手段向中国施加压力。第四，萨科齐在处理法中关系时根据国际风云变幻、国内政治需要和国内舆论的导向采取实用主义和机会主义的立场。正是萨科齐的"中国观"的两面性和摇摆性，既承认中国崛起的现实和必须发展法中战略合作的关系，又要用法国价值观处理法中关系，从而使萨科齐总统时期的法中关系一波三折，起伏跌宕。

从 2007 年 11 月 25 日起，萨科齐对中国进行了为期三天的访问。在访

---

① 尼古拉·萨科齐：《见证——萨科齐自述》，上海辞书出版社，2007，第 178 页。
② 萨科齐于 2007 年 8 月 27 日在法国第 15 届驻外使节会议上的讲话，见法国总统府网站。
③ 尼古拉·萨科齐：《见证——萨科齐自述》，上海辞书出版社，2007，第 178 页。
④ 尼古拉·萨科齐：《见证——萨科齐自述》，上海辞书出版社，2007，第 182 页。

华期间，法中两国领导人萨科齐和胡锦涛就法中关系以及共同关心的国际和地区问题进行了深入的讨论，一致同意把法中全面战略伙伴关系推向更高层次、更广领域。法中两国还签署了环保、核能、民用航空、通信等 20 多个双边合作文件和价值 200 亿欧元的商业合同。通过萨科齐的访华把法中全面战略伙伴关系推进到一个新的高度，业内人士对法中关系未来的发展势头充满希望。

2008 年拉萨发生"3·14 事件"，一些法国政界人士、人权组织及媒体罔顾事实，不断发表极为消极的涉华言论和报道。继而 4 月 7 日奥运火炬在巴黎传递受到"达赖集团分裂势力"的严重干扰和破坏，埃菲尔铁塔和巴黎市政厅上出现了反华标语，严重伤害了中国人民的感情。4 月 21 日，巴黎市议会决定授予达赖"巴黎荣誉市民"的称号。6 月 30 日，萨科齐在法国国家电视台发表讲话时宣称，他将视中国中央政府与达赖方面的接触情况决定是否出席北京奥运会开幕式。8 月中旬，萨科齐夫人布吕尼同法国外长库什内、社会党领导人罗亚尔一起会见在法国访问的达赖。12 月 6 日，萨科齐不顾中方再三反对，在波兰格但斯克与达赖会晤。中国对此做出强烈反应，将萨科齐与达赖的会晤称作是"损害中法关系的不智之举"，中国外交部就萨科齐在波兰格但斯克会见达赖提出严正交涉，中国被迫宣布取消预定在里昂召开的中欧峰会。与此同时，中国民间在网上掀起了抵制法货高潮；一部分法国民众也抛出了抵制中国货的论调。数千中国留学生和华侨在巴黎举行了集会和示威活动。法中关系陷入了低谷。2009 年 1 月 28 日，法国总统府临时取消了庆祝法中建交的纪念招待会。2 月 3 日，中国总理温家宝访问欧洲四国和欧盟总部，访欧而不访法，被称作"环法之旅"，温总理对此回应说："没有安排访问法国的原因是众所周知的，责任不在中国。"[①] 2 月 24 日，包括 300 位中国政府要员和商界人士，并怀揣 170 亿欧元商业合同的中国贸易投资促进团前往欧洲，逢法国而不入，被法国媒体称为"经济制裁"。至此，法中关系跌入了 20 世纪 90 年代双边关系恢复正常化以来的最低点。

---

① 温家宝于 2009 年 2 月访问英国时回答记者的提问。

　　法中关系的恶化，不符合法国国家的根本利益，这也是两国都不愿意看到的。为此，在法国政界、企业界、民众强烈呼吁打破法中关系僵局的压力下，法国政府采取了一系列试图修复中法关系的措施。2009 年 2 月 11 日，法国前总理拉法兰率领十余名法国议员代表来到中国，释放法方"修好"信号，为改善陷入困境的法中关系铺路。经过双方的共同努力，法中两国发表了《法中新闻公报》。在公报中，法国声明一个中国的政策，坚持西藏是中国领土不可分割的一部分，拒绝支持任何形式的"西藏独立"。4月 1 日在伦敦举行的 G20 金融峰会上，胡锦涛与萨科齐进行了会晤。自此，经历一年多冰冻期的法中关系开始重返正确的轨道。9 月，萨科齐与胡锦涛在纽约出席联合国会议期间再次会晤，就法中关系等问题交换意见，萨科齐称尊重彼此核心利益和重大关切，两国领导人对法中关系呈现的良好发展势头给予高度评价。2010 年 4 月上海世博会开幕之际，萨科齐率领庞大的代表团高调访华并参加世博会开幕式，受到中方的隆重接待。在访华期间，法中两国领导人就促进全球经济复苏、建立国际金融新秩序、防止气候变暖等重大国际问题交换了意见并达成共识。两国领导人还强调了法中战略合作伙伴关系的重要性，表示今后将加强高层对话与磋商，推进务实合作。6 月法国国民议会议长阿夸耶访华，7 月中国全国人大常委会委员长吴邦国访问法国，至此，两国最高立法机构领导人之间实现年内互访。11 月初，胡锦涛应邀对法国进行国事访问，法国政府以最高规格接待，萨科齐夫妇亲自到机场迎接，之后双方发表《关于加强全面战略伙伴关系的联合声明》。法中两国频繁的高层互访和访问的高规格表明中法关系重新回到发展的快车道，把两国关系提升到了一个新的高度。

　　法国对华政策的转变，主要原因是：首先，法中关系的恶化，不仅使两国政治基础受到损害，而且影响了两国的经贸关系。本来，法中两国经贸具有良好的发展势头，但是，2009 年这一势头戛然中止，双方进出口贸易总额[①]仅为 344.8 亿美元，下降了 16.7%。这当然是受到当年经济危机的影响，但也有法中两国政治关系陷入低谷的因素。为了借中国经济发展之

---

① 中华人民共和国海关总署：《海关统计》2009 年第 12 期。

力推动法国经济走出困境，需要恢复法中正常经贸关系。第二，法国在国际和地区热点问题上，特别是即将在 2011 年担任 G8 和 G20 轮值主席国期间，在全球治理、改革国际金融体制、应对气候变暖等方面，都需要中国的积极配合和支持，只有这样，才能使法国展现大国的宏图大志，得心应手，游刃有余，并借中国在国际社会的名声来提高法国在国际社会的影响力。第三，此举也是为了回应法国国内要求改善法中关系并使之正常化的呼声。

八　坚实和强有力的安全和防务，全面回归北约

1. 坚实和强有力的安全和防务

萨科齐总统就职以来，法国先后公布了《国防与安全白皮书》（2008 年 6 月）、《2009~2014 年军事规划法》（2009 年 6 月），旨在建设"与法兰西雄心相称"、足以保卫法国和全体法国人安全的"21 世纪的国防"。

《国防与安全白皮书》全面涵盖了包括国防在内的法兰西的安全利益和国家安全战略。国家安全战略包括五大战略功能：情况掌握与预测、预防、威慑、保护、干预。这五方面功能的组合应该灵活，并且能够随着时间的推移而变化，以适应新的战略形势。核威慑仍然是法国国家战略的主要基石，仍然是法国国家安全和独立的最后保障，核威慑的唯一作用是阻止来自他国关系到国家生死利益的侵略，而无论其来自何方，以任何形式出现。

《2009~2014 年军事规划法》规定了法国在未来数年的军费开支水平，2009~2014 年军费开支将达 1850 亿欧元，其中 1010 亿欧元用于更新装备。法国国防预算 2010 年为 321 亿欧元，2011 年为 311 亿欧元，2012 年为 317 亿欧元。2012~2014 年，每年将递增 1% 再加上通胀率。根据《国防与安全白皮书》，法国将成立一个国防和国家安全委员会，以及一个国家情报委员会。

鉴于核武器扩散、恐怖活动不断、网络战出现、能源安全凸显、太空军事竞争加剧、全球性的自然灾害和传染性疾病等传统性因素特别是非传统性因素的增加，法国国防改革势在必行，以适应世界发生的新变化。改革涉及新战略选择、削减军队编制以及增强部队的机动能力和快速部署能

力等内容，是法国 14 年来最大的防务政策调整。

法国新战略选择是，将国内安全与欧洲防务结合起来，确定一个从大西洋、地中海、波斯湾，到印度洋的战略弧形地带，并考虑将"介入和合作范围"扩大到亚洲的可能性。无论是加强欧洲防务，还是继续在阿富汗驻军、守住其非洲"后院"、进行反恐与其他干预，法国都需要打造快速反应部队，强化威慑、预防、保护和兵力投放能力。

为赢得现代高科技战争，法国把空间军事领域的建设列入国防战略选项，将太空军事科技作为重要发展目标。在未来 15 年内，法国将创立一个专门负责空间军事的跨军种指挥机构，准备发射多枚军事侦察卫星与新型监听卫星，建立起欧洲首屈一指的庞大军事太空系统。

根据《2009～2014 年军事规划法》，法国对军事力量进行重新部署，其中包括从 2009 年到 2016 年撤销 83 个军事基地和军队编制、迁移 33 处基地以及加强 60 余处军事设施的作战能力。改革完成后，陆军将削减 20 个团、营和 11 个空军基地，海军将取消一个航空基地。另外，政府还决定在 32 万人的国防队伍中裁减 5.4 万个岗位。此外，从现在起到 2015 年，法国军方将裁减 54000 个民事或军事岗位，关闭 83 个军事基地。法国军方此后将长期保持 22.4 万人的作战部队规模。法国还计划在 2020 年以前购置或建造 300 架战斗机、1～2 艘航空母舰、18 艘大型驱逐舰和快速护卫舰、6 艘攻击型核潜艇以及 4 艘导弹核潜艇。

2. 全面重返北约

法国重返北约是指重返北约军事一体化机构，即北约防务计划委员会和核计划小组。萨科齐就任总统后曾多次提到法国重返北约军事一体化机构的意向：在 2007 年 8 月 27 日举行的外交使节会议上表达了法国将要全面重返北约的愿望；在 2008 年 6 月 17 日宣布法国将调整未来 15 年的国家安全战略时特别强调重返北约军事一体化机构的重要性；特别是于 2009 年 3 月 11 日在巴黎法兰西军事学院举行的"21 世纪的法国、欧洲防务和北约"研讨会上，萨科齐在题为《与其听命于人不如共同领导》的演说中，强调法国全面重返北约"既是法国利益之所在，也是欧洲利益之所在"。他在演说中进一步阐明：如果法国要在未来的全球安全事务中发挥影响力，必须摒弃"旁观者"立场，成为北约军事决策的"圈内人"。"单一孤立的国家是没有影响力的国家，如果我们想指望什么，我们必须知道如何与盟友保持紧密联系。"最后，萨科齐在该讨论会的闭幕式上正式宣布法国回归北约军事一体化机构的"时机已经来到"。

萨科齐为何要急于重返北约军事一体化机构呢？首先，长期以来，法国没有参加北约的军事指挥系统，是北约的"不完整成员"，但是，法国积极参与以北约名义展开的多项国际维和行动，目前大约有 5000 名法国军人参与其中，提供的资金占北约非军事预算总额的 15.3% 和军事预算总额的 13.8%。法国全面重返北约，不仅可以参与北约的政治决策，而且还可以重新获得在北约中的军事指挥和决策权力。第二，法美之间在北约的前途和改造上存在分歧，法国站在北约之外难以对它的前途和改造施加影响，而法国一旦完全回归北约，将对北约的未来和改造拥有全面的发言权。第三，法国历来倡导欧洲共同防务建设，但是困难重重、进展缓慢，主要原因是美国担心独立的欧洲防务将会削弱甚至取代北约。法国一旦彻底融入北约，将有助于打消美国的疑虑，从而减少欧洲防务建设的阻力。第四，法国全面重返北约，意味着全面回归西方大家庭，以此为依托，法国将可以在外交上全方位出击，也可以重点突破；法国还可以与西方国家一道，共同应对传统安全和非传统安全的挑战。

从密特朗到希拉克，法国都为重返北约军事一体化机构做过尝试，但因在与北约谈判中未满足法国的条件和没有得到美国的首肯而未果。自萨科齐多次表达全面重返北约的愿望后，美国做出了积极的回应，表示"热烈欢迎"。经过一年多时间的内部磋商和讨价还价，法国与北约已基本达成共识。美国同意把北约的两个司令部交给法国将军领导：设在美国弗吉尼亚州的盟军转型司令部与设在葡萄牙里斯本的北约地区性司令部。自此，法国重返北约军事一体化机构的条件已经成熟。

2009 年 3 月 17 日下午，法国国民议会经过激烈的辩论之后，以 329 票赞成对 238 票反对的绝对多数通过了法国全面重返北约的决定，从而在法国完成了重返北约军事一体化机构的法律程序。

一直以来，法国的安全和外交政策深深烙有戴高乐将军"独立自主"

理念的印记。在北大西洋公约组织和欧洲内部，法国的"特立独行"令外界印象深刻。法国全面重返北约，是法国安全和外交政策理念的重大转变，做出了一个从"退出"到"回归"北约的180度大转向的战略调整，但是，这并不意味着萨科齐背离了"戴高乐主义"。萨科齐在阐述关于全面回归北约的主张时强调了四点：一是法国政府坚持戴高乐总统的独立核威慑原则，不接受其他国家的指令；二是法国虽然加入北约军事一体化机构，但是对其军队调动和是否参与某项军事使命依然拥有自主的决定权；三是法国回归北约的先决条件是美国认可独立的欧洲防务建设；四是法国改善同美国的关系并不意味着法国完全听命于美国，而是做一个"独立的盟友"。由此可见，法国全面重返北约，仍然坚持独立自主的外交和国防政策，是现代版的"戴高乐主义"，是萨科齐主义的"戴高乐主义"。

第四节　政治力量的消长

一　2007年大选后的政治生态和政治格局

1. 右翼的政治生态：人民运动联盟进一步壮大，如日中天；法国民主联盟分裂，成立新党

人民运动联盟的总统候选人在2007年总统选举的决战中以获得1889.8万张选票的绝对多数胜出，人民运动联盟在第十三届国民议会选举中也夺取绝对多数席位，这是由多个原因决定的，其中之一就是有该党作为坚强的后盾。

人民运动联盟为了促进政党现代化，公布的《价值观宪章》①明确规定，党的宗旨是"赋予法国政治一个新动力"和遏制"对政治不信任的滋长势头"。强调党要贴近群众、实行民主和社会对话。党的口号是："倾听公民的声音，同公民一起行动，为了公民的利益。"②党的理论是："应当让

---

① 《价值观宪章》法文为"la Charte des valeurs"。
② 倾听公民的声音，同公民一起行动，为了公民的利益法文为"écouter les citoyens, agir avec eux et pour eux"。

每个人对自己的命运和前途自由表达"；摒弃窒息经济自由的制度；为了引导法兰西走向再次经济增长和降低失业率，鼓励"劳动、功绩、发明"；自由不是利己主义，"自由打开了宽容的道路"；"为了使人们尊重自由，严格地遵守法律是必要的"。党纲是："自由、责任、互助、国家、欧洲"，主张奉行务实、开放的经济政策，重塑社会市场经济理念，推动欧盟建设。

人民运动联盟成立的目的，就是要成为法国右翼和中间派的联合体，团结法国右翼和中间各个派别，吸引法国右翼和中间的选民和群众。该党党章规定，允许联盟内部各种思潮和派别的存在，把它们统称为"运动"，并允许各个运动之间开展争论，从而避免领导层只发出一种声音。人民运动联盟成立以来，就分成许多派系：戴高乐主义派系、自由主义派系、中间派系、自由保守派系①等。在这些派系中还可以细分，如作为该党主流派系的戴高乐主义派系，绝大多数是原来保卫共和联盟的成员，它们又可以细分为正统戴高乐派②、新戴高乐派③、社会戴高乐派④、左翼戴高乐派⑤等。又如自由主义派系，绝大多数是原来法国民主联盟的成员，它们又可以细分为自由保守派、自由改革派⑥、社会自由派⑦等。人民运动联盟还拥有一些联系党，如激进党、基督教民主党⑧、全国独立人士中心⑨等。

2007 年 3 月萨科齐辞去党主席职务后，人民运动联盟决定暂时取消党主席职位，实行集体领导。该党中央组织设总书记、全国联盟大会、全国委员会、政治局、方针委员会和全国书记。

人民运动联盟的前身保卫新共和联盟在成立之初，定位为行政管理人员的党，反对"任何不加控制有损运动声誉和团结的大量吸收"⑩，被法国

---

① 自由保守派法文为"les conservateurs libéraux"。
② 正统戴高乐派法文为"les gaullistes orthodoxes"。
③ 新戴高乐派法文为"les néo-gaullistes"。
④ 社会戴高乐派法文为"les gaullistes sociaux"。
⑤ 左翼戴高乐派法文为"les gaullistes de gauche"。
⑥ 自由改革派法文为"les réformateurs libéraux"。
⑦ 社会自由派法文为"les libéralistes sociaux"。
⑧ 基督教民主党法文为"le Parti chrétien-démocrate（PCD）"，由社会共和人士论坛于 2009 年 6 月改名。
⑨ 全国独立人士中心法文为"le Centre national des indépendants（CNI）"。
⑩ 弗朗索瓦·博雷拉：《今日法国政党》，上海人民出版社，1977，第 85 页。

政治学家称为"干部党""管理政党"①，而不是"群众性政党"。但是，这个戴高乐政党成立之初只有几万党员，到 1986 年确拥有 90.2 万党员②，达到戴高乐政党成立以来的党员数量最高值。尽管这些数字有夸大成分，但是，它说明戴高乐政党已经从 20 世纪六七十年代的"干部党""管理政党"向"群众性政党"转变。人民运动联盟从成立之初，即 2002 年就已经拥有 16.4 万党员，2004 年拥有 30 万，2007 年宣称达到 37 万。2006 年，法国所有政党的党员总数为 70 万③，而人民运动联盟党员占其中的一半以上，相当于法国左翼主要政党社会党和法共党员的总和。实际上，人民运动联盟已经成了"群众性政党"。

人民运动联盟党员主要是工商业雇主、高中级管理人员、商人、农民、自由职业者等，由法国社会中的中上层组成。在地理分布上，人民运动联盟的党员和选民主要集中在法国北部、西部、东南部和巴黎。

在人民运动联盟的挤压下，已经存在 30 多年的法国民主联盟再也无法生存下去，其上层精英纷纷倒戈，或投入戴高乐主义政党怀抱，或组建新党。在无奈之下，法国民主联盟领袖弗朗索瓦·贝鲁于 2007 年 4 月 25 日宣布另起炉灶，成立新党——民主运动④。然而多数法国民主联盟议员反对贝鲁的主张，他们拉出队伍，另外成立新中间党⑤。经过精心的策划与准备，民主运动于 2007 年 5 月 5 日宣告建立，贝鲁成为该党的创始人。根据 2007 年 11 月 30 日全国大会的决议，法国民主联盟正式并入民主运动。民主运动的宗旨和纲领基本上与法国民主联盟相似，宣布独立于左翼和右翼，走中间道路，团结中间选民，力争上台执政，成为执政党。尽管贝鲁党的实力有所削弱，但 2007 年总统选举第一轮投票结果显示，其总统候选人贝鲁拥有 682 万选民，所得选票占有效票总数的 18.57%，仅次于萨科齐和罗亚尔，排在第三位。正因为如此，贝鲁、贝鲁党及其选民成为前两位总统候

---

① 雅克·夏普萨尔、阿兰·朗斯洛：《1940 年以来的法国政治生活》，上海译文出版社，1981，第 362 页。

② 科莱特·伊斯马：《第五共和国政党》，蒙克雷斯蒂安出版社，1989，第 163 页。

③ 吴国庆：《法国政治和政党制度》，社会科学文献出版社，2008，第 319 页。

④ 民主运动法文为"le Mouvement démocrate（MoDem）"。

⑤ 新中间党法文为"le Nouveau centre（NC）"。

选人重点争夺的对象。

2. 左翼的政治生态：社会党内讧不休，实力有所削弱；法共继续下滑，已经边缘化；绿党遭挫折，寻求出路

社会党总统候选人在 2007 年大选中败北，使该党内讧不休，进一步发生分裂，形成政治生态十分混乱的局面。社会党内战集中表现在争夺党魁层面上：塞戈莱纳·罗亚尔争当总统未成，欲望转向党内，声称"很想"领导社会党，同时把目标盯紧 2012 年大选，打算卷土重来；巴黎市市长、社会党人贝特朗·德拉诺埃跃跃欲试；里尔市市长、社会党人玛蒂娜·奥布莱、欧洲议会社会党议员伯努瓦·阿蒙也试图与罗亚尔一较高下。

社会党内部围绕着争夺党魁，形成了两大派系：罗亚尔是 2007 年社会党在推举总统候选人时异军突起，代表了社会党内的改革派和少壮派①；而贝特朗·德拉诺埃、玛蒂娜·奥布莱、伯努瓦·阿蒙则联合起来，形成了反罗亚尔的阵营。之所以形成这样的政治生态，首先是罗亚尔明确要求既要当第一书记，又要当总统候选人。反罗亚尔阵营认为，第一书记是否就是未来的总统候选人，党章上没有明确规定，不希望罗亚尔独大。第二，罗亚尔在 2007 年大选中表现出自由主义倾向，没有明确的政治纲领，使左翼选民失望，最终导致社会党在大选中又一次失败。因此，社会党内的元老派②和一些派系中的头目并不认为罗亚尔是社会党第一书记的最佳选择。第三，反罗亚尔阵营担心支持她的少壮派夺权，打着改革的旗号，打乱社会党的现存秩序。反罗亚尔阵营认为奥布莱始终坚持传统的左派路线，特别是原本彷徨求变的部分左派人士"重新发现"了她的"价值"，加上她未明确表露"总统相"，不至于妨碍社会党内其他人觊觎 2012 年总统的宝座，因此，坚决支持奥布莱。

社会党内部派系之争由来已久，且随着时间的推移愈演愈烈。20 世纪 70 年代至 90 年代中期，密特朗作为埃皮内大会上社会党创始人，在党内有相对的权威和影响力；90 年代后期，若斯潘以其资历和人格魅力也勉强维持了一段时间。在若斯潘两次参加总统选举失败退出政坛后，社会党实际

---

① 少壮派法文为 "les adultes"。
② 元老派法文为 "les vétérans"。

上已处于群龙无首的状态，欧宪的公民投票又因法比尤斯的反戈而将社会党推到了分裂的边缘，仅维持一个貌似统一的门面。2007 年大选后，社会党又在党魁问题上撕裂为罗亚尔和奥布莱两大营垒。

在社会党第 75 次全国代表大会召开之前的筹备会上，社会党党员于 2008 年 11 月 6 日对 6 项提案进行投票。结果罗亚尔的提案赢得最多支持（29.08%），德拉诺埃的提案位居第二（25.24%），奥布莱的提案居第三位（24.32%），阿蒙的提案居第四位（18.52%）。但根据社会党党章规定，并不是得票最多的提案人当选第一书记，而是在代表大会之后由全体党员进行投票选出。在这种情况下，谁能获得联盟，谁就更有胜利的把握。11 月 14 日至 16 日的社会党七十五大在兰斯召开期间，社会党代表未能在一个妥协提案上达成一致，说明社会党依然未能克服分歧，在团结向前的道路上困难重重。

社会党第一书记的选举如同法国总统选举那样，采取两轮投票制，由全体党员投票表决。11 月 20 日法国各地约 13 万党员进行第一轮投票，结果罗亚尔得到 42.9% 的有效票，奥布莱得到 34.5% 的有效票，阿蒙得到 22.6% 的有效票。阿蒙被淘汰，呼吁支持者"大力支持"里尔市市长奥布莱。11 月 21 日晚，举行第二轮投票，社会党总部公布选举结果：奥布莱获得 50.04% 有效票，以 42 票的微弱优势战胜罗亚尔。但罗亚尔阵营认为个别选区计票有舞弊之嫌，要求重新投票。经过 4 天的紧张磋商，社会党全国理事会 25 日对选举结果进行投票表决，最终以 159 票对 76 票裁决奥布莱当选第一书记。她也是社会党历史上第一位女性第一书记。

玛蒂娜·奥布莱 1950 年出生于巴黎，她的父亲是曾任欧盟委员会主席的雅克·德洛尔。奥布莱 1972 年毕业于巴黎政治学院，1973～1975 年在国立行政学院学习，1975～1979 年任劳工部高级官员，1978 年任国立行政学院教授，1983～1984 年成为劳动和团结部专员，1991～1993 年任劳动、就业和培训部部长，1995～2001 年任里尔市第一副市长，1997～2000 年任劳工部部长，2001 年后任里尔市市长。

在此次党魁竞选过程中，社会党在法国媒体面前暴露了内部的纷争、矛盾和冲突，"党魁之争、新老派系之争"让法国公众大跌眼镜，社会党声望迅速下降。不论党内或党外人士、普通民众还是学者专家都为代表法国传统左翼力量的社会党前途担忧，更有甚者称非常悲观。法国报刊和舆论不惜用"杂乱无章""危机""分崩离析""解体"等字眼给社会党敲响警钟。

造成社会党这种政治生态的原因是多方面的，除了党魁之争和派系之争外，一个原因是进入 21 世纪后，特别是在法国金融和经济危机中，社会党偏离了党的政治纲领，淡忘了为人民谋福祉的价值取向，陷入了空想和恐惧改革的故步自封状态，缺少务实可行的未来发展的行动纲领。另一个原因则是社会党组织结构老化，目前社会党成员平均年龄在 45~50 岁，社会构成的老化导致党越来越保守。再者，社会党已经成为中产阶级和新知识阶层的政党，本该反映这些阶级和阶层的利益和价值观，反映草根阶层的利益和诉求，但至今社会党都拿不出有效的方案和办法。因此，若要使社会党走出困境，就必须解决好党内的团结问题、加强党的建设使之年轻化、制定符合时代要求的纲领和政策。

法共的总统候选人玛丽－乔治·比费在 2007 年总统选举的第一轮投票中仅获得 70.7 万张选票，占有效票总数的 1.93%，比 2002 年总统选举又减少了约 25 万张选票，总有效票中又下降了近 1.5 个百分点，遭到惨败。接着，法共在 2007 年的议会选举中仅获得 18 席（包括同情者），比上届议会选举减少了 3 席，在第 13 届议会中无法组成独立的议会党团，只能与绿党组成联合议会党团。法共党员数量 1999 年为 18.4 万，2000 年下跌至 13.9 万，2007 年保持在 13 万左右。法共机关报《人道报》过去每日发行量曾高达 30 万份，2007 年下降到 5 万份，在 11 家全国发行报纸中居第 10 位。可见，法共力量和影响依然在下滑，仍旧在历史衰退的过程中，越来越处在法国政坛的边缘。

法共在 2007 年总统选举和议会选举的双失败，加剧了党内的矛盾和冲突，法共进一步分裂成为许多派系，其中有：①主流派。即以法共全国书记比费为首的派系，或称"变革派"。他们认为"法国色彩的社会主义"理论已经过时，主张以"超越资本主义"的"21 世纪共产主义观"替代。②正统派。或称"传统主义派"。他们并不对衰退问题持质疑态度，认为法共的衰退是必然的，因为法共放弃了必要的、纯粹的革命。他们提出若要解决衰退问题，就必须回归到基本的革命传统上来，放弃和左翼其他政党的合作，重返传统共产党道路，放弃欧盟盟约。③重建派。他们主张与20世纪的法共完全决裂，组建一个全新的政党。新党不仅应包括原法共党员，还应吸纳所有反对新自由主义的人士，包括持这种观点的极左分子。重建派主张处理好与社会党的关系，联合环保派和共和派人士，以对抗国家自由主义和右翼势力。④再创派。即原马歇派，主张回到马歇的"法国特色社会主义"路线。⑤罗贝尔·于派①。他们是从主流派分离出来形成的派系。他们主张与20世纪的共产主义决裂，所有的法共党员应共同重组法共，其运作方式、社会理念以及与法国社会的关系等都应区别于20世纪的法共。这个新的政党保留共产主义的理念，但应是21世纪的共产主义，同时还能够吸收一些新的政治理念。

法共各派的争论，集中在法共易帜和改变名称问题上。罗贝尔·于派、重建派等都主张法共必须易帜，更改党的名称，以便卸掉历史包袱，轻装前进。罗贝尔·于派在《支持公开和建设性辩论》②的倡议书中，要求建立一个新政党，它不应限于保持"共产主义的标志"，还要向"现实世界的其他领域"开放，并回答与"保护地球"等问题相关的"新问题"。但是，主流派、正统派则反对易帜和更改党的称呼，主张保持现状，他们认为关键是法共必须解决实质性的问题，必须坚定共产主义信念，必须超越资本主义。

2007年12月8日，法共召开了非常代表大会，为法共第34次代表大会做统一思想的准备工作。为此，大会通过充分的反思、分析、辩论，做出了如下决定：继续坚持多样性和开放性方式，深刻理解现代法国和欧洲社会转变过程中的政治环境；反思左翼的社会改革发展计划的不足之处；党的三十四大要有创新，使共产主义规划、政治斗争和观念有新的表现方式；党要提高自主性，对资本主义的斗争要采取新的形式；拓宽左翼阵线以求活跃政治，争取大多数工会的支持；为应对资本主义的全球化，树立

---

① 罗贝尔·于派法文为"les hueistes"。

② 参阅《法共党内出现改名的呼声》，《费加罗报》2007年6月21日。

新的国际主义观念，改造欧洲联盟，创造条件团结一切进步力量共同行动。

　　2008 年 12 月 14 日，法共在严重分裂和党内各种传闻中召开了第 34 次代表大会，比费主流派关于《主张一个新世界，并时刻不忘进行构建》的纲领获得多数支持。大会指出，法共必须迎接时代和全球化的挑战、资本主义世界金融危机的挑战、萨科齐当政以来的政治挑战以及左翼危机加剧的挑战。大会号召建立"左翼阵线"，以便反击右翼的攻势。大会选举玛丽－乔治·比费夫人为全国书记，这是她第四次担任法共全国书记。

　　尽管法共召开了三十四大，也难挽救党的颓势。其中的原因是多方面的，如法共内部的派系纷争，法共队伍的老化，联盟策略的失误，对国际和欧洲形势的误判（反对全球化和欧洲联盟等），以及在总统选举、立法选举、欧洲议会选举、地方选举中策略不当，还受到欧洲各国共产党大都处于衰退之中的影响，等等。最根本的原因则是，法共（包括欧洲各国共产党在内）号称工人阶级政党和无产阶级先锋队，但是，正是法共的这个社会基础发生了重大变化。20 世纪 80 年代以来，特别是进入 21 世纪以来，由于法国经过经济结构的调整从而使法国传统工业和制造业没落（或称为夕阳产业，如钢铁、矿业、纺织业、造船业等劳力密集型产业），造成法国工人阶级的绝对数量减少，从而使当代法国工人阶级在法国各个阶级和阶层中的比重下降，当代法国工人阶级的地位和作用也随之下降。[①] 正是当代法国社会结构和工人阶级的深刻变化，从根本上导致了以工人阶级为社会基础的法共在客观上的衰退。

　　绿党的总统候选人多米尼克·瓦内在 2007 年的总统选举中仅获得 57.6 万张选票，占有效票总数的 1.57%，创 1974 年以来历次总统选举所得选票的新低。在 2007 年议会选举中，绿党拒绝与社会党达成选举协议，仅获得 4 个席位。在第十三届国民议会中，绿党与法共组成"民主与共和左翼"党团。绿党在总统选举中的失败，导致了党内的不和与分裂，一些要员脱离了母党，加入了其他的法国政党。法国舆论对绿党的前途担忧，更有甚者认为，2007 年的总统选举对绿党判处了死刑。2007 年总统选举后，绿党正

---

① 关于法国社会结构和工人阶级变化的具体情况，可参阅吴国庆《法国"新社会"剖析》，社会科学文献出版社，2011，第 145～215 页。

在积极地寻找出路。

3. 极右翼的政治生态：国民阵线财政困难和内部分裂，实力有所削弱

国民阵线总统候选人在 2007 年总统选举中仅获得 383.4 万张有效票，占有效票总数的 10.44%，比上届总统选举分别减少 95.7 万张有效票和 6.5 个百分点。在同年的立法选举中，国民阵线在第一轮选举中获得 111.6 万张有效票，占有效票总数的 4.29%，也比上届立法选举分别减少了 164.2 万张有效票和 7.05 个百分点。这是国民阵线自 20 世纪 80 年代末以来在全国性的选举中获得的最低选票纪录，国民阵线的实力有所削弱，影响力有所下降。

由于在 2007 年选举中的惨败，国民阵线面临两大问题：其一，发生财政困难，到 2008 年年底已经负债 800 万欧元，不得不把设在巴黎的总部大楼出售，以便抵销债务。其二，党内出现分裂，国民阵线副主席、欧洲议会议员让－克洛德·马蒂内与老勒庞渐行渐远，在以后的地方选举中独自行动，提出自己的候选人名单，从而使国民阵线的人才减少，在今后地方选举中提不出更多的本党候选人。

4. 反资本主义新党成立，极左影响上升

2007 年大选后，在法国政坛上，一个新的极左政党——反资本主义新党[①]诞生了。反资本主义新党在 2009 年 2 月 6 ~ 8 日成立大会上通过投票确定党名。它是在原来革命共产主义同盟解散的基础上成立的，但是，新党放弃了革命共产主义同盟的托派主义，转变为"彻底革新社会"的政党，根据党章规定，该党要建立一个在经济、政治和社会各个领域内的民主的、多元化的党，从激进的街头战斗运动转变为议会党的组织结构。其最高领导是书记（实行领导轮换制）和执行委员。反资本主义新党书记是奥利维耶·贝桑瑟诺。在法国经济危机、失业严重和人民生活水平下降的形势下，贝桑瑟诺提出资方不得裁员，最低薪资调涨 1/3，破产的银行与其国有化，不如交给人民经营等要求。这些政见受到广泛的支持，一时，贝桑瑟诺成了法国政坛的闪亮明星。

---

① 反资本主义新党法文为"le Nouveau parti anticapitaliste（NPA）"。

5. 2007 年大选后的政治格局：右翼居优的多极化多党制，呈现右翼、左翼、极右翼三足鼎立的政治格局

2007 年大选后的政治格局，仍然保持右翼居优的多极化多党制，呈现右翼、左翼、极右翼三足鼎立的态势，但是，右翼、左翼、极右翼之间的力量对比发生了明显变化。右翼方面，包括人民运动联盟、民主运动、新中间党等，在三足鼎立的态势中兵强马壮，拥有强大的实力和影响力，它与整个欧洲社会在这个时期向右转密切关联；左翼方面，社会党、法共、绿党的实力和影响力都有不同程度的下降，只有新反资本主义党正处在上升的势头；至于极右翼国民阵线实力则有较大的下降，其选民有所减少，但是，国民阵线的思潮在法国社会和众多的政治思潮中仍然是一股强大的力量，与欧洲各国泛起的极右政党及其思潮相互呼应，相互激荡。

二　2008 年地方选举——左升右降和 2009 年欧洲选举——右升左降

1. 2008 年市镇选举和部分省议会选举——左升右降

市镇选举和部分省议会选举将在 2008 年 3 月举行。右翼执政党在执政 10 个月后，迎来选民对政绩的检验；对于在总统大选和议会选举中接连失利的左翼在野党来说，地方选举成为反击右翼、掌控地方行政管理大权的一次重要机会。因此，市镇选举和省议会选举虽然是地方选举，却具有明显的全国意义。早在三四个月前，左、中、右、极右各个政党都倾其全力，展开争夺，进行声势浩大的拉票活动。鉴于总统萨科齐的民意指数一路下跌①，推行的一些改革内容也备受争议，让左翼在野党获得抨击萨科齐执政不力的口实，社会党喊出对政府进行"惩罚性投票"的口号。人民运动联盟也全力动员，力保地盘，减少损失。

这次市镇选举的另一个特点是旅法华人表现出很高的参政积极性。在巴黎市的 20 个选区竞选活动中，首次出现 7 张华人面孔，在法国首都以外其他省市至少有 6 名华人列入当地市镇选举候选人名单。这说明旅法华人社

---

① 民意调查显示，2008 年年初萨科齐的声望跌至 38%，创造了历届总统声望下降最迅速的纪录。

会开始注重政治诉求，希望在地方政府中获得"话语权"，更广泛地保护华侨华人利益，积极地融入法国社会。

3月9日法国举行了市镇选举的首轮投票，选民要在约3.6万个市镇近28万名候选人中选出市议会议员，同时还要选出近半数的省议会议员。投票的结果表明，以社会党为首的左翼共获得47.94%的有效票，以人民运动联盟为首的右翼共获得45.49%的有效票。社会党从执政的多数派手里夺得了几个小城市，但首轮投票并没有出现反对党所期待的突破。多数派也有不错的表现，如前总理朱佩就以56.62%的得票率首轮当选，连任西部重镇波尔多市市长。

首轮投票后，左右两派的领军人物纷纷出动发表讲话，各自动员本党选民要在下周的第二轮投票中决一雌雄。社会党第一书记奥朗德指出，法国选民通过首轮投票向萨科齐总统及其政府实施的政策提出了警告，尤其表明了选民在提高购买力方面对政府的不满。他还号召左翼选民在第二轮投票中不要松劲，继续扩大战果。面对反对党的攻势，人民运动联盟总书记让－弗朗索瓦·科佩在承认首轮投票结果对本党"不尽如人意"的同时反唇相讥，指出社会党梦寐以求的"惩罚性投票"场面并没有出现，号召本党选民在第二轮投票中振奋精神，争取扭转不利局面。

3月16日，在各个政党候选人的激烈竞选中举行了第二轮投票，计票结果显示，左翼政党赢得了49.5%的有效票，以人民运动联盟为首的右翼政党赢得了47.5%的有效票。加上第一轮投票中积累的优势，左翼政党已从右翼政党手中夺取了数十个重要城市的领导权，其中社会党控制了超过20个大城市，包括首都巴黎以及一些重要城市如里昂、里尔、斯特拉斯堡、鲁昂、图卢兹、梅兹、兰斯等。在部分省议会选举中，左翼夺得101个省议会中的58个，比上届增加了8个，而右翼仅获得43个。《世界报》在3月18日的评论中惊呼："社会党控制了地方政府——市镇议会"，"市镇和省议会选举惩罚了右翼和赋予左翼生机活力。"

在2008年3月的市镇和部分省议会选举中，社会党和左翼取得胜利，人民运动联盟和右翼受到挫折，导致法国政治力量发生逆转——左升右降，从而形成右翼中央政府与左翼地方政府"共治"的格局。此次地方选举中右翼的失败导致萨科齐总统对菲永政府进行微调，3月18日，6名国务秘书进入内阁，以便加紧改革，提高总统和政府的民意支持率。据统计，第二轮投票的参与率下降到65.5%，是1959年以来的最低水平。

2. 2009年欧洲议会选举——右升左降

2009年6月的欧洲议会选举，是对执政党两年来政绩的又一次检验，而反对派则欲在赢得2008年地方选举胜利的基础上乘胜追击，夺取欧洲议会选举的胜利。

法国各个主要政党为了争取在欧洲事务中拥有更多的参与权和话语权都先后提出了参加选举的纲领和口号，这些纲领和口号既涉及国内层面也涉及欧洲层面的经济和社会问题。人民运动联盟提出，全面安排法国振兴方案，提高金融资本的道德观念，加强国家对金融的监控，明确所需保护的公立事业；完善欧洲社会保障标准，保证法国模式；在尊重人权的原则下紧缩移民政策。民主运动提出，欧盟各国协调税务，确立框架保证公立事业，提高欧盟预算；力求社会保险与就业政策的协调；一视同仁地贯彻避难权，有效管理移民潮。社会党提出，投资1000亿欧元以振兴法国经济，杜绝税务天堂存在，制止公立事业的萎缩，协调金融市场；建立（保护小企业的）的分摊金盾牌制，反对经济裁员，欧盟制定统一的最低工资标准；制定移民融入宪法，打击非法移民。为了欧洲议会选举而联合起来的欧洲生态–绿党联盟[①]提出，制定更加严格的工业环保标准，强调就业政策，有序地摆脱危机；确定最低生活收入水平和工作时间；废除鼓励无证移民返回政策，建立欧洲边境接待站（保障避难权）。法共与统一左翼[②]和左翼党[③]等组成的左翼阵线[④]提出，改革欧洲中央银行，鼓励公立服务发展；建立（保护小企业的）社会分摊金盾牌制；废除鼓励无证移民返回政策。新反资本主义党提出，取缔税务天堂和银行保密制度，扩大公立服务比例，监控欧洲中央银行；增加300欧元毛工资，禁止裁员；解决所有无证者的身

---

① 欧洲生态–绿党联盟法文为"l'Alliance de l'Europe écologie-les verts"。
② 统一左翼法文为"la Gauche unitaire"，是从社会党分裂出来的小党派。
③ 左翼党法文为"le Parti de gauche"，是从新反资本主义党分裂出来的小党派。
④ 左翼阵线法文为"le Front de gauche"。

份问题，废除种族歧视法律。国民阵线提出，废除欧元，反对欧盟的税务干预；维护本国和本民族的社会保障；在全欧洲范围内恢复各国边境关卡，抨击《申根协定》，拒绝执行统一的欧洲移民政策。

6月7日，法国举行欧洲议会选举的投票，结果显示：人民运动联盟获得27.87%的有效票和29个席位，比上届欧洲议会选举高出11个百分点和增加12个席位，取得了意想不到的成绩；社会党获得16.48%的有效票和14个席位，比上届欧洲议会选举减少12个百分点和丢失了17个席位，没有取得预期的结果；民主运动获得8.45%的有效票和6个席位，与上届欧洲议会选举中法国民主联盟比较，减少了3个百分点和丢失了5个席位；欧洲生态－绿党联盟获得16.28%的有效票和14个席位，与上届欧洲议会选举中绿党比较，增加了8个百分点和8个席位，取得了不错的成绩；左翼阵线获得6.05%的有效票和5个席位；新反资本主义党获得4.88%的有效票，但没有获得席位；国民阵线获得6.34%的有效票和3个席位。本次欧洲议会选举，法国的弃权率高达59.35%，一半以上的选民没有投票，说明法国公民对欧洲和欧盟的冷漠态度继续保持在较高的水平。

人民运动联盟的影响力之所以有所回升，主要是由于在2008年法国出任欧盟轮值主席国期间，萨科齐无论在国内还是在欧盟中均提出了有效应对金融危机的倡议，因而获得了舆论的支持和选民的认可。另外，也是当时欧洲和欧盟的保守党和保守思潮占上风，对人民运动联盟参加欧洲议会选举十分有利。社会党则是领导人"面和心不和"，加上竞选的纲领和口号不如欧洲生态－绿党联盟的纲领和口号那样吸引选民，因而许多左翼选民的选票改投欧洲生态－绿党联盟，从而使社会党遭到挫折，社会党作为左翼第一大党的地位摇摇欲坠。民主运动在贝鲁领导下独立参加选举，提出"反萨科齐主义"的纲领和口号，与人民运动联盟争夺右翼和中间选民，结果"搬起石头砸自己的脚"。新反资本主义党的崛起固然在一个时期吸引了法国舆论和民众的注意，但是，在此次欧洲议会选举中并没有获得突破性进展。总之，2009年欧洲议会选举后，法国政治格局发生逆转，即从左升右降转化为右升左降。

三 2010 年地方选举和 2011 年地方和参议院选举——左翼回升右翼再降

1. 2010 年地方选举——左翼回升右翼下降，极右回升

2010 年 3 月举行大区议会选举，法国各个政党再次展开新一轮的争夺。人民运动联盟要洗刷前耻，收复 2004 年的"失土"，安排了 16 名部长和国务秘书领衔竞选。它还与新中间党等结成总统多数派参加竞选。左翼则梦想在保持原有大区的同时打个大满贯。社会党在欧洲议会选举失利后，在当年举办的暑期大会上，奥布莱表示党要洗心革面，并就党的改革问题征求基层组织和党员的意见。自此以后，社会党以新的姿态筹备地方选举。社会党为应对人民运动联盟的重量级人物，派出了所有任满的大区议会议长领衔竞选，并提出要把大区建成"生态社会模式"。社会党还与公民与共和运动和左翼激进党结成选举联盟。以绿党为主的欧洲生态联盟继在欧洲议会选举中大胜之后，希望乘胜直追，继续打个胜仗。法共与左翼党和统一左翼等结成左翼阵线参加选举。反资本主义新党则与工人斗争结成选举联盟参加选举。民主运动主席贝鲁表示将独立参加选举，拒绝与任何党派结盟。国民阵线在大多数选区提出候选人名单。老勒庞的女儿、未来国民阵线的掌门人玛琳娜·勒庞以捍卫唯一的"民族群体"的领导人自居，扮演一切社会底层不满者的代言人，高喊："无论男或女、异性恋者或同性恋者、基督徒、犹太教徒、穆斯林或没有任何宗教信仰的人，我们首先是法国人。"国民阵线的腔调较上年又有了明显变化，不再强调"白人至上"主义。

3 月 14 日和 21 日大区议会选举分别举行了两轮投票，结果表明：以人民运动联盟为首的总统多数派第一轮中获得 26.02% 的有效票和第二轮中获得 35.38% 的有效票，所获得的席位占总席位的 27.79%。执政党遭遇了滑铁卢，在举行选举的 25 个大区中仅获得 2 个大区，其中在法国本土 22 个大区中仅保住大本营阿尔萨斯大区，在海外大区中也只保住了位于印度洋的留尼汪大区。这是右翼在第五共和国选举史上最糟糕的成绩。社会党及其联盟在两轮投票中分别获得 29.14% 和 46.40% 的有效票，所获得的席位占总席位的 54.70% 。社会党及其联盟不仅保住了原有的大区，而且以大比分胜出，夺取了 23 个大区，其中法国本土的大区有 21 个，包括人民运动联盟的"票仓"科西嘉。社会党创造了自 1981 年以来选举的最好成绩。欧洲生态联盟在第一轮投票中获得 12.18% 的有效票，取得较好的成绩，但在第二轮投票中仅获得 0.98% 的有效票，所获得席位仅占总席位的 0.60% ，成绩十分不理想。左翼阵线在两轮投票中分别获得 5.84% 和 0.26% 的有效票，所获得席位占总席位的 0.33% ，也没有取得突破性的进展。反资本主义新党在第一轮投票中获得 3.40% 的有效票，未进入第二轮角逐，被淘汰。民主运动在两轮投票中分别获得 4.20% 和 0.84% 的有效票，占总席位的 0.54% ，遭遇了惨败。国民阵线在两轮投票中分别获得 11.42% 和 9.17% 的有效票，分列参选各政党中的第三、第四位，所获得席位占总席位的 6.42% 。极右势力开始回升。这次大区议会选举两轮投票的弃权率分别为 53.67% 和 48.79% ，再次创造第五共和国地方选举史弃权率的新高。

从这次大区议会选举两轮投票结果综合分析，左翼中唯有社会党取得压倒性的优势，其他左翼政党有些（如欧洲生态联盟）在第一轮中取得较好成绩，但进入第二轮后纷纷败阵下来。社会党之所以取得辉煌的胜利，首先是社会党在欧洲选举惨败之后，总结经验吸取教训。第一书记奥布莱决心实行新政，与罗亚尔女士和解，从而团结了社会党内部的主要力量，在大区选举中显示了效果。第二，社会党在选举中强调公平、正义、公正，迎合了经济危机时期的民众心理。第三，许多对执政党不满的右翼选民把票投向左翼，以表示对人民运动联盟的惩罚。第四，社会党在 2004 年大区议会选举中已经夺取 26 个大区中的 24 个，其中在法国本土占据 22 个，已经有了坚实的基础。

执政党在大区选举中的惨败，其主要原因是：首先，法国金融和经济危机导致国民经济下滑，失业严重，民众生活受到影响。许多右翼选民不满政府所采取的应对危机措施，把票投向社会党或者国民阵线，以表示对执政党的不满。其次，萨科齐的一些改革措施，如延长退休年限、实行财政紧缩、精简公务员编制等，触及民众的眼前利益，引起社会强烈的反应和抗议，从而使执政党的威信和影响力降至历史最低点。最后，萨科齐自担任总统以来，行事高调，喜欢炫耀，私生活常常引起非议，言辞往往不检点，招致民众的反感，其个人信誉降至最低点。

本次大区议会选举后，法国政治力量结构再度发生变化：社会党的实力和影响力回升，人民运动联盟的实力和影响力迅速下降，中间派势力明显地衰落，国民阵线的实力和影响力再度抬头。从总体上看，法国仍然保持左翼、右翼、极右翼三足鼎立的多极化格局。通过本次大区议会选举，法国左翼进一步控制了大区、省、市镇三级地方政府，从而进一步巩固了原有的政治版图，加强了右翼中央政府与左翼地方政府共治的格局。

这次大区议会选举的结果，给总统多数派造成巨大冲击，从而形成了右翼阵营群雄纷争的局面：人民运动联盟总书记及其议会党团团长科佩联合了议会中部分右翼议员，结成了不利于萨科齐的派别；菲永总理的民意得分压倒总统，有功高震主的迹象；萨科齐总统的老对手、前总理德维尔潘扬言要离开人民运动联盟，"另起炉灶"成立新的政党。此外，右翼执政党的盟友新中间党也对总统制定的大区选举策略感到不满，要求拥有更多的自主权。这些政客的纷争势必影响到执政党内部的团结，从而削弱萨科齐总统的地位。

大区选举惨败、左翼势力的全面上升、右翼执政党内部的群雄纷争，给萨科齐敲响了警钟。于是，萨科齐在大区选举后次日对政府进行小幅改组，更换了数名部长和国务秘书。萨科齐的这一"技术性调整"，是对外平复民众对于社会焦点问题的不满情绪、对内安抚党内反对声音的手段，目的在使政府可在日后安心施政，全力为 2012 年总统大选营造政绩与声势。除此之外，萨科齐还不得不放慢改革脚步，谨慎地处理关乎民众切身利益的问题。

2. 2011 年地方和参议院选举——左翼回升右翼再降

2011 年 3 月，法国将有一半省议员进行换届选举，这些地方议员是 2004 年选举产生的；本来 2007 年应有另一半省议员进行改选，但因这年有总统和国民议会选举，故特别延迟至 2008 年举行，所以，2004 年改选的那一半省议员的任期也延长了一年，把改选时间从 2010 年推迟至 2011 年。以往的省议会选举都是与市镇议会或大区议会选举同时举行，由于 2007 年的

"推迟效应"，使得2011年的省议会选举单独举行。另外，这次换届选举当选议员的任期只有3年，因为，根据2010年12月16日的地方行政改革法律规定，2014年法国将举行地区议员选举，当选议员既是大区议会议员又是省议会议员，取代了2011年3月选出的省议会议员，因此，此次省议员选举是法国最后一次的省议员选举。

　　法国各个政党都十分重视这次省议会部分改选，因为，这次选举是2012年总统大选之前的唯一一次民选，对明年总统大选具有某种"预示性"的意义。法国各主要政党都为此次选举进行了精心准备，其中有些政党的变化令人瞩目。2010年11月13日，法国生态家族大聚会（除了生态一代和Cap21外），以绿党为主体、联合欧洲生态联盟①和大区生态主义者②正式成立新党——欧洲生态－绿党③，塞西尔·迪弗洛女士为执行主席④。欧洲生态－绿党的影响目前在法国左翼中仅次于社会党，他们雄心勃勃，声称要成为多数派。2011年1月16日，玛琳娜·勒庞在国民阵线党内选举中高票当选新党魁，接替82岁的父亲让－马里·勒庞，也成为备受瞩目的政坛新星。她的野心是，"我们必须使国民阵线成为法国复兴的基础"，国民阵线的声势扶摇直上。在省议会部分改选投票前，各个政党推举的候选人总数达10361人，其中，社会党候选人1516人，人民运动联盟候选人1138人，国民阵线候选人1440人，欧洲生态－绿党候选人1172人。

　　3月20日和27日进行选举的两轮投票，结果显示：社会党在第一轮和第二轮分别获得24.94%和35.43%的有效票，取得820个席位。最大的在野党仍然延续上一年地方选举胜利的势头，成为这次省议会选举的最大赢家。欧洲生态－绿党在两轮投票中分别获得8.22%和2.73%的有效票，取得27个席位。社会党、欧洲生态－绿党、法共、左翼党、左翼激进党以及其他左翼，在两轮投票中总共获得48.97%和50.23%的有效票，取得1213个席位。人民运动联盟在两轮投票中分别获得16.97%和20.00%的有效票，

---

　　① 欧洲生态联盟法文为"l'Alliance de l'Europe écologie"。
　　② 大区生态主义者法文为"les Écologistes régionales"。
　　③ 欧洲生态－绿党法文为"l'Europe écologie-les Verts（EELV）"。
　　④ 塞西尔·迪弗洛女士于2011年6月当选欧洲生态－绿党全国书记。

取得369个席位。最大的执政党仍然延续上一年地方选举惨败的势头。人民运动联盟、新中间党、多数派以及其他右翼，在两轮投票中总共获得31.74%和35.56%的有效票，取得753个席位。国民阵线在两轮投票中分别获得15.06%和11.57%的有效票，取得2个席位。与上一年大区议会选举比较，国民阵线在这次省议会选举的两轮投票中分别增长了14个百分点和11个百分点，从而淡化了那些所谓国民阵线只有两人当选议员、遭到"失败"的评论。其中，国民阵线在394个选区里首轮投票获25.2%的有效票，第二轮投票获35.8%的有效票。正如伊福普民调所①指出，国民阵线拥有"巨大多样的选票潜力"，从而使法国极右势力上升到了一个新的阶段。民主运动在两轮投票中分别获得1.22%和0.94%的有效票，取得16个席位。

2011年3月的省议会选举，继续巩固了法国政治力量左升右降的态势，进一步加强了左翼、右翼、极右翼三足鼎立的多极化格局。在这样的格局里，左翼的势力和影响继续扩大，尤其是社会党第一书记奥布莱的地位明显加强，为今后争取充当2012年总统选举的社会党总统候选人增加了筹码。极右翼的影响力进一步扩展，不仅吸引了许多传统的右翼选民，而且争取了相当多的传统左翼选民，特别是法国的草根阶层。国民阵线声誉和影响的急剧上升，势必对来年的总统竞选产生不可忽视的负面影响。人民运动联盟和多数派在省议会选举再次败北，引发了党内的矛盾和冲突，特别是人民运动联盟主席科佩和政府总理菲永两位重量级人物爆发争吵，相互指责对方要承担选举失败的责任。人民运动联盟和多数派的争论和分裂，势必对筹备来年的总统大选产生不利的影响。

根据法国2003年通过的宪法修订案，参议员的任期由9年缩短为6年，从2011年起每三年改选一半议席。由于人口规模的变化，2011年将增选5名参议员，参议员总数由原来的343人变为348人，同年将选出170名新参议员。

9月25日选举的结果表明，左翼总共获得141个席位，比选举前增加

---

① 伊福普民调所的全称是法国民意调查所，法文为"Institut français d'opinion publique（IF-OP）"。

了 25 个，其中社会党占 119 个。加上原有的席位，左翼总共拥有 177 个席位，占参议院席位总数的绝对多数，实现第五共和国成立 53 年来的"历史性"突破。右翼总共获得 132 个席位，比选举前减少了 19 个，其中人民运动联盟占 120 个。右翼在参议院中已经成为少数派，也是第五共和国参议院历史上首次出现的政治结构。由于近年来左翼政党在大区议会、省议会及市镇议会选举中接连获胜，而参议院改选又是主要由地方议会议员投票产生，因此，此次参议院多数派的变化应在人们的意料之中。

10 月 1 日，社会党参议员让－皮埃尔·贝尔在参议院议长选举中首轮获得了 179 票，成为第五共和国首位左翼议长。

法国各方都对这次参议院选举的结果反应强烈。左翼认为在距总统大选 7 个月之际，参议院变天就是明年大选的前奏和风向标，右翼也认为参议院选举标志着大选之战已经打响。

第五节　奥朗德摘取总统桂冠

一　总统选举的前奏

2012 年，是法国五年一度的总统换届选举年，也是第五共和国第十届总统选举年。早在几年前，法国各个主要政党就已经着手准备，运筹帷幄，排兵布阵，重新组合。2011 年起法国各党派的总统候选人纷纷亮相，先后进入赛场，以各种形式展开角逐，如火如荼。法国的报纸杂志都把选战消息放在头版头条，并设立了专题选举栏目，发表各种评论，披露形形色色的民意测验，企图影响选民的意向。法国的电视、广播、网站，更是推波助澜，把选战推向白热化。

为了组织好此次总统换届选举，遏制竞选中的腐败发生，法国《总统普选法》① 和《选举法典》② 就参加竞选经费和经费支出的上限做出严格的

---

① *Loi de l'élection du Président de la République au suffrage universel*, Conseil constitutionnel, 2012.
② *Code électoral*（*Texte en vigueur en 2012*）, Conseil constitutionnel, 2015.

规定。《总统普选法》第3条和《选举法典》关于"选举支出的经费和经费支出的上限"规定：①政党候选人或独立候选人必须指定一个"选举财务管理组"或者"财务管理代理人"，在银行开设一个账户，接受自然人为支持竞选的赞助，安排竞选的开支。②一个自然人对选举的赞助，无论是一个候选人或多个候选人，在同一次选举中总数不得超过4600欧元。自然人对一个候选人的赠款在150欧元以上必须以支票形式存入候选人的"选举财务管理组"或者"财务管理代理人"在银行的账户。自然人对一个候选人的现金赞助总数不得超过官方规定竞选宣传开支的20%（15000欧元）。候选人不得接受外国政府或者外国法人的金钱赞助和物质赞助。③法人既不得为竞选的政党及其候选人提供现金赞助，也不得提供竞选使用的设施以及提供直接或间接的服务。④总统选举前和议会选举前公布《总统普选法》和《选举法典》，规定政党候选人竞选支出费用的上限。⑤国家对候选人提供补助，其报销金额为总统候选人和国民议员候选人支出上限的50%，但是，该候选人在第一轮投票中获得选票低于5%，则不能享受国家的补助，不能报销在竞选中的支出。

在法国主要政党筹备选举中，社会党具有创新精神，给人焕然一新的感觉。社会党推荐本党的总统候选人过程，也采取了法国总统大选的程序和做法，可以说是小型的法国总统选举。

2011年5月28日，社会党通过竞选计划，规定6月28日~7月13日是社会党总统候选人报名时间。在规定的时间内，总共有6位参选人争取社会党提名，包括前社会党第一书记弗朗索瓦·奥朗德、现任社会党第一书记玛蒂娜·奥布莱、上届社会党总统候选人塞戈莱纳·罗亚尔、社会党国民议会议员阿诺·蒙特堡和曼努埃尔·瓦尔斯以及左翼激进党国民议会议员让-米歇尔·贝莱①。此前，在社会党内外呼声很高的前国际货币基金组织总裁、社会党人多米尼克·斯特劳斯-卡恩因性丑闻被迫放弃党内总统候选人的报名。在举行社会党党内初选前，法国媒体和报纸杂志以及社会党网站对候选人进行介绍和造声势，以便让社会党党员乃至法国民众了解

---

① 左翼激进党与社会党达成总统大选联盟，所以左翼激进党人可以参加社会党内部总统候选人的提名和初选。

和掌握有关参选者的信息和资料。

社会党决定举行全国性初选，除了继续沿用上次党内初选候选人进行美式电视辩论的方式外，又进一步采用了美式的"开放选举，全民参与"的做法，凡是选举名册上的选民，无论社会党党员或者非社会党党员，只要支付1欧元，并且签名认可左翼价值理念，就可以参加投票，以此证明社会党党内提名的总统候选人具有广泛性和合法性。社会党在党内选举中还提倡"公开、透明、民主"的原则，充分利用网站、微博和推特①的优势，让选举过程和结果通过推特直播。正是采取这种做法，10月9日第一轮选举吸引了全国260万选民到一万个投票站去投票，几乎是预想人数的三倍。它满足了具有越来越强烈公民意识的选民渴望参与政党政治生活的心理。

在第一轮投票中，奥朗德领先其他5名候选人，获得39%的有效票；奥布莱夫人获得31%的有效票，位列第二；罗亚尔女士只获得7%的有效票。根据竞选规则，由于无人在第一轮选举中获得绝对多数，得票最多的前两名候选人进入第二轮角逐。第二轮投票中支持率领先者将代表社会党参加明年的总统选举。

在举行第二轮选举前，得票最多的奥朗德和奥布莱夫人展开了唇枪舌剑，互相攻击，火药味十足。前者抨击奥布莱夫人用词"比右翼还右"，称她为了胜选完全失去了理智；后者指责奥朗德"太软了"，且立场模糊，缺乏诚意。10月12日晚间，奥朗德和奥布莱夫人在法国电视台进行最后一场电视辩论，吸引了590万电视观众，由此可见法国公众参政热情之高。

10月16日举行第二轮投票，结果是奥朗德获得56.38%的有效票，奥布莱夫人获得43.62%的有效票，奥朗德以领先的选票胜出，赢得社会党总统候选人的提名，将参与2012年法国总统竞选。此次社会党关于党内总统候选人初选的结果，完全符合初选前多次民调中奥朗德的支持率一直领先于奥布莱夫人的情况。在第二轮选举中，法国有267万名公众参与投票，比第一轮时增长6%。

奥朗德1954年出生于鲁昂，时年57岁。他毕业于国家行政学院，随后

---

① 推特的英文为Twitter，是国外的一个社交网络及微博客服务网站。

进入审计院。1981 年成为密特朗总统府经济问题顾问，1988 年当选国民议会议员，1997 年再次当选。1997～2008 年任社会党第一书记，长达 11 年。奥朗德曾经与塞戈莱纳·罗亚尔共同生活 25 年，并与其育有 4 个子女，现与女友瓦莱丽·特里耶韦勒同居。他其貌不扬，但处事冷静，口才出众。奥朗德著有《改变命运·奥朗德自述》。

执政党人民运动联盟的处境则既困难又被动。尼古拉·萨科齐总统执政以来，法国受到全球金融危机和欧洲债务危机的双重影响，经济不景气，改革事倍功半，法国人收入减少，购买力下降，失业率居高不下，贫富两极分化加剧，民众的不满有增无减，从而使萨科齐的声誉在频频的民意测验中一路走低。另外，人民运动联盟内部派别林立，内讧和冲突不断，不时曝出贪污和腐败的丑闻。弗朗索瓦·菲永总理和人民运动联盟主席让-弗朗索瓦·科佩之间，因地方选举的失败多次爆发争吵，相互指责和推卸责任。萨科齐的宿敌、前总理多米尼克·德维尔潘终于迈出一步，于 2010 年 2 月宣布退出人民运动联盟，意欲成立新党，在 2012 年的总统竞选中与萨科齐抗衡。[1] 2002 年加入总统多数派的激进党感到执政党和萨科齐处境不妙，于 2010 年 11 月召开第 111 次党代会，决定脱离人民运动联盟，加入中间派，筹备 2012 年的总统大选。[2] 人民运动联盟的势力和影响有所削弱。

随着总统选举日子的临近，人民运动联盟终于行动起来，化被动为主动。首先是统一思想，克服了党内的分歧，特别是总理菲永和党魁科佩之间的分歧，两者联合起来组成"双驾马车"，于 2011 年 5 月为来年的总统大选发出了动员令。前者赞扬总统萨科齐的五年任期小结是"再征服"计划的"基石"，后者则号召人民运动联盟全力投入到一场"困难"的战斗中去。他们提出 2012 年的口号是："动员起来，联合起来。"萨科齐在 2011 年一年里不做是否参加总统竞选的表态，但这并不意味着他没有任何动作。当社会党总统候选人奥朗德宣布竞选纲领后，萨科齐随即上电视宣布多项

---

[1]　德维尔潘于 2011 年 12 月 11 日宣布以"团结共和党"的名义参加总统竞选，但终因未凑齐 500 张民选代表签字不得不于 2012 年 3 月 15 日退出竞选。

[2]　激进党主席让-路易·博洛成功地把中右派各小党联合起来，成立了"环保及福利共和联盟"，但由于中间派的不团结，不得不于 2011 年 10 月 2 日宣布放弃参加总统大选。

改革措施，对社会党的主张进行反击。

社会党总统候选人奥朗德在民意测验中的得分节节攀升，萨科齐在2011年12月底的民意支持率仅为34%，降至当选总统以来的最低点，萨科齐及其选举班子意识到如果再迟迟不做表态，执政党的总统候选人就要进一步丢失右翼选民和近四成正在观望的其他选民。再说，法国各个政党的总统候选人除了人民运动联盟外都已纷纷亮相，有的总统候选人还公布了竞选纲领，受到不少选民的青睐。正是在这种情势下，萨科齐再也沉不住气了，提前于2012年2月15日晚在接受法国电视一台晚间新闻节目采访时正式宣布参加总统竞选，争取连任。他表示，"只有建设强大的法国，法国人才能保护自己"。萨科齐解释说，21世纪法国不能与世界脱节，未来法国如果希望继续保持自己的生活方式和社会模式，就必须继续进行改革。萨科齐在宣布参加竞选当天就开通了个人竞选的官方微博，接待选民的访问。

欧洲生态-绿党在推举总统候选人方式上，其创新精神又比社会党前进了一步。根据欧洲生态-绿党党章的规定，选举人和被选举人可以是"合作"成员，也就是说可以是本党的成员，也可以是非本党成员，包括友党的成员和非党派的成员，只要认同欧洲生态-绿党的价值观即可。具体到选举总统候选人的方式上，选民既可以是欧洲生态-绿党成员，也可以是非本党的成员，选举的总统候选人既可以是欧洲生态-绿党的人选，也可以是非本党的人选，只要认同欧洲生态-绿党的价值观即可。选举采取两轮多数制，在2011年6月底举行的第一轮投票中，欧洲生态-绿党的欧洲议会议员埃娃·若利女士和法国电视台节目主持人尼古拉·于洛的选票领先胜出。在7月12日举行的第二轮投票中，埃娃·若利女士以58.16%对41.34%的优势战胜尼古拉·于洛，成为欧洲生态-绿党的总统候选人，同时也成为法国历史上第一个拥有双重国籍的总统候选人。

埃娃·若利1943年12月生于挪威首都奥斯陆，具有北欧人特有的金发碧眼和高挑身材，18岁时在选美比赛中一举当选挪威的选美皇后。20岁来到法国，她的第一份工作是家庭女佣，后与雇主的长子坠入爱河结婚，婚后两人生有两个孩子。1981年埃娃·若利通过考试当上了检察官助理，1993年晋升为预审法官。20世纪90年代，埃娃·若利专门调查国内的政治和商业腐败案，名气渐长，成为全法国最受欢迎的人物之一，并被冠以"反腐女神"的称号。埃娃·若利在向支持者发表的演讲中说，她希望代表"抬头挺胸的法国"，"不接受任何歧视和没有任何少数族裔聚集区的法国"，"认为博爱比我们的资产更珍贵"。

2011 年 6 月 5 日，法共 670 名代表以 63.6% 选票推举左翼党领导人、前社会党籍部长让－吕克·梅朗雄，代表左翼阵线①参加总统竞选。法共 13 万党员也于 16～18 日进行投票表决，以近 60% 的高票推举梅朗雄为左翼阵线的总统候选人。他是 1988 年以来首次代表法共的非法共党员总统候选人。

其他政党的总统候选人也纷纷亮相。然而，法国宪法委员会于 2012 年 3 月 19 日宣布正式总统候选人有：尼古拉·萨科齐，弗朗索瓦·奥朗德，玛琳娜·勒庞，民主运动主席弗朗索瓦·贝鲁，让－吕克·梅朗雄，埃娃·若利，共和国崛起②主席尼古拉·杜邦－艾尼昂，工人斗争发言人纳塔莉·阿尔托，反资本主义新党成员菲利普·普图和团结与进步党③主席雅克·舍米纳德 10 位。

二　第一轮投票以及奥朗德和萨科齐的胜出

3 月 20 日，法国大选正式拉开帷幕，选战的宣传广告、招贴、海报、传单铺天盖地，总统候选人为发表巡回演说奔忙，支持者参加集会和游行为所支持的总统候选人造声势。所有的法国报纸杂志都在头版头条或开辟专栏进行报道和渲染，民意调查机构和测验机构频频发表调查和测验数据。从 4 月 9 日起，法国大选的选战进入冲刺阶段，很多总统候选人改头换面，更换了竞选头像及口号。

本届法国总统选举具有如下的特点。

第一，本届法定的总统候选人为 10 位，比 2002 年第八届总统选举 16 位法定的总统候选人和 2007 年第九届总统选举 12 位法定的总统候选人都要少，但是，本届 10 位法定的候选人所代表的政治倾向和社会思潮，从极左

---

①　左翼阵线由法共、左翼党、统一左翼、法国工人共产党等组成。

②　共和国崛起法文为"Debout la république"（DLR），于 2007 年 3 月成立。

③　团结与进步党法文为"Solidarité et progrès"（SP ou S&P），于 1996 年由"新团结联盟"改名。

到极右，一应俱全。

第二，电视辩论自1974年第四届总统选举以来成为法国总统选举过程中的标志，但本次总统选举全部法定总统候选人都要在电视屏幕上亮相则是首次。4月11日晚，5位法定总统候选人分别在全国观众面前阐述自己的竞选纲领。12日晚，另5位法定总统候选人也分别亮相阐述各自的政治主张。为了达到公平，每位总统候选人在20多分钟的时间里，都要回答该节目记者提出的诸多问题。由于电视仍然是选民们获取选战信息的主要渠道，所以总统候选人都十分重视，精心准备，以便做最后的努力，赢得选民的青睐。

第三，两强相争，龟兔赛跑。在萨科齐宣布参加总统竞选前后，法国民意调查机构调查显示，早早宣布参加总统竞选的奥朗德的支持率要比萨科齐多出5个百分点。但是，随着萨科齐进入临战状态，其民意支持率在缓慢地上升。奥朗德的领先和萨科齐的渐渐前赶，被形容为"龟兔赛跑"。

3月19日成为萨科齐的转折点。这一天，法国南部的图卢兹发生连环枪击案，萨科齐立即中断竞选活动，专心致志地处理这个震惊全国的恐怖事件，于22日迅速而果断地将嫌疑人击毙，赢得了法国公众和舆论的称赞，也使萨科齐的民意支持率上升了2个百分点，逼近甚至超过主要竞选对手的支持率。法国布瓦民意调查所[1]于3月21日和22日两次调查显示，奥朗德支持率为29.5%，萨科齐支持率为28%，而一个月前双方差距则为5个百分点。在法国克萨民意调查所[2]于3月19日和20日的调查中，萨科齐第一轮投票的支持率达到30%，比8天前的同一民调上升2个百分点，奥朗德的支持率为28%，与上一次民调相比没有变化，屈居第二位。

随着第一轮投票日益临近，法国民调机构频繁的统计显示，萨科齐和奥朗德在第一轮投票中将瓜分大约60%的选票，其中，奥朗德在第一轮的得票率将在30%左右，萨科齐将以27%紧随其后。萨科齐和奥朗德两强相争的态势日趋明显。

第四，梅朗雄异军突起，小党总统候选人边缘化。2012年3月前，法

---

① 布瓦民意调查所法文为"BVA"。

② 克萨民意调查所法文为"CSA"。

国各种民调都显示，除了社会党和人民运动联盟总统候选人的支持率排名第一位和第二位外，排名第三位的是国民阵线总统候选人玛琳娜·勒庞，第四名则是民主运动总统候选人弗朗索瓦·贝鲁。左翼阵线总统候选人让-吕克·梅朗雄的支持率并不高，2011 年 1 月 21 日宣布参加竞选时的支持率仅为 2%，2012 年 2 月也仅为 8%，排名靠后。

然而，梅朗雄在竞选中提出了以"公民革命"来建立"第六共和国"的口号，强调公平社会的理想，将最低工资提高到 1700 欧元（2012 年作为税前收入，2017 年过渡到税后收入），年收入超过 35 万欧元以上的部分全部纳税，对贫困者所供水电等生活必需品一律实施福利收费，这为争取中下层民众和在近年选举活动中由左翼流向极右翼阵营的工人的选票，取得了良好效果。梅朗雄还凭借其雄辩的口才与强大的感召力，赢得了广大工人与草根阶层的好感。几次大型集会后更产生了巨大的冲击波，人气迅速上升。布瓦民意调查所于 3 月 21 日和 22 日的民意调查显示，梅朗雄的支持率上升到 14%，取代了极右翼候选人小勒庞，排名提升至第三位。克萨民调所也于 3 月 19 日和 20 日的调查中宣布，梅朗雄的得分上升到 13%，而小勒庞的得分从上次的 16% 降至 13.5%。梅朗雄的第一轮意向选票蹿升改变了竞选的面貌，也改变了竞选左右阵营的力量对比。梅朗雄成为竞选第三人的民调结果，严重冲击了选举格局。

法国克萨民调所于 3 月 19 日和 20 日的调查还显示，梅朗雄、小勒庞、贝鲁三位总统候选人得分相当，都是 13% 左右。欧洲生态-绿党埃娃·若利得分 2%，其他候选人得分都在 0.5% 上下。小党总统候选人已经被边缘化。

第五，美女之争，"夫人对决"。这次总统竞选，也是 2002 年大选"夫人牌"的再现。究竟是萨科齐的妻子卡拉·布吕尼-萨科齐继续成为法国第一夫人，还是奥朗德的伴侣瓦莱丽·特里耶韦勒成为爱丽舍宫的新女主人？这些悬念为 2012 年法国选战增添了一道风景线，突出了浪漫之国独有的特色。

布吕尼和特里耶韦勒都是美丽、现代感十足的 40 多岁独立女性，给候选人带来青春气息。布吕尼是具有名模、歌手、演员、第一夫人、母亲等多重身份的女人。她在竞选中一改过去露面炫耀的欲望，深藏不露，表现贤妻良母的德行，以便获得选民的好感。特里耶韦勒家世平凡，然而，凭着自己的努力，她闯出了一番事业，是《巴黎竞赛画报》一位备受尊重的新闻从业人员。她的成功故事，加上奥朗德的"平凡"形象，也能够打动许多法国人的心。

第六，以往的法国总统大选，主要是通过声情并茂、慷慨激昂的演讲、电视辩论等传统方式来感动选民，争取选票。自推特、脸书等社交新媒体出现后，由于具有及时性、互动性、开放性等特点受到网民的广泛青睐，成为当今社会备受推崇的传播工具。在法国总统竞选持续升温的同时，选战也在推特、脸书等社交网站上悄然打响，也成为大选宣传中新的接触选民的手段。

社会党早已成立由知识分子和专家参加的20余个"集思广益"工作小组，推出其"构想研制中心"，制定包括60项经济和社会等领域改革建议的竞选纲领，重点促进经济增长，突出对青年和中下层的关怀。正是根据这个竞选纲领，奥朗德提出竞选口号："改变，就是现在"①。他在提出"共和许诺"的同时，赋予"法国梦"以具体形式，提出了许多新措施，内容如下。

在财经方面，奥朗德反对紧缩政策，认为"紧缩措施不是解决方案"。他要力促经济增长，以经济增长来克服经济低迷和金融危机。在金融方面，奥朗德宣称"我真正的对手是金融"，下决心要在"6月之前"进行银行改革，特别希望任何一家银行都不能在税收天堂开分行，要"禁止有毒金融产品"，"与实体经济的必要性毫无联系的金融产品将干脆受禁"。在税制方面，他指明税制改革是其竞选纲领的中心，他将对收入超过15万欧元者增设45%税率档次。他表示将改革财税制度以扶持中小企业，对小型企业实行较低税率（15%），对中型企业实行中档税率（30%），加大对大型企业的征税力度，并通过税收优惠政策鼓励企业创新。

在解决居高不下的失业率方面，奥朗德要实施青年一代就业合同，开

① 弗朗索瓦·奥朗德：《改变命运·奥朗德自述》，译林出版社，2013，第143~147页。

拓有前景的就业岗位，成立公立投资银行等。在教育方面，除了在教育部门开创 6 万个工作岗位以外，他还保证 5 年之内将离开学校时学业失败的年轻人数量减半，即每年减少 15 万。在治安方面，他宣布"在高犯罪率地区，成立优先安全区"，增加这些区域的治安人员。在住房方面，他保证国家将"立即把其可支配的所有土地都交给地方行政单位使用，使他们可以建造新房"。他还保证将 A 种储蓄本的上限额提高一倍，为建造福利房提供资金来源。凡是不遵守 20% 福利房法定比率的市镇政府，"罚款将加重 5 倍"。在卫生方面，他要加强诊疗费的管理，还保证"任何人距急诊中心都不超过半小时路程"。在同性婚姻方面，他赞成同性恋结婚，也主张同性恋享有"领养权"。

政府津贴方面，奥朗德宣布将把总统和政府成员的津贴降低 30%。在选举方面，他主张合法居留的外国人应当享有市镇选举投票权。

此外，奥朗德早前批评 2011 年制定的财政联盟协议，认为将财政纪律列入各国宪法，势必影响国内福利。他将就欧洲"财政契约"重新展开谈判。

萨科齐则高举"强大法国"的旗帜，强调自己在应对欧洲与法国危机时，具备他人未有的"勇气与能力"，自诩为不可替代的强国、救国领袖人选，力创压过奥朗德一头的政治优势。萨科齐于 4 月 5 日发表 34 页的《致法国人民的一封信》和提出包括经济、司法、全球化、退休、职业教育、税收、移民、欧元危机、环保等方面的 32 条政策的竞选纲领。这 32 条政策，以节约为主调，以便应对奥朗德的反紧缩的竞选纲领。

萨科齐把这 32 条政策置于削减公共赤字的"迫切需要的目标"之下，甚至考虑到 2017 年出现占国内生产总值 0.5% 的预算盈余。他说："我们的承诺是 2013 年降到 3% 以下，2016 年恢复预算平衡。"他说："靠着法国人的勇气，我们在减赤的轨道上前进。"他说："像西班牙这样的大国未能遵守许下的承诺，被迫削减退休金和减少工资。继我们的希腊朋友之后，我们的西班牙朋友今天面临的处境，使我们想起了一些现实情况。"因此，萨科齐表示想"从 2012 年夏季起"就促使议会通过政府预算黄金准则，他再次指责法国社会党是欧盟诸国中唯一"不愿定下这个承诺"的政党。萨科齐还宣布：如果他连任成功，法国将要求冻结它在欧洲联盟预算中的摊派金，这样法国每年将可节省 6 亿欧元。

萨科齐进一步指出，国家"四分之三"的努力是削减开支，包括地方行政单位也必须削减地方上的开支。他说"剩下的四分之一在于提高税收"，增加包括"社会增值税""金融交易税"和边境"互惠税"等税种。他表示，为了在 2016 年恢复预算平衡，必须做出的努力相当于"1150 亿欧元"，加上他的提议所需的花费（95 亿欧元），总费用为 1245 亿欧元。萨科齐表示，他的这个政策与社会党候选人奥朗德准备推出的"税收大棒"相反。他批评奥朗德提出的"新的一大堆开支""对选民是一种蔑视"。

在经济方面，萨科齐一方面反对会造成法国实体经济和制造业削弱的企业外迁，办法是对外迁到欧洲以外的企业取消企业减免税收的优惠。另一方面进一步为企业减少劳动成本，增加短期就业。

萨科齐主张严厉打击非法移民，建议修改《申根协定》，并在欧洲实施有保护主义倾向的《购买欧洲商品法》等。他表示，竞选连任成功后，这些建议如果不能在 12 个月内取得进展，法国将独自行动，甚至考虑退出申根区。

他还保证从 2012 年 7 月起，把发放退休金的日期从每月的 8 日改为 1 日。他表示，这项措施将改变"法国 1550 万退休者的日常生活"。

法国国内外对社会党和人民运动联盟的竞选纲领褒贬不一。就奥朗德和萨科齐而言，两人在白热化的竞选造势中则是相互揭短。前者指责萨科齐的政绩乏善可陈，管理国家不善，克服经济、金融和公共财政危机不力，忽视甚至侵犯草根阶层的利益；后者则嘲笑奥朗德的竞选主张的"虚伪不实"，"相互矛盾又含混不清"。最终，社会党总统候选人和人民运动联盟总统候选人孰是孰非，只能在总统选举的两轮投票中见分晓。

4 月 22 日上午 8 时，法国本土的选民开始投票。由于时差原因，法国部分海外省和海外领地已提前开始投票。投票现场秩序井然。选民在密封空间将选票封入蓝色信封后，投入透明的投票箱。在晚上 8 点所有投票站关闭之前，任何机构不得公布投票结果，违者将受到法律追究。第一轮投票结果揭晓，如同第五共和国历来直接选举总统一样，10 位总统候选人无一人获得超过半数的选票。其中，奥朗德获得 28.63% 的有效票，萨科齐获得 27.18% 的有效票，小勒庞获得 17.90% 的有效票，让－吕克·梅朗雄获得 11.10% 的有效票，贝鲁获得 9.13% 的有效票，其余总统候选人的得票率均在 3% 以下。因此，获得最多选票的前两位——奥朗德和萨科齐进入第二轮角逐。

三　第二轮投票和奥朗德当选新一届法国总统

正如投票前法国民意调查机构所预测的那样，4 月 22 日第一轮投票的结果也与历来第五共和国直选国家元首一样，没有一个总统候选人因得票率超过 50% 而立即当选，得票率领先的前两位是奥朗德和萨科齐，它证明仍然是社会党和人民运动联盟两强相争，左右对峙。社会党获得了自第五共和国政治史上左翼总统密特朗获胜以来的最好成绩，而作为在职总统的萨科齐在追求连任的第一轮投票中得票率排在第二位，处于下风，这也是第五共和国政治史中首次出现的现象，这预示着右翼政党的总统候选人在第二轮投票中将处于不利的地位。

与 2007 年大选第一轮投票比较，第一轮投票得票率最高的两位总统候选人都没有超过 30%，选票分散到前五名总统候选人身上。它说明，在这些总统候选人中不再有"政治强人"了，而在 2007 年大选的第一轮投票中萨科齐得票率超过 30%，称得上"政治强人"。它还说明，在西方经济低迷、欧债危机前景未料的大背景下，法国社会各阶层诉求各异，对国家未来的路线选择难以统一。

第一轮投票的结果还表明，国民阵线的总统候选人再次成为"黑马"。其虽然没有像 2002 年大选那样在第一轮投票中与保卫共和联盟总统候选人携手胜出双双进入第二轮角逐，但小勒庞的得票率排在第三位，仅次于奥朗德和萨科齐，大大出乎民调机构的预料。这也再次说明，极右势力不仅在法国存在，而且在法国经济和债务危机背景下，继续发展和扩张，在法国政坛形成第三极，与左翼、右翼构成鼎足之势。这样的结果不仅折射出法国社会现今所面临的系列问题，也是对现任执政党敲响的一记警钟。至于左翼阵线总统候选人让－吕克·梅朗雄，其实力的发展虽然没有像第一轮投票前民调预测的那样夸张，但也可以称得上异军突起，在第一轮投票中分享了许多草根选民的选票。

第一轮投票结果的地缘政治划分十分清晰，奥朗德在法国本土 56 个省中获得多数选票，赢得了西部和中部地区，除守住了传统左翼的西南地区和中央大区以外，还保住了罗亚尔 2007 年争取到的中央高原地区。萨科齐在法国本土获得了 39 个省的多数选票，赢得了东部地区，即从芒什到阿尔萨斯的北部各镇及东北、东南两片区域。与上届总统选举比较，萨科齐虽然守住了右翼传统地区普罗旺斯－阿尔卑斯－蓝色海岸、阿尔萨斯、香槟－阿登等省，但失去了土伦、尼斯等地中海重镇。玛琳娜·勒庞仅在加尔省获得多数选票，在北部的布列塔尼、法兰西岛，中部乡村以及南部－比利牛斯和西部的普瓦图－夏朗德也有相当多的支持者。除此之外，法国还有 30 多个省的选民举棋不定，各个总统候选人的优势不尽明显。

值得注意的是，在巴黎的第一轮投票中，奥朗德获得 34.8% 的有效票，排名第一；萨科齐获得 32.2% 的有效票，排名第二；梅朗雄获得 11.1% 的有效票，排名第三；贝鲁获得 9.34% 的有效票，排名第四；小勒庞获得 6.20% 的有效票，排名第五。法国首都在第五共和国总统选举中历来都是右翼领先，而这次则是"前所未有"。这一次，奥朗德在 20 个区中的 13 个区领先，其中包括第 4 区、第 5 区和第 9 区。萨科齐则在非常富有的第 16 区和第 8 区遥遥领先。

第一轮投票结束后，左翼阵线总统候选人梅朗雄立即呼吁自己的选民将票投向社会党的奥朗德。民主运动总统候选人贝鲁出人意料地宣布他个人将支持奥朗德，但未给予他的选民任何投票指示。他的这个历史性的选择打破了数十年来中间派与右翼之间的结盟关系，将对法国的政治棋盘造成难以预料的影响。而极右国民阵线总统候选人玛琳娜·勒庞宣布个人将在第二轮中投白票，这无疑是要她的选民效仿她的做法。但总的来看，第二轮投票仍然有利于奥朗德，而不利于萨科齐。

正是在这种背景下，社会党总统候选人奥朗德和人民运动联盟总统候选人萨科齐都在第二轮投票之前做最后的拼搏，不仅要巩固第一轮投票中支持自己的选民，而且要争取在第一轮投票中投向落败的其他总统候选人的选民，特别是国民阵线和民主运动的选民。

5 月 2 日晚 9 时，奥朗德和萨科齐在电视中进行面对面辩论，展开了长达两个半小时的舌战，就经济、税务、债务危机、社保、移民等有关社会和民生的重大问题展开交锋。前者在辩论中指责萨科齐政绩不佳，同时强调自己注重社会公平公正；后者对此进行了反驳并强调要尊重经济现实。奥朗德称要改变欧洲应对危机的方式，主张通过工商业增长推动经济；萨科齐则强调推动经济不能以加重债务为代价，要尊重市场规律，否则必然受到市场的惩罚。奥朗德表示如当选将推动法国民主化，要做一个公正的总统；萨科齐则表示如连任将致力推动法国现代化。两位总统候选人还就移民和社会保险等选民关心的热点问题表达各自的观点。电视辩论前后的民意调查都显示第二轮投票对萨科齐十分不利。

5 月 6 日举行第二轮投票结果，奥朗德以 51.64% 的有效票当选，时隔 17 年社会党重新夺回了总统宝座，法国政治史从此翻开了新的一页。萨科齐以 48.36% 的有效票落选，成为 31 年来首位没有成功连任总统的失败者。

人民运动联盟总统候选人的败北，早在预料之中。首先，2008 年起，由于改革备受争议，下半年又遭遇金融危机，萨科齐的民意指数下降，因而在当年的地方选举中导致法国政治力量发生左升右降的逆转。2009~2010 年，在法国，金融危机蔓延发展为实体经济危机，菲永政府多次改组和采取坚决的措施固然克服了法国经济危机，但是，这种顾此失彼的政策又导致财政赤字猛升和债台高筑。为了降低财政赤字、公共债务和控制欧洲主权债务危机，菲永政府从 2010 年起采取了严厉的紧缩政策，收到某些成效，但也造成 2011 年年底 2012 年年初法国经济再次探底、法国本土的失业率 2012 年 3 月上升到 10%（失业人数为 288.4 万）、购买力下降的严重后果。更严重的是，在萨科齐执政的五年中，法国贫富差距拉大，1% 人口掌握的全国财富从 11.8% 上升到 16.2%，基尼系数从 2.66 上升到 2.99。法国民众越来越感到社会的不公平和不公正，萨科齐总统和菲永政府的民意指数继续下降，甚至达到历史的最低点，从而导致 2010~2011 年地方选举和参议院选举中继续呈现左升右降的势头。这次总统选举，就是 2008 年以来法国政治力量左升右降力量消长的延续。

其次，在第二轮投票中，萨科齐获得的有效票仅比奥朗德落后 3.28 个百分点，较第二轮投票前民意调查指数的差距已经明显缩小，只要争取到民主运动选民的票源，即可超过奥朗德，获得总统的连任。但是，萨科齐及其竞选班子则是频频地向国民阵线的选民招手，向极右翼的思想和政策靠拢，这就惹恼了中间派政党及其选民，从而导致民主运动总统候选人贝鲁的背离。而正是人民运动联盟在选举中结盟策略的失误，导致萨科齐的失败。

再次，萨科齐在总统任期中过分张扬，口无遮拦，语言常有失误，引起国内外不满，也导致选民的反感，而奥朗德则表示，"如果我是总统，我会在任期内谨言慎行"。① 因此，选民把票投向比较稳重的奥朗德。

最后，欧洲的政治形势亦对在任的萨科齐总统不利。许多欧盟和欧元区国家领导人，如爱尔兰、意大利、西班牙、希腊、葡萄牙等国领导人，都因为欧债危机先后下台。在这种氛围中举行总统换届选举，在职的萨科齐自然难逃厄运——成为欧洲第 11 个卸任的领导人。

奥朗德获得总统竞选的胜利，其主要原因是：第一，社会党提出"改变，就是现在"的口号，击中了法国社会贫富差距拉大和社会不平等现象发展的要害，迎合了多数选民要求改变现状和更换在职领导人的心理。第二，在总统选举过程中，左翼政党团结一致，并在第二轮投票中都号召他们的选民把票投向进入第二轮角逐的社会党总统候选人奥朗德，从而极大地增加了奥朗德的票源。第三，与 2007 年总统选举比较，社会党在这次大选中表现空前的团结和凝聚力，甚至连早已分手的同居者塞戈莱纳·罗亚尔都出面为奥朗德竞选助阵。

因社会党总统候选人奥朗德取得大选胜利而刮起的"玫瑰红"旋风非同小可，它意味着法国政局向左转，从而改变了法国现有的政治和政策的走向；它也给欧盟和欧元区目前几乎都是右翼保守党执政的政治和政策带来冲击（比利时除外），将对今后欧盟、欧元区和法德关系产生不同程度的影响。

---

① 弗朗索瓦·奥朗德：《改变命运·奥朗德自述》，译林出版社，2013，第 94 页。

根据《政治家生活资金透明度法》，奥朗德于 2012 年 3 月 15 日向宪法委员会递交参加总统竞选的申请时，同时附上个人和家庭财产申报清单。根据申报清单，奥朗德个人财产约为 117 万欧元，其中大部分为房地产。在房地产中包括法国南部蓝色海岸附近的一栋价值 80 万欧元的住房以及他与亲属共同拥有的价值 37 万欧元的两套戛纳的公寓（由奥朗德的父亲和兄弟居住）。奥朗德拥有 3 个银行账户，存款余额分别为 4960.73 欧元、508.2 欧元和 2790.65 欧元。另外，他的一份人寿保险单保额为 3550 欧元，家具价值 1.5 万欧元。奥朗德个人没有股票和其他贵重珠宝，也没有任何车辆登记在其名下。由于 2000 年奥朗德曾有 5 笔借贷，目前还需偿还约 25.5 万欧元的债务。

萨科齐于 2012 年 3 月申报的个人和家庭财产数字显示，他拥有两份人寿保险单，价值 258.4 万欧元，银行账户里有大约 5.9 万欧元。同时，他收藏的"手稿、手表和雕像"等价值 10 万欧元。萨科齐不拥有任何房产，也无任何股票。总的来说，萨科齐总统离任时比上任时的个人和家庭财产略有增加。

四 "第三轮投票"——立法选举

2012 年 6 月将迎来"第三轮投票"——第五共和国第十四届立法选举，这是继 2002 年和 2007 年之后第五共和国政治史上第三次在同年总统选举后相隔一个月进行的立法选举。正因为如此，有望让一个月前获胜的总统多数派与国民议会的多数派都来自同一个政党，以有利于总统的改革和政府政策的实施，这个事实已在之前的 2002 年和 2007 年总统选举和立法选举后得到了印证。

法国侨民在此次选举中首次拥有投票的资格，具体投票日期取决于他们居住的位置和投票的方式。他们可以通过邮寄投票，或者网络投票，也可以到当地领事馆进行现场投票。

此次选举共有 6603 名候选人参与角逐 577 个议席，其中，法国本土 558 席，海外省和领地 8 席，法国侨民 11 席。平均一个议席由 11 人竞争产生。40% 的候选人为妇女。法律规定每个政党中必须为妇女提供 49% 到 51% 的名额，否则就要进行惩罚。

社会党和左翼政党挟大选之威，乘胜追击。上台才一个月的总统奥朗德期待社会党和左翼能在立法选举中获得"广泛、坚实"的绝对多数，号召选民投票给社会党候选人，表示"只有在国民议会拥有多数，才能保证变革顺利进行"，才能履行大选时许下的 60 项承诺，提升购买力、改革退休和税制、恢复生产力及教育等。为了提升选民的支持率，艾罗政府还连续抛出了两项惠民政策来兑现部分竞选承诺，包括将 60 岁退休人员范围扩大，并提高了学校开学补助金。另外，艾罗及其部长还将参加立法选举，根据此前约定，未能当选议员的部长将离职，从而促使艾罗政府成员四面出击，助力竞选。

相对于社会党和左翼一片大好的形势，人民运动联盟则是摆出背水一战的姿态，国民议会已经成为该党的最后阵地。萨科齐在大选败北后，人民运动联盟总书记科佩和前总理菲永开始了党首之争，党内的斗争撕裂了人民运动联盟，破坏了党内的团结，从而削弱了在立法选举中一致对外的凝聚力。选举前的民意调查显示社会党和左翼政党将取得胜利，对人民运动联盟十分不利，科佩也已经底气不足，只表示此次投票将力争获得尽量多的席位。菲永也竭力为该党候选人助选。

极右政党国民阵线也在积极地参加竞选，提出蛊惑民心的口号，拉拢选民，争取选票。与此同时，国民阵线还对传统右翼伸出橄榄枝，意欲与右翼候选人结成选举联盟，共同应对左翼候选人，从而在许多选区形成了左、右、极右三派竞争的格局。

6 月 10 日举行第一轮投票，仅有 36 位候选人获得过半数选票直接当选，其中 25 人是左翼人士，另外 11 人来自右翼。在左翼政党中，社会党的得票率占有效票总数的 29.35%，22 位候选人当选，其中包括艾罗总理及其内阁成员法比尤斯等。左翼阵线的得票率为 6.91%。欧洲生态－绿党的得票率为 5.46%，1 位候选人当选。左翼激进党的得票率为 1.65%，1 位候选人当选。其他左翼的得票率为 3.40%，1 位候选人当选。在右翼政党中，人民运动联盟的得票率为 27.12%，9 位候选人当选。新中间党的得票率为 2.20%，1 位候选人当选。其他右翼的得票率为 3.51%，1 位候选人当选。

中间政党如激进党、民主运动等得票率都很低。国民阵线的得票率为13.60%，仅次于社会党和人民运动联盟。

6月17日举行第二轮投票，其结果正如法国舆论和媒体所预料，左翼政党大获全胜，右翼政党遭到惨败。在左翼政党中，社会党的得票率占有效票总数的40.91%，258位候选人当选。左翼阵线的得票率为1.08%，10位候选人当选。欧洲生态-绿党的得票率为3.60%，16位候选人当选。左翼激进党的得票率为2.34%，11位候选人当选。其他左翼的得票率为3.08%，21位候选人当选。在右翼政党中，人民运动联盟的得票率为37.95%，185位候选人当选。新中间党的得票率为2.47%，11位候选人当选。其他右翼的得票率为1.81%，14位候选人当选。中间政党如激进党、民主运动等的得票率为2.37%，10位候选人当选。国民阵线的得票率为3.66%，两位候选人当选。

法国内政部7月5日公布了议会两轮选举的最终统计结果，包括法国本土、海外省和领地以及法国侨民的选举结果：社会党获得280个席位，其他左翼获22个席位，左翼激进党获12个席位，共计314席，超过国民议会总议席半数。欧洲生态-绿党获17个席位，左翼阵线10个席位，马提尼克独立派两个，这使整个左翼阵营的席位达到343席。左翼阵营从未在第五共和国国民议会选举历史中夺得如此多的席位，这对左翼来说是空前的纪录。人民运动联盟及其结盟政党共获得229席。国民阵线获得2席，但该党主席玛琳娜·勒庞败选未能进入国民议会。中间派民主运动党获得2席，但该党主席弗朗索瓦·贝鲁败选也未能进入国民议会。艾罗内阁成员中包括总理艾罗在内有25名部长和部长级代表当选。

社会党通过6月的立法选举完胜人民运动联盟，跃居法国第一大党，继1981年之后再创历史辉煌。社会党在赢得2011年地方选举和参议院部分换届选举、2012年总统选举和本次国民议会选举之后，拥有了总统、总理、议会两院以及绝大多数地方政府等现行所有政治体制的权力，法国历史性地由左翼全面执掌政权。人民运动联盟及其执政盟友再次遭受沉重打击，致使该党自2002年创建以来首次下野。再加上2011年地方选举和参议院改选的失利，人民运动联盟各大阵地全面丢失，彻底沦为在野党。第五共和国彻底地向左转。

此次选举中，第一轮投票和第二轮投票的登记选民总数分别为 4608 万人和 4323 万人，但第一轮和第二轮投票率分别仅为 57.22% 和 55.40%，是近 50 年来立法选举中最低的投票率。法国民众投票热情持续走低的原因在于，议会选举在总统选举之后，对于民众来说，他们已经做出了选择，故对这种"认可投票"热情下降。

在此次立法选举中，华裔选民的政治热情继续高涨，华裔候选人积极参加竞选活动，以便能更好地维护华裔群体的利益，发出华裔群体的声音。

第十一章
奥朗德总统
（2012 年 5 月~2017 年 5 月）

第一节　未兑现诺言的艾罗政府

一　艾罗政府的组成及其特点

2012 年 5 月 9 日上午，即将卸任的法国总统萨科齐主持了最后一次政府部长会议。在会上，这位在大选中败北的人民运动联盟总统候选人相当坦然地宣称："应该尊重法国人民的选择。"政府成员纷纷表示政治轮换是民主政治的正常现象。其实，第五共和国历届总统和政府的更迭，何尝不是遵循法国人民的意愿呢？当年，戴高乐总统因为参议院改革在公民投票中被否决而认定是法国人民对其本人失去信任毅然地自动隐退；吉斯卡尔·德斯坦总统在大选中尊重法国选民的选择而提前交出国家元首的权力；密特朗总统在两次立法选举中失利后遵循法国人民的意愿实行两次左右"共治"；希拉克第一任总统时期在立法选举后也按照法国人民的选择实行第三次左右"共治"。总之，是法国人民通过投票来选择他们的领导人，来安排他们的政治前途。

5 月 15 日，新旧法国总统举行了职务交接仪式。斯人离去，新人登场。奥朗德总统当天立即任命让-马克·艾罗为总理并组织第五共和国第 35 届政府作为筹备立法选举的过渡政府。

让－马克·艾罗 1950 年 1 月 25 日出生于曼恩－卢瓦尔省的一个工人家庭。1968 年，他在南特大学主修德语并在 1969 年作为法德留学生交流计划受资助者赴德国维尔茨堡大学学习一年。1971 年，他与女教师布丽吉特·泰里安结婚，育有两子女。1972 年，他通过了教师资格考试并在法国西部南特市的多所中学任教。1976 年，他开始作为社会党党员参加政治活动。1976～1982 年当选大西洋岸－卢瓦尔省议会议长。1977～1989 年为圣－埃尔布兰市市长。1979 年起任社会党指导委员会成员。1981 年起任社会党执行局成员。1989 年 3 月，他当选南特市议会议员并出任南特市市长。此后在 1995 年、2001 年和 2008 年的市镇议会选举中，他连任南特市市长，长达 23 年之久。1992～2001 年当选南特大区区长。1997～2012 年担任法国国民议会社会党议会党团领袖。

奥朗德总统所希望的总理必须是"一位资深的社会党人，了解议员们，了解社会党，也要了解他，能够扮演'团结者'的角色"，而让－马克·艾罗正好符合这个标准。他从政经验丰富，与奥朗德相处不错。此外，他还是一位亲德派，能说一口流利的德语，与德国政界关系良好。他能够帮助奥朗德加强与德国总理默克尔的交流和沟通，从而有利于法德两国合作应对欧债危机。

艾罗于 5 月 16 日组成新政府，共有 34 名成员，其中有 18 名部长和 16 名部长级代表。艾罗政府的组成具有如下的特点：

第一，兑现了奥朗德在他竞选总统时提出的新政府中实现性别均衡的承诺，在新政府总共 34 名成员中男女各占 17 名。它是法兰西共和国有史以来的第一个男女数量均等的政府，成为法国政坛一道亮丽的风景线。

第二，在艾罗政府成员中，社会党温和派占主导地位。与此同时，政治新人获大量起用，从而使政府成员中出现了不少新面孔，与此同时，政府成员总体上趋于年轻化。

第三，竞选联盟中的左翼政党也被吸收入阁。其中，左翼激进党占 3 名，欧洲生态－绿党占 2 名，其他左翼占 1 名。例如，34 岁的左翼激进党新秀西尔维娅·皮内尔出任生产振兴部负责手工业、贸易及旅游的部长级代表，凸显了奥朗德总统对重新整合产业和贸易的重视。又例如，年轻的欧洲生态－绿党的全国书记塞西尔·迪弗洛担任国土与住房部部长，凸显了奥朗德总统对住房建设的重视。艾罗政府称为左翼联盟政府当之无愧。

第四，艾罗政府大量起用移民后代精英。在新政府中，4 名出身移民，3 名来自海外省，其人数占政府成员的 20%，这在法国前所未有。例如，来自法属圭亚那的克里斯蒂亚娜·托比拉出任司法部长，成为现政府中级别最高的黑人女性官员。又如，生产振兴部负责中小企业、创新与数字经济的部长级代表弗勒尔·佩尔兰出生在韩国首尔，作为弃儿在孤儿院中度过六个月后最终被法国人收养，在法国长大和接受法国高等教育。39 岁的她成为法国第一个朝鲜族的中央官员。

第五，新政府新增设生产振兴部和妇女权利部，也被认为是一个创新。前者预示奥朗德总统要促增长的决心；而后者表明奥朗德总统重视保护妇女的权益。被誉为"新一届政府第二号人物"的是外交部部长法比尤斯。他曾经先后担任过密特朗总统的总理和若斯潘政府的财政部部长，在奥朗德的竞选团队中一直负责外交事务。奥朗德作为职业政治家，被法国媒体称为"没有执政经验、没有明显弱点、没做过决定"的"三无先生"①，而法比尤斯的政府任职经验丰富，从而弥补了奥朗德的不足。新政府中另一重要的人事任命是经济、财政和贸易部部长皮埃尔·莫斯科维西，他曾担任法国欧洲事务部部长，代表法国参与《欧盟宪法条约》的谈判，并与国际货币基金组织关系密切。在欧元区前途未卜的背景下，奥朗德选择莫斯科维西接掌财政部，应是着眼解决欧债危机。

在国民议会换届选举后，6 月 21 日艾罗组成第二任政府亦即第五共和国第 36 届政府，其政府成员略有增加，从 34 名增至 38 名。其中总理 1 名，部长 20 名，部长级代表 17 名。男女正好各占一半，男性 19 名，女性也是 19 名。奥朗德总统继续遵守政府中实行性别均衡的承诺。

---

① "没有执政经验"指的是没有在中央政府内担任过部长，或部长级代表，或国务秘书等政府成员的职务，没有这方面的执政经验。

二　打造一个"廉洁高效的政府"[①]

法国总统奥朗德为了打造新政府"廉洁高效"的形象，在第五共和国政治史上首次制定了《政府成员职业道德宪章》[②]（简称《道德宪章》），于2012年5月17日首次召开的新政府全体成员会议上，要求每个与会者遵守《道德宪章》，并在该宪章上签字。艾罗总理宣布，如果政府成员不同意或违反宪章，必须辞职，不得留任。

《道德宪章》的开篇强调，政府要取信于民，要与公民建立"信任关系"。这种信任关系是"通过政府的活动和政府成员的形象日复一日地建立起来的。一个孤立的错误就足以持久地破坏这种信任关系"。

《道德宪章》的首要原则是"团结与合议制"。它强调合议制原则，因为政府成员"集体的商议能够寻求出最正确的措施并避免出现差错"。然而，"一旦做出决定，在政府首脑做出仲裁后，就要践行团结一致的原则"。《道德宪章》的建立和在"团结与合议制"的原则上达成共识，有利于维护执政者之间的团结，发挥政府成员的积极性，从而提高了政府的威信和行政效率。

《道德宪章》第二原则是"咨询与透明"。其一，"政府成员要维护好所在部的社会伙伴的总体关系。他们要采纳社会伙伴在重要决定上的意见"。其二，"政府成员应当听取公民的意见和呼声"。其三"政府有着透明的义务。它要严格地遵守保证公民获取行政文件的规定。它还要采取实际行动确保互联网上大部分公共文件的免费和方便的使用权"。

《道德宪章》第三原则是"公正"。该原则的第一个内容是："政府成员要为总体的利益服务。他们不仅仅要体现完完全全的公正，还要避免为私利服务的所有怀疑。"为此，政府成员必须申报财产并给予公布。《道德宪章》将政府成员的财产也予以公开，进一步扩大了法国高级官员财产公布的范围，从而加强了法国民众和舆论的监督权利。该原则的第二个内容是：

---

① 廉洁高效的政府法文为"le gouvernement honnête et efficace"。
② 《政府成员职业道德宪章》法文为"*la Charte de déontologie des members du Gouvernement*"，下载自 Elysée-Présidence de la République 网站。

"政府成员要坚决拒绝所有外国政府，或者与自己所在部门相关联的自然人或法人发出的私人度假的邀请。他们应立即，或者在活动结束后，向国家资产局交回价值超过 150 欧元的礼物。" 该原则的第三个内容是："政府成员应拒绝参加与自己所在部门有关的活动，即便是非营利性的组织，也不例外。" 该原则的第四个内容是："政府成员应坚决杜绝对涉及自己家庭成员或者亲友的处境的干预。"

《道德宪章》第四原则是"廉洁与模范"。该原则的第一个内容是："调拨给部长的经费是专门留给部长履行使命时使用的。唯有部长行使职务时才能动用这笔经费，才能由国家承担。"《道德宪章》第四原则的第二个内容是："拥有一套公务住宅的政府成员应折合现金申报。" 如果该政府成员还拥有社会福利住房（由政府补贴的低租金住房），则必须将该住房交回。《道德宪章》第四原则的第三个内容是："在出差时间不超过 3 小时的情况下，政府成员应优先考虑乘坐火车这样的交通工具。" 这就意味着，政府成员出差超过 3 小时，才能乘坐飞机。《道德宪章》第四原则的第四个内容是："除了使用摩托车队护送的特别限制不在此例，政府成员乘坐汽车出行应谨慎和遵守交通规则。" 就在 2012 年 1 月，十分张扬的法国总统萨科齐出行时，其护送的摩托车队撞倒行人，受到社会舆论的批评。这是前车之鉴。《道德宪章》告诫政府成员出行时不要张扬，要小心翼翼，要做遵守交通规则的模范。

虽然奥朗德总统和艾罗总理如此处心积虑地打造一个"廉洁高效的政府"，但仍有政府成员逆流而动，违反《道德宪章》。经济、财政和对外贸易部负责预算事务的部长级代表热罗姆·卡于扎克因涉嫌在海外非法开设账户以实现逃税与洗钱，遭到检察机构的司法调查而于 2013 年 3 月 19 日被迫辞职，导致艾罗政府被迫进行微调。

三　未兑现"改变，就是现在"诺言

法国开启的奥朗德时代，面对的是经济低迷、产品在世界市场上竞争力下降、财政赤字恶化、公共债务高筑、失业率高居不下等一系列经济和社会问题。一些国内外舆论认定法国是欧洲的"新病人"；奥朗德则指责法国右翼根据"右翼自由主义"理念治理法国十年来造成的后果。[1] 奥朗德总统和艾罗政府要立即"改变法国的命运"，以促进经济增长、维护社会公平正义等社会党的执政理念，以及奥朗德提出的"改变，就是现在"竞选口号和"60 条"竞选纲领中社会党的经济社会政策，提出改革税制、振兴经济、促进就业、压缩财政赤字、应对欧债危机等一系列政策。

1. 撙节开支，努力达到欧盟规定的标准

艾罗政府紧迫的任务是解决财政赤字和公共债务问题，因为它涉及法国在欧盟和欧元区的形象和声誉。前届菲永政府虽然在后金融和经济危机时代采取了一系列的财政紧缩计划、政策和措施，使财政赤字有所下降，从 2010 年的 6.8% 收窄到 2011 年的 5.1%，但公共债务则在攀升，从 2010 年的 81.5% 上升到 2011 年的 85.0%。总之，法国财政赤字和公共债务均大大地超过欧盟《稳定与增长公约》规定的标准。欧盟总部不断地对法国和其他违约国发出警告，提出降低财政赤字和公共债务的要求。为了应对欧盟的要求，同时保持政府廉洁的形象，艾罗政府采取一系列政策和措施。

首先，为了撙节行政开支和塑造政府廉洁的形象，奥朗德决定总统、总理和全体政府成员做出表率，自动减薪 30%，部长办公室的支出也将被相应下调 10%。根据决定，总统和总理的税前月薪将降至约 1.49 万欧元，部长的税前月薪将降至约 9940 欧元。国民议会议长社会党人克洛德·巴尔托洛纳也随之效仿，喊出"既不搞民粹，也不墨守成规"的口号，宣布了一系列旨在展现"透明度"和"节制"的措施，以身作则把他个人的薪俸自减了 30%，把议员薪俸中的"职务花费津贴"减少 10%。艾罗政府还发出"限高令"，要求国有企业老板年薪不得超过企业员工最低工资的 20 倍，不得超过 45 万欧元的上限。艾罗政府还对所有企业公司领导人的额外报酬进行更加严格的规约，如激励性股权、巨额离职费和高额补充退休金等。这既降低国企薪酬支出，也将有助于缩小法国贫富差距，增强社会凝聚力。与此同时，艾罗政府还要求中央政府各个部门和地方政府厉行节约，严禁铺张浪费。

---

[1] 弗朗索瓦·奥朗德：《改变命运·奥朗德自述》，译林出版社，2013，第 36 页。

其次，艾罗政府向欧盟总部承诺长期减赤计划，到 2017 年把法国公共赤字降到占国民生产总值的 3% 大关以下。艾罗政府在法国的稳定计划中决定把每年削减的结构性赤字（不受经济形势因素影响的赤字）限制在国民生产总值的 0.5%（相当于 100 亿欧元），直到 2017 年。

最后，法国议会于 2012 年 7 月批准了总额约 170 亿欧元的增税、削减公共开支和医疗保险开支措施。法国议会还通过了艾罗政府提交的 2013 年财政预算，减赤力度为二战以来所罕见。2013 年，法国将增加 100 亿欧元的居民个人税赋，以及 100 亿欧元的企业税赋，同时，还将压缩 100 亿欧元的公共财政开支，即实现增收节支总额 300 亿欧元的财政目标，从而将 2013 年财政赤字从 2012 年的 4.5% 压缩至欧盟要求的 3% 以内。2013 年公共支出占国内生产总值比例将维持在 56.3% 的水平，但公共债务占国内生产总值比例将升至 91.3%，比 2007 年的 64.2% 高出 27.1 个百分点。

法国 2014 年财政预算根据 2013 年财政预算的执行情况做了修正：（1）2014 年法国政府预计的经济增长速度为 0.9%。（2）2014 年法国的财政赤字将下降到 3.6%。（3）确定 2013 年和 2014 年两年的"富人税"。在法国进行工商注册的企业将为年收入超过 100 万欧元的员工缴纳一项名为"特别互助贡献"的税收，税率确定为 50%，但一家企业此项税种所缴纳的总额不超过其营业额的 5%。由于在法国进行工商注册的企业还必须为员工缴纳一定比例的社会保险费用，这一新税种实际税率接近 75%，与法国总统奥朗德在竞选时提出的开征高额"富人税"主张相符。法国政府称，这一新税种将涉及 470 家企业的 1000 名员工，每年可为法国政府带来 2.1 亿欧元收入。

2. 减税，促增长，提高工业竞争力

2012 年 11 月 5 日，法国投资委员路易·加卢瓦向艾罗提交了长达 74 页的《振兴法国工业竞争力》报告。报告警告由于"去工业化"造成法国工业不断地在萎缩，工业在法国经济中所占份额逐年下降，工业创造附加值从 2000 年的 18% 下降到 2011 年的 12.5%，在欧元区 17 个国家中仅排名 15。法国在欧盟内部的出口市场份额从 2000 年的 12.7% 下降到 2011 年的 9.3%。在全球贸易中，法国对外贸易从 2002 年的顺差 35 亿欧元转变为

2011 年逆差 712 亿欧元，市场份额更是从占全球贸易的 6.3% 下降到 3.3%。法国经济的最大挑战就是缺乏竞争力。报告最后提出 22 项建议来振兴法国企业，使法国"再工业化"。

艾罗政府根据报告于 2013 年 9 月 12 日首先出台"新工业法国计划"，确定 34 项产业发展计划。其中，有关内容包括实施规模为 200 亿欧元的减税措施，通过对企业的税收减免重振法国工业和制造业，大力推动中小企业发展，以改善法国经济。艾罗政府还根据报告有关内容制定并实施涵盖住房、教育、创新、劳动力成本等多方面的竞争力契约，以恢复法国经济的国际竞争力。

艾罗政府还不失时机地于 2013 年实施重大投资计划——"第二轮未来投资计划"，总投资额 120 亿欧元。该计划向能源、科技创新、数字技术、房地产和卫生健康等重点领域投资，其中包括减少温室气体排放、在全国范围内致力于生态与能源的过渡、推广宽带上网计划、实施大巴黎地区交通扩展和现代化项目、每年建造 15 万套低租金住房等，以促进经济增长。艾罗政府还要资助地方重点行业，特别是交通基础设施、覆盖全国各地的高速互联网、地热供暖等，以促进地方经济和社会事业的发展。

3. 就业保卫战

奥朗德在总统竞选期间曾经承诺当选后要打响"就业保卫战"，就任总统后称自己为"就业总统"，表明对就业特别是年轻人就业重视的程度和发动"就业保卫战"的决心。2012 年 10 月，法国议会审议并通过了艾罗政府提交的"未来就业法案"。该法案主要针对居住在失业率高的城市和乡村地带以及海外省的 16～25 岁无职业技能或职业技能低的年轻人，而且应伴随培训措施。艾罗政府确认法案为"最最优先的行动"，规定国家将通过财政补贴手段在三年内为这个群体创造 15 万个就业岗位。在就业法案颁布之后，艾罗政府还将于 2013 年实行"代际合同"，其主旨是由企业以长期合同雇用一名 16～25 岁的年轻人，同时由企业中的一名资深（57 岁以上）职工协助新雇的年轻人，老职工的职位将维持到本人退休。当然，解决法国结构性失业的"治标又治本"的办法，还是要进行用工制度的改革和促进经济增长。

4. 制定十年战略，以实现法国的"理想国"

奥朗德于 2013 年 8 月 19 日在艾罗政府全体成员的研讨会上，根据法国哲学家亨利·柏格森"未来并不是将要发生的事，而是我们要做的事"的理念，提出制订一项名为"法国 2025"的十年发展计划。他认为，2025 年的法国是一个理想国，而"主权""卓越"和"团结"是理想国的三大基石。

奥朗德进一步勾画了法国未来 10 年的挑战和远景，认为将围绕"主权""卓越""团结"3 个关键词展开。"主权"是指法国在政治、外交、军事上的独立，即法国要保证自己在世界上的话语权、维护国家利益和捍卫其价值观，同时寻求经济和能源上的独立。"卓越"是指经济上力求卓越表现，要发挥法国的传统优势，提高国际竞争力。"团结"是指促进所有公民的平等融合，保持法国的生活模式和文化，让国家成为一个团结的整体。

奥朗德提出未来 10 年法国的发展要实现 5 个目标：一是发挥法国人力资源优势，提倡青年就业和老有所养并重，将目前的困难转化成机遇；二是发挥法国传统优势，提高经济竞争力，在全球化中赢得主动；三是鼓励向绿色能源转型，为环境和未来投资；四是改革法国行政区划管理，降低行政成本，更加有效地进行国家管理；五是让所有公民融入社会，促进社会各阶层的平等。

艾罗政府决定由战略展望总署负责制订法国未来十年的发展计划，其中的 5 项主要内容包括法国未来的生产方式、社保模式改革、经济增长和财政模式、法国社会的转型以及欧洲规划。

但是，法国总统奥朗德和艾罗政府所采取的经济和社会政策以及重塑以"大国梦""强国梦"为主要内容的"法国梦"，都是"远水解决不了近渴"，都不能在短期内兑现在 2012 年总统选举和议会选举中向选民许下的"改变，就是现在"的诺言。

自 2012 年下半年起，法国刺激经济增长的三大引擎频出负面消息：一是企业投资方面，除了制造业和加工业勉强维持正数据外，其他行业已连续出现投资萎缩，特别是建筑业和服务业的投资继续在下降。2013 年宣布破产的企业总共有 63101 家，增幅为 3%，总数非常接近深陷危机的 2009 年（63709 家）的数字。2013 年，在营业额超过 100 万欧元的企业中，倒闭的企业数量接近 2009 年危机最严重时期的纪录。二是对外贸易方面，法国出口难以令人满意，尤其是奢侈品和运输材料的出口严重下滑，与此同时，法国的进口数额却大增，导致贸易逆差迅速加大，贸易平衡的目标难以实现。三是法国家庭消费呈现萎缩的局面。

正是刺激经济未见成效，财政紧缩又导致个别季度法国经济的衰退，致使艾罗政府不断地下调法国经济增幅的预期。法国经济 2012 年和 2013 年分别仅增长 0.3% 和 0.6%。在国家竞争力方面，达沃斯世界经济论坛于 2013 年 9 月公布了国家竞争力排名，法国从 2011 年起跌出前 20 位，从第 21 位进一步下滑到 2013 年的第 23 位。财政赤字 2012 年比上一年收窄为 4.9%，2013 年为 4.1%，仍高于政府的预期。公共债务则在飙升，2012 年为 89.2%，2013 年为 92.2%。标准普尔、穆迪和惠誉三大国际评级机构调低了法国信用制度的等级。法国人在节衣缩食，精打细算地消费，紧巴巴地过日子。尤为严重的是，失业不但没有缓解，反而越来越严重。法国本土的失业率和失业数量，2011 年还维持在 9.2% 和 263.5 万人，2012 年则上升到 9.8% 和 281.1 万人，2013 年继续维持在 9.8% 和 281.3 万人的高位。其中，法国本土 15~24 岁青年的失业率为 23.9%。

艾罗政府没有兑现立即改变法国的诺言，引起了法国民众的不满。社会风潮接连不断，奥朗德总统和艾罗政府的支持率不断下降。奥朗德当选总统那一天，法国掀起"玫瑰红"狂潮，然而奥朗德总统执政仅一百天，其支持率急剧下降到 43%。艾罗政府的支持率也随之下跌。奥朗德总统和艾罗总理如此迅速地失去民众信任，这在第五共和国政治史上尚属首次。2013 年 3 月公布的民调显示，奥朗德总统的支持率下滑到 31%，2/3 的被调查者希望调换政府。2014 年 2 月奥朗德总统的支持率进一步下降到 20%，艾罗政府的支持率也只有 26%。艾罗政府近两年来没有兑现向选民许下的诺言，社会党内要求更换总理和改组政府的呼声高涨，执政党在 2014 年 3 月的市镇选举中惨遭滑铁卢，艾罗总理及其政府已经丧失了继续存在的理由。

第二节　"战斗的"瓦尔斯政府

一　瓦尔斯政府的组成及其特点

2014 年 3 月 31 日，法国政坛风云突变。上午，总统奥朗德与总理艾罗谈了两小时。傍晚 6 时许，艾罗总理及其政府辞职。晚 8 时，奥朗德总统任命现年 52 岁的内政部部长曼努埃尔·瓦尔斯为新总理，负责组建第五共和国第 37 届政府。奥朗德同时声称，新政府应该是"战斗的政府"，以"振兴经济，确保工作，保持社会团结"为执政三大目标。

对法国人来说，瓦尔斯并不陌生。这位冉冉上升的政坛之星的祖籍是西班牙。瓦尔斯 1962 年 8 月 13 日出生在巴塞罗那一个知识分子家庭，父亲是小有名气的画家。幼年时随父母来到巴黎，在良好的家庭环境里茁壮成长。1980 年就加入法国社会党，成为青年领袖，支持罗卡尔派。1982 年才加入法国国籍。1982 年获托尔比亚克大学历史学学位，除了法语和西班牙语，还能说流利的加泰罗尼亚语和意大利语。21 岁起在政坛崭露头角，从地方议会和地方政府做起。1986 年成为法兰西岛大区议会议员。1988 ~ 1991 年担任罗卡尔总理办公室的大学生事务顾问。1989 ~ 1998 年担任巴黎西北小城阿让特伊市副市长。1997 ~ 2002 年担任若斯潘总理府办公室的公关和新闻主任。1998 ~ 2002 年还担任法兰西岛大区议会的副议长。2001 ~ 2012 年担任埃夫里市市长和埃松省议会议员。2002 年当选国民议会议员。2012 年 5 月被任命为艾罗政府的内政部长。瓦尔斯于 1987 年与曾任罗卡尔总理私人秘书的社会党人娜塔莉·苏利耶结为夫妻，婚后育有 4 个子女。后来二人离婚，他于 2010 年 7 月迎娶才华出众、活跃于法国文化界的明星小提琴师安娜·格拉沃安。加上安娜 23 岁的女儿，瓦尔斯的重组家庭现有七个成员，每个星期二晚上，瓦尔斯都会与前妻所生的四个孩子一起享受天伦之乐。瓦尔斯能力出众、年富力强，素以行事果断、作风硬朗著称。

瓦尔斯总理于 4 月 2 日和 9 日先后公布了 16 名部长和 14 名国务秘书的名单，至此，包括总理在内的总共 31 名政府成员全部出炉。瓦尔斯政府具有如下的特点。

第一，比较精干。与艾罗政府后期总共 38 名政府成员相比，瓦尔斯政府成员减少许多，所以还是比较精干的。在艾罗政府中，除了总理和部长，其他政府成员则是部长级代表；在瓦尔斯政府中，除了总理和部长，其他政府成员则是国务秘书。而国务秘书在法国政府成员中属于最低级别。

第二，坚持性别均衡。瓦尔斯政府继续坚持性别均等的原则，无论部长还是国务秘书都是男女各半。

第三，原经济、财政和对外贸易部折分为二：一个叫财政和公共账目部，另一个叫经济、生产振兴和数字经济事务部。这更凸显出新一届政府把提振萎靡的经济作为首要目标。

第四，对外贸易划归外交部。在此以前，对外贸易管理权一直属于财政部管辖范围，瓦尔斯政府则把的它从财政部分离出来，划归外交和国际发展部，并设置外贸、旅游促进和法国侨民事务国务秘书，这将是第五共和国历届政府中的首次。它正好反映了奥朗德总统在对外事务中重视和主打"经济外交"牌。

第五，环保派拒绝入阁，从而缩小了瓦尔斯政府的政治基础。在一般情况下，左翼政府都是把环保、可持续发展及能源部交给欧洲生态－绿党管理。在环保派拒绝入阁后，瓦尔斯总理任命奥朗德的前女友、2007 年社会党总统候选人罗亚尔为环保、可持续发展及能源部部长，令外界人士吃惊。在瓦尔斯政府中，除了社会党成员外，仅有左翼激进党成员入阁（一名部长和两名国务秘书）。

第六，吸收社会党的左翼、瓦尔斯的政治对手阿诺·蒙特堡和伯努瓦·阿蒙入阁，分别担任经济、生产振兴和数字经济事务部部长和国民教育、高等教育和研究部部长，这固然显示了奥朗德总统和瓦尔斯总理团结党内各个派别的愿望，但也为瓦尔斯政府的内讧埋下伏笔。

果然，不久后，阿诺·蒙特堡和伯努瓦·阿蒙不仅没有显示党内团结的诚意，反而流露出对"奥朗德—瓦尔斯组合"领导执政团队"打左灯向右转"、倾向自由主义政策的不满，并连续公开发表了批评奥朗德经济政策的激烈言论。

鉴于未能达到联合社会党内反对派的目的，瓦尔斯在 2014 年 8 月 25 日提出辞呈，从而使 4 月刚刚上台的瓦尔斯政府成为第五共和国最短命的政府（通常把新总统走马上任任命的政府和议会选举后组成的新政府之间相隔的一个多月时间作为常态）。瓦尔斯于 26 日按照奥朗德总统指令闪电般组成第五共和国第 38 届政府，包括总理在内总共有 34 名成员，其中部长 16 名，国务秘书 17 名。新政府基本维持了瓦尔斯首届政府班底，外交部部长、国防部部长、内政部部长、财政部部长等没有发生变化，只有少数部长的职务和任职部门有所调整，主要是清除了阿诺·蒙特堡、伯努瓦·阿蒙等社会党左翼重要人物以及文化和新闻部部长奥雷莉·菲利佩蒂。在瓦尔斯新政府中，最耀眼的是年仅 36 岁的新人埃马纽埃尔·马克龙担任经济、生产振兴和数字经济事务部部长。

这位新部长出生于 1977 年 12 月 21 日，毕业于著名的法国国家行政学院，曾从事银行业。他曾帮奥朗德策划《责任和团结公约》，却始终身居幕后、行事低调不被公众熟知。但他经常和各大企业老板接触，陪伴奥朗德与默克尔、奥巴马等外国总统会面洽谈，重大活动时总能看见其身影，人们因此称他为"副总统"或"幕后经济部长"。2014 年 4 月起担任总统奥朗德的办公厅副主任和经济事务顾问，他的政策主张偏向自由化。

二　打造一个"明朗内阁"

2013 年 3 月，因涉嫌税务欺诈与洗钱，艾罗政府的经济、财政和对外贸易部负责预算事务的部长级代表热罗姆·卡于扎克被奥朗德总统免去职务，此事造成法国政坛重大诚信危机。卡于扎克丑闻使得奥朗德总统痛下决心，加强廉政建设，采取严厉措施，努力打造一个"明朗内阁"①，要求对新任命的政府成员进行税务核查并公开政府成员的个人财产，敦促政治人物在道德方面做出表率，希望借此挽回公众对政治人物的信任。

1. 政府成员的"税务核查"

2014 年 3 月 29 日，艾罗总理离任两天前签署了执行令《政府成员税务

---

① 明朗内阁法文为 "le Cabinet clair"。

情况核查程序执行细则》。根据这项执行令，"政府所有成员，自任命之日起，须按所得税、巨富税的相关条件，接受税务情况核查"。也就是说，自新总理及新政府被任命之日起，独立监督机构——"公共生活透明最高委员会"就应向"公共财政总局"局长提出，要求该机构核查新政府成员的税务情况。核查应在任命后的第一个月里进行，涉及"应交且尚未过期的税项"。根据公共财政总局转交的核查情况，公共生活透明最高委员会可以要求当事人提供更多的情况或继续进行调查，调查应在接下来的 15 天里进行。如果继续调查或展开程序，公共财政总局"最晚须在政府成员任命两个月后，向公共生活透明最高委员会汇报核查及调查结果，以及调查的进展情况。"此外公共财政总局局长应定期（不超过 3 个月）汇报其调查情况。

40 岁的托马·泰维努 2014 年 8 月 26 日被任命为外交和国际发展部负责对外贸易、旅游促进和法国侨民事务的国务秘书一职，随后，政治生活透明最高委员会按照规定的程序执行细则对其进行了税务核查，发现他没有按时报税和缴税。于是，根据瓦尔斯总理的建议，奥朗德总统于 9 月 4 日解除了托马·泰维努国务秘书的职务。这是瓦尔斯新政府成立仅 9 天后，因偷漏税丢了职务的法国高官。尽管事后做了弥补的工作，报税、缴税并补交税款，另外还交了罚款，但是，泰维努不仅丢了政府职务，还因此被取消了国民议会的议员资格。

2. 政府成员、议会议员和国营企业高管的"晒家产"

尽管 1988 年法国议会通过了"政治生活资金透明法案"，但是，在相当长时期内，法国民众普遍认为，政治人物的个人财产属于个人隐私的范围，而个人的隐私是受法律保护的，公开个人隐私就是侵犯人权，触犯法律。但是，进入 21 世纪后，越来越多法国民众的这种观念有了很大的变化，认为把政治人物的个人财产作为个人的隐私必将逃避公众的监督，纵容官场滋生腐败。所以，多数法国民众敦促执政者采取必要的防腐反腐措施，认为建立官员财产公示机制、政府透明运行、接受公众监督是国家的需要。

早在 2013 年 4 月 15 日，法国政府网站就公布了艾罗政府全体成员的财产情况，包括一切动产和不动产，即政府成员必须申报名下拥有的银行账户、保险、贷款、汽车、艺术品、珠宝等，有些人还将配偶的财产计入其中。艾罗政府还提出并于2013年10月11日获得议会通过的《提高公共生活透明度法案》，将申报财产和收益的官员、民选代表和国营企业高管扩大到8000人，并于2013年10月成立"公共生活透明高级委员会"以加强监督以及对瞒报和谎报的惩罚力度。这是自1988年实行官员财产申报制度以来采取的又一项重大措施。

2014年6月27日，"政治生活透明最高委员会"在其官网公布了瓦尔斯政府32名部长和国务秘书的个人财产情况，包括是否存在社会兼职以及"利益冲突"状况。7月底又公布了900名法国议员的利益冲突声明和个人从业情况。

该网站明示，总理瓦尔斯拥有两套房子，包括购买时间、成交价格和申报价格。此外，瓦尔斯在法国巴黎银行开设4个账户，已经购买了人寿保险。瓦尔斯没有私人用车。妇女权利、城市、青年和体育部部长纳贾·瓦洛-贝尔卡塞姆相当清贫，个人财产只有14万欧元，具体资产包括：一张成人床、两张儿童床、三张桌子、一个沙发、10把椅子、一台冰箱和一台洗衣机。外长法比尤斯是政府之中最富的部长，他于2008年在巴黎买下的一间公寓价值270万欧元，在数家企业中拥有股份，一个人寿保险上的存款有52.9万余欧元，一些家具和艺术品价值34万欧元。负责与议会联系的国务秘书让-马里·勒冈此前因申报的房产价值明显被"低估"而受到批评。政治生活透明最高委员会向勒冈发函，督促他"遵守规定"，因为"与可比较的房产相比"，他低估了他的一些房产的价格。奥朗德总统接着警告说，如果勒冈不对房产价值进行重新评估，就应该离开政府。勒冈后来重新申报了其房产价值。

自此，在欧洲国家中，除了斯洛文尼亚外，其他国家都已经实行官员财产公示制度。

三　瓦尔斯政府的最后一次改组及其使命

2016年2月11日，法国总统府爱丽舍宫宣布改组政府，瓦尔斯继续留任第三任总理并组成除了总理外包括38名男女各一半的部长和国务秘书的第五共和国第 39 届政府。

前总理艾罗被任命为外交与国际发展部部长，接替法比尤斯，法比尤斯将转任宪法委员会主席。奥朗德总统的前文化事务顾问奥德蕾·阿祖莱女士被任命为文化及传播部部长，接替前任佩尔兰女士。罗亚尔女士仍为环保部部长，但其职务有所改变，她现在是环保、能源、海洋、气候事务国际关系部部长（此前她是环保、持续发展及能源部部长）。三名环保派人士进入瓦尔斯新政府，其中欧洲生态－绿党全国书记埃马努埃莱·科斯女士被任命为住房部部长，国民议会生态党团主席、2015 年 9 月退出欧洲生态－绿党的芭芭拉·蓬皮莉女士被任命为气候事务国际关系与生物多样事务国务秘书，参议院生态党团主席、2015 年 8 月退出欧洲生态－绿党的让－樊尚·普拉斯被任命为国家改革与简政事务国务秘书。左翼激进党主席让－米歇尔·贝莱被任命为领土整治与乡村事务部部长。留尼汪岛的国民议会议员埃莉卡·芭蕾格女士被任命为实际平等事务国务秘书。

奥朗德总统宣布，改组瓦尔斯政府的目的是在他任期的最后一年，新政府能够就保护法国人的安全、就业和环境三大任务"行动起来"，能够进行"改革"。

奥朗德总统改组瓦尔斯政府的另一目的则是团结欧洲生态－绿党和左翼激进党等左翼政治力量，扩大社会党的政治基础和社会基础，为 2017 年大选未雨绸缪，做好准备。

四 瓦尔斯政府的经济和社会政策

自 2014 年初以来，奥朗德总统就一反社会党人一贯坚持的以刺激内需来拉动经济增长的理念，宣布以供给政策为核心的鼓励生产策略，并进一步紧缩财政。一方面向企业巨额注资，另一方面承诺控制公共开支。瓦尔斯组阁之初，也提出以"改革、削减赤字、振兴与成功"为主基调的施政纲要，与奥朗德总统的经济思路相呼应。总之，"奥瓦组合"及其出台的经济和社会政策具有鲜明的"社会自由主义"色彩，在公共开支的撙节和支持企业的力度上是前所未有的。

1. 2015～2017 年公共开支再撙节 590 亿欧元

为推动"责任和团结公约"的实施、重振领工薪者购买力、降低公共财政赤字，瓦尔斯政府于 2014 年宣布，在 2014 年已规划中的 150 亿欧元基础上，在社会党五年任期内为公共财政再节省 500 亿欧元的开支。瓦尔斯政府于 2015 年宣布，2015 年和 2016 年额外节约 90 亿欧元，主要将在疾病保险部门和地方行政单位的开支上截留。这就意味着，2015~2017 年三年中瓦尔斯政府将进行前所未有的努力，从中央政府、地方政府、医疗保险和社会保险体系中总共再搏节 590 亿欧元。

具体的做法是，在中央政府层面，瓦尔斯政府将继续控制中央下属各部运营费用，包括不动产支出、采购及信息系统等开支，继续冻结公务员工资指数，但不改动公务员的"晋升规定"并给收入较低的公务员加薪，精简政府机构（就业中心及大学除外）。在地方政府层面，中央政府将帮助地方政府控制公共支出，明确地方政府权力，精选资助项目，改革跨市镇协会。在医疗保险层面，瓦尔斯政府将降低医疗保险支出，对护理过程进行更好的组织，并优化药品开支。在社会保障体系管理层面，瓦尔斯政府将不降低社会福利总额，但在 2015 年 10 月之前不增加养老金以外的养老补贴和积极互助收入津贴以外的其他福利补贴，收入低的退休者、扶贫、提高积极互助收入补助金不在此列。

2. 落实"责任和团结公约"中对资方的承诺

为落实"责任和团结公约"中对资方的承诺，奥朗德总统在 2014 年新年贺词里再次声明要"减轻资方负担，给予企业活动更加灵活的自主权"，同时，他要求"资方应该提供更多就业机会，加大与劳工对话的力度"。

为了兑现"责任和团结公约"中对资方的承诺，瓦尔斯政府的措施之一是 2014 年 1 月成立"简化事务委员会"，目的在于"节省法国企业的时间和金钱"，主要方式是减轻企业"过分和无用的"行政负担，继续推出"简化行政手续猛药疗法"。

为了兑现"责任和团结公约"中对资方的承诺的另一重大措施，瓦尔斯政府于 2014~2016 年将推行减轻企业 400 亿欧元的劳动成本减免计划，其中一半已经规划在"竞争力与就业"减税名下，另外一半首先必须面向低薪阶层，尤其是独立劳动者，以达到刺激就业的目的。

事实上，振兴经济和就业已成法国当今第一要务，企业税务改革也将同时进行。瓦尔斯总理还表示降低劳动成本是"提高竞争力的杠杆之一"。他宣布将目前33%的企业标准税率从2016年起逐步下调到2020年的28%；从2016年起减少企业主为家庭补助金项目缴纳的社会保险分摊金；对于企业按法定最低工资标准给付的工资，将"完全取消"企业主向社会保险机构缴纳的社会保险分摊金。所有这些措施都是为了减轻企业负担，为社会创造更多就业岗位。

在个人减税方面，从2015年起法国最低工资收入者的工资税将会下调，独立劳动者的家庭补助金项目的社会保险分摊金也将减少。2016年1月1日起，法国全国以家庭为单位缴纳的社会分摊金部分也将总共减少45亿欧元，以此促进国民购买力的增长。

3.《马克龙法案》

法国议会于2015年7月最终通过《促进经济活动、经济增长与机会平等法案》（即以经济、生产振兴和数字经济事务部部长命名的《马克龙法案》）并于9月实施。这项旨在打破束缚法国经济发展的桎梏、为法国经济注入新活力的《马克龙法案》共有308项条款和5项重点：解禁原有周日购物限令；放开国家管控行业（如律师业）；变卖50亿～100亿欧元的国有资产；客车业松绑；改革雇佣制度以及促进员工持股制度。此外，《马克龙法案》还涉及开放长途汽车行业，便于不富裕人群出行并鼓励长途汽车行业同火车行业竞争；更"简单、快速"处理解雇员工纠纷以及鼓励企业向员工出售股份并降低员工股份税率；等等。

在马克龙推出的若干项"野心勃勃"的改革措施中，其中一项是将商店周日营业从每年5天增至12天，设在"国际旅客观光区"的商店将允许营业至午夜。瓦尔斯总理希望借此增加巴黎对数百万观光客尤其是中国游客的吸引力。

法国商店周日不营业的传统始于1906年，当时在工会施加的"保护劳工权益"压力下，同时出于教徒周日做礼拜的习俗，政府被迫出台法律规定周日为休息日。除特定商店外，大部分商店被禁止周日营业，一年最多有4个周日可营业，违者将被罚款。直到现在，法国的超市店铺在周日基本不开门，只有一些食品店周日最多可营业到13点。只有面包店，早就被允许在周日开门。

实施《马克龙法案》不会一帆风顺，它打破了陈规将会引起法国民众生活方式和传统文化的转变，更加现实的是它触动了许多行业的利益。2016年 1 月 26 日，法国爆发全国性抗议风潮，出租车、航空、医院和学校等多个行业举行大罢工，抗议待遇和工作条件问题。大巴黎地区的 1500 辆出租汽车司机在各地发动蜗牛行动，封路示威，烧轮胎，掷鸡蛋，反对"配备司机的旅游车"的竞争，形成了最具暴力特点的抗议风潮"主战场"。航空行业的空管员罢工，打乱了订好机票、日程的度假客的计划。在这场席卷全国的罢工浪潮中，随处可听到高喊的口号，要求"马克龙辞职"。尽管遭到一些行业的反对，但马克龙决心继续扛起法兰西经济改革的大旗，瓦尔斯政府也决心把《马克龙法案》继续推行下去。

4. 投资计划

根据欧委会主席容克于 2014 年 11 月宣布的面向欧盟成员为期三年总金额达 3150 亿欧元的"容克（投资）计划"，法国于 2014 年 12 月向欧盟呈交了一份 2015 ~ 2017 年宏伟投资计划，包括 32 个项目，总金额达 480 亿欧元。这个投资规模是德国的近两倍。

该投资计划有三大特点：其一是在创新和数字经济。在 480 亿欧元的总投资额中，这两个领域占了 40%，而欧盟 28 个成员的平均比率是 20%。巴黎是创新和数字经济投资的主要地区。其二是横向关联效益计划多于特殊项目，例如热能创新、向投资机器人技术的中小企业放贷计划。其三是筛选的项目能迅速启动。基础设施投资也不少，如索恩河谷输气管道、戴高乐机场快线、大巴黎快线地铁、地铁快线 E 线向拉德方斯延长等项目。巴黎还推出连接欧洲北部和西班牙的部分铁路网翻修计划，货运铁路线现代化计划，并希望容克计划能为这两个项目提供资金。法国还有一个投资额估计年 50 亿欧元的市区翻修计划（10 年 250 亿欧元），以期使 200 个状况最糟的平民街区重获新生，巴黎希望欧洲为这项计划提供资金。

2015 年 7 月，欧洲投资银行一方面为法国投入 5000 万欧元用于开发可持续能源，包括建设风力园区、光伏工厂等，这是容克计划中欧投行为法国投入的第一笔资金，也是首次针对可持续能源的项目投入。另一方面，欧投行还投资 1800 万欧元专门用于棕土的去污化。此外，欧投行还批准了一些长期贷款用于大型的基础设施建设，比如为阿尔萨斯地区和北部加莱海峡的宽带建设分别投入 1.23 亿欧元和 1.47 亿欧元。2016 年，法国政府使用"容克（投资）计划"，进行一些产业创造或工厂现代化，为诺曼底地区建立常温奶现代化工厂，建设欧洲第一家航空钛废料的回收和再熔工厂。

与此同时，瓦尔斯政府于 2015 年 5 月启动二期"新工业法国计划"，也称为"未来工业计划"，将"再工业化"总体布局优化为"一个核心，九大领域"。一个核心即是以"未来工业计划"为核心，明确提出通过数字技术改造实现工业生产的转型升级，以工业生产工具的现代化帮助企业转变经营模式、组织模式、研发模式和商业模式，从而带动经济增长模式的变革，建立更具竞争力的法国工业。九大领域包括数据经济、智慧物联网、数字安全、智慧饮食、新型能源、可持续发展城市、生态出行、未来交通、未来医药。法国经济部部长马克龙曾坦言，该计划仿照的对象正是德国工业4.0，因而也被媒体称为法国版"工业4.0"。

2015 年伊始，法国经济增长、失业率、投资、工业生产、企业倒闭等关键经济指标向好，出现复苏迹象，但真正要使经济持续有力增长，进而创造就业，法国经济学家普遍认为必须重振投资。在此形势下，瓦尔斯政府也提出"投资，投资，再投资"的口号，并于 2015 年 4 月出台重振私人投资系列措施，亦即"促进投资拉动生产力"的措施。其核心是 5 年内额外给予进行工业投资（购置机器、机器人等）的企业 25 亿欧元的减税优惠，其中 2015 年优惠 5 亿欧元。这次"促投资"新政可以全面拉动企业、家庭和公共投资。瓦尔斯政府认为，此举在当年就能够显现效果，为经济复苏"添柴"，从而进一步加快法国经济复苏的步伐。

5. 力拼就业

法国政府自 2013 年以来曾连续推出就业的措施，瓦尔斯政府进一步加大了解决失业的力度。

瓦尔斯政府于 2015 年 6 月宣布一套支持微型企业和中小企业招工的计划，对 2015 年 6 月 9 日至 2016 年 6 月 8 日之间雇用首名领薪职工的微型企业给予一笔 4000 欧元的补助金。这项措施针对全国 120 万家微型企业，其宗旨是鼓励这类企业跨越首次招工的第一步。经济部部长马克龙当时估计：这项补助"应有助于开创 6 万至 8 万个就业岗位"。

瓦尔斯政府还推行职业培训计划，从 2015 年 1 月 1 日起创立"个人培训时数账户"，取代以前主要由领薪职员享受的"个人培训权利"。"个人培训时数账户"终身跟随当事人的职业生涯，每人每年可享有 150 小时的培训，但是，"个人培训时数账户"的主要使用人是求职者，他们还可以酌情增加培训的时数。

奥朗德总统在 2016 年 1 月 18 日宣布了旨在斥资 20 亿欧元重振就业的一套整治失业"紧急"计划，目标是在他总统任期结束以前最终"扭转失业曲线"。计划之一是设立为期两年的"中小企业雇工补助金"，职工人数在 250 人以下的中小企业，用相当于法定最低工资 1.3 倍以下的工资雇用一名长期合同工或短期合同工 6 个月以上，可立刻享受一年 2000 欧元的"雇工补助金"。计划之二是全国就业中心将配置新的培训项目。法国成人培训协会与其他机构将负责该项任务，劳资双方将各自出力，在每个大区按企业的需要，确定与每个行业职业有关的培训。培训的对象是欠缺专业知识技能的失业者，重心是"明日产业"（数字化、环保等）和欠缺人手的行业。总共要培训 50 万失业者重新就业。除此之外，奥朗德总统还宣布"发展学徒工也应该是一项优先行动"，企业应可"全年"接受年轻的学徒，从而使学徒制度成为一个"成功和绝佳的途径"。奥朗德总统于 2016 年 1 月 12 日宣布"国家信托局"在 2017 年以前将额外拨出 30 亿欧元用以建造社会福利住房和公共建筑能源翻新工程。由于建筑业是劳动力密集型行业并占法国经济总量的 20%，此举拉动就业的意图显而易见。

但是，2014 年法国本土失业率和失业数量分别为 9.9% 和 283.7 万人，2015 年分别为 10.0% 和 288.2 万人，失业率和失业数量继续攀升。从 2016 年起，法国本土的失业率和失业数量有所下降。

6. 第三轮未来投资计划

瓦尔斯政府于 2016 年 3 月 2 日推出"第三轮未来投资计划"，配备资金 100 亿欧元，用于国家战略领域的研究和创新，以便迎接第四次工业革命的到来。自 2010 年以来，前后几届政府已制订两轮未来投资计划，共拨款 470 亿欧元，包括第三轮未来投资计划在内，拨款已经达到 570 亿欧元之巨。可见，法国政府对于科技创新的投入是从不吝啬的。

进入 21 世纪以来，法国历年的研发投入占国内生产总值的比重都在 2% 以上。2014 年，法国共有 25 个国立科研机构和 85 家挂靠在高等院校内的科研中心或小组，科技从业人员总数在 35 万人左右，科研方面的总投入已上升至 390 亿欧元，占国民生产总值的 2.07%。例如，设置在格勒诺布尔市的科技园被称为法国硅谷，这里拥有世界上最大的纳米技术园区。它还是法国高能物理和电子技术的研究中心和开发基地，拥有 8000 多家研究和制造高能物理和电子产品的科研机构和企业。

为了鼓励科技创新和激发科技人员的积极性，法国还设立许多公共科研计划和许多种科技创新奖项，如"法兰西科技创新奖"等。

法国拼命"砸钱"的方法确实收获了不少，目前法国在环境、新能源、纳米技术、航空航天及生物制药领域都多有不俗的成绩，出现许多创新的科研成果。在汤森路透 2015 年发布的全球百强创新机构排名中，法国凭借上榜 10 家机构在欧洲各国中独占鳌头。

7. 稳定计划

2014 年，法国国内生产总值增长 0.6%，法国预算赤字降至 4.0%，公共债务为 95.3%。2015 年，法国国内生产总值增长 1.3%，法国预算赤字为 4.0%，公共债务为 96.2%。2015 年法国多项经济指标好于预期，表明法国经济复苏已取得初步成果。又鉴于法国经济增速将在 2016 年上半年走强，失业率将回落，消费者开支增加，瓦尔斯政府于 2016 年 4 月向欧盟执委会提交的法国"稳定计划"中，维持了今明两年经济增长 1.5% 的目标，财政赤字 2016 年为 3.3%，2017 年为 2.7%。但为了维持随后两年财政赤字目标不变，将额外削减公共支出以抵消低于预期的通胀影响。也就是说，瓦尔斯政府今年将额外削减支出 38 亿欧元，2017 年额外削减 50 亿欧元。

第三节　短命的卡泽纳夫政府

一　卡泽纳夫政府的组成及其特点

曼努埃尔·瓦尔斯总理在任职后期曾多次表示，他已做好准备竞选下一届法国总统。当2016年12月1日奥朗德总统宣布将不寻求连任后，瓦尔斯喜上眉梢，于5日正式宣布将集中精力参加总统竞选。12月6日早上，瓦尔斯总理递交他与政府的辞呈后，爱丽舍宫当日立即宣布任命贝尔纳·卡泽纳夫为总理并组成第五共和国第40届政府。新总理将在奥朗德总统任期的最后5个月领导政府，并将成为第五共和国历史上除瓦尔斯第一任总理任期之外，任期最短的总理。

奥朗德总统选择卡泽纳夫为其任内第三位总理，主要看中卡泽纳夫担任内政部部长期间在国内安保领域的丰富经验和领导能力。自2015年巴黎恐袭以来，卡泽纳夫成为奥朗德非常信赖的亲信，而前者也是奥朗德的坚定追随者和忠实支持者。在他担任内政部部长期间，牵头处理了法国遭遇的数次恐怖袭击，包括2015年1月《查理周刊》①恐怖枪击、11月13日巴黎遭遇的前所未有的连环恐怖袭击、2016年7月14日在尼斯发生的恐怖袭击事件。卡泽纳夫也因为在处理一系列恐怖袭击事件中表现出的强硬冷酷成为媒体关注的焦点，普遍认为他的形象体现了法国"维稳高层"面对恐怖分子威胁的镇静与坚定。

卡泽纳夫1963年出生于一个社会党人家庭，他的父亲曾经是法国瓦兹省社会党负责人，母亲是左翼马克思主义者。当他在波尔多政治学院学习时，组织和领导了左翼激进青年运动联合会②。1985~1987年成为左翼激进党人运动全国局的成员。之后，他加入社会党。毕业后，卡泽纳夫在法国的"人民银行"从事法律工作，同时参加社会党的地区活动。卡泽纳夫作为社会党内的法比尤斯派进入左翼政府，担任过好几个部长的技术顾问与办公室主任。1991年任国际文化交流国务秘书。1992年改任外交部国务秘书。1993年改任海洋国务秘书。1997年、2007年和2012年三次当选为国民议员。后来他与奥朗德的关系日益密切，在2012年总统大选期间是奥朗德竞选团队的发言人之一。奥朗德当上总统后，他先后担任外交部负责欧盟事务部长级代表（2012年）、财政部负责预算部长级代表（2013年）和内政部长（2014年）。

---

① 法国《查理周刊》法文为"*le Charlie Hebdo*"。
② 左翼激进青年运动联合会法文为"*la Fédération du mouvement des Jeunes radicaux de gauche*"。

卡泽纳夫对政府进行了小调整，仍"广纳"瓦尔斯的亲信：自 2012 年以来在国民议会担任社会党党团主席的布律诺·勒鲁进入政府，接替内政部部长的职务。瓦尔斯的公开支持者让－马里·勒冈仍留在政府里，但其职务与安德烈·瓦利尼对调，他不再担任与议会联络事务国务秘书，改任发展与法语国家事务国务秘书，瓦利尼则转任地位较重要的与议会联络事务国务秘书职。政府的其他部职人事安排不变。由此看出，卡泽纳夫政府保持与前届政府的许多特点，如比较精干、男女搭配均衡等特点。正如奥朗德总统身边的一名亲信透露："目标是保有一个可迅速行动、男女部长都有经验的政府，大部分的阁员都留在原位。"他强调新政府班子"非常团结"。

卡泽纳夫总理于 2016 年 12 月 13 日在国民议会阐述执政纲领时称，要建立一个"生动活泼互助团结的社会"，与争论家和唱衰法国的预言家描绘的形象迥然有别。

新政府将继续推行前届政府的改革措施，平衡政府的财政预算，努力压缩财政开支。继续行政机构的改革，使国家现代化。

在经济层面，卡泽纳夫政府继续实施前届政府的经济政策，以改革和创新促进增长，努力使经济走出低谷，再上一个台阶。新政府继续扶持中小企业，恢复法国企业产品在世界市场上的竞争力和影响力。新政府还要加大政策的力度，提高法国家庭的购买力。

在社会层面，卡泽纳夫政府将增加就业作为首要任务，希望"扩大"失业率开始下降的战果。为增加就业，新政府 2017 年仍将向 21 岁以下学徒工发放补助，为失业者增加 50 万个培训机会的计划将至少延长半年，在法国 10 个地区实施无长期失业者试验计划。此外，新政府还将在维护法国社会模式的基础上进一步深化劳动法的改革和改善医疗条件。

在治安和反恐层面，卡泽纳夫总理在国民议会阐述执政纲领时提到孟戴斯·弗朗斯和饶勒斯，激励国人面对恐怖主义时要"勇敢"和"冷静"。新政府必须持续确保法国安全，尤其在恐袭风险升高的圣诞节、新年和选举期间。

在外交层面，卡泽纳夫政府将使世界继续听到法国发出的声音，给予欧洲新的方向。

卡泽纳夫总理表示，在仅有的 5 个月任期内他将矢志更密集地工作，把"一个月至少当 3 个月用"。

二 经济政策、社会政策与治安

根据 2017 年财政法案，卡泽纳夫政府推出数项措施，旨在加强法国的吸引力。其中包括，2017 年中小企业的公司税将降至 28%，至 2020 年该政策将拓展至所有企业。这一改革将有助于在欧盟成员内部构建统一的公司税率。现行五年计划中推出的竞争力和就业税务优惠政策及中小企业聘用优惠政策进一步得到加强，中小企业聘用优惠政策将延长至 2017 年，竞争力和就业税务优惠政策的优惠幅度增至工资总额的 7%。外籍雇员享受减税优惠的年数从 5 年增至 8 年，其所领取的奖金亦将获得免税优惠。通过建立企业家与投资者账户，面向增长中的初创中小企业，为其提供适合"天使商业模式"的税务框架，从而实现连续周期性投资。

2016 年法国国内生产总值仅增长 1.1%，2015 年为 1.2%。但法国企业开创数猛增 6%，是 6 年来的最大增幅。6 年里一共诞生了 55 万多家新企业，而企业倒闭数有所减少。奥朗德总统多年来期许的"扭转失业率曲线"的目标最终在 2016 年实现。就业中心登记的失业人数自 2007 年以来首次出现年度下降。但法国本土的 A 类（无任何工作）失业者依然有 347 万人之多。出口在 2016 年明显减速，继 2015 年上升 6% 之后，仅增 0.9%。而进口却很强劲（+3.4%）。这样外贸赤字就大大拖了增长率的后腿。

法国总理卡泽纳夫宣布，法国现在面临恐袭的概率依然很高，政府计划将法国目前的"国家紧急状态"延长七个月，直到 2017 年 7 月 15 日。他表示，这是为了保证法国总统和议会选举的顺利进行。国民议会也根据政府的建议批准了第 5 度延长紧急状态。

第四节 改革、社会矛盾和社会风潮

弗朗索瓦·奥朗德总统深知，要改变法国的命运，就要进行刻不容缓的改革，"改变，就是现在"①。

　　首先，他要兑现对法国的 60 项承诺，即克服法国经济危机、恢复财政平衡和促进社会平等。他特别强调："法兰西的灵魂，就是平等"②。的确，奥朗德走马上任后，陆陆续续地公布了许多改革的措施。先后担任总理的艾罗和瓦尔斯也恪守职责，兢兢业业。瓦尔斯总理在其政府运行百日之时发表讲话指出，改革就是要使法国重新向前迈进。他不断重复这一口号："总是在行动""快速行动"。奥朗德 60 项承诺中有关经济、财政、税务以及某些社会改革，已经包含在艾罗政府和瓦尔斯政府所推行的经济和社会政策中，这里主要分析和论述奥朗德关于政治和社会热点的改革。

　　其次，奥朗德要重塑"法国梦"。在法国普里瓦出版社于 2011 年出版的《法国梦（2009～2011 年弗朗索瓦·奥朗德的演说和访谈录）》中，奥朗德就大谈他的"法国梦"。他承认这样的现实："在这场危机中（2008 年以来的经济危机——作者注），我意识到残酷的竞争让法国掉队了。法国衰退了。"③ 但他不愿接受这样残酷的事实："民意调查显示，法国经济最终会成为衰退的一员。我对此不以为然，对于一个像法国这样总能创造'例外'的国家来说，这样的论调没有任何意义。"④ 他提出重塑"法国梦"，就是创造法国"例外"，通过改革，"让法国重新成为世界各国的榜样"⑤。

　　再次，国内压力。多年来法国经济现状不佳，债台高筑，企业竞争力低下，贫困化加剧，社会矛盾凸显，教育质量滑坡严重，移民宗教冲突增多，国内要求彻底改革的呼声高涨。2015 年 3 月出版的著作——《我们要撞墙了!》⑥ 就是其中的代表。该书以"经济类"新书震撼上市，并连续三周登上最佳销量榜榜首，说明该书作者提出彻底改革的观点受到法国读者的热烈响应。该书作者是法国著名智库"公共行政和政策研究基金会"主

---

① 弗朗索瓦·奥朗德：《改变命运·奥朗德自述》，译林出版社，2013，第 143 页。
② 弗朗索瓦·奥朗德： 《改变，就是现在——我对法国的 60 项承诺》，法国社会党网站，2012，第 2 页。
③ 弗朗索瓦·奥朗德：《改变命运·奥朗德自述》，译林出版社，2013，第 41 页。
④ 弗朗索瓦·奥朗德：《改变命运·奥朗德自述》，译林出版社，2013，第 145～146 页。
⑤ 弗朗索瓦·奥朗德：《改变命运·奥朗德自述》，译林出版社，2013，第 146～147 页。
⑥ 阿涅丝·韦迪耶－莫利涅：《我们要撞墙了!》，阿尔班·米歇尔出版社，2015。

席、经济学家阿涅丝·韦迪耶－莫利涅。她写作本书的目的是：上要打破"不揭疮疤"的政坛潜规则，中要回应"国家癌症"背后的利益集团宣战，下要唤醒不明就里的百姓。她在该著作封面上罗列了一串数据：360项税费；40万项规定和10500项法律；① 每年累计200万个罢工日；103项社会补助每年7000亿欧元开销；3000页《劳动法典》等触目惊心的数据，指出法国行政之烦琐、法律法令之复杂、《劳动法典》之僵化、税费之沉重、罢工日之多，说明法国已"病入膏肓"，"法国人已经容忍到了极限"，唯一的出路就是加快改革、进行深层的和结构性的政治、经济和社会改革。

最后，外来压力。欧盟委员会、欧元区国家特别是原来的欧洲建设的发动机之一德国，都期待法国通过深刻的改革，克服财政赤字、促进经济增长、解决严重的失业，恢复法国作为欧洲建设的原动力。国际货币基金组织也敦促法国政府不失时机地加大改革的力度，不要因为改革触动一些利益集团的奶酪而畏首畏尾，直至降低改革的标准甚至放弃改革。标准普尔、穆迪和惠誉三大国际评级机构在调低法国信用制度的等级时对法国当权者发出警告，法国除了在改革中获得生机活力外别无选择。

一　政治体制改革、简政放权、男女平衡、地方改革、反腐败新措施

1. "可弹劾总统"法案

2014年10月21日，法国议会两院最终通过"可弹劾总统"法案，即解除国家元首职务的细则。在第五共和国宪法第九章中，已经规定设置特别高等法院对国家元首不履行其义务进行审判，但缺乏解除总统职务的细则，前任几届总统都许诺进行补充，但最后都不了了之。此次"可弹劾总统"法案的通过，终于使第五共和国宪法第九章中的条文得以实施，从而成为悬在法国国家元首头上的达摩克利斯之剑。

该法案规定，假如总统失职，其行为与其职务显然不能相容，就可以

---

① 阿涅丝·韦迪耶－莫利涅在《我们要撞墙了!》中指出，在法国总共62部法典中，共有40万项标准、10500项法律和127000项政令。

对他展开革职程序。这时，议会两院中的一院应以三分之二的多数通过一项特别高等法院开会提案。提案通过后，应立即转交另一院，另一院应将提案列入议事日程。若提案遭到否决，程序就此中止；假如通过，特别高等法院就要开会。总统可以接受调查委员会听证，可以参加特别高等法院的辩论，也可以找人代表自己。特别高等法院应在一个月内按秘密投票方式、以三分之二多数票对罢免总统职务做出裁决。投票权不得授予他人。三分之二多数票只统计召集特别高等法院会议的赞成票或罢免案的赞成票。

特别高等法院由选出的两院议员组成，由国民议会议长主持。

2. 简政放权

法国的行政审批制度以手续烦琐、公文叠床架屋而著称。即使进入电子时代，原来所需"纸张"，也未见有简化迹象，公章旅行，层层批复，机构重叠，效率低下，仍然是法国各级行政机构的主旋律。奥朗德总统在2013年12月31日新年祝词中引述经济合作与发展组织的数字指出：冗繁的行政手续使法国企业每年耗费600亿至800亿欧元，相当于国内生产总值的3%，十分惊人。他决心进行简政放权的改革。

2013年3月，法国推出"简化行政手续猛药疗法"之后，继续简化行政手续方面改革的进度，要求企业、领薪职工、公务员以及地方行政单位，人人贡献"一己的责任"，厘清拿破仑时代遗留下来至今仍然在法兰西纵横驰骋的法律法规，以便精简重叠的行政机构，简化行政首批程序，提高办事效率。"简化事务委员会"继续前任艾罗总理的"猛药疗法"，于2014年4月公布了50条对企业简化行政措施，其中保证"任何新法律或新标准不会引起企业额外的花费"，"减少个人企业的章程数目，减轻企业成立的预先批准程序，把新成立的企业提交章程的份数减为一份"等。2014年10月推出第二批50条措施，主要为了减少建筑部门、企业招工以及企业日常运作中繁冗复杂的行政文件和手续。2015年6月再次推出近百项简政措施，其中绝大部分惠及农业和为企业环保松绑。2016年2月，又一次公布了170条旨在惠及个人和企业的简政措施。2016年10月再次宣布有关企业的48条新的简政措施，其主旨是发展企业创新、再生能源、整治与建筑，以及简化税务规定与开设公司的手续。此外，宣布了涉及个人的30条简政措施，

旨在节省民众的时间和改善公共服务的质量。3 年来的简政措施数目总共有
600 多条，在就业、公民资格、住房、青年四个重点行动上为民众和企业的
日常生活带来显著的便民结果。

3.《地方行政组织改革法》和巴黎地位改革

地方行政区划碎片化和"千层饼"式的结构，也是法国政治体制弊病
之一。其一，它造成机构重叠、角色混乱、审批繁复、效率低下。其二，
目前法国全国地方行政单位的预算总额相当于 2500 亿欧元，成为中央和地
方财政的沉重负担。在奥朗德采取紧缩财政政策的时候，改革法国地方行
政单位的结构势在必行。

前任法国总统萨科齐也曾经试图进行地方行政改革，但由于触动了利
益格局，不了了之。奥朗德总统也是在自己民意最为低落之际，着手啃这
块"硬骨头"，大有"哀兵""背水一战""破釜沉舟"之势。他首先对大
区行政区划进行改革，提出《地方行政组织改革法》，其中心内容是"简
政"和"放权"。

自《地方行政组织改革法》于 2014 年 7 月在法国议会审议以来，议员
随即展开激烈的辩论。辩论的中心主要集中在两个议题上：其一，一些议
员反对经济发达和富裕大区与经济欠发达的大区合并。其二，如何保持大
区的特征，维护大区气候和地理条件的多样性，体现各个大区农业和文化
习俗的差异性。经过长时间的辩论，法国议会终于在 2014 年 11 月 19 日通
过了行政区划改革议案的第一条，2016 年 1 月 1 日起将法国本土的 22 个大
区合并为 13 个新的超级大区。

大区合并后最大的变化是卢瓦尔大区将彻底从法国版图上消失；阿尔
萨斯大区和洛林大区将恢复为一个大区，重新回到都德《最后一课》里，
德军入侵法国前的样子；葡萄酒爱好者最热衷的勃艮第大区将和弗朗什孔
泰大区合并；上诺曼底大区和下诺曼底大区将联合成为新的诺曼底大区；
科西嘉大区则被并入了普罗旺斯大区——这意味着以后我们再谈拿破仑的
出生地，将笼统地认为是普罗旺斯。

大区的合并显而易见：（1）改革后的法国大区规模将和欧洲整体的大
区规模相仿，大区之间人口分布比较均匀，经济实力大体相当，贫困率有

所降低。（2）大区改革后将可取消不同层级的重复管理、缩短决策程序、简化行政步骤，使得地方行政单位一些机构的存在合理，并可提高服务质量。（3）大区改革后将大大减少政府开支，5～10年内能节约100亿欧元，相当于大区总开支的5%～10%。（4）大区改革后，仍将大体保持各个大区的特征、多样性和差异性。例如，阿尔萨斯的斯特拉斯堡以其欧洲中心的地位，将拥有更强的实力，成为一个超级大区的首府。（5）新的大区结构将进一步加强区域之间的合作联系，并能有效构建区域战略。

在大区合并的同时，《地方行政组织改革法》还赋予大区"更多的责任"来强化大区。2015年8月7日法律规定，将省的某些职能转交大区承担，大区在以下领域是唯一拥有权限的地方行政机构，这包括支持企业和推动培训与就业政策，在地区火车、公共汽车、公路、机场、港口等交通领域有权采取行动，大区还负责管理高中和初中，也负责地方领土整治以及大型基础设施的建设和管理。

2013年12月的《地方公共行动现代化法》、2015年8月7日法律和2017年2月有关巴黎地位改革和本土整治的一套法案规定设置21个大都会联合体。它们是：大巴黎、埃克斯－马赛－普罗旺斯、尼斯、里昂、波尔多、格勒诺布尔、里尔、南特、雷恩、鲁昂、斯特拉斯堡、图卢兹、布雷斯特、蒙彼利埃、圣埃蒂恩、土伦、奥尔良、第戎、图尔、克莱蒙－费朗、梅斯。这些大都会的居民起码有40万。2017年2月有关巴黎地位改革和本土整治的一套法案还规定，巴黎市与巴黎省合并为一个特殊的地方行政单位，称为巴黎市。预定2020年把巴黎第一、第二、第三、第四区合并为一个行政区，只设一个区政府和区长，但保留巴黎20个区的邮政编码。同时，巴黎市议会和巴黎市长将增加其职权。

4. 《男女实际平等法》

尽管在此以前，法国在提高妇女政治地位方面颁布了法律法规，但实际上男女在政治生活中和在家庭生活中的不平等依然存在。瓦尔斯政府的社会事务、卫生和妇女权利部长玛莉苏尔·图雷纳列举了法国男女不平等的如下事实：（1）在家庭生活中，80%家务由妇女承担，女性是家庭暴力的主要对象。（2）男女同工不同酬，女性与男性报酬差距为23%。（3）在大型企业中，女性高管占的比例小，如法国股市主导的 40 个大型企业的董事会中，女董事仅占 23%。（4）在国民议会中，女议员仅占 26.9%。（5）在市镇长中，女性也仅占 14%。

2014 年 7 月 23 日，法国议会最终通过《男女实际平等法》。根据该法律，法国政府将采取具体措施，严惩家庭暴力事件，以维护妇女合法权利。要求企业实现男女同工同酬。该法律还规定高级管理人员和高级公务员中女性比例必须占 40%。

《男女实际平等法》还规定，准许"无意继续怀孕"的妇女实行人工流产。这个说法取代了 1975 年 1 月《韦伊法》的措辞。该法律的措辞是：准许"其状况使其处于困境"的妇女采用人工流产。《男女实际平等法》还规定，鼓励父亲休育儿假。

5.《反兼任公职法》

2014 年 1 月，法国议会两院经过长达 7 个月的往返审议，最终表决通过《反兼任公职法》。该法律规定，自 2017 年 7 月 1 日起禁止议会两院议员以及欧洲议会议员在地方行政机构兼职，两院议员不能再兼任市镇市长或副市长、城市共同体议会议长或副议长、省议会议长或副议长、大区议会议长或副议长、混合经济公司董事会董事长，但可继续担任省市大区议会议员的职务。而目前议会两院中 60% 的议员都兼任上面列举的职务。

6. 反腐败新措施

2014 年 12 月 9 日，非政府反贪组织"透明国际"公布了法国的贪腐状况分布图。根据"透明国际"不完全统计，最近 10 年来法国发生的 200 多件贪腐案，主要涉案者是民意代表、前部长、公务员或是普通的企业老板，特别是市长和镇长。这类贪腐案主要与公共工程招标分配案有关，总共有 130 名市长和镇长被判刑。"透明国际"组织还公布了《2014 年全球廉政指数》报告，在全球 175 个从最清廉到最腐败的国家的评比排名中，法国排名第 26 位。《2015 年全球廉政指数》报告，法国在 104 个国家中位居第 23 名，远远落后于北欧各国，同时也落后于德国、英国和美国。

为了改变法国反腐败领域的落后状况，瓦尔斯政府除了打造一个"明朗内阁"外，还制定《提高经济生活透明度法》（简称以财政部长米歇尔·

萨班命名的《萨班法Ⅱ》①）并于 2016 年 6 月获得议会通过。这套法案包括 57 项条款，在法国法律中引进前所未有的一系列措施，旨在加强公共决策透明度、加大反腐力度以及提升经济运行效率。

《萨班法Ⅱ》决定升级国家反腐机构。它规定成立一个国家反腐局，取代原来的中央预防腐败处。国家反腐局的人员将从中央预防腐败处的 16 人增加到约 70 人，年度预算也将增加到 1000 万至 1500 万欧元。国家反腐局的主要职能包括：制定国家反腐战略、为行政机关及企业提供落实反腐举措的建议、监督法国企业遵守反腐规定以及监督法院对涉腐案件判决的执行。为保证这一机构的权威性，国家反腐局的最高负责人将由法国总统直接任命，人员从法国司法系统内的资深法官中挑选，每任任期 6 年，且任期内不得更换人选。

《萨班法Ⅱ》规定，500 职工以上以及年度营业额 1 亿欧元以上的法国大型企业，以及具有工业或商业性质的公共机构，均必须履行反腐义务。这些反腐义务包括必须定期以书面形式分析和评估企业所在行业以及企业业务所在地区的腐败风险，必须评估客户及供应商面临的腐败风险，必须建立内控或外部审查机制以保证任何人无法掩盖腐败事实等。这些机构还必须设立惩罚机制，对机构内涉腐人员进行处罚或移交司法机构。国家反腐局可以随时到法国大型企业或公共机构进行检查，以保证它们履行反腐义务，未履行的企业或机构将受到法律处罚。

正如法国财政部部长萨班指出，2000 年以来无一家企业因腐败罪在法国被判刑。而这些涉案企业在国外受过审判，特别是在美国。这涉及伦理道德和公平竞争，同时也涉及那些可能受害于腐败行为的国家的发展。《萨班法Ⅱ》明显加大打击法国企业海外行贿行为的力度。它规定，今后不仅法国检察机关可起诉在海外涉贿的法国企业，一些非政府组织对法企在海外涉贿行为提出的起诉也将得到法国司法系统认可。起诉条件也比以前宽松，即使涉贿法企所在国家并未正式检举该企业的贿赂行为，也可进行有效起诉。此外，定居在法国的外国人如涉及贿赂等腐败行为，也会受到起

---

① 1993 年 1 月 29 日议会曾经通过《萨班法Ⅰ》，即《预防腐败、经济生活透明和公共诉讼程序法案》。

诉，而此前法国法律在这方面存在漏洞。

《萨班法Ⅱ》规定设立一个院外压力集团登记簿，受"加强公共生活透明度最高权力机构"管辖。利益集团若想行使利益代表的作用，就必须在这个登记簿上登记，人人都可以查询，从而使公众有权知道哪个人代表哪个集团的利益。

《萨班法Ⅱ》还规定，禁止向公务员赠送高档礼品，否则要受罚。工业企业要加强财政的透明度，定期公布账目。《萨班法Ⅱ》预定设立一些措施以加强对股市交易网站广告的管理。

《萨班法Ⅱ》还规定，实行"检举人"保护法，给勇敢的检举人提供法律保护，包括负担他们的律师费。萨班明确地表示："如果没有检举人勇于举报，最近的许多丑闻不会被揭发。可惜的是，其中一些人为此付出了沉重的代价。"他说：设置对检举人保护的条文，"目的是为这些人提供司法保护，包括负担其律师费，有时律师费非常昂贵"。

瓦尔斯政府的财政部部长萨班接受《巴黎人报》的采访时解释："今天法国在打击公职人员跨国贪腐方面处于落后的局面。制定这一套强有力的法律之后，许多贪腐案可能永远不会发生。"

二　简化《劳动法典》[①]，改革劳动法律法规

2015 年底，法国本土创下 359 万失业者的纪录，连同海外省求业者在内，法国求业者多达 578 万，全国失业率为 10.3%。法国失业金管理局的债务总额已经达到 258 亿欧元，如不采取措施扭转局面，后果不堪设想。法国经济难免在下坡路上加速，奥朗德"扭转失业曲线"的竞选承诺更无从谈起。

瓦尔斯政府一方面采取紧急"救"业计划以促进招工：凡 250 人以下企业，每年每招一人，可获 2000 欧元奖金。条件是合同期起码在 6 个月以上，工资最高可相当于法定最低工资的 1.3 倍。此外，通过《责任公约》给企业减免数百亿欧元的社会分摊金和税负。另一方面，瓦尔斯政府把宝

---

① 《劳动法典》法文为 "le Code du travail"。

押在"动真格的"劳动法改革上，提出简化《劳动法典》，改革劳动法律法规，从而根本上解决结构性的失业问题。

法国《劳动法典》厚达 3800 多页，[①] 条款复杂。比如，一个拥有 49 名员工的小企业，如果再招一名新员工，它将必须履行 27 个增加条款，其中包括设立一个由员工代表组成的企业委员会。如此繁复条件令许多雇主在招收新人时不得不"三思而后行"。而企业一旦招到不能胜任职位要求的员工，要解雇他，需要付出沉重代价，甚至是长达数年的司法诉讼。因此，不少法国企业特别青睐实习生、短期合同工和学徒工。

简化《劳动法典》，放宽劳动法律法规中的有关规定，赋予企业内部和职业行业内部劳资谈判更重要的地位，"使劳动法律法规更明确"，更适合企业的实际情况，加强企业的竞争力。

简化《劳动法典》和改革劳动法律法规包含三个基础：法律保障的劳动基本权利基础不能违反；法律服从劳资协议；在没有劳资协议的情况下，用法律补充。这法律法规的三个基础应可更明确地界定谈判的范围。在工作条件、工作时间安排、工作岗位以及工资四大"支柱"上"为劳资谈判开放新的谈判范围"。

改革将不会更改法定工作时数、法定最低工资、工作合同模式，也不会否定"法律准则位阶"。与有关法律和法规相比，企业内部的劳资协议不能不利于职工。

瓦尔斯政府参考意大利、德国等国的经验于 2016 年 2 月向议会提出《劳动法典》改革草案（由劳工部长米丽安姆·埃尔－库姆丽提出，故又称为《埃尔－库姆丽法》）。

实际上，法国上上下下心知肚明，要想促进经济增长、改善就业，改革过于僵化的用工机制、降低高昂的劳动成本势在必行，但是，改革《劳动法典》确实触动了一些利益群体。

2016 年 3 月 9 日，法国工会举行了首次反对劳动法修改草案的全国性游行，游行人数为 40 万~50 万。示威者声称要仿照"占领华尔街"和"马

---

① 法国《劳动法典》共有 3800 多页为官方统计数据，非官方统计有 3000 页的数据，也有 3600 页的数据。

德里愤怒的人"那样的斗争模式，以持久战的方式迫使政府撤销法案。3 月31 日，法国七大工会联合发起反劳动法改革大游行，以学生为主的一些年轻人在一家左派报纸的倡议下，聚集于巴黎共和国广场抗议至深夜，"黑夜站立"运动①由此发端。"黑夜站立"运动诞生以来，每夜吸引数百人乃至数千人。参加者有大学生、职员、失业者以及对各种政治语言失望的人。"黑夜站立"运动与法国学生群体、工会组织反对劳动法改革的其他街头运动紧密呼应，声势不断壮大，如今已蔓延至法国数十个城市。示威者和"黑夜站立"要求撤销劳动法改革法案和"法国雇主组织与国家分离"。5 月 1 日劳动节，在反劳动法改革的信号下，全国有 39 万至 120 万人上街示威，巴黎再次出现暴力小团体与警方冲突的场面。在巨大的社会压力下，瓦尔斯政府对劳动法改革草案做了多次修改，相较最初版本，无论在改革力度还是方式方法上，都已尽力兼顾各方利益。从 5 月 3 日起，法国议会正式审议劳工改革法案，以法国总工会为首的强硬派依旧不依不饶，号召和组织大罢工，要求撤销法案。工会强硬派的做法使反劳动法改革的工潮持续不断，极端行为日渐增加。工会强硬派对法国正常社会经济生活的"任性"阻挠，证明了劳动法改革之艰难，从而引起了整个欧洲社会甚至全世界的关注。在法国议会两院内，也存在许多反对修改《劳动法典》的右翼议员，其中包括一些左翼议员，瓦尔斯政府不得已先后三次启用宪法第 49 - 3 条款，最终，该法案于 7 月 21 日不经表决获得通过，数月来搅得全国动荡不安的劳动法改革法案艰难地尘埃落定。

经过多次修改的《有关劳动、劳资对话现代化及职业生涯安全化法》主要内容如下：成立专门委员会，负责两年内向政府提出全面修改《劳动法》文本；法定工作时间仍是每周 35 小时，但从 2017 年 1 月 1 日起，根据企业内部劳资协议，一周工作时间最长可达 46 小时（每年最多不能超过 12 周）。在工作时间安排上，企业劳资协议重于行业劳资协议。若无企业协会，就以行业协议为准。若无行业协议，就按法律规定办；在加班报酬问题上，企业协议重于行业协议。报酬增幅不得低于 10%。若无企业协议，

---

① "黑夜站立"运动法文为 "le Mouvement de la Nuit debout"。

法律规定增幅为 25%；除了工作时间安排问题外，行业的作用将加强。过去在 4 个问题上以行业协议为圭臬，现在增加到 6 个，即最低工资、级别、补充保险、职业培训基金、职业平等及艰苦职业；行业两年之内将重组，从目前的 700 个缩减到 200 个；企业劳资协议需获"多数"（由行业选举时代表 50% 以上领薪雇员的工会签字）通过才能生效。若无多数，代表 30% 以上员工的工会可要求举行企业公投；代表多数的工会签署的协议高于合同，包括报酬和工作时间。职工的月薪不得减少，但奖金可以变动。职工若拒绝这样的协议，会面临以"特别理由"被解雇的危险，没有重新安排工作措施；在没有工会的中小企业和微型企业里，雇主可与工会委派的领薪雇员谈判一切问题，以期达成协议；若订单或营业额同比大幅下降，可以进行经济裁员。对于 11 人以下的企业，这个降幅起码持续了一个季度，对于 11 人到 49 人的企业，起码持续两个季度，对于 50 人到 299 人的企业，起码持续 3 个季度，300 人以上的企业是 4 个季度；对于毕业不到 4 个月的 28 岁以下青年，设立寻找首份工作补助金，补助金发放 4 个月，无收入条件限制。

虽然《劳动法典》的修改案最终获得议会通过，但针对现存的法国社会和经济问题，这些条款是否能产生效果还有待时间来考验。

三　退休制度改革

奥朗德在竞选总统时曾经指责竞选的对手萨科齐在总统任职期间针对退休制度改革的步伐迈得不大，一方面是对部分退休者不公，另一方面则是改革退休制度不彻底。奥朗德总统就职后，立即着手改革退休制度，以兑现向选民许诺的 60 条中有关退休制度改革的条款。艾罗政府在改革退休制度上大体上分两步走：首先，解决对部分退休者不公的问题；其次，对整个退休制度进行较大力度的改革。

2012 年 6 月 6 日，艾罗政府颁布法令，对过去退休制度改革中不公正的部分进行了修改，主要考虑那些参加工作较早、工作时间较长的人群，可以享受 60 岁退休的优惠政策。也就是说，法令放宽"职业生涯长"的人群可以在 60 周岁退休的标准，把适用的条件从以前的 17 岁前开始参加工作放宽到18~19岁开始参加工作并缴足41至41.5年养老金的人群。同时，法令给予老年失业者某些优惠，把老年失业者失业期间不计入缴费改为视同缴费两季度。法令也给予休"育儿假"的妇女某些优惠，将妇女休"育儿假"期间视同缴费4季度增加到6季度。

此次对原来退休制度的修改措施本着公平公正的原则，针对社会所有工薪阶层的从业人员，包括私营企业员工、国家公务员、艺术行业工作者及商业、农业等各行业从业人员，总共涉及11万~12万人，也就是说，今后法国每六个准备退休的从业人员当中就有一位可以享受60周岁提前退休的新政策。

由于法令是解决部分退休者不公的问题，因此得到了法国各工会组织和法国民众的一致支持，但是，到2017年政府将为此多增加30亿欧元的支出。政府固然可以通过提高养老金缴费比例来补足这部分支出，然而，确给整体缴费者带来额外负担。

对整个退休制度进行改革，则是艾罗政府2013年的攻坚战。因为自20世纪90年代以来，历届法国政府累计对退休制度进行过四次重大改革，都未能达到改革的主要目的，通过完善退休制度实现养老金的长期收支平衡。

奥朗德总统和艾罗总理当政时期，对整个退休制度进行深入改革已经成为刻不容缓的任务：（1）进入21世纪，特别是近6年来，由于战后出生人数激增的一代开始退休，法国人口老龄化日趋严重，退休者群体日趋庞大，养老金也日益增量，从而加剧了法国的财政负担。而自20世纪70年代以来，法国退休养老金除个别年份外大都处于入不敷出的状态，特别是20世纪90年代以来养老金的亏损越来越严重。2011年法国社会保障赤字174亿欧元中，养老金缺口上升到了140亿欧元，从而使法国财政不堪重负。（2）法国财政赤字始终高居不下，一直处在欧盟规定标准的红线以上，退休养老金的巨额支出则属罪魁祸首。正因为如此，欧盟多次对法国发出警告，特别指出要达到欧盟规定的标准，必须对法国退休制度进行必要的改革，从而有利于降低法国的财政赤字。（3）自奥朗德总统和艾罗政府执政以来，采取财政紧缩的政策，为了节约财政开支，改革退休制度实现养老金收支平衡自然成为主要选择的目标。如果不对退休制度进行"结构性"

的改革，法国政府很难实现 2017 年财政平衡。（4）退休制度的改革触及方方面面的利益，奶酪分配不均，必然加剧社会矛盾，引发社会风潮。法国工会组织早已有言在先，如果没有达到改善退休改革提案的效果，将组织罢工游行活动。奥朗德总统和艾罗政府在整个退休制度的改革问题上如履薄冰，小心翼翼。

2013 年 2 月 27 日，艾罗政府成立了一个名为"退休制度未来委员会"的专门机构，用于研究退休制度整体改革并提出建议。6 月 14 日，"退休制度未来委员会"根据"定位于一个可持续发展的财政框架内，并通盘考虑法定退休年龄与工作艰难程度、退休金积累和提取额度、缴纳年限等因素"（奥朗德语），出台一份以该委员会主席命名的《莫罗报告》。《莫罗报告》比此前的退休制度改革全面，建议缩小公营和私营退休计算法的差距。原来的退休制度规定，私营部门要按照 25 年的收入来计算养老金，而公营部门只按照退休前半年的收入来计算。公营职工每月退休金往往比私营部门多出六、七百欧元。莫罗报告提出，逐步把缴纳养老保险金的年限推迟到 44 年，比 1993 年规定的 37 年半缴纳养老保险金年限整整多出了 6 年半。此份报告触动了养尊处优的公职人员的退休制度。

5 月 13 日，艾罗政府召开了第一次社会伙伴（雇主组织和工会）协商大会，咨询他们对退休制度改革的意见。6 月 21 日，艾罗政府再次组织社会伙伴协商大会，在《莫罗报告》的基础上一起就改革方案进行协商讨论。9 月初，艾罗政府宣布了一份最新退休改革提案，建议通过在 2020 年前提高在职人员和雇主的基本养老保险金，以及在 2020 年之后延长缴纳养老保险金的年限来平衡政府的收支并保障养老保险制度的正常运转。8 月 27 日，艾罗政府公布了正式改革方案，9 月中旬作为一项法律修正案在政府会议讨论，10 月间分别提交议会两院审议。

果然不出所料，9 月 10 日法国多个城市共计 15.5 万多人参加了由法国总工会、工人力量总工会、团结工会以及统一教师工会 4 个主要法国工会组织的 170 场游行活动。其中首都巴黎有 1.5 万人参加游行。此次游行的目的是呼吁政府重新考虑提交议会审议的退休制度改革法案。

然而，在对待整个退休制度改革的问题上，法国人有了更加充分而理性的认识。6 月的一项民调表明，大多数法国人赞成对整个退休制度进行改革，过半法国人赞成把退休年龄延长到 65 岁：目前法国的人均寿命是 81 岁，比 20 年前提高了 6 岁，而工作年限却停留在 20 年前的水平上，因此多数法国人同意按照预期寿命的延长来调整工作年限。9 月份法国民调机构 BVA 所做的调查显示，四分之三的法国人支持该计划，其中甚至包括三分之二的左翼支持者以及近一半的公务员。由此可见，奥朗德总统和艾罗政府对整个退休制度改革的环境正在慢慢好转。

退休制度整体改革法案两度被参议院否决，但国民议会不顾参议院的阻挠，于 2013 年 12 月 18 日最后一次以举手表决方式，最终通过了退休制度改革法案。① 法案的主要措施为再次延长退休养老保险金的缴纳年限和创立"艰苦职业工时账户"。法案从 2015 年 1 月 1 日开始实施。

退休制度改革提案在保留 62 岁法定退休年龄不变的基础上，提出人人为改革做贡献，主要内容包括：

一是提高企业及领薪者个人的养老保险金。采取渐进方式，花 4 年时间完成，2014 年增加 0.15%，之后连续 3 年每年增加 0.05%，4 年（到 2017 年）累计提高 0.3 个百分点。这将使在职人员的基本养老保险缴费率由目前的 6.75% 提高到 2017 年的 7.05%，雇主由目前的 8.4% 提高到 8.7%。改革也要求退休人员做出努力：3 个孩子以上的多子女退休人员不再享受 10% 退休金免征个人所得税的待遇，这部分退休金将纳入缴税范围，该措施主要针对富裕人群。政府期望通过"共同分担"的方式，弥补巨大的养老金缺口。

二是延长退休金的缴费年限，实际上是延长退休年龄。新法案规定，从 2018 年开始，退休者享受全额退休养老金的工龄从 41 年零 3 个月提高为 41 年半，在此之后，退休者的法定工龄每 3 年增加一个季度，计划到 2035 年法定工龄年限达到 172 个季度，即 43 年。2020 年前不延长养老金缴费年限，2020 年以后将根据人口平均预期寿命的情况逐步延长缴费年限，直到 2035 年的 43 年。这就意味着，一个 22 岁就业的法国人，只有在企业和个

---

① 根据 1958 年宪法第 45 条规定，如果由于议会两院之间意见不一致，法律草案或者建议案在每一议院二读后未能通过时，"政府可以……要求国民议会做出最后的决议。"

人连续缴纳 43 年退休养老金之后，在 65 岁时才能享受全额退休养老金。这一标准适用于政府机构公职人员，农业、手工业、商业从业者，自由职业和律师等所有领域的就业者。

三是为体现公正原则，特别设立艰苦职业的"工时账户"。自 2015 年 1 月起，为长期从事夜间工作、重体力和在恶劣气候下艰苦工作的职业，设立艰苦职业工时账户，该账户资金将来自向雇主征收的艰苦职业分摊金。女性产假将计入养老保险金的缴费年限，而不仅仅限于两个季度。这项措施将有利于从事艰苦工作的人提前退休或转换职业。

根据"退休制度未来委员会"2014 年 12 月 16 日公布的一项调研报告，退休制度的最新财政预计比 2012 年好，普通退休制度（或者称为基本退休制度）的财务状况比补充退休制度的状况好。该委员会指出：财政预计值好转有两个原因，一个是收入增加，到 2020 年总的征收率将从 30% 增达 30.8%；另一个原因是享受全份额退休金所需缴足的退休养老保险金年限延长，缴纳退休保险金的人数与退休者的人数比例提高。

这次退休制度的改革虽然步伐迈得比前四次都要大，是对法国退休制度进行结构性的开刀，但是，与其他欧洲国家比较，依然不够彻底：其一，改革尽管相对延迟了退休年龄，但法国仍是欧盟 28 个成员里平均寿命最长，退休却是最早的国家。在德国、比利时、卢森堡、丹麦、西班牙、芬兰、希腊和葡萄牙，法定退休年龄都是 65 岁，英国推迟至 66 岁，瑞典工作到 75 岁。德国、丹麦和西班牙还计划在未来 10 年内提高到 67 岁。其二，这次退休制度改革还未涉及一些重要国企如公交、电力和国有银行的职工等专门退休制度、补充养老保险制度、特殊保障制度等。而这些退休制度的养老金支出继续入不敷出，年年亏损，像滚雪球般越来越大。其三，欧盟委员会和其他机构也认为法国对退休制度的改革还要加大力度。因此，法国退休制度的改革还有待继续深化。

四　教育改革

1. 基础教育和初中的改革

为了兑现向选民许诺 60 条中关于教育的改革，法国议会于 2013 年 6 月

25 日正式通过了《重建共和国基础教育规划法案》，法国政府于 2015 年 5 月 20 日公布了《初中教改执行法令》。

根据《重建共和国基础教育规划法案》，法国政府颁布了《重建共和国学校的方向与规划法》，其基本目标是建设公正的、高水平的和包容的学校，提高所有学生的水平并减少不平等现象。未来若干年的目标是使无文凭学生的人数减少一半，使 80% 以上的学生获得高中毕业会考文凭，50% 的学生获得高等教育文凭。

为此，法国采取了一系列的改革措施：（1）设置了新型的教师培训机构——"师资与教育高等学校"，为基础教育培养专业教师，并对在职教师进行培训。（2）优先发展小学，教育经费向贫困地区倾斜，以缩小不平等。为此，法案决定除了增加教师编制，政府还将给予贫困地区小学资助以改善办学条件，推动各市镇政府落实小学"学制改革"。（3）长期以来，法国学校实施每周 4 天半的课时结构，即每周一、二、四、五全天上课，周三休课，周六上午上课。改革后，学生每天上课时间从 6 小时改为 5 小时 15 分钟，每节课 45 分钟，午休时间 1.5 小时，增加周三半天课，课后学校应组织文体等课外活动。

根据《初中教改执行法令》，法国确定了此次教改的四大方向：在理论联系实际的前提下，加强对基础学科（法语、数学、历史等）的教育；加强培养每个学生的特长，挖掘学生的潜在优势；为适应世界形势发展，加强外语教育，注重培养学生的潜在能力；加强学生的公民意识，注重将个人行为与集体活动相结合。

初中教改引起法国社会的争议：一是允许学校有 20% 的自由时间，即每周 4 小时，用于做小组作业、个性化辅导以及跨学科学习；二是提前学习第二外语，如德语、西班牙语。于是，2015 年 5 月 19 日，由七大教育工会、家长联合会等联合组织的游行抗议活动席卷全国，致使反对教改运动达到高潮。

2. 强势推进"就近入学"方针

2013 年 4 月 11 日，教育部宣告对"放宽就近入学规定"的方针进行调整。法国于 1963 年开始确定按居住地点划定的"分区就学图"的"就近入学"原则，本意是协调生源分布，平衡各地的教育力量。然而，历经了半个世纪，这一原则始终未能构成全民共识。

20世纪70年代，时任法国总理希拉克以教育"须贯彻自由原则，保障高质量"为名，提出对就近入学"有限松绑"，调整执行过程中的限制分寸，允许"特殊情况特殊照顾"。闸门一松，80年代起寻求"特准"的家庭如潮汹涌，逐渐形成精英名校应接不暇，普通学校生源流失，社会和学校教育的平衡出现两极分化。萨科齐就任总统时许诺要让学校自治，对就近入学进一步"放宽限制"，从而"使原本已处弱势的学校更加被边缘化"，因而这是一项不成功的改革。

基于上述经验和教训，法国教育部长明确表态："我再次声明，必须要保证社会各阶层混合，学校也一样"，最终目标将是坚决执行就近入学原则。

3. 改革教育优先区政策

为了缩小教育不平等，法国左翼政府于1981年提出"教育优先区"的政策：在学业失败率较高的城区或乡村实施特殊的教育政策。在这些区域内，政府以"给予最匮乏者更多，使他们更好"的思想为宗旨，采取强化早期教育、实施个别教学、扩大校外活动、保护儿童健康、加强教师进修等措施，以保证教育质量有所提高。

为消除痼疾，法国教育部门发布了促进教育优先区的新计划。计划的主导思想是对学习困难的学生尽早采取科学适当的教学方法，例如加强对此类学生的个别辅导，提高数字技术的应用，倡导教师组工作模式，改善学校教学环境，增加同家长的沟通等。

4. 让学校进入数字时代

为了通过数字化教育减少社会和地区的不平等，促进个性化教学的实施，增强学生的学习兴趣，法国制定了"让学校进入数字时代"的全面、具体与可持续的发展战略，并采取了多项新措施。

在基础教育阶段，法国拍摄了一部名为《基础》的知识性电影，以形象的方式告诉小学生如何利用数字化手段学习法语、数学和科学；开发了一款名为"在学校学英语"的学习软件，帮助8岁至11岁的儿童趣味地学习英语。在中学阶段，法国推出了一款叫作"备考"的在线模拟考试练习软件，帮助中学生有效应对初中毕业考试和高中毕业会考。针对 3 万名教育优先区的初中一年级学生，法国设立了数字化辅导服务。学生向学校提出申请，并经家长同意，就可以享受交互式在线辅导。

此外，教育部门为学习和就业困难的学生设立名为"第二次机遇"的培训服务网站；为盲障学生设立"全方位进入"的网站，提供就业指导；向教师开设继续教育网站"我授课"，并建立教育书库，供中小学教师自由共享科学文化机构的资源库。

5.《国家高等教育发展战略》

2015 年 11 月，法国发布《国家高等教育发展战略》，描绘了未来 10 年法国高等教育与研究发展的宏伟蓝图。法国未来高等教育发展将顺应经济社会发展需求，构建一个开放、包容、平等的高等教育体系。为此，法国将实施五大战略：①建设支持经济发展的学习型社会。到 2025 年，将同年龄段具有高等教育文凭的比例从目前的 42% 提高到 60%，保持每年授予博士学位的规模为 2 万人左右。②提升高等教育欧洲化及国际化水平。将外国留学生占全法高校学生人数的比例从当前的 12.5% 提高到 2025 年的 20%。同时，还积极实施"走出去"的战略，将在本、硕、博阶段的海外访学及交流的学生人数占比增加 1 倍。③推动高等教育民主化，增强教育的公平性和包容性。力求到 2025 年前将不同阶层之间子女受教育的差距降低 50%。积极调整高等教育体系，提高高等教育学校的入学率。④创新教育教学模式，发展 21 世纪的教育。积极促成高等教育走向"自主学习或主动教学"，建设"法国信息化大学"，发展开放教育，积极推动系统性的信息化教育教学模式。⑤积极回应青年一代的愿望诉求。政府为学生顺利完成学业提供良好的物质环境和财力支持，优化课程设置，丰富校园生活。高等学校奖学金覆盖面由当前的 36% 提高到 50%。

五　《有关媒体自由、独立和多元化法律》

2016 年 10 月 6 日，作为奥朗德 2012 年总统竞选时的一项承诺，法国议会通过《有关媒体自由、独立和多元化法律》，旨在加强法国媒体的独立性，特别是保护记者的消息来源。这条法律将保护范围扩大到整个编辑部、领导层以及合作者（按行计酬的记者）。

该法律还规定，如果传播的消息"在民主制国家里构成正当目的"，就再也不能以窝藏"涉及违反职业保密罪、违反调查或预审保密罪、损害隐私权罪的材料"为由，对记者进行法律追究。

此外，该法律规定，加强视听高级委员会的使命，以确保"新闻及其节目的公正性、独立性和多元化"，特别是"相对于电台电视台股东及广告客户的经济利益"。

六　同性恋婚姻法案及法国社会的撕裂

2012 年 11 月 17 日，艾罗政府提出《同性恋婚姻及其收养子女法案》。该法案是第五共和国成立以来争议最大、讨论时间最长的法案之一。该法案文本的诞生，则是经历了左右翼议员 10 天共 24 场的激烈辩论。在此期间，议会两院的议员们共审议了多达 4999 项修正案。2013 年 2 月 12 日国民议会以 329 票支持、229 票反对的比例批准该项法案，4 月 12 日参议院以 171 票支持、165 票反对同样批准该项法案，随后国民议会于 4 月 23 日以 331 支持票对 225 反对票而批准修正案。然而，右翼反对党人民运动联盟则向法国宪法委员会申诉，并希望借此拖延法国总统颁布法案的程序。5 月 17 日，法国宪法委员会确认同性恋婚姻及其收养子女法案符合宪法，否决人民运动联盟的申诉。5 月 18 日，法国总统奥朗德签署法案并正式颁布，从而使法国成为全球同性婚姻合法化的第 14 个国家①，同时也是第九个同性恋婚姻合法化的欧洲国家。法国媒体评论称，同性婚姻法案的通过，是 1981 年废除死刑以来法国最重大的社会改革。

这项法案的主要内容包括，具有相同性别的两个人可以自由结婚及收养子女；法国人可以与外国同性恋人在法国结婚，两个其他国家的同性恋者也可以在法国结婚；同性恋者结婚后可以共同收养一个孩子或者收养其中一方的子女，但禁止利用医疗手段生育子女。

---

① 除了法国，全球已有 13 个国家立法通过同性婚姻合法化，计有荷兰、比利时、西班牙、加拿大、南非、挪威、瑞典、葡萄牙、冰岛、阿根廷、乌拉圭、英国、新西兰。

　　帮助同性恋者获得结婚及收养子女的权利，是奥朗德在竞选总统时曾经做出的 60 项承诺之一。奥朗德就任总统后，根据左翼和社会党的执政理念，本着推动"国家制度向更加自由平等和尊重人格方向迈进"的目的，积极推动同性婚姻法案的通过。但是，同性恋婚姻及其收养子女法案对法国传统的社会伦理观构成了严峻的挑战。法国议会两院围绕着是否允许同性恋婚姻合法化和同性恋是否有资格收养子女分裂成两大派：左翼议员支持同性恋婚姻合法化和同性恋有资格收养子女；右翼则坚决反对之。

　　法案的出台更是引发了法国民意和社会舆论的分裂，法国各地连绵不断地举行大大小小规模的抗议。2013 年 1 月 13 日，首先由法国天主教徒及右翼反对派组织了大型示威游行，仅巴黎的示威者就达到 34 万人左右，是奥朗德总统就职以来爆发的最大规模的抗议活动，也是继 1984 年以来在首都巴黎上演的最大规模的示威游行之一。示威者打出"一个爸爸，一个妈妈，天经地义""有了爸爸妈妈，才有孩子""每个人的父母都是一男一女"等条幅和标语，他们认为允许同性伴侣收养子女对孩子的成长不利，对儿童不负责任。他们甚至断言同性恋婚姻合法化将使法国的文化传统面目全非。示威活动在法国部分城市一度演变成暴力行为。1 月 27 日，包括执政党社会党议员在内的数十万支持者也举行示威游行，以回应反对方的游行活动。参与者认为，同性感情应当享有与异性感情同等的尊重和认可，一个没有感情的异性家庭，比同性婚姻更加悲哀。据统计，参与此次游行的人数超过反对派组织的游行，而根据法国最新的民调结果，有 63% 的法国人支持同性婚姻合法化，但也有 53% 的法国民众坚决反对同性夫妇的子女领养权。4 月 21 日至 23 日，法国多个城市民众再次爆发大规模反同性婚姻游行，抗议国民议会 23 日表决同性婚姻法案，仅巴黎就有 5 万人参加 21 日的集会。支持者称，承认同性婚姻是平等精神的体现，标志着社会的重大进步。但持传统婚姻家庭观的人认为，该法案将颠覆法国社会的基础。法国社会由于同性恋婚姻法案而撕裂了。

七　关于"法国梦"的讨论

　　任何一个国家一个民族，都有自己的梦想。在 2011 年出版的《法国梦》中，奥朗德也大谈其"法国梦"，为法国人开启了追逐"法国梦"的新时代。奥朗德担任法国国家元首后，要与过去"决裂"，"在全社会和每个人的生活中重新构筑'法国梦'"①。2013年年中开始，法国主要媒体连篇累牍地发表文章或评论，就有关"法国梦"进行大讨论。8月19日，奥朗德总统在政府全体部长参加的夏季研讨会上，大谈法国未来10年的发展规划，并要求部长们和他一起畅想2025年的法国，共同勾勒未来10年的法国远景。法国媒体将奥朗德的美好畅想称作他的"法国梦"。

奥朗德的"法国梦"主要是基于现实的状况。自进入21世纪以来，法国作为大国和强国的地位和作用受到严重的挑战：其一，法国硬实力进一步下降，其中作为硬实力核心的经济实力下降尤为显著，特别是2008年金融和经济危机后法国经济长期处在低迷状态。其二，由于经济长期不景气，造成国内结构性失业，财政赤字和公共债务居高不下，贫富两极分化有所发展。其三，在世界范围内，新经济体崛起并迅速地壮大起来。在新经济体中，许多国家的经济增长速度要高于法国的经济增长速度；有的国家在竞争力方面已经超过法国；有的国家在外贸总额方面超过法国，在外贸所占世界市场份额方面也超过法国。其四，法国再不能像20世纪60～80年代那样在国际政治舞台上叱咤风云，法国大国和强国的地位及作用受到很大的质疑和挑战。

面对法国的地位和作用受到质疑和挑战，奥朗德总统并不沮丧："让我们重新站起来！振作起来！我们是个强国。过去，法国常常位于世界前列，是个榜样……如果法国重新振作起来，那么，我们就能让法国的梦想成为下一代的美好前景！"②奥朗德总统要重新构筑"法国梦"：其一，他要竭力增强法国硬实力和软实力，保持法国在世界和欧洲的大国地位和作用。其二，他还为"法国梦"注入社会党和左翼的理念："这个梦随着1981年弗朗索瓦·密特朗在大选中的胜利而变换了新的形式，这就是进步、平等、

---

① 弗朗索瓦·奥朗德：《法国梦：言论和访谈（2009～2011）》，图卢兹普里瓦出版社，2011，第17页。

② 弗朗索瓦·奥朗德：《改变命运·奥朗德自述》，译林出版社，2013，第73页。

公正的梦，分享的梦，集体力量和团结起来的个人共同塑造的法国梦。"①
奥朗德总统在他的"法国梦"中不仅承认是继承了密特朗未竟的事业，而
且特别强调他的"法国梦"中进步、公正、团结的内涵。其三，他也是为
了让在经济危机中颇感失落的法国人，特别是年轻人重拾对国家、社会和
未来的信心。

　　但是，正如许多法国国内外媒体所指出的那样，如果奥朗德总统及其
政府没有毅力和决心，不对经济、财政和社会进行深层次和结构性的改革，
那么，所谓的"法国梦"不过是"白日梦"。

第五节　"稳健""务实"的外交与防务

一　"稳健""务实"的外交及其特征

　　由于弗朗索瓦·奥朗德在此之前从未在政府和行政部门任过职，与女
友同居未过正式婚姻生活，个性平和低调等，因此被舆论嘲笑为"无经验、
无老婆、无特点"的"三无总统""平凡的先生"。就任总统之初，怀疑者
担心他在国际交往中无法担当作为法国国家元首的重任，无法在世界上重
塑他在《改变命运·奥朗德自述》和《法国梦》中所执着追求的"大国
梦""强国梦"，以及实现"把神奇重新带回法国梦里"的畅想。

　　实事求是地说，奥朗德除了"三无"外，还应该加上"无外交理论和
实践经验"。在就任法国总统之前，奥朗德本来就对国际问题、世界热点问
题和重大问题缺乏兴趣，很少发表意见；在他的著作中，论述世界观和国
际观的篇幅也比较少，即便有上述内容，表达也比较抽象，不能作为上台
执政后新外交思想和理论的实证；他在总统选举中发表有关国际问题、世
界热点和重大问题的观点以及对法国外交的看法，往往是为了竞选的需要，
难以作为其就任总统后法国新外交的依据。总之，在就任总统前，奥朗德

①　弗朗索瓦·奥朗德：《法国梦：言论和访谈（2009 ~ 2011）》，图卢兹普里瓦出版社，2011，
第 234 页。

从未就法国新外交做过全面的、完整的和系统的论述，正因为如此，国际舆论十分关注奥朗德在国际舞台上所展示的新外交动向，急切想了解法国新政府在外交事务中的所作所为，而他的反对派则等待他在实施外交政策中犯错误，甚至闹出笑话，出现丑闻。

始料未及的情况则是，奥朗德就任总统后如同经验老到的外交家那样开展对外活动，就职仪式后第二天，他立即前往柏林与德国总理默克尔会晤，随后出席在美国戴维营举行的8国集团首脑会议、在芝加哥召开的北约首脑会议、在墨西哥洛斯卡沃斯举行的20国集团首脑会议和在巴西里约热内卢举行的联合国可持续发展大会以及多次欧盟首脑会议。法国《费加罗报》于2016年3月发表文章，盘点了奥朗德执政近四年的外交成绩，从国际峰会到意料之外的访问，奥朗德足迹遍布世界五大洲，共出访71个国家，出访168次。奥朗德2012年出访28次，2013年出访41次，2014年出访42次，2015年出访57次，可见其出访频率之高。其中，国事访问26次，正式访问34次，工作出访34次。奥朗德总统在密集和遍布全球的出访中展现了新的外交手腕和风格，在国际问题、世界热点问题和重大问题上频频出手，接连出大招，吸引全球目光，让世人刮目相看，并获得多数国际舆论的好评。奥朗德总统执政期间，除美国之外，法国外交的地位、作用和影响力在西方国家中仍然是其他国家不能比拟的。总之，奥朗德总统执政初期的外交举措顺利通过了大部分媒体的"考验"，在国内政策饱受批评和指责时，其对外政策却可圈可点，成为法国总统政绩的亮点。

通过奥朗德总统任职期间的外交活动以及对法国外交政策的阐述、对国际问题以及世界和地区热点和重大问题的声明，可以将法国外交的几个特点归纳如下。

1. 继续坚持独立自主外交，发挥独特的作用

奥朗德总统上任不久发布了他对国际形势的看法："在我看来，不稳定是当今世界的显著特点，旧的秩序已打破，新的秩序尚未形成。新兴大国在人口和经济上显示出优势，但在获得应有地位、承担应尽责任方面仍然迟疑不决。冷战阵营已经消失很久，一些新的阵营正在地缘、利益、文化相近的基础上形成，但是它们之间缺少协调性。"① 他详细分析了当今世界的不稳定性和不确定性，就是经济危机、金融投机、核扩散及其后果、恐怖主义活动、毒品泛滥、大流行疾病跨境蔓延、环境问题、气候问题和生物多样性遭到破坏、

在这个不稳定和不确定的世界中，奥朗德总统特别提出法国要在政治、外交、军事上保持独立，因为"独立自主使法国在世界上赢得重要地位"②。他进一步解释，法国外交所体现的法国责任以三大原则为基础，其中之一就是"独立自主原则"③。可见，奥朗德的外交在其核心方面继承了由戴高乐开创的并被历届第五共和国总统坚持的以独立自主为主要内涵的外交。在全球范围内，"法国的对外行动应该依靠自己的力量，有自己的特色，自己的强项，自己的亮点"④。这些力量、特色、强项、亮点的内涵不仅体现在法国的硬实力和软实力方面，更体现在法国的影响力方面⑤。然而，在外交实践中，奥朗德推行的独立自主外交的表现形式与第五共和国其他总统的独立自主外交有所不同，例如在伊朗核谈判会议上不做"尾巴主义"⑥，提出另一种更加严厉的方案；正当西方因克里米亚问题加紧对俄罗斯制裁时，法国宣称不做"出头鸟"⑦；在非洲和中东动武时走在其他西方国家前面显示法国的大国地位。奥朗德的独立自主外交表现更加灵活，更加务实，更加"实用主义""机会主义"⑧。

奥朗德与前任总统萨科齐同样具有"大国强国的情结"，但后者的表达则是锋芒毕露，十分夸张和淋漓尽致；而前者的表达则是"低调""理性""务实"。奥朗德指出，法国是世界大国，迄今仍然是具有宽泛行动能力的

---

① 奥朗德于 2012 年 8 月 27 日在法国第 20 届使节会议上的讲话。
② 奥朗德于 2012 年 8 月 27 日在法国第 20 届使节会议上的讲话。
③ 奥朗德于 2013 年 8 月 27 日在法国第 21 届使节会议上的讲话。
④ 奥朗德于 2012 年 8 月 27 日在法国第 20 届使节会议上的讲话。
⑤ 法国智库亚洲中心中国问题学者弗朗索瓦·戈德芒于 2013 年 4 月与《东方早报》记者的谈话。
⑥ 《法国为何不搞尾巴主义》，新华网，2013 年 11 月 20 日。
⑦ 《对俄制裁，法国不愿当"出头鸟"》，新华网，2014 年 3 月 17 日。
⑧ 克里斯蒂安·勒凯纳：《弗朗索瓦·奥朗德的对外政策：自由干涉主义与欧洲必要性》，格勒诺布尔政治科学院第 23 期工作文件，2014 年。

少数几个国家之一，拥有核力量，承担着联合国安理会常任理事国的责任，始终参与国际事务。他进一步指出，成为世界强国是法国的角色、任务和责任。他还强调，法国是联系包括新兴国家在内的国与国之间的桥梁，是联系南北、东西方之间的桥梁。法国也是不同文明之间的对话方和协调方。法国在坚持独立自主外交的基础上要继续发挥大国强国作用，发挥作为桥梁、对话方和协调方的独特作用。

2. 经济外交优先

为了借助外力尽快使法国走出经济和欧债危机的困扰、克服对外贸易的赤字、提高国力和信心，奥朗德提出了"经济外交"和"战略经济伙伴"等新理念。法国外交部部长洛朗·法比尤斯对此解释道："经济外交不是单纯的经济外交，它必须依赖政治、人文、文化、科技等关系，它建立在积极的形象和影响基础上。"[1] "外交部将实施'经济外交'，为法国企业提供更多服务"[2]。奥朗德和法比尤斯要求突破法国外交即政治外交（战略和军事事务）的传统，赋予法国外交"经济外交"的内涵和理念，赋予法国大使和大使馆更加宽广的经济使命。在处理国家之间的关系上，奥朗德更加注重维护国家经贸利益，充当法国制造的"超级推销员"。

法国外交部为此提出了一项具体的行动规划。这项规划要求各驻外使节在新能源、水处理、民用核电等法国具有技术优势的领域积极推动同有关国合作特别同新兴国家合作，并推动法国中小企业与各大洲中小国家的合作，从而为法国经济和工业的复兴做出贡献。

为了实施经济外交的行动规划，瓦尔斯总理决定将对外贸易和旅游事务交由外交部管辖。法国政府还规定，今后法国总统和总理出访，必须由一定数量的法国企业家陪同。为此，法国外交部机构做了相应调整，在"全球化总局"下设"企业局"，以便贯彻"经济外交优先"的对外政策。

3. 弱化左翼意识形态外交色彩，淡化人权外交

奥朗德是时隔17年后上台的第五共和国第二个社会党总统，在他的理

---

① 《洛朗·法比尤斯访谈》，法国《地理经济》2013年5 – 7月季刊，第9页。
② 法比尤斯于2012年11月6日在法国西南部城市图卢兹工商会发表演讲。

想和谈吐中，都是以第五共和国第一任社会党总统密特朗作为他的偶像。他在国内推行的经济政策和社会政策，强调"发展"和"公正"，如同密特朗总统的经济政策和社会政策一样，具有浓厚的左翼色彩。

然而，在对外政策上，奥朗德与密特朗则有很大的差别。密特朗在外交上突出左翼色彩，强调人权外交。他要建设一个"左翼欧洲"，在亚非拉推行以民主和人权为中心的"第三世界主义"。奥朗德在外交上则是弱化左翼色彩，淡化人权外交。他之所以采取与密特朗相悖的政策，就是不能用民主和人权干扰以解救法国经济和财政危机为主要目的的经济外交。奥朗德的这种做法，并不意味着完全放弃他的"党派外交"色彩，在具体外交实践中他还要考虑左翼和社会党内部不同的意见。

4. 具有奥朗德个人外交色彩：个性平和、作风稳健和踏实

奥朗德在私人生活和处理家庭问题方面将法兰西的浪漫发挥得淋漓尽致，但其性格平和，在工作作风上则稳健和踏实。他在《改变命运·奥朗德自述》中更是立言："如果我是总统，我会在任期内谨言慎行。"① 确实如此，奥朗德在任职总统期间，不仅在国内问题上谨言慎行，在外事活动中也是平和、稳健和踏实，不张扬，不冒尖，更不飞扬跋扈，在积极和进取中显示法国大国的风范。

5. 总统专属领域与外交部相结合

与前任历届总统一样，奥朗德坚守外交是第五共和国总统的"专属领域"，但由于缺乏外交经验，在外交政策的制定和外交活动中需要紧紧依靠他的外交顾问以及外交部和外长法比尤斯，而外交部和法比尤斯因此而获得殊荣，在政府部门中的地位有所提高。他们与总统及其外交顾问在共同制定外交政策过程中，与爱丽舍宫的外交机构成为紧密的合作伙伴而不是竞争对手。

与此同时，法国在外交网络方面倾注了大量资源进行建设，其规模仅次于美国和中国，以满足法国外交部职能扩大（外贸和旅游）和对外交往发展的需要。

---

① 弗朗索瓦·奥朗德：《改变命运·奥朗德自述》，译林出版社，2013，第 94 页。

二　在欧盟中提出"促增长"，竭力化解欧债危机，建立"默朗德"式的法德关系

奥朗德一如既往把欧洲作为法国外交的基石，作为法国发挥国际影响力的后盾和依托，因此，奥朗德上任后的外交活动主要集中在欧洲，竭力改变欧盟的发展方向。早在奥朗德担任总统前就声明过："这次我参加总统竞选，将使欧洲有机会听到全新的声音。"[1] 他宣称要"重建欧洲"[2]。果然，他当选总统后提出了欧洲一体化的新思路和新理念。

（1）重建欧洲。奥朗德认为[3]，在欧洲一体化进程中首先要实现"互助一体化"[4]，齐心协力帮助一些欧盟成员渡过金融和债务危机，在此基础上重组银行联盟，然后实现财政联盟和社会联盟，最后重开政治联盟的谈判。奥朗德还认为，重建欧洲要以"多种速度"进行，其中欧元区是关键。他主张加强欧元集团作用，赋予欧元集团主席明确权限和足够长的任期。

奥朗德重建欧洲的新思路和新理念，很显然是考虑到法国民众的情绪，照顾社会党党内不同的意见，因为近几年来法国国内"反欧派"和"疑欧派"的势力上升，法国民众和社会党党内对前任总统萨科齐的欧洲一体化政策日益不满。正因为如此，奥朗德修改原来欲速而不达的欧洲一体化政策，在政治联盟建设上缓行，使之更加符合实际。

（2）欧盟优先实施"促增长"。近几年来，在市场压力及德国的坚持下，欧盟各国普遍大力推行财政紧缩政策，它对经济增长的负面效果日益凸显：消费低迷，投资不振，希腊、西班牙、意大利等多国经济重陷衰退；失业率屡创新高，造成严重的社会问题。因此，欧盟内部"反紧缩""促增长"呼声高涨。

奥朗德正是这种呼声的代表，他认为欧盟要优先实施"促增长"的政策，以便克服欧洲的经济危机和债务危机。他对欧盟于2012年3月签署的

---

[1]　弗朗索瓦·奥朗德：《改变命运·奥朗德自述》，译林出版社，2013，第84页。
[2]　弗朗索瓦·奥朗德：《改变命运·奥朗德自述》，译林出版社，2013，第84页。
[3]　见2012年10月17日奥朗德与欧洲六家媒体的联合访谈。
[4]　即动用欧盟条约中的互助条款。

《欧洲经济货币联盟稳定、协调和治理条约》（通称"财政契约"）提出质疑，认为它将使欧盟走上财政紧缩的道路，而财政紧缩不足以解决欧盟成员的主权债务危机。因此，欧盟的"财政契约"必须修改。正如法国学者所评论的那样，这种重建欧洲的理念，使"原本列入对外政策范围的欧洲政策值得怀疑，因为它越来越隶属于国内的经济政策范畴"①。

（3）遵守马约关于财政赤字的底线，但是，不能将德国财政的正统做法强加给"财政契约"，强加给欧盟其他国家。马约关于财政赤字的底线在欧盟国家实施过程中要有一定限度的灵活性，要有回旋的余地。

法国正是根据奥朗德关于"重建欧洲"和欧盟优先促增长的思路于2012 年 6 月向欧盟委员会提出 1200 亿欧元的《欧洲增长契约》，并得到了欧盟机构以及南欧国家的认可，在 6 月底的欧盟首脑会议上迫使默克尔做出了让步，最终签署了一项增长契约，将创新与投资放在首位，维护欧盟生产。这个契约是对此前的财政契约的一个重要补充，也是欧盟在化解债务危机思路上的重要转变。奥朗德还进一步指出，欧洲要走出危机，实现增长，不能仅满足于向欧洲投资银行注资，发行基础设施项目债券；更重要的是发行欧洲债券，让欧元区各成员以较低利率从市场融资。实际的情况是，欧盟委员会根据这样的思路加大了欧盟的投资计划，以便使欧洲尽早走出经济危机和主权债务危机的阴影。

奥朗德关于"重建欧洲"和强调欧盟首先要实现"互助一体化"的思路也获得多数欧洲舆论和南欧国家的支持。以希腊为例，希腊经济 2012 年是连续第 5 年大幅收缩，愈演愈烈的希腊主权债务危机蔓延至欧盟许多国家，继国际评级机构于 2009 年下调希腊信贷评级之后，2010 年西班牙、葡萄牙、爱尔兰等的信贷评级再遭下调，将欧元区主权债务问题推向了"高潮"。同时，欧洲经济各项指标处于下滑趋势，政权动荡，从而对欧盟一体化进程以重创。在这种形势下，欧洲和德国一些舆论要求希腊退出欧元区，不要拖累其他欧盟成员。法国则相反，认为希腊留在欧元区是一个"最重要的地缘政治问题"，符合欧洲的整体利益。奥朗德重申在希腊债务处理前

① 克里斯蒂安·勒凯纳：《弗朗索瓦·奥朗德的对外政策：自由干涉主义与欧洲必要性》，格勒诺布尔政治科学院第 23 期工作文件，2014 年。

景规划方面"没有禁区"，应该"采取一切措施以达成协议"，达成一份"遵守欧盟规则"的协议。正是奥朗德的"互助一体化"思路，以及法国和多数欧盟成员的积极救助，才使希腊渡过了财政和债务危机，从而加强了欧元区和欧盟成员的向心力。

然而英国则是反证。2015 年 11 月，英国首相卡梅伦就英国留在欧盟的条件发表演讲，提出欧盟改革的 4 个目标。卡梅伦表示，如果欧盟对英国的诉求充耳不闻，将不排除英国通过公投脱离欧盟的可能性。奥朗德于 2016 年 2 月 19 日在布鲁塞尔接受法国国内广播电台采访时表示，他"会做自己应该做的事情"，希望欧盟峰会找到一个妥协方案，以帮助英国留在欧盟。于 2 月 18 日开幕的欧盟峰会经过了马拉松式的会谈，欧盟与英国就欧盟改革达成协议，同意英国在欧盟中享有"特殊地位"。但是，6 月 23 日公投的结果是英国决定脱离欧盟，欧盟赋予英国的种种特权并未挽留住英国，也使奥朗德的"重建欧洲"遭受挫折。法国总统奥朗德于 2016 年 7 月 22 日对来法访问的英国新首相特雷莎·梅表示，法国同意默克尔在英国退欧谈判上的立场，但法国在英国退欧时间上坚持"越快越好"。奥朗德呼吁欧盟进行"深刻改革"，启动新的欧洲建设计划以"再次崛起"。不过，从长远着眼，欧盟摆脱英国这样的"累赘"，也许可以大踏步前进了。英国脱欧，法国受益，可能成为欧洲市场的进口。

2016 年 9 月，欧盟在斯洛伐克首都布拉迪斯拉发举行特别峰会，达成为期 6 个月的工作路线图，在防务、移民、反恐、经济等方面提出纲领性目标及措施。

奥朗德总统执政时期，法德关系经历了由"默科齐"到"默朗德"的过程。长期以来，法德轴心是推动欧盟前进的发动机，但是各个时期法德轴心表现的内涵和形式都有所不同。萨科齐总统时期，法德轴心表现为"默科齐"，在执政后期萨科齐在欧洲建设上没有创新，只是跟随德国的步伐，被法国舆论讽刺为默克尔的"小跟班"。奥朗德上台后决定改变这种状况，调整法德双边关系，变被动为主动，在法德关系和欧洲建设一系列问题上提出法国的创新对策和建议，从而使法国在法德关系中恢复主导地位，改变法国作为德国"小跟班"的形象。

　　法国在坚持"重建欧洲"新思路的基础上，积极化解与德国在欧洲一体化发展方向上的分歧，改变默克尔应对欧洲经济危机和财政危机的"紧缩"思路以及欧盟在这种思路下达成的"财政契约"，迫使德国做出让步，以"增长契约"补充"财政契约"。法德两国在"财政主权"上亦有分歧：德国主张严格遵守财政纪律，赋予欧盟预算决定权；法国则对 2005 年公民投票否决《欧洲宪法条约》记忆犹新，反对"财政主权"让渡，何况法国本身也是财政赤字高筑，反对欧盟委员会强力干预。法国通过官方和媒体向德国施压，迫使默克尔在 2012 年欧盟首脑秋季峰会上把银行联盟的计划落到实处。法德两国在对待处于主权债务危机的希腊问题上亦有意见分歧：德国是对希腊救助计划的最大援助国，自然希望希腊加大财政紧缩的力度，甚至以希腊退出欧元区相威胁；法国从长远计，希望希腊继续留在欧元区，在欧元区框架内与"三驾马车"（欧盟、欧洲中央银行、国际货币基金组织）谈判救助款项时做出削减赤字和债务以及进行结构性改革的承诺，支持希腊应对经济危机和难民问题。法国立场有助于在希腊走出危机的同时，化解德国和希腊在解决希腊问题上的矛盾，从而保持欧元区和欧盟的团结和内聚力。

　　正是在弥合分歧和增强政治互信的基础上，法德进一步密切了两国的关系。法德领导人互访频繁，"聚多离少"。截至 2016 年 2 月，奥朗德出访德国达 12 次，远远多于到美国的访问。法德多次举行联合内阁会议，决定在欧洲建设、防务、清洁能源等领域加强合作。奥朗德和默克尔还于 2015 年 10 月联合出席欧洲议会并发表演说，希望在欧盟面临连锁危机之际强化凝聚力。这是继法国前总统密特朗和德国前总理科尔上一次在 1989 年 11 月联合出席欧洲议会后，于德国庆祝统一 25 周年之际，就欧盟认同问题以外的议题发表演说。法德两国领导人于 2016 年 3 月 4 日在巴黎再次会晤，重申在欧洲难民危机问题上立场一致，抱有同样的意愿，遵循同一原则，从而为欧盟与土耳其就难民危机举行的高峰会议，以及欧盟峰会就联合国难民署向欧盟提出的解决欧洲难民危机的六点建议做好准备。

　　总之，奥朗德对法德关系的调整，化解了两国在欧盟和欧元区经济危机、财政危机和主权债务危机上出现的分歧和矛盾，以及在欧洲一体化方向上出现的不协调声音，在新的基础上组成了"默朗德"轴心。法国也在"法德轴心"中重新夺得了话语权和主导权，从而恢复了法国在欧盟和欧元区的中心地位。

三 法美关系：从修补嫌隙分歧到升温再到结成"伴侣"关系

奥朗德总统任职初期，法美关系存在着嫌隙和分歧。奥朗德要立即兑现在总统竞选中对选民许下的60项承诺中关于法国提前从阿富汗撤军的诺言。这无疑打乱了美国及北约的整体撤军计划，而且产生"扰乱军心"的作用。不过，双方经过幕后磋商，奥朗德最终做出了妥协，把年底全部撤军改为部分撤军，2014年底完全撤离。

奥朗德在叙利亚和伊朗问题上与美国保持大体一致的立场。但是，法美之间在叙反对派建立临时政府问题上意见不一，奥朗德表示只要代表新叙利亚的临时政府一成立，法国将予以承认。华盛顿则对此持保留态度，认为目前建立临时政府的时机不成熟。

在北约启动在欧洲部署反导弹系统计划问题上，法国持保留态度，原因是法国担心这一计划可能损害法国始终奉行的核威慑政策。奥朗德无意改变前任总统决定法国全面回归北约的想法，但他表示要对这一决定在实现法国的目标和对欧洲防务建设所产生的实际效果方面进行评估。

法国对欧美自由贸易协议谈判态度较为消极，担心一旦达成协定，将对法国农业、知识产权，尤其是音像产品造成强烈冲击。

此外，2013年10月下旬，欧洲媒体连续爆料称，欧洲多国民众和政要遭美国窃听，其中法国三届总统连续受到美国窃听。一时间，美国与其欧洲盟友之间的关系面临巨大挑战。奥朗德曾表示，泄密事件使法美两国关系进入"艰难时刻"。

但是，法美两国毕竟同属西方阵营和拥有共同的价值观。在经贸方面，法国已是美国最大出口市场之一，美国则是法国产品在欧盟之外最大的消费国。正是在共同价值观和经贸关系紧密的基础上，法美双方经过正式和非正式协商，基本上消除了嫌隙，修补和弥合了分歧，恢复了政治上的互信。

2014 年 2 月，奥朗德正式访问美国，受到最高规格和最隆重的接待。奥朗德在访问的当天（2 月 10 日）下午参观了美国第三任总统托马斯·杰斐逊的故居。杰斐逊被视为与法国关系密切的美国总统之一。奥朗德在参观故居后对媒体记者说，法美两国当年是朋友，今后也将永远是朋友。奥巴马则表示美法同盟与合作从未像现在这样"强而有力"。他特别强调了两国在包括全球安全在内的多个领域开展的合作。法美关系升温到了十分密切的程度。

与此同时，奥朗德和奥巴马还于 2014 年 2 月 10 日在美国《华盛顿邮报》和法国《世界报》上联名发文，称两国紧密合作，同盟获新生，强调法美同盟近年历经变革，目前正就伊朗、叙利亚、反恐、援助非洲、经贸和气候变化等问题密切合作。从政治上看，法美两国在所有重大问题上都保持一致，彼此国内的雄心也类似。法美关系俨然处于战后以来最好时期，正如国外媒体所评论那样，法美已经结成了"伴侣"。

事实正是如此，法美两国在外交和安全领域开展了广泛的合作。在对待叙利亚立场上，法美一致要求叙总统巴沙尔下台，在国际社会中率先承认叙反对派"全国联盟"为唯一合法政权。针对所谓叙政府军使用化学武器，法国是唯一急欲同美国一道实施干预的国家，奥巴马因此对奥朗德心存感激。在伊朗核问题上，法国表示不做"尾巴主义"，在伊核谈判会议上采取更加强硬的立场，推动欧盟对伊实施包括石油禁令在内的一揽子经济制裁，由此美国得以避免成为唯一对伊朗提出强硬要求的谈判者。在非洲，法国借马里、中非等国分裂和恐怖分子制造动乱之机，出兵进行军事干预。美国则对法国的军事干预鼎力支持。法国外长法比尤斯和美国国务卿克里有着良好的私人关系，他们定期会谈，经常交流有关外交、地区热点和两国关注的焦点问题，从而预先协调了法美的谈判立场。

为何法美关系发生如此巨大的变化，从奥朗德总统任职初期在某些最大问题上出现嫌隙和分歧到修补弥合升温到共度蜜月？法美结成"伴侣"是否意味着奥朗德放弃独立自主外交，成为美国的"小伙伴"？

首先，奥朗德和奥巴马在执政理念上大体相同或近似。奥朗德是法国社会党领袖，具有法国左翼色彩和社会民主主义理念，强调民主、人权、自由、平等、公正等价值观，在克服经济和财政危机上要进行金融体制改革，加大以投资促生产，以创新带动工业发展。奥巴马则是美国民主党左翼，具有美国左翼色彩，强调社会公正和平等，关注民生和中下层利益，以刺激经济促增长来克服美国经济的不景气。法美两位总统的执政理念并行不悖。正因为如此，在2012年5月8国集团峰会上和6月举行的20国集团峰会上，奥朗德的"促增长"思路得到奥巴马的明确认可，也成为会议中占上风的看法。奥朗德倍感"温暖和鼓舞"，说明他与世界最大经济体美国德总统在施政理念上一致，而且他还成功地借用奥巴马的支持进一步向德国施压，逼迫默克尔扭转要求欧盟成员实行紧缩的思路。总之，奥朗德和奥巴马同属一个政治属性，并具有大体相同和近似的执政理念，促使法美日益接近并亲密起来。

其次，法美不仅是传统上的政治盟友，也是传统上重要的经济合作伙伴。奥朗德打算加强与美国的经贸联系，来促进法国经贸的发展，克服当前法国经济不景气和居高不下的财政赤字。奥朗德2014年2月访美，就是以经济外交优先。在访美期间，他在加州硅谷宣讲法国经济新政，同美国的商业领袖会谈，争取更多的来自美国的投资。同时，奥朗德还表示全力支持欧美自由贸易协议谈判，称这个协议将加强大西洋两岸的经济增长，"谈判快些取得进展对我们是有利的，否则，会累积恐惧、威胁和焦虑"。奥朗德在欧美自由贸易协议谈判立场上的转变反映出法国深化法美两国经贸往来的强烈需求，也说明法国加强法美两国全面合作的愿望。至于美国总统奥巴马对加强美法经贸合作采取积极姿态，在与欧盟谈判自由贸易协议过程中扫除法国的障碍更是热烈地欢迎。法美经贸合作因此越来越密切。

再次，法国从维护自身利益出发，关心欧洲的反恐和安全，特别关注与法国利益攸关地区如东非、中非、北非、中东、地中海沿岸地区的外交、反恐和安全，但是，由于国力和军事力量的下降，法国在与自身利益攸关地区已经无法单打独斗，不仅需要欧盟的支援，而且寻求大西洋彼岸的协助。美国也由于自身实力和影响力的下降，急需盟友分担其在全球范围的责任和义务。可以说，法美在反恐和安全领域因为双方的需要一拍即合，成为密切合作的伙伴。

最后，如果说在此以前，历届第五共和国总统在抗衡美国和大西洋联盟中均显示其独立性，表现其大国和强国的地位和作用，那么奥朗德则是以加强与美国和大西洋联盟的关系，结成法美"伴侣"来表达法国作为大国的地位、作用和影响，在法美全面合作中显示法国外交的独立性。

当然，奥朗德总统时期，法美两国不会完全遗忘历史的恩怨，在合作过程中也会产生新的芥蒂，在达成共识时采取不同的步伐。但是，法美关系在经济、外交和安全合作方面是密切的。

四　法俄关系：从发展"特殊关系"到制裁到缓和再到紧张

奥朗德认为，俄罗斯是"金砖国家"之一，而金砖国家人口占世界人口的 40%，占全球国民生产总值的 30%。法国重视俄罗斯作为新兴大国的崛起，它构成多极世界的一级。奥朗德还认为，法俄有着特殊的传统关系，维系着经济、军事、文化的联系。正是基于上述考量，法国要深化与俄罗斯的合作关系。俄罗斯方面，为了发展经济和为能源寻求出路，对法国和欧洲特别重视和期待。

2012 年 5 月，再次当选俄罗斯总统的普京以法德作为出访西方国家的首选国家。2012 年 11 月，俄罗斯总理梅德韦杰夫访法，两国就欧元区经济形势和双边合作关系等问题进行会谈，并签署了一些合作协议，其中包括能源以及交流投资经验两项协议。2013 年 3 月，奥朗德访俄，与普京就双边合作、国际热点问题交换了意见。双方表示有必要继续维护两国长期稳定的合作伙伴关系。两国签订了 9 项协议，涉及铁路、金融等多个领域。其中最引人关注的是双方签署的简化签证制度协议，法国同意放宽对俄商务人员和大学生的签证手续。2013 年 11 月，法俄再次共同签署了 8 份合作文件，内容涉及投资、能源、科技等领域。此外，法俄两国还进一步加强了在军事领域的合作。在奥朗德执政初期，法俄通过两国领导人互访并签署一系列合作文件，发展了"特殊关系"。

但是，由于奥朗德和普京政治理念的不同和外交政策的差别，双方在诸如欧盟东扩、中东和北非局势、叙利亚问题，特别是人权问题上产生分歧。在奥朗德当政时期的法俄关系不会一帆风顺。

自 2014 年 3 月以来，美国和欧盟以俄罗斯强行吞并克里米亚半岛、支持分裂势力策动乌克兰东部动乱为由，于 7 月开始对其实施全面经济制裁，2016 年 12 月欧盟宣布再次延长半年的制裁，从而使美欧同俄罗斯的关系降至冷战后的最低点。法国除了参加欧盟的制裁外，还宣布暂停向俄供应"西北风"级两栖攻击舰，取消与俄军售合同。自此，法俄关系跌入了低谷。

法国在制裁俄罗斯的立场上虽然与美欧一致，但在制裁时间表上并不同步。法国外长法比尤斯表示，在对俄制裁问题上法国不会做"出头鸟"。法国在制裁俄罗斯上迟疑不决有其深刻的原因：首先，法俄经济关系已经十分密切，尤其在航空航天、能源、军事、通信以及基础设施建设等方面非常牢固。近年来，法俄在"联盟号"飞船发射、"北溪"天然气管道建设、"西北风"级两栖攻击舰出口等项目上的合作收获颇丰。法国仅 2012 年出口俄罗斯的农产品总额便超过了 10 亿欧元。制裁无助于法国走出目前的经济困境。其次，奥朗德继续历届法国总统对苏联和俄罗斯的战略，要充当沟通东西方之间、欧美与俄罗斯之间的桥梁。因此，自 2014 年以来，法国与同病相怜的德国、意大利等"老欧洲"一起呼吁缓和紧张的欧美与俄罗斯关系，要"理智对待制裁问题"。

法国在制裁俄罗斯上不当"出头鸟"，反之在缓和欧美与俄罗斯关系上做了"急先锋"。2014 年 6 月 6 日，奥朗德利用纪念盟军在诺曼底登陆 70 周年之际邀请奥巴马、普京、乌克兰总统波罗申科参加庆祝活动，并形成多方的互动。法方的"良苦用心"最终换来好消息，在 6 日早餐期间德国总理默克尔、普京、波罗申科三人"有意无意"地走到一起，开始交谈，谈话涉及乌东南部动荡及俄方承认乌大选结果的问题。奥巴马和普京则利用午餐间隙进行短暂的交谈。这是乌克兰危机爆发以来，奥巴马和普京首次进行面对面的会晤。奥巴马此前称，如果他与普京交谈，他将告诉后者，在波罗申科当选后，俄方可以对乌克兰走"另外一条路"。在法国主持下，奥巴马、默克尔、波罗申科互动交流，缓和了紧张的气氛，而东道主法国也借纪念诺曼底登陆缓解乌克兰危机，以展示大国的斡旋能力。

此后，法国继续进行斡旋，并乐此不疲。奥朗德指出，乌克兰危机升级至今已历时 6 个月，冲突双方应利用现有一切条件化解危机，应保证 2014 年 9 月签署的明斯克停火协议全面落实，实现停火。冲突双方还应按规定交换俘虏，在保证乌克兰领土完整的基础上进行政治对话。2014 年 12 月 6 日，在法国政府安排下，原本出访哈萨克斯坦的法国总统奥朗德，返国途中出人预料前往莫斯科与普京会晤，使之成为俄罗斯合并克里米亚后首位访俄的西方国家领导人。在机场小客厅会晤期间，奥朗德表示在柏林墙倒塌 25 年之后，要防止欧洲再竖一道墙，"我们必须共同寻找解决危机的方案，有些阶段，有些时段，我们应该抓住，我们现在正处在这个时段"。普京则表示，希望乌克兰能在不久后达成永久停火协议。普京称与奥朗德的会晤具有"建设性"。

奥朗德于 2014 年底在赴布鲁塞尔参加欧盟首脑会议之前表示，如果俄罗斯做出欧方期待的姿态，就没有理由实施新制裁，而且欧方还应考虑如何进一步缓和局势。这是欧盟第一个主要大国的领导人首次提出缓和对俄制裁。2015 年 1 月 5 日，奥朗德前往哈萨克斯坦首都阿斯塔纳参加乌、俄、法、德四国领导人就乌克兰危机举行的会谈，甚至呼吁解除对俄罗斯的经济制裁。奥朗德对欧美与俄罗斯缓和紧张关系的立场走在德、英、美以及大部分东欧国家的前头。2 月 6 日，法德俄举行"闪电式峰会"，寻找解决乌克兰危机的妥协方案。虽然在 2015 年 2 月签署了第二个明斯克协议，但是乌克兰东部地区冲突并未停止，七国集团决定延长对俄罗斯的制裁。同年 8 月法国和俄罗斯两国已就终止"西北风"级两栖攻击舰订购合同问题达成协议，法方在向俄方退还全部预付款后可全权处置两艘战舰。10 月 2 日，奥朗德以东道主身份，邀请普京、默克尔、波罗申科在法国总统府爱丽舍宫举行一系列双边和多边会谈，讨论乌克兰东部局势以及新明斯克协议的实施情况。在 11 月 13 日巴黎遭到恐怖袭击后，奥朗德进一步软化对俄罗斯的立场，寻求在空袭叙利亚"伊斯兰国"中与俄罗斯合作。但是，基于欧盟、乌克兰、俄罗斯三方的调停谈判失败，欧盟决定继续延长对俄制裁，奥朗德缓和对俄制裁的呼吁化为泡影。2016 年下半年，由于在叙利亚阿勒颇停火问题上意见不一，法国和多个西方国家与俄罗斯关系再度紧张起来。

五　法与非洲和中东关系

1. 增强法非经贸关系，协助反恐，重启欧盟—地中海联盟项目

奥朗德指出，法非"在历史、文化和语言上有着特殊的渊源。到 2050 年，全球将有 7 亿人讲法语，80% 都是非洲人……"[1] 他还看到，在 2000 年到 2011 年法国在撒哈拉以南非洲的市场份额由 10.1% 下降至 4.7%，法国与非洲，尤其是中非和西非的经济往来有所松弛，因此，奥朗德总统走马上任，急欲调整法非关系，建立法非"新的格局"[2]，以便保持法国在非洲，特别是撒哈拉以南非洲的存在和影响力。

奥朗德对非洲的新政策是：调整相关外交机构，彻底结束过去的"法非特殊关系网"[3] 和阴暗的秘密外交，建立以"民主、平等、尊重、发展"为宗旨的伙伴关系，法国在非洲不再扮演"家长"和"宪兵"的角色；进一步加强法非经济和外交合作；共同应对恐怖主义、粮食安全、生态环保等国际和地区问题；重新谈判并签订新的军事条约，删除所有秘密条款；法国将在国际舞台上积极充当非洲的代言人，捍卫非洲的利益。

奥朗德总统就职以来，在巴黎接待了十几位非洲国家元首。2012 年 10 月奥朗德先后访问非洲法语国家塞内加尔和刚果（金），参加第 14 届法语国家首脑会议。访问期间，奥朗德表示非洲给予法国甚多，而过去法国在非洲从事贩运黑奴和殖民活动，所以法国对非洲怀有负罪与感激之情。与此同时，奥朗德阐述了法国对非洲的新政策，"着眼未来"并与非洲国家建立平等的伙伴关系，从而翻开法非关系新的一页。奥朗德还于 2017 年 1 月 14 日在第 27 届法非首脑会议开幕式上进一步强调，法非拥有不可替代的特殊关系，双方前途紧密相连。

在经济层面，鉴于非洲经济的 20% 与法国企业有关，法国对非洲实施"经济外交优先"的战略，以便挽回"失去的 10 年"，其中，撒哈拉以南非

---

[1]　奥朗德于 2012 年 8 月 27 日在法国第 20 届使节会议上的讲话。

[2]　奥朗德于 2012 年 8 月 27 日在法国第 20 届使节会议上的讲话。

[3]　放弃传统上任命非洲事务专家主管非洲事务的做法，任命缺乏"非洲"经验的官员为主管。

洲是法国政策的"重中之重"。为此，法国多次主办"法非经济论坛"，邀请双方政界、经济界、工商界人士齐聚一堂，共商促进法非经贸大计。奥朗德表示在他的任内将使法非贸易翻一番，对非洲的援助将达到 200 亿欧元。从 2017 年起，未来 5 年法国将投资 230 亿欧元用以支持非洲发展，法国还将组织成立由法非共同管理的法非投资基金，以支持和鼓励非洲中小企业发展等。此外，法国还将以法郎区为依托，共同创造就业和增长，建立更加稳定的欧非经贸关系；法国还将采取单边措施，简化人员流动和交流的手续，帮助更多的非洲青年赴法，进行职业培训；推动法非之间非政府组织、青年和妇女的合作与发展等。

2013 年 1 月，应马里总统请求，法国实施代号为"山猫"的军事行动，派遣空军打击马里北部叛军据点，随后增派地面部队赴马里参战。法国成功地驱逐了恐怖分子，保障了马里的安全，并开始启动马里国内的政治过渡。同年底，为防止中非共和国日益升级的暴力活动导致人道主义危机，联合国安理会正式授权法国军队到中非保护平民、维护安全。法国启动代号为"红蝴蝶"的行动，派出 1600 人的部队对中非进行军事干预，到 2014 年 2 月又增兵至 2000 人左右。直到 2014 年 9 月，按照联合国安理会第 2149 号决议，中非的维和任务转交给联合国驻中非多层面综合稳定特派团，法国则于 2016 年底结束了历时 3 年的"红蝴蝶"行动。2014 年 8 月，法军在非洲撒哈拉—萨赫勒地区正式启动"新月形沙丘行动"，替代以前的"山猫"军事行动。它通过调整兵力部署并密切同毛里塔尼亚、马里、尼日尔、布基纳法索和乍得 5 国的军事合作，在区域内更灵活、更有效地打击恐怖主义。2016 年 2 月，瓦尔斯总理对马里和布基纳法索进行访问，目的在于加强反恐力度，从而遏制两国日益蔓延的恐怖主义势力。

总的来说，法国对马里和中非所采取的行动有别于过去的干预方式，他得到了联合国的间接授权，也得到了"国际社会"，特别是非盟的支持，在法国国内也获得民意的广泛赞同，因此从法理上还说得过去。

2013 年 12 月，奥朗德主持的"非洲和平与安全峰会"在巴黎举行，非洲 54 个国家中有 53 个国家的代表出席了峰会。奥朗德强调，非洲必须"逐渐承担起维护自身安全的使命"，法国支持非盟组建非洲快速反应待命部队。非洲许多国家领导人也达成共识：非洲必须拥有自主防卫力量。从峰会不难看出，法国要改变其"非洲宪兵"的形象。2016年5月13日，奥朗德再次访问非洲。他首先到达中非共和国，讨论法国参加中非的重建及法国从该国撤军等事宜。然后，他于14日到尼日利亚参加非洲地区反恐峰会，就打击伊斯兰极端团伙博科圣地组织与非洲国家领导人进行磋商。2017年1月，奥朗德总统在第27届法非首脑会议上进一步承诺，法国计划在未来3年每年培训2.5万名非洲士兵，以应对非洲地区面临的安全威胁和打击恐怖主义的任务。

与此同时，法国加紧实施南下战略，精心营造作为"法国后院"的"地中海联盟"。奥朗德明确法国在这一地中海地区的目标：让地中海变成"合作而不是紧张之地"，把这一地区变成自由、民主、尊重少数民族权益且"符合法国原则"的地区。为此，奥朗德建立一个"地中海项目共同基金"，并任命一名"部际的地中海代表"，利用这些基金支持这一地区相关国家的政治过渡。2012年10月，以法国为首的欧盟5国和马格里布地区5国于马耳他召开峰会①，旨在重启欧盟—地中海项目。

2. 巩固和加强法国在中东的存在和影响，先后联手美国和俄罗斯打击"伊斯兰国"，从严厉制裁伊朗到积极发展法伊经贸关系

奥朗德总统当政初期，中东地区正经历新一轮力量重组，法国希望在重组中扮演重要角色，以便巩固和加强法国在该地区的存在和影响。其主要原因是：第一，自2003年伊拉克战争以来，美国在中东的影响力日渐衰退，正如法国《费加罗报》所指出②："美国新保守派所推行的'大中东民主计划'的失败显然大大削弱了美国在阿拉伯世界的影响力。对此应感到高兴吗？当然不。因为中东这个动荡地区比任何时候都需要一个可靠的政治庇护人。"法国打算趁此良机，填补和扩大自己的存在和影响，同时充当"一个可靠的政治庇护人"。第二，中东的安全与法国国内安全息息相关，特别是"伊斯兰国"成立以来，法国国内就有1000名左右的阿拉伯裔青年

---

① 欧盟5国为法国、西班牙、意大利、葡萄牙、马耳他，马格里布地区5国为阿尔及利亚、摩洛哥、突尼斯、利比亚、毛里塔尼亚。

② 《美国在中东影响力急剧下降》，《费加罗报》2011年2月8日。

奔赴中东参加恐怖组织和从事恐怖活动，从而给法国国内安全带来极大的威胁。第三，目前有 2.4 万名法国侨民生活在黎巴嫩，而居住在阿联酋的法国侨民超过 2 万人。中东地区的局势变化对法国侨民产生直接影响。第四，中东是法国最大的军火贸易市场，也是法国经济和贸易的重要市场，因此，维护该地区的法国利益至关重要。

2013 年，奥朗德率领庞大的经贸人士密集和频繁地访问中东国家。6 月间访问卡塔尔和约旦期间，奥朗德同两国领导人讨论推动双边关系，鼓励两国经贸交流和军售，探讨该地区的热点问题，并就叙利亚问题交换意见。同年 11 月，奥朗德再次到中东访问。在访问黎巴嫩期间，奥朗德表示法国将尽一切努力向黎巴嫩提供常规武器，反对任何意图给黎巴嫩带来动荡的力量。在访问沙特阿拉伯期间，奥朗德声明，伊朗发展核计划的意图对整个中东地区和全世界都构成威胁，两国一致同意对伊朗施加严厉制裁，但同时强调通过对话解决问题。法国希望与伊朗达成一个真正、稳妥和有保证的协议，伊朗必须放弃发展核武器。在访问以色列期间，法国希望以色列能够在停止建立犹太人定居点和释放关押的巴勒斯坦人问题上继续做出让步，推动巴以和谈取得成果。同时，奥朗德借访问机会推进与以色列的经贸合作，使两国间经贸关系的良好程度"达到政治对话的水平"。在访问巴勒斯坦期间，奥朗德宣称法国支持建立以耶路撒冷为巴以共同首都的巴勒斯坦国。法国与巴勒斯坦签订了 5 项协议，法国将在能源相关项目、运输系统、教育等方面向巴勒斯坦提供支持。同年 12 月，奥朗德再次访问沙特阿拉伯，推动两国在军事和能源方面的合作，签订重要的军备合同。通过对中东地区国家的访问，法国与许多国家建立了战略伙伴关系。

2017 年 1 月 15 日，由法国倡议的中东和平会议在巴黎举行，共有七十多个国家和国际组织代表出席这次会议，以推动巴以双方恢复停滞已久的和谈。法国外长艾罗强调，重新提及谈判基础是件好事，这个基础就是敦促巴以双方以 1967 年边界为谈判的基础。中国代表主张创新促和机制，捍卫"两国方案"的大方向，关注巴勒斯坦发展问题。与会者发表了最终声明，强调与会方重视巴以共同承诺"两个国家"解决方案的重要性；同时声明，在巴以冲突中，不论任何一方采取单方面措施都将不会被认可。

2014 年 11 月，埃及总统塞西访问法国，着力向法国推荐埃及的"苏伊士运河走廊经济带"计划，希望利用法国的先进科技来发展埃及的高技术产业。两国最终签署了三项合作协议，内容涉及轨道交通、天然气开采和房地产等领域。通过访问，法国与埃及建立了战略伙伴关系。法国支持埃及民主化进程，支持埃及斡旋以巴冲突。此后，埃及大批购买法国军备，其中包括"阵风"战机和两艘"西北风"级两栖攻击舰。2015 年 5 月，奥朗德应邀参加海湾阿拉伯国家合作委员会首脑会议①。这是第一位西方国家首脑被邀请参加当地阿拉伯逊尼派国家的峰会。会议聚焦也门局势，海湾国家希望法国在解决也门危机中施加更大的影响。自此，法国与海湾 6 国结成"特殊伙伴"关系。

2014 年开始，法国积极参与打击中东地区"伊斯兰国"极端恐怖势力。同年 9 月，法国在巴黎倡导召开了"伊拉克和平与安全国际会议"，通过了在伊境内以适当军事援助等手段打击"伊斯兰国"的决议。之后，法国又积极参与美国主导的"国际联盟"在伊境内空袭"伊斯兰国"的行动。法国是首个参加美国行动的欧盟国家。

2011 年叙利亚危机爆发以来，法国在西方国家中率先承认叙反对派——叙利亚全国联盟为叙利亚人民的合法代表，要求叙利亚总统巴沙尔下台，率先指责叙政府军违反国际公约使用化学武器，此后不久又向反对派提供人道主义援助和物资援助，以支持他们的斗争。2015 年 1 月法国讽刺杂志《查理周刊》总部遭到武装分子袭击后，法国于 9 月 27 日决定在没有英国和其他欧洲国家参加的情况下高调配合美国等国际联盟在叙利亚展开空袭行动。

2015 年 11 月 13 日在巴黎发生更大规模的连环恐怖袭击后，奥朗德称袭击是在叙利亚策划和制定，并在比利时开始实施的。他将叙利亚称作"全世界迄今为止最大的恐怖主义工厂"。一方面，法国派遣"戴高乐"号航母开赴前线加强打击叙利亚境内的"伊斯兰国"；另一方面，奥朗德确定在外交上把打击恐怖分子作为法国的第一要务，呼吁建立一个"庞大而单

---

① 海湾阿拉伯国家合作委员会由沙特阿拉伯、科威特、巴林、卡塔尔、阿联酋、阿曼 6 国组成。

一的"全球反恐联盟，促使联合国安全理事会通过打击"伊斯兰国"决议。法国除了联手美国等国际盟友外，还主动向俄罗斯靠拢。后者当然也未矜持，普京表示俄海军舰艇将为法国海军航母在采取行动打击"伊斯兰国"恐怖组织时提供战斗掩护。当然，光靠美国、法国和俄罗斯的军事力量还是不够的，必须建立起更为广泛的全球反恐联盟。在打击叙利亚"伊斯兰国"的战斗中，沙特阿拉伯是法国的重要盟友。不仅如此，法国和美国先后软化对巴沙尔的立场，不再把叙利亚政治转型出现前巴沙尔必须下台作为先决条件，从而有利于联合国安理会于 2015 年 12 月 18 日就政治解决叙利亚问题一致通过决议，启动由联合国斡旋的叙利亚各派正式和谈。2016年 4 月，奥朗德总统再次造访黎巴嫩、埃及和约旦，进一步发展与这些国家的经贸关系，加强与这些国家的反恐合作。

自 2006 年伊核问题爆发以来，法国对伊朗的政策越来越严厉，法国外交部部长法比尤斯甚至宣布在伊朗核谈判会议上不做"尾巴主义"，在伊核即将达成协议时提出更加严厉的方案，以便显示法国外交的独立自主性。伊核全面达成协议和伊朗开始执行伊核全面协议后，包括法国在内的许多国家纷纷宣布解除对伊制裁，伊朗总统鲁哈尼亲赴欧洲"招商引资"，激发了法国发展法伊经贸关系的强烈愿望。一方面，法国与伊朗本就有经贸往来的传统，伊朗是法国商品的市场，伊朗能源则是法国能源供给基地之一。另一方面，就当前而言，法国需要开拓伊朗市场来促进法国经济的复苏，伊朗也需要法国帮助其振兴经济。2016 年 1 月底，伊朗总统鲁哈尼访问法国，宣布两国企业开展合作的领域包括能源、石油、天然气、农业、现代科技、汽车产业、冶金、电信、飞机和铁路更新、旅游合作以及科研、政治和地区合作等。法伊两国元首会谈后签署了 20 多项合作协议，涉及交通、电信、能源、可持续发展和农业等方面的项目，其中包括巴黎机场集团与伊朗德黑兰机场的合作协议，协议涉及订购百余架空客飞机的大单。法伊关系的改善和发展必将打破中东地区地缘政治的平衡。

六 重视和全面加强与亚洲和澳洲的关系

奥朗德总统在对外交政策所进行的一系列调整中，其中突出的一点就

是重视和全面加强与亚洲和澳洲的外交关系。其主要原因是：第一，亚洲
和澳洲是法国实施"经济外交优先"的重点地区。法国认为，法国和欧洲
国家的经贸往来在减少，相反，与亚洲和澳洲的经贸往来在提升，奥朗德
总统希望亚洲和澳洲经济在带动全球经济增长的同时，通过法国实施的
"经济外交优先"计划，全面提升和加强与亚洲和澳洲的关系，从而为法国
和欧盟经济增长提供支撑，对欧元区的转型提供支持。第二，法国与亚洲
和澳洲都面临如恐怖主义、贩毒、气候变化等共同的挑战和安全风险，因
此，法国需要与亚洲和澳洲国家领导人定期对话与协商，以便共同应对。
第三，法国重视和全面加强与亚洲和澳洲关系，但不是"美国式"重返亚
洲，法国要"尽量避免介入地区争端"①。

2012 年下半年，法国外长法比尤斯和国防部部长让 - 伊夫·勒德里昂
先后访问亚洲，为法国国家元首和政府总理访问亚洲做铺垫。同年 10 月中
下旬，法国总理艾罗访问新加坡和菲律宾。11 月 5 日，奥朗德在就任后的
首次亚洲之行中，出席了在老挝举行的亚欧峰会，成为唯一一位出席峰会
的欧洲大国领导人。2013 年 2 月初，艾罗专赴柬埔寨出席柬埔寨太皇西哈
努克的葬礼，随后访问泰国，成为 23 年来首次访问泰国的法国总理。同年
上半年，奥朗德先后造访印度、中国和日本三个亚洲大国，开启了密集的
法国对亚洲外交。此后，在奥朗德总统任期期间，法国总统和总理多次访
问亚洲国家。与此同时，许多亚洲国家的国家元首和政府首脑也相继造访
巴黎。

法国认为，作为世界最大的民主国家和世界第二人口大国，法国和印
度早已于 1998 年结成战略伙伴关系，希望进一步加强经济关系，扩大防务
合作与文化交流，并把印度作为桥头堡，通过印度扩大法国对南亚乃至对
亚洲的影响。2013 年 2 月 14 日，奥朗德总统对印度进行为期两天的访问，
访问期间法印两国发表了联合声明。声明称，两国将在防务、航天、能源、
核能、气候变化、安全、反恐和应对非法贩运毒品等多个领域加强合作。
奥朗德表示法国支持印度进入联合国安理会常任理事国。2016 年 1 月 24

---

① 法国智库亚洲中心中国问题学者弗朗索瓦·戈德芒于 2013 年 4 月与《东方早报》记者的
谈话。

日，奥朗德总统再次造访印度，访问期间法印两国签订十几项涉及国防、航天、核能、交通等领域的政府协议。其中最受瞩目的是久拖不决的 36 架"阵风"战斗机军售大单达成"最终协议"。预计今后 5 年法国公司还将在印度投资 100 亿美元，其中主要集中在工业领域，以便落实印度总理莫迪提出的振兴印度工业基础的计划。不断深化的经济和防务合作特别是大额军购合同将把印度和法国的双边关系提升至新的战略高度。

奥朗德总统认为，日本作为"世界第三经济强国、法国的重要合作伙伴，我认为近几年没有得到法国应有的重视，我会努力纠正这一局面。"①如其所言，法国和日本互为对方的第三大投资国，经贸往来十分密切，但在萨科齐总统期间，法日关系未得到重视，因而两国在政治和经贸关系方面停滞不前。2013 年 6 月 7 日，奥朗德总统访问日本，这是在法国前总统希拉克访日 17 年后首位到访东京的法国国家元首。访问期间法日两国签订了建立"特殊伙伴关系"的协定。主要围绕三个方面：在重大国际问题上采取共同立场，推动经济共同发展，促进文化领域双边合作。法日双方还计划举行"2+2"对话，即在两国首脑峰会之外，法日两国外长与防长亦将进行会谈。奥朗德 7 日在日本众参两院议员发表演讲，希望日本改善与中韩两国的关系，敦促日本迈出正视历史、消除对立的一步。2014 年 5 月 4日，日本首相安倍晋三访问法国，访问期间法日双方在推动经济发展方面又签署了诸多协议，其中包括航空、民用核能领域。奥朗德还表示，法国将积极推动日本与欧盟达成自由贸易协定。自此以后，法日两国在经济和工业、安全、核能、防务和军工方面保持发展的势头。

法国和澳大利亚于 2017 年 3 月签署关于加强战略合作伙伴关系的联合声明，双方加强经济和防务、安全合作，同时意图在文化及教育方面实现更多合作。

七　建立和发展紧密持久的法中全面和优先战略伙伴关系

奥朗德与以前的法国左翼总统对华采取保守和强硬的政策有所不同，

---

① 奥朗德于 2012 年 8 月 27 日在法国第 20 届使节会议上的讲话。

选择了以务实的态度处理法中关系。他在分析世界形势时指出①，新兴大国的崛起是当前形势发展的重要趋势，它符合法国关于世界多极化的理念，这种演变对世界来说也是机遇。他认为，新兴国家能够更多地在全球治理中扮演积极角色，而法国在处理国际问题时需要与包括中国在内的新兴国家保持更密切的沟通和协调。

奥朗德把中国列为新兴大国之首②，就是从地缘政治经济利益考量，高度重视法国同中国的全面战略伙伴关系。他当选总统的第二天，首次接见的外国大使就是中国驻法大使，在接见中奥朗德表达了发展法中关系的愿望。他还任命"中国通"燕保罗为总统外事顾问，协助处理法中关系。2012 年 6 月在出席 20 国集团峰会期间，奥朗德与中国国家主席首次见面，他强调了法国坚定不移致力于发展法中全面战略伙伴关系的基本立场。

2013 年 4 月 25 日，奥朗德率领庞大的企业家代表团到达北京，开始了上任后第一次对中国的国事访问。对中国来说，这是中国新一届领导人习近平执政后接待的首位西方大国国家元首。对奥朗德来说，这是一次"发现之旅"，也是"定调之旅"，将确定未来几年法中关系发展的基调和走向。正如《法中联合新闻公报》中所述："法中关系至关重要，是两个不同社会制度和文化传统国家间和平共处、互利合作、共同发展的典范。双方愿以战略高度和长远眼光，继续本着稳定、互相尊重和互利原则推动两国关系发展。"③

奥朗德首访取得了超过预期的成果：其一，明确了战略伙伴的内涵与方向。公报突出了"优先战略伙伴关系"这一新概念，是对双方政治互信和战略互信的一次提升。公报强调不同制度间的共性与共同利益，尊重对方的战略利益和核心利益，冷静、客观、理性地处理好各种敏感问题。通过对话合作寻求互利共赢，避免局部竞争和摩擦对法中整体利益造成伤害，推进两国战略关系达到更具全局性、连续性和稳定性。其二，为了夯实双

---

① 奥朗德于 2012 年 8 月 27 日在法国第 20 届使节会议上的讲话。
② 奥朗德于 2012 年 8 月 27 日在法国第 20 届使节会议上的讲话。
③ 《法中联合新闻公报——共建和平、民主、繁荣、进步的世界》，"新华网"，2013 年 4 月 25 日。

方奠定的合作基础并确保有效的运行，法中决定今后"年年举办峰会"，从最高层来检测合作的进展。其三，建立全面和新型的经贸伙伴关系。法国提出"经济外交优先"战略，中国提出资本和企业"走出去"战略，双方经贸互补性强。通过奥朗德首次访问，法中签署了科技创新、环保、城市可持续发展、文化、旅游、核能、电力、航空、金融保险、食品和食品安全等领域十余项合作文件，其中包括中方订购60架空客飞机的意向协议，在先进反应堆研发、核燃料及经验共享、核电站运维及性能提升等方面加强长期合作协议，决定建立高级别经济财政对话机制，扩大在铁路、现代农业、工业节能、新能源、城市可持续发展、卫生和数字化领域的合作。其四，确认将深化两国在文化、教育、卫生、旅游等领域的合作。

2014年既是两国建交50周年，同时又是中法全面战略伙伴关系建立10周年。这些重要节点成为法中实现高层对话以及官方、民间各界增强交流对话的平台，推动法中关系再上一个新台阶。法中两国分别在各自的首都巴黎和北京召开庆祝大会，并分别举办了丰富多彩的人文庆祝活动。

2014年3月26日，中国国家主席习近平访问法国，奥朗德以最高规格迎接，亲自在荣军院广场为习近平举行隆重欢迎仪式。法中两国元首在会谈中回顾中法建交50年的成就和经验，规划未来两国关系发展，决定站在新的历史起点上，开创"紧密持久的全面战略伙伴关系"。习近平强调，长期以来，中法关系以战略性、时代性、全球性的鲜明特点，走在中国同西方国家关系前列，引领中欧关系发展。为此，习近平提议：坚持优先战略伙伴，增进互信；深化务实合作，联合研发、联合投资、联合生产、联合开发第三方市场，为核能、航空等传统领域合作注入新动力；拓展农业、金融、城市可持续发展、医疗卫生、海洋等新兴领域合作；建立高级别人文交流机制，打造中法合作第三个机制性支柱；加强在国际和地区事务中的合作，推动改革全球经济治理体系，共同促进世界和平、稳定、繁荣。会谈后，双方发表《法兰西共和国和中华人民共和国联合声明——开创紧密持久的法中全面战略伙伴关系新时代》和《法中关系中长期规划》。此次访问期间，法中两国签订了有关经济、技术和金融合作的50个合同，此数量恰好标志着中法建交50周年。

2015 年 1 月底，法国总理瓦尔斯率领庞大的企业家代表团访华。法国政府已不仅仅满足于大企业之间的合作和推动法企来华投资，除了继续深化法中在航空、能源、核电等传统领域合作外，还带了一支涵盖食品、农业等领域的企业家队伍。瓦尔斯访华期间，法中两国签署了 11 项协议。与此同时，法中两国总理共同出席中法建交 50 周年纪念活动闭幕式。法国舆论评价，法国总理瓦尔斯此次访华，使法中关系进入了"蜜月期"。

为了落实 2014 年 3 月发表的联合声明和《法中关系中长期规划》，李克强总理于 2015 年 6 月 29 日对法国进行正式访问。访问期间，李克强总理和法国政府总理瓦尔斯共同签署并发表了中法两国政府关于第三方市场合作的联合声明。联合声明宣称法中两国政府愿鼓励和支持两国企业在基础设施和能源、交通、农业、卫生、应对气候变化等领域在第三方市场开展或加强合作。两国企业在第三方市场合作时应遵守的原则是：企业主导，政府推动；平等协商，互利共赢；互补、互利、开放、包容。此外，法中希望两国企业在第三方市场的合作能符合两国对双边关系的高期待。在落实联合声明的过程中，双方将高度重视企业实施符合社会和环境要求的项目，促进经济社会发展，保护生态系统和自然资源。法中将在尊重对象国主权的基础上关注其金融可持续性，加强公共管理和治理能力建设。

2015 年 11 月 2 日，奥朗德对中国进行第二次国事访问，希望同中方合作推动气候变化巴黎大会取得积极成果。习近平高度评价法方为筹备气候变化巴黎大会所做出的巨大努力，坚定支持法方办好气候变化巴黎大会。会谈后，两国元首共同发表了《法中元首气候变化联合声明》。联合声明表示，法中将坚定决心携手并与其他国家领导人一道努力，达成一项富有雄心、具有法律约束力的巴黎协议。双方同意巴黎协议应规定缔约方制定、通报、实施并定期更新国家自主决定贡献。双方支持每五年以全面的方式盘点实现所议定长期目标的总体进展。盘点的结果将为缔约方以国家自主决定的方式定期加强行动提供信息。法国承诺到 2020 年将每年现有 30 亿欧元资金支持提高到 50 亿欧元以上，中国重申所宣布的拿出 200 亿元人民币建立"中国气候变化南南合作基金"，支持其他发展中国家应对气候变化的声明。外电评论，联合声明是在治理全球气候变暖问题上跨出的"历史性"

一步。

　　总之，2015年堪称法中关系高层交往的"大年"，仅在一年之内两国就实现了国家元首和政府总理的"双互访"，这不仅在法中关系史上前所未有，在其他国与国交往中也十分罕见。此外，法国派遣外长法比尤斯以高规格参加在北京举行的纪念中国人民抗日战争暨世界反法西斯战争胜利70周年大会，中国在巴黎举行的联合国气候变化大会上给予会议主席国法国有力的政治支持。所有这些不仅再次验证了法中关系一直走在中国与西方大国关系的前列，体现了法中关系的特殊性和高水平，而且再次推动了紧密持久的法中全面和优先战略伙伴关系的发展。

　　2016年9月5日，奥朗德总统与习近平主席在20国集团杭州峰会期间会谈，法中双方都表示要深化法中各领域务实合作，密切人文交流，加强在国际事务中的沟通和协调，推动两国关系更好更快发展。法中关系持续快速稳定发展，战略性、全球性和时代性更加突出。特别是加强高层交往的战略引领，发挥法中战略对话、高级别经济财金对话和高级别人文交流机制三大平台的作用，从而加强了人文领域交流与合作，从文化、教育、体育等各个方面全面推进法中交流，拉近两国人民之间的感情和距离。

　　2016年10月，法中经贸混委会第24次会议在巴黎成功举行，双方就落实两国领导人达成的经贸共识和成果，深化务实合作，扩大双向投资，推动地方间、第三方市场、养老及健康合作等议题深入交换意见，其中包括"一带一路"倡议。法中两国刚刚开通了连接武汉和里昂两个重要城市的铁路线路，在"一带一路"倡议的框架下，这条铁路线将不仅仅是一条交通路线，还将成为两国之间友谊的纽带。法中双方还通过高级别人文交流机制签署了两国文化、卫生、教育、媒体等领域的合作文件。在法国，坚持对华友好、加强对华合作已成为社会各界的主流共识。

　　2017年2月，法国总理贝尔纳·卡泽纳夫对中国进行正式访问，这也是当年首位欧洲国家领导人来访。近年来，中法关系保持高水平发展，战略互信不断加深，务实合作丰富，人文交流日益活跃，民间友好更加深入。双方还在国际事务中保持密切沟通与合作。法中两国"实现深度利益融合"（中国总理李克强语），"超越了简单的双边关系"（卡泽纳夫语），对应对全球范围内的风险和挑战具有重要意义，也必将对未来两国"紧密持久的全面战略伙伴关系"产生"更上层楼"的积极影响。在法国总理访问期间，法中在核能、科研、应对老龄化等领域签署了合作文件。

八　巩固和发展与拉丁美洲的关系

奥朗德总统认识到，巴西是金砖国家之一，是正在崛起的新兴经济体，自2006年法国和巴西建立起"战略伙伴关系"以来，两国在政治、经济和文化交往方面日益频繁和密切，经历过"蜜月期"。法国公开支持巴西成为联合国安理会常任理事国。法国又是巴西第六大投资国，在巴西石油、汽车、零售业和电力领域占有相当份额。巴西是法国在拉美的首要贸易伙伴，法国对巴西出口额占对拉美出口总额的36%。2012年，双方进出口贸易总额已经达到了371亿美元。由此，奥朗德总统强调，"法国与巴西有着特殊的亲缘关系"[①]。2012年12月和2013年12月，法国和巴西两国国家元首实现了互访。特别是在2013年12月奥朗德总统访问巴西期间，两国签署了涵盖国防、教育和科技等领域的数项合作协议，其中包括在巴西建造4艘常规潜艇和1艘核潜艇，以及直升机制造、地球卫星维护等合作内容。奥朗德总统执政时期，法国与巴西两国国家元首和政府首脑互访频繁，巩固和发展了两国的"战略伙伴关系"，促进了两国经贸合作，从而带动了法国与拉丁美洲关系的发展。

自美国与古巴关系松动后，法国就以积极的姿态，捷足先登，发展与中美洲和加勒比国家的外交关系。2014年4月，法国外长法比尤斯到访哈瓦那，这也是法国外长30多年来首次访问古巴。两国就如何进一步加强法古双边关系交换了意见，还就一些国际议题进行了磋商。法国认为古巴是这个地区的窗口；古巴也认可法国是推动欧盟与古巴重启对话的先锋力量。2015年5月11日，奥朗德总统正式访问古巴，他不仅是冷战结束后首位对古巴进行访问的法国总统，也是美古关系破冰以来首位对古巴访问的西方国家元首。法国国家元首的到访开启了古巴和欧盟关系的新篇章，也使法

---

① 奥朗德于2013年8月27日在法国第21届使节会议上的讲话。

国抢到了先机，使得法国今后在中美洲甚至是加勒比地区更有优势，也有助于欧盟进一步扩大对拉美国家的影响。访问期间，奥朗德表示，法国从 20 世纪 90 年代以来一直在联合国提议废除对古巴实施的贸易禁运和封锁政策，并努力推动美国将古巴从"支持恐怖主义国家"名单上去除。法国与古巴之间长期以来都有着经贸往来，两国在食品、工业、旅游和电信等领域一直保持着合作，每年贸易额约 3.88 亿美元。奥朗德总统访问古巴推动了法古两国经贸关系的发展。2016 年 2 月 1 日，古巴领导人劳尔·卡斯特罗对法国回访，这是古巴革命后国家元首首次访问法国，也被认为是古巴与西方建立联系的重要一步。两国元首将就古巴债务和经济合作问题进行磋商。造访期间，两国决定在建筑、能源、旅游等领域开展合作，从而使法古关系全面正常化。

九　举办巴黎气候变化大会并获得成功

作为欧盟中推动气候政策发展的领头羊和全球"生态先锋"的践行者，法国于 2013 年 6 月争取承办 2015 年气候大会并获得成功。

鉴于 2009 年哥本哈根气候变化大会失败的教训，法国及早为巴黎气候变化大会做准备，力求会议达成协议，"我相信巴黎会议有能力超越哥本哈根会议"[1]。诚然，法国意识到，各国发展模式、发展水平、受气候变化的影响以及对未来的期许都有所不同，尤其是发达国家与发展中国家之间在治理温室效应的总体目标、责任区分、资金技术等关键问题上存在很大的分歧。

为了化解双方的分歧，使各国在治理温室效应方面相向而行，法国在外交上采取了如下的做法。

一个是摒弃"强行摊派"减排任务的做法，代之以说服鼓励，让各国意识到自己地球村成员的责任，根据自身的具体情况主动承诺减排目标，表达"国家自主贡献"，使国家有更多的自主性和灵活性，从而提高各国参与的积极性。

---

[1]　奥朗德于 2013 年 8 月 27 日在法国第 21 届使节会议上的讲话。

另一个则是重点与中国和美国协调配合。法国深知，中美都是碳排放大户，中国在新兴大国和发展中国家中具有相当大的政治影响力，法国期待中国在治理温室效应方面挥关键作用。美国至今在发达国家中仍然起着引领的作用。因此，法国事先与美国和中国达成默契，就能够带动大多数的国家，进而为巴黎气候大会的成功打下基础。

为此，奥朗德开展密集的对中国和美国的气候变化外交。在对中国展开气候变化外交方面，2013 年奥朗德访华期间发表的《法中联合新闻公报》和 2014 年 3 月中国国家主席习近平访法期间发表的《法中联合声明》中，都注入了应对气候变化的元素。特别是 2015 年 11 月初发表的《法中元首气候变化联合声明》，进一步勾画了即将召开的巴黎气候变化大会的蓝图，为大会奠定了基调。在巴黎气候大会开幕前一天，中国领导人应邀与东道主法国领导人会晤，双方充分交换意见，协调立场。在对美国进行气候变化外交方面，2014 年 2 月奥朗德访美期间，法美两国领导人表示将在应对气候变化方面进行密切合作。此后，法美两国领导人在正式和非正式会见时，不断地交换意见，协调立场。特别是中美两国在巴黎大会之前一年就达成了气候协议，起到了积极的全球性示范作用。受中美气候协议成果的鼓舞，各国表现出空前的参与全球治理的愿望。

再一个是法国进行气候变化外交总动员，驻外大使把气候变化外交作为头等大事。奥朗德遍访非洲、中东、南亚、东亚、拉美等地，"为了气候大会，我跑遍全球，为充满希望的一方努力，也为生态脆弱、令人担忧的一方呼号"[1]。一年以来，法国外交官在全球的密集穿梭游说显现成效：截至 2015 年 10 月 19 日，已有包括中美在内 149 个国家公开了各自国家的自主贡献，涵盖了全球超过 87％ 的温室气体排放总量。法国还以身作则，保证在 2020 年以前向非洲提供 20 亿欧元用于发展再生能源。

2015 年 11 月 30 日，《联合国气候变化框架公约》第 21 次缔约方大会暨《京都议定书》第 11 次缔约方大会在巴黎布尔歇展览中心隆重拉开大幕，150 位国家元首或政府首脑在大会首日出席会议，参加会议的代表团多

---

[1]　奥朗德于 2015 年 10 月 16 日在第三届北极圈论坛大会上的发言。

达 195 个，全球近 2000 个非政府组织也先后赴会。与会国家的领导人发表讲话，为大会最终达成协定提供政治推力。奥朗德在讲话中充分表达了"气候正义"① 的情结。中国国家主席习近平在发言中，主张大会摒弃"零和博弈"，实现互惠共赢，即有利于实现《联合国气候变化框架公约》的目标，引领绿色发展；有利于凝聚全球力量，鼓励广泛参与；有利于加大投入，强化行动保障；有利于照顾各国国情，讲求务实有效。随后，场内各国谈判代表密集磋商、协调立场，各谈判集团之间抓紧最后机会加紧博弈；场外来自全世界的环保组织、企业和民间代表开展多种多样的宣传活动为大会助力。在历经 13 天马拉松式的艰苦谈判后，随着大会主席法国外长法比尤斯的一锤定音，一致通过了《巴黎协定》。协定在总体目标、责任区分、资金技术等多个核心问题上取得进展，被认为是气候谈判过程中历史性的转折点。这是 1997 年达成《京都议定书》以来，参与范围最广泛的一项气候协定。

《巴黎协定》协定共 29 条，包括目标、减缓、适应、损失损害、资金、技术、能力建设、透明度、全球盘点等五大成果：（1）在温度控制方面，加强对气候变化威胁的全球应对，将全球平均温度升幅与前工业化时期相比控制在 2℃以内，并努力争取把温度升幅限定在 1.5℃以内。（2）在减排方面，发达国家应继续带头，努力实现减排目标，发展中国家则应依据不同的国情继续强化减排努力，并逐渐实现减排或限排目标。（3）在气候资金方面，发达国家应为协助发展中国家在减缓和适应两方面提供资金资源。（4）在自主贡献方面，各方应该根据不同的国情，逐步增加当前的自主贡献，并尽可能大地反映其力度，同时反映共同但有区别的责任和各自能力。（5）从 2023 年开始，每 5 年将对全球行动总体进展进行一次盘点，以帮助各国提高力度和加强国际合作，实现全球应对气候变化长期目标。尽管《巴黎协议》还不是十全十美，但总的来说，它还可被称为一个公平合理、全面平衡、富有雄心、持久有效、具有法律约束力的协定，传递出了全球将实现绿色低碳、气候适应型和可持续发展的强有力信号。2016 年 4 月 22

---

① "气候正义"概念最早由美国学者埃里克·波斯纳、戴维·韦斯巴赫所著《气候变化的正义》书中提出，印度一直极力主张"气候正义"。

日，175 个国家在纽约联合国总部正式签署《巴黎协定》，这也是历史上首次有这么多国家在同一天签署同一份国际协议，其中法国成为第一个签署该协议的国家，中国也在同一天签署。2016 年 9 月 3 日，中美两个排放大国在杭州 20 国集团峰会开幕前就已批准的《巴黎协定》共同向联合国秘书长潘基文交存了批准文书。中美两国此举在全世界产生了重要影响，得到了各国媒体与领导人的赞扬。奥朗德表示，法国将履行"绿色职责"，自2020 年至 2022 年，每年将动用 1000 亿欧元应对气候变暖。

正如中国国家主席习近平所评价的那样，法国在筹备和召开巴黎气候变化大会方面，付出了巨大的努力并获得成功。奥朗德也感谢中国为大会成功达成《巴黎协定》做出了突出贡献。

巴黎气候变化大会为国际社会探索全球治理新模式提供了镜鉴。面对气候变化等全球性挑战，各国唯有摒弃"零和博弈"狭隘思维，允许各方寻找最适合本国国情的应对之策，同时加强对话交流学习，推动各国多一点共享和担当，确保国际规则被有效遵守和实施，才能够推动国际问题的顺利解决，逐步建立起共商共建共享的全球治理新模式。

十 军事与安全

1. 第四版《国防与国家安全白皮书》和《2014～2019 年军事规划法》

奥朗德总统就职后不久即发表他的看法[1]，认为不稳定是当今世界的显著特点，旧的秩序已打破，新的秩序尚未形成。与此同时，新的威胁已在累积，最严重的不确定性在于核扩散风险及其后果，在于核扩散可能引发的理所当然的恐慌乃至预防性反应，这会直接威胁到和平。

2013 年 4 月 29 日，法国发布自 1972 年以来第四版《国防与国家安全白皮书》，它确定的目标有助于法国确保其主权和战略自主，继续其国防现代化计划。同时在确保法国公共财政平衡的前提下，保持国防工业的发展。白皮书指出，核扩散、恐怖主义、网络攻击以及各种类型的走私活动，是法国面临的主要外部威胁。网络安全与情报工作将是法国军事未来的重点。

---

[1] 奥朗德于 2012 年 8 月在第 20 届使节会议上的讲话。

法国将发展包括卫星在内的侦察和情报手段，以便能够做出独立判断。法国还将加强对其计算机系统的保护，防范网络攻击。

为落实《国防与国家安全白皮书》，同时也为了削减财政赤字，法国于 2013 年 8 月提出《2014~2019 年军事规划法》。白皮书和军事规划法规定，政府计划在 2014~2019 年的 6 年里，将国防预算总共定为 1790 亿欧元。2013~2016 年国防预算保持在 314 亿欧元水平（预算不包括各种抚恤补贴开支），占国内生产总值的 1.56%。法国 2013 年国防预算及其占国内生产总值的比例，也符合北约组织要求其成员国防预算制定的正常比例。目前，法国的国防预算在欧盟国家中仅次于英国，位列第二。白皮书和军事规划法还规定在 2014~2019 年的 6 年里，法国军队的总规模从 28 万人减少到 24.2 万人。

奥朗德在国防方面确定的目标，就是确保法国的主权和防务的独立自主，继续实现国防现代化计划，确保为军队提供最好的训练、最好的装备、最好的情报支持。奥朗德尽管遭遇比历任总统都严峻的财政危机，但是为了发展独立核威慑力量，仍然维持核军费每年 35 亿欧元的开支，并还将核威慑力量进一步神圣化。

白皮书和军事规划法规定，为了维护法国独立自主、主权完整、领土安全、法国本土的法国人民和在国外的法国侨民的安全，为了防患于未然，从现在起法国必须建立保护、威慑和干涉三大军事战略。

（1）保护　法国军事战略的核心和首要任务，就是保护法国领土完整、法国本土人民以及海外侨民的生命和安全，确保其不受勒索、报复或侵犯。确保国家主要职能的连续性，确保国家和政府机构正常地运转及其行动的自由。尽早做出认识和预测，及时采取行动以制止来自恐怖主义的一切袭击，或者至少迅速做出反应以减轻后果。与网络威胁作斗争，保护科技潜能的发挥。与大规模杀伤性武器扩散和常规武器的走私作斗争，与人口贩卖和毒品走私作斗争。

保护战略主要包括对法国领土、领海、领空的保护，表现为宪兵部队承担的经常性的安全行动，海上救援（反污染、海上营救、反走私等），空中安全（对飞行器的救援、侦察和干预，包括反弹道导弹威胁）。

白皮书强调：法国近几年在阿富汗、科特迪瓦、利比亚和马里等地参与的军事行动表明，军事行动仍然是安全的一个重要方面……法国所制定的战略不会脱离北约的框架和对欧盟的承诺。所以，法国要与北约组织和欧洲盟友一道保障欧洲和北大西洋的安全，维护和巩固欧洲周边地区的安全与和平，保持近东地区和海湾地区的稳定，并且特别注意东欧、地中海地区以及非洲的形势变化。

（2）威慑　白皮书指出，法国核威慑从严格的意义上是防御性的，只是在正当防卫的极端情况下才由共和国总统考虑使用。因此，从这个意义上讲，核威慑是维护国家独立与安全的最后屏障。它在国际责任范围内时时刻刻确保国家自主的决定，保证国家行动自由的权利，包括在危机时刻粉碎对国家讹诈的企图。法国已经将核威慑纳入国防与国家安全的全球范围内，在这个范围内法国的根本利益受到威胁，法国要彰显法国核威慑的力量的存在。法国核威慑的存在，既确保了大西洋联盟的安全，也确保了欧洲的安全。

白皮书和军事规划法指出，法国核威慑主要由空中核力量和海上核力量组成，已经由苦心经营了30多年的三位一体（陆基核力量、空中核力量和海上核力量）的核打击力量转变为依靠空军和海军实施打击的核威慑力量①。在核武器数量方面，法国继续实行"刚好足够的"核威慑力量，少于冷战时期的核武器水平，从而使法国核武器的质量既有可信度，又在数量上有限度。当然，法国的核武器仍然保持了冷战时期拥有的第一次核打击能力和现在最低限度的第二次核打击能力。

（3）干涉　白皮书确定，法国对外干涉主要有三个目标：保护在国外的法国侨民，因为法国侨民目前人数已经达到200万这个不小的数目；捍卫法国的战略利益，也包括盟友和伙伴的战略利益；行使国际职责。白皮书认为，从国家安全角度看，这个军事战略是必要的和不可避免的，因为任何危机的进一步发展，以及公开冲突，都会危及法国的安全和根本利益。

为了实现对外干涉的目标，法国除了拥有必要的手段来保护国家领土

---

① 1997年，法国销毁了陆基核武器发射系统。

外，还必须拥有在优先地区从事干涉的能力。这些地区包括：欧洲周边地区，地中海盆地，从撒哈拉到赤道非洲的地区，阿拉伯海湾，印度洋。与此同时，法国也要在世界其他地区为和平与国际安全做出贡献。

2. 反恐斗争不断升级

根据欧洲刑警组织发布的《2011 年欧盟恐怖主义现状与趋势报告》，欧洲面临的恐怖主义威胁正在加剧，而法国更是重灾区。2007～2013 年，欧盟成员共发生 2087 起恐怖袭击事件，其中大多数发生在法国（852 起）和西班牙（930 起）。有近 200 名曾在叙利亚与伊拉克参加"伊斯兰国"极端组织的法国籍极端分子已经返回法国，成为随时可能引爆法国国内安全问题的"定时炸弹"。

为了遏制极端主义势力和进行反恐斗争，法国议会于 2014 年 11 月通过了《反恐怖主义法》。该法与英国、德国、荷兰等国近期修改的相关法律相似，规定可通过没收身份证和护照等方式禁止涉嫌前往参加"圣战"的法国人出境，并强化对从国外归来的涉恐分子的监视。该法设立了新的"个人恐怖行为罪"，可根据嫌疑犯私藏武器或爆炸物定罪，而不再需要等到其采取行动才定罪，填补了一项法律空白，有利于对潜在的恐怖袭击威胁提前防范。该法还规定，对利用互联网散布恐怖主义宣传、招募极端恐怖分子的信息传播可进行查禁并判处 7 年监禁。有关网站必须在涉恐信息上网 24 小时内删除该信息，否则将依法受到查封和严惩。然而，防不胜防，恐怖主义的枪声还是再次在法国响起。

2015 年 1 月 7 日，位于巴黎的讽刺杂志《查理周刊》总部遭到武装分子袭击，造成 12 人死亡，另有多人受伤。这是近些年来法国遭受的最为严重的恐怖袭击。恐怖袭击震惊了全法国和全世界。当天晚上，法国全国有 10 万余名民众自发上街为此次袭击事件中的受害者进行无声哀悼。1 月 11 日，包括德国总理默克尔、英国首相卡梅伦、意大利总理伦齐、西班牙首相拉霍伊、以色列总理内塔尼亚胡以及欧盟委员会主席容克在内的 60 余位外国元首、政府首脑或国际组织领导人赶到巴黎，与奥朗德总统并肩参加了巴黎举行的反恐大游行。这一天，全法国共有多达 370 万人走上街头纪念系列恐怖袭击的死难者，创下法国史无前例的纪录。仅巴黎的游行人数就在 120 万至 160 万。

2015 年 7 月，法国议会通过《情报法案》，旨在加强反恐斗争的情报工作。该法确定了情报机构的任务（包括预防恐怖主义攻击、反经济和工业间谍等），也对使用侦察技术（监听，安装摄像镜头或间谍软件，截取链接数据等）执行监控和批准监控的整套作业（目的、期限、数据的保留和销毁等）做出了明确的规定。法国政府宣布，近 3000 人受到监控。但是，法国的恐怖袭击依然防不胜防。

2015 年 11 月 13 日，巴黎再次响起枪声，造成至少 130 人死亡和 350 多人受伤，震惊了全球。"伊斯兰国"宣称对此次事件负责。这次巴黎事件是"9·11"以来最严重的恐怖袭击，其组织之严密，计划之周密，手段之残忍，均表明"伊斯兰国"恐怖组织已取代危害全球近 20 年的基地组织，成为践踏人类文明底线的最凶残的敌人。

2016 年 7 月 14 日晚，法国南部旅游城市尼斯遭到"独狼式"恐怖袭击，一辆货车撞向观看国庆焰火表演人群，造成 84 人死亡和 200 多人受伤，再次震惊了世界。

一系列恐怖袭击事件重新激发起法国民众的爱国心。自事发后，法国政府将恐怖袭击当日规定为"国殇日"，并举办全国悼念活动，法国民众挂起形形色色的自制蓝白红三色标志，表达对死者的哀思。

恐怖袭击事件后，法国一时间风声鹤唳，奥朗德总统宣布全国进入紧急状态，并称"法国已经进入战争"。在这个过程中，法国国内政策也在迅速调整，安全政策已被大大强化。奥朗德总统颁布了议会通过的将紧急状态期限延长 3 个月的法律，并五度延长，直到 2017 年 7 月。法国议会通过对紧急状态法的修改，规定执法机构可以对那些危害安全和公共秩序的人员实施软禁，那些散布极端主义思想的清真寺将被关闭，解散那些掌管极端和过激清真寺、祈祷场所的激进团体，赴中东参加所谓"圣战"的法国人的护照将被没收，国籍将被取消。城市的军警力量增加，一支由预备役军人组成的"国民卫队"正在组建，根据《2014～2019 年军事规划法》，在军队中裁减 34000 个岗位，现在决定保留其中一半以上的岗位。常年保持7000 名军人巡逻和保护敏感单位，对各娱乐场所也加强了监控。之后，法国议会通过刑法改革法案，允许法院判处恐怖分子终身监禁。法国总理瓦尔斯宣布，未来 3 年法国将增加 2680 个执法和情报部门岗位以打击恐怖主义，其中 1100 人在情报部门工作。军事预算 3 年内将在反恐方面增加 38 亿欧元的支出，包括购买设备、支持反恐机构的建设和运转等。警察部门将购买和更新装备，包括防弹衣和更加精良的武器。紧急状态实行一年以来，治安单位执行了 4000 多个行政搜查任务，有 95 人被软禁。搜查期间扣押了将近 600 件枪械武器，其中 77 支为军用武器。

在对外军事行动方面，奥朗德命令法军加强在叙利亚和伊拉克针对极端组织"伊斯兰国"的军事打击行动，法国的"戴高乐号"核动力航母已经起航前往前线。奥朗德还希望，建立一个更加广泛的国际联盟以摧毁"伊斯兰国"。他特别呼吁欧盟国家间展开反恐合作，在武器走私、加强边境检查、追查恐怖分子等方面共享情报。2016 年 1 月 20 日，法国、美国、澳大利亚、德国、意大利、英国和荷兰 7 国防部长在巴黎举行会议，决定加快和加强对极端组织"伊斯兰国"在伊拉克和叙利亚等地目标的打击，加强对"伊斯兰国"基础设施、指挥中心、储油库和供给线的打击。

在外交方面，奥朗德开始密集会见多个国家的领导人以及联合国秘书长潘基文，谋求国际社会对法国反恐行动的支持，在国际上形成新的反对恐怖主义联盟。联合国安理会于 11 月 20 日傍晚召开紧急会议，一致通过由法国起草并加入俄罗斯意见的第 2249 号决议，认定"伊斯兰国"使"国际和平与安全面临前所未有的全球性威胁"。决议授权"有能力的会员国"可根据国际法在叙利亚和伊拉克境内受"伊斯兰国"控制的领土上，采取一切必要措施打击"伊斯兰国"的恐怖主义行为，摧毁它们在伊拉克和叙利亚建立的庇护所。

除了加紧打击国外恐怖主义来源地外，更主要的是要消除国内极端主义的温床。法国城市、青年及体育事务部部长帕特里克·卡内尔承认[1]：在法国，存在着上百个类似布鲁塞尔郊区莫伦贝克的街区。[2] 如果说：莫伦贝

---

[1]　法国城市、青年及体育事务部部长帕特里克·卡内尔于 2016 年 3 月 27 日对法国媒体谈话。
[2]　布鲁塞尔西北郊区莫伦贝克（Molenbeek）意味着贫穷、封闭排外、极端思想盛行，被称为"极端主义者的天堂"，是比利时最著名的"圣战者"来源地。

克是个伊斯兰恐怖主义之家的话，法国也有上百个这样的伊斯兰恐怖主义之家。正是在法国的"莫伦贝克"街区，有近千名青年奔赴"伊斯兰国"，参加恐怖主义活动。根据法国官方统计，目前法国极端化分子约1600人，到2017年会达到3200人。所以，法国要消除国内恐怖活动，最主要是要消灭这些街区的失业和贫困，给予这些街区青年平等和公正的待遇，使他们融入法国社会中。为此，瓦尔斯政府设立"常务科学委员会"，研究伊斯兰极端化和恐怖主义等议题。瓦尔斯政府还于2016年5月推出一项打击恐怖主义方案，2017年底前在法国每个大区都会设立一个"融入中心"①，帮助已走上或正在走上伊斯兰极端化道路的青少年改邪归正。除此之外还会接待伊斯兰狂热分子，并对他们进行指导和规劝。

不过，法国国内外舆论认为，恐怖袭击之所以频频在法国发生，国内根源则是北非裔二代、三代融入法国社会和贫富两极分化问题，对外单纯地依靠军事上打击"伊斯兰国"和恐怖分子可能导致"越反越恐"。

第六节　政治力量的消长

一　2012年大选后的政治生态和政治格局以及全体党员投票决定候选人的原则

1. 左翼的政治生态：社会党跃居第一大党，再创历史辉煌；左翼阵线未获突破，处境困难；法共继续衰退；欧洲生态－绿党实力有所上升

社会党总统候选人弗朗索瓦·奥朗德在2012年大选中战胜所有对手荣登总统宝座，社会党又在2012年6月立法选举中跃居法国第一大党地位，加上2011年地方选举和参议院部分换届选举的胜利，全面掌握了中央和地方权力，再创历史辉煌。

法国社会党是欧洲左翼阵营中的一支有影响的重要力量。2008年国际金融危机和经济危机爆发以来，欧洲大多数社会民主党再次陷入政治低迷

---

① 融入中心法文为"le Centre de réinsertion"。

状态，中右政党主导着欧洲政坛。2011 年底丹麦社会民主党在立法选举中领导着中左政党集团取得胜利，成为执政党，使欧洲左翼力量有所回升。2012 年，工党在荷兰大选中仅以 3 票之差落后原执政党——中右政党自由党，大选后与自由党组成左右共治联合政府，欧洲左翼力量有所发展。而法国社会党赢得大选和立法选举的双胜利，则进一步壮大了欧洲左翼政治力量，大大地推动了欧洲政治的左转。

社会党一方面还沉浸在大选和议会选举胜利的喜悦之中；另一方面上台执政近半年，实施紧缩财政和促进经济增长的政策，逐步地兑现向选民许下的 60 项诺言，但成效十分有限。法国经济继续恶化，财政赤字和公共债务并未如愿，失业率上升，民众开始产生不满，奥朗德总统和艾罗政府的支持率双双在下降。社会党喜忧参半。

2012 年 7 月 18 日，社会党全国理事会决定成立工作组，根据新的国内外形势修改党章。该工作组由社会党内的主要派别按他们的提案在全党投票中所占的比例组成，他们综合近年来社会党在党内革新中发布的规章和内部条例，补充和修改原来的党章。新党章于 9 月 12 日获得全国理事会表决通过，10 月 11 日在全党的投票中获得绝对多数的赞同，正式成为社会党的新党章。与新党章同时通过的还有社会党的新内部条例，对新党章的实施做了具体的规定。

新党章[①]无论内容和形式都比原来的党章有较大的改变，在推动党内民主建设方面尤为突出。（1）中央到地方各级的党首，除了大区联盟书记由大区委员会选举产生外，包括中央、省联合会和地方支部党首都由间接选举改为直接选举产生。无论中央还是地方各级党首的直选，都采取两轮绝对多数选举制。社会党认为，此举是进一步推进党内民主的建设，能够比较顺利地实现各级党首的新老交替，从而树立全党公认的领袖和领导，避免历来在间接选举中为争夺领导位置造成党内的分裂，同时还可以拉近领导与普通党员的距离，极大地调动党员的政治积极性和政治参与性。（2）社会党的总统候选人由公民初选产生，亲社会党的左翼人士亦可参加社会党总

---

① 《社会党党章和内部条例》，www. parti-socialiste. fr/，2012。

统候选人的提名。（3）在大区议会、省议会和市镇议会中社会党议员占优势的情况下投票选举地方政府的行政长官时，社会党要事先由所在地区的全体党员进行预选，产生社会党的行政长官候选人，从而在党内认可的情况下，再由地方议会进行投票表决。（4）为了协调各个派别的关系和保持党内的团结，社会党坚持机构组成和组织运作采用比例代表制，以便更能体现党的"公开、透明、民主"的原则。（5）社会党在章程、结构和实践中都致力于实现男女党员越来越真实的平等。（6）创建党员参与民主的各种形式，如直接参与决定党的总方针和党章，定期的全国会议讨论党员提出的议题，就有关问题直接向党员咨询。（7）加强向党外开放民主。

社会党第一书记马蒂娜·奥布莱的任期在 2012 年即将到期，5 月她表示无意继续连任后，社会党内部就开始了对新任党魁人选的酝酿。党魁人选集中在两个人身上：一是社会党的二号人物、以创办反种族歧视组织而出名的阿尔朗·德西尔（法国人和马提尼克人的混血儿），1999 年他当选欧洲议会议员，主要负责全球化项目的开展；二是巴黎市议员、负责社会党国际联系事务的让－克里斯托夫·康巴代利，是社会党内偏左的人物，曾是斯特劳斯－卡恩的得力助手。10 月 18 日，社会党举行党首换届选举的第一轮投票，其结果是德西尔获得 72.52% 的有效票，莫雷尔仅获得 27.48%的有效票，德西尔在第一轮投票中以绝对多数票当选全国第一书记。

2012 年 10 月 26 ~ 28 日，社会党在图卢兹召开第 76 届代表大会，代表全国 17.5 万名党员确定社会党总路线。大会共收到 19 个提案，其中以第一署名人德西尔的《动员法国人为变革获得成功》提案获得大会绝对多数的支持，德西尔作为社会党第一书记得到确认。德西尔成为欧洲主流政党的首位黑人党首。

社会党图卢兹第 76 次全国代表大会决议，"创造金融和经济危机后的经济、社会和生态模式，法国的未来在欧洲，重建共和国的团结，继续社会党的革新"。[1] 大会认为，当前法国正经历严重的经济社会危机，全党必须紧密团结，支持政府兑现奥朗德竞选承诺，带领法国早日走出危机。

---

[1]　http://www.parti-socialiste.fr/.

社会党图卢兹第 76 次全国代表大会完成了多项既定的任务，如新党章的制定和通过，新领导人顺利地接班，达到了党内新的团结。

以法共为主体的左翼阵线，其总统候选人让－吕克·梅朗雄在竞选中提出不切实际的口号，如"公民革命""第六共和国"等，一度引发"梅朗雄热"，赢得了一些"草根"选民。梅朗雄在总统选举第一轮投票中获得 11.10% 的有效票，位列第四，被舆论称为"黑马"。但左翼阵线在立法选举中不如所愿，总共只获得 10 个席位，其中法共 7 席，比上届议会要少许多。立法选举失利后，左翼阵线和法共之间矛盾公开化，双方亟待在联盟未来发展路线、梅朗雄的领导地位、与社会党关系等重大问题上消弭分歧、统一方向。总之，左翼阵线处在困难时期，法共继续在衰退。

2013 年 2 月，法共召开第 36 次党代会，通过了《本世纪法共人文纲领文件》，确定法共今后适应和面对国内外新局势的方针政策。皮埃尔·洛朗再次连任法共全国书记，大会选举出 160 名成员组成全国理事会。大会决定成立"规划委员会"作为反思和工作常设机构，以便对政治设计进行党内协调。法共第 36 次党代会通过的新党章规定[①]，法共从中央到地方各级党首都由直接选举产生。不仅如此，"为了提高党的工作时效性，一切事务都可以通过投票来解决"。法共第 36 次党代会还宣布，2013 年的党员卡不再有锤子和镰刀的标志，以"欧洲左翼党标志"取代之。法共国际关系主任雅克·法特对此做出评论："我们早已放弃十几年前共产主义的一些僵硬刻板的形式和做派。我们希望法共的未来发展能够符合法国和欧洲人民的期望。"[②]。

自成立以来，欧洲生态－绿党的势力有所发展，2012 年进入艾罗政府，在国民议会中拥有 17 席并组成议会生态主义者党团，在参议院中拥有 12 席并组成议会党团，在欧洲议会中拥有 15 席。欧洲生态－绿党已经成为法国左翼中除了社会党外的第二大力量。2013 年 12 月，欧洲生态－绿党在冈城举行党代会，39 岁的埃马努埃莱·科斯女士关于《争取环保方向》的提案获得党代会 55.53% 的有效票，她因此被选举为该党全国书记。欧洲生态－

① 《法国共产党党章》，www.pcf.fr/，2013。

② http://www.pcf.fr/.

绿党提倡保护欧洲、法国生态和环境。2013 年，欧洲生态－绿党拥有 1 万名党员，其中大多数是中高级管理人员、大中学教员、研究人员、信息员等知识分子和新中产阶级。

2. 右翼的政治生态：人民运动联盟起内讧，力量和影响陷入低谷；民主运动走低，欲要寻找出路

以人民运动联盟为主体的右翼严重受挫，在 2012 年总统选举中其候选人萨科齐败北，在 2012 年 6 月立法选举中人民运动联盟则遭受沉重打击，致使该党自创建以来首次下野。再加上 2011 年参议院改选的失利，致使人民运动联盟各大阵地全面丢失，彻底沦为在野党。

人民运动联盟在一系列选举中的败北，促使该党就选举失利和党的身份特性、价值观、路线方针等问题进行深刻反思，出现政治路线的辩论。作为该党中右翼代表、法国前总理弗朗索瓦·菲永在不同场合都表示要坚持共和传统，应跟国民阵线的极右立场与言论划清界限，理由是传统右翼无法通过向右转跟极右竞争，那样的竞争只能是死路一条。要争取 2017 年大选的胜利，必须改弦易辙，回到共和传统。作为该党右翼代表的让－弗朗索瓦·科佩和尼古拉·萨科齐的支持者对此不以为然，认为目前党内右翼代表的是法国的民意，不应受意识形态束缚。因此，人民运动联盟的内讧，在很大程度上体现的是政治路线之争。

科佩和菲永的内讧特别表现在争夺人民运动联盟主席职务方面，还在萨科齐担任法国总统期间，人民运动联盟主席职位一直空缺。为了解决"群龙无首"的状态、确保全党团结、实现党的革新以及稳住右翼传统选民，人民运动联盟于 2012 年 11 月 18 日举行党主席选举。根据人民运动联盟章程规定，从中央到地方，党首以多数两轮投票制直接选举产生。在酝酿候选人期间，该党总书记科佩和前总理菲永分获 4.5 万和 4.7 万名党员签名支持，成为党首之争的两名正式候选人。科佩和菲永都积极地投入到竞选运动中，都表示志在必得。

在投票日的当晚，科佩和菲永两位候选人得票数量接近，均宣布自己获胜，双方各不相让，并攻击对方作弊。该党的上诉委员会裁决科佩获胜，但菲永表示不服。科佩和菲永两大阵营在相当长时间内相互揭短，相互攻击，酿成丑闻。无奈之下，双方遂请该党的创建人阿兰·朱佩进行调停，后者施尽浑身解数企图平复这场严重政治危机。他成立一个委员会，重新审议选举结果，仍然是科佩当选，不过，菲永并没有接受这样的事实。最终，在萨科齐和朱佩调停下，双方决定于 2013 年 10 月前重新选举党主席。而 2013 年 6 月底，在人民运动联盟举行的全党网络公投中，93% 的党员反对重新选举党主席，这就意味着科佩可以继续担任该党主席直到 2015 年。人民运动联盟由选举党首引发的危机终于平息下来，但因为选举党首引发的危机损毁了作为法国最大的传统右翼政党的形象，造成了对该党的信任危机。

在 2012 年总统选举中的第一轮投票中，民主运动的党首弗朗索瓦·贝鲁获得的选票百分比不仅落在社会党和人民运动联盟两大党总统候选人后面，而且落在国民阵线和左翼阵线总统候选人后面，排名第五位，而在 2007 年总统选举第一轮投票中他所得选票仅次于人民运动联盟和社会党的总统候选人，排名第三位。在 2012 年 6 月立法选举中，民主运动仅获得 2 席，而 2007 年议会选举中法国民主联盟曾获得 3 席。这样的对比说明，自法国民主联盟分裂后成立的民主运动，其实力不仅没有恢复，还在进一步走低。

民主运动在选举败北后，正在探索复兴的道路，贝鲁打算把分散的中间小党重新联合起来。民主运动积极地与民主人士和独立人士联盟①谈判，寻求联合的途径和具体步骤。民主人士和独立人士联盟是国民议会中同一称呼的议会党团议员发起并于 2012 年 10 月 21 日正式成立的，它是几个中左、中间、中右小党派的联盟。该党的定位为"开放、富有建设性的反对派""平和、可信的替代力量"以及欧洲建设等。绿色增长和经济竞争力是其首要关切，提出建设"人性化的自由主义"。2013 年 11 月 5 日，民主运动党首贝鲁与民主人士和独立人士联盟主席让-路易·博洛签署协议，民主运动正式加入民主人士和独立人士联盟，从而使中间政党在统一的道路上迈出了一大步。

---

① 民主人士和独立人士联盟法文为"l'Union des démocrates et indépendantes（UDI）"。

3. 极右翼的政治生态：国民阵线进一步发展，其实力和影响扶摇直上

国民阵线在 2012 年选举中又一次实现了重大突破。在总统选举中其候选人玛琳娜·勒庞首轮得票率超过其父亲老勒庞历次竞选总统的成绩，在立法选举中国民阵线虽然只获得两个议席，但实现了进入 21 世纪后在立法选举中的突破，表明国民阵线地位更趋稳固，已经成为一股持续而强大的政治力量。

国民阵线快速回升是"极端环境"推动和自我调整的结果。其一，国民阵线的社会基础有所扩大。在金融和经济危机以及欧债危机的冲击下，法国经济低迷，民众收入减少，贫富两极分化有所发展，导致法国弱势群体有所增加，失业群体（特别是青年人失业群体）、传统工业地区的工人群体、社会排斥群体、新出现的贫困群体等逐渐扩大，甚至包括经济困难地区的中产阶级，如中小城市的中产者、乡村地区的公务人员等。他们中的相当部分对传统政党感到失望，转向寻求国民阵线的支持，因而成为小勒庞的"粉丝"。统计和调查证明，高达 29% 的工人选民将手中的选票投给了国民阵线，远远超过了左翼阵线（仅收获 14% 的工人选票）。其二，在金融和经济危机影响下以及欧债危机持续蔓延的背景下，法国社会的民粹主义和极端主义思潮有所滋长，相当部分选民反欧盟、"反建制"、反主流政党、反精英情绪蔓延，思想与诉求出现极端化趋势。而国民阵线的理论、言论和政治主张正是与这种思潮并行不悖，迎合了这部分选民的愿望和需求，因而获得这部分选民的同情和支持。其三，国民阵线新一代领导人实施"去妖魔化"战略，主动淡化反犹太主义和种族主义等言论，主打反移民、反穆斯林牌，利用各种场合声明国民阵线是一个普通政党，反对被扣上"极端势力"的帽子，谋求"改邪归正"。玛琳娜·勒庞当选党首后，先后开除数名有种族主义和新纳粹主义倾向的成员，试图与"国民阵线"反犹太主义和种族主义的历史划清界限，转而以安全、就业等理由反对移民。国民阵线淡化极端色彩的战略显现效果：民调表明，半数左右的法国人对该党的看法发生了质的变化，不再视之为极端势力，而是"跟其他党派一样的普通政党"，认为"它是法国民主制度的威胁因素"的人数也从 20 世纪 90 年代逾 70% 骤减到 2013 年的 47%；而且一向对老勒庞进行大力封杀的主流媒体纷纷追捧小勒庞，使她在各大媒体频频亮相。其四，国民阵线在 2012 年议会选举中采取开放策略，积极吸收新生力量，扩大战线。同时，联合其他极右小党及独立人士以"深蓝联盟"① 名义参选，在几乎所有选区推出自己的候选人，有效地改变了党的形象，提升了党的战斗力和影响力。

4. 2012 年大选后的政治格局：左翼居优的多极化多党制，呈现左翼、右翼、极右翼三足鼎立的政治格局

2012 年大选后形势与 2007 年大选后正相反，法国呈现出左翼居优而不是右翼居优的多极化多党制，但依然是左翼、右翼、极右翼三足鼎立的政治格局，但是，2012 年大选后，左翼、右翼、极右翼之间的力量对比发生了明显变化。左翼方面，以社会党为主体，包括欧洲生态 - 绿党、法共、左翼阵线、左翼激进党以及其他一些左翼小党派，其阵营强大，不仅表明在法国政坛中强势崛起，而且推动欧洲向左转。但是，法国左翼政党之间在理论、思想和治国理念方面都存在差异，其政策和主张也不同，往往在热点和焦点问题上发生争吵，爆发冲突，从而削弱左翼整体的力量和影响力。

在右翼方面，则是以人民运动联盟为主体，包括中间偏右的小党派，如民主运动、激进党、其他右翼小党派，其实力和影响力有所下降。在民主运动及其党首贝鲁的人气江河日下的情势下，让 - 路易·博洛率领民主人士和独立人士联盟担当起团结和联合法国中间政党的责任，并向人民运动联盟靠拢，从而使右翼阵营有所壮大。

在 2012 年大选和立法选举中及选举后，极右翼的强势崛起不仅震动了法国政坛，而且同时震撼了欧洲政坛。国民阵线势力迅速提升，打破了原来左翼、右翼、极右翼三足鼎立的力量对比，使极右翼力量日益壮大。分析国民阵线实力，不仅要看该党拥有多少中央和地方议员以及欧洲议会议员，还要看该党拥有的选民数量，看其在第一轮投票中获得选票的数量及其百分比。就目前而言，国民阵线不仅拥有传统的选民，而且增加了许多新的"粉丝"，从而形成三足鼎立的多极化法国政治格局。

5. 确立全体党员投票决定参加国家选举的候选人原则

自 2012 年总统选举和议会选举后，法国各个政党加强了民主建设，从

---

① 深蓝联盟法文为"le Rassemblement bleu marine"。

而使法国政党进一步现代化和民主化。大多数法国政党在党章或内部条例中，都规定了由全体党员投票决定选派和正式提名参加国家选举的候选人，从而实现了政党在选派参加国家选举候选人方面由间接选举向直接选举的转变。

《社会党章程》① 第 5 篇总条款中规定："政治选举的候选人由第 3 篇第 1 章第 1 条规定的，具有选举权且在所在选区选民名单上登记的全体党员选派。"具有选举权的党员指的是"至少连续 6 个月缴纳党费，当选者则有义务公开他在当选以前缴纳党费的证明"。"选举是秘密的。任何代理投票都被否定"。《共和党内部条例》② 第 1 篇第 3 条规定："根据党章第 5 条的规定，在 12 月 31 日前或者在 6 月 30 日前交清党费的党员，可以列入党选举名单中。""由党员决定参加国家选举候选人的选派和正式提名"。法共党章③第 5 章规定："由党员们自己决定参加国家选举的党的候选人。""每个共产党员都要与自己所在选区的组织机构共同拟定党的候选人名单"。欧洲生态 - 绿党党章④第 50 条规定："总统候选人的正式提名由全体党员和合作者通过投票表决通过。"民主人士和独立人士联盟根据其党章⑤规定，由该党全国提名委员会拟定候选人名单，在向全体党员征求意见并获得同意后，提交该党全国执行局审议通过。

在 2012 年以后的法国全国性和地方性的各种选举中，法国各个政党都是按照党章和内部条例的规定，由党员投票选择本党的候选人。

二 2014 年市镇选举、欧洲选举和参议院选举——右升左降，极右壮大

1. 3 月市镇选举——右升左降，极右势力发展

法国市镇选举于 3 月举行。在此次市镇选举中，男女"平等原则"的

---

① *Statuts et Réglement intérieur du PS*, www.parti-socialiste.fr/, 2012.
② *Statuts et Réglement intérieur des Républicains*, www.républicains.fr/, 2015. 共和党由人民运动联盟 2015 年 5 月 30 日改名。
③ *Statuts du Parti communiste français*, www.pcf.fr/, 2013.
④ *Statuts et Réglement intérieur de l'EéLV*, www.eélv.fr/, 2014.
⑤ *Statuts et Réglement intérieur de l'UDI*, www.parti-udi.fr/, 2015.

贯彻执行将从 3500 名居民的市镇降到 1000 名居民以上的市镇，[①] 各政党提出的候选人不仅男女各占一半，而且当选的议员总数中男女比例必须是平等的。法国是世界上第一个采取这样规定的国家，这为提高法国妇女的政治地位、激发法国妇女参政的积极性提供了法律保证。

此次市镇选举虽然是地方议会的换届选举，但对执政党或在野党都是严格的检验。社会党执政将近两年，现在要地方选民对它的政绩做出评价。早在 2013 年 6 月，在野的人民运动联盟在巴黎、里昂就通过互联网组织"开放式的初选"，执政的社会党也于 2013 年 10 月在马赛等 5 座城市中举行"开放式的初选"，结果表明选民有较高的参政积极性。参加竞选的政党大都充满信心投入到竞选运动中去。参加竞选的政党和无党派人士，总共将选出 52.6 万名市镇议员，为此，它们提出了 92.6 万个候选人，在 10000 名居民以上的 9734 座市镇中提出了 21186 个竞选名单，比 2008 年市镇选举多出 2000 个。其中，国民阵线更是踌躇满志，在 10000 名居民以上的 596 个市镇村提出了竞选名单，打破了该党 1995 年的历史纪录。这个竞选名单涵盖 2060 万法国人，占法国人口的 32%。

市镇选举分别于 3 月 23 日和 30 日举行第一轮和第二轮投票。经过两轮的激烈角逐，选举落下帷幕，其结果如下：右翼（人民运动联盟、右翼联盟[②]、民主联盟、中间联盟[③]等）成为最大的赢家，第一轮获得 46.38% 的有效票，第二轮获得 45.65% 的有效票，夺得 105840 席，其中人民运动联盟单独获得 11151 席，一场蓝色浪潮席卷了法国（蓝色是人民运动联盟的代表颜色）；左翼（社会党、欧洲生态－绿党、左翼阵线、法共、左翼联盟[④]等）遭到惨败，第一轮仅获得 38.20% 的有效票，第二轮也仅获得 41.56% 的有效票，共收获 72624 席，其中社会党单独获得 12278 席；国民阵线也取得相当大的胜利，第一轮获得 4.76% 的有效票，第二轮获得 6.75% 的有效票，夺取 1498 席。在拥有 10000 名居民以上的城市中，右翼获得 572 座，

---

① 根据 2013 年 5 月 17 日法令。

② 右翼联盟法文为"l'Union de la droite"。

③ 中间联盟法文为"l'Union du centre"。

④ 左翼联盟法文为"l'Union de la gauche"。

左翼只有 349 座，国民阵线则拥有 14 座，这是第五共和国政治史上从未有过的。社会党的惨败，不仅表现在左翼席位明显少于右翼，而且拥有 10000 名居民以上的市镇数量也明显少于右翼，还表现在丢失了 121 座拥有 15000 名居民以上的城市。但社会党及其盟友保住了巴黎、里昂、斯特拉斯堡等著名城市。

社会党的惨败是近两年来法国经济增长乏力，企业倒闭数量增长，失业率居高不下，选民对政府执行的政策严重不满，社会抗议显著增多，总统奥朗德和总理艾罗的民意支持率长期处于低位所造成的后果，法国选民特别是左翼传统选民大都投了"惩罚性"的票，把票投向右翼甚至极右翼，以宣泄不满的情绪。法国报纸毫不留情使用"溃败""被打耳光""被惩罚""踢屁股""被痛打""被斥责"等字眼来形容社会党及左翼在这次选举中遭遇的灾难。社会党和左翼的败北导致法国政治力量发生右升左降的逆转性变化。

根据法国内政部统计，市镇选举第二轮投票之际，986 座 1000 名居民以上的市镇有三份竞选名单角逐，207 座市镇有四份竞选名单，16 个市镇有五份竞选名单。波利尼西亚一座市镇甚至出现六份竞选名单。而 2008 年，仅就 3 万名居民以上城市而言，三角战只有 62 个，四角战只有 14 个。法国内政部还指出，本次市镇选举在 3.67 万座市镇中，要举行第二轮投票的市镇共有 6455 个，其中 1777 个是千人以上市镇，4678 个是千人以下市镇。这些数据显示，法国政治碎屑化现象严重，多极化多党制的政治进一步发展。而国民阵线在市镇选举中取得胜利和在一些市镇中掌权，证明极右政党实力的增强及其选民队伍的壮大，使右翼、左翼、极右三足鼎立中的"极右足"进一步粗壮起来，从而巩固了以三足鼎立为主要特征的多极化多党制的法国政治格局。

根据法国内政部统计，此次市镇选举中法国妇女政治地位有了改善。在选出的市镇新议员中，女议员有 211546 名，占市镇议员总数的 40%，有了大幅度的提高，而 1995 年和 2008 年市镇选举中女议员分别仅占 21% 和 34.8%。在 3500 名居民以上的市镇中，女市长占总数的 10%，其中在 10 万名居民以上城市中，女市长占总数的 6%。此次巴黎市议会选举巴黎市长尤为引人注目，竟然没有一名男性参选，只有前总统萨科齐的美女发言人纳塔莉·科希丘什科－莫里泽、社会党的巴黎第一副市长安讷·伊达尔戈以及绿党领袖、现任住房部部长的塞西尔·迪弗洛三位女性宣布参加竞选。"这绝对是一场女人的战争！"法国《十字架报》[①] 2 月 18 日用醒目标题点明候选人之间的激烈角力。最终，社会党候选人安讷·伊达尔戈战胜其他两位女性，成为巴黎市历史上首位女市长。

在此次市镇选举中，华裔表现出很高的政治积极性。10 名华裔报名参选，其中 6 名在两轮投票后胜出，其中一名华裔当选为巴黎市议员，3 名华裔当选副区长，主管经济。

在此次市镇选举结束后，奥朗德总统迫于社会党内部的压力，同时接受选民的诉求，对现有政府进行改组，社会党第一书记德西尔承担责任辞职。奥朗德企图以此改变政府的形象，调整经济和社会政策。

2. 5 月欧洲议会选举——继续右升左降，国民阵线跃居群党之首

第八届欧洲议会选举于 5 月 22 日至 25 日在欧盟 28 个成员的国内举行，这是《里斯本条约》生效后的第一次选举，选民们将选出 751 名欧洲议会议员。选举结果还将直接影响欧洲议会、欧盟委员会、欧洲理事会、欧盟对外行动署、欧元集团以及北约等机构的下届领导人人选。当前，欧盟生态不容乐观：成员之间凝聚力减弱、民众对欧盟的信任度下降、欧元区经济复苏乏力、来自俄罗斯的威胁日益严峻、英国想通过公投脱离欧盟，因此，此次选举至关重要。最近的预热活动中，大国与小国，南欧与北欧，东欧与西欧，欧元区成员与非欧元区国家，左翼、右翼、中间政党之间，男人与女人之间的一场权力争夺战已拉开了帷幕。

法国于 25 日开始欧洲议会选举投票，将选出 74 名欧洲议员。根据统计，法国参加此次竞选的候选人名单有 193 个，但参加竞选的主要政党依然是社会党及其盟友、人民运动联盟及其盟友、国民阵线等。

社会党提出欧洲建设文件《重新定位欧洲之战》强调欧洲经济和社会振兴将依赖经济增长，必须停止实施紧缩政策，同时必须同"右翼欧洲"

---

① 法国《十字架报》法文为 "*La Croix*"。

斗争。社会党发言人称："我们已经通过了这项旨在重新定位欧洲政策的方针，注重推动经济增长以重振欧洲的文件。这份文件同时表明我们必须同'右翼欧洲'作战，因为右翼欧洲强力推行的紧缩政策不但加剧了经济危机，更减少了摆脱危机的可能性。"人民运动联盟宣称要阻止社会党继续削弱法国的实力，阻止极右势力破坏法国和欧盟，停止欧盟的无限扩大，有效支持欧盟的企业发展，保护中小企业，创造就业机会。国民阵线主席小勒庞要求重新协商欧盟条款，退出欧元区，不再参与欧洲融资计划，限制申根区内自由流通，放弃联邦制。她开出让法国留在欧盟的条件：其一，退出欧元区，收回财政自主权。其二，退出申根协定，收回边界自主权。总之，国民阵线以"反欧盟、反欧元、反移民"为政治纲领。

在法国参选的名单中，还有许多社团组织。欧洲团结互助女权团体①就是其中之一。它的发起人在 2014 年 4 月中旬才向媒体宣布，女权人士将推出自己独立的竞选名单。她的发起者以及支持团队核心大都是法国女权运动中的知名人士。例如，领衔大巴黎选区竞选名单的卡罗琳·阿丝曾是女权组织勇于践行女权主义联合会②的创始人之一。她还成立了自己的培训公司，帮助企业制定性别平等政策。最早提倡女权活动的马蒂娜·斯托尔蒂曾经是 1968 年五月风暴中女权团体妇女解放运动的成员。弗朗索瓦丝·皮克则是专门研究女权运动的社会学和历史学学者等。

5 月 25 日的投票结果表明，在法国 8 个欧洲议会选举选区中，国民阵线在 5 个选区排名榜首，得到 24.86% 的有效票，收获最多的 24 个席位，历史上首次在全国性选举中排名第一。与历次欧洲选举所得选票相比，国民阵线主席玛琳娜·勒庞将其称为一次"历史性胜利"。国民阵线之所以继市镇选举后又一次在欧洲议会选举中取得突破性的进展，除了继续采取"去妖魔化"战略和利用左右翼选民对传统两大党的不满情绪外，还迎合了近几年法国逐渐上升的疑欧反欧和民粹主义思潮。人民运动联盟得到 20.81% 的有效票和 20 个席位，位列第二，与上届欧洲议会选举相比，它在本次竞选中的表现并不理想。主要是与人民运动联盟主席科佩涉嫌舞弊丑

---

① 欧洲团结互助女权团体法文为 "les Féministes pour une Europe solidaire"。

② 勇于实践女权主义联合会法文为 "l'Association osez le féminisme"。

闻以及党内内讧不断、没有真正的领袖有关。与之形成鲜明对比的是，执政的社会党在选举中仅仅排名第三。在经历了市镇选举的惨败后，执政党此次再次遭遇"历史性的失败"，以 13.98% 的得票率、13 个席位（其中有一个席位属于与社会党结盟参加竞选的左翼激进党）创下自 1979 年首次欧洲选举以来的最差纪录。此外，民主人士和独立人士联盟 - 民主运动获得 9.94% 的有效票和 7 个席位。欧洲生态 - 绿党获得 8.95% 的有效票和 6 个席位，该党的得票率与上届欧洲议会选举比较几乎下降了一半。包括法共在内的激进左翼人士组成的左翼阵线获得 6.61% 的有效票和 4 个席位。

此次欧洲议会选举再次证明，法国政治生态中继续保持右升左降的势头。国民阵线的排名跃升至居众政党之首，不仅震动了法国政坛，而且与英国独立党一起在欧洲引发了地震。回顾欧盟的发展历程，法国一直扮演着举足轻重的单发动机或双发动机角色，也是有"欧洲之父"① 之称的让·莫内和罗贝尔·舒曼的故乡。如今，反欧洲的极右势力在法国取得节节进展，并引起法国和欧洲政坛的一系列连锁反应，无疑将引起法国乃至整个欧洲范围内对欧盟一体化进程的再一次深刻反思。幸运的是，国民阵线在新欧洲议会中未能组成单独的议会党团，因而不能在新欧盟议会获得一个副议长以及一个委员会副主席的职位，也不能担任报告员和在全体会议上提出修正案，从而削弱了它在新欧洲议会中的地位和作用。

3. 9 月参议院选举——继续右升左降，国民阵线首次挤进参议院

9 月，法国参议院举行部分改选，即改选总共 348 个议席中的 179 席。虽然参议院选举结果并不能左右法国政局，但此次选举在法国总统奥朗德的 5 年任期即将过半时举行，社会党 2012 年以来的执政业绩对此次选举有直接影响，因此它也是观察法国政局发展的重要风向标。

根据参议院选举法规定，参议员的选举以各省为单位设置选区。此次参议员的部分改选，涉及法国本土 58 个省，而作为选举人的市镇议会代表占选举人总数的 94.93%。经过 3 月的市镇选举，以人民运动联盟为主体的右翼市镇议员已经在市镇议会中占据多数，不难想象，右翼政党的胜利和

---

① 欧洲之父法文为"le Père de l'europe"。

左翼政党的失败是预料中的事情。

9月28日参议院选举的结果出炉，加上原有的席位，右翼总共拥有187席，其中人民运动联盟拥有144席，民主人士和独立人士联盟－中间派联盟拥有43席。左翼总共拥有139席，其中社会党拥有111席，法共拥有18席，欧洲生态－绿党10席。右翼夺回了它在2011年输给左翼的参议院大多数，比过半数多出了12席。国民阵线有两名候选人当选参议员，在第五共和政治史中极右翼政党首次获得参议院的议席。社会党、法共、左翼激进党在此次参议院选举中再一次溃败。

此次参议院改选又一次证明，法国政治继续朝着右升左降的方向发展，国民阵线势力继续其上升的势头。

三　2015年省选举和大区选举——继续右升左降，极右进一步发展

1. 3月省议会选举——继续右升左降，国民阵线势力进一步发展

此次选举是改革省议会选举机制以来的首次选举。2013年2月19日颁布的《省议员选举方式》规定，作为省议会选举单位的选区被重新划分，由原先的4035个选区被整合为2054个。新的选区划分更好地与各省的人口差异相平衡，使每位当选议员基本对应着均等的人口数量，以体现选举的公平性。每个选区选出两名议员（以前选出一名议员），共计4108名。议员任期为6年，任期满后全部改选。根据新规定，省议会实行一男一女"结对子"的选举机制，即每个选区的候选人必须是由一男一女结对参选。这样可以保证所有当选的省议会议员中男女各半，此举意在为男女两性平等参政创造机会。这个形式是世界上独一无二的。结对参选的两个搭档可以不来自于同一个党派，而且一旦当选，二人则分别单独行使其议员职责。

此次选举不涉及巴黎和里昂，因为这两个城市的市议会同时也充当了省议会。海外的圭亚那和马提尼克于2016年1月1日起将变成统一地方行政单位（既行使地区议会权限也行使省议会权限），参加大区议会选举，故也不投票。

正是根据《省议员选举方式》的规定，在这次省议会选举中，有18194

位候选人共结成 9097 个对子参选。3 月 22 日和 3 月 29 日分别举行第一轮和第二轮投票。在首轮投票中，左翼共获得 36.70% 的有效票，66 位候选人胜出，其中社会党 29 位，法共 5 位，欧洲生态 - 绿党 1 位；右翼共获得 36.60% 的有效票，230 位候选人胜出，其中人民运动联盟 74 位，民主人士和独立人士联盟 30 位；国民阵线共获得 25.24% 的有效票，8 位候选人胜出。从首轮投票的结果可以看出，左翼和右翼获得选票的百分比不相上下，差别不大，左翼甚至略胜一筹，社会党（13.30% 的有效票）获得选票的百分比超过人民运动联盟（6.57% 的有效票）近一倍。国民阵线得票率远远超过法国最大的执政党和在野党，再次令人刮目相看。

在第二轮投票中，左右翼获得的选票发生逆转。右翼共获得 45.03% 的有效票，2166 位候选人胜出，其中人民运动联盟 1006 位，民主人士和独立人士联盟 334 位；左翼仅获得 32.12% 的有效票，1533 位候选人胜出，其中社会党 925 位，法共 116 位，欧洲生态 - 绿党 35 位；国民阵线共获得 22.23% 的有效票，54 位候选人胜出。

总之，经过两轮投票，人民运动联盟共获得 1080 个席位，民主人士和独立人士联盟共获得 364 个席位，社会党共获得 954 个席位，法共共获得 121 个席位，欧洲生态 - 绿党共获得 35 个席位，国民阵线共获得 62 个席位。在被称为"第三轮选举"（由议员选举议长）的投票中，67 位右翼当选议长，意味着控制了同等数量的省份，其中人民运动联盟控制了 44 个省，比上届增加了 20 个省；民主人士和独立人士联盟控制了 14 个省，比上届增加了 1 个省。30 位左翼当选议长，意味着控制了同等数量的省份，其中社会党 26 个省，比上届丢失了 22 个省；法共 1 个省，比上届丢失了 1 个省。

从此次省议会选举中可以看出：其一，以人民运动联盟为主体的右翼和中右翼再次在地方选举中取得胜利，而以社会党为主体的左翼再次在地方选举中失败。通过此次省议会选举，右翼控制的省份过半数，前总统、人民运动联盟主席萨科齐甚至公开表示，从左翼到右翼的"政权交替"已经开始，没有什么能"阻止这一进程"。其二，国民阵线最终仅获得了 62 个议席，也没有控制任何省份，这是由于在"第三轮选举"中左右翼联合阻击的结果，但其在两轮投票中则分别获得了四分之一左右的民众支持，从而成为法国社会中除了左翼和右翼之外的第三大政治力量。其三，在此次省议会选举中，第一轮投票弃权率高达49.83％，第二轮投票弃权率高达50.02％，这就意味着有一半选民没有去投票站，对省议会选举缺乏兴趣。

2. 12月大区议会选举——继续右升左降，国民阵线强势崛起

（1）大区议会选举前政党的生态

12月，法国将举行大区议会选举，在举行选举前法国政党的生态已经发生很大的变化。

由于经济政策未能促使法国经济的好转、自2014年以来在一系列选举中接二连三地惨败、奥朗德总统和左翼政府的民调一路走低，导致社会党于2014年分裂加剧，党员数量明显下降。在2014年4月15日举行的社会党全国理事会期间，社会党左翼要求立即举行全国代表大会讨论党的根本方针和全党投票选举全国第一书记代替离职的阿尔朗·德西尔，但遭到全国理事会多数票的拒绝。全国理事会选举让－克里斯托夫·康巴代利为全国第一书记。全国理事会闭会后，社会党依然处于分裂状态，党内的主流派、左翼造反派①、右翼改革派②内斗不断，此起彼伏。总理曼努埃尔·瓦尔斯甚至提出社会党更名问题。2014年12月，社会党在巴黎举行"三级会议"，通过了康巴代利主持制定的《支持人类进步的社会党党员证书》，从而确认了社会党党员的"新身份和特征"。它体现社会党的价值，擎举社会党的新旗帜。三级会议决定今后将放宽门槛，简化入党程序，扩大吸收新党员，以使社会党2017年成为拥有50万党员和100万甚至150万支持者的"群众党"。为了加强团结并迎接12月大区选举和2017年大选的挑战，社会党于2015年6月5日至7日在普瓦捷召开第77次全国代表大会。会议审议该党在国内、欧盟等方面的政策和党的建设思路，选举产生新一届全国理事会。会前，康巴代利再次获选担任党的第一书记，全体党员以压倒性票数通过了四套党的路线提案中以康巴代利为第一签名人的"A提案"（"社会主义复兴③"），这就意味着法国总统和总理的政治策略得到绝大多

---

① 左翼造反派法文为"les frondeurs de gauche"。

② 右翼改革派法文为"le pôle des réformateurs de droite"。

③ 社会主义复兴法文为"le renouveau socialiste"。

数党内人士的认可，从而平息了党内的纷争，暂时实现了党的团结，以便迎接年底的地方选举。

法共也在2014年和2015年一系列选举中接连遭到失败。在市镇选举中，法共与左翼阵线发生龃龉：前者主张与社会党结盟抗衡右翼政党候选人；后者则要求与法共共同抗衡社会党候选人。法共全国书记皮埃尔·洛朗与左翼阵线党首让-吕克·梅朗雄发生冲突，导致这两个组织在市镇选举中分道扬镳，从而进一步削弱了双方力量。其结果是，法共丢失了52个市镇，占原有市镇的30%。在欧洲议会选举中，法共只获得一席，而在上届欧洲议会中还拥有两席。在参议院改选中，法共共获得18席，比原来少一席。在省议会选举中，法共虽然保持了第三大政治力量的地位（仅次于人民运动联盟和社会党），但只获得167席，比上届拥有的席位减少一半。为了遏制衰退的趋势，法共一方面进行组织结构改革，在各阶层中吸收成员，更新党员职业结构；另一方面，法共联合社会党以外的左翼小党，如2015年9月促使统一左翼①并入法共，从而壮大法共的实力。但是，法共党内仍然四分五裂，在民众中的影响力日益式微，欲要复兴还将有漫长的路要走。

欧洲生态-绿党先后参加社会党的艾罗政府和瓦尔斯政府。但是，欧洲生态-绿党内部对这两届政府的环保政策产生分歧，从而分裂为两派：一派认为瓦尔斯政府推行"社会-自由主义"政策，与欧洲生态-绿党政策相悖，因此主张退出政府，与社会党左翼结盟。该派占党内的多数。另一派则反对退出政府，主张与社会党的中间派联合。最终，欧洲生态-绿党退出瓦尔斯政府，与社会党在环保方针上分道扬镳。之后，欧洲生态-绿党党内就重新入阁还是反对入阁再次发生分歧，而欧洲生态-绿党在市镇选举、欧洲议会选举、参议院选举以及省议会选举中接连失败，加剧了分裂。2015年8月，议会两院中欧洲生态-绿党党团两主席先后退党，另立生态主义者和民主人士联盟②，一些欧洲生态-绿党的议会议员和地方议会议员纷纷效仿，从而导致欧洲生态-绿党危机。这个时期，欧洲生态-

---

① 统一左翼法文为"la Gauche unifié"。

② 生态主义者和民主人士联盟法文为"l'Union des démocrates et des écologistes"。

绿党的实力和影响力严重削弱。

由于 2012 年萨科齐竞选总统时在某个广告公司开具了上千万欧元的假发票事件被披露，人民运动联盟主席让－弗朗索瓦·科佩身陷丑闻，于 2014 年 5 月 27 日被迫宣布辞职，原领导班子也跟着集体辞职。于是，人民运动联盟在 6 月 10 日召开政治局会议，一致通过了由三位前总理阿兰·朱佩、让－皮埃尔·拉法兰和弗朗索瓦·菲永组成的"三驾马车"与新任秘书长吕克·沙泰尔组成新的领导班子，共同负责过渡时期党的领导工作。沙泰尔原来是人民运动联盟副主席，与科佩同属一个政治阵营，因此可以平息萨科齐－科佩阵营的不满，从而使党避免再次分裂的危险。在这期间，萨科齐逐渐摆脱了腐败、受贿、诉讼案等一系列的丑闻，"经过深思熟虑"后于 2014 年 9 月宣布重返法国政坛。接着，他在 11 月 29 日人民运动联盟举行的全党电子投票的第一轮中以 64.5% 的得票率赢得首场政治胜利，再次当选人民运动联盟主席。他表示要"彻底改造"人民运动联盟，创造出跨越"传统界限"、"面向所有法国人"的"广泛联盟"。① 萨科齐改造人民运动联盟的目的，主要是挽回戴派在法国民众中的声誉和加强党内的团结，为轮替执政做准备。2015 年 5 月 28 日和 29 日，人民运动联盟的 21 万多名党员参加更名投票，回答了 3 个问题，其中 45.74% 的党员参加了这次网上投票。通过投票，83.28% 的党员同意人民运动联盟改名为共和党，96.34% 的党员赞同新党章和新内部条例，94.77% 的党员赞成共和党由 120 个成员组成新政治局。5 月 30 日，人民运动联盟正式改名为共和党②。这是进入 21 世纪以来，戴高乐派政党第二次改名，从此法国最大的右翼政党翻开了新的一页。尽管戴高乐政党摇身一变，但萨科齐与党内的政敌朱佩、菲永等的斗争绝不会平息。

民主人士和独立人士联盟在 2014 年市镇选举两轮投票中仅获得 2.33% 和 1.32% 的有效票，夺得 5373 席，与原先的计划相去甚远。在同一年欧洲议会选举中，它与民主运动联合参加竞选，在夺得的 7 个席位中分得两席，成绩平平。在 2015 年省议会选举两轮投票中，它获得 1.29% 和 1.34% 的有

---

① 萨科齐于 2014 年 9 月 19 日下午在其"脸谱"和"推特"账号上宣布。
② 共和党法文为"Les Républicains（LR）"。

效票，夺得 364 席。尽管支持率不高，但在右翼阵营中，民主人士和独立人士联盟在排序中都是紧随在戴高乐政党后面的。

极右政党国民阵线在赢得 2014 年市镇选举、参议院选举，特别是欧洲议会选举后，踌躇满志，于当年 11 月 30 日在里昂举行国民阵线第 15 届党代会。玛琳娜·勒庞作为唯一候选人获得百分之百的选票，再次当选国民阵线主席。她执行国民阵线第 15 届党代会的决议，继续推行"去妖魔化"战略。2015 年 1 月 7 日，法国巴黎《查理周刊》杂志社遭遇恐怖袭击，加速欧洲和法国社会反移民情绪的增长，从而进一步助长了法国极右组织特别是国民阵线势力的急速膨胀。在一个时期的民调中，国民阵线及其领导人的支持率甚至高于法国最大的左翼政党社会党。2015 年 5 月，老勒庞在接受采访时，重弹"纳粹焚尸炉不过是一个小小的历史细节"的老调，并坚定地排外排犹，为维希伪政府辩护。女儿小勒庞大为光火，认为此举破坏国民阵线"去妖魔化"战略，决定"大义灭亲"，暂时终止她的父亲——国民阵线缔造者的党籍和国民阵线名誉主席的身份，[①] 结束他的政治生涯，重新塑造她的政党在民众中的形象。6 月 16 日，玛琳娜·勒庞宣布在欧洲议会中成功建立起反对欧洲一体化的极右翼议员党团"欧洲国家自由党团"。它由来自法国、意大利、奥地利、比利时、波兰、葡萄牙和荷兰七个国家的 25 名欧洲议会议员组成。它的成立，再次说明了法国极右势力在欧洲和法国的继续扩张。

（2）大区议会选举——继续右升左降，国民阵线强势崛起

2015 年 12 月大区议会选举是巴黎血腥恐袭刚过去 3 周在实施紧急状态法期间进行的一次选举活动，保安措施进一步加强，以维护选举安全。它也是 2017 年法国总统大选前最后一次重要的选举。大区议会选举两轮投票分别于 12 月 6 日和 13 日进行。此次投票首次在法国本土 13 个大区进行[②]，选民将从包括 21456 名候选人在内的 171 个竞选名单当中，选出 1757 名大

---

① 巴黎南泰尔初审法庭接受老勒庞关于终止其国民阵线党籍和名誉主席身份违反党规的控告，并于 2015 年 7 月 8 日裁决老勒庞诉胜。

② 法国议会于 2014 年 11 月 19 日通过了行政区划改革议案的第一条，将法国本土的 22 个大区合并为 13 个大区。

区议员，在海外 4 个大区和领地（瓜德罗普、留尼汪、圭亚那和马提尼克）选出 157 名领地议员。

恐袭案发生的一周里几乎无竞选集会，后来各党重新启动竞选的步伐并不一致，弥补失去时间的战略也不尽相同。由于紧急状态的需要，有关集会的安全以及对再发恐袭案的担忧将对选民的动员程度产生影响。

社会党在全国哀悼日翌日，即 11 月 28 日才恢复竞选。此前，社会党既无集会，也不散发传单。社会党寄希望于奥朗德总统和瓦尔斯政府在反恐斗争中的有力应对，重新恢复执政党的生气，复燃执政党的活力。共和党内部对竞选的意见不一，朱佩表示此时应与政府保持团结，萨科齐则不以为然，认为查理事件以来执政党的很多反恐措施都没有实行。因此，他推动共和党及其候选人炮轰政府。共和党挟着咄咄逼人的攻势重新启动竞选。国民阵线领导人玛琳娜·勒庞面对恐袭的反应尤为激烈，她猛烈抨击伊斯兰极端主义，并喧嚷恐怖分子已经趁难民潮混入欧洲："难民已经渗入法国的城市和乡村，法国正处于危险当中。"总之，恐袭案的冲击波改变了力量对比关系：左翼希望复燃，右翼攻势凌厉，国民阵线比以往任何时候都更加强大，在各项民调中遥遥领先。

12 月 6 日大区议会选举第一轮投票结果显示，国民阵线所获选票甚至超过民调和他们自己的预期，在法国 13 个大区中的 6 个大区获得领先优势，全国得票率为 27.73%。老勒庞的两位女性继承人——女儿玛琳娜·勒庞和外孙女玛丽昂·马雷夏尔－勒庞，分别在北南两个重要大区拔得头筹：女儿在北方－加来海峡－皮卡第大区的得票率为 41.2%，外甥女在普罗旺斯－阿尔卑斯－蓝岸大区的得票率为 41%，大幅领先共和党和社会党候选人，将传统左右政党候选人抛在身后。法国政坛又一次发生地震，再次惊呼"狼来了"。共和党名单和以共和党为主的右翼联合候选人名单在 4 个大区领先，全国得票率为 26.85%。社会党名单和以社会党为主的左翼联合候选人名单仅在 3 个大区领先，全国得票率仅为 23.41%。以单个政党的得票率为准，国民阵线成为法国第一大党，共和党第二，社会党退居第三。玛琳娜·勒庞趾高气扬地说，法国选民唾弃了"旧式政治阶级"。

由于在首轮投票中国民阵线的强势崛起，左右传统两大党——社会党和共和党选情告急，各党纷纷采取策略，都呼吁选民在第二轮积极履行公民的投票职责。社会党为了挡住国民阵线的路，甚至宣布在国民阵线领先的几个大区，由于处在三足鼎立的局面下，社会党的候选人处于第三，将自动退出。一些在几个大区处于第三位置的共和党候选人也表示为了应对国民阵线准备退出竞选。

在一片"国土变色"的惊呼声中，同时在充满悬念的紧张气氛下，法国于 13 日举行大区议会选举第二轮投票。投票结果显示，在法国本土 13 个大区中，共和党及其盟友在 7 个大区获胜，全国得票率为 40.24%，818 名候选人当选，占大区议员总数的 42.83%。社会党及其盟友在 5 个大区获胜，全国得票率为 29.15%，533 名候选人当选，占大区议员总数的27.91%。由于左右翼联合阻击和弃保效应，国民阵线最终没能拿下任何一个大区，但全国得票率为 27.10%，358 名候选人当选，占大区议员总数的18.74%。在备受瞩目的巴黎大区，共和党－民主人士和独立人士联盟－民主运动候选人瓦莱丽·佩克雷斯女士击败社会党－左翼激进党候选人克洛德·巴尔托洛纳，从而结束了左翼 17 年主政这个"重中之重"大区的历史。在科西嘉大区，科西嘉民族主义派①名单则以明显优势击败了满任的左翼，这是法国本土 13 个大区中唯一一个既不受社会党和共和党左右，也不受国民阵线控制的大区。

在这次法国大区议会选举中，传统左右两大党，无论是社会党还是共和党，都不是大赢家，反而是国民阵线在首轮投票赢得第一大党地位，在第二轮投票中获得 682 万张有效票，也就是说得到近三分之一选民的支持，在大区议会中的议员人数增加到原来的三倍，成为某些大区议会中最大的反对党。国民阵线在这次大区议会选举中强势崛起，其主要原因是：其一，2015 年法国连续遭到恐怖袭击，使长久以来法国国内存在的种族主义和民族主义情绪进一步高涨，而作为这两种社会思潮代表的极右政党国民阵线自然乘势而起。其二，在 2015 年法国连续遭到恐怖袭击后，法国民众要求收紧移民政策，保证社会安全，而这些都是国民阵线长期以来蛊惑人心的

---

① 科西嘉民族主义派法文为"les Nationalists de la Corse"。

口号，因而受到法国选民的特别青睐。其三，法国选民把票投向国民阵线，以示对未能解决经济不景气和失业严重等问题的执政党的惩罚，也是对轮流执政的传统两大党社会党和共和党的警告。

但是，踌躇满志的国民阵线却在第二轮投票中遭遇滑铁卢，未能拿下任何大区议会的掌门席位，也让法国和欧洲社会的悬念落定，其主要原因是：其一，阻挡国民阵线在大区掌权，成为大区选举的主要议题，社会党与共和党都以共和的名义呼吁阻止国民阵线上台，从而在客观上形成了共和阵线，进行联合抵制。也就是说，虽然他们在第一轮竞选中是竞选对手，但在第二轮投票中，处于劣势地位的社会党和共和党的候选人都主动退出竞选，号召自己的选民把票投向占优势地位的社会党或共和党的候选人。这样，传统政党的选民联合起来形成了对国民阵线的压倒性优势。其二，绝大多数法国民众对极端思潮和极端政党特别是对国民阵线心存疑虑，从而形成了阻击效应。民调显示，抵挡国民阵线大潮最坚决的群体是退休者、白领和中间职业者，胜过 50 岁以下年龄层。总之，共和阵线的有形抵制和民众心存疑虑的无形阻击效应，构成了被称为"玻璃天花板"的效应，[1] 成了国民阵线难以突破的障碍。其三，这次大区议会选举第一轮投票中选民的弃权率高达 50.09％，在 4600 万登记选民被呼吁前往投票后，第二轮投票中选民积极性大幅度提高，使弃权率降到 41.59％，从而壮大了反击极端势力的力量，导致国民阵线的败北。

12 月大区议会选举对法国和欧洲政治和政局产生重大的影响：其一，它延续着 2014 年到 2015 年一系列选举所形成的政治发展趋势——以共和党为主的右翼力量上升，以社会党为主的左翼力量下降。与此同时，国民阵线一路顺风顺水，强势崛起。其二，通过 2014 年和 2015 年的一系列选举，特别是这次大区议会选举，国民阵线势力急剧膨胀，在以社会党为主的传统左翼和共和党为主的传统右翼所形成的三足鼎立态势中，国民阵线的这只鼎足比以前更加粗壮，从而在法国政治版图中形成较为均衡的左、右、极右三大政治势力。其三，法国国民阵线的强势崛起，促进了欧洲极右势

---

① 《"玻璃天花板"的反思》，法国《欧洲时报》2015 年 12 月 15 日。

力的进一步发展，也加强了欧盟国家和欧洲的"疑欧""反欧"力量。

四　21 世纪初法国政党生态的新变化

1. 从无序政党的"法国模式"到法治化和规范化

从第五共和国成立到 1988 年的 30 年间，法国政党既无法律地位又缺乏财政手段，被称为政党的"法国模式"①。这种无序的"法国模式"导致 20 世纪 80 年代法国政党的严重腐败和堕落。

1988 年"政治生活资金透明法"和 1990 年"政治生活资金筹措法"规定了政党的法人资格并拥有账户，从而最终确认了政党的法律地位。这样一来，上述两项法律加上 1901 年结社法、21 世纪初修改的 1958 年宪法关于政党参加选举的规定、21 世纪初《选举法典》关于政党参加选举具体程序的规定、21 世纪初议会章程及其内部条例关于政党参加议会活动的规定等一系列法律法规，构成了具有法国特色的"政党法"。

与此同时，法国政党也在各自党章和内部条例中做出回应，规定了参加国家政治生活的原则和主要内容、参加国家选举的原则和具体操作方式、当选者和政党要人的道德规范和行为准则等，从而使法国政党法规基本上与法国国家法律衔接和协调。

（1）参加国家选举。1958 年宪法赋予"政党及政治团体得参加竞选"的职能，从而在法国宪法史上首次承认了政党的存在及其参加国家选举的任务。法国主要政党在党章中也明确规定参加国家选举之事宜，社会党在它的党章序言《原则声明》中，把参加国家选举作为实现民主的原则。②《社会党章程》第 5 篇专门规定社会党参加政治选举、候选人选派等程序，《社会党内部条例》第 5 篇则规定了参加政治选举和候选人选派的具体操作办法。共和党明文规定党的宗旨就是参加国家选举。③ 共和党还在它的党章开辟第 3 篇专门就参加国家选举做出规定，它的内部条例第 3 篇就参加国家选举的具体操作做出规定。

---

① 尼古拉·托利尼：《政党财政》，达洛兹出版社，2007，第 29 页。
② 《社会党党章和内部条例》，www.parti-socialiste.fr/，2012。
③ 《共和党党章和内部条例》，www.républicains.fr/，2015。

（2）遵守国家主权和民主。1958 年宪法规定，"政党及政治团体得自由组织并从事活动，但须遵守国家主权及民主原则"。宪法第一章规定国家主权和民主的具体内容，如"法兰西是民主共和国"，"国家主权属于人民，并由人民通过其代表或公民投票来行使"，"选举应当是普遍、平等、秘密的"。社会党党章中的《原则声明》表示，"社会党是一个共和党"，"社会党是一个民主的党"。共和党党章第 2 条和第 4 条规定，遵守共和国价值观以及"民主原则适用于党领导机构的选派，也适用于参加国家选举中候选人的选派"。法共党章①第 4 条规定："最高权力属于党员。他们（她们）个人或者集体在党的活动中行使该权利。无论在全国代表大会、省级代表大会、支部会议，还是在生活区或劳动场所组织活动，无论在任何阶层活动中，在任何地点，只要是共同协议决定的事情，党员就可以实施自己的权利，在活动中起领导带头的作用。"正是根据这样的规定，法共从中央到地方的各级党首都由直接选举产生，而且"一切事务都可以通过投票来解决"。

（3）男女平等。在1998 年和2000 年相继出台了涉及男女平等的两项法律后，法国各个政党也做出了相应的规定。社会党党章第 1 条明确地规定："各级党的领导机构和监督机构的组成，都应该严格尊重男女对等的原则。党为中央和地方选举推荐的候选人，包括单记名选举推荐的候选人，都应该着重男女对等的原则。党采取一切必要的措施来保证这项原则的实施。"共和党党章第 4 条规定："党促进女性在党内生活中和选举职位时的平等。"欧洲生态－绿党党章②在"运行原则"中规定："确认女权价值，如同确认女性如同女性的解放价值一样。""党员在一人一票基础上的平等"，"主张男女在党内和党外的职务岗位、选派候选人等问题上的平等"。

（4）当选者不可兼职。《选举法典》规定，候选人一经当选，不得兼任地方选举两种以上的选举职务。国民议员、参议员、欧洲议会议员不得相互兼任，不得兼任非选举产生的所有公职，不得兼任国营企业或公司内的领导性职务，也不得在其股份超过50% 的私人企业中任职。社会党党章第 5

① 《法国共产党党章》，www. pcf. fr/，2013。
② 《欧洲生态—绿党党章和内部条例》，www. eélv. fr/，2014。

篇规定，当选者除了按照《选举法典》的规定不得兼任选举的职务和非选举的行政职务外，也不得兼任党内职务。社会党内部条例第 1 篇进一步规定，社会党议员不得兼任地方行政职务中任何一个。共和党党章第 35 条规定，党的领导成员有参加党初选总统候选人的意图，则必须辞去党的领导职务。欧洲生态–绿党党章运行原则规定："严格限制兼职，无论在党内还是党外，均不得同时兼任现职，或者兼任从前的职务。"法共党章第 5 章也规定，要避免一个候选人兼任多个民选职务，因为限制兼职有利于人员更换和年轻人的加入。

（5）从严的政党财政。"政治生活资金透明法"和"政治生活资金筹措法"以及以后补充的法律规定了政党财政。法国各个政党在党章中都宣布政党财务公开，收入和支出透明，并建立管理财政的专门机构和监督机构，以及建立对违反财政纪律的惩罚机制。

正是通过国家法律和政党法规的互动，法国政党自 20 世纪 90 年代开始已经由无序的"法国模式"走向法治化和规范化，从而在相当程度上遏制了法国政党及其要人的腐败行为，相当程度上减少了法国政治生活中的丑闻，并促使第五共和国的政治生活在民主化和现代化道路上又迈出了一大步。

2. 法国不产石油产"政党"

法国多党制的特点就是政党数量众多，进入 21 世纪这一特点更加突出。根据全国竞选账目和政治资金委员会①统计，2012 年，该委员会宣布全国政党共 402 个，其中被确认的有 241 个；2013 年，该委员会宣布全国政党共 408 个，其中被确认的有 285 个。而 1990 年，法国仅有 28 个政党。2013 年法国政党数量比 1990 年增长了 15 倍。人们曾经风趣地比喻第三共和国政党，称其数量之多与法国久负盛名的奶酪品种不相上下。今天，以拥有 200 多个品种的法国奶酪来形容当前法国政党数量已经远远不够了，法国舆论界冷嘲热讽地说，法国不产石油产"政党"。

与此同时，法国民众参加政党的热情高涨，党员总数 2007 年达到 70 万

---

① 全国竞选帐目和政治资金委员会法文为"la Commission nationale des comptes de campagne et des financements politiques（CNCCFP）"

人，目前保持在 60 万人至 70 万人，而 20 世纪 90 年代仅有 50 万人。仅就社会党和共和党而言，前者拥有 13.1 万党员，后者拥有 31.8 万党员。法国政党和党员数量的猛增与欧盟和邻国政党衰落和党员大幅度地减少形成鲜明的对照（西班牙除外）。

法国政党和党员激增的主要原因是：其一，加强党内外民主建设，在推举总统候选人时都实行党内"公民初选"并吸收党外人士参加，在推举民选代表候选人时实行党内直选，以及实行党内各级党首的直选。其二，都有招兵买马的计划，以便竭力壮大实力和扩大影响。其三，简化入党手续，利用互联网接受申请和登记，快速便捷。与此同时，法国政党都纷纷降低党员缴纳党费的标准。其四，成立新政党，达到规定的标准可以申请和获得公共资助，2013 年获得公共资助的法国政党达到 56 个。其五，法国金融和经济危机前后出现了形形色色的思潮，民众提出了各种政治诉求。正是上述原因，激发了法国民众成立和参加政党的热情，推动了新政党的诞生，增添了党员的数量。

法国政党大体上可以分成三大类：第一类为全国性政党，在 2013 年被确认的 285 个政党中有 54 个。第二类为议会党，即在议会中拥有席位的政党。目前，议会党在国民议会中拥有 20 个席位，在参议院中拥有 7 个席位，在欧洲议会中拥有 14 个席位。第三类为地方党，共有 231 个。

法国政党虽然十分碎片化，但在庞杂的政党群中，强大的左翼社会党、中间政党共和国前进党、右翼共和党犹如鹤立鸡群。它们左右政局并从事"民主接替"（轮流执政），只有国民阵线与之抗衡，形成法国政坛的四大支柱。其他小政党或者与左中右三大党结成联盟联合执政，或者挂靠在三大党名义下生存来享受国家资助。总之，它们都是作为这三大党的"伴星党"而存在和活动的。

3. 法国政党的多变及其效果

第五共和国时期，法国政党中除了法共始终坚持自己的名称不做更改外，各政党名称都在不断变换中。进入 21 世纪，法国政党多变的特点依然突出。

左翼主要政党社会党在 1905 年成立时名为"社会党，工人国际法国支部"，1969 年与几个左翼政党合并后华丽转身成立新党，正式更名为社会党，取消"工人国际法国支部"的副称，实行激进的民主社会主义。从此，社会党影响力与日俱增，1981 年终于上台执政，成为"民主接替"的力量。绿党于 2010 年联合生态主义团体成立新党，改名为欧洲生态－绿党，它经常参加社会党的政府，与之联合执政。

右翼主要政党戴高乐政党于 1958 年成立时原名保卫新共和联盟，先后改名为第五共和国民主人士联盟、保卫共和国联盟、共和国民主人士联盟、保卫共和联盟。进入 21 世纪，保卫共和联盟又先后改名为人民运动联盟、共和党。戴高乐政党先后七次变换名称，或因为联合其他党派成立新党，或因为党内闹分裂和出现丑闻。总之，每次改名后的戴高乐政党都能够与历史切割，以新面貌和新姿态出现，给法国民众焕然一新的感觉，从而得到更大的发展，无论执政或在野，始终保持为"民主接替"的力量。

极右国民阵线是在新秩序运动基础上联合形形色色的极端民族主义分子建立的。20 世纪 80 年代有如异军突起，冲击着左右两极化的政党制度。80 年代末期，国民阵线逐渐成为仅次于社会党和共和党的第三大政治力量，构成左翼、右翼、极右翼三足鼎立的态势，使法国政治格局和政党政治向着多极化多党制的方向发展。

中间政党方面，以法国原总统吉斯卡尔·德斯坦名字命名的吉斯卡尔派标榜"中间政党"，是典型的被莫里斯·迪韦尔热的名著《政党概论》称为内生党的政党。第五共和国初期，吉斯卡尔派原来是议会中的独立共和党党团，1966 年成立独立共和人士全国联盟，先后改名为共和党、法国民主联盟。自 20 世纪 90 年代以来，法国民主联盟不断裂变，从中分离出来许多中间政党，如新中间党、民主运动等。激进党是具有悠久历史的法国政党，从 20 世纪 70 年代起不断分裂，激进党左翼向左翼靠拢，激进党右翼则向右翼靠拢。2012 年，以激进党为主体成立民主人士和独立人士联盟，目标是成为中间政党的主力，以便最终替代社会党和共和党。从第五共和国政党发展轨迹看，中间政党的目标很难实现。

此外，法国还有许多极左、极右、宗教和地方等极端性小党派或微型党，它们更加软弱和涣散。它们为了迷惑民众经常乔装打扮，随时随地更换名称，变幻莫测。它们只拥有为数很少的支持者甚至没有支持者，在法国政坛上没有多少影响力甚至根本没有影响力。

第七节　埃马纽埃尔·马克龙登上总统宝座

一　选举的前奏

2017 年又迎来法国总统换届选举年：奥朗德总统任满，即将要选出第五共和国第十一届总统，也是第五共和国第十届普选总统。

本届法国总统选举与前几届法国总统选举具有不同的特点：奥朗德总统执政五年，经济依旧低迷，失业没有根本好转，反恐和安全形势不容乐观，加重了经济和社会危机，从而使法国民众的诉求和选民对候选人的选择逐渐转向，导致法国政治格局和政党生态在 2014 年和 2015 年的参议院选举、欧洲议会选举和地方选举后逐渐发生逆转性的变化。在西方世界，2016 年英国脱欧、特朗普当选美国总统、意大利修宪公投失败等"黑天鹅"事件频发[1]，促使早已存在的民粹主义、民族主义、极端主义、反欧洲一体化、反全球化的暗流更加涌动。毫无疑问，法国国内政治形势和西方世界政治潮流对此次法国总统换届选举都具有深刻的影响。

距离法国总统选举还有一年多的时间，各个政党和政治大佬[2]纷纷未雨绸缪，召开代表大会或全国会议，酝酿本党总统候选人、提出竞选纲领、制定竞选策略等。弗朗索瓦·奥朗德、前总理阿兰·朱佩、前总统尼古拉·萨科齐、经济部部长埃马纽埃尔·马克龙、总理曼努埃尔·瓦尔斯、国民阵线主席玛琳娜·勒庞等几名热门候选人已开始紧锣密鼓地造势。法国政坛一时风起云涌。但是，随着时间的推移，法国选情越来越波谲云诡，让人捉摸不定。

---

① 指非常难以预测，且不寻常的事件，通常会引起连锁负面反应甚至颠覆效应。
② 政治大佬法文为"les barons"。

　　由于许多政党的"大佬"和政客们纷纷摩拳擦掌，加上媒体的渲染和民调的猜测，从而使法国政坛在相当长时间里看似"乱象丛生"，事实上，法国政党在自己的党章和内部条例中，已经专门就总统候选人的产生做出明确的规定，从而最终避免了因竞争产生混乱和分裂。社会党党章第 5 篇第 3 章规定：社会党的"共和国总统候选人由赞同共和国价值观和左翼价值观的所有公民，以及愿意参加社会党联合选举的左翼政治组织的公民初选产生"。"至迟在总统选举一年前，全国理事会将确定公民初选的日程和组织方式"。共和党党章第 3 篇第 1 章规定："党的总统候选人由承认共和国价值和联盟价值观的全体党员和公民初选产生。如果现任总统是本党的总统并作为继任总统的候选人，则不必进行初选。"该条同时规定，其他政党成员要求参加共和党初选，经全国政治局同意后可以参加初选的投票。法共党章第 5 章第 19 条规定："在参加不同的选举中，以党的名义支持某几位候选人，由党员们自己选择决定。"该条还规定，法共召开全国会议讨论和通过全党投票共同决定党的总统候选人名单。欧洲生态－绿党党章第 37 条规定："欧洲生态－绿党的国家选举候选人由全体党员投票选举产生。合作者亦可以参加本党总统候选人的选举。"该条文还规定，欧洲生态－绿党欢迎与本党关系密切的人士作为候选人参加本党的国家选举候选人竞选。第 50 条就欧洲生态－绿党的总统候选人做出特别规定："总统选举的候选人由全体党员和本党联系的盟友投票公决产生。"正是根据党章和内部条例的规定，法国许多政党纷纷酝酿和推举总统候选人。

　　共和党在 2014 年和 2015 年一系列选举中可谓顺风顺水，一路飘红。面临总统换届选举，共和党更是踌躇满志，志在必得。共和党依党章的规定举行总统候选人的党内公开初选，这也是右翼历史上首次公开初选，由于基督教民主党与独立人士和农民全国中心的加入，所以被称为"右翼和中间派公开初选"。不少观察者认为，基于这一特殊性，不管当前民调如何，选举结果其实有很大的不确定性。

　　共和党共有七名候选人参加初选，包括六名共和党人和一名基督教民主党候选人。共和党候选人阵容豪华，包括前总统、前总理、前部长和前党魁等党内大佬：阿兰·朱佩和尼古拉·萨科齐目前占据民调冠亚军位置；

弗朗索瓦·菲永和布律诺·勒迈尔试争党内"第三人"，谋求谈判筹码；纳塔莉·科希丘什科－莫里泽是唯一的女性候选人，打出"开放进步牌"；让－弗朗索瓦·科佩的民调支持率最低，翻身机会不是很大。另外，还有基督教民主党候选人让－弗雷德里克·普瓦松，民调不高。

从七名候选人在法国电视台进行公开辩论可以看出：他们都遵循自由主义经济路线，都主张减少企业税负、限制工会权力等供给方政策，即政府通过刺激总供给而非总需求提振经济的经济政策。但在社会议题上，尤其涉及身份认同和伊斯兰等敏感点时，他们分歧不少。后恐袭时代的法国对安全议题尤其关注，在紧急状态的背景下，法治国家和安全保障，两者孰轻孰重，候选人也有自己不同的考量。

右派和中间派公开初选面向全体法国公民，而非只限于党员。选民只需交两欧元，并签署规章表示认同右翼和中间派价值理念，便可给候选人投票。共和党在全国设立 10228 个投票站。此外，共和党还设一个初选高级管理机构，主席是党外人士、法律学家安娜·勒瓦德女士，负责对选举进行总监理。

2016 年 11 月 20 日举行第一轮投票，有 429 万选民参加。出人意料的是，在民调中一直不被看好的前总理菲永以 44.08% 的得票率遥遥领先，此前的热门人选、前总理朱佩以 28.56% 的得票率位居第二，萨科齐以 20.67% 的得票率位居第三，被挤出第二轮角逐。其他几位候选人得票是：科希丘什科－莫里泽得票 2.56%，她在谢票时宣布支持朱佩；勒迈尔得票 2.38%，他在计票结束后就宣布支持菲永；普瓦松得票 1.45%；科佩得票 0.30%。在首轮选举中，两位前总理菲永和朱佩进入决战，而选前呼声甚高的萨科齐最终因为法律纠纷①和奢华作风意外落选。11 月 27 日举行第二轮选举，有 440 万选民参加。此前异军突起的菲永延续了黑马本色，以 66.49% 的得票率击败得票 33.51% 的朱佩，成为共和党的最终总统候选人。菲永在选举中之所以能够逆袭，除了他精心修饰自己的形象外，参加投票

① 萨科齐于 2014 年 7 月因行贿及以权谋私罪遭起诉，于 2016 年 2 月因 2012 年参加总统竞选中"超过竞选开支上限"、在其竞选账目中"有意把账面数字化小"遭起诉，又于 2016 年 8 月因 2012 年总统大选期间的非法集资遭起诉。

的选民认为他"最有可信度，他的竞选纲领最实在"。

社会党因奥朗德总统政绩不佳而遭拖累，在 2014 年和 2015 年一系列选举中遭遇惨败。法国的民情和政局都发生了有利于右翼甚至极右翼而不利于左翼的变化。社会党打算利用总统换届选举东山再起，欲联合左翼政党提出统一的左翼总统候选人，以便借助联合的势力与右翼和极右翼抗衡，然而，左翼政党早已一盘散沙。根据以往的经验，如果现任总统是本党的总统并作为继任总统的候选人，则不必进行初选，但是，奥朗德总统的民调一路走低，甚至跌落到第五共和国历届总统的最低点（2016 年 6 月的支持率只有 12%）。奥朗德如果谋求连任，在任何情况中都将被淘汰。正因为如此，社会党于 2016 年 6 月决定实行初选。

至于奥朗德本人，他起初还打算谋求连任，但是，第一，他的民调越来越低，2016 年末甚至降到了 4%。第二，他不仅在民众和选民中丧失了人气，而且在社会党内也失去了信任。社会党和政府内的许多头面人物都纷纷离他而去，奥朗德总统已经成为"孤家寡人"。第三，奥朗德谋求连任，就得放下身段参加社会党的初选，这无疑是对身居高位的总统的羞辱。基于上述原因，奥朗德不得不于 2016 年 12 月 1 日宣布放弃谋求连任，从而开创第五共和国现任总统不谋求连任的先例。

奥朗德执政这 5 年，内受各党派夹击，外受民众诟病。然而，实事求是地讲，他也确实为法国尽心尽力，不论在内政还是在外交上都做出了许多贡献。笔者不打算在这里对奥朗德总统的执政做全面和系统的总结，仅举几个简单的例子：在政治方面，奥朗德组成男女平等的政府，进行廉政建设，简政放权；在经济方面，奥朗德改革劳动法典，实施两轮"未来投资计划""新工业法国计划""宏伟投资计划"，所有这些投资计划成果将在新一届总统任期内显现，正是所谓"前人种树，后人乘凉"；在社会方面，奥朗德大力推行的就业和培训计划也将在新一届总统任期内出现成果；在外交方面，单就举办巴黎气候变化大会并获得成功和发展法中关系使更上一层楼，奥朗德的功劳就不小。此外，奥朗德总统于 2012 年 10 月 17 日正式以"法兰西共和国"的名义，承认 1961 年 10 月 17 日对在巴黎举行和平示威游行的阿尔及利亚裔民众进行了"血腥镇压"，并对遇害者表示哀悼。在巴黎公社成立 145 周年之际，法国国民议会于 2016 年 11 月 29 日通过了"为所有遭镇压的 1871 年巴黎公社社员平反"的第 844 号决议，还受害者公正、名誉和尊严，恢复历史的本来面目。总之，奥朗德总统和本届国民议会所做出贡献，值得称道。奥朗德总统依然称得上法国舆论所给予的褒奖：面貌憨厚的"荷兰豆"。但是，奥朗德也许是过于憨厚，成为"平庸的总统"，不具有说一不二的"国王威严"，行事优柔寡断，致使内外政策上出现许多错误，以致丧失了民心。

社会党决定进行初选，名称为"公民初选"，并对美好人民联盟①（即社会党、左翼激进党、民主人士和生态主义者联盟、亲政府的生态党②和民主人士阵线③）成员以及所有支持初选的人开放。社会党还设置公民初选高级监管委员会进行监督。截止日期是 12 月 15 日，高级监管委员会确认 6 男 1 女共七名党员成为公民初选候选人。这也是个豪华阵容，有社会党右翼前总理曼努埃尔·瓦尔斯，社会党左翼前经济部部长阿诺·蒙特堡，国民教育部前部长和现任国民议会议员伯努瓦·阿蒙，国民教育部前部长和欧洲议会议员樊尚·佩永。另外三名初选候选人是民主人士阵线主席让－吕克·贝纳米亚斯，左翼激进党主席西尔维娅·皮内尔女士，生态党主席弗朗索瓦·德·吕吉。从 2017 年 1 月 12 日起，七名候选人在一周内参加了三次电视辩论，表明各自的竞选纲领，讨论了全民基本收入、税务政策、医疗和重振经济等议题。

2017 年 1 月 22 日举行第一轮选举。出人意料的是，阿蒙和瓦尔斯分别以 36.51% 和 31.90% 的得票率胜出，进入第二轮。此前呼声较高的经济部前部长蒙特堡仅获得 17.75% 的选票，被淘汰出局。此外，佩永获得 6.90% 的选票，弗朗索瓦·德·吕吉获得 3.88% 的选票，皮内尔女士获得 2.02% 的选票，贝纳米亚斯获得 1.03% 的选票。

阿蒙与瓦尔斯展开政策纲领对决。阿蒙在其政策纲领中提出一个核心

① 美好人民联盟法文为"la Belle alliance populaire"。
② 生态党法文为"le Parti écologiste（PE）"。
③ 民主人士阵线法文为"le Front démocrate（FD）"。

内容，即设立"全民生存收入"①、支持环保，以及反对经济"增长神话"。
阿蒙的这一明星条款获得一些法国经济学家的赞同，也吸引了许多选民和
舆论的眼球。然而，瓦尔斯则集中批评这一条款，说如果支持阿蒙和其
"不能实现的承诺"，左翼在总统大选中"肯定落败"，支持瓦尔斯就是支持
"可信可行的左翼"，"左翼胜利就有可能"，但是，阿蒙胸有成竹，在竞选
纲领上毫不退让。

　　1 月 29 日举行第二轮选举，有 204 万选民参加。阿蒙获得 58.69% 的选
票，瓦尔斯获得 41.31% 的选票。公民初选高级监管委员会正式宣布提名阿
蒙为社会党总统选举的候选人。

　　阿蒙于 1967 年出生于法国西部布列塔尼地区，后来随家人在巴黎郊区
和非洲西部的塞内加尔生活。在 1986 年反对一项高等教育改革计划的学生
运动中，19 岁的阿蒙崭露头角，参与多次游行示威，并开始组建自己的
"队伍"。通过反种族歧视协会"别碰我哥儿们"运动，阿蒙加入到法国全
国大学生联合会②。1987 年加入社会党。1993～1995 年任社会主义青年运
动③主席。2008 年任社会党发言人。2012～2014 年任艾罗政府的社会团结
经济部长级代表。2014 年 4 月任瓦尔斯政府的教育部部长，因为与瓦尔斯
政见不合 147 天后辞职。他严谨、认真，受攻击时冷静以对。阿蒙至今未
婚，与女友加布丽埃勒·加拉尔签署同居协议，育有两个女儿。

　　与共和党初选时两轮投票的选民数量比较，社会党初选第一轮和第二
轮投票的选民数量分别仅有 165 万和 204 万，大为逊色，表明许多法国选民
对社会党感到失望，缺乏兴趣参与社会党总统候选人的选择。

　　在共和党和社会党初选期间，两党的候选人都争先恐后地造访华埠，
与华人共同探讨社会治安和经济发展问题，争取华裔的支持。在共和党和
社会党几个重要初选人的背后，也都有华裔"后援团"和支持者的身影。
法国政界认为，这既显示了法国政治家对华人的重视，也展现了华人参政
议政"逐渐成熟"。华裔族群已经广泛地参与到法国政治、经济、文化生活

---

① "全民生存收入"法文为"la revenu universel d'existence"。
② 法国全国大学生联合会法文为"l'Union nationale des étudiants de France（UNEF）"。
③ 社会主义青年运动法文为"le Mouvement des jeunes socialistes（MJS）"。

的方方面面中，成为一支不可忽视的社会群体。

国民阵线在 2014 年和 2015 年一系列选举中进一步发展，首次挤进参议院，在欧洲议会选举中跃居群党之首，其实力和影响扶摇直上。至此，国民阵线已经拥有近三分之一的选民，从而使左翼、右翼、极右翼三足鼎立的政党生态和政治格局不仅进一步巩固，而且极右翼鼎足越来越粗壮。国民阵线及其党首玛琳娜·勒庞更是踌躇满志，早早于 2016 年 2 月 8 日宣布参加竞选，目标直指 2017 年的总统宝座。近一年时间里，国民阵线和小勒庞的民意指数节节攀升。法国民调机构频频预测，在即将来临的大选第一轮竞选中，小勒庞有极大的可能跻身得票率最多的前两名候选人的位置，然后进入第二轮决战。在西方世界，2016 年民粹主义、民族主义和反全球化暗流涌动，一系列"黑天鹅"事件进一步助长了国民阵线的气焰，玛琳娜·勒庞则志在必得。如果小勒庞在总统大选中获胜，对欧洲和欧盟来说，将比英国脱欧和意大利修宪公投失败产生更加严重的后果，可能是灾难性的后果。

欧洲生态－绿党在 2014 年和 2015 年一系列选举中连续失败，加剧了党内的分裂。它还与艾罗和瓦尔斯两届政府的环保政策产生分歧，在退出还是留在艾罗政府内以及是加入还是拒绝加入瓦尔斯政府上的分歧进一步加剧了党内分裂。2015 年 8 月，议会两院中欧洲生态－绿党党团两主席先后退党，一些该党的议会议员和地方议会议员纷纷效仿，到 2016 年 5 月，因为国民议会中欧洲生态－绿党党团数量不足而宣布解散，12 月参议院中欧洲生态－绿党党团只剩下 5 名欧洲生态－绿党议员，仅因为有非欧洲生态－绿党议员参加而使党团维持下来。欧洲生态－绿党的危机进一步加深。根据 2016 年 7 月统计，欧洲生态－绿党仅剩下 3000 名党员，其实力和影响力严重削弱。2016 年 7 月，欧洲生态－绿党中最具影响力的人士尼古拉·于洛宣布不参加总统大选，令该党倍感意外。在此情况下，欧洲生态－绿党于 7 月在南特市举行联合委员会会议，决定组织总统大选党内初选，初选对"合作者"或支持者开放。

欧洲生态－绿党于 2016 年 10 月 19 日进行公开初选，就欧洲议员亚尼克·雅多、欧洲议员米谢勒·里瓦茜女士、住房部前部长和国民议会议员塞西尔·迪弗洛女士、欧洲议员卡里玛·德丽女士等四名候选人进行首轮投票，四人在 1.2 万张投票中分别获得 35.61%、30.16%、24.41%、9.82%。得票最多的两名欧洲议员雅多和里瓦茜女士进入第二轮角逐。11 月 7 日举行第二轮选举，共有 1.4 万名投票者参加。其结果是雅多以 54.25% 的得票率击败里瓦茜（40.75% 的得票率），成为欧洲生态 - 绿党的正式总统候选人。总的来说，欧洲生态 - 绿党参加总统竞选的希望仍然渺茫：一方面党内局势混乱，缺乏竞选资金；另一方面，它的一些政治理念与其他更有竞争力的党派一致，从而使其支持率低下。最终，作为欧洲生态 - 绿党的总统候选人亚尼克·雅多未能凑够 500 名民选代表的签名，最终放弃总统竞选。

如同所有左翼一样，法共也在 2014 年和 2015 年一系列选举中遭到失败，党内又闹不团结，2016 年仅剩下 5 万左右缴纳党费的党员，其实力和影响进一步缩小。2016 年 6 月，法共召开第 37 次全国代表大会，通过法共全国理事会提交的《共同时代》的文件，决定今后法共的行动方向。为应对 2017 年总统大选，法共第 37 次全国代表大会提出"参与左翼初选"的方针，维持左翼阵线的存在并使其进一步发扬光大。然而，让 - 吕克·梅朗雄于 2016 年 7 月宣布左翼政党早已一盘散沙，左翼阵线也不复存在，从而使法共三十七大提出联合左翼的方针落空。

在 2016 年 11 月 5 日召开的全国会议上，参加会议的全国理事会成员、议会两院法共党团成员、法共欧洲议员以及法共省议员共 519 人，就选择梅朗雄还是党内人士作为总统候选人进行投票表决。事先，法共全国书记洛朗已经表态，极力推荐第一方案，但是，法共干部并没有听从党首的指挥，以 53.69% 的绝对多数票支持第二方案，否决了洛朗的计划。法国舆论认为，法共干部精英居然公开以投票方式否决全国书记的计划，在法共历史上是从未有过的，属于"宫廷革命"。从另一个角度来说，法共党内已经不再拥有能够指导和掌控党内事务，具备权威的领袖了。11 月 24 日至 26 日，法共举行全体党员投票，做出最终裁决。其投票结果则是以 53.6% 的选票优势，又否决了 11 月初法共全国会议的决定，选择梅朗雄为法共初选的总统候选人。

法国极左翼领军人物梅郎雄早已在 2014 年 7 月 22 日退出左翼阵线，2016 年 2 月 10 日以"不屈服的法国"①的候选人为名宣布参选，6 月 5 日在巴黎举行首个竞选集会。截至 2017 年 4 月，"不屈服的法国运动"已有 32.8 万名成员，包括对奥朗德失望的人和传统的极左翼人士。他的目标很明确：打败社会党候选人，代表真正的左翼。

法国经济部前部长埃马纽埃尔·马克龙于 2016 年 11 月 16 日宣布参加总统竞选。他为此筹谋已久，2014 年以社会党党员身份进入第二届瓦尔斯政府，2015 年表示自己不再属于社会党。2016 年 4 月创建"前进运动"②政治组织，同年 8 月 31 日辞去政府成员职务，马克龙具有深厚的文学功底，他在离职的告别演说中，引用了法国小说家和剧作家马塞尔·帕尼奥尔的名言，表示真正的辞职冒险，不是去买一座海岛，而是扬帆出海。马克龙志存高远，以"前进运动"为依托参加总统竞选，直指总统宝座。马克龙现年 39 岁，相貌英俊，拥有众多女性支持者，被称为法国政坛新星。

除此之外，还有数十位名不见经传的小人物宣布竞选总统，试图以自己的努力改变法国。2017 年 3 月 18 日，宪法委员会批准了 11 名正式总统候选人。他们是菲永、阿蒙、马克龙、梅朗雄、小勒庞、共和人民联盟③主席弗朗索瓦·阿瑟利诺、右翼政党法兰西崛起④主席尼古拉·杜邦－艾尼昂、极左政党工人斗争发言人纳塔莉·阿尔托女士、反资本主义新党成员菲利普·普图、团结与进步党主席雅克·舍米纳德，我们抵制运动⑤创始人让·拉萨尔。

根据 2013 年颁布的《提高公共生活透明度法案》，11 位正式总统候选人首次公布自己的财产，并将财产信息放到公共生活透明高级管理局网站上，接受 2013 年 10 月成立的"公共生活透明高级委员会"和选民的监督。申报财产包括不动产、银行存款及车辆等。

---

① 不屈服的法国法文为"la France insoumise（FI）"。
② 前进运动法文为"le Mouvement en marche（EM）"。
③ 共和人民联盟法文为"l'Union populaire républicaine（UPR）"。
④ 法兰西崛起法文为"Debout la France（DLF）"，由共和国崛起于 2014 年 10 月改名。
⑤ 我们抵制运动法文为"Résistons"。

二　第一轮投票以及马克龙和小勒庞的胜出

自宪法委员会公布正式总统候选人即日起，法国大选也正式进入竞选阶段，各个总统候选人均使出浑身解数，选战火药味十足。11位总统候选人都相继推出竞选班子：一方面，根据法律规定，总统候选人可以从国家补贴、捐赠、银行借贷或个人基金等渠道筹集竞选经费，用于开会（场地费、设备费用等）、动员、出版和发行宣传手册，并把开支控制在国家规定的上限。另一方面，总统候选人相继公布了各自的竞选纲领。

11位总统候选人在欧盟、政治体制、35小时工时制、核能等重大问题上的政见不尽相同，有所差别。

在共和体制问题上，梅朗雄和阿蒙主张建立第六共和体制，减少国家元首的权力，并设立根据公民倡议举行全民公决的制度。小勒庞、杜邦－艾尼昂、阿瑟利诺也承诺更多的全民公决。小勒庞则要把"法国人优先"载入宪法。菲永要在宪法中引进移民配额的概念，并将修改在环保方面的"预防原则"。除了菲永以外，所有的候选人都主张在选举中实行不同程度的比例代表制。马克龙、阿蒙、杜邦－艾尼昂要求民意代表不能有犯罪记录，梅朗雄主张因贪腐被判刑的人终身不能竞选。

在革新欧盟还是脱欧问题上，阿蒙主张在预算紧缩上休兵。他和马克龙都提议成立欧元区议会和设立大规模的欧盟投资计划。菲永主张针对申根协定重新谈判，以便加强控制欧盟边境。阿尔托女士希望建立"欧盟社会主义合众国"。拉萨尔希望成员在欧盟之中"重新拥有自由处理某些事务的余地"。小勒庞、梅朗雄、杜邦－艾尼昂、阿瑟利诺、舍米纳德、普图主张脱离欧盟，前三人主张：如果谈判不能促使欧盟彻底改变，将脱离欧盟。后三人的政见是无论如何都要脱离欧盟。

在移民与伊斯兰问题上，菲永、小勒庞、杜邦－艾尼昂将限制移民家庭团聚，只对在法国获得正式居留两、三年之后的移民发放社会补助金，取消对无证外国人的"国家医疗援助措施"，监控清真寺的财务，收紧获得法国国籍的条件。阿蒙主张对难民设立欧盟人道签证。阿蒙、梅朗雄、舍米纳德都主张在地方选举中给予外国居民投票权。普图主张在所有的选举中给予外国居民投票权。阿蒙和马克龙都主张对郊区年轻人设立优待措施。阿尔托和普图都主张移民拥有定居法国的自由。阿瑟利诺提议就移民问题举行全民公决。

在公务员编制方面，菲永主张取消 50 万个公务员岗位，马克龙主张取消 12 万个。但马克龙放过了医院，他提议增设 4000 至 5000 个教师岗位和增设 10000 个警察和宪兵岗位。

在 35 小时工时制问题上，菲永主张废除 35 小时工时制。马克龙、小勒庞、杜邦－艾尼昂主张维持 35 小时工时制，但赞成可实行例外措施和加班。阿蒙、梅朗雄、普图及阿尔托想减少工作时间。

在退休年龄改革方面，菲永主张把法定退休年龄逐步延后到 65 岁。阿蒙、马克龙、杜邦－艾尼昂、舍米纳德以及阿瑟利诺主张维持现行的 62 岁法定退休年龄（某些情况可提前退休），马克龙还提议取消特殊的退休保险制度。小勒庞、梅朗雄、阿尔托和普图主张恢复 60 岁法定退休年龄。

在税务方面，马克龙、菲永、舍米纳德主张降低职工或雇主的社会保险征摊金。马克龙建议以提高普遍化社会捐金征收率来弥补歉收。菲永与舍米纳德则主张以提高增值税税率弥补歉收的资金。梅朗雄提议降低增值税，他和阿蒙都主张把所得税和普遍化社会捐金合并。菲永将取消巨富税。马克龙、杜邦－艾尼昂、舍米纳德打算减轻巨富税。小勒庞维持巨富税。梅朗雄主张加强巨富税。阿蒙主张把巨富税和地产税合并。

在补助金收入方面，阿蒙是唯一主张创立"全民生存收入"的候选人。梅朗雄和舍米纳德打算把积极互助收入补助金发放对象扩大到 18～25 岁的年轻人。菲永和杜邦－艾尼昂要求领取积极互助收入补助金的人以做义工的方式回馈社会，他们和马克龙一样，主张对拒绝就业中心提供的就业机会的失业者施以处分。另外，马克龙还主张把全国失业保险金管理局交由国家管理。

在核能问题上，梅朗雄、阿蒙、拉萨尔、普图提议逐步放弃核能，菲永、杜邦－艾尼昂、舍米纳德、小勒庞以及阿尔托则捍卫核能。马克龙主张削减核能。阿瑟利诺提议对核能问题举行全民公决。

2017 年伊始，法国选战如火如荼地进行，民调曾多次显示，在 11 位总统候选人中菲永人气很旺，是有希望当选的总统候选人。然而，擅长披露法国政治界丑闻的《鸭鸣周刊》于2017年1月底爆料，菲永的妻子及子女三人以议员助手名义领取工资但并未真正工作，一时间法国媒体哗然，指控为"空饷门"事件。尽管菲永认为议员雇用亲属并不违法，但承认在道德层面则是个错误并表示道歉。但是，"空饷门"事件和司法机构的立案调查使法国选民再次看到法国政界的腐败，菲永则受到重创，其竞选经理和发言人双双辞职，某个中间派政党也宣布不再支持他，其民意支持率随即暴跌，从而彻底改变了选情。

正是在这样的情势下，11位总统候选人进行了两次面对面的电视大辩论和一次电视访谈。

2017年3月20日晚，民调领先的5位候选人展开电视直播大辩论。上半场主要是从各自陈述，回答"您想成为什么样的总统"开始。每个候选人有1分30秒的时间陈述，顺序由抽签决定，为菲永、梅朗雄、马克龙、小勒庞和阿蒙。下半场，辩论围绕三个主题展开，每个主题45～50分钟，三个主题分别是社会（涉及教育、环保、安全、移民和政治体制等具体问题）、经济（法定劳动时间、社会保障、税收等），以及外交（欧洲问题、边界和恐怖主义等）。对于每个具体问题，每位候选人有2分钟时间回答，1分半后对手可以提问、干预。电视大辩论前的民调显示，马克龙和小勒庞以25%的投票意向并列第一；菲永的投票意向明显下降，为17.5%；阿蒙为13.5%，位居第四；最后是梅朗雄的13%。此次辩论对5位候选人都极为重要，特别是马克龙和小勒庞，两人民意领先，而成为其他候选人的主要攻击对象，其中马克龙尤甚。因为民调显示，小勒庞第一轮选举通常位居第一，而第二轮无论对手是谁都会败选，所以竞争对手更是以把马克龙拉下去为己任，拉下马克龙，自己进入第二轮就意味着最终胜利。首场电视大辩论吸引了1150万名观众，收视率堪比重要足球比赛。

4月4日晚迎来第二场电视辩论。主办方邀请全部的11位总统候选人参加，时间多达4个小时。大辩论围绕三个主题展开：如何创造就业、如何保护法国以及如何实现每个候选人对法国社会模型的愿景。11位总统候选人每人仅有15分钟的时间，用来阐述自己的政见并回答其他人的质询。这种局面是法国总统大选电视辩论有史以来的头一遭，备受各界瞩目。而各位候选人在电视辩论中的目标不尽相同：对处于优势的马克龙与小勒庞两人来说，最重要的是不要丢分；对因"空饷门"受调查的菲永和得不到自己所属的社会党全力支持的阿蒙而言，挽救民心是重点；梅朗雄则可通过本场再添主角光环；有趣的是另外 6 位"小候选人"，作为底层"小人物"与民调指数双位数的前五位"大象"唇枪舌剑展开交锋，他们亲民的形象和语言，以及对高高在上的社会精英的尖锐批评，赢得观众和媒体的眼球。法国媒体认为，这场激烈辩论是呈现给法国选民的一场"政坛盛宴"。

4 月 20 日晚举行电视访谈，11 位总统候选人聚集在一起，围绕购买力、失业、国际政治和欧洲一体化、施政纲领进行最后的总结发言。每位总统候选人也可以自己选择话题。

在这场总统候选人选战中，可以看出如下特点：第一，"特朗普"效应明显。特朗普胜选在欧洲引起的连锁效应对于法国最为明显，加上英、意等国发生的一系列"黑天鹅"事件，促使许多法国选民产生逆反心态，从而导致法国主要政党在初选中出现菲永和阿蒙的"黑马"事件。英、美、意等国发生的一系列"黑天鹅"事件还使法国选民在对待主要总统候选人的问题上泾渭分明：马克龙作为"年轻才俊"受到学历相对较高的群体追捧，而小勒庞吸引了文化层次较低的穷苦大众，自诩为"工人的候选人"。选民的学历等级成为影响 2017 年法国总统大选的关键因素。

第二，总统候选人集体"反建制"①。自第五共和国第二届总统采取普选以来，在正式的总统候选人中反建制只是个别或者少数，而此次法国总统选举中，所有正式总统候选人集体反建制，成为特有的现象。无论是梅朗雄、小勒庞，还是菲永、马克龙，所有的总统候选人都丢弃了"建制"这个概念，都提出反建制的主张。反对现行体制成了所有正式总统候选人的口头禅、关键词、酷词，成为争取选票的主要手段。

巴黎政治学院政治研究中心研究员塞西尔·阿尔迪肯定了这一说法："这届大选确实存在这样一个整体的现象。在美国大选、英国脱欧，甚至是

---

① 反建制法文为"l'antisystème"。

法国右派和绿党的初选中，我们都观察到了这一现象：如今在西方的民主体系中存在这样一种社会与政治危机，虽然'建制'承诺给人们'温饱'，但事实上很多人却无法找到自己的社会地位，民众对这种'割裂感'感到失望。"①

所有总统候选人都用它来抨击政治及经济上的运转不良。当然，每个总统候选人反建制的论调和目的各不相同：马克龙的反建制就是反对传统政党，希望结束法国长期以来左右两派轮流执政的政治体制。菲永的反建制则是抨击共和党内那些想要启动备用方案将他撤换下来的政治势力。阿蒙的反建制就是把一切的"运行不良"都归咎于"建制"，可以使他以一个抗争者的姿态出现。梅朗雄的反建制是要限制包括总统在内的政治人物的权力，终结第五共和国体制，建立"第六共和国"。小勒庞的反建制则是继承她的父亲老勒庞的老调，但反建制更加结构化："法国和法国人优先"、反政治精英、反欧盟、反移民、反全球化。

左右的划分自法国大革命以来就构成了法国传统政治模式，第五共和国也不能例外，它已经成为第五共和国建制中的主要内涵，从而使社会阶层划分发展到国家层面的划分。然而，对这种政治模式的质疑从来没有像今天这样成为总统大选的焦点，其目的昭然若揭：马克龙号召超越左右的划分界限，是让选民抛弃传统政党支持"前进运动"的总统候选人；小勒庞认为左右的划分是人为的，则是着眼在第二轮投票中获得左右选民的票仓；阿蒙则认为取消左右的划分隐含着危险，也在争取左右选民。

第三，从充满悬念到最终明朗。在之前的第五共和国历次总统选举中，除了 2002 年大选的误判和 2007 年大选选情复杂充满悬念外，民意测验机构大多能够精确预测主要政党总统候选人在第一轮投票中的胜出，并在第二轮投票中形成左右两大党总统候选人的对峙。因此，一般在 3 月中旬，法国总统选举局势就明朗了。

这是因为没有强大的政党作后盾，总统候选人根本没有当选的可能。戴高乐和蓬皮杜背靠强大的戴派政党得以登上总统的宝座；吉斯卡尔·德

---

① 《从菲永到勒庞 2017 法国大选候选人集体反建制?》，《欧洲时报》2017 年 2 月 6 日。

斯坦因戴派政党的支持蟾宫折桂，也因戴派政党的抛弃失去再次当选总统的机会；密特朗由于社会党和左翼全力支持两次蝉联国家元首；在1995年第七届总统选举中，民意测验超过希拉克的巴拉迪尔因为没有强大的政党作后盾，在第一轮投票中即被淘汰（当然还有其他的因素），只有戴派政党支持的希拉克和社会党支持的若斯潘在第一轮投票中获得前两名位置并进入第二轮角逐。唯有2002年大选出现意料之外的结果，不是呼声高并受戴派政党和社会党两大党支持的希拉克和若斯潘而是希拉克和民调不高的让－马里·勒庞在第一轮投票后狭路相逢，这是因为左翼总统候选人众多，分散了若斯潘的票源。2007年和2012年两届总统换届选举，依然遵循历来的规律，在戴派政党和社会党两大党强有力的支持下，萨科齐和奥朗德得以登上总统的宝座。

本次法国大选首轮投票前，法国报纸杂志和民意机构频频进行民意测验，测验结果却打破了这条历史定律。在第一场电视大辩论之前，选民投票意向排在前四位的是马克龙、小勒庞、菲永、阿蒙。排在前两位的不是共和党和社会党两大党的总统候选人，而是小党派总统候选人①。菲永因"空饷门"受到重创；阿蒙则受到执政党政绩不佳的拖累。第一场电视大辩论后的3月29日，埃拉伯民意调查机构②所做的民调显示出选民投票意向：马克龙25.5%、小勒庞24%、菲永18%、梅朗雄15%、阿蒙10%、杜邦－艾尼昂4.5%、拉萨尔1%、普图0.5%、阿尔托0.5%、阿瑟利诺0.5%、舍米纳德0.5%。梅朗雄超过了阿蒙，排名第四。第二场电视大辩论之后，4月5日公布的埃拉伯民意调查机构调查结果显示，马克龙和小勒庞的支持率均为23.5%，依然排在前两位。菲永的支持率为19%，有所回暖，但仍然排在第三位。梅朗雄民望继续看涨，支持率已达到17%，排在第四位。

但是，此时的法国选民投票意向是否就是总统选举第一轮投票的真实反映，不会再有变化吗？虽然距离第一轮投票已不到两周，普遍认为在选情高潮迭起中还存在很大的变数，波谲云诡，扑朔迷离，充满不确定性，从而使第五共和国第十一届总统选举成为第五共和国史上最难预测的大选。

---

① 马克龙被称为无党派人士或者是"前进运动"中间小党派的总统候选人。

② 埃拉伯民意调查机构法文为"le Sondage Elabe"。

　　这是因为：其一，共和党和社会党两大党临近第一轮投票的时刻在极右势力威胁下可能加强团结和内聚力，给予本党总统候选人全力支持，号召选民投本党总统候选人的票，从而大大提高本党总统候选人的得票百分比。其二，还有多达 1/3 的选民尚未表态（布瓦民调所的调查为 38%，伊福普民调所为 31%），在等待观望。这样高百分比的选民摇摆不定，在第五共和国大选史中从未有过。其三，从最新和权威的 Ipsos-Sopra Sternapoll 所做的民调来看，马克龙和小勒庞的支持率同在 22%，梅朗雄在 20%，而菲永在 19%，最大差距不超过 3 个百分点，各候选人之间差距甚小令最终投票结果很难预测。

　　不过，4 月 21 日埃拉伯、布瓦等民调机构的最后民调结果显示，选民投票意向依旧是马克龙和小勒庞分别以 22% 和 21.5% 的支持率领先，菲永以 20% 的支持率位列第三，梅朗雄以 19.5% 的支持率居第四位。从第一场电视大辩论之前到最后的民调结果出炉，马卡龙和小勒庞自始至终占据前两名位置来看，悬念实际上已经落定，最终结果也已经明朗。按照法律规定，从 22 日起至 23 日投票结束，任何机构不得再发布有关选举的民意调查结果。

　　其四，华侨华人受到重视，积极参与大选。随着时间的推移，华侨华人在法国各类选举中的投票率累创新高，从而使法国华人族群逐渐成为"票仓"，成为法国政坛上不可忽视的力量。正因为如此，在本次法国大选中，无论左翼、中间政党还是右翼的总统候选人，都争相访问华埠，来到华侨华人社区和社团，与侨领和华裔选民见面和对话，许下诺言，争取华人选民的选票和支持。

　　4 月 23 日，在巴黎地标香榭丽舍大道发生枪击案三天后，全国将近 3606 万选民在严密的安保中到法国本土和海外 66546 个投票站进行首轮投票。① 欧洲乃至全球都紧张地等待第一轮投票的结果，法国宪法委员会宣布：埃马纽埃尔·马克龙获得 24.01% 的有效票，玛琳娜·勒庞获得 21.30% 的有效票，弗朗索瓦·菲永获得 20.01% 的有效票，让－吕克·梅

---

① 5 万多警察和宪兵部署在全国，与执行反恐"哨兵行动"的军人和市政警察一起负责大选投票的安全。巴黎大区是重点安保地区，当局部署了 12000 名警力。

朗雄获得 19.58% 的有效票，伯努瓦·阿蒙获得 6.36% 的有效票，尼古拉·杜邦－艾尼昂获得 4.70% 的有效票，让·拉萨尔获得 1.21% 的有效票，菲利普·普图获得 1.09% 的有效票，弗朗索瓦·阿瑟利诺获得 0.92% 的有效票，纳塔莉·阿尔托获得 0.64% 的有效票，雅克·舍米纳德获得 0.18% 的有效票。

从第一轮投票结果看，如同第五共和国历来普选总统一样，11 位总统候选人无一人获得超过半数的有效票，因此，获得最多有效票的前两位总统候选人马克龙和小勒庞进入第二轮角逐。

尽管第一轮投票前法国民调预料马克龙和小勒庞胜出，尽管大都相信马克龙在第一轮的胜出必将导致在第二轮投票中战胜小勒庞，但揭晓之际仍然在法国朝野和国际上产生震撼效应，呈现一片欢呼声。法国国际广播电台 24 日称，第一轮大选结果被称为历史性的，怎么看都不为过。法国雇主协会一位负责人在法国电视二台指出，这样的结果让法国雇主阶层感到满意，马克龙代表了强化欧盟凝聚力、推动劳工制度改革的方向，是振兴经济、减少失业的保证。欧洲议会主席塔贾尼表达对马克龙的祝贺，称他相信小勒庞不能赢得第二轮选举，他呼吁法国人民一起来捍卫欧盟的团结。"德国之声" 24 日称，马克龙在第一轮选举中的胜出令德国人感到高兴并松了一口气，"柏林无比兴奋"。英国广播公司（BBC）称，此前，马克龙从来没有当过议员，这也许是时势造英雄的不可思议之处。脱欧的英国媒体却呼吁欧盟要团结：选马克龙是唯一途径。

马克龙在第一轮中的胜利降低了金融市场面临英国退欧式冲击的风险，欧元大涨，一度达到五个月以来的高点。法国和欧洲金融界一片叫好。法国和欧洲股市纷纷上扬，法国 CAC40 指数盘中涨幅达 4.5%，创下近 9 年来的新高。德国、意大利、西班牙等欧盟主要国家股指当天最大涨幅也均在 3% 以上。

三　第二轮投票和马克龙当选第五共和国第十一届总统

第一轮投票果然如法国民意调查机构所料，两位"非传统两大党"的总统候选人马克龙和小勒庞在第一轮投票中胜出，最终双双闯入法国大选的第二轮决赛。从第一轮投票的数据可以看出：

首先，法国选民的投票率占登记选民的 77.77%，弃权率为 22.23%，而 2007 年大选的投票率和弃权率分别为 83.77% 和 16.23%，2012 年大选的投票率和弃权率分别为 79.48% 和 20.52%。它说明，这次大选第一轮投票率虽然不及前两届总统换届选举第一轮投票率那样高、弃权率不及前两届总统换届选举第一轮弃权率那样低，但是差距不大，仅在个位数之间，证明本届总统选举第一轮投票还是保持法国选民的较高参与率。它说明，法国民众和选民极为关心大选的结果，关心投票前法国民调呼声最高的前四名总统候选人谁能出镜，关心法国的命运和前途。

其次，在第一轮投票中获得最多选票的前两位总统候选人马克龙和小勒庞厄总共有效票为 45.31%，没有超过总投票率的半数，而 2007 年和 2012 年两次大选第一轮投票中获得选票最多的前两位总统候选人的总共有效票分别为 57.05% 和 55.81%，超过总投票率的半数。它说明，本届大选第一轮投票中，即便是获得最多选票的前两位总统候选人，其各自的拥趸均不超过 1/4。即便是其中一位总统候选人在第二轮投票中取得胜利，能否坐稳总统宝座仍是未知数。

再次，传统左右翼两大党社会党和共和党的总统候选人都遭遇了"滑铁卢"，其中，共和党总统候选人弗朗索瓦·菲永所获得的有效票紧跟马克龙和小勒庞，排在第三位，而社会党总统候选人伯努瓦·阿蒙仅获得个位数的有效票，排在第五位，可谓是惨败。

最后，从选民的性别分析，投马克龙票的男性选民占男性选民总数的 23%，女性选民占女性选民总数的 25%；投小勒庞的男性选民占男性选民总数的 24%，女性选民占女性选民总数的 20%。马克龙的女拥趸多于小勒庞，后者的男拥趸则多于马克龙。从选民的年龄分析，18~24 岁选民投马克龙票占该年龄段的 18%，投小勒庞票的占 21%；25~34 岁选民投马克龙票占该年龄段的 28%，投小勒庞的占 24%；60~69 岁选民投马克龙票占该年龄段的 27%，投小勒庞票的占 19%；70 岁及以上选民投马克龙票占该年龄段的 27%，投小勒庞票的占 10%。可见，马克龙拥有较多的中老年选民，小勒庞拥有较多的年轻选民。从职业分析，管理人员和中间职业的选民投马克龙票分别占该职业的 33% 和 26%，投小勒庞票则分别占该职业的 14% 和 19%；职员、工人、失业者选民投马克龙票分别占该职业的 19%、16%、14%，投小勒庞票分别占该职业的 32%、37%、26%。可见，马克龙的主要选民是中上阶层，小勒庞的主要选民则是中下阶层。从地域分析，小勒庞的农村选民（23%）多于马克龙（21%），马克龙的大城市和巴黎选民（分别为 24% 和 29%）多于小勒庞（分别为 21% 和 14%）。

5 月 3 日晚，马克龙与小勒庞开启法国大选第二轮投票前的最后一场电视辩论，就法国经济社会改革、安全和反恐政策、欧洲和国际关系等议题展开激烈交锋。在长达两个半小时的电视辩论中，双方言辞激烈，一度火药味十足。两位总统候选人毫不吝惜地嘲讽甚至进行咄咄逼人的攻讦，争相发言和反驳，以至于相互掩盖了对方的声音。电视辩论主持人曾数度制止欲试图掌控辩论进程，但这二人仍各说各话，置若罔闻。

辩论结束后，埃拉伯民意调查机构公布了一项调查结果，63% 的法国电视观众认为马克龙在此次辩论会中的表现更具说服力，认为小勒庞的阐述更具说服力的观众比例只有 34%；在支持小勒庞的选民当中，也有高达 12% 的人更加认可马克龙的表现。相反，支持马克龙的选民中仅有 3% 的人认为小勒庞表现更佳。埃拉伯民意调查还显示，64% 的受访者认为马克龙的竞选纲领更佳，认可小勒庞竞选纲领的人仅占 30%；在回答谁更具备总统素质的问题时，双方支持者的比例与前述问题相同；在面对"谁更具变革的意愿"的问题时，支持马克龙的观众比例为 53%，支持小勒庞的人占 44%；60% 的受访者认为，马克龙代表的理念和价值观与自己更接近，支持小勒庞的人比例为 36%。

根据法国选举制度的规定，从 5 日午夜开始，两名候选人都将停止竞选活动，双方竞选团队和支持者都不得再通过视听媒体"发声"拉票。因此，马克龙和小勒庞在 5 日午夜前依旧绷紧神经、马不停蹄地进行了最后的冲刺，到外地发表竞选演说，接受电视和电台节目的采访，以便争取选民支持。埃拉伯民意调查机构公布的调查显示，马克龙第二轮得票率将达到 62%，小勒庞仅会获得 38% 的选票；伊福普民调所的民意测验结果也表明，马克龙将以 61% 对 39% 的得票率击败小勒庞。

5 月 7 日，法国大选举行第二轮投票，与 15 天前的第一轮投票一样，警方和军方都进入最高安全戒备状态。39 岁的马克龙以 66.10% 有效票战胜仅获得 33.90% 有效票的小勒庞，最终当选第五共和国第十一届总统，也是第五共和国历届总统中最年轻的一位。

根据《法兰西共和国政府公报－法律和法令》公示，总统候选人在第一轮选举中的竞选花费报销上限为 1685.1 万欧元，进入第二轮选举的总统候选人的竞选花费报销上限为 2250.9 万欧元。支持率超过 5%，国家才给报销。马克龙和小勒庞在两轮选举中花费分别为 1670 万欧元和 1250 万欧元，阿蒙在第一轮选举中花费 1520 万欧元，菲永在第一轮选举中花费 1380 万欧元，拉萨尔在第一轮选举中花费最少，为 25.7 万欧元。此次大选没有任何一个候选人花费超出上限。在马克龙的总共两轮选举的花费中，组织集会花费 580 万欧元，包括给投票人发短信、发电子邮件和印刷宣传册子等宣传花费 370 万欧。此外，各种民调和影像宣传花费共计 110 万欧元。

马克龙之所以能够入主爱丽舍宫，其最主要原因是：第一，在法国民众对传统"建制派精英"愈发不满和失望以及寻求变革的心态下，不属于传统的左右两翼政党、从未当过议员也没有参与过政治竞选，且在竞选纲领中均是以"反建制"为重点的中间派总统候选人马克龙，成为多数法国选民，特别是受到过良好教育和具有较高文化素养的中上层选民的选择。

第二，首轮投票结果公布后，败选的总统候选人如菲永、阿蒙、现任总统奥朗德、现任总理卡泽纳夫以及前总理瓦尔斯、拉法兰、朱佩等人均表达了对马克龙的支持，并号召选民积极投票阻击国民阵线。尽管他们支持马克龙仅仅是为了击败小勒庞，但确实为马克龙增加了大量的左右翼选民的选票，从而提高了马克龙第二轮中获得有效票的百分比。

第三，这位年轻的"政治新星"凭借其聪明伶俐、活力四射、无与伦比的迷人风度和极佳口才赢得了多数法国选民的好感，获取了压倒小勒庞的选票优势。

第四，毋庸置疑，马克龙胜选的部分原因是运气好。在本届大选中，右翼阵营本来胜算甚高，其总统候选人菲永一度气势如虹，但后来菲永因"空饷门"丑闻，支持率一落千丈，从而为马克龙的脱颖而出提供了条件。

正如巴黎 Terra Nova 智库研究员马克－奥利维耶·帕迪所指出："马克龙非常幸运，他面临着事前完全没料到的状况。"

第五，总统选举制的阻击效应。当初，按照第五共和国创始人戴高乐的设计，总统的普选采取"单记名两轮多数投票制"是为了克服政党过多、制服反对派、形成总统多数派并促进政党两极化。然而，总统选举采取"单记名两轮多数投票制"客观上也形成了阻击极端势力的效应。2002 年第八届总统选举和本次总统选举皆证明，总统选举采取"单记名两轮多数投票制"成功地阻击了极端势力（极右或者极左）特别是极右国民阵线总统候选人最终赢得胜利当选总统，从而避免为法国、欧盟和欧洲带来灾难性的后果。

埃马纽埃尔·马克龙 1977 年 12 月 21 日出生于法国北部城市亚眠的知识分子家庭。父亲是大学老师，母亲是社会保障局的医学顾问。马克龙毕业于法国顶级高中巴黎亨利四世中学，1999～2001 年师从法国哲学家保罗·里克尔，2001～2004 年先后在巴黎政治学院和法国国家行政学院学习并获得相应学位。2004～2006 年在法国经济部任职，2008 年在罗斯柴尔德和席埃银行任投资银行家，促成了雀巢和辉瑞之间的著名交易。2006 年加入社会党，2012 年随奥朗德胜选进入爱丽舍宫并被任命为总统府副秘书长。2014 年 8 月法国政府改组，被曼努埃尔·瓦尔斯总理任命为经济、工业和数字部部长。2016 年 4 月成立"前进运动"，同年 11 月正式宣布以独立候选人身份参与总统竞选。2016 年底，他出版了介绍自己政见的宣传书籍《革命》，随即成为畅销书。马克龙 16 岁时，在亚眠读高中期间爱上了已婚已育、大他 24 岁的语文老师布丽吉特·特罗尼厄，2007 年 10 月二人结为伉俪。目前，马克龙拥有 3 名继子和 7 名继孙。

马克龙登上第五共和国总统宝座，其意义非凡：第一，它打破了第五共和国的"历史定律"和"历史魔咒"，从此不再是传统左右翼两大党总统候选人赢得大选并轮流入主爱丽舍宫，而是中间党派的总统候选人也有可能获得大选的胜利并轮流坐庄，从而彻底改变了法国政治格局和政党生态。

第二，马克龙的胜利，不仅遏制了法国民族主义势力、民粹主义势力和极端主义势力，而且法国作为欧盟和欧洲具有举足轻重的国家，主张对外开放和进步主义的马克龙胜选也沉重打击了欧盟乃至欧洲正在抬头的民族主义势力、民粹主义势力和极端主义势力，从而为这一年还将举行大选和议会选举的德国等国家树立了范例，开了好兆头。

第三，法国是欧洲一体化的主要创始国，又是"欧洲之父"——让·莫内的故乡。正当英国退欧成功并在欧洲掀起"疑欧""反欧""退欧"思潮的关键时刻，作为"挺欧派"的马克龙取得大选胜利，成功制止了又一个退欧的"黑天鹅"出现，有力打击了许多国家的"疑欧""反欧""退欧"思潮，可谓是欧盟幸甚！欧洲一体化幸甚！欧盟盟歌《欢乐颂》（贝多芬第九交响曲）响彻欧洲上空。

第四，马克龙赢得大选的胜利意味着他的竞选纲领和他的政治理念获得法国选民的支持。他的竞选纲领和政治理念的核心就是马克龙主义①，而马克龙主义表现为进步主义、务实主义和实用主义，反对民粹主义、闭关锁国、保守僵化，致力于推动法国现代化。因此，马克龙当选第十一届总统有利于对第五共和国政治、经济和社会进行深刻的改造，恢复和增强法国硬实力和软实力，以便延续戴高乐将军所梦寐以求，并为第五共和国历届总统所传承的法国"大国梦"和"强国梦"。

第五，马克龙于 2017 年 3 月接受法国新闻网采访时表示，法中两国之间存在着非常重要的历史传统。法中之间的力量源泉，正是来自于法国率先承认中国。"我希望保持与中国的政治和外交战略关系，因为在国际反恐、防止气候变暖、促进地区与全球和平方面，中国是法国和欧洲非常重要的盟友"。舆论普遍认为，马克龙继任法国总统，有利于法中关系的发展。

2017 年 5 月 14 日，奥朗德向新总统马克龙交班，卸任第五共和国总统的职务。在之前的 5 月 11 日，他已向法国媒体明确表示，他曾经是马克龙的"伯乐"，但"不会对马克龙上任后的决策指指点点"，并认为"这不是一个为法国服务的好办法"。他强调，"前总统可以继续做出贡献、给予帮助，但无论如何不能进行干扰"。

---

① 马克龙主义法文为"le macronisme"。

根据规定，总统卸任后享受相关职务津贴和其他一些待遇，但这些特殊待遇并不是终生的。奥朗德卸任后每月可领取税后 15000 欧元的退休金①，一套配备家具的公寓，一辆配备两个司机的专用车，7 名助手，2 名服务员，电话专用线，免费乘坐火车和飞机。但是，卸任总统待遇采取递减的原则，即 5 年后助手由 7 名减为 3 名，服务人员从 2 人减少至 1 人。法国国营铁路公司提供的各种优惠也将终止。

四 "第三轮投票"——立法选举

2017 年 6 月迎来"第三轮投票"，即第五共和国第十五届立法选举。法国各党派摩拳擦掌，意图在立法选举中争夺议会的"控制权"。

马克龙则基于务实原则着手组建其总统多数派，他精心安排，礼遇左右翼以及中间派的一些大佬。根据马克龙提出的原则，共和国前进党②议会选举候选人正式提名事务委员会，设立了甄选候选人的 5 个标准，分别为：更新、男女人数均等、正直廉洁、政治多元和同意马克龙的纲领，而且要签署一份"对国民承诺的契约"。共和国前进党于 5 月 11 日公布该党 428 名候选人的名字，男女各一半。其中，52% 是无党派的社会贤达，93% 目前从事职业活动，2% 是求职者，4% 是退休人员，1% 是大学生。95% 不是满任的国民议会议员；候选人平均年龄 46 岁；最年轻的候选人 24 岁，年纪最大的 72 岁。为了协调与贝鲁的关系，共和国前进党于 5 月 15 日再次公布了调整后的 511 名候选人名单，包括了 255 名女性和 256 名男性，其中不少候选人出自法国中间派民主运动。共和国前进党有意在 51 个选区保持空缺，不推出自己的候选人，照党内人士所言，其中 30 个选区是向未来这些选区的议员"做出一个政治动作"，以期待这些议员将来在国民议会表现出合作态度。

5 月 9 日，共和党全体党员代表通过了共和党与民主人士和独立人士联

---

① 这笔退休金包括 4 项津贴：前总统津贴 5184 欧元（税后），前科雷兹省议员津贴 6028 欧元（税后），前审计院成员津贴 3473 欧元（税后）以及前科雷兹省议会主席津贴 235 欧元。

② 共和国前进党法文为"la République en marche!（REM ou LREM）"，由"前进运动"于 2017 年 5 月 8 日更名。

盟共同制定的名为《为了法国人民的福祉，取代执政的契约》的竞选纲领。竞选纲领包括四大部分，分别为学校、企业、家庭以及非宗教化。其中，提高就业率和购买力被列为重点，强调治安与打击恐怖主义。在行政方面，7 年裁减 50 万公务员，节约 1000 亿欧元公共开支。在企业方面，为了抑制失业，5 年内将企业税降到 25%。取消 35 小时工时制，而"由每家企业（涉及小企业时则由每个行业）自由谈判制定工作时间"。为了提高百姓的购买力，保证不提高增值税和普遍化社会捐金，将中产阶级家庭所得税减税 10%，提高低额退休金。共和党的目标是在议会选举中赢得绝对多数，获得执政地位，与新当选的总统马克龙实现共治。

社会党由于在总统选举中惨败加剧了内部的分裂，各方诸侯都想夺取党内权力。巴黎市长安讷·伊达尔戈已经宣布成立名叫"明天起"① 的党内派别，获得了一百多个党内重要人物和议员的支持。与此同时，阿蒙也宣布将在 7 月 1 日创立一个名为"超越派别的"新运动。前总理瓦尔斯表示，希望马克龙领导的党能委任他为其根据地埃夫里的议员候选人。

"不屈服的法国"创始人梅朗雄重整旗鼓，准备将在总统竞选中积累的人气化为政治力量，在新的法国政治版图上占据一席之地。他表示："我们将为议会选举的胜利斗争到底。我要和大家说：别把权力拱手让给马克龙！"由于在具体问题上谈不拢，他早就表示，"既不会同社会党牵手，也不会和法共结盟"。

在总统选举失利后，极右翼国民阵线的玛琳娜·勒庞于 5 月 7 日承诺，"将彻底改造国民阵线，使之成为一支全新的政治力量"。但是，被看作该党第三代接班人，同时也是本届议会中仅有的两名国民阵线议员之一的让-马里·勒庞的外孙女玛丽昂·马雷夏尔-勒庞于 5 月 10 日宣布暂别政坛，这对正在准备立法选举的国民阵线无疑是一大打击。党内不少干部认为，这位最年轻的议员临阵抽身使姨妈玛琳娜·勒庞在即将到来的选战中显得形单影只，不利于该党团结争取立法选举的胜利。国民阵线在全国共推出 577 人参选。尽管国民阵线进一步在"去妖魔化"，但 Buzzfeed 网站于

---

① "明天起"法文为"Dèsdemain"。

6月6日公布的调查结果显示，这一措施并没起到应有的效果，通过对国民阵线候选人的审查，发现其中100多名候选人具有种族歧视、反同性恋、反犹或反伊斯兰倾向。

根据统计，此次立法选举约有30个政党参加，总共提出7877名候选人角逐席位。候选人平均年龄48.5岁，43%为女性。有许多政治素人参选，党派归属模糊，竞选单上没有写明党派归属，或者含糊表示支持总统多数，却与总统支持的候选人竞争。当局调集5万名警察和宪兵为大选投票执行安保任务。执行反恐哨兵行动的军人及各地方政府雇用的私营保安公司人员也参加安全防护。

6月11日，立法选举进行第一轮投票。统计结果表明，共和国前进党与民主运动联盟得票率为32.33%（共和国前进党为28.21%，民主运动为4.12%），共和党与民主人士和独立人士联盟得票率为18.80%（共和党为15.77%，民主人士和独立人士联盟为3.03%），国民阵线得票率为13.20%，不屈服的法国得票率为11.03%，社会党得票率为7.44%，法共得票率为2.72%，左翼激进党得票率为0.47%。共和国前进党得票率遥遥领先于其他党派，形成一股势不可当的旋风，而左右传统两大党一败涂地。

6月18日，立法选举进行第二轮投票。统计结果表明，共和国前进党与民主运动联盟得票率为49.12%（共和国前进党为43.06%，民主运动为6.06%），两轮投票①共获得350席（共和国前进党308席，民主运动42席）；共和党与民主人士和独立人士联盟得票率为25.27%（共和党为22.23%，民主运动为3.04%），两轮投票共获得130席（共和党为112席，民主人士和独立人士联盟为18席）；社会党得票率为5.68%，两轮投票共获得30席；不屈服的法国得票率为4.86%，获得17席；法共得票率为1.20%，获得10席；国民阵线得票率为8.75%，获得8席；左翼激进党得票率为0.36%，获得3席。

通过两轮投票选举出的第五共和国第十五届国民议会具有以下的特点：第一，相当彻底的更新。在第十四届国民议会577位议员中，由于2014年

---

① 参见2017年6月19日国民议会办公厅的数据。

法律规定议会两院议员自 2017 年 7 月起将不得再兼任其他民选的职务（地方议会议长和市长），有 223 位议员放弃参加此次选举，还有 206 位议员在此次竞选中落选，其中有 125 位议员在第一轮中就被淘汰，81 位议员在第二轮中遭淘汰。一些政党的大佬如社会党总统候选人阿蒙、该党第一书记康巴代利和数位前部长及资深议员都纷纷落马。在第十四届国民议会议员中，只有 145 位议员再次当选，老面孔只占新国民议会总席位的 25.13%。也就是说，在新国民议会中，有 415 位是初次当选的新面孔，他们占总席位的 71.92%，这对参选新人众多的法国总统马克龙所在的阵营尤其有利。

第二，共和国前进党成为第一大党。共和国前进党在第十五届国民议会中拥有的席位已经过半数，加上民主运动议员以及共和党与民主人士独立人士联盟中支持共和国前进党的 35 名议员①，可谓绝大多数的总统多数派。共和国前进党之所以在赢得总统宝座后连续获得立法选举的胜利，法国舆论认为这与马克龙上任后带领法国政府迅速启动新政密切相关：内政上，从布局劳动法改革、取消特权改革、居住税均贫富改革、退休人人平等改革、失业人人平等改革到成立反恐中心，再到制定反腐新法；外交上，努力为法国找回"大国梦""强国梦"，这些都满足了法国民众的需求，给人们留下真改革、求实效的印象。巴黎政治学院政治研究中心秘书长马达尼·舍尔法说："马克龙上任以来几乎没有失分表现，为其所在阵营在议会选举中的强势表现提供有力支撑。"共和国前进党成为第一大党使议会多数派与总统多数派保持一致，有利于马克龙改革议案的通过。共和党成为第二大党，作为共和国前进党的反对派，但为数不多的席位难以对执政党构成严重威胁。

第三，女议员的比例继续提高。在第十五届国民议会中，女议员共有 224 名，占议员总数的 38.82%，而上届国民议会中女议员共有 155 名，占议员总数的 26.86%。本届国民议会女议员占议员总数的比例比上届国民议会提高了 12 个百分点。

第四，弃权率创新高。本次议会选举一个引人注目的现象是，第一轮

① 共和党与民主人士独立人士联盟中支持共和国前进党的 35 名议员，在国民议会中单独组成名为"建设派"的议会党团（le groupe les constructifs）。

投票的弃权率为 51.30%，第二轮投票的弃权率为 57.36%，双双创第五共和国议会选举的历史新高。法国舆论认为，超高的弃投率一方面映射出在接连而至的总统选举和立法选举导致法国民众陷入"民主疲劳"，另一方也反映出相当多选民对马克龙政权和新议会采取观望的立场。

第五，华裔代表首次进入国民议会。过去，法国各个党派，包括长时间执政的左右两党，尽管在各种涉华场合均盛赞"华人对法国的贡献"，但没有任何政党把华裔作为该党在立法选举中的"首席候选人"。共和国前进党将华裔二代陈文雄作为该党在巴黎第九选区（巴黎 13 区华埠区域）首席候选人参加竞选，正是彰显了马克龙及其政党的开放姿态，大胆启用社会贤达、年轻人、女性候选人和移民候选人。陈文雄在第二轮投票中以 55% 的成绩战胜法国"土生土长"的对手，从而成为法国本土首位华人国民议会议员，这在法国华裔参政史上具有里程碑的意义。

进入 7 月，新国民议会将开始工作，审议和通过由爱德华·菲利普第二任政府亦即第五共和国第 42 届政府根据马克龙在竞选总统时向法国选民所做出的承诺和"马克龙主义"所制定的法案，即完成在任时的两大任务——使法国人重新树立信心，实现 21 世纪法兰西民族伟大复兴并将 21 世纪的法国塑造为世界强国。①

---

① 《埃马纽埃尔·马克龙总统就职演讲》，见北京外国语大学法语学习编辑部《法语学习》2017 年 5 月 21 日第 22 期。

附录一 第五共和国历届总统和总理

一 历届总统

夏尔·戴高乐（第一任 1959.1～1965.12）

夏尔·戴高乐（第二任 1966.1～1969.4）

阿兰·波埃（代总统 1969.4～1969.6）

乔治·蓬皮杜（1969.6～1974.4）

阿兰·波埃（代总统 1974.4～1974.5）

吉斯卡尔·德斯坦（1974.5～1981.5）

弗朗索瓦·密特朗（第一任 1981.5～1988.5）

弗朗索瓦·密特朗（第二任 1988.5～1995.5）

雅克·希拉克（第一任 1995.5～2002.5）

雅克·希拉克（第二任 2002.5～2007.5）

尼古拉·萨科齐（2007.5～2012.5）

弗朗索瓦·奥朗德（2012.5～2017.5）

埃马纽埃尔·马克龙（2017.5～）

二 历届总理

米歇尔·德勃雷（1959.1～1962.4）

乔治·蓬皮杜（第一任 1962.4～1962.10）

乔治·蓬皮杜（第二任 1962.11～1966.1）

乔治·蓬皮杜（第三任 1966.1～1967.4）

乔治·蓬皮杜（第四任 1967.4 ~ 1968.7）

顾夫·德姆维尔（1968.7 ~ 1969.6）

沙邦 – 戴尔马（1969.6 ~ 1972.7）

皮埃尔·梅斯梅尔（第一任 1972.7 ~ 1973.3）

皮埃尔·梅斯梅尔（第二任 1973.4 ~ 1974.2）

皮埃尔·梅斯梅尔（第三任 1974.2 ~ 1974.5）

雅克·希拉克（1974.5 ~ 1976.8）

雷蒙·巴尔（第一任 1976.8 ~ 1977.3）

雷蒙·巴尔（第二任 1977.3 ~ 1978.3）

雷蒙·巴尔（第三任 1978.4 ~ 1981.5）

皮埃尔·莫鲁瓦（第一任 1981.5 ~ 1981.6）

皮埃尔·莫鲁瓦（第二任 1981.6 ~ 1983.3）

皮埃尔·莫鲁瓦（第三任 1983.3 ~ 1984.7）

洛朗·法比尤斯（1984.7 ~ 1986.3）

雅克·希拉克（1986.3 ~ 1988.5）

米歇尔·罗卡尔（第一任 1988.5 ~ 1988.6）

米歇尔·罗卡尔（第二任 1988.6 ~ 1991.5）

埃迪特·克勒松（1991.5 ~ 1992.3）

皮埃尔·贝雷戈瓦（1992.4 ~ 1993.3）

爱德华·巴拉迪尔（1993.3 ~ 1995.5）

阿兰·朱佩（第一任 1995.5 ~ 1995.11）

阿兰·朱佩（第二任 1995.11 ~ 1997.6）

利昂内尔·若斯潘（1997.6 ~ 2002.5）

让 – 皮埃尔·拉法兰（第一任 2002.5 ~ 2002.6）

让 – 皮埃尔·拉法兰（第二任 2002.6 ~ 2004.3）

让 – 皮埃尔·拉法兰（第三任 2004.3 ~ 2005.5）

多米尼克·德维尔潘（2005.5 ~ 2007.5）

弗朗索瓦·菲永（第一任 2007.5 ~ 2007.6）

弗朗索瓦·菲永（第二任 2007.6 ~ 2010.11）

弗朗索瓦·菲永（第三任 2010.11~2012.5）

让－马克·艾罗（第一任 2012.5~2012.6）

让－马克·艾罗（第二任 2012.6~2014.3）

曼努埃尔·瓦尔斯（第一任 2014.3~2014.8）

曼努埃尔·瓦尔斯（第二任 2014.8~2016.2）

曼努埃尔·瓦尔斯（第三任 2016.2~2016.12）

贝尔纳·卡泽纳夫（2016.12~2017.5）

爱德华·菲利普（第一任 2017.5~2017.6）

爱德华·菲利普（第二任 2017.6~）

附录二　法国人名译名对照表

Abadie（François）　　　　　　　阿巴迪（弗朗索瓦）

About（Nicolas）　　　　　　　　阿布（尼古拉）

Accoyer（Bernard）　　　　　　　阿夸耶（贝尔纳）

Agacinski（Sylviane）　　　　　　阿加辛斯基（西尔维娅娜）

Albert（Michel）　　　　　　　　阿尔贝尔（米歇尔）

Alduy（Cécile）　　　　　　　　　阿尔迪（塞西尔）

Allègre（Claude）　　　　　　　　阿莱格尔（克洛德）

Alliot-Marie（Michèle）　　　　　阿利奥特－玛丽（米谢勒）

Amara（Fadela）　　　　　　　　　阿马拉（法德拉）

Aragon（Louis）　　　　　　　　　阿拉贡（路易）

Aron（Raymond）　　　　　　　　 阿龙（雷蒙）

Aron（Robert）　　　　　　　　　 阿龙（罗贝尔）

Arrighi（Pascal）　　　　　　　　阿里吉（帕斯卡尔）

Arthaud（Nathalie）　　　　　　　阿尔托（纳塔莉）

Asselineau（François）　　　　　　阿瑟利诺（弗朗索瓦）

Aubry（Martine）　　　　　　　　 奥布莱（马蒂娜）

Auriol（Vincent）　　　　　　　　奥里奥尔（樊尚）

Auroux（Jean）　　　　　　　　　 奥鲁（让）

Ayrault（Jean-Marc）　　　　　　 艾罗（让－马克）

Azoulay（Audrey）　　　　　　　　阿祖莱（奥德蕾）

Balladur（édouard）　　　　　　　巴拉迪尔（爱德华）

Barangé（Charles）	巴朗热（夏尔）
Barbu（Marcel）	巴尔比（马塞尔）
Bardoux	巴杜
Bareigts（Ericka）	芭蕾格（埃莉卡）
Barnier（Michel）	巴尼耶（米歇尔）
Bartolone（Claude）	巴尔托洛纳（克洛德）
Barre（Raymond）	巴尔（雷蒙）
Bassi（Michel）	巴锡（米歇尔）
Baumel（Jacques）	博梅尔（雅克）
Baverez（Nicolas）	巴弗雷（尼古拉）
Baylet（Jean-Michel）	贝莱（让－米歇尔）
Bayrou（François）	贝鲁（弗朗索瓦）
Becker（Jean-Jacques）	贝克尔（让－雅克）
Bedarida（François）	贝达里达（弗朗索瓦）
Bel（Jean-Pierre）	贝尔（让－皮埃尔）
Bennahmias（Jean-Luc）	贝纳米亚斯（让－吕克）
Bérégovoy（Pierre）	贝雷戈瓦（皮埃尔）
Bergson（Henri）	柏格森（亨利）
Bernadette（Chirac）	贝尔纳黛特（希拉克）
Berstein（Serge）	贝尔斯坦（塞尔日）
Berthoin（Jean-Marie）	贝图安（让－马里）
Besancenot（Olivier）	贝桑瑟诺（奥利维耶）
Besson（Eric）	贝松（埃里克）
Bianco（Jean-Louis）	比安科（让－路易）
Bidault（Georges）	比多（乔治）
Billotte（Pierre）	比约特（皮埃尔）
Billoux（François）	比尤（弗朗索瓦）
Blum（Léon）	布卢姆（莱昂）
Bockel（Jean-Marie）	博克尔（让－马里）

Chapsal（Jacques）	沙普萨尔（雅克）
Charbonnel（Jean）	沙博内尔（让）
Charles X	查理十世
Charlot（Jean）	夏洛（让）
Chatel（Luc）	沙泰尔（吕克）
Chatelet（Albert）	沙特莱（阿尔贝）
Cheminade（Jacques）	舍米纳德（雅克）
Chenot（Bernard）	舍诺（贝尔纳）
Cheurfa（Madani）	舍尔法（马达尼）
Chevalier（Jean-Jacques）	舍瓦利耶（让－雅克）
Chevallier（Jean-Jacques）	舍瓦利耶（让－雅克）
Chevènement（Jean-Pierre）	舍韦内芒（让－皮埃尔）
Cheysson（Claude）	谢松（克洛德）
Chirac（Bernardette）	希拉克（贝尔纳代特）
Chirac（Jacques）	希拉克（雅克）
Clemenceau（Georges）	克列孟梭（乔治）
Clemenceau（Michel）	克列孟梭（米歇尔）
Cochet（François）	科歇（弗朗索瓦）
Cohn-Bendit（Daniel）	科恩－本迪特（达尼埃尔）
Coliard（Jean Claude）	科利亚尔（让·克洛德）
Colombani（Jean-Marie）	科隆巴尼（让－玛丽）
Colonna（Catherine）	科隆纳（卡特琳）
Conte（Arthur）	孔特（阿蒂尔）
Copé（Jean-François）	科佩（让－弗朗索瓦）
Cornut-Gentile（Bernard）	科尔尼－让蒂勒（贝尔纳）
Cosse（Emmanuelle）	科斯（埃马努埃莱）
Coste-Floret（Pierre）	科斯特－弗洛雷（皮埃尔）
Cot（Pierre）	科特（皮埃尔）
Coty（René）	科蒂（勒内）

De Vabres（Renaud Donnedieu）	德瓦布尔（雷诺·多纳迪厄）
Devaquet（Alain）	德瓦凯（阿兰）
De Villepin（Dominique）	德维尔潘（多米尼克）
De Villiers（Philippe）	德维利耶（菲利普）
Diethelm（André）	迪耶特尔姆（安德烈）
Dornano（Michel）	多尔纳诺（米歇尔）
Douste-Blazy（Philippe）	杜斯特－布拉齐（菲利普）
Dray（Julien）	德雷（朱利安）
Dreyfus（Alfred）	德雷富斯（阿尔弗雷德）
Druon（Maurice）	德吕翁（莫里斯）
Ducatel（Louis-Fernand）	迪卡泰尔（路易－费尔南）
Duchet（Roger）	迪谢（罗歇）
Duclos（Jacques）	杜克洛（雅克）
Dufoix（Georgina）	迪富瓦（乔治娜）
Duflot（Cécile）	迪弗洛（塞西尔）
Duhamel（Alain）	迪阿梅尔（阿兰）
Duhamel（Éric）	迪阿梅尔（埃里克）
Duhamel（Jacques）	迪阿梅尔（雅克）
Dumas（Roland）	迪马（罗兰）
Dumont（René）	迪蒙（勒内）
Dupont-Aignan（Nicolas）	杜邦－艾尼昂（尼古拉）
Duverger（Maurice）	迪维尔热（莫里斯）
El-Khomri（Myriam）	埃尔－库姆丽（米丽安姆）
Emmanuelli（Henri）	埃马努埃利（亨利）
Erignac（Claude）	埃里尼亚克（克洛德）
Fabius（Laurent）	法比尤斯（洛朗）
Fabre（Robert）	法布尔（罗贝尔）
Faligot（Roger）	法利戈（罗歇）
Farnoux（Abel）	法尔努（阿贝尔）

Godemant（François）	戈德芒（弗朗索瓦）
Gouin（Félix）	古安（费利克斯）
Granval（Gibert）	格朗瓦尔（吉尔贝）
Gravoin（Anne）	格拉沃安（安娜）
Grimaut（Maurice）	格里莫（莫里斯）
Grosser（Alfred）	格罗塞尔（阿尔弗雷德）
Guaino（Henri）	盖诺（亨利）
Guallar（Gabrielle）	加拉尔（加布丽埃勒）
Guichard（Olivier）	吉夏尔（奥利维耶）
Guigou（élisabeth）	吉古（伊丽莎白）
Guillaumat（Pierre）	吉约马（皮埃尔）
Guisnel（Jean）	吉内尔（让）
Guizot（François）	基佐（弗朗索瓦）
Haas（Caroline）	阿丝（卡罗琳）
Hage（Georges）	阿热（乔治）
Hagège（Claude）	阿热日（克洛德）
Haigneré（Claudie）	艾涅雷（克洛迪）
Hamon（Benoît）	阿蒙（伯努瓦）
Héraud（Guy）	埃罗（居伊）
Hernu（Charles）	埃尔尼（夏尔）
Herriot（Edouard）	埃里奥（爱德华）
Hervé（Edmond）	埃尔韦（埃德蒙）
Hidalgo（Anne）	依达尔戈（安讷）
Hollande（François）	奥朗德（弗朗索瓦）
Hortefeux（Brice）	奥尔特弗（布里斯）
Houphouet-Boigny（Félix）	乌弗埃－博瓦尼（费利克斯）
Hue（Robert）	于（罗贝尔）
Hulot（Nicolas）	于洛（尼古拉）
Jacquinot（Louis）	雅基诺（路易）

Lalonde（Brice）	拉隆德（布里斯）
Lang（Jack）	兰（雅克）
Lancelot（Alain）	朗瑟洛（阿兰）
Laniel（Joseph）	拉涅尔（约瑟夫）
Lassalle（Jean）	拉萨尔（让）
Laurent（Pierre）	洛朗（皮埃尔）
Laval（Pierre）	赖伐尔（皮埃尔）
Lavroff（Dmitri-Georges）	拉夫罗夫（德米特里－乔治）
Lecanuet（Jean）	勒卡尼埃（让）
Le Drian（Jean-Yves）	勒德里昂（让－伊夫）
Legout（Robert）	勒古（罗贝尔）
Le Guen（Jean-Marie）	勒冈（让－马里）
Lejeune（Maxe）	勒热纳（马克斯）
Le Maire（Bruno）	勒迈尔（布律诺）
Léotard（François）	莱奥塔尔（弗朗索瓦）
Le Pen（Jean-Marie）	勒庞（让－马里）
Le Pen（Marine）	勒庞（玛琳娜）
Le Pors（Anicet）	勒波尔（阿尼塞）
Lequesne（Christian）	勒凯纳（克里斯蒂安）
Le Roux（Bruno）	勒鲁（布律诺）
Levade（Anne）	勒瓦德（安娜）
Lévitte（Jean-David）	莱维特（让－达维德）
Lienemann（Marie-Noëlle）	利内曼（马里－诺埃勒）
Louis XIV	路易十四
Louvois（Michel）	鲁伏瓦（米歇尔）
Macron（Emmanuel）	马克龙（埃马纽埃尔）
Madelin（Alain）	马德兰（阿兰）
Mallet（Serge）	马莱（塞尔日）
Malraux（André）	马尔罗（安德烈）

Mollet（Guy）	摩勒（居伊）
Monneron（Jean-Louis）	莫内龙（让－路易）
Monnerville（Gaston）	莫奈维尔（加斯东）
Monnet（Jean）	莫内（让）
Montebourg（Arnaud）	蒙特堡（阿诺）
Moreau（Yannick）	莫罗（亚尼克）
Morin（Hervé）	莫兰（埃尔韦）
Morin（Jean）	莫兰（让）
Moscovici（Pierre）	莫斯科维西（皮埃尔）
Moulin（Jean）	穆兰（让）
Muller（Émile）	米勒（埃米尔）
Naegelen（René）	内热伦（勒内）
Nallet（Henri）	纳莱（亨利）
Napoléon（Bonaparte）	拿破仑（波拿巴）
Napoléon Ⅲ	拿破仑三世
Nihous（Frédéric）	尼乌（弗雷德里克）
Noir（Michel）	努瓦尔（米歇尔）
Nourry（Anne）	努莉（安娜）
Olié（Jean）	奥利耶（让）
Ortiz（Joseph）	奥尔蒂斯（约瑟夫）
Padis（Marc-Olivier）	帕迪（马克－奥利维耶）
Pagnol（Marcel）	帕尼奥尔（马塞尔）
Pasqua（Charles）	帕斯夸（夏尔）
Pécresse（Valérie）	佩克雷斯（瓦莱丽）
Peillon（Vincent）	佩永（樊尚）
Pelat（Roger-Patrice）	佩拉（罗歇－帕特里斯）
Pellerin（Fleur）	佩尔兰（弗勒尔）
Pelletier（Émile）	佩尔蒂埃（埃米尔）
Périer（Casimir）	佩里耶（卡齐米尔）

Rémond（René）	雷蒙（勒内）
Renouvin（Bertrand）	勒努万（贝特朗）
Reynaud（Paul）	雷诺（保罗）
Richard（Guy）	里夏尔（居伊）
Ricœur（Paul）	里克尔（保罗）
Rigout（Marcel）	里古（马塞尔）
Rivasi（Michèle）	里瓦茜（米谢勒）
Rochet（Waldeck）	罗歇（瓦尔德克）
Rocard（Michel）	罗卡尔（米歇尔）
Rousset（David）	鲁塞（达维德）
Rowley（Anthony）	罗莱（安东尼）
Royal（Ségolène）	罗亚尔（塞戈莱纳）
Royer（Jean）	鲁瓦耶（让）
Rueff（Jacques）	吕夫（雅克）
Salan（Raoul）	萨朗（拉乌尔）
Sanguinetti（Alexandre）	桑吉内蒂（亚历山大）
Sapin（Michel）	萨班（米歇尔）
Sarkozy（Nicolas）	萨科齐（尼古拉）
Sartre（Jean-Paul）	萨特（让－保罗）
Sauvage（Christian）	索瓦热（克里斯蒂安）
Sauvagnargues（Jean）	索瓦尼亚格（让）
Savary（Alain）	萨瓦里（阿兰）
Schivardi（Gérard）	席瓦尔迪（热拉尔）
Schor（Ralph）	朔尔（拉尔夫）
Schuman（Maurice）	舒曼（莫里斯）
Schuman（Robert）	舒曼（罗贝尔）
Sebag（Jean-Claude）	塞巴格（让－克洛德）
Séguin（Philippe）	塞甘（菲利普）
Servan-Schreiber（Jean-Jacques）	塞尔旺－施赖伯（让－雅克）

Servin（Marcel）　　　　　　　塞尔万（马塞尔）

Soisson（Jean-Pierre）　　　　　苏瓦松（让－皮埃尔）

Soulié（Nathalie）　　　　　　　苏里耶（娜塔丽）

Soustelle（Jacques）　　　　　　苏斯戴尔（雅克）

Storti（Martine）　　　　　　　斯托尔蒂（马蒂娜）

Strauss-Kahn（Dominique）　　斯特劳斯－卡恩（多米尼克）

Sudreau（Pierre）　　　　　　　叙德罗（皮埃尔）

Suire（Serge）　　　　　　　　叙尔（塞尔日）

Sur（Serge）　　　　　　　　　叙尔（塞尔日）

Susini（Jean-Jacques）　　　　　苏西尼（让－雅克）

Taittinger（Pierre-Emmanuel）　泰坦热（皮埃尔－埃马纽埃尔）

Taubira（Christiane）　　　　　托比拉（克里斯蒂亚娜）

Teitgen（Pierre-Henri）　　　　泰特让（皮埃尔－亨利）

Terrien（Brigitte）　　　　　　泰里安（布丽吉特）

Thevenoud（Thomas）　　　　　泰维努（托马）

Thierry d'Argenlieu（Georges）　蒂耶里·达让利厄（乔治）

Thorez（Maurice）　　　　　　多列士（莫里斯）

Tiberi（Jean）　　　　　　　　蒂贝里（让）

Tiberi（Xavière）　　　　　　　蒂贝里（格扎维埃）

Tixier-Vignancour（Jean-Louis）蒂克西埃－维尼扬古（让－路易）

Tillon（Charles）　　　　　　　狄龙（夏尔）

Tjibaou（Jean-Marie）　　　　　特吉巴乌（让－马里）

Tocqueville（Alexis de）　　　　托克维尔（阿历克西·德）

Tolini（Nicolas）　　　　　　　托利尼（尼古拉）

Tomasini（François-René）　　　托马西尼（弗朗索瓦－勒内）

Toubon（Jacques）　　　　　　图邦（雅克）

Touraine（Marisol）　　　　　图雷纳（玛莉苏尔）

Trautmann（Catherine）　　　　特罗特曼（卡特琳）

Tricot（Bernard）　　　　　　　特里科（贝尔纳）

Trierweiler（Valérie）	特里耶韦勒（瓦莱丽）
Trogneux（Brigitte）	特罗尼厄（布丽吉特）
Vallaud-Belkacem（Najat）	瓦洛－贝尔卡塞姆（纳贾）
Vallini（André）	瓦利尼（安德烈）
Vallon（Louis）	瓦隆（路易）
Valls（Manuel）	瓦尔斯（曼努埃尔）
Védrine（Hubert）	韦德里纳（于贝尔）
Veil（Simone）	韦伊（西蒙娜）
Vendroux（Jacques）	旺德鲁（雅克）
Verdier（Robert）	韦迪耶（罗贝尔）
Verdier-Molinié（Agnès）	韦迪耶－莫利涅（阿涅丝）
Verneuil（Christophe）	韦纳伊（克里斯托夫）
Verret（Michel）	威莱特（米歇尔）
Viansson-Ponte（Pierre）	维昂松－蓬特（皮埃尔）
Voynet（Dominique）	瓦内（多米尼克）
Waechter（Antoine）	韦克特（安托万）
Yade（Rama）	亚德（拉马）
Ysmal（Colette）	伊斯马（科莱特）
Zeller（André）	泽勒（安德烈）

主要参考文献

一 中文文献

《世界各国宪法》编辑委员会编译《世界各国宪法》（欧洲卷），中国检察
　　出版社，2012。

阿兰·佩雷菲特：《官僚主义的弊害》，商务印书馆，1981。

埃马纽埃尔·马克龙：《变革》，四川人民出版社，2018。

安娜·努莉、米歇尔·鲁伏瓦：《搏斗》，世界知识出版社，1981。

安琪楼·夸特罗其、汤姆·奈仁：《法国1968：终结的开始》，三联书店，2001。

布赖恩·克罗泽：《戴高乐传》（上下册），商务印书馆，1978。

戴高乐：《希望回忆录》，（第1卷）（1958～1962），上海人民出版社，1973。

戴高乐：《战争回忆录》，（第1卷）（1940～1942）（上下册），第2卷
　　（1942～1944）（上下册），第3卷（1944～1946）（上下册），世界知
　　识出版社，1981。

迪埃里·沃尔东：《政治厨房》，世界知识出版社，1991。

法共二十四大工作总结报告：《建设法国色彩的社会主义》，人民出版社，1984。

弗朗索瓦·奥朗德：《改变命运·奥朗德自述》，译林出版社，2013。

弗朗索瓦·博雷拉：《今日法国政党》，上海人民出版社，1977。

弗朗索瓦·密特朗：《此时此地》，商务印书馆，1982。

弗朗兹－奥利维埃·吉埃斯贝尔：《希拉克传1986～2006》，世界知识出版
　　社，2007。

国际关系研究所编译《戴高乐言论集（1958～1964)》，世界知识出版社，1964。

胡伟，H. 孟德拉斯、M. 威莱特主编《当代法国社会学》，三联书店，1988。

克洛德·芒塞隆、贝纳尔·潘戈：《密特朗传》，新华出版社，1984。

肯尼思·R. 蒂默曼：《法国对美国的背叛》，中央编译出版社，2010。

洛朗·若弗兰：《法国的"文化大革命"》，长江文艺出版社，2004。

米歇尔·阿尔贝尔：《资本主义反对资本主义》，社会科学文献出版社，1999 年。

米歇尔·克罗齐埃：《被封闭的社会》，商务印书馆，1989。

莫里斯·迪维尔热：《政党概论》，香港：青文文化事业有限公司，1991。

尼古拉·萨科齐：《见证——萨科齐自述》，上海辞书出版社，2007。

皮埃尔·法维埃、米歇尔·马丹－罗朗：《密特朗掌权十年》，第 1 卷决裂（1981～1984），世界知识出版社，1992；第 2 卷考验（1984～1988），世界知识出版社，1995。

乔治·蓬皮杜：《恢复事实真相——蓬皮杜回忆录》，世界知识出版社，1984。

让－马里·科特雷、克洛德·埃梅里：《选举制度》，商务印书馆，1996。

让－皮埃尔·拉法兰、安娜－玛丽·拉法兰：《中国的启示》，世界知识出版社，2010。

让·克洛德·科利亚尔：《独立共和党》，上海人民出版社，1976。

瓦莱里·吉斯卡尔·德斯坦：《德斯坦回忆录：政权与人生》，世界知识出版社，1991。

瓦莱里·吉斯卡尔·德斯坦：《法国人》，清华大学出版社，2016。

瓦莱里·吉斯卡尔·德斯坦：《法兰西民主》，商务印书馆，1980。

吴国庆：《当代法国政治制度研究》，社会科学文献出版社，1993。

吴国庆：《法国"新社会"剖析》，社会科学文献出版社，2011。

吴国庆：《法国的"大国梦""强国梦"及其受到的质疑和挑战》，中国社会科学院欧洲研究所网站，2014 年 3 月 1 日。

吴国庆：《法国政党和政党制度》，社会科学文献出版社，2008。

吴国庆：《法国政治史（1958～2012）》（第 3 版），社会科学文献出版社，2014。

吴国庆：《战后法国政治史（1945～1988）》，社会科学文献出版社，1990。

吴国庆：《战后法国政治史（1945～2002）》（第 2 版），社会科学文献出版社，2004。

雅克·德拉儒:《秘密军谋杀戴高乐》，群众出版社，1984。

雅克·希拉克:《希拉克回忆录》，（1932～1995），译林出版社，2010。

雅克·夏普萨尔、阿兰·朗斯洛:《1940 年以来的法国政治生活》，上海译
　　文出版社，1981。

张锡昌、周剑卿:《战后法国外交史（1944～1992)》，世界知识出版社，1993。

中共中央党校科学社会主义教研室国外社会主义问题教学组编《社会党重
　　要文件选编》，中共中央党校发行，1985。

中国社会科学院欧洲研究所主编《欧洲发展报告（1996～2017)》，社会科
　　学文献出版社，2017。

二　外文文献

Agnès Verdier-Molinié, *On va dans le mur*, Albin Michel, 2015.

阿涅丝·韦迪耶－莫利涅:《我们要撞墙了!》，阿尔班·米歇尔出版社，2015。

Alain Chaffel, Le Déclin français: mythe ou réalité? Paris, Bréal, coll.
　　«Thèmes et Débats», 2013.

阿兰·沙弗尔:《法国衰落:神话与现实?》，《文章和讨论文集》，巴黎，布
　　雷亚尔出版社，2013。

Alain Duhamel, *La marche consulaire*, Plon, 2009.

阿兰·迪阿梅尔:《执政官的步态》，普隆出版社，2009。

Alfred Grosser, *Affaires extérieures: la politique de la France depuis 1944*, Flam-
　　marion, 1984.

阿尔弗雷德·格罗塞尔:《外交:1944 年以来的法国政策》，弗拉马里翁出
　　版社，1984。

Charles de Gaulle, *Les Discours et messages*, （5 volumes), Plon, 1970.

《戴高乐言论和书信集》（5 卷），普隆出版社，1970。

Christian Lequesne, *La politique extérieure de François Hollande: entre interven-
　　tionnisme liberal et nécessité européenne*, Sciences Po Grenoble working paper
　　n. 23, 2014.

克里斯蒂安·勒凯纳:《弗朗索瓦·奥朗德的对外政策:自由干涉主义与欧

洲必要性》，格勒诺布尔政治科学院第 23 期工作文件，2014。

Christian Sauvage, *Pierre Bérégovoy*, in *Encyclopaedia Universalis*, Universalia, 1994.

克里斯蒂安·索瓦热：《皮埃尔·贝雷戈瓦》，《环球百科全书》（英文版），乌尼维尔萨利阿出版社，1994。

Christophe Verneuil, *histoire politique de la France*, *1914 ~ 2007*, Ellipses, 2007.

克里斯托夫·韦纳伊：《法国政治史 1914 ~ 2007》，埃利普斯出版社，2007。

Colette Ysmal, *Les partis politiques sous la Ve République*, Montchrestien, 1989.

科莱特·伊斯马：《第五共和国政党》，蒙克雷斯蒂安出版社，1989。

Dmitri-Georges Lavroff, *Le système politique français de la cinquième république*, Dalloz, 1979.

德米特里－乔治·拉夫罗夫：《法兰西第五共和国政治制度》，达洛兹出版社，1979。

François Cochet, *Histoire économique de la France Depuis 1945*, Dunod, Paris, 1997.

弗朗索瓦·科歇：《1945 年以来法国经济史》，巴黎，迪诺出版社，1997。

François Hollande, *Le changement c'est maintenant—mes 60 engagements pour la France*, www. parti-socialiste. fr/, 2012.

弗朗索瓦·奥朗德：《改变，就是现在——我对法国的 60 项承诺》，法国社会党网站，2012。

François Hollande, *Le rêve français*: *Discours et entretien (2009 – 2011)*, Privat, 2011.

弗朗索瓦·奥朗德：《法国梦：言论和访谈（2009 ~ 2011）》，图卢兹普里瓦出版社，2011。

Jacques Chapsal, *La Vie politique sous la Ve République*, Vol. 1, 1958 ~ 1974, Vol. 2, 1974 ~ 1987, Paris, PUF, 1981.

雅克·沙普萨尔：《第五共和国政治生活》（第 1 卷）（1958 ~ 1974），（第 2 卷）（1974 ~ 1987），法国大学出版社，1981。

Jacques Fauvet, *La IV République*, Fayard, 1959.

雅克·福韦：《第四共和国》，法亚尔出版社，1959。

Jean Charlot, *Le phénomène gaulliste*, Paris, Fayard, 1970.

让·夏洛:《戴高乐主义现象》，巴黎，法亚尔出版社，1970。

Jean Charlot, *L'Union pour la Nouvelle République*, *étude du pouvoir au sein d'un parti politique*, *Revue française de science politique*, n°6, 1967, Presses universitaires de France.

让·夏洛:《保卫新共和联盟——一个政党内部权力的研究》，刊登于《法国政治科学杂志》1967 年第 6 期，法国大学出版社。

Jean Fourastié, *Les Trente Glorieuses*, *ou la révolution invisible de 1946 à 1975*, Paris, Fayard, 1979.

让·富拉斯蒂耶:《辉煌 30 年或意外的革命 (1946～1975)》，巴黎，法亚尔出版社，1979。

Jean-Jacques Becker, *Crises et alternances* (*1974－2000*), Édition du Seuil, 2002.

让－雅克·贝克尔:《危机与替换 (1974～2000)》，瑟伊尔出版社，2002。

Jean-Jacques Becker, *Histoire politique de la France depuis 1945* (*10ᵉ*), Armand Colin, 2011.

让－雅克·贝克尔:《1945 年以来法国政治史》（第 10 版），阿尔芒·科兰出版社，2011。

Jean-Jacques Becker, *Histoire politique de la France depuis 1945* (*6ᵉ*), Armand Colin, 1998.

让－雅克·贝克尔:《1945 年以来的法国政治史》（第 6 版），阿尔芒·科兰出版社，1998。

Jean-Jacques Chevallier, *Histoire des institutions et régimes politiques de la France*, *de 1789 à nos jours*, Dlloz, 1981.

让－雅克·舍瓦利耶:《法国政治制度和机构史 (1789 年至今)》，达洛兹出版社，1981。

Jean-Louis Monneron, Anthony Rowley, *Histoire du peuple français*, Paris, Nouvelle Librairie de France, 1986.

让－路易·莫内龙，安东尼·罗莱:《法兰西人民的历史》，巴黎，法国新出版社，1986。

Jean-Marie Colombani, Hugues Portelli, *Le Double Septennat de François Mitter-ran, Dernier inventaire*, Paris, Grasset, 1995.

让－玛丽·科隆巴尼、于格·波尔泰利：《弗朗索瓦·密特朗双七年——最新的盘点》，巴黎，格拉塞出版社，1995。

Jean-Marie Rouart, *Adieu à la France qui s'en va*, Grasset, 2003.

让－马里·鲁阿尔：《告别离去的法国》，格拉塞出版社，2003。

Le bureau de l'assemblée nationale, *Le Réglement de l'assemblée nationale*, 2015.

国民议会办公厅编辑《国民议会章程》，国民议会出版社，2015。

Le bureau du Sénat, *Le Réglement du Sénat*, 2008.

参议院办公厅编辑《参议院章程》，参议院出版社，2008。

Le Code électoral (*Texte en vigueur en 2012*), Conseil constitutionnel, 2015.

宪法委员会编辑《选举法典（2012年生效）》，宪法委员会出版社，2015。

Le Service du Premier ministre, *Le Journal officiel de la République française-Lois et décrets-*(*JORF ou JO*), Édition des documents administratifs.

总理府事务局：《法兰西共和国政府公报－法律和法令》，行政文件出版社。

Lionel Jospin, *Le socialisme moderne* [*Texte imprimé*], Paris, Les notes de la Fondation Jean-Jaurès, 2000.

利昂内尔·若斯潘：《现代社会主义》，巴黎，让·饶勒斯基金会出版社，2000。

Loi de l'élection du Président de la République au suffrage universel, Conseil con-stitutionnel, 2012.

宪法委员会编辑《共和国总统普选法》，宪法委员会出版社，2012。

L'État de la France 1980～2017, Édition La Découverte, 1980～2017.

《法国国情（1980～2017）》，巴黎拉德古韦尔出版社，1980～2017。

L'Année politique, économique, sociale et diplomatique en France, de 1980 à 2000, Éditions Événements et tendances.

《法国政治、经济、社会和外交年鉴》（1980～2000），事件与趋势出版社。

Maurice Duverger, *Le système politique français*, Presses Universitaires de France，1985.

莫里斯·迪维尔热：《法国政治制度》，法国大学出版社，1985。

Maurice Grimaud, *En mai, fais ce qu'il te plaît*, Stock，1977.

莫里斯·格里莫：《五月使你愉快》，斯托克出版社，1977。

Michel Bassi, *Valéry Giscard d'Estaing*, Presses universitaires de France，1978.

米歇尔·巴锡：《瓦莱里·吉斯卡尔·德斯坦》，法国大学出版社，1978。

Milton Friedman, Rose Friedman, *The Tyranny of the Status Quo*, Houghton mifflin Harcourt，1984.

米尔顿·弗里德曼、罗斯·弗里德曼：《现状的暴政》，1984。

Nicolas Baverez, *La France qui tombe*, Perrin，2003

尼古拉·巴弗雷：《法兰西在倒下》，佩兰出版社，2003。

Nicolas Baverez, *La France qui tombe*, Tempus，2004.

尼古拉·巴弗雷：《法兰西在倒下》，唐皮出版社，2004。

Nicolas Baverez, *Les trente piteuses*, Champs Flammarion，1999.

尼古拉·巴弗雷：《可悲的 30 年》，尚·弗拉马里翁出版社，1999。

Nicolas Tolini, *Le financement des partis politiques*, Dalloz，2007.

尼古拉·托利尼：《政党财政》，达洛兹出版社，2007。

Pierre Bréchon (sous la direction de), *Les partis politiques français*, La Documentation Française，2002.

皮埃尔·布雷雄主编《法国政党》，法国文献出版社，2002。

Pierre Favier et Michel Martin-Roland, *La décennie Mitterrand*, Édition du Seuil, t. III, *Les Défis (1988~1991)*, 1996; t. IV, *Les Déchirements (1991~1995)*, 1999.

皮埃尔·法维埃、米歇尔·马丹－罗朗：《密特朗掌权十年》，（第 3 卷）（1988~1991），瑟伊尔出版社，1996；（第 4 卷）（1991~1995），瑟伊尔出版社，1999。

Pierre Lellouche, *L'Illusions gauloises*, Grasset，2006.

皮埃尔·勒卢什：《高卢的幻想》，格拉塞出版社，2006。

Pierre Viansson-Ponté, *Histoire de la République gaullienne*, (*2e volumes*), Fayard 1971.

皮埃尔·维昂松 – 蓬特:《戴高乐共和国的历史》(2 卷), 法亚尔出版社, 1971, 第 573 页。

Ralph Schor, *Histoire de la société français au XXe siècle*, Belin, 2004.

拉尔夫·朔尔:《20 世纪法国社会史》, 贝兰出版社, 2004。

Roger Faligot et Jean Guisnel (sous la direction des), *Histoire secrète de la Ve République*, La Découverte, Paris, 2006.

罗歇·法利戈、让·吉内尔主编《第五共和国秘史》, 巴黎拉德古韦尔出版社, 2006。

Serge Berstein, *Les Cultures politiques en France*, Paris, édition du Seuil, 1999.

塞尔日·贝尔斯坦:《法兰西政治文化》, 巴黎, 瑟伊尔出版社, 1999。

Serge Mallet, *La nouvelle classe ouvrière*, Seuil, 1963.

塞尔日·马莱:《新工人阶级》, 瑟伊尔出版社, 1963。

Serge Sur, *La vie politique en France sous la Cinquième République*. Montchrétien, 1977.

塞尔日·叙尔:《第五共和国时期的法国政治生活》, 蒙秋斯田出版社, 1977。

Statuts du Parti communiste français, www. pcf. fr/, 2013.

《法国共产党党章》, www. pcf. fr/, 2013.

Statuts et Réglement intérieur de l'EéLV, www. eélv. fr/, 2014.

《欧洲生态 – 绿党党章和内部条例》, www. eélv. fr/, 2014.

Statuts et Réglement intérieur de l'UDI, www. parti-udi. fr/, 2015.

《民主人士和独立人士联盟党章和内部条例》, www. parti-udi. fr/, 2015.

Statuts et Réglement intérieur des Républicains, www. républicains. fr/, 2015.

《共和党党章和内部条例》, www. républicains. fr/, 2015.

Statuts et Réglement intérieur du PS, www. parti-socialiste. fr/, 2012.

《社会党党章和内部条例》, www. parti-socialiste. fr/, 2012.

Tableaux de L'Économie Française, INSEE, 2001 ~ 2017.

法国国家统计与经济研究所主编《法国经济图表》(2001 ~ 2017), 法国国家统计与经济研究所出版。

Édouard Bonnefous, *Histoire du XXe siècle avant l'oubli*, Presses Universitaires de
    France, 1997.

爱德华·博纳富:《忘却前的 20 世纪史》，法国大学出版社，1997。

Éric Duhamel, Olivier Forcade, *Histoire et vie politique en France depuis 1945*,
    Paris, Nathan, 2001.

埃里克·迪阿梅尔、奥利维耶·福尔卡德:《1945 年以来法国历史和政治生
    活》，巴黎纳坦出版社，2001。

图书在版编目（CIP）数据

法国政治史：1958－2017／吴国庆著. －－ 北京：
社会科学文献出版社，2018.9
（中国社会科学院老年学者文库）
ISBN 978－7－5201－3025－7

Ⅰ.①法… Ⅱ.①吴… Ⅲ.①政治制度史－法国－
1958－2017 Ⅳ.①D756.59

中国版本图书馆 CIP 数据核字（2018）第 143925 号

中国社会科学院老年学者文库

法国政治史（1958－2017）

著　　者／吴国庆

出 版 人／谢寿光
项目统筹／祝得彬
责任编辑／刘学谦

出　　版／社会科学文献出版社·当代世界出版分社（010）59367004
　　　　　地址：北京市北三环中路甲29号院华龙大厦　邮编：100029
　　　　　网址：www.ssap.com.cn
发　　行／市场营销中心（010）59367081　59367018
印　　装／三河市东方印刷有限公司

规　　格／开本：787mm×1092mm　1/16
　　　　　印张：45　字数：691千字
版　　次／2018年9月第1版　2018年9月第1次印刷
书　　号／ISBN 978－7－5201－3025－7
定　　价／238.00元

本书如有印装质量问题，请与读者服务中心（010－59367028）联系